Maximilian Strohmayer
Die partielle Abschaffung der Todesstrafe
im Heiligen Römischen Reich Deutscher Nation
unter dem Einfluss der Aufklärung

Juristische Zeitgeschichte
Abteilung 3, Band 57

Juristische Zeitgeschichte
Hrsg. von Prof. Dr. Dr. Dr. h.c. Thomas Vormbaum
(FernUniversität in Hagen, Institut für Juristische Zeitgeschichte)

Abteilung 3:
Beiträge zur modernen deutschen Strafgesetzgebung
Materialien zu einem historischen Kommentar
Hrsg. von Prof. Dr. Dr. Dr. h.c. Thomas Vormbaum

Band 57

Redaktion: Natalie Brandes

De Gruyter

Maximilian Strohmayer

Die partielle Abschaffung der Todesstrafe im Heiligen Römischen Reich Deutscher Nation unter dem Einfluss der Aufklärung

Juristische Zeitgeschichte
Abteilung 3, Band 57

De Gruyter

Die Arbeit wurde von der Rechtswissenschaftlichen Fakultät der FernUniversität in Hagen als Dissertation angenommen.

ISBN 978-3-11-222790-9
e-ISBN 978-3-11-222791-6 (PDF)
e-ISBN 978-3-11-222792-3 (EPUB)

Library of Congress Control Number: 2026939934

Bibliografische Information der Deutschen Nationalbibliothek
Die Deutsche Nationalbibliothek verzeichnet diese Publikation in der Deutschen Nationalbibliografie; detaillierte bibliografische Daten sind im Internet über http://dnb.dnb.de abrufbar.

De Gruyter and Walter de Gruyter GmbH are part of De Gruyter Brill.
www.degruyterbrill.com

Fragen zur allgemeinen Produktsicherheit:
productsafety@degruyterbrill.com

Druck und Bindung: CPI books GmbH, Leck

Vorwort

Und irgendwann ist es dann soweit: Es ist die Zeit gekommen, ein Vorwort zu verfassen. Das Vorwort steht zwar zu Beginn dieser Abhandlung, ist aber erst am Ende ihres Entstehungsprozesses, nämlich kurz vor ihrer Veröffentlichung, entstanden. Über vier Jahre nach dem Beginn der Arbeit an ihr, gefüllt mit Themensammlung, Recherche, Quellensuche und Verschriftlichung, steht am Ende ein Werk, das darauf hofft, den Ansprüchen des Verfassers und seiner Leser gleichermaßen zu genügen und einen kleinen Beitrag zum wissenschaftlichen Diskurs leisten zu können.

Diese Arbeit wurde im Januar 2025 vom Promotionsausschuss der Rechtswissenschaftlichen Fakultät der FernUniversität in Hagen als Dissertation angenommen. Am 17. Juni 2025 fand die Disputation in Hagen statt.

Mein besonderer Dank gilt meinem Doktorvater Prof. Dr. Stephan Stübinger, der mir die Möglichkeit gegeben hat, als externer Doktorand meine Dissertation bei ihm anzufertigen und der mich in jeder Phase dieses Vorhabens exzellent betreut und unterstützt hat.

Ebenfalls gilt mein großer Dank Prof. Dr. iur. Dr. phil. Dr. h.c. Thomas Vormbaum, der als Zweitgutachter intensiv mit dieser Arbeit befasst war und mir zudem noch die Gelegenheit gegeben hat, diese in der von ihm herausgegebenen Schriftenreihe *Juristische Zeitgeschichte* zu veröffentlichen.

Weiterhin danke ich Natalie Brandes vom Lehrstuhl für Strafrecht, Strafrechtsgeschichte und Rechtsphilosophie der FernUniversität in Hagen sowie Anke Seyfried vom Verlag De Gruyter Brill für die immer kompetente und freundliche Zusammenarbeit im Zuge des Veröffentlichungsprozesses.

Meinen Eltern und meiner Familie danke ich herzlich für ihre Unterstützung, die sie mir zuteilwerden ließen. Meiner Mutter Roswitha Strohmayer danke ich darüber hinaus besonders für die äußerst zeitintensive Tätigkeit als Korrekturleserin meiner Dissertation und die zahlreichen stilistischen Verbesserungsvorschläge, die ich gerne angenommen habe. Meinem Vater Maximilian Strohmayer sen. gebührt zudem mein großer Dank dafür, dass er die Begeisterung für die Juristerei bei mir geweckt hat.

Auch allen anderen Familienmitgliedern, die mich auf meinem Weg unterstützt haben und deren namentliche Nennung den Rahmen dieses Vorworts gleichwohl sprengen würde, danke ich auf diesem Wege herzlich.

Zu guter Letzt darf ich meinen tiefsten Dank meiner lieben Ehefrau Veronika aussprechen, die mich zu jeder Zeit bedingungslos in meinem Vorhaben einer berufsbegleitenden Promotion unterstützt hat.

Ihr und meiner Familie widme ich diese Arbeit.

Amberg, im Januar 2026 Maximilian Strohmayer

Inhaltsverzeichnis

ANHANG

Einleitung

A) Untersuchungsgegenstand

I. Die Todesstrafe

Die Todesstrafe gehört zu den ältesten Strafen in der Geschichte der menschlichen Gesellschaft. In den ersten menschlichen Gemeinschaften war es Konsens, dass Delinquenten hingerichtet wurden, sofern man sie nicht mit der ebenfalls in der Regel zum Tode führenden Verstoßung aus dem sozialen Verband bestrafte. Schon lange vor der Einführung der Bestrafung mit dem Entzug von Freiheit und Vermögen wurde sie verhängt[1]. Mit der Frage nach der Legitimation der Todesstrafe haben sich im Laufe der letzten Jahrhunderte und Jahrtausende schon viele namhafte Denker beschäftigt[2]. Es existieren bereits zahlreiche Veröffentlichungen zu diesem Thema. Gleichwohl hat die Diskussion um die Todesstrafe nichts an Aktualität eingebüßt. Denn immerhin ist sie die schwerste denkbare Art der Sanktionierung eines strafrechtlich relevanten Verhaltens, die einem Delinquenten zuteilwerden kann. Evans konstatiert hierzu: „Der Staat hat keine größere Gewalt über seine Bürger als die, sie zu töten.“[3] Die Auseinandersetzung um die Todesstrafe geht einher mit der Debatte um Sinn und Reichweite des staatlichen Strafanspruchs und hat sich im Laufe der letzten Jahrhunderte gewandelt[4]. Heute ist sie in vielen Staaten abgeschafft oder wird zumindest nicht mehr vollzogen. In Deutschland stellt Art. 102 GG prägnant klar: „Die Todesstrafe ist abgeschafft.“[5] Auf der anderen Seite wird die Todesstrafe in einer Vielzahl von Staaten nach wie vor vollstreckt. Als prominente Beispiele können hier neben anderen die Vereinigten Staaten von Amerika, China, der Iran, der Irak und Saudi-Arabien genannt werden. Nach der Liste der Staaten mit und ohne Todesstrafe von Amnesty International[6] (Stand 21. April 2020) wurde die Todesstrafe in 107 Staaten vollständig abgeschafft, während sie in 55 Staaten im normalen Strafverfahren vollstreckt werden kann. 28 Staaten haben einen Hinrichtungsstopp eingerichtet,

---

1 Vgl. *Leder*, Todesstrafe, S. 13.
2 Vgl. *Keller*, Die Todesstrafe in kritischer Sicht, S. 1.
3 *Evans*, Rituale der Vergeltung, S. 14.
4 Vgl. *Volkmann*, Rechtsphilosophie, S. 148.
5 Art. 102 GG.
6 *Amnesty International* (Hrsg.), Wenn der Staat tötet – Liste der Staaten mit und ohne Todesstrafe, Stand 21. April 2020.

 | https://doi.org/10.1515/9783112227916-002

in acht Staaten wird sie nur in Sonderstrafverfahren angewandt. Der Tod als eine durch eine Obrigkeit auferlegte Form des Strafens zieht sich wie ein roter Faden durch die Geschichte der Menschheit. Bereits vor Jahrtausenden, als die Menschen noch als Jäger und Sammler in primitiven Stämmen organisiert waren, waren Tötungen von Verbrechern als Rituale der Vergeltung Teil der jeweiligen Gesellschaftsordnung. So wurden in diesen Stämmen Verbrecher an wilde Tiere verfüttert, über Abhänge oder in Schluchten geworfen. Gleichwohl kann man hierbei noch nicht von Todesstrafen im klassischen Sinne, sondern eher von Stammesbräuchen sprechen. In den Vorgängergesellschaften unserer Zivilisation war die Blutrache ein bestimmender Faktor der sozialen Ordnung. Nach Leder gibt es kein Volk auf dieser Erde, „das nicht irgendwann im Lauf seiner Entwicklung der Blutrache anhing oder immer noch anhängt“[7]. Die ältesten bekannten Hinrichtungsarten waren zumeist durch die Vermeidung von Blutvergießen oder gar der Berührung des Verurteilten gekennzeichnet. Aufgrund des Aberglaubens der Bevölkerung wollte man den Tod nicht selbst herbeiführen, sondern lieber den Elementen überlassen. Exemplarisch hierfür steht die Friedlosigkeit, die eigentlich keine Todesstrafe im klassischen Sinn darstellt, sondern die Vertreibung des Täters aus der sozialen Gemeinschaft bedeutete. Faktisch hatte diese Strafe in der Regel aber den sicheren Tod zur Folge, da ein Mensch in archaischen Gesellschaften kaum überlebensfähig war, wenn er auf sich allein gestellt war. Weitere typische Hinrichtungsarten, bei denen eine unmittelbare Berührung vermieden wurde, waren die Steinigung und der Felssturz. Regelmäßig war die gesamte Stammesgemeinschaft an der Hinrichtung beteiligt[8]. Mit der Zeit formierten sich die ersten Staaten und mit ihnen auch die ersten Kulturen des geschriebenen Rechts und des Gewohnheitsrechts. Die Herrschenden begannen, in ihren Gesetzen für bestimmte Delikte konkrete Formen der Bestrafung festzuschreiben. Eine besonders prominente Art der Tötung durch die Obrigkeit war die als *summum supplicum* vor allem bei den Römern angewandte Kreuzigung, welche in unserer christlich-jüdisch geprägten Gesellschaft vor allem durch den Tod des Jesus Christus am Kreuz allgegenwärtig ist[9]. Über die Jahrhunderte und je nach kultureller und geographischer Disposition waren verschiedene Praktiken der Todesstrafe besonders beliebt. Eine detaillierte Aufzählung im Einzelnen würde den Rahmen dieser Untersuchung freilich sprengen. Es soll jedoch an dieser Stelle das Bewusstsein dafür geweckt werden, dass die Regelungen zur Todesstrafe in jeder Epoche immer auch vom Kontext der jeweils dort vorherrschenden ge-

7 *Leder*, Todesstrafe, S. 31.
8 Vgl. a.a.O., S. 75 ff.
9 Vgl. *Barring*, Die Todesstrafe in der Geschichte der Menschheit, S. 15 ff. m.w.N.

sellschaftlichen Realitäten beeinflusst waren[10]. Diverse Hinrichtungsarten werden uns im Laufe dieser Abhandlung immer wieder begegnen. Eine über Jahrtausende vor allem im nordischen Kulturraum verbreitete Tötungsmethode war das Hängen, das lange Zeit sowohl am Kreuz als auch am Galgen praktiziert wurde. Erst im Laufe des Mittelalters löste der Galgen das Kreuz als alleiniges Instrumentarium zum Erhängen des Verurteilten ab. In der populären Darstellung ist das Erhängen als Tod durch Erdrosselung am Hals der hinzurichtenden Person binnen weniger Sekunden ausgestaltet. In seiner ursprünglichen Form war hingegen auch das Lebendhängen verbreitet, bei welchem es sich um eine Strafschärfung handelte und die Verurteilten durch Schnürung unterhalb der Brust manchmal noch mehrere Tage lebendig am Galgen hingen. Vollzogen wurde das Hängen am Galgen zumeist auf zweierlei Weise: Bei der ersten Alternative musste der gefesselte Missetäter die Leiter nach oben steigen, wo ihm der Henker die Schlinge um den Hals legte und ihn dann von der Leiter schubste. Die zweite, nicht von der Mitwirkung des Verurteilten abhängige Möglichkeit bestand darin, dass dieser von den Knechten des Henkers mittels eines Gurtes am Galgen hinaufgezogen wurde[11]. Eine ebenfalls prominente Methode zur Exekution von Straftätern war auch die Enthauptung, die gleichzeitig eine der wenigen blutigen Hinrichtungsarten war. Der vom Körper abgetrennte Kopf wurde zumeist aufgespießt und zur Abschreckung für mehrere Tage ausgestellt. Zunächst wurde die Enthauptung noch regelmäßig mit einem Beil durchgeführt. Während der Römerzeit löste dann das Schwert zunehmend das Beil ab. Das Schwert wurde schließlich im Heiligen Römischen Reich gar zum Symbol der hohen Gerichtsbarkeit[12]. Von der germanischen Frühzeit bis hinein in das 18. Jahrhundert war das Rädern gebräuchlich, eine besonders ehrlose Bestrafung, die für gewöhnlich nur bei schweren Verbrechen für die Bestrafung männlicher Missetäter angewandt wurde. Beim Rädern wurde der Verurteilte mit ausgestreckten Beinen und Armen auf dem Boden platziert und dessen Hände und Füße sodann an Pflöcken festgebunden. Anschließend legte man Hölzer unter Körper und Glieder, um Hohlräume zu schaffen. Der Scharfrichter zerstieß dem gepeinigten Delinquenten daraufhin mit dem aus neun oder zehn Speichen bestehenden Rad die Glieder und Knochen, bevor der geschundene Körper des Sterbenden im Anschluss durch die Speichen des Rades geflochten wurde. Nach dieser Prozedur steckte man das Rad dann oftmals noch auf den Galgen oder auf einen Pfosten. Nicht selten wurde der zu exekutierende Verurteilte vor dem Rädern gefesselt,

10 Vgl. *Evans*, Rituale der Vergeltung, S. 49.
11 Vgl. *Leder*, Todesstrafe, S. 102 ff.
12 Vgl. a.a.O., S. 119 ff.

auf ein Brett oder eine Tierhaut gelegt, und dann zur Richtstätte geschleift. Eine beliebte Verschärfung der Strafe bestand darin, ihn auf diesem Weg mit glühenden Zangen zu zwicken respektive mit diesen Haut aus seinem Körper zu reißen[13]. Auch die Vierteilung war eine im Mittelalter und der frühen Neuzeit bekannte Todesstrafe. Die gebräuchlichste Art der Vierteilung wurde dergestalt vollzogen, dass die Arme und Beine jeweils an einen Pferdeschweif gebunden und die Pferde sodann auseinandergetrieben wurden, wodurch der Verurteilte regelrecht auseinandergerissen wurde. Zumeist, aber beileibe nicht immer, war dieser jedoch vorher bereits getötet worden, sodass der Vierteilung dann nur noch ein symbolischer Charakter zukam[14]. Die bislang beschriebenen Strafen wurden vor allem bei Männern vollstreckt. Für weibliche Täterinnen waren typische Todesstrafen hingegen das Ertränken und das Lebendigbegraben, wobei auch diese beiden Tötungsarten gelegentlich bei männlichen Verurteilten angewandt wurden. Vor allem bei Delikten, aufgrund derer Frauen häufiger bestraft wurden, wie Kindsmord und Ehebruch, kamen diese Strafen zur Anwendung[15]. Nicht zuletzt wurden im Mittelalter und der Frühen Neuzeit bis ins 18. Jahrhundert hinein Täter und Täterinnen regelmäßig verbrannt. Das Verbrennen hatte in erster Linie die Tilgung des Verbrechers und gegebenenfalls auch seiner Tatmittel von der Erde zum Ziel und wurde bei einer Reihe von besonders verwerflich angesehenen Straftaten angeordnet. Besondere Prominenz hat das Feuer als Mittel zur Tötung vor allem in Zeiten der Hexenverbrennungen erlangt[16].

II. Die Thematik im engeren Sinne

Im Rahmen dieser Arbeit soll nachvollzogen werden, welchen Einfluss die Denker der Aufklärung auf die schrittweise Abschaffung der Todesstrafe in ausgewählten Kodifikationen des deutschen Strafrechts hatten. Eine Annäherung an diese Frage soll sowohl aus juristischer als auch aus philosophischer, historischer, und gesellschaftlicher Sicht erfolgen. Als Ausgangspunkt soll zunächst beleuchtet werden, welche Rolle die Todesstrafe in der peinlichen Halsgerichtsordnung Kaiser Karls V. von 1532 (*Constitutio Criminalis Carolina*) sowie in deren Vorgängerin, der Bambergischen peinlichen Halsgerichtsordnung von 1507 (*Constitutio Criminalis Bambergensis*), spielte und mit welchen Begründungen der Ausspruch dieser Sanktionen legitimiert wurde. Zunehmend wurden die Verhängung der Todesstrafe und die Anwendung von Folter durch

---

13 Vgl. *Ortner*, Wenn der Staat tötet, S. 36.
14 Vgl. a.a.O., S. 39.
15 Vgl. *Leder*, Todesstrafe, S. 142 ff.
16 Vgl. *Ortner*, Wenn der Staat tötet, S. 37.

verschiedene Denker der Aufklärung aus philosophischer und gesellschaftlicher Perspektive heraus kritisiert. Infolgedessen versuchten die Gerichte mitunter, im Rahmen ihrer Gesetzesanwendung diesen Forderungen nachzukommen. Mit dem *Codex Juris Bavarici Criminalis* aus dem Jahre 1751 und der *Constitutio Criminalis Theresiana* von 1768 wurden erste gesetzgeberische Veränderungen erkennbar, obgleich diese beiden Strafrechtskodifikationen auf der anderen Seite auch noch zahlreiche reaktionäre Elemente enthielten und in vielen Punkten noch nicht vom Geist der Aufklärung beseelt waren. Weitergehend waren die Änderungen im Kriminalgesetzbuch Großherzog Leopolds von Toskana von 1786 (*Leopoldina*) und das Allgemeine Gesetz über Verbrechen und derselben Bestrafung von 1787 (*Josephina*). Das Großherzogtum Toskana war weltweit der erste Staat, in welchem eine strafrechtliche Kodifikation geschaffen wurde, die ohne Verhängung der Todesstrafe auskam. Auch im Allgemeinen Landrecht für die Preußischen Staaten (ALR) von 1794 wurde die Todesstrafe zumindest für einige Delikte, z.B. für nicht der Fortpflanzung dienende Sexualität, abgeschafft. Es soll jeweils nachvollzogen werden, auf welcher geistigen Grundlage der Umgang mit der Todesstrafe sowohl in den jeweiligen Kodifikationen als auch in der jeweiligen Strafrechtspraxis fußte. Wie gezeigt werden wird, fielen die gesetzlichen Regelungen und ihre Umsetzungen durch die Gerichte teilweise auseinander. Die Thematik der vorliegenden Arbeit im engeren Sinne ergibt sich damit aus der Wechselwirkung zwischen den einschlägigen Normen in den behandelten Gesetzen und ihrer Umsetzung durch die strafrechtliche Praxis auf der einen Seite und die geistig-moralischen Anschauungen zum Für und Wider der Todesstrafe auf der anderen Seite.

III. Begriffsklärung

Der Titel „Die partielle Abschaffung der Todesstrafe im Heiligen Römischen Reich Deutscher Nation unter dem Einfluss der Aufklärung“ bedarf im Übrigen zur Vermeidung von Missverständnissen durchaus einer Erklärung. Denn zum einen wurde die Todesstrafe im Heiligen Römischen Reich keineswegs zur Gänze abgeschafft. Vielmehr wurden unter dem Einfluss der Aufklärung einzelne Kodifikationen[17] geschaffen, in welchen die Todesstrafe keine Anwendung mehr fand. In anderen Gesetzestexten galt die Todesstrafe fort, wurde aber modifiziert und bei der Bestrafung bestimmter Delikte nicht mehr

---

17 Namentlich sind hier das Kriminalgesetzbuch Großherzog Leopolds von Toskana von 1786 (Leopoldina) und das Allgemeine Gesetz über Verbrechen und derselben Bestrafung von 1787 (Josephina) zu nennen.

verhängt; ebenso lässt sich ein langsamer, aber erkennbarer Wandel bei den angewandten Hinrichtungsarten hin zu einer etwas humaneren Tötungspraxis feststellen. Zum anderen kann man auch nicht von einer dauerhaften Eliminierung aus dem Strafrecht sprechen. So wurde die Todesstrafe in den darauffolgenden Jahren sowohl in der Toskana als auch in Österreich zumindest für bestimmte Straftaten wieder eingeführt. Von einer Abschaffung auf Dauer kann also keine Rede sein. Stattdessen kann man eher von singulären Akten der Gesetzgebung sprechen, die aber aus der heutigen Perspektive umso wichtiger erscheinen, da sie weltweit neu und damit revolutionär waren. Doch nicht nur der Begriff „Abschaffung" bedarf der Erklärung. Auch der Bezug des Titels auf das Heilige Römische Reich soll an dieser Stelle näher beleuchtet werden. Das Heilige Römische Reich entstand im 10. Jahrhundert aus dem ostfränkischen Reich und existierte bis 1806. Es vereinte zahlreiche Einzelstaaten unter der Herrschaft des gemeinsamen Oberhaupts, des Kaisers[18]. Somit war es kein Staat im zeitgenössischen Sinne, sondern vielmehr ein mehr oder weniger loser politischer Verbund mit sich wandelnder territorialer Ausdehnung und wechselnden Mitgliedsstaaten, die sich unter der Prämisse gegenseitiger Treueverpflichtungen zusammengeschlossen hatten[19]. Man kann auch von einem „Flickenteppich" aus kleinen und großen, weltlichen und kirchlichen Territorien sprechen, die so unterschiedliche Bezeichnungen wie Grafschaft, Fürstentum, Herzogtum oder Freie Reichsstadt trugen[20]. Im Rahmen der vorliegenden Untersuchung soll auch das Kriminalgesetzbuch Großherzog Leopolds von Toskana von 1786 (*Leopoldina*) aufgrund seiner Bedeutung als erste Kodifikation auf dem Gebiet des Strafrechts, in welcher die Todesstrafe vollständig abgeschafft[21] wurde, beleuchtet werden. Zu dieser Zeit gehörte das Großherzogtum Toskana zu Reichsitalien. Unter Reichsitalien, lateinisch auch *regnum italiae*[22] genannt, versteht man den Teil Italiens, der von den Herrschern des Heiligen Römischen Reiches Deutscher Nation beansprucht wurde. Bis zur Auflösung des Heiligen Römischen Reiches 1806 bestand das Königreich Italien aber offiziell weiter. Die deutschen Kaiser blieben Lehnsherren für eine Reihe von Territorien. Auch im Großherzogtum Toskana war dies so, wobei sich die Frage stellt, ob dieses überhaupt völker-

---

18 Vgl. *Stollberg-Rilinger*, Das Heilige Römische Reich Deutscher Nation, S. 2.

19 Vgl. a.a.O., S. 116.

20 Vgl. *Ignor*, Geschichte des Strafprozesses in Deutschland 1532–1846, S. 41.

21 Dabei soll nicht verkannt werden, dass die Verhängung der Todesstrafe in Russland bereits ab 1741 unter der Regentschaft von Zarin Elisabeth I. (1709–1762) ausgesetzt worden war. Diese faktische Abschaffung war allerdings nicht in einem Strafgesetzbuch normiert worden; vgl. *Lewandowski*, Die Todesstrafe in der Aufklärung, S. 123.

22 *Sprenger*, Zwischen den Stühlen, S. 3.

rechtlich zum Heiligen Römischen Reich Deutscher Nation gezählt werden kann. Wenn dem nicht so wäre, müsste man den Titel dieser Arbeit als unpräzise ansehen. Der Herrschaftsanspruch des Heiligen Römischen Reichs umfasste allerdings immer schon die reichsitalienischen Gebiete. Der jeweilige Kaiser fungierte als Lehnsherr. Peter Leopold II., der toskanische Herrscher zur Zeit der Entstehung des besagten Strafgesetzbuchs, der *Riforma della Legislazione Criminale Toscana*, war der Bruder von Joseph II., seines Zeichens zu diesem Zeitpunkt römisch-deutscher Kaiser aus dem Geschlecht der Habsburger. Nach dessen Tod im Jahr 1790 folgte ihm Leopold II. als Kaiser des Heiligen Römischen Reiches nach[23]. Schon aufgrund dieser Verflechtungen kann man Reichsitalien und damit auch das Großherzogtum Toskana nicht vom Heiligen Römischen Reich separieren, sondern muss es zumindest im politischen und gesellschaftlichen Kontext als Teil dieses politischen Verbundes im weiteren Sinne sehen. Diese Erwägungen veranlassten den Verfasser schließlich zur Wahl des Titels „Die partielle Abschaffung der Todesstrafe im Heiligen Römischen Reich Deutscher Nation unter dem Einfluss der Aufklärung“.

B) Vorgehensweise

I. Allgemeines

Der Anspruch der vorliegenden Untersuchung soll es sein, sich ihrer Thematik aus juristischer, philosophischer, historischer und gesellschaftlicher Perspektive anzunähern. Im Bemühen um eine möglichst lebhafte und genaue historische Darstellung der behandelten Epochen sollen auch immer wieder Originalzitate von Zeugen der jeweiligen Zeit sowie aus den verwendeten Quellen eingeflochten werden. Gleichwohl handelt es sich um eine juristische Arbeit. Daher ist es unerlässlich, eng am Wortlaut der einschlägigen Normen zur Todesstrafe in den behandelten Gesetzen zu arbeiten und diese Vorschriften auch entsprechend darzustellen. Gleichzeitig sollen auch die geschichtlichen Hintergründe und die sozialen Umstände aufgezeigt werden, ohne welche ein umfassendes Verständnis der vorgestellten Vorschriftenkataloge nicht möglich ist. Aufgabe dieser Arbeit wird es sein, die Wechselwirkungen zwischen den jeweils vorherrschenden ethisch-moralischen und gesellschaftlichen Auffassungen zur Legitimation der Todesstrafe und den jeweiligen gesetzlichen Regelungen zu untersuchen. Hierfür ist es unerlässlich, den Untersuchungsgegenstand aus mehreren Perspektiven heraus zu betrachten. Namentlich gilt dies

23 Vgl. *Schlosser*, Die „Leopoldina“, S. 1.

für die juristischen, philosophischen, historischen und gesellschaftlichen Perspektiven dieser Arbeit, welche im Folgenden jeweils kurz skizziert werden.

II. Perspektiven

Zur Erreichung des Ziels dieser Abhandlung ist es zunächst notwendig, im Rahmen ihres juristischen Kontexts die jeweils relevanten gesetzlichen Regelungen darzustellen und im Rahmen ihrer systematischen Einbettung und der gesetzgeberischen Intention zu untersuchen. Im Wesentlichen hat dies am Wortlaut der zu untersuchenden Ordnungen und Gesetze orientiert zu erfolgen. In diesem Zusammenhang müssen auch die Praktiken der Strafrechtspflege mit in die Betrachtung einbezogen werden, da diese sich teilweise von den rechtlichen Vorgaben unterschieden. Systematisch untersucht werden in diesem Zusammenhang zunächst die Peinliche Halsgerichtsordnung Kaiser Karls V., die *Constitutio Criminalis Carolina*, und ihre geistige Vorgängerin, die Bambergische peinliche Halsgerichtsordnung oder *Constitutio Criminalis Bambergensis*. Die *Carolina* galt bis zum Ende des Alten Reiches 1806 und übte somit über drei Jahrzehnte starken Einfluss auf die deutsche Strafrechtsprechung aus. Mit dem *Codex Juris Bavarici Criminalis* von 1751 und der *Constitutio Criminalis Theresiana* von 1768 werden zwei Gesetzeswerke untersucht, die zwar dem Zeitalter der Aufklärung entstammen, sich jedoch vom Geist der Aufklärer noch weitgehend unbeeindruckt zeigen. Anders die *Leopoldina*, das Toskanische Strafgesetzbuch von 1786, und die österreichische *Josephina* aus dem Jahr 1787. In diesen beiden Strafgesetzen wurde die Todesstrafe nun tatsächlich abgeschafft, so dass man ihre Darstellung auch als den Kern dieser Abhandlung betrachten kann. Schließlich wird auch die Behandlung der Todesstrafe im *Allgemeinen Landrecht für die Preußischen Staaten* von 1794 beleuchtet; gleichfalls soll auch die Rechtslage nach dem Ende des Heiligen Römischen Reiches Erwähnung finden. Der philosophische Kontext dieser Ausführungen kommt in der Darstellung, Bewertung und Vergleichung der Positionen ausgewählter Denker zur Todesstrafe insbesondere vom 16. Jahrhundert bis zur Aufklärung zur Geltung, wobei auch wirkmächtige Positionen seit der Antike behandelt werden. Dabei sollen die Befürworter und die Kritiker der Todesstrafe zunächst jeweils einzeln dargestellt werden. Im Rahmen einer Diskussion werden Gemeinsamkeiten und Unterschiede der einzelnen Theorien herausgearbeitet und bewertet. Der Begriff der Kritiker ist an dieser Stelle zu relativieren: Wie gezeigt wird, ist selbst bei den klassischen ablehnenden Positionen oftmals keine vollkommene Boykottierung zu erkennen. So schränkte – wie noch dargelegt wird – selbst Cesare Beccaria, dessen Gedanken zur Abschaffung der Todesstrafe den wohl größten Einfluss auf deren Umsetzung ausübten, seine Ablehnung dahingehend ein, dass Hinrichtungen gleichwohl legitim seien, wenn einer akuten Bedrohung von Sicherheit und Freiheit des Staates nicht auf milderem Wege begegnet werden könne, was vor allem bei Hochverrat der Fall sei[24]. Auch andere prominente Kritiker wie Karl Ferdinand Hommel ließen ihre Gegnerschaft nicht schrankenlos gelten. Aus diesen Gründen erwies es sich im Einzelfall auch als Schwierigkeit, ob ein Philosoph nun als Befürworter oder als Kritiker einzuordnen ist. Diese Einteilung wurde daher jeweils nach dem argumentativen Schwerpunkt der jeweiligen Theorien und nach dem Kontext der damaligen Epoche vorgenommen. Auf diese Weise wurden die Kriterien für die Einordnung als Kritiker der Todesstrafe nach heutigen Maßstäben durchaus großzügig vorgenommen. Allerdings muss beachtet werden, dass auch eine nur vorsichtige Ablehnung der damals üblichen Hinrichtungen von Straftätern zur Mitte des 18. Jahrhunderts im strafrechtstheoretischen Diskurs geradezu revolutionär war. In historischer Perspektive sollen die maßgeblichen Entwicklungen zur Todesstrafe vor allem zwischen dem beginnenden 16. Jahrhundert und dem Ende des Heiligen Römischen Reichs Deutscher Nation im Jahr 1806 aufgezeigt werden. Dabei sollen auch die geschichtlichen Dimensionen von Gesellschaft und Politik miteinbezogen und ihr Einfluss auf die entsprechenden strafrechtlichen Normen und ethisch-philosophischen Ansichten zur Todesstrafe beleuchtet werden. Gleichzeitig soll an ausgewählten Stellen auch auf die empirische Bewertung der Kriminalität und der ihr zu Grunde liegenden Faktoren in den jeweils untersuchten Epochen eingegangen werden; eine Aufgabe, die heute der Kriminologie als Wissenschaft zuteilwird. Nachdem der Begriff der Kriminologie erst nach dem Ende des Heiligen Römischen Reiches im Laufe des 19. Jahrhunderts etabliert wurde und während des zu untersuchenden Zeitraumes noch nicht existierte, ist diese Aufgabe dem die jeweiligen sozialen Umstände untersuchenden Kontext dieser Arbeit zuzuordnen.

---

24 Vgl. *Beccaria*, Von Verbrechen und Strafen, § XXVIII, S. 132 f.; vgl. *Weis*, Cesare Beccaria, S. 26.

ERSTER TEIL:
AUSGANGSSITUATION

Erstes Kapitel: Strafrecht und Todesstrafe im Heiligen Römischen Reich Deutscher Nation bis zur Entstehung der Constitutio Criminalis Carolina

A) Der Strafprozess im Heiligen Römischen Reich Deutscher Nation

I. Das Heilige Römische Reich Deutscher Nation

Die Bezeichnung „Heiliges Römisches Reich" knüpft an die Tradition des Kaisertums in der römischen Antike an[1]. Der letzte Kaiser des weströmischen Reichs war Romulus Augustulus, der 476 durch Odoaker vom Stamm der Skiren abgesetzt wurde[2]. Odoaker wurde am 23. August 476 zum *rex italiae*, dem König von Italien, ernannt[3]. Am 25. Dezember 800 wurde Karl der Große vom damaligen Papst Leo III. zum Kaiser des westfränkischen Reichs gekrönt[4]. Er war damit der erste westliche Herrscher im Mittelalter, dessen Inthronisierung durch den Papst erfolgte[5]. Gleichzeitig wurde damit der Grundstein für die Existenz des Heiligen Römischen Reiches als Staatsgebilde gelegt[6]. Die Krönung Karls des Großen nahm sich Otto der Große, der König des Ostfrankenreichs, ein paar Generationen später zum Vorbild. Ursprünglich hatte Otto in der Tradition Karls des Großen eine Krönung an Weihnachten 961 angestrebt. Dieses Datum ließ sich jedoch angesichts der langen Verhandlungen um die Kaiserkrönung nicht halten. So ließ sich Otto der Große schließlich am 2. Februar 962 durch Papst Johannes XII. in der Peterskirche in Rom zum Kaiser krönen[7]. In der historischen Forschung variiert das Anfangsdatum der Geburt des Heiligen Römischen Reichs oftmals zwischen der Krönung Karls des Großen und der Inthronisierung Ottos des Großen, also zwischen 800 und 962. Weitere Datierungen auf den Beginn der Formierung des Deutschen Reiches werden je nach Anschauung beispielshalber für die Straßburger Eide 842,

1 Vgl. *Stollberg-Rilinger*, Das Heilige Römische Reich Deutscher Nation, S. 10.
2 Vgl. *Hartmann*, Karl der Große, S. 206.
3 Vgl. *Ausbüttel*, Theoderich der Große, S. 48.
4 Vgl. *Hartmann*, Karl der Große, S. 210.
5 Vgl. *Stollberg-Rilinger*, Das Heilige Römische Reich Deutscher Nation, S. 10.
6 Vgl. *Herbers / Neuhaus*, Das Heilige Römische Reich, S. 3.
7 Vgl. *Becher*, Otto der Große, S. 220 f.

den Vertrag von Verdun 842/843, den Vertrag von Meerssen 869/870 oder den Beginn der Herrschaft des Konrad I. ab 911 oder von Heinrich I. ab 919 vorgenommen. Allerdings muss man die Entstehung der deutschen Nation eher als einen jahrhundertelangen Prozess ansehen, welcher erst im 11. Jahrhundert zumindest weitgehend abgeschlossen war[8]. Seit der Krönung Ottos des Großen schmückten sich fast alle deutschen Könige auch mit dem Titel des römischen Kaisers. Unter dem fiktionalen Akt der *translatio imperii* stellten sie sich eine Übertragung der Macht von den alten Römern auf die fränkischen bzw. deutschen Herrscher vor, welche durch die vom Papst vorgenommene Kaiserkrönung legitimiert wurde und eine Schirmherrschaft über die gesamte christliche Welt begründen sollte[9]. Der Begriff des Heiligen Römischen Reiches an sich wurde erstmals im 12. Jahrhundert unter der Bezeichnung *Sacrum Romanum Imperium* verwendet. Daneben waren auch die Titel *Imperium Romanum*[10] und *Sacratissimum Imperium*[11] gebräuchlich[12]. Der Namenszusatz „deutscher Nation" fand sich erstmals in dem Landfriedensgesetz Kaiser Friedrichs III. von 1486[13]. Am 23. Juni 1519 wurde Karl V. in Frankfurt zum deutschen König gewählt und etwas über ein Jahr später mit erst 19 Jahren am 23. Oktober 1520 in Aachen zum römisch-deutschen Kaiser gekrönt[14]. Das Ende des Heiligen Römischen Reiches Deutscher Nation wird auf den 6. August 1806 datiert, als Kaiser Franz II. in Wien unter dem Eindruck eines zerfallenden Territoriums aufgrund des Zusammenschlusses zahlreicher Staaten zum Rheinbund unter dem Protektorat Napoleons die Krone des Römischen Reiches niederlegte[15].

II. Grundstrukturen des Strafverfahrens im Heiligen Römischen Reich

So uneinheitlich die politische Struktur der Einzelstaaten im Heiligen Römischen Reich zu dieser Zeit war, so verschieden waren auch die jeweils gelten-

8 Vgl. *Herbers / Neuhaus*, Das Heilige Römische Reich, S. 3.

9 Vgl. *Stollberg-Rilinger*, Das Heilige Römische Reich Deutscher Nation, S. 10 f.

10 Lat.: Römisches Reich, Anm. d. Verf.

11 Lat.: Heiligstes Reich, Anm. d. Verf.

12 Vgl. *Herbers / Neuhaus*, Das Heilige Römische Reich, S. 2; dort wird darauf verwiesen, dass der Ursprung des Begriffs *Sacrum Romanum Imperium* auf Quellen aus den Jahren 1157 bzw. 1180/1184 datiert werden kann.

13 Vgl. *Stollberg-Rilinger*, Das Heilige Römische Reich Deutscher Nation., S. 12.; *Herbers / Neuhaus*, a.a.O., S. 187.

14 Vgl. *Schilling*, Karl V., S. 9.

15 Vgl. *Herbers / Neuhaus*, Das Heilige Römische Reich, S. 286 f.

den Rechte und Rechtsgewohnheiten[16]. Dies galt auch für die Regelungen des Strafprozesses. Zu dieser Zeit wurden die Regelungen zum materiellen und formellen Strafrecht noch nicht getrennt, sondern fanden sich meist in einem gemeinsamen Regelwerk. In den ersten Jahrhunderten des Alten Reiches war die Rechtskultur von einer regionalen Heterogenität geprägt. Diese zeigte sich in zahlreichen strafrechtlichen Rechtsbüchern und Ordnungen, die regionale oder lokale Geltung beanspruchten. Unter diesen Werken sind beispielhaft Eike von Repgows Sachsenspiegel[17] oder der Schwabenspiegel zu nennen, welche noch heute einen großen Bekanntheitsgrad genießen[18]. Im Laufe der Zeit kristallisierte sich eine Unterscheidung zwischen den Regelungen für den *gemeinen Criminalprocess*, die für das gesamte Alte Reich Geltung beanspruchten, und den Vorschriften für den *particularen Criminalprocess* der jeweiligen Einzelstaaten heraus[19]. Im Jahr 1532 wurde die *Constitutio Criminalis Carolina* erlassen, *Kaiser Karls V. und des Heiligen Römischen Reichs peinlich Gerichtsordnung*, welche maßgeblichen Einfluss auf den *gemeinen Criminalprocess* bis zum Ende des Heiligen Römischen Reichs hatte und Geltung für dessen gesamtes Gebiet beanspruchte. Friedrich Carl von Savigny hob die Wirkung der *Constitutio Criminalis Carolina* in seiner Schrift *Vom Beruf unsrer Zeit für Gesetzgebung und Rechtswissenschaft* auf dem Jahre 1814 mit folgenden Worten hervor:

> „Ich kenne aus dem achtzehnten Jahrhundert kein deutsches Gesetz, welches in Ernst und Kraft des Ausdrucks mit der Peinlichen Gerichtsordnung Karls des Fünften verglichen werden könnte."[20]

Die *Carolina*, wie die *Constitutio Criminalis Carolina* gemeinhin auch bezeichnet wird, wird rückblickend als „sprach- und rechtsschöpferisches Dokument ersten Ranges"[21] angesehen. Sie wurde von Kaiser Karl V. und den Reichsständen für das gesamte Heilige Römische Reich geschaffen und beanspruchte daher auch Geltung als „Reichsgesetz"[22]. Im Vergleich zu den heutigen Normen des StGB und der StPO hatte die *Carolina* jedoch nicht den Anspruch, das materielle Strafrecht und das Strafverfahrensrecht umfassend zu normieren. Ihr Regelungsgehalt war vielmehr lückenhaft und bedurfte oftmals der Auslegung durch Gerichte und den Juristenstand. Dies war auch so ge-

16 Vgl. *Ignor*, Geschichte des Strafprozesses in Deutschland, S. 41.
17 Näheres hierzu m.w.N. bei *Laufs*, Rechtsentwicklungen in Deutschland, S. 1 ff.
18 Vgl. *Härter*, Strafrechts- und Kriminalitätsgeschichte der Frühen Neuzeit, S. 67.
19 Vgl. ebd.; näheres zu dieser Unterscheidung bei *Bauer*, Grundsätze des Criminalprocesses, § 9, S. 10 f.
20 *Savigny*, Vom Beruf unsrer Zeit für Gesetzgebung und Rechtswissenschaft, S. 52
21 *Laufs*, Rechtsentwicklungen in Deutschland, S. 135.
22 Vgl. *Ignor*, Geschichte des Strafprozesses in Deutschland, S. 42.

wollt, wie sich aus der „Salvatorischen Klausel“ am Ende der Vorrede zur *Carolina* ergibt[23].

III. Die Vollstreckung der Todesstrafe im Heiligen Römischen Reich

So uneinheitlich die politischen, sozialen und juristischen Strukturen des Heiligen Römischen Reichs waren, so uneinheitlich waren auch die Gepflogenheiten der Verhängung und Vollstreckung der Todesstrafe. Nachdem bereits die Geburt des Alten Reichs ein fließender und langwieriger Prozess war[24], unterschieden sich auch die strafprozessualen Regeln und Bräuche stark. Zumeist wurde das Recht nach alter Gewohnheit überliefert oder aufgrund nur rudimentärer Regelungen angewandt. Weit verbreitet war das Ertränken. Vor allem in den nördlichen Territorien wurde diese Bestrafung oft in den zahlreichen Mooren und Sümpfen umgesetzt. Besonders bei weiblichen Verurteilten wurde diese Art der Todesstrafe oft vollstreckt, da bei den germanischen Völkern traditionell die Furcht vor Frauenblut gesellschaftlich verankert war[25]. Aus diesem Grund wurde neben dem Ertränken auch das Lebendigbegraben von Frauen in den ersten Jahrhunderten der Existenz des Heiligen Römischen Reichs von der damaligen Rechtsprechung oft zur Tötung der Missetäterinnen angewandt[26]. Erst am Ende des Mittelalters hin zur Schwelle der frühen Neuzeit wurden andere Formen der Todesstrafe für Frauen wie die Hinrichtung durch das Schwert gebräuchlich[27]. Weitere verbreitete Formen waren je nach Art des abzuurteilenden Delikts und der jeweiligen Region das Rädern, das Hängen am Galgen, die Enthauptung oder das Verbrennen. Bei besonders schweren Missetaten kamen auch besonders brutale und langwierige Tötungsmethoden wie die Vierteilung oder das Reißen mit Zangen zur Anwendung[28].

B) Die Constitutio Criminalis Bambergensis

I. Johann Freiherr von Schwarzenberg

Auch wenn die Peinliche Halsgerichtsordnung von 1532 den Namen Kaiser Karls V. trägt, kann als ihr geistiger Vater Johann Freiherr von bzw. zu

23 Vgl. ebd.; *Weber*, ZRG GA 77 (1960), S. 288 ff.
24 Vgl. *Herbers / Neuhaus*, Das Heilige Römische Reich, S. 3; *Ignor*, Geschichte des Strafprozesses in Deutschland, S. 41.
25 Vgl. *Barring*, Die Todesstrafe in der Geschichte der Menschheit, S. 31 f.
26 Vgl. a.a.O., S. 34.
27 Vgl. a.a.O., S. 32.

Schwarzenberg und Hohenlandsberg bezeichnet werden[29]. Dieser wurde wahrscheinlich im Jahre 1463 oder 1465[30] geboren (wobei andere Angaben über sein Geburtsjahr zwischen 1462 und 1471 variieren) und starb ausweislich der Inschrift auf seinem Denkstein auf dem letzten Blatt des *Teutsch Cicero*[31] am 21. Oktober 1528. Damit erlebte er den Erlass der *Carolina* nicht mehr. Auch die Echtheit dieses Sterbedatums ist umstritten[32]. Schwarzenberg entstammte einem vermögenden Adelsgeschlecht und war Hofmeister des Fürstbischofs von Bamberg sowie Moralist[33], Dichter und Rechtskundiger; letzteres allerdings ohne juristisches Studium sondern qua autodidaktischen Wissenserwerbs[34]. Aufgrund seiner fehlenden universitären Ausbildung und der oft volkstümlichen Sprache[35] seiner Ausführungen wird Schwarzenberg vorliegend nicht als Rechtsgelehrter, sondern als Rechtskundiger bezeichnet. Bei dieser Unterscheidung wird unterstellt, dass ein Rechtsgelehrter ein juristisches Studium absolviert hat, während ein Rechtskundiger nicht zwingend einen akademischen, sondern vielmehr einen vorrangig praktischen Zugang zum Recht hat. Das Amt des Hofmeisters des Fürstbischofs von Bamberg bekleidete er ab dem Beginn des 16. Jahrhunderts, wahrscheinlich ab 1501[36]. Als Hofmeister hatte Schwarzenberg den Vorsitz über das fürstliche Hofgericht in Bamberg inne. In dieser Funktion war er der höchste weltliche Bedienstete am

---

28 Vgl. *Evans*, Rituale der Vergeltung, S. 59 ff.

29 Vgl. *Laufs*, Rechtsentwicklungen in Deutschland, S. 135.

30 Für die Annahme des Geburtsjahres 1465 z.B. *Schrott*, Um Galgen, Rad und Schwert, S. 9.

31 Epitaph am Ende des „Teutsch Cicero" (1534); diese Inschrift findet sich auch in den von Johann Schwarzenbergs Sohn *Paul Schwarzenberg* veröffentlichten Epigrammata D. Pauli Schwarzenberg (1538).

32 Vgl. *Scheel*, Johann Freiherr zu Schwarzenberg, S. 14; der Titel dieser Biographie verwendet den Namenszusatz „zu" statt „von". Da sich das Adelsgeschlecht Schwarzenberg vormals „zu Schwarzenberg" nannte, ist auch diese Namensform gebräuchlich.

33 Als „Moralisten" (lat. Mores = Die Sitten) werden die Vertreter der Moralistik bezeichnet. Darunter versteht man eine philosophische Literaturgattung, deren Vertreter vor allem die Sitten und Handlungen ihrer Zeitgenossen beobachten und beschreiben; näheres hierzu bei *Zimmer*, Die europäischen Moralisten zur Einführung.

34 Vgl. *Laufs*, Rechtsentwicklungen in Deutschland, S. 135; *Scheel*, Johann Freiherr zu Schwarzenberg, S. 22 f.; näheres hierzu bei *Wolf*, Johann Freiherr von Schwarzenberg, S. 102 ff.

35 Vgl. *Laufs*, a.a.O., S. 136.

36 *Seitz*, ZRG Bd. 2 (1863), S. 447; andere Quellenangaben gehen jedoch für den Beginn dieser Tätigkeit erst zu einem späteren Zeitpunkt bis 1504 aus, vgl. hierzu *Scheel*, Johann Freiherr zu Schwarzenberg, S. 22 f. m.w.N.

Bischofshof und erlebte im Rahmen seiner Tätigkeit als Zentrichter[37] die aus seiner Sicht unzureichenden Bedingungen der Strafrechtspflege. Nach seiner Anschauung war das zur Wende des 15. zum 16. Jahrhundert geltende materielle und formelle Strafrecht mangelhaft und aufgrund seines ausgeprägten privatrechtlichen Charakters mit dem Grundsatz „wo kein Kläger, da kein Richter“ sowie der herrschenden Rechtszersplitterung den Anforderungen seiner Zeit mit zunehmender Kriminalität nicht mehr gewachsen[38]. Die Gründe für diese Zunahme von Straftaten hatte mehrere Ursachen. Der Beginn des 16. Jahrhunderts war im Heiligen Römischen Reich von politischen und sozialen Verwerfungen und der Angst vor Bürgerkriegen gekennzeichnet. Diese Situation der wachsenden Unsicherheit sorgte für ein Klima der gesellschaftlichen Destabilisierung, welches einen Anstieg von Straftaten in vielen Bereichen des Lebens zur Folge hatte. Laufs spricht in seinem Lehrbuch *Rechtsentwicklungen in Deutschland* insoweit plakativ von einer Landplage und einem Gewohnheitsverbrechertum, welches charakterisiert wurde durch „raub- und fehdelustige Strauchritter und Schnapphähne, das buntscheckige fahrende Volk herrenloser Soldknechte, Gaukler und Kesselflicker, verwilderter Wallfahrer und Scholaren, vertriebener Juden und Zigeuner“[39].

II. Die Quellen der Constitutio Criminalis Bambergensis

1505 wurde Georg III., Schenk von Limburg, zum Fürstbischof Bambergs gewählt[40]. Der Bischof von Bamberg war der Regent des am 1. November 1007 vom späteren Kaiser Heinrich II. gestifteten Hochstifts und vereinigte damit auch sämtliche staatliche Gewalt in seiner Person. Somit war der Fürstbischof auch der oberste Gerichtsherr im Bistum Bamberg. Aufgrund des kirchlichen Prinzips *ecclesia non sitit sanguinem*[41] wurde die Strafgerichtsbarkeit bis ins 13. Jahrhundert auf die jeweiligen Gaugrafen übertragen, bis Bischof Heinrich I. von Bilversheim (1242–1257) beschloss, die strafrichterliche

37 Als „Zent“ bezeichnete man einen Gerichts- und Verwaltungsbezirk im Heiligen Römischen Reich; näheres hierzu m.w.N. bei *Schaab*, Die Zent in Franken von der Karolingerzeit bis ins 19. Jahrhundert, S. 345 ff.

38 Vgl. *Laufs*, Rechtsentwicklungen in Deutschland, S. 136.

39 Ebd.; vgl. hierzu auch die Ausführungen bei *Kaufmann*, Die peinliche Gerichtsordnung Kaiser Karls V., Einführung, S. 4. Dort wird auch auf das Jahr 1417, seit welchem „die Zigeuner im Lande“ gewesen seien, verwiesen.

40 Vgl. *Scheel*, Johann Freiherr zu Schwarzenberg, S. 26.

41 Lat.: „Die Kirche dürstet nicht nach Blut“; es handelte sich dabei um einen kanonischen Grundsatz des Mittelalters, nach welchem ein Geistlicher keine Maßnahmen der weltlichen Strafgerichtsbarkeit ausführen durfte, vgl. *Jerouschek*, HRG, Bd. 1, Sp. 1174–1176.

Gewalt durch das Bistum Bamberg selbst auszuüben[42]. Fürstbischof Georg III. unterstützte Schwarzenberg in seinem Vorhaben, eine strafrechtliche Kodifikation nach dessen Vorstellungen zu erschaffen, um eine Reform des Strafrechts herbeizuführen. Schwarzenberg wurde infolgedessen die Leitung eines gelehrten Juristenkollegiums übertragen[43]. Dieses verfasste unter Schwarzenbergs Federführung die *Constitutio Criminalis Bambergensis*, die Bambergische peinliche Halsgerichtsordnung, welche im Jahre 1507 in Kraft trat. Es ist umstritten, welchen Beitrag diese gelehrten Juristen zu der Kodifikation leisteten. Aufgrund der Tatsache, dass Schwarzenberg selbst keine akademische Ausbildung hatte und des Lateinischen nicht mächtig war, wird bisweilen angenommen, dass die gelehrten Juristen einen bedeutsamen eigenständigen Anteil am Inhalt der *Constitutio Criminalis Bambergensis* hatten[44]. Als Mitarbeiter Schwarzenbergs namentlich bekannt ist Sebastian von Rotenhan, daneben waren beispielshalber auch Beisitzer am Hofgericht und Amtsleute der bambergischen Hofverwaltung beteiligt[45]. Der Rezeption des Werks tat dies indes keinen Abbruch. Scheel bezeichnete die *Bambergensis* in seiner Biographie des Johann Freiherr von Schwarzenberg und Hohenlandsberg als „ein Meisterwerk, das einem einzelnen Gerichtsbezirke Deutschlands das gab, was Reichstage und Reichskommissionen seit lange anstrebten: eine moderne Neuordnung des Strafrechtes und des Strafprozesses“[46]. Als Vorbilder für die *Bambergensis* dienten Schwarzenberg neben bestehenden und von ihm erneuerten Strukturen des deutschen Rechts auch Kodifikationen des mittelalterlichen italienischen Strafrechts. Unter diesen zu nennen ist vor allem der im Jahre 1298 verfasste *Tractatus de maleficiis* des oberitalienischen Richters Albertus Gandinus, der wohl von ca. 1245 bis 1311 lebte und als einer der einflussreichsten Strafrechtler der frühen Neuzeit unter anderem in Bologna, Lucca und Siena wirkte[47]. Aber auch eine Reihe weiterer Werke italienischer Juristen des 13. bis 15. Jahrhunderts dienten Schwarzenberg als Quellen und Interpretationsmittel. Hierzu zählen zum Beispiel der *Tractatus de indiciis et tortura* des Guido de Suzaria, der *Tractatus de quaestionibus* des Jacobus de Arena, das *Speculum judiciale* des Guilielmus Durantis und insbesondere auch

---

42 Vgl. *Schrott*, Um Galgen, Rad und Schwert, S. 1.

43 Vgl. *Laufs*, Rechtsentwicklungen in Deutschland, S. 136.

44 Vgl. *Trusen*, in: Landau (Hrsg.), Strafrecht, Strafprozeß und Rezeption, S. 92 ff.; *Rosshirt*, Lehrbuch des Criminalrechts, S. 9 (m.w.N. dort unter § 4 Rn. 2).

45 Vgl. *Wolf*, Johann Freiherr von Schwarzenberg, S. 121.

46 *Scheel*, Johann Freiherr zu Schwarzenberg, S. 28.

47 Vgl. *Ignor*, Geschichte des Strafprozesses in Deutschland, S. 45; näheres zu Albertus Gandinus m.w.N. bei *Kantorowicz*, Albertus Gandinus und das Strafrecht der Scholastik.

das 1437 erschienene Werk *Tractatus de maleficiis* von Angelus Aretinus de Gambilionibus[48]. Auch wenn es sich um keine klassischen juristischen Quellen handelt, so sollen an dieser Stelle doch ebenfalls die Schriften des Cicero genannt werden, da diese einen großen Einfluss auf die humanistisch geprägten Autoren des oberitalienischen und auch deutschen Juristenstandes hatten. Schwarzenberg selbst entnahm den ciceronischen Lehren den Grundsatz „Gerechtigkeit und Gemeinnutz“ als Leitprinzip seiner Arbeiten[49]. Aus dem deutschen Strafrecht dienten Schwarzenberg sowohl das geschriebene Recht als auch das fränkische Gewohnheitsrecht als Quelle[50]. Letzteres verwundert insoweit nicht, als weite Teile des Strafrechts nicht kodifiziert waren und daher durch die Praxis der Strafrechtspflege definiert werden mussten. Viele partikulare Strafgesetze wie z.B. die peinlichen Halsgerichtsordnungen der nahe gelegenen Reichsstadt Nürnberg begnügten sich lediglich mit der „Angabe einiger Formulare für das gerichtliche Verfahren“[51]. Das geschriebene Bamberger Stadtrecht war hingegen vergleichsweise weit entwickelt, so dass es auch Einfluss auf den Inhalt der *Bambergensis*, insbesondere auf deren Verfahrensrecht – den *Criminalprocess* –, hatte. Die Wirkung auf das materielle Strafrecht – das *Criminalrecht* – der Bambergischen peinlichen Halsgerichtsordnung darf gleichwohl nicht überschätzt werden, auch wenn sich dort durchaus Anklänge an das Bamberger Stadtrecht finden. In diesem Zusammenhang soll nochmals klargestellt werden, dass eine Unterscheidung zwischen materiellem und prozessualem Recht damals nicht nach unseren heutigen Maßstäben stattfand und eine Aufteilung dieser Materien in verschiedene Gesetze oder Rechtsordnungen nicht vorgenommen wurde. So stellte Zöpfl 1839 rückblickend fest:

> „Was nun insbesondere den Quellenwerth betrifft, welchen das Bamberger Stadtrecht für den eigentlich *strafrechtlichen Teil* der *Bambergensis* und *Carolina* hat, so ist dieser, wie wir oben bemerkt haben, nicht sehr gross, jedoch gerade in einigen wesentlichen Punkten unverkennbar. Hieher gehöret vor allem die Unterscheidung solcher strafbarer Handlungen, über welche im *strengen* Rechte, und in solche, über welche nur in *freundlichem* bürgerlichen Rechte erkannt werden darf.“[52]

Im strengen Rechte wurden Verbrechen gerichtet, die allesamt dadurch gesühnt wurden, dass sie dem Verurteilten „an den Hals“ gingen. Folgerichtig wurden sie auch als „Halsgerichte“ bezeichnet, wodurch der Begriff der Halsgerichtsordnung für eine strafrechtliche Kodifikation herrührt. Zur Aburteilung

---

48 Vgl. *Brunnenmeister*, Die Quellen der Bambergensis, S. 208 ff. m.w.N.; *Ignor*, a.a.O., S. 46.

49 Vgl. *Wolf*, Johann Freiherr zu Schwarzenberg, S. 120.

50 Vgl. *Laufs*, Rechtsentwicklungen in Deutschland, S. 137.

51 *Brunnenmeister*, Die Quellen der Bambergensis, S. 13.

52 *Zöpfl*, Das alte Bamberger Recht als Quelle der Carolina, S. 167.

war das Zentgericht berufen[53]. In § 223 des Bamberger Stadtrechts wurden acht Halsgerichte genannt, nämlich Mord, Raub, Diebstahl, Brandstiftung, Fälschung, Verräterei, Notzucht und Störung des Landfriedens[54]. Auffallend hierbei ist, dass das Bamberger Stadtrecht nur das Halsgericht „Mord" nennt, für welches es als Strafe die Tötung durch das Rad vorschreibt. Diese Art der Todesstrafe konnte noch durch das Schleifen verstärkt werden. Im Bamberger Stadtbuch wird hingegen auch der Begriff „Todschlag" verwendet, dessen Bedeutung allerdings deckungsgleich mit dem Begriff „Mord" war[55]. Den „strengen Rechten" standen die sogenannten „freundlichen Rechte" gegenüber. Zu den „freundlichen Rechten" gezählt wurden Vergehen, die als „Wunden und Leme"[56] bezeichnet wurden. Diese wurden im Regelfall durch Zahlung einer Geldstrafe („Busse") an den Geschädigten sowie einer „Wette an den Schultheisen" (das Stadtgericht) gebüßt[57]. Nur in Ausnahmefällen war das ranghöhere Zentgericht zuständig, welches dann auch Leibesstrafen wie das Abhauen der Hand verhängen konnte. Geringfügigere Vergehen, die nicht unter „Wunde und Leme" fielen, konnten als „Frevel" gesühnt werden. Bei diesen konnte niemals eine Leibesstrafe verhängt werden, sondern „im höchsten Falle nur subsidiär Stadtverweisung oder geringere körperliche Züchtigung"[58]. Diese dogmatische Differenzierung im Bamberger Stadtrecht hatte auch Einfluss auf die Entstehung der *Constitutio Criminalis Bambergensis*. Bereits 1503 hatte Schwarzenberg auf dieser Grundlage die Bamberger Landgerichtsordnung entworfen, welche gleichermaßen als Vorläufer und Vorlage der *Bambergensis* angesehen werden kann[59]. Außerhalb des Bistums Bamberg dienten ihr vor allem der um 1436 entstandene Klagspiegel[60] des Stadtschreibers von Schwäbisch-Hall Conrad Heyden, welcher erstmals römischrechtliche Inhalte in deutscher Sprache darstellte und 1516 von dem Humanisten Sebastian Brant neu herausgegeben wurde, sowie die vom Klagspiegel beeinflusste Wormser Reformation von 1498 als Vorbild. Beide Werke waren

---

53 Vgl. *Brunnenmeister*, Die Quellen der Bambergensis, S. 19.

54 § 223 Bamberger Stadtrecht: „1. Vnd dieselben sache sein alle hie benant, davmb man teilt czu richten; vmb morde, vmb raube, vmb deube, vmb prant, vmb falsch, vmb verreterei, vmb notzogen, vmb lantzwingen".

55 Vgl. *Zöpfl*, Das alte Bamberger Recht als Quelle der Carolina, S. 112 ff.

56 Vgl. a.a.O., S. 110; dort wird auch auf die Herkunft des Wortes *Leme* (Frühneuhochdeutsch für Lähmungen) verwiesen.

57 Vgl. *Brunnenmeister*, Die Quellen der Bambergensis, S. 19; *Zöpfl*, Das alte Bamberger Recht als Quelle der Carolina, S. 110.

58 *Zöpfl*, a.a.O., S. 111.

59 Vgl. *Wolf*, Johann Freiherr von Schwarzenberg, S. 118, 120.

60 Nähere Ausführungen zum Klagspiegel bei *Brunnenmeister*, Die Quellen der Bambergensis, S. 142 ff.

vom Gedankengut der oberitalienischen Juristen wie Albertus Gandinus geprägt[61]. Mit der Wormser Reformation sollte deren Tradition folgend eine Wende weg von der gewohnheitsrechtlichen Gerichtspraxis hin zu einer „von dem Zufall und der Willkür unabhängigen und ungehinderten Strafrechtspflege“[62] realisiert werden. Nach Auffassung von Stobbe gibt es keine Rechtsquelle des 15. und 16. Jahrhunderts, „welche in gleicher Weise, wie die Wormser Reformation das einheimische, in praktischer Uebung stehende Recht ausser Achtung gelassen und im Wesentlichen nur das gemeine Recht, nicht sowohl aus den römischen Quellen selbst, als aus den Schriften der Juristen zur Darstellung gebracht hätte“[63]. Ebenfalls im temporären Kontext der *Bambergensis* betrachtet werden müssen die Maximilianischen Halsgerichtsordnungen für Tirol (1499) und Radolphzell[64] (1506)[65]. Diese waren die ersten beiden von insgesamt vier Kriminalordnungen, die der spätere Kaiser Maximilian I.[66] erlassen hatte. Die beiden anderen strafrechtlichen Kodifikationen Maximilians I. datieren aus dem Jahre 1514, nämlich die Laibacher Halsgerichtsordnung und die Landgerichtsordnung für Oesterreich unter der Enns[67]. Obwohl die Tiroler und die Radolphzeller Halsgerichtsordnung nur acht Jahre bzw. ein Jahr vor der *Constitutio Criminalis Bambergensis* entstanden sind, ist es umstritten, ob ihnen überhaupt ein Einfluss auf die Arbeiten Schwarzenbergs und seines gelehrten Juristenkollegiums zukam; jedenfalls ist dieser aber als eher gering zu bewerten. Brunnenmeister verweist darauf, dass wesentliche Stellen der *Tiroliensis* keine Entsprechung in der *Bambergensis* gefunden hätten und es somit überhaupt fraglich sei, ob die Tiroler Halsgerichtsordnung überhaupt Berücksichtigung bei deren Erarbeitung gefunden hat, während die Radolphzeller Halsgerichtsordnung ohnehin zu kurz vor dem Abschluss der Arbeiten Schwarzenbergs erschienen sei, um diese noch zu beeinflussen[68]. Zöpfl hingegen nennt mehrere Normen in der Tiroler Malefizordnung und der Bambergischen peinlichen Halsgerichtsordnung, welche gleichen oder zumindest ähnlichen Inhalt aufweisen und leitet dadurch her, dass zumindest ersteres Werk bei

---

61 Vgl. *Laufs*, Rechtsentwicklungen in Deutschland, S. 138; *Ignor*, Geschichte des Strafprozesses in Deutschland, S. 46.

62 *Brunnenmeister*, Die Quellen der Bambergensis, S. 102.

63 *Stobbe*, Geschichte der deutschen Rechtsquellen, S. 334.

64 Heute Radolfzell, Anm. d. Verf.

65 Näheres hierzu unter *Schmidt*, Die Maximilianischen Halsgerichtsordnungen für Tirol (1499) und Radolfzell (1506) als Zeugnisse mittelalterlicher Strafrechtspflege.

66 Maximilian I. führte den Kaisertitel ab 1508 und nannte sich zuvor König; vgl. hierzu *Güterbock*, Die Entstehungsgeschichte der Carolina, S. 15.

67 Vgl. *Brunnenmeister*, Die Quellen der Bambergensis, S. 76 f.

68 Vgl. a.a.O., S. 78 f.

der Erarbeitung der *Bambergensis* auch berücksichtigt wurde[69]. Gleichwohl stellt er auch klar, dass Schwarzenberg „aus der Tyroliensis nichts Neues, und überhaupt nichts entnehmen konnte, was nicht das Bamberger Stadtrecht und die Praxis der Bamberger Gerichte längst mit der grössten Vollständigkeit und mit juristischer Consequenz ausgebildet hatte“[70]. Ob auch das um 1328 entstandene Rechtsbuch Ruprechts von Freysing zum Fundus gehörte, aus welchem der Inhalt der Bambergischen Halsgerichtsordnung geschöpft wurde, ist umstritten; zumindest war ihr Anteil an der Entstehung der *Bambergensis* nur untergeordnet[71].

III. Die Verfahrensgrundsätze der Constitutio Criminalis Bambergensis

Schließlich trat die Bambergische peinliche Halsgerichtsordnung im Jahre 1507 in Kraft[72]. Wie bereits ausgeführt entfaltete die *Bambergensis* große Wirkung auf die Strafrechtspraxis ihrer Zeit. Auch Güterbock konstatiert zu ihrer Rezeption Folgendes:

> „In ihr war – woran sich das Reich nun schon seit einem Vierteljahrhundert abgemüht hatte – die Herstellung einer deutschen Strafgesetzgebung gelungen, welche mit dem überall zu Grunde gelegten gemeinen Rechte die lebensfähigen Elemente des einheimisch-deutschen in eine glückliche harmonische Verbindung brachte, und indem sie zugleich den Niederschlag allgemein anzuerkennender Rechtsüberzeugungen ausdrückte, sich zur Bedeutung eines aus einem Gusse geschaffenen wahrhaft nationalen Werks erhob.“[73]

Insbesondere die von Schwarzenberg und seinen Mitarbeitern vorgenommene Normierung der Inquisitionsmaxime beeinflusste das Strafprozessrecht im Heiligen Römischen Reich bis zu dessen Zerfall im Jahre 1806. Dabei griffen Schwarzenberg und seine Mitarbeiter auf das im Werk von Albertus Gandinus dargestellte Prinzip der *inquisitio* zurück. Gandinus seinerseits hatte sich dabei wiederum im kanonischen Recht nach der Kirchenreform von

69 Vgl. *Zöpfl*, Das alte Bamberger Recht als Quelle der Carolina, S. 159 ff.

70 A.a.O., S. 165.

71 Vgl. *Ignor*, Geschichte des Strafprozesses in Deutschland, S. 47; für die Behandlung des Rechtsbuchs Ruprechts von Freysing als Quelle spricht sich aus *Zöpfl*, a.a.O., S. 177 ff., während *Brunnenmeister*, Die Quellen der Bambergensis, S. 136 ff., dies in Abrede stellt.

72 Vgl. *Laufs*, Rechtsentwicklungen in Deutschland, S. 138; *Ignor*, Geschichte des Strafprozesses in Deutschland, S. 48.

73 *Güterbock*, Die Entstehungsgeschichte der Carolina, S. 43.

Papst Innozenz III.[74] bedient[75]. Ausfluss der Inquisitionsmaxime war zum einen das Verbot der Verurteilung eines Verdächtigen aufgrund von Indizien. Vielmehr war in Art. 30 C.C.B. geregelt, dass der Vollbeweis in der Regel durch die Aussage von zwei glaubwürdigen Zeugen[76] oder durch das Geständnis des Täters bewiesen werden soll. Wie im Inquisitionsverfahren üblich, konnte das Geständnis durch Foltermethoden im Rahmen der peinlichen Befragung erzwungen werden. Die Bambergische peinliche Halsgerichtsordnung enthält für die Anwendung von Folter allerdings strenge Voraussetzungen. War die peinliche Befragung vormals unzureichend geregelt, wurde ihre Anwendung durch die *Bambergensis* nunmehr mittels Beachtung des Grundsatzes der Verhältnismäßigkeit, welcher unter anderem seine Ausprägung in Artt. 14, 26 ff. und 71 C.C.B. findet, limitiert[77]. So sollte gemäß Art. 28 C.C.B. ein in Folge der Tortur abgelegtes Geständnis ohne hinreichende Ausforschung des Tatverdachts ein Beweisverwertungsverbot nach sich ziehen[78]. Für die damalige Zeit bemerkenswert waren auch die Vorschriften zur Notwehr in Artt. 164 ff. C.C.B., in welchen der Gesetzgeber den Strafgerichten ein ausdifferenziertes System von Entschuldigungsgründen und Definitionen an die Hand gab. Auch Milderungen für bestimmte Personengruppen wie Geisteskranke (Art. 205 C.C.B.) und Diebe unter vierzehn Jahren (Art. 190 C.C.B.) kannte die Bambergische peinliche Halsgerichtsordnung[79]. Neben dem Inquisitionsprozess war als weitere Verfahrensmaxime in der *Bambergensis* der Akkusationsprozess ausgestaltet. Dieses Verfahren, eingedeutscht auch als Anklageprozess bezeichnet, war bereits im Strafverfahrensrecht des römischen Reiches unter dem Begriff der *accusatio* anerkannt und fand im Rahmen des kanonischen Strafrechts weite Verbreitung[80]. Geregelt wurde das Akkusa-

---

74 Das Pontifikat von Papst Innozenz III. dauerte von 1198 bis 1216, er gilt auch dank seiner Kirchenreform als einer der bedeutendsten Päpste des Mittelalters; detaillierte biographische Angaben m.w.N. bei *von Hurter*, Pabst Innocentius der Dritte.

75 Vgl. *Trusen*, ZRG KA 74 (1988), S. 168 ff.; *Ignor*, Geschichte des Strafprozesses in Deutschland, S. 47.

76 Art. 30 C.C.B.: „sol mit zweyen guten zeugen bewiesen werden"; unter bestimmten Voraussetzungen konnte gemäß Art. 30 C.C.B. i.V.m. Art. 37 C.C.B. eine Straftat auch „mit einem eynzigem guten tügendlichen zeugen" bewiesen werden.

77 Vgl. *Rüping / Jerouschek*, Grundriss der Strafrechtsgeschichte, Rn. 97.

78 Art. 28 C.C.B. endet mit den Worten „sol nit glaubt noch yemant verurteilt werden wann das wider das Recht wäre".

79 Vgl. *Schrott*, Um Galgen, Rad und Schwert, S. 9.

80 Vgl. *Rüping / Jerouschek*, Grundriss der Strafrechtsgeschichte Rn. 30 ff.; *Biener*, Beiträge zur Geschichte des Inquisitionsprozesses, S. 16 f.

tionsverfahren in den Artt. 17 ff. C.C.B.[81] Kennzeichnendes Merkmal dieser Verfahrensart war die Anklage durch den Betroffenen einer mutmaßlichen Straftat selbst oder durch seine Angehörigen bei Gericht[82]. Im Gegensatz z.B. zu dem der heutigen deutschen Strafprozessordnung weitgehend zu Grunde liegenden Offizialprinzip (§ 152 Abs. 1 StPO) nahm also der Geschädigte die Rolle des Anklägers ein und musste somit auch Beweise für die Schuld des Beschuldigten erbringen, wenn er eine Verurteilung durch das Gericht herbeiführen wollte. Auch mit dem heute in § 151 StPO i.V.m. § 152 Abs. 1 StPO verankerten und gebräuchlichen Begriff des Anklagegrundsatzes, nach welchem die Staatsanwaltschaft zur Erhebung der öffentlichen Klage berufen ist und dadurch erst der Weg zu den Strafgerichten eröffnet ist, hat der Akkusationsprozess somit nichts gemein. Das Akkusationsverfahren hatte dementsprechend im Kern den Charakter eines Privatstrafrechts, wie es im heutigen Strafprozessrecht noch durch das insoweit wesensverwandte, gleichwohl aber in der Praxis nur durch eine untergeordnete Relevanz charakterisierte Institut der Privatklage repräsentiert wird. Auch wenn der privatrechtliche Charakter des deutschen Strafrechts im 15. Jahrhundert ein Kritikpunkt Schwarzenbergs bei der Erarbeitung der Bamberger Halsgerichtsordnung war[83], stellte der Akkusationsgrundsatz in deren Systematik nach wie vor eine bedeutsame Verfahrensmaxime dar. Daran lässt sich sehen, dass das hergebrachte deutsche Strafrecht eine wichtige Rolle in den Überlegungen Schwarzenbergs und seines gelehrten Kollegiums spielte; erklärtes Ziel war hier vor allem die umfassende Normierung des vielerorts nur rudimentär verschriftlichten Gewohnheitsrechts. Im Vergleich zu den strafrechtlichen Kodifikationen der heutigen Zeit fällt gleichwohl auf, dass die Bestimmtheit der Regelungen in der *Bambergensis* deutlich geringer ausgeprägt ist. Sind heute viele strafrechtliche Vorschriften der Auslegung nicht oder nur in sehr begrenztem Maße zugänglich[84], haben die Artikel in der Bamberger Halsgerichtsordnung eher den Charakter einer Empfehlung oder Ermahnung für das Gericht, gerecht und nicht von willkürlichen Erwägungen geleitet zu entscheiden. Zu Schwarzenbergs geistiger Grundhaltung kann gesagt werden, dass er entsprechend dem damaligen Zeitgeist keinerlei Anlass sah, von Strafandrohungen abzusehen, welche die kör-

---

81 Art. 17 C.C.B. mit der Überschrift „Von Annemen eines beclagten Ubelteters so der cleger Rechts begehrt“ gibt die Grundsätze des Akkusationsverfahrens in der Bambergensis vor.

82 Vgl. *Ignor*, Geschichte des Strafprozesses in Deutschland, S. 43.

83 Vgl. *Laufs*, Rechtsentwicklungen in Deutschland, S. 136.

84 Man denke hier nur an das strafrechtliche Analogieverbot zu Lasten des Beschuldigten, welches sich aus dem Grundsatz „nulla poena sine lege“, gesetzlich verankert u.a. in Art. 103 Abs. 2 GG und Art. 7 EMRK, ergibt.

perliche Unversehrtheit eines Verurteilten beeinträchtigten oder gar zu dessen Tode führten. Die in seinem Gesetzbuch vorgesehenen Strafen sind oftmals härter als in der gewohnheitsrechtlichen Gerichtspraxis des 15. und beginnenden 16. Jahrhunderts[85]. Diese Haltung spiegelte sich auch in der Vorrede zur *Bambergensis* wieder, welche den sittlichen Verfall seiner Zeit und die fehlende Eignung der Gerichte zu einer praxistauglichen Strafrechtspflege thematisiert[86]. An besagter Stelle ist die Rede „von gemeinen personen, die der recht nicht gelernet oder geübt haben (...), darum haben wir in nachgeschribener unser ordnung nit allein aufsehung, wie wir denselben leuten ein form und weiss zu handeln und zurichten anzeigten, die den keiserlichen Rechten und guter gewohnheit nach besteudig sein mochte“[87]. Die C.C.B. sollte demnach dazu beitragen, den juristisch oftmals nur unzureichend vorgebildeten Richter und Schöffen eine Anweisung zur korrekten Urteilsfindung an die Hand zu geben und ihnen die Begrifflichkeiten des gemeinen Strafrechts näher zu bringen[88]. Die zitierten Passagen beziehen sich also sowohl hinsichtlich des von Schwarzenberg erkannten Ist-Zustandes auf die personellen Unzulänglichkeiten der Rechtsprechung als auch auf das Telos seines Gesetzbuches, welches sich explizit auf die geschriebenen kaiserlichen Rechte und gleichsam auf die zur damaligen Zeit geltende Praxis der Gewohnheitsrechte bezieht.

IV. Die Todesstrafe in der Constitutio Criminalis Bambergensis

1. Unbenannte Todesstrafen

Nachdem die vorliegende Untersuchung in erster Linie die Entwicklung der Todesstrafe zum Gegenstand hat, sollen die diesbezüglich relevanten Regelungen in der Bambergischen peinlichen Halsgerichtsordnung nun näher beleuchtet werden. Im Anschluss an den prozessualen Teil der *Constitutio Criminalis Bambergensis* enthält diese ab Art. 125 C.C.B., welcher „ein vorrede wie man missetat peinlich strafen sol“[89] darstellt, die Regelungen zur peinlichen Bestrafung der wichtigsten einzelnen Straftatbestände. In der Systematik der *Bambergensis* findet sich die erste Straftat, welche auch mit dem Tode sanktioniert werden konnte, in Art. 127 C.C.B., nämlich die Gotteslästerung bzw. -schwörung[90]. Art. 127 C.C.B. bestimmt hier allerdings nur ohne nähere Präzi-

---

85 *Schrott*, Um Galgen, Rad und Schwert, S. 9.
86 Vgl. *Wolf*, Johann Freiherr von Schwarzenberg, S. 107 ff.
87 *Zöpfl*, C.C.B., Vorrede, S. 2.
88 Vgl. *Rüping / Jerouschek*, Grundriss der Strafrechtsgeschichte, Rn. 97.
89 Überschrift vor Art. 125 C.C.B.
90 Die Überschrift vor Art. 127 C.C.B. spricht von der Strafe für „Gotsschwerer oder Gottslesterer“, also Gottesschwörer bzw. Gotteslästerer.

sierung, dass eine Strafe „am leyb, leben, oder glidern, nach gelegenheyt und gestalt der person und der lesterung“[91] verhängt werden konnte. Bei dieser wie auch bei den meisten anderen Strafnormen der Bamberger Halsgerichtsordnung fällt bei Ansehung des Gesetzeswortlauts „söllen“[92] auf, dass diese dem Gericht lediglich eine Soll-Vorschrift und kein verbindliches Diktum an die Hand gab. Daran lässt sich gut erkennen, dass die C.C.B. eben kein Gesetzeswerk im heutigen Sinne mit möglichst hoher Regelungsdichte war, sondern eher eine praktische Handlungsanweisung für das erkennende Gericht sein sollte[93]. Eine bestimmte Art der Todesstrafe wird an dieser Stelle nicht genannt. Die gerichtliche Praxis im Bistum Bamberg begnügte sich bei den Aburteilungen von Gotteslästerungen, Flüchen und Schwören in der Regel ohnehin mit vergleichsweise geringen Sanktionen, die keine nachhaltigen Schädigungen für Leib und Leben nach sich zogen[94]. Auch die „Straff der so geschworn vruede prechen“[95] nach Art. 129 C.C.B. konnte das Leben eines Verurteilten beenden. Unter „vruede“[96] verstand man die Urfehde, einen rechtswirksam beeideten Fehdeverzicht. Wenn ein Delinquent im Rahmen einer Fehde eine Sühnevereinbarung mit einem Geschädigten bzw. einer staatlichen oder kirchlichen Institution schloss, musste er im Rahmen dieser Urfehde unter Eid schwören, sämtliche Aktionen gegen den Vertragspartner einzustellen und für die Wahrung des Friedens untereinander einzutreten. In der Frühen Neuzeit war die Urfehde ein häufiges Instrument, das ergänzend zur Verurteilung von Straftätern angewendet wurde; diese mussten sich dann z.B. verpflichten, sich nicht an den Strafverfolgern zu rächen oder im Falle einer Landesverweisung sich auf Dauer von dessen Staatsgebiet fernzuhalten. Sie kam oft bei der Entlassung von Häftlingen zum Tragen und hatte dann nach heutigen Maßstäben den Charakter einer Art Bewährung[97]. Hatte jemand, der sich zur Umgehung einer Todesstrafe der Urfehde unterworfen hatte, nun gegen diese verstoßen, hatte dies folgerichtig die Todesstrafe für den Delinquenten zur Folge. Art. 129 C.C.B. gibt dabei keine näheren Hinweise zu deren Ausführung. War die Urfehde aufgrund eines nicht mit Hinrichtung bestraften Delikts geschlossen worden, wurde eine Strafe wegen Meineids verhängt. Wer den Kaiser bzw.

91 Art. 127 C.C.B.

92 Ebd.; in den meisten anderen Strafnormen der C.C.B. wird die dritte Person Singular „sol“ verwendet.

93 Vgl. *Schrott*, Um Galgen, Rad und Schwert, S. 9.

94 Vgl. hierzu die Auflistung bei *Schrott*, a.a.O., S. 231 ff.; dort wird keine Vollstreckung eines Todesurteils aufgrund einer Bestrafung nach Art. 127 C.C.B. genannt.

95 Überschrift vor Art. 129 C.C.B.

96 Nach damaliger Schreibweise war das „v“ nach heutigen Maßstäben als „u“ und das „u“ als „v“ bzw. „f“ zu verstehen, Anm. d. Verf.

97 Näheres zur Urfehde bei *Utsch*, Peinliche Urfehde.

König des Heiligen Römischen Reiches lästerte, konnte nach Art. 132 C.C.B. „an seinen eren, leben, und gut gestrafft werden“[98], wobei auch dieser Norm keine nähere Spezifizierung der Ausführung immanent ist. Gleiches gilt für die Lästerung eines Herren durch seinen Untertan nach Art. 133 C.C.B., die schriftliche Schmähung nach Art. 134 C.C.B. und die schändliche Flucht gemäß Art. 135 C.C.B. Unbenannte Todesstrafen konnten in der *Bambergensis* ebenfalls verhängt werden für Falschbeurkundungen (Art. 137 C.C.B.) und schwere Fälle der Fälschung im kaufmännischen Verkehr (Art. 138 C.C.B.). Auch schwere Fälle des Diebstahls konnten mit dem Tode bestraft werden, so nach Art. 186 C.C.B. auch bei einem Ersttäter bei Wert des Diebesguts von fünf Gulden oder mehr, in der Regel wenn der Diebstahl durch Einsteigen oder Einbrechen oder mit Waffen geschah[99]. Bei Dieben unter vierzehn Jahren sollte gemäß Art. 190 C.C.B. eine mildere Sanktionierung erfolgen; gleichwohl war eine Bestrafung am Leben grundsätzlich möglich, wenn der Dieb bald vierzehn Jahre alt wurde und ein schwerer Fall des Diebstahls vorlag[100]. Ebenfalls sollte der Diebstahl aus einem Opferstock auf nicht geweihtem Grund nach Art. 199 C.C.B. mit dem Tode bestraft werden[101]. Auch die Beihilfe zu Straftaten[102] gemäß Art. 203 C.C.B. und Vorbereitungshandlungen zu Straftaten gemäß Art. 204 C.C.B. konnten grundsätzlich nach dem Ermessen der Gerichte die Todesstrafe nach sich ziehen.

2. Das Feuer

Die erste Vorschrift in der Systematik der *Bambergensis*, die eine konkrete Art der Vollstreckung der Todesstrafe vorgibt, ist Art. 130 C.C.B.; dort wird nämlich die Strafe des Verbrennens genannt. Die Ketzerei sollte nach Art. 130 C.C.B mit dem Tod durch das Feuer bestraft werden. Dabei hatte die Erkenntnis der Ketzerei durch einen „ördentlichen geystlichen Richter“ zu erfolgen, während der weltliche Richter für Schuldspruch und Vollstreckung verantwortlich war. Ebenfalls wurde gemäß Art. 131 C.C.B. die Todesstrafe durch Feuer verhängt für Zauberei, sofern jemand dadurch „schaden oder

98 Art. 132 C.C.B.

99 Art. 186 C.C.B. a.E.: „wo aber der dieb zu söllichem diebstal gestigen oder geprochen het, oder mit waffen, (als vor stet), So sölt er (wie oben stet) vom leben zum todt gericht werden“.

100 Art. 195 C.C.B.: „Wo aber der dieb nahent bey vierzehen jaren were, vnd der diebstal gross oder obbestimmt beschwerlich vmstende“.

101 Der Diebstahl aus einem Opferstock, der sich auf geweihtem Grund befand, wurde nach Art. 199 C.C.B. mit dem Tode durch Verbrennen bestraft; siehe hierzu die Ausführungen unter Kap. 1, B), IV., 2.

102 Die C.C.B. spricht insoweit von der „Misstat“.

nachteyl“[103] erlitten hatte. Diese Vorschriften zur Ketzerei und Zauberei eröffneten grundsätzlich auch die Möglichkeit der Bestrafung der Hexerei in der *Bambergensis*. Einen eigenen Straftatbestand der Hexerei enthielt sie gleichwohl nicht. Trotzdem wurden im 16. Jahrhundert im Bistum Bamberg eine Reihe von Frauen wegen Hexerei bestraft, wenn auch oftmals nicht mit dem Tode, sondern mit milderen Sanktionen wie der Verweisung aus der Stadt oder dem Aushauen mit der Rute[104]. Im Vergleich zum Ende des 15. Jahrhunderts erlebte die Verfolgung mutmaßlicher Hexen vor den weltlichen Strafgerichten in der ersten Hälfte des 16. Jahrhunderts ohnehin einen signifikanten Rückgang. Dies wird nicht zuletzt den eher zurückhaltend verwendeten Formulierungen in den einschlägigen Normen der *Bambergensis* und später der *Carolina* zugeschrieben[105]. Erst im 17. Jahrhundert, insbesondere ab 1630, kam es im Heiligen Römischen Reich zu einem starken Anstieg von Hexenprozessen, unter anderem hervorgerufen durch die Spätwirkung des von Heinrich Institoris erstmals im Jahre 1487 veröffentlichten Werkes *Malleus Maleficarum* (Hexenhammer)[106]. Ebenfalls mit dem Tod durch Verbrennen bestraft werden sollte die Münzfälscherei, Art. 136 C.C.B. Gleiches gilt für die in Art. 141 C.C.B. pönalisierte „Straff der Unkeusch, so wider die natur geschicht“[107], durch welche sowohl der homosexuelle Geschlechtsverkehr unter Männern oder Frauen als auch der zoophile Verkehr zwischen Mensch und Tier unter Strafe gestellt wurde. Thematisch treffend zog auch die Brandstiftung gemäß Art. 150 C.C.B. – hier ist von der „Straff der prenner“[108] die Rede – die Bestrafung „mit dem fewer vom leben zum tode“[109] nach sich. Brandstiftungen wurden in der Gerichtspraxis regelmäßig mit dem Tode sanktioniert. Allerdings wurden die Urteile oftmals dergestalt abgemildert, dass anstatt des Verbrennens die mildere Art der Tötung mit dem Schwert als Exekutionsmethode angewandt wurde[110]. Ebenso hatten der Diebstahl religiöser Symbole wie Monstranzen oder geweihter Kelche sowie der Einbruchsdiebstahl in geweihte Kirchen, Sakramentshäuser und Sakristeien nach Art. 198 C.C.B. den Tod durch das Feuer zur Folge. Selbiges gilt nach Art. 199 C.C.B. auch für den Diebstahl aus einem Opferstock in einer geweihten Kirche.

---

103 Art. 131 C.C.B.
104 Vgl. *Schrott*, Um Galgen, Rad und Schwert, S. 9 m.w.N.
105 Vgl. *Rummel / Voltmer*, Hexen und Hexenverfolgung in der Frühen Neuzeit, S. 41.
106 Vgl. *Gehm*, Die Hexenverfolgung im Hochstift Bamberg, S. 12 f.
107 Überschrift zu Art. 141 C.C.B.
108 Überschrift zu Art. 150 C.C.B.
109 Art. 150 C.C.B.
110 Vgl. *Schrott*, Um Galgen, Rad und Schwert, S. 372 ff.

3. Das Schwert

Auch die Tötung durch Enthauptung mittels des Schwerts war als Sanktion in der Bambergischen peinlichen Halsgerichtsordnung verbreitet. In ihrer Systematik war Art. 143 C.C.B. die erste Vorschrift, in deren Wortlaut explizit die Vollstreckung der Todesstrafe durch das Schwert genannt wird. Art. 143 C.C.B. stellte die Entführung von Ehefrauen oder Jungfrauen wider den Willen des Ehemanns oder Vaters sowie von Klosterfrauen unter Strafe. Die Einleitung des Verfahrens hing in der Regel von der peinlichen Klage des Ehemannes oder Vaters ab[111]. Hier kommt wieder die privatstrafrechtliche Komponente der *Bambergensis* in Form des Anklagegrundsatzes zum Tragen. In der Rechtspraxis wurde gleichwohl meistens von der Verhängung der Todesstrafe abgesehen. Stattdessen verhängte man oft mildere Sanktionen wie z.B. das Aushauen mit Ruten oder die Landesverweisung[112]. Ebenso mit dem Schwert vom Leben zum Tode gerichtet werden sollten männliche Täter, die wegen Notzucht (Art. 144 C.C.B.) und Ehebruchs (Art. 145 C.C.B.) verurteilt wurden. Auf diese Rechtsfolge des Art. 145 C.C.B. verweist auch Art. 142 C.C.B., welcher die Verurteilung der Unkeuschheit eines Angeklagten mit seiner Stieftochter, seines Sohnes Eheweib oder mit seiner Stiefmutter gleich einem Ehebruch vorsieht. Wie bei Art. 143 C.C.B. war auch beim Ehebruch nach Art. 145 C.C.B. regelmäßig die peinliche Klage des gehörnten Ehemanns Verfahrensvoraussetzung. Auf den Willen der entführten Frau kam es hingegen nicht an[113]. Neben dem Diebstahl gehörte Ehebruch zu den am häufigsten abgeurteilten Straftaten im Hochstift Bamberg während des 16. Jahrhunderts[114]. Auch eine Verurteilung wegen Raubes („Straff der Rauber“)[115] sollte nach Art. 151 C.C.B. eine Verurteilung zum Tode mittels des Schwerts zur Folge haben. Gleiches gilt für die Bedrohung (Art. 153 C.C.B.) sowie die mutwillige Befehdung wider Recht und Billigkeit (Art. 154 C.C.B., „Straff der ihenen, so die lewt bosslich beuehden“[116]). Unter „Billigkeit“ ist in diesem Zusammenhang die gerechte Anwendung von Rechtsvorschriften durch Er-

---

111 Art. 143 C.C.B.: „darumb mag der Ehemann oder Vatter (unangesehen ob die Ehefrau oder Jungfraw jren willen darzu gibt) peinlich klagen“.

112 Vgl. *Schrott*, Um Galgen, Rad und Schwert, S. 476; dort wird exemplarisch der Fall des Claus Sibner von Braunach aus dem Jahre 1588 geschildert, der wegen Ehebruchs zum Ausstäupen mit Ruten und der Landesverweisung verurteilt wurde. Durch die erbetene Landeshuldigung beim Herzog von Lüneburg konnte Sibner jedoch bei seiner Familie bleiben. An diesem Fall zeigt sich auch, in welchem Maße die Herrschenden sich über gerichtliche Entscheidungen hinwegsetzen konnten.

113 Art. 145 C.C.B.

114 Vgl. *Schrott*, Um Galgen, Rad und Schwert, S. 458.

115 Überschrift zu Art. 151 C.C.B.

116 Überschrift zu Art. 154 C.C.B.

messensausübung im Einzelfall zu verstehen. Dabei handelt es sich um einen unbestimmten Rechtsbegriff, der nach den Gegebenheiten des jeweiligen Sachverhalts auszufüllen ist[117]. In Abgrenzung dazu ist mit „Recht“ das geschriebene, objektiv geltende Recht gemeint. Auch die Abtreibung „durch bezwangk essen oder trincken“[118] respektive das Unfruchtbarmachen der Frau bzw. des Mannes sollte nach Art. 158 C.C.B. den Tod durch das Schwert nach sich ziehen, sofern der Täter männlich war. Art. 162 C.C.B. sah die Todesstrafe durch das Schwert vor für Personen, die ohne Entschuldigung einen Totschlag aus Zorn, oder „Jähheit“[119] bzw. Jähzorn, also im Affekt, begangen hatten[120]. Der Totschlag war bei Schwarzenberg als andere Form der Tötung im Vergleich zum Mord anerkannt. Gleichwohl bleibt die Unterscheidung der beiden Begriffe für heutige Maßstäbe eher vage. Die Unterscheidung wird getroffen zwischen dem „fürsetzlichen mörder“[121], der planvoll und mit Bedacht handelt und dem Totschläger, dessen Handeln ein spontaner Tatentschluss zu Grunde liegt. Es wird damit die von den oberitalienischen Autoren vertretene Differenzierung anstatt der altdeutschen Unterscheidung zwischen Mord als heimlicher Tötung und dem Totschlag als offener Tötung zu Grunde gelegt[122]. In der *Bambergensis* sollte der im Affekt und damit nicht planvoll handelnde Totschläger gewissermaßen für seine emotionale Instabilität bei der Tatbegehung „belohnt“ werden[123]. In Anführungszeichen zu setzen ist diese Art der „Belohnung“ natürlich schon aus dem Grunde, dass die Privilegierung des im Affekt handelnden Totschlägers lediglich in der Art der Ausführung der Todesstrafe bestand: In der Regel sollte die Tötung eines Mörders durch Rädern vollzogen werden[124], während beim Totschlag im Affekt die kürzere und damit in der Regel schmerzlosere Alternative wie beschrieben mittels Enthauptung durch das Schwert durchgeführt werden sollte. Mögliche Entschuldigungsgründe wie die Notwehr, die zur Straflosigkeit einer Tötung führen konnten, und deren Beweisführung werden in der Systematik der Bambergischen peinlichen Halsgerichtsordnung im Anschluss an die Strafvorschriften zu Mord und Totschlag in den Artt. 163 ff. C.C.B. ausführlich genannt.

---

117 Vgl. *Becker*, HRG, Bd. 1, Sp. 587 ff.

118 Art. 158 C.C.B.

119 Vgl. *Koch*, Die Tatbildmerkmale der Delikte „Mord“ und „Totschlag“ in ausgewählten Zeitaltern und Rechtskreisen, S. 23 ff.

120 In Art. 162 C.C.B. ist diesbezüglich die Rede von einer Totschlagshandlung „auss jheheyt vnd zorn“.

121 Art. 162 C.C.B.

122 Vgl. *Schroeder*, Die Peinliche Gerichtsordnung Kaiser Karls V., S. 327.

123 Vgl. *Hauck*, HRRS 2016, S. 236.

124 In Art. 162 C.C.B. heißt es hierzu: „Aber nach gewohnheyt etlicher gegent werden die fursetzlichen mörder vnd totschläger einander gleych mit dem Rade gericht“.

4. Die Vierteilung

In den Artt. 219 ff. der C.C.B. werden für die erkennenden Richter Musterbeschlüsse zur Vollstreckung einzelner Sanktionen zur Verfügung gestellt. Zur Todesstrafe durch Vierteilung führt Art. 219 C.C.B. aus:

> „Zu der Vierteylung.
>
> Durch seinen gantzen leyb zu vier stücken zuschnitten vnd gehawen, vnd also zum tode gestrafft werden sol, Und sollen sölche vierteyl auff die vier gemeinen wegstrassen öffentlich gehangen oder gesteckt werden.“[125]

Mit diesem Programm wird das geforderte Prozedere zum Vorgang der Vierteilung bereits durch den Gesetzeswortlaut anschaulich beschrieben. Die einzige Strafnorm in der *Bambergensis*, deren Tatbestandsverwirklichung explizit die Verhängung der Todesstrafe durch Vierteilung zur Folge haben sollte, war Art. 149 C.C.B., welcher die boshafte Verräterei („verretterey“)[126] unter Strafe stellte. Bemerkenswert in diesem Zusammenhang ist allerdings, dass nur männlichen Verurteilten der Tod mittels Vierteilung drohte, während verurteilte Frauen ertränkt werden sollten[127]. In besonders schweren Fällen, die in Art. 149 C.C.B. explizit genannt wurden, sollte die Strafe durch Schleifen oder das Reißen mit Zangen erschwert werden, in milderen Fällen hingegen der Verurteilte vor der Vierteilung erst geköpft werden[128].

5. Das Rädern

Zur Vollstreckung der Todesstrafe mittels des Räderns wird in Art. 219 C.C.B. den Gerichten die folgende Vorgehensweise durch Formulierung per Beschluss mitgeteilt:

> „Zum Rade.
>
> Mit dem Rade durch zerstossung seiner glider vom leben zum tode gericht, vnd fürter öffenlichen darauff gelegt werden sol.“[129]

---

125 Art. 219 C.C.B., Zwischenüberschrift „Zu der Vierteylung“.

126 Die Überschrift des Art. 149 C.C.B. spricht von der „Straff der verretterey“.

127 Art. 149 C.C.B.: „wer es aber ein weybs bilde, die solt man ertrencken“.

128 Art. 149 C.C.B.: „Und wo sölche verretterey grossen schaden oder ergernuss bringen möchte, Also so die ein landt, stadt, seinen eygen herren, pethgenossen, oder nahent gesipten freundt betreffe, So sölt die straff durch schlayffen oder zangen reyssen beschwert, vnd also zu tödlicher straff geführt werden, Es möchte auch die verretterey, so wenig böser vmstände haben, man möchte einen sölchen misstetter erstlich köpffen vnd danach vierteylen“.

129 Art. 219 C.C.B., Zwischenüberschrift „Zum Rade“.

Beim Rädern wurden also mit einem schweren Rad die Glieder des Leibes zerstoßen bzw. die Knochen gebrochen[130]. Im Anschluss wurde der Körper zwischen die Speichen des Rades geflochten. Dem Brauche nach durfte das Rad zuvor noch nicht benutzt worden sein und musste eine bestimmte Anzahl von Speichen aufweisen[131]. In der *Bambergensis* war der erste Straftatbestand, der die Strafe desRäderns nach sich ziehen konnte, Art. 155 C.C.B., der die Tötung oder Gesundheitsschädigung eines anderen mittels heimlicher Beigabe von Gift unter Strafe stellte[132]. Systematisch ist Art. 155 C.C.B. der erste Straftatbestand in der Reihenfolge der Tötungsdelikte. Allerdings gilt die Todesstrafe durch das Rädern nur für männliche Täter; wie auch an anderen Stellen der Bambergischen peinlichen Halsgerichtsordnung sollten weibliche Verurteilte ersatzweise ertränkt werden[133]. Ebenfalls waren gemäß Art. 162 C.C.B. verurteilte Mörder und Totschläger, die ohne Entschuldigung gehandelt hatten, mit dem Rade zu richten. Wie bereits ausgeführt hatte ein Totschlag aus „Jähheit" oder Zorn, also im Affekt, die mildere Bestrafung mit dem Schwert zur Folge[134]. In der Praxis der Gerichte des Bistums Bamberg wurde die Todesstrafe nur in wenigen Fällen von Mordtaten durch das Rad vollstreckt. In der Mehrzahl der Verfahren wurden die Missetäter insoweit begnadigt, als die mildere Methode der Tötung durch das Schwert angewandt wurde. Die mit dem Schwert Hingerichteten wurden dann aber trotzdem nach der Vollstreckung der Todesstrafe noch symbolisch und gewissermaßen als Mahnmal auf das Rad gelegt[135].

6. Der Galgen

In Art. 219 C.C.B. wird folgende Urteilsformel zur Vollstreckung der Todesstrafe mittels des Galgens ausgeführt:

> „Zum Galgen
>
> An dem galgen mit der ketten oder strang vom leben zum tode gericht werden solle." [136]

Der Galgen war das Symbol der Hoch- und Blutgerichtsbarkeit. Oft stand er auf einer Anhöhe, um durch seine optische Präsenz besonders abschreckende Wirkung zu entfalten. Zumeist bestand er aus zwei senkrechten Pfeilern, die

---

130 Vgl. *Evans*, Rituale der Vergeltung, S. 60.
131 Vgl. *Schrott*, Um Galgen, Rad und Schwert, S. 157.
132 Art. 155 C.C.B. spricht in seiner Überschrift von der „straff der die heymlich vergeben".
133 Art. 155 C.C.B.: „Tet aber sölliche misstat ein weybssbilde, die sol man ertrencken".
134 Siehe hierzu die Ausführungen unter Kap. 1, B), IV., 3.
135 Vgl. *Schrott*, Um Galgen, Rad und Schwert, S. 157, m.w.N.
136 Art. 219 C.C.B., „Zum Galgen".

mit einem Querbalken verbunden waren. Daneben wurden auch Galgen benutzt, die auf drei Pfosten standen. Der von der Bamberger Gerichtsbarkeit selbst vorrangig benutzte Galgen stand allerdings eher untypisch auf flachem Gelände außerhalb der Wunderburg[137], da ein Aufstellen auf bergigem Gelände wohl nicht möglich gewesen war. Bereits die Berührung des Galgens hatte Ehrlosigkeit zur Folge, weswegen Handwerker sich oft weigerten, ihn aufzustellen[138]. Es war Usus, die Gehenkten so lange am Galgen hängen zu lassen, bis ihre Leber weggefault oder von Aasfressern verspeist worden war[139]. Dies hatte neben der generalpräventiven Wirkung auch symbolische Bedeutung, da die Seele des durch den Galgen Getöteten keine Ruhe finden sollte[140]. In Art. 185 C.C.B. wurde die Strafbarkeit des Diebstahls durch Einbruch in eine Behausung oder ein Behältnis sowie mit Waffen geregelt[141]. Wenn ein männlicher Angeklagter in eine Wohnung einbrach oder bei einem Diebstahl eine Waffe mit sich führte und dabei eine andere Person verletzte oder vergewaltigte, sollte das erkennende Gericht diesen zum Tode durch den Strang verurteilen. Für weibliche Missetäterinnen sah das Gesetz beim gleichen Straftatbestand die Todesstrafe durch Ertränken vor. Auf die gleiche Weise sollten gemäß Art. 188 C.C.B. auch diejenigen Personen bestraft werden, die bereits zum dritten Mal gestohlen hatten. Ein vergleichbarer Rechtsgrundsatz findet sich unter dem Begriff „Three-strikes law" im Strafrecht der Vereinigten Staaten von Amerika. Nach diesem Grundsatz hat die dritte Verurteilung eines Straftäters wegen eines Verbrechens zwingend die Verhängung einer lebenslangen Haftstrafe zur Folge[142]. Auch im deutschen Strafrecht wurde während der Herrschaft der Nationalsozialisten mit § 20a StGB a.F. eine ähnliche Vorschrift installiert, die vom 1. Januar 1934 bis zum 1. April 1970 in Kraft war und bei der Verurteilung eines bereits zweimal strafrechtlich geahndeten Gewohnheitsverbrechers zu einer Freiheitsstrafe eine lange Haftstrafe im Zuchthaus zur Folge hatte[143]. Nach dem Willen Schwarzenbergs und seiner gelehr-

---

137 Die Wunderburg war ein mittelalterlicher Gebäudekomplex, den der fürstbischöfliche Forstmeister Friderich von Rotenstein im 14. Jahrhundert erbauen ließ; näheres hierzu bei *Oesterreicher*, Die Wunderburg zu Bamberg.

138 Vgl. *Schrott*, Um Galgen, Rad und Schwert, S. 134 f.

139 Vgl. *Evans*, Rituale der Vergeltung, S. 61.

140 Vgl. *Reitz*, Schinderhannes und Spießgesellen, S. 150.

141 Art. 185 C.C.B. setzt ausweislich seines Gesetzeswortlauts voraus, dass der Straftäter die Waffe mit dem Vorsatz der Verletzung einer anderen Person mit sich führt, die ihm Widerstand leistet. Dort heißt es: „oder mit waffen (damit er yemandt, der jme widerstandt thun wölt) verletzen möchte".

142 Vgl. *Shichor / Sechrest*, Three Strikes and You're Out, S. 24 ff.

143 § 20a StGB Abs. 1 a.F. (1. Januar 1934 bis 1. April 1970): „Hat jemand, der schon zweimal rechtskräftig verurteilt worden ist, durch eine neue vorsätzliche Tat eine Freiheitsstrafe verwirkt und ergibt die Gesamtwürdigung der Taten, daß er ein gefährlicher

ten Juristenkommission sollten nun also vor allem Einbrecher und Gewohnheitsdiebe mit dem Galgen gerichtet werden. Gleichwohl sind im Bereich des Bistums Bamberg einige Fälle bekannt, in denen die Täter trotz Verwirklichung der genannten Delikte vom Tod durch den Strang oder durch Ketten begnadigt wurden. Dies konnte zum einen durch Verhängung einer nach damaliger Ansicht „milderen“ Art der Todesstrafe geschehen. Exemplarisch genannt werden soll hier der Fall des zwanzigjährigen Eukarius „Charges“ Wolf, der Ende 1595 in Reundorf, Amt Burgebrach, in einen Keller eingebrochen war. Im Rahmen seiner peinlichen Befragung gab er noch eine Reihe weiterer Diebstähle zu. Daher sollte er gehängt werden. Auf Intervention des Amtmanns von Burgebrach wurde Wolf jedoch insoweit begnadigt, als hernach die schnellere und damit weniger brutale Tötung durch das Schwert angeordnet wurde. Sein vierzehnjähriger Mittäter Henßlein Bütner wurde nicht getötet, sondern nach einer Gefängnisstrafe, während derer er die Strafe des „Schillings“[144] erhielt, aus dem Hochstift Bamberg verwiesen[145]. Auf der anderen Seite wurden auch Begnadigungen insoweit durchgeführt, als das Hängen eines Verurteilten am Galgen anstatt einer peinvolleren Art der Todesstrafe wie dem Verbrennen angeordnet wurde[146].

7. Das Ertränken

„Mit dem Wasser zum Tode gestrafft werden solle“[147] ein Missetäter bei der Verwirklichung bestimmter Delikte. Schwarzenberg sah den Tod durch das Wasser allerdings vorrangig für weibliche Verurteilte vor. Als erste Vorschrift der *Bambergensis* nannte Art. 146 C.C.B. diese Art der Bestrafung, hier jedoch für beide Geschlechter. So war die Schließung einer zweiten Ehe bzw. mehrerer Ehen gemäß Art. 146 C.C.B. unter Strafe gestellt und konnte ausweislich des Gesetzeswortlauts auch mit dem Tod durch Ertränken bestraft werden, sofern dies nach regionaler Gewohnheit üblich war und die kaiserlichen Rech-

---

Gewohnheitsverbrecher ist, so ist, soweit die neue Tat nicht mit schwererer Strafe bedroht ist, auf Zuchthaus bis zu fünf Jahren und, wenn die neue Tat auch ohne diese Strafschärfung ein Verbrechen wäre, auf Zuchthaus bis zu fünfzehn Jahren zu erkennen. Die Strafschärfung setzt voraus, daß die beiden früheren Verurteilungen wegen eines Verbrechens oder vorsätzlichen Vergehens ergangen sind und in jeder von ihnen auf Todesstrafe, Zuchthaus oder Gefängnis von mindestens sechs Monaten erkannt worden ist“.

144 Unter Schilling verstand man eine Strafe, bei der Verurteilte eine vorher festgelegte Anzahl von Schlägen erhielt, vgl. hierzu *Schrott*, Um Galgen, Rad und Schwert, S. 186 f.

145 Vgl. a.a.O., S. 144.

146 Vgl. ebd. m.w.N.

147 Art. 219 C.C.B., „Zum ertrencken“.

te dem nicht entgegenstanden. Allerdings weist die Norm selbst den Rechtsanwender darauf hin, dass er in der Regel mit der Verhängung einer Todesstrafe zurückhaltend umgehen möge, wenn diese nicht durch die kaiserlichen Rechte angeordnet wurde, und nennt andere Arten der Bestrafung wie den Kerker, den Pranger, das Aushauen mit Ruten oder die Landesverweisung[148]. Nach Art. 149 C.C.B. sollten auch Täterinnen, die eine boshafte Verräterei („verretterey")[149] begangen hatten, ertränkt werden[150]. Männlichen Tätern hingegen drohte bei diesem Delikt die Strafe der Vierteilung. Ebenfalls zog gemäß Art. 155 C.C.B. die „Straff der die heymlich vergeben"[151], also die Bestrafung einer Tötung oder Gesundheitsschädigung mittels Gift, für weibliche Verurteilte den Tod durch Ertrinken nach sich. Männliche Täter sollten wie bereits gezeigt durch Rädern exekutiert werden[152]. Die in Art. 156 C.C.B. geregelte „Straff der weyber, so jre kinder todten"[153], hatte zwar grundsätzlich dadurch gesühnt zu werden, indem die Kindsmörderinnen lebendig vergraben und gepfählt werden sollten. Wenn eine Frau aber ihr Kind aus Verzweiflung getötet hatte, sah das Gesetz für diese die nach damaliger Ansicht mildere Todesstrafe durch das Ertränken vor, sofern die Möglichkeiten des Gerichts dies zuließen[154]. Oftmals wurde in diesen Fällen aus Gnade aber lediglich die schnellere und damit weniger grausame Todesstrafe durch das Schwert angeordnet, um die Ausnahmesituation der verurteilten Mütter entsprechend zu würdigen[155]. Wie bereits bei den Ausführungen zur Todesstrafe durch den Galgen in der *Bambergensis* gezeigt wurde[156], sollten weibliche Verurteilte, die sich gemäß Art. 185 C.C.B. wegen Diebstahls „durch einsteygen oder prechen"[157] strafbar gemacht hatten, ertränkt werden, während männliche Straftäter dagegen am Galgen gehängt werden sollten. Selbiges Prinzip galt für Frauen, die überführt worden waren, bereits zum dritten Mal oder öfter gestoh-

148 Art. 146 C.C.B.: „Und wiewol an vil enden gewonheyt, das das gemelt vbel, mit dem wasser zum tode gestrafft wirdet, wir auch wol erkennen, das sölchs ein fast schwere strefliche misstat ist, vmb darumb wol geneygt derhalb gebürende straff nit zuringern, Dweyl aber die Keyserlichen recht desshalb kein todstraff setzen, so wil vns nit gezimen darauf ein todstraff zu orden".

149 Die Überschrift des Art. 149 C.C.B. spricht von der „Straff der verretterey".

150 Art. 149 C.C.B.: „wer es aber ein weybs bilde, die solt man ertrencken".

151 Überschrift zu Art. 155 C.C.B.

152 Siehe hierzu die Ausführungen unter Kap. 1, B), IV., 5.

153 Überschrift zu Art. 156 C.C.B.

154 Art. 156 C.C.B.: „Aber darinnen verzweyffelung zuuerhüten, mögen dieselben vbeltterin in welchem gericht die bequemheyt des wassers darzu verhanden ist, ertrenckt werden".

155 Vgl. *Schrott*, Um Galgen, Rad und Schwert, S. 172 m.w.N.

156 Siehe hierzu die Ausführungen unter Kap. 1, B), IV., 6.

157 Überschrift zu Art. 185 C.C.B.

len zu haben. Auch für diese sah Art. 188 C.C.B. den Tod durch das Wasser vor. Diese unterschiedliche Behandlung von männlichen und weiblichen Delinquenten gründete im germanischen Gewohnheitsrecht. Bei den alten germanischen Völkern war es, wie bereits dargestellt, aus kultischen Gründen verpönt, Frauenblut zu vergießen. Daher wählte man als Alternative das Ertränken als Tötungsmethode[158].

8. Das Lebendigbegraben und Pfählen

Wenn eine Frau ihr Kind[159] getötet hatte, sollte sie als Kindsmörderin nach Art. 156 C.C.B. „lebendig vergraben und gepfelet werden“[160]. Um den besonders verwerflichen Charakter des Kindsmordes hervorzuheben, wurde die Verurteilte zunächst gebunden und in Dornen gehüllt in ein flaches Grab gelegt, wo man ihr dann, während oder nachdem sie lebendig begraben wurde, einen Pfahl durchs Herz stieß[161]. Bei einer Tötung aus Verzweiflung war in der Regel jedoch die Todesstrafe durch Ertränken anzuordnen, wie bereits im vorangehenden Absatz gezeigt wurde[162]. Vor allem aus generalpräventiven Aspekten[163] war es den Richtern aber auch möglich die Anordnung zu treffen, dass die Übeltäterin vor dem Ertränken „mit gluenten zangen zerrissen werde“[164]. Weitere Vorschriften, die explizit das Lebendigvergraben als Strafe zur Tötung eines Delinquenten nennen, finden sich in der *Bambergensis* nicht.

9. Das Schleifen

Das Schleifen eines Täters zur Richtstätte vor der Verhängung der eigentlichen Todesstrafe konnte bei einer Verurteilung gemäß Art. 149 C.C.B. wegen Verräterei angeordnet werden, wenn diese zu einem großen Schaden geführt hatte. Namentlich wird in Art. 149 C.C.B. die Schädigung eines Landes, einer Stadt, des eigenen Herrn, des Ehepartners oder eines Verwandten durch den Verur-

---

158 Vgl. *Barring*, Die Todesstrafe in der Geschichte der Menschheit, S. 31 f.

159 Ausweislich des Wortlauts des Art. 156 C.C.B. war der nasciturus nicht von dessen Anwendungsbereich umfasst; dort heißt es: „Welch weyb jr kindt, das leben vnd glidmass empfangen hat, heymlicher bosshafter williger weyss ertödtet, die werden gewonlich lebendig vergraben und gepfelet“.

160 Art. 219 C.C.B., „Zum lebendigen vergraben“.

161 Vgl. *Evans*, Rituale der Vergeltung, S. 63.

162 Art. 156 C.C.B.: „Aber darinnen verzweyffelung zuuerhüten, mögen dieselben vbeltetrin in welchem gericht die bequemheyt des wassers darzu verhanden ist, ertrenckt werden“; siehe hierzu die Ausführungen unter Kap. 1, B), IV., 7.

163 Art. 156 C.C.B.: „wo aber sölich vbel offt geschehe“.

164 Art. 156 C.C.B.

teilten genannt[165]. Weiterhin konnte die Strafe des Schleifens nach Art. 155 C.C.B. („Straff der die heymlich vergeben“)[166] aufgrund einer Tötung oder Gesundheitsschädigung mit Gift verhängt werden. Hierbei spielten vor allem generalpräventive Aspekte eine Rolle[167]. Ausweislich des Wortlauts des Art. 155 C.C.B. („Doch zu mehrer forchte andern“) wurde die Möglichkeit der Anordnung des Schleifens mit der Abschreckungswirkung für die Allgemeinheit begründet. Wie bereits ausgeführt war die Reduzierung der Kriminalität in einer Zeit des immer mehr in den Vordergrund tretenden Gewohnheitsverbrechertums eines der Hauptanliegen von Schwarzenbergs Kodifikationsarbeiten[168]. Auch der Mord oder Totschlag ohne „gnugsame entschuldigung“[169] gemäß Art. 162 C.C.B. konnte in bestimmten Fällen die Ausschleifung vor der eigentlichen Todesstrafe zur Folge haben. Art. 162 C.C.B. nennt hierbei den Mord an Personen der Obrigkeit bzw. mit hoher gesellschaftlicher Stellung, an dem eigenen Herrn eines Täters, an Eheleuten und Verwandten[170].

10. Das Reißen mit glühenden Zangen

In bestimmten Fällen sah die Bambergische peinliche Halsgerichtsordnung vor, dass eine verurteilte Person vor der Exekution mit glühenden Zangen behandelt werden sollte. Art. 219 C.C.B. formulierte hierfür die folgende Urteilsformel, welche die erkennenden Strafgerichte in ihre Entscheidung aufzunehmen hatten:

> „Und sol dazu vor der endtlichen tödtung, öffentlich auff einen wagen biss zu der richstat vmd gefürt, vnd der leyb mit gluenden zangen gerissen werden, nemlich mit. n. griffen.“[171]

Auch hierbei zeigt sich wieder die an vielen Textstellen der *Bambergensis* deutlich erkennbare Intention des Gesetzgebers, durch öffentliche Zurschaustellung der peinlichen Strafe eine Abschreckungswirkung für die Allgemeinheit zu generieren. Alternativ zum Schleifen eines Täters vor der Verhängung der eigentlichen Todesstrafe konnte bei einer Verurteilung nach Art. 149 C.C.B.

---

165 Art. 149 C.C.B: „Und wo sölche verretterey grossen schaden oder ergernuss bringen möchte, Also so die ein landt, stat, seinen eygen herren, pethgenossen, oder nahent gesipten freundt betreffe“.

166 Überschrift zu Art. 155 C.C.B.

167 Art. 155 C.C.B.: „Doch zu merer forchte andern, söllen sölche bosshafte misstettige person vor der endtlichen todstraff geschleyfft (…) werden“.

168 Vgl. *Laufs*, Rechtsentwicklungen in Deutschland, S. 136.

169 Überschrift zu Art. 162 C.C.B.

170 Art. 162 C.C.B.: „an hohen treffenlichen personen, des tetters eygen herren, zwischen eelewten, oder nahen gesipten freunden“.

171 Art. 219 C.C.B., „Von reyssen mit gluenden zangen“.

wegen Verräterei das Reißen mit Zangen angeordnet werden, wenn der Täter eines der dort genannten Regelbeispiele verwirklicht hatte[172]. Auch die Bestrafung einer Tötung oder Gesundheitsschädigung mit Gift gemäß Art. 155 C.C.B. konnte alternativ zum Schleifen das Reißen bzw. Greifen mit glühenden Zangen zur Folge haben, wenn die Abschreckung der Allgemeinheit es erforderte[173]. Kindsmörderinnen konnten nach Art. 156 C.C.B. aus generalpräventiven Erwägungen zum Reißen mit glühenden Zangen vor dem Ertränken verurteilt werden, wenn in dem Gerichtsbezirk verhältnismäßig viele Fälle des Kindsmordes oder der Kindstötung auftraten[174]. Ebenfalls konnte eine Verurteilung wegen Mordes oder Totschlags im Sinne von Art. 162 C.C.B. nach gerichtlichem Ermessen zur Anwendung der glühenden Zangen anstatt des Schleifens führen, wenn eines der dort genannten Regelbeispiele erfüllt war[175].

11. Die Enthauptung

Nicht ausdrücklich im Katalog des Art. 219 C.C.B. normiert war die Enthauptung. Dies ist damit zu begründen, dass dort bereits das Schwert explizit genannt wurde, mit welchem der Missetäter in aller Regel enthauptet wurde. Gleichwohl wird die Enthauptung in der Bambergischen peinlichen Halsgerichtsordnung an mehreren Stellen wörtlich anstatt der Tötung durch das Schwert erwähnt. Bedeutsam erscheint dies, da der Gesetzgeber an diesen Stellen offensichtlich die Art und Weise der Enthauptung bewusst offengelassen hatte, sodass diese auch auf andere Weise, beispielshalber mit einem Beil, durchgeführt werden konnte. Gemäß Art. 149 C.C.B. sollten männliche Täter, die sich der Verräterei schuldig gemacht hatten, geköpft und anschließend gevierteilt werden, wenn die Umstände der Tat aufgrund ihres vergleichbar geringen Unrechtsgehalts dies als „milderes Mittel" rechtfertigten[176]. Auch an dieser Stelle kommt wieder das in vielen Normen der *Bambergensis* verankerte Prinzip, nach welchem eine verhängte Todesstrafe in vergleichsweise weniger schweren Fällen durch eine vorausgeschickte schnellere Form der Tötung abgemildert wurde, zum Tragen. Die eigentliche Todesstrafe hatte dann nur noch symbolischen Charakter und entfaltete damit hauptsächlich Abschreckungswirkung. Weiterhin wurde die Enthauptung auch in Art. 151 C.C.B.

---

172 Siehe hierzu die Ausführungen unter unter Kap. 1, B), IV., 9.

173 Ebd.

174 Art. 156 C.C.B. Satz 1 a.E.: „wo aber sölich übel offt geschehe, (...) oder aber bas vor dem ertrencken die vbelthetterin mit gluenten zangen zerrissen werde, alles nach rate der verstendigen".

175 Siehe hierzu die Ausführungen unter unter Kap. 1, B), IV., 9.

176 Art. 141 C.C.B.: „Es möcht auch die verretterey, so wenig böser vmbstende haben, man möcht einen sölchen misstetter erstlich köpfen vnd darnach vierteilen".

genannt. In dieser Vorschrift war die Strafbarkeit des Volksaufruhrs geregelt („Straff der jhenen, so auffrur des volcks machen“[177]). Machte sich jemand deswegen strafbar, stand es im Ermessen des Gerichts, ihn entweder enthaupten zu lassen oder lediglich eine Leibesstrafe durch Ausschlagen mit Ruten und Verweisung aus der Stadt bzw. dem „Flecken“, in welchem der Aufruhr geschah, auszusprechen.

V. Zwischenfazit

Es wurde bereits dargestellt, dass die *Constitutio Criminalis Bambergensis* große Auswirkungen auf die Strafrechtspflege und die Rechtskultur ihrer Zeit hatte[178]. Eines der Ziele Schwarzenbergs war es, gelehrtes Recht und Gewohnheitsrecht in einer Kodifikation zusammenzuführen, um eine einheitliche strafrechtliche Rechtsprechung zu fördern. Gleichwohl wendeten die Strafgerichte in vielen Fällen vorrangig gewohnheitsrechtliche Grundsätze bei der Urteilsfindung an[179]. Die Akzeptanz des neuen Strafgesetzes trat oftmals gegenüber den tradierten und über Jahrhunderte gewachsenen Vorstellungen von Strafe zurück. Bei den vorstehend exemplarisch vorgestellten Urteilen aus dem Bistum Bamberg fällt auf, dass bei der Verhängung von Todesstrafen regelmäßig im Allgemeinen als weniger brutal angesehene Sanktionen verhängt wurden als es die Strafnormen der *Bambergensis* vorgaben. Doch auch das Gesetz selbst sah in vielen Straftatbeständen, deren Verwirklichung die Todesstrafe zur Folge hatte, Abmilderungen vor. Als Beispiel kann hier die Hinrichtung mit dem Schwert anstelle des Räderns, wenn ein Mörder bzw. Totschläger gemäß Art. 162 C.C.B. im Affekt gehandelt hatte, genannt werden. Hatte ein Täter jedoch eine Tat mit besonders hohem Unrechtsgehalt begangen, sollte der Verurteilte nach der Intention Schwarzenbergs in besonders peinvoller und entwürdigender Weise am Leben gestraft werden. So konnte beispielsweise ein Mörder vor dem Rädern wahlweise durch Schleifen oder durch Reißen mit glühenden Zangen gepeinigt werden, wenn er eine Person der Obrigkeit, seinen eigenen Herrn, Ehepartner oder einen Verwandten umgebracht hatte[180]. In erster Linie sollten diese Verschärfungen wiederum der Abschreckung der Allgemeinheit dienen, also generalpräventive Wirkung entfalten. Ebenfalls auffallend ist die in mehreren Strafvorschriften der *Bambergensis* auftauchende

177 Überschrift zu Art. 151 C.C.B.

178 Vgl. *Scheel*, Johann Freiherr zu Schwarzenberg, S. 28; *Güterbock*, Die Entstehungsgeschichte der Carolina, S. 43.

179 Vgl. *Schrott*, Um Galgen, Rad und Schwert, S. 9.

180 Art. 162 C.C.B.: „an hohen treffenlichen personen, des tetters eygen herren, zwischen eelewten, oder nahen gesipten freunden“.

Differenzierung nach Geschlecht bei der Wahl der jeweiligen Weise der Hinrichtung. Beispielshalber war das Ertränken weiblicher Delinquentinnen bei mehreren Delikten als Alternative zur Bestrafung der männlichen Täter vorgesehen. Diese geschlechtsspezifische Differenzierung war wie bereits dargestellt historisch manifestiert, da bereits Jahrhunderte zuvor die kriegerischen germanischen Völker große Scheu davor hatten, Frauenblut zu vergießen[181]. Anhand des Wortlauts der einzelnen Straftatbestände lässt sich zudem erkennen, dass die Sanktionierung der jeweiligen Missetat als Soll-Vorschrift ausgestaltet ist[182]. Daran wird deutlich, dass die Bambergische peinliche Halsgerichtsordnung den Strafgerichten einen nicht unerheblichen Ermessensspielraum ließ, welche konkrete Art der Bestrafung von diesen ausgesprochen wurde[183]. Schwarzenberg war der Ansicht, die nach Gewohnheitsrecht verhängten Strafen seien zu milde[184]. Gleichermaßen wollte er allerdings auch die Akzeptanz seiner Kodifikation durch die von der gewohnheitsrechtlichen Rechtsprechung geprägte Strafrechtspraxis seiner Zeit erreichen. Aus diesem Grunde baute er den aus seiner Sicht nicht ausreichend ausgebildeten Richtern[185] gewissermaßen eine „goldene Brücke", indem er eine Vielzahl ausdifferenzierter Sanktionen normierte, den Gerichten gleichermaßen aber ihr Ermessen bei der Verurteilung ließ. Es zeigte sich, dass die Rechtsprechung in vielen Fällen die in der C.C.B. vorgesehenen Strafen abmilderte oder die Täter begnadigte[186]. Dies hatte zur Folge, dass entweder eine weniger brutale Art der Todesstrafe verhängt wurde oder ein Verurteilter anstatt mit dem Verlust seines Lebens nur zu einer Leibesstrafe oder einer anderweitigen Sanktion wie der Landesverweisung bestraft wurde.

C) Die Entstehung der Constitutio Criminalis Carolina

I. Erste Reformbestrebungen

Die *Constitutio Criminalis Bambergensis* wird oft auch als *mater carolinae*, also als Mutter der *Constitutio Criminalis Carolina*, bezeichnet[187]. Schwarzenbergs *Bambergensis* aus dem Jahre 1507 diente der *Carolina* inhaltlich als Vorbild

---

181 Vgl. *Barring*, Die Todesstrafe in der Geschichte der Menschheit, S. 31 f.
182 In zahlreichen Strafnormen der C.C.B. wird „sol" bzw. „söllen" verwendet.
183 Vgl. *Schrott*, Um Galgen, Rad und Schwert, S. 9.
184 Vgl. *Wolf*, Johann Freiherr von Schwarzenberg, S. 107 ff.
185 Vgl. *Rüping / Jerouschek*, Grundriss der Strafrechtsgeschichte, Rn. 97.
186 Vgl. hierzu *Schrott*, Um Galgen, Rad und Schwert, S. 141 ff., 157, 172, 476 m.w.N.
187 Vgl. *Weber*, ZRG GA 77 (1960), S. 290; *Laufs*, Rechtsentwicklungen in Deutschland, S. 137.

und wurde von dieser auch in weiten Teilen übernommen[188]. Bereits ein paar Jahre zuvor wurden Ende des 15. Jahrhunderts unter der Regierung des damaligen Königs und späteren Kaisers[189] Maximilian I. (1459–1519) erste Bestrebungen unternommen, eine einheitliche Reichsstrafgesetzgebung zu initiieren[190]. Diese Entwicklung war ab dem Reichstag von Worms im Jahre 1495 zu beobachten. Im selben Jahr nahm das Reichskammergericht als oberstes Gericht des Heiligen Römischen Reichs seine Arbeit auf[191]. So stand die Reformierung der Strafrechtspflege auch auf der Tagesordnung der Reichstage von Freiburg 1498[192] und Augsburg 1500[193]. Die Einleitung entsprechender Reformen wurden für notwendig erachtet, nachdem sich zum Ende des 15. Jahrhunderts in der Öffentlichkeit Klagen über Willkür und fehlende Einheitlichkeit der Strafrechtspflege häuften[194]. In den Beschlüssen des Augsburger Reichstags forderten die Reichsstände bereits eine Verbindung der germanischen und romanischen Traditionen des Strafrechts, wie sie auch Schwarzenberg bei Abfassung der *Bambergensis* im Blick hatte[195]. In den nachfolgenden Reichsversammlungen trat die Neuordnung des Strafrechts hingegen wieder in den Hintergrund, obgleich die wachsende Kriminalität als soziales Problem eine große Rolle in der Gesellschaft des Alten Reichs spielte[196]. Dies war sicherlich auch den politischen und sozialen Unruhen des beginnenden 16. Jahrhunderts geschuldet. Exemplarisch werden bei Herbers / Neuhaus vermehrte Unruhen unter den Bauern und niederen Ständen des Reichs oder Übergriffe durch Angehörige des niederen Adels – wie Götz von Berlichingen (1480–1562) oder Franz von Sickingen (1481–1523) – auf Kaufleute und Reichsstände genannt[197].

II. Der Entwurf zu Worms von 1521

1519 wurde Karl V. (1500–1558), der Namensgeber der *Carolina*, nach dem Tod seines Großvaters Maximilian I. zunächst zum römisch-deutschen König

---

188 Vgl. *Laufs*, a.a.O., S. 135 ff.

189 Maximilian I. führte den Kaisertitel erst ab 1508; vgl. hierzu *Güterbock*, Die Entstehungsgeschichte der Carolina, S. 15; vgl. Fn. 66.

190 Vgl. ebd.

191 Vgl. *Herbers / Neuhaus*, Das Heilige Römische Reich, S. 189 f.

192 Näheres hierzu bei *Harpprecht*, Staatsarchiv, II. Teil, S. 305 ff.

193 Vgl. *Güterbock*, Die Entstehungsgeschichte der Carolina, S. 19 ff.

194 Vgl. *Rüping / Jerouschek*, Grundriss der Strafrechtsgeschichte, Rn. 94.

195 Vgl. *Ignor*, Geschichte des Strafprozesses in Deutschland, S. 45; *Güterbock*, Die Entstehungsgeschichte der Carolina, S. 21.

196 Vgl. *Güterbock*, Die Entstehungsgeschichte der Carolina, S. 22.

197 Vgl. *Herbers / Neuhaus*, Das Heilige Römische Reich, S. 189 f.

gewählt und ein Jahr später gekrönt, woraufhin er wie seine Vorgänger den Kaisertitel führte[198]. Güterbock würdigt Karl V. in seiner Entstehungsgeschichte der Carolina zwar als großen Diplomaten und gewandten Politiker, „aber – was er hätte sein müssen – ein grosser Gesetzgeber und Reformator" sei er nicht gewesen, „wenigstens für Deutschland nicht"[199]. Wie bereits bei seinem Vorgänger Maximilian I. waren die Reichsstände die treibende Kraft hinter den angestrebten Neuerungen[200]. Dem neuen Kaiser indes wurde kein großes Interesse an der Entstehung der seinen eigenen Namen tragenden Halsgerichtsordnung attestiert[201]. Auf dem Reichstag zu Worms im Jahre 1521 wurden die angestrebten Reformen schließlich wieder vermehrt vorangetrieben. Man bildete einen Ausschuss, dessen Mitglieder an ersten Entwürfen für eine neue peinliche Ordnung bzw. Halsgerichtsordnung, die Geltung für das gesamte Reich beanspruchen sollte, arbeiteten[202]. Unter den zahlreichen strafrechtlichen Partikularordnungen des Heiligen Römischen Reichs ragte die Bambergische peinliche Halsgerichtsordnung hervor, welche die anderen strafrechtlichen Werke ihrer Zeit in Punkto Regelungsdichte und Differenzierung übertraf und gleichzeitig allgemein anerkannte Rechtsüberzeugungen enthielt[203]. Daher beschlossen die Verantwortlichen des maßgeblichen Ausschusses auf der Wormser Reichsversammlung, die *Bambergensis* als Vorbild für die neu zu erschaffende Halsgerichtsordnung heranzuziehen. Erwähnenswert ist hierbei die Tatsache, dass auch Johann Freiherr von Schwarzenberg selbst aktiv am Wormser Reichstag 1521 teilnahm und eine leitende Funktion im Strafrechtsausschuss innehatte[204]. Auf diese Weise konnte er auch entsprechenden Einfluss darauf nehmen, dass die Inhalte seiner Bamberger Halsgerichtsordnung in den zu erarbeitenden Entwurf übernommen wurden. Am 21. April 1521 übergab der Ausschuss schließlich den ersten Entwurf einer für das gesamte Reich geltenden Halsgerichtsordnung an die Vertreter der Reichsstände. Der Entwurf stieß jedoch bei den Ständen und kaiserlichen Räten nur auf geringes Interesse, da diese zum bevorstehenden Ende des Reichstags hin keine Notwendigkeit mehr sahen, sich mit diesem zu befassen. Allerdings war im Zuge der Wormser Versammlung auch das Reichsregiment neu errichtet worden, welches befugt war, an Stelle von Kaiser und Reichstag die Regierungsge-

198 Vgl. ebd.; Näheres hierzu bei *Kohler*, Karl V.
199 *Güterbock*, Die Entstehungsgeschichte der Carolina, S. 33.
200 Vgl. a.a.O., S. 37.
201 Vgl. *Weber*, ZRG GA 77 (1960), S. 290.
202 Vgl. *Güterbock*, Die Entstehungsgeschichte der Carolina, S. 39 f.
203 Vgl. *Scheel*, Johann Freiherr zu Schwarzenberg, S. 28; *Güterbock*, a.a.O., S. 43; *Wolf*, Johann Freiherr von Schwarzenberg, S. 118.
204 Vgl. *Wolf*, a.a.O., S. 136.

schäfte zu führen. Zum Herbst 1521 nahm es seine Arbeit vollständig auf[205]. Auch Schwarzenberg wurde zum Mitglied des Reichsregiments ernannt und entfaltete dort großen Einfluss[206]. Das Reichsregiment prüfte die Arbeiten des Ausschusses bereits vorab im Rahmen der Reichsversammlung an Stelle der Stände. So konnte am 26. Mai 1521 im Zuge des Wormser Reichsabschieds der erste Entwurf der *Carolina* verabschiedet werden[207]. Inhaltlich wies der Entwurf große Ähnlichkeiten zur *Bambergensis* von 1507 und zur Brandenburgischen peinlichen Halsgerichtsordnung von 1516, welche sich nur marginal von der Bamberger Halsgerichtsordnung unterschied[208], auf. Dies war in der Tatsache begründet, dass die Redaktoren des Wormser Entwurfs kein komplett neues Werk erschaffen, sondern sich an bereits bewährten Halsgerichtsordnungen von Bamberg und Brandenburg orientieren wollten. Die Arbeiten waren indes auch nicht darauf gerichtet, die *Bambergensis* lediglich zu kopieren, sondern an denjenigen Stellen, die verbesserungswürdig erschienen, eigenständig neuen Inhalt einzuflechten oder unnötig Erscheinendes wegzulassen. So enthielt die *Bambergensis* 278 Artikel, während der Entwurf von 1521 nur 236 Artikel zählte. Gleichwohl wurden insbesondere der Aufbau und die Systematik der Vorlagen übernommen[209].

III. Der Entwurf zu Nürnberg von 1524

Nachdem der Wormser Entwurf von 1521 durch das Reichsregiment einer Revision unterzogen worden war, spielte die Weiterentwicklung der Peinlichen Halsgerichtsordnung auf den nachfolgenden Reichstagen in Nürnberg von 1522 bis 1524 keine nennenswerte Rolle. Dies war vor allem der bevorzugten Behandlung dringender politischer Fragen geschuldet[210]. Zwar legte das Reichsregiment unter der Federführung des Johann Freiherr von Schwarzenberg auf dem Nürnberger Reichstag von 1524 einen zweiten Entwurf der *Carolina* vor[211]. Dieser Entwurf blieb jedoch auf der Reichsversamm-

---

205 Näheres zum Reichsregiment bei *Ranke*, Deutsche Geschichte im Zeitalter der Reformation, Bd. 2, S. 27 f.

206 Vgl. a.a.O., Bd. 2, S. 39.

207 Vgl. *Güterbock*, Die Entstehungsgeschichte der Carolina, S. 45 ff.

208 Die Brandenburgische peinliche Halsgerichtsordnung wich materiell-rechtlich nur in Art. 182 und Art. 258 von der Bambergischen peinlichen Halsgerichtsordnung ab und glich dieser ansonsten weitgehend im Hinblick auf Inhalt und Formulierung; vgl. hierzu a.a.O., S. 55.

209 Vgl. a.a.O., S. 54 ff.

210 Vgl. a.a.O., S. 75 ff.

211 Vgl. *Kohler / Scheel*, Die peinliche Gerichtsordnung Kaiser Karls V., S. 12 ff.; *Kaufmann*, Die Peinliche Gerichtsordnung Kaiser Karls V. von 1532, S. 8.

lung von Nürnberg aus den genannten Gründen unbeachtet. Es schien daher, als wären die Bestrebungen für die Einführung einer Halsgerichtsordnung, die für das gesamte Heilige Römische Reich Deutscher Nation Geltung beanspruchte, zunächst ins Stocken geraten[212]. Gleichwohl ergibt sich aus den Akten im königlichen Staatsarchiv zu Königsberg zum Nürnberger Reichstag, dass der Entwurf von 1524 zumindest mehrfach behandelt wurde[213]. Dies gibt Anlass zu der Annahme, dass ein Interesse der Verantwortlichen an einer langfristigen Einführung eines solchen Gesetzeswerkes nicht von der Hand zu weisen war.

IV. Der Entwurf zu Speyer von 1529

Der dritte Entwurf für die peinliche Halsgerichtsordnung Kaiser Karls V. wurde 1529 auf dem Reichstag von Speyer beschlossen[214]. Schwarzenberg als geistiger Vater dieses Werks indes war wohl[215] im Jahr zuvor im Goldenen Kreuz zu Nürnberg verstorben und erlebte diesen Meilenstein daher nicht mehr[216]. Ohne Schwarzenbergs Mitwirkung erarbeitete der zuständige Ausschuss der Reichsversammlung die Vorschläge zur Formulierung des dritten Entwurfs. Am 22. April 1529 wurden die Vorschläge des Ausschusses mit Zustimmung des Reichsregiments und der kaiserlichen Räte unverändert in den Reichsabschied zu Speyer aufgenommen. Die Billigung des Entwurfs von Speyer stellte damit einen weiteren Meilenstein zur Umsetzung der geplanten Strafrechtsreform dar. Damit aber war der letzte Schritt zu einer gesamtdeutschen Strafrechtsordnung noch nicht gemacht[217].

V. Der Reichstag zu Augsburg 1530

Zum Zeitpunkt des Wechsels von der dritten zur vierten Dekade des 16. Jahrhunderts befand sich das Heilige Römische Reich Deutscher Nation[218] in einem kritischen Zustand. Die Gesellschaft war gespalten, katholische und lutherische Reichsstände standen sich in Folge der Reformation feindselig gegenüber und man befürchtete den Ausbruch eines Bürgerkrieges. Karl V. war am 24. Februar 1530 durch Papst Clemens VII. offiziell zum Kaiser gekrönt

212 Vgl. *Güterbock*, Die Entstehungsgeschichte der Carolina, S. 75 ff.
213 Vgl. *Kohler / Scheel*, Die peinliche Gerichtsordnung Kaiser Karls V., S. 14.
214 Vgl. *Kaufmann*, Die Peinliche Gerichtsordnung Kaiser Karls V. von 1532, S. 8.
215 Die Echtheit des Sterbedatums 21. Oktober 1528 ist umstritten; vgl. *Scheel*, Johann Freiherr zu Schwarzenberg, S. 14.
216 Vgl. a.a.O., S. 167.
217 Vgl. *Güterbock*, Die Entstehungsgeschichte der Carolina, S. 114.
218 Der Namenszusatz „teutscher Nation" war ab dem letzten Drittel des 15. Jahrhunderts gebräuchlich; vgl. *Herbers / Neuhaus*, Das Heilige Römische Reich, S. 187.

worden[219]. Karl, der sich zwischen 1521 und 1530 meist außerhalb Deutschlands aufgehalten hatte[220], und sein Volk hatten sich voneinander entfremdet und das Reichsregiment hatte als Regierung mit fehlender Akzeptanz und strukturellen Problemen zu kämpfen. In diesem Klima der sozialen Fragilität fand im Jahre 1530 der Reichstag zu Augsburg statt. Dieses Mal hatte Kaiser Karl V. ihn selbst einberufen, da auch ihm die Dringlichkeit politischer Reformen bewusst geworden war[221]. Nachdem der auf dem Reichstag von Speyer beschlossene Entwurf bislang nicht weiter umgesetzt worden war, wollte das Reichsregiment auf der Augsburger Reichsversammlung die Strafrechtsreform unbedingt weiter vorantreiben. Daher stellte es das dringende Ersuchen an alle Mitglieder der Reichsstände, sich in Augsburg über die Halsgerichtsordnung zu beraten[222]. Der zuständige Ausschuss tagte ab dem 10. Juni 1530. Seine Mitglieder stützten sich im Rahmen ihrer Beratungen auf den Entwurf zu Speyer aus dem Jahre 1529 und diskutierten über mögliche Änderungen und Verbesserungen. Die Formulierung der Vorrede sollte erst erfolgen, wenn über die einzelnen Artikel beraten worden war. Bereits Ende Juli waren die Revisionsarbeiten des Ausschusses abgeschlossen. Der finale Entwurf wurde sodann der Reichsversammlung zur sachlichen Prüfung vorgelegt. Allerdings widersprachen mehrere Fürsten, unter anderem diejenigen von Sachsen und Thüringen, der Verabschiedung des neuen Gesetzes, so dass die Verhandlungen abgebrochen und per Beschluss auf die nächste Reichsversammlung vertagt wurden[223].

VI. Inkrafttreten der Constitutio Criminalis Carolina 1532

Nachdem bei der Augsburger Reichsversammlung nicht alle Stände die erforderliche Zustimmung erteilten, mussten Nachjustierungen an dem Entwurf der *Constitutio Criminalis Carolina* vorgenommen werden. Das kursächsische Fürstentum hatte eine Privilegierung der Territorien des sächsischen Rechtskreises gefordert. Dieser Forderung begegneten andere Stände, vor allem die Kurpfälzischen, mit Widerstand. Als Folge wurde am Ende der Vorrede zur *Carolina* die Salvatorische Klausel[224] aufgenommen, mit welcher den Reichsständen Zugeständnisse im Hinblick auf die Fortgeltung ihrer rechtmäßigen

219 Vgl. a.a.O., S. 200.
220 Vgl. *Laufs*, Rechtsentwicklungen in Deutschland, 103.
221 Vgl. *Güterbock*, Die Entstehungsgeschichte der Carolina, S. 128 f.
222 Vgl. a.a.O., S. 132 f.
223 Vgl. a.a.O., S. 138 ff.

und billigen Gepflogenheiten, ergo Gewohnheitsrechte, gemacht wurden[225]. Damit sollte den regionalen Herrschern signalisiert werden, dass ihre jeweiligen Landesrechte auch nach dem Inkrafttreten der Peinlichen Halsgerichtsordnung Kaiser Karls V. weiterhin galten, sofern diese nicht explizit ausgeschlossen wurden. Diese Ausschlüsse waren jedoch nur in wenigen Vorschriften normiert[226]. Als Beispiel kann hier vor allem Art. 218 C.C.C. genannt werden, welcher die missbräuchliche und „böse unvernünftige" Anwendung von Partikularrechten untersagt[227]. Ansonsten beanspruchte die *Carolina* nach der Salvatorischen Klausel nur subsidiäre Geltung, wenn die Landesrechte keine abweichenden Regelungen beinhalteten[228]. Dadurch konnte das Reichsregiment auch die Reichsstände für die neue Strafordnung gewinnen, die zwei Jahre zuvor noch Sorge um den Verlust ihrer althergebrachten Partikularrechte trugen und sich daher gegen die Strafrechtsreform ausgesprochen hatten. Damit stand der Verabschiedung der *Carolina* nichts mehr im Wege. Schließlich wurde im Jahre 1532 auf dem Reichstag zu Regensburg unter Kaiser Karl V. dessen Peinliche Halsgerichtsordnung verabschiedet und zum Reichsgesetz erhoben. Wie bereits erwähnt ist diese inhaltlich sehr eng an die Bambergische peinliche Halsgerichtsordnung von 1507 angelehnt, woraus sich deren Bezeichnung als „mater carolinae" rechtfertigt[229]. Und auch wenn man vor dem Inkrafttreten der neuen Strafordnung Kompromisse mit den regionalen Herrschern eingehen musste und die Landesrechte nach wie vor zur Anwendung kamen, darf die Bedeutung dieses Aktes nicht unterschätzt werden: Mit der Geburtsstunde der *Constitutio Criminalis Carolina* am 27. Juli 1532 beginnt nichts weniger als das Zeitalter des gesamtdeutschen Strafrechts[230].

---

224 C.C.C., Vorrede a.E.: „Doch wollen wir durch diese gnedige erinnerung Churfürsten Fürsten und Stenden, an jren alten wohlerbrachten rechtmessigen vnnd billichen gebreuchen nichts benommen habe".

225 Vgl. *Rüping / Jerouschek*, Grundriss der Strafrechtsgeschichte, Rn. 98; *Kaufmann*, Die Peinliche Gerichtsordnung Kaiser Karls V. von 1532, S. 9.

226 Vgl. *Kaufmann*, a.a.O., S. 9.

227 Überschrift zu Art. 218 C.C.C.: „Von mißbreuchen vnd bösen vnuernünfftigen gewonheyten, so an etlichen orten vnd enden gehalten werden".

228 Vgl. *Kaufmann*, Die Peinliche Gerichtsordnung Kaiser Karls V. von 1532, S. 9.

229 Vgl. *Rüping / Jerouschek*, Grundriss der Strafrechtsgeschichte, Rn. 98.

230 Vgl. *Güterbock*, Die Entstehungsgeschichte der Carolina, S. 172.

Zweites Kapitel: Die Constitutio Criminalis Carolina und ihre Auswirkungen

A) Allgemeine Grundsätze der Constitutio Criminalis Carolina

I. Rezeption

Die *Constitutio Criminalis Carolina*, die peinliche Halsgerichtsordnung Kaiser Karls V., ist aus heutiger Sicht nicht als Kodifikation im klassischen Sinn zu verstehen. Das lässt sich schon daran erkennen, dass das Werk selbst nach damaligem Usus[1] als „Ordnung" betitelt worden war[2]. Gemäß der Vorrede zur C.C.C. sollte diese der Strafrechtspflege Leitlinien „dem gemeynen rechten, billicheyt vnd loblichen hergebrachten breuchen gemess"[3] an die Hand geben. Um den Interessen der Landesfürsten entgegenzukommen, galt die *Carolina* nach der Salvatorischen Klausel[4] nur subsidiär, wenn die Landesrechte keine abweichenden Regelungen beinhalteten[5]. Die große Zeit der Kodifikationen mit dem Anspruch auf eine verbindliche und umfassende Normierung von Rechtsverhältnissen begann erst Mitte des 17. Jahrhunderts[6]. Inwieweit die neue peinliche Ordnung im Heiligen Römischen Reich übernommen und angewandt wurde, variierte je nach Territorium deutlich. Teilweise wurden ihr Wortlaut und ihre Prinzipien von den regionalen Strafordnungen weitgehend übernommen. Andernorts ignorierte man das neue Werk zunächst. So fanden sich in den bayerischen Rechtsquellen des mittleren 16. Jahrhunderts wie der Bairischen Lanndtßordnung von 1553 noch keine Bezüge zu den Lehren der C.C.C. Die erneuerte Reformation der Stadt Frankfurt am Main von 1578 hingegen bestimmte ausdrücklich die Anwendung des materiellen Rechts der *Carolina*[7]. Die Rezeption der *Constitutio Criminalis Carolina* als wegweisendes

---

1 Prominente Beispiele zu Beginn des 16. Jahrhunderts waren die Bambergische peinliche Halsgerichtsordnung (1507) und die Brandenburgische peinliche Halsgerichtsordnung (1516).

2 Vgl. *Laufs*, Rechtsentwicklungen in Deutschland, S. 139.

3 C.C.C., Vorrede, letzter Absatz.

4 C.C.C., Vorrede a.E.: „Doch wollen wir durch diese gnedige erinnerung Churfürsten Fürsten und Stenden, an jren alten wohlerbrachten rechtmessigen vnnd billichen gebreuchen nichts benommen haben".

5 Vgl. *Kaufmann*, Die Peinliche Gerichtsordnung Kaiser Karls V. von 1532, S. 9.

6 Vgl. *Laufs*, Rechtsentwicklungen in Deutschland, S. 139.

7 Vgl. *Schmidt*, ZRG GA 83 (1966), 249 ff.

Werk ihrer Zeit ist vor allem durch ihren Inhalt und ihre geistige Reife bedingt[8]. Sie hatte wie auch die *Bambergensis* vor allem den Charakter einer Strafprozessordnung, welche durch Normen des materiellen Strafrechts ergänzt wurde[9]. Das Verdienst ihrer Schöpfer war nicht zuletzt die Erschaffung einer Strafrechtsordnung, die erstmals für das gesamte Heilige Römische Reich Deutscher Nation – wenn auch großteils nur subsidiär – galt und über Jahrhunderte bis zum Ende des Alten Reichs im Jahre 1806 in Kraft war. Ein weiteres Verdienst lag in der bewussten Abkehr vom privatstrafrechtlichen Charakter des peinlichen Rechts hin zu einer „öffentlichrechtlichen Auffassung von Verbrechen und Strafe“[10]. Schmidt konstatiert hierzu eine „restlose Verstaatlichung der gesamten Strafrechtspflege“[11]. Gleichwohl finden sich in der *Carolina* nach wie vor Elemente des Privatstrafrechts, exemplarisch seien hierbei die Regelungen zur Notzucht (Art. 119 C.C.C.) und zum Ehebruch (Art. 120 C.C.C.) genannt.

II. Verfahrensgrundsätze

Ganz nach dem Vorbild der Bambergischen peinlichen Halsgerichtsordnung als *mater carolinae* war das Inquisitionsprinzip auch ein wichtiger Verfahrensgrundsatz der *Constitutio Criminalis Carolina*. Die Inquisitionsmaxime wurde dadurch zu einem bestimmenden Element des Strafprozessrechts im Heiligen Römischen Reich. Dieser Prozessgrundsatz ging auf das kanonische Recht sowie auf das nach Vorbild des Kirchenrechts im Werk von Albertus Gandinus dargestellte Prinzip der *inquisitio* zurück[12]. Kennzeichnend für den Inquisitionsprozess war das Offizialprinzip, also das Tätigwerden des Gerichts von Amts wegen. Dieses stand im Gegensatz zum bis dato vorherrschenden privatrechtlichen Charakter des gemeinen deutschen Strafrechts durch Klage des Geschädigten. Eine weitere Maxime des Inquistionsverfahrens war das Instruktionsprinzip. Dieses hatte für die Organe der Strafrechtspflege zur Folge, dass diese den Sachverhalt nach objektiven Kriterien zu prüfen und zu bewerten hatten. Es steht damit der Parteimaxime des Privatstrafrechts, die wir aus dem heutigen Zivilprozess und im Strafprozess noch aus dem Privatklageverfahren der §§ 374 ff. StPO in Deutschland kennen, kontradiktorisch gegenüber.

---

8 Vgl. hierzu *Schmidt*, Die Carolina, S. 4 ff.; *Laufs*, Rechtsentwicklungen in Deutschland, S. 139 f.

9 Vgl. *Laufs*, a.a.O., S. 140.

10 Vgl. *Schmidt*, ZStW 62 (1943), S. 234.

11 Ebd.

12 Vgl. *Trusen*, ZRG KA 74 (1988), S. 168 ff.; *Ignor*, Geschichte des Strafprozesses in Deutschland, S. 47.

Eine Folge der amtlichen Wahrheitserforschung im Inquisitionsverfahren war im Mittelalter die vermehrte Anwendung der Folter zur Erzwingung von Geständnissen[13]. Die Folter, regelmäßig auch bezeichnet als Tortur oder Marter, war sowohl im weltlichen Strafrecht des Heiligen Römischen Reiches als auch im kanonischen Recht ab dem 13. Jahrhundert als Mittel hierzu anerkannt[14]. Wie schon in der *Bambergensis* war der Richter auch in der *Carolina* zugleich für die Strafverfolgung als auch die Verhängung von Urteilen zuständig[15]. Diese historisch gewachsene Machtfülle qua Amt führte dazu, dass die Gerichte im Strafprozess eine omnipotente Stellung ohne wirkliche Kontrolle durch andere Instanzen innehatten. Umso wichtiger erschien es Schwarzenberg und seinen Mitschöpfern der Halsgerichtsordnung Kaiser Karls V., dass den Gerichten eine Strafordnung als Leitfaden für die gerechte Prozessführung und Urteilsfindung nach objektiven Maßstäben an die Hand gegeben wurde. Bescheidenheit und „mâze“, also Augenmaß, wurde von den Richtern gefordert. Die Folter sollte nach dem Gusto ihrer Schöpfer in der C.C.C. nur in engen Grenzen angewandt werden, nämlich bei einem starken Tatverdacht, der bereits nahe an der Gewissheit lag. Die Artt. 24 bis 44 C.C.C. regelten die erforderlichen Verdachtsgrade und Beweisregeln detailliert[16]. Die zentrale Vorschrift für die Anwendung der Folter selbst fand sich in Art. 45 C.C.C.[17]. Im Sinne eines möglichst zurückhaltenden Umgangs mit der peinlichen Befragung sollte mit dem Ziel eines Geständnisses gemäß Art. 46 C.C.C. zuvor eine eingehende Befragung des Verdächtigen stattfinden, welche auch die explizite Androhung der Tortur beinhalten konnte[18]. Art. 45 C.C.C. und Art. 46 C.C.C. waren im Wesentlichen inhaltsgleich mit Art. 56 C.C.B. und Art. 57 C.C.B. Lediglich die Schreibweise mancher Wörter hatte sich im Vergleich zu den Vorschriften der *mater carolinae* geändert[19]. Rückblickend kann festgehalten werden, dass sowohl die *Carolina* als auch die *Bambergensis* als Konsequenz

---

13 Vgl. *Laufs*, Rechtsentwicklungen in Deutschland, S. 140.

14 Die Folter wurde z.B. in dem um 1275 entstandenen Schwabenspiegel, Landrecht, Art. 375, III. Absatz, normiert. Dort heißt es: „man sol in witzegen mit slegen an der slraiget. vnd mit starker vancnusse. vnd mit hunger. vnd mit vroste vnd mit anderen vbelen dingen“.

15 Vgl. *Laufs*, Rechtsentwicklungen in Deutschland, S. 140.

16 Vgl. a.a.O., S. 142 f.

17 Überschrift zu Art. 45 C.C.C.: „Von peinlicher frag.“

18 Art. 46 C.C.C.: „zuuor inn gegenwurtigkeyt des Richters, zweyer des gerichts vnd des gerichtsschreibers fleissiglich zu rede gehalten werden mit worten, die nach gelegenheyt der person, vnd sachen zu weitherer erfarung der übelthat oder argkwönigkeit allerbast dienen mögen, auch mit bedrohung der marter bespracht werden“.

19 So ist in Art. 57 C.C.B. z.B. von der „argkwenigkeyt“ die Rede, während Art. 46 C.C.B. von der „argkwönigkeit“ spricht. Diese Unterschiede in der Schreibweise sind lediglich der Entwicklung der deutschen Sprache zwischen 1507 und 1532 geschuldet.

der Grausamkeit ihrer Zeit die Folter als bestimmendes Mittel zum Zweck, nämlich zur Erzwingung eines Geständnisses kannten. Es ist jedoch ein großes Verdienst der Schöpfer dieser Werke, die Anwendung der peinlichen Frage im Sinne einer gerechten Rechtsanwendung reglementiert zu haben. Dadurch sollten nach dem gesetzgeberischen Willen Fehlurteile und rechtsmissbräuchliches Handeln nach Möglichkeit minimiert werden. So fand sich in Art. 20 C.C.C. ein Verwertungsverbot für Geständnisse, die aufgrund unzulässiger Foltermethoden erlangt wurden[20]. Gleichwohl war Schwarzenberg und seinen Mitstreitern die unzulängliche Ausbildung vieler Organe der Strafrechtspflege bewusst. Dies galt insbesondere für die vielen Laienrichter ohne juristische Ausbildung. Wie bereits in der Bambergischen peinlichen Halsgerichtsordnung gab es daher auch in der C.C.C. die Möglichkeit, in strittigen Fragen den „Rat der Rechtsverständigen" anzurufen[21]. Die letzte Vorschrift der *Constitutio Criminalis Carolina*, Art. 219 C.C.C., regelte hierzu das Prozedere en detail[22]. Die *Bambergensis* enthielt demgegenüber am Ende noch drei Vorschriften in Art. 276 C.C.C. bis Art. 278 C.C.C mit umfassenderem Regelungsgehalt. Daran lässt sich die auch an anderen Stellen vorgenommene inhaltliche Verschlankung der *Carolina* auf den wesentlichen Inhalt gegenüber ihrer Vorgängerin erkennen. Weitere bewährte Regelungen wurden ebenfalls aus der *Bambergensis* entnommen, respektive aus dieser heraus weiterentwickelt. Hierbei sind vor allem die in zahlreichen Vorschriften vorgenommene Differenzierung zwischen strafverschärfenden, strafmildernden oder strafausschließenden Merkmalen sowie die Differenzierung zwischen Vorsatz und Fahrlässigkeit zu nennen[23]. Ebenfalls fortgeführt wurde die Möglichkeit der Straffreiheit bei fehlender Schuld, beispielshalber in Art. 179 C.C.C. bei Geisteskrankheit oder jugendlichem Unverstand des Täters[24].

B) Die Todesstrafe in der Constitutio Criminalis Carolina

I. Unbenannte Todesstrafen

Die vorliegende Untersuchung befasst sich in erster Linie mit der Entwicklung der Todesstrafe. Daher sollen nun die maßgeblichen Vorschriften der Peinli-

20 Vgl. *Schroeder*, Die Peinliche Gerichtsordnung Kaiser Karls V., S. 330.

21 Vgl. *Laufs*, Rechtsentwicklungen in Deutschland, S. 143.

22 Überschrift zu Art. 219 C.C.C.: „Erklerung bei wem, und an welchen orten rath gesucht werden soll".

23 Vgl. *Laufs*, Rechtsentwicklungen in Deutschland, S. 143 f.

24 Überschrift zu Art. 179 C.C.C.: „Von übelthättern die jugent oder anderer sachen halb, jre sinn nit haben".

chen Halsgerichtsordnung Kaiser Karls V. untersucht werden. Nach den Verfahrensvorschriften enthält die *Constitutio Criminalis Carolina* ab Art. 104 C.C.C., „ein vorrede wie man missetat peinlich strafen sol“[25], die materiell-rechtlichen Vorschriften zu den einzelnen Straftatbeständen. Art. 104 C.C.C. stellt das Pendant zu Art. 125 C.C.B. dar. An der unterschiedlichen Nummerierung lässt sich wiederum die vorgenommene Reduzierung der Vorschriften in der *Carolina* im Vergleich zur *Bambergensis* erkennen. Mit Ausnahme kleiner sprachlicher Änderungen[26] war Art. 104 C.C.B. inhaltsgleich zu ihrer Vorgängernorm aus der Bambergischen peinlichen Halsgerichtsordnung. Art. 106 C.C.C. war die erste Vorschrift im Normengefüge der *Constitutio Criminalis Carolina*, welche die Bestrafung eines Täters am Leben zur Folge haben konnte. Durch Art. 106 C.C.C. wurde die Gotteslästerung bzw. Gottesschwörung unter Strafe gestellt. Wie in der Vergleichsnorm der *Bambergensis*, Art. 127 C.C.B., konnte eine nicht weiter konkretisierte Strafe „am leib, leben, oder glidern, nach gelegenheyt vnd gestalt der person vnd der lesterung“[27] nach dem Ermessen des Gerichts ausgesprochen werden. Weiterhin fällt auf, dass nach dem Vorbild der *mater carolinae* Art. 106 C.C.C. wie auch zahlreiche weitere materiell-rechtliche Normen als reine Soll-Vorschrift ausgestaltet ist[28]. Durch diese Formulierung sollte den Gerichten ein Ermessensspielraum eingeräumt werden, woran zu sehen ist, dass auch die neue peinliche Ordnung Kaiser Karls V. keinen Anspruch auf unbedingte Allgemeingültigkeit erhob, sondern vielmehr der Strafrechtspflege des Alten Reichs eine Art Rechtsfibel im Sinne einer Anweisung zur gerechten Urteilsfindung an die Hand geben wollte[29]. Eine weitere Vorschrift, deren Verletzung die Verurteilung zu einer unbenannten Todesstrafe zur Folge haben konnte, findet sich in Art. 108 C.C.C., nämlich die „Straff der so geschworn vruede prechen“[30], welche den Bruch der unter Eid gestellten Urfehde unter Strafe stellte. Gemäß Art. 110 C.C.C. konnte auch die „Straff schrifftlicher unrechtlicher peynlicher schmehung“[31] die Anwendung der Todesstrafe nach sich ziehen. Zur Tatbestandsverwirklichung war die Verbreitung einer falschen Schmähschrift mit dem Ziel

---

25 Überschrift vor Art. 114 C.C.C.

26 Art. 104 C.C.C. beginnt z.B. mit den Worten „Item so jemandt vnsern gemeynen geschriben rechten nach“, während der Anfang von Art. 125 C.C.B. „Item so yemant den gemeyn geschriben rechten nach“ lautet.

27 Art. 106 C.C.C. hat insoweit den gleichen Wortlaut wie Art. 127 C.C.B., dort wurde lediglich „leyb“ statt „leib“ verwendet.

28 In Art. 106 C.C.C. wird der Plural „sollen“ verwendet, während in den meisten anderen Strafnormen der C.C.C. die dritte Person Singular „sol“ zu finden ist.

29 Vgl. *Weber*, ZRG GA 77 (1960), S. 290.

30 Überschrift zu Art. 108 C.C.C.

31 Überschrift zu Art. 110 C.C.C.

einer peinlichen Bestrafung des Geschmähten erforderlich[32]. Das Pendant zu Art. 110 C.C.C. in der *Bambergensis* findet sich in Art. 134 C.C.B., wobei die beiden systematisch vorangestellten Normen Art. 132 C.C.B. (Lästerung des Königs bzw. Kaisers des Heiligen Römischen Reiches) und Art. 133 C.C.B. (Lästerung eines Herren durch seinen Untertan), die ebenfalls mit dem Tode sanktioniert werden konnten, in der *Carolina* keine Entsprechung mehr fanden. Gleiches gilt für die schändliche Flucht gemäß Art. 135 C.C.B., die ebenfalls nicht in die Peinliche Halsgerichtsordnung Kaiser Karls V. übernommen wurde. Weitere unbenannte und nicht konkret ausgestaltete Todesstrafen konnten in der *Carolina* nach dem Ermessen des Gerichts verhängt werden für Falschbeurkundungen (Art. 112 C.C.C.) und schwere Fälle der Fälschung im kaufmännischen Verkehr (Art. 113 C.C.C.). Diese beiden Vorschriften waren im Wesentlichen inhaltsgleich mit Art. 137 C.C.B. und Art. 138 C.C.B.. Wie in der *Bambergensis* konnten auch in der *Carolina* schwere Fälle des Diebstahls eine nicht näher konkretisierte Todesstrafe nach sich ziehen. Nach Art. 160 C.C.C. war dies auch bei einem Ersttäter der Fall, wenn der Wert des Diebesguts fünf Gulden oder mehr betrug und vor allem, wenn der Diebstahl durch Einsteigen oder Einbrechen oder mit Waffen begangen wurde[33]. Diebe unter vierzehn Jahren sollte gemäß Art. 164 C.C.C. milder bestraft werden. Trotzdem war die Verhängung einer Todesstrafe auch möglich, wenn der Dieb bald vierzehn Jahre alt wurde und ein schwerer Fall des Diebstahls vorlag[34]. Die Altersgrenze von vierzehn Jahren wurde mit der im Vergleich zu Erwachsenen noch unvollkommenen Vernunft von Kindern begründet. Hatten diese den Diebstahl jedoch aus größerer Bosheit begangen, konnten sie gleich einer Person von mindestens vierzehn Jahren mit dem Tode bestraft werden[35]. Diebstähle aus einem Opferstock konnten ebenfalls nach Artt. 172 Satz 2, 173 C.C.C. mit einer unbenannten Todesstrafe oder mit einer Leibesstrafe nach dem Rat der Rechtsverständigen sanktioniert werden, wenn die Tat nicht ge-

---

32 Art. 110 C.C.C.: „Item welcher jemandt durch schmachschrifft zu latein libel famoss genant, die er ausbreittet vnnd sich nach ordnung der recht mit seinem rechten tauff vnd zunamen nit vnderschreibt, vnrechtlicher vnschuldiger weiss laster vnd übel zumist, wo die mit wahrheyt erfunden würden, dass der geschmecht an seinem leib, leben oder ehren peinlich gestrafft werden möcht".

33 Art. 160 C.C.C. Satz 4.: „Wo aber der dieb zu solchem diebstall gestigen oder gebrochen, oder mit waffen als vorsteht, so hett er damit wie obgemelt, das leben verwirckt".

34 Art. 164 C.C.C. Satz 2.: „Wo aber der dieb nahent bey vierzehen jaren alt wer, vnd der diebstal gross oder obbestimmt beschwerlich vmstende".

35 Vgl. *Rau*, Die Augsburger Kinderhexenprozesse im Kontext der Hexenverfolgungen in Früher Neuzeit, S. 67.

mäß Art. 172 Satz 1 C.C.C. mit dem Tod durch das Feuer zu bestrafen war[36]. Auch die Beihilfe zu Missetaten gemäß Art. 177 C.C.C. und Vorbereitungshandlungen zu Straftaten gemäß Art. 178 C.C.C. konnten grundsätzlich nach dem Ermessen der Gerichte wie bereits in der C.C.B., dort geregelt in Art. 203 C.C.B. und Art. 204 C.C.B., die Todesstrafe nach sich ziehen.

II. Das Feuer

Art. 192 C.C.C. gab den erkennenden Gerichten eine „Einfürung eyner jeden urtheyl zum tod oder ewiger gefengknuss“[37] vor. Damit gemeint waren Leitlinien für die Verhängung von Urteilen, die eine Todesstrafe oder lebenslängliche Freiheitsstrafe zur Folge hatten. Zu den vorgesehenen Tötungsarten sind unter der Zwischenüberschrift „Merckt die nachvuolgenden beschluss eyner jeden urtheyl“ Musterbeschlüsse aufgelistet, die von den Richtern bei der Verhängung der jeweiligen Todesstrafe wörtlich ins Urteil aufgenommen werden sollten. Systematisch die erste Art der Tötung eines Delinquenten war wie in der *Bambergensis* das Verbrennen unter der Zwischenüberschrift „Zum fewer“. Nachdem das Feuer in Art. 192 C.C.C. als erste Tötungsart aufgelistet ist, findet sich folgerichtig auch in den materiell-rechtlichen Strafnormen in Art. 109 C.C.C. die erste Vorschrift, welche mit dem Tod durch das Feuer eine konkrete Todesstrafe nennt. Art. 109 C.C.C. regelte die „Straff der zauberey“[38]. Verbrannt werden sollte eine verurteilte Person, wenn sie „den leuten durch zauberey schaden oder nachteyl“[39] zugefügt hatte. Sofern kein Schaden durch die Zauberei entstanden war, war eine mildere Sanktion vorgesehen, wobei die Richter zur Urteilsfindung nach Gelegenheit dem Rat der Rechtsverständigen konsultieren sollten[40]. Insbesondere wurde Art. 109 C.C.C. von den Gerichten herangezogen, um Verurteilungen wegen Hexerei als Ausprägung der Zauberei auszusprechen. Wie bereits in der *Bambergensis* war auch in der *Carolina* kein eigener Straftatbestand der Hexerei enthalten, obgleich Hexenverbrennungen im Heiligen Römischen Reich in der ersten Hälfte des 16. Jahrhunderts durchaus praktiziert wurden. Bereits im Jahr 1487 hatte Heinrich Kramer[41] den Hexenhammer[42] veröffentlicht, was auch zu einem

---

36 Siehe hierzu die Ausführungen unter Kap. 2, B), II.
37 Überschrift zu Art. 192 C.C.C.
38 Überschrift zu Art. 109 C.C.C.
39 Art. 109 Satz 1 C.C.C.
40 Art. 109 Satz 2 C.C.C.: „Wo aber jemandt zauberey gebraucht, vnnd damit niemandt schaden gethan hett, soll sunst gestrafft werden, nach gelegenheit der sach darinnen die vrtheyler radts gebrauchen sollen, wie vom radt suchen hernach geschriben steht“.
41 Lat.: Henricus Institoris, Anm. d. Verf.
42 Lat.: Malleus maleficarum, Anm. d. Verf.

Anstieg der Hexenverbrennungen führte[43]. In Folge des Inkrafttretens der Bambergischen peinlichen Halsgerichtsordnung und der Peinlichen Halsgerichtsordnung Kaiser Karls V. war ein Rückgang der Verbrennungen von Hexen zu verzeichnen. Diese Entwicklung ist auf die Strafvorschriften zur Zauberei in der *Bambergensis* der *Carolina* zurückzuführen, welche die Tötung eines Delinquenten bzw. einer Delinquentin mittels Feuer davon abhängig machten, dass einer anderen Person hierdurch ein Schaden entstanden ist[44]. In Deutschland hatte die Hexenverfolgung ihren Höhepunkt indes erst im 17. Jahrhundert, in welchem der Hexenhammer verstärkt Resonanz entfaltete[45]. Auffallend ist im Übrigen, dass die *Carolina* keinen eigenen Straftatbestand der Ketzerei mehr enthielt. In der *Bambergensis* war diese in Art. 130 C.C.B. noch gesondert geregelt und ebenfalls mit dem Tod durch das Feuer bestraft[46]. Die C.C.C. subsumierte die Ketzerei hingegen als Unterfall der Zauberei, welche demnach also sowohl zur Bestrafung von Hexen als auch von Ketzern herangezogen wurde, zumal in der *Bambergensis* sowohl die Ketzerei (Art. 130 C.C.B.) als auch die Zauberei (Art. 131 C.C.B.) gleichermaßen durch Verbrennen bestraft wurden. Ein eigener Straftatbestand für die Ketzerei erschien den Schöpfern der *Carolina* daher überflüssig. In Art. 111 C.C.C. war die Strafbarkeit der Münzfälscherei geregelt[47]. Eine Verurteilung wegen Münzfälscherei sollte nach dem Willen des Gesetzgebers im Regelfall ebenfalls die Todesstrafe durch Verbrennen nach sich ziehen. In Fällen mit geringerem Unrechtsgehalt konnte der Verurteilte auch an mit Freiheitsentzug respektive and Leib oder Gut bestraft werden. Art. 111 Satz 2 C.C.C. bestimmte hierzu:

> „Welcher aber der müntz jre rechte schwere, geuerlicher weiß benimbt, oder auch om habende freiheyt müntzte, der soll gefemgklich eingelegt vmd nach radt an leib oder gut, nach gestalt der sachen gestrafft werden, Wo aber jrgent eyner eyms andern müntz vmbreget, oder widerumb mm tiegel brecht vmd geringe müntz darauß mecht, der soll am leib oder gut nach gestalt der sachen, gestrafft werden, So aber mit der herrschafft willen vmmd wissen solchs geschehe, so soll die selbig herrschafft sein mümtz freiheyt verwürckt vmd verloren haben.“[48]

In der *Bambergensis* war die Münzfälscherei in Art. 136 C.C.B. geregelt. Die nächste Vorschrift in der *Constitutio Criminalis Carolina*, welche „der gemey-

---

43 Näheres hierzu bei *Segl*, Der Hexenhammer.

44 Vgl. *Rummel / Voltmer*, Hexen und Hexenverfolgung in der Frühen Neuzeit, S. 41.

45 Vgl. *Gehm*, Die Hexenverfolgung im Hochstift Bamberg, S. 12 f.

46 Siehe hierzu die Ausführungen unter Kap. 1, B), IV., 2.

47 Überschrift zu Art. 111 C.C.C.: „Straff der müntzfelscher und auch dero so on habend freiheyt müntzen“.

48 Art. 111 Satz 2 C.C.C.

nen gewonheyt nach“ mit dem Tod durch das Feuer sanktioniert wurde, war Art. 116 C.C.C., die „Straff der Unkeusch, so wider die natur geschicht“[49]. Den Straftatbestand der Unkeuschheit wider die Natur erfüllte sowohl der homosexuelle Geschlechtsverkehr unter Männern oder Frauen als auch der Sexualakt zwischen Mensch und Tier[50]. Die Vorgängerregelung hierzu in der *Constitutio Criminalis Bambergensis* war in Art. 141 C.C.B. normiert. In Art. 125 C.C.C. war die Brandstiftung geregelt, die „Straff der brenner“[51]. Wie bereits in Art. 150 C.C.B., dort noch als „Straff der prenner“[52] betitelt, sollte ein verurteilter Brandstifter mit dem Feuer vom Leben zum Tode gerichtet werden. Die nächste Vorschrift in der *Carolina*, deren Missachtung mit dem Verbrennen bestraft werden sollte, war Art. 172 C.C.C., welche unter der Überschrift „Von straff abgemelts diebstals“[53] den Diebstahl religiöser Symbole wie Monstranzen oder geweihte Kelche und den Einbruchsdiebstahl in geweihte Kirchen, Sakramentshäuser und Sakristeien unter Strafe stellte. Art. 198 C.C.B. stellte die Vorgängernorm hierzu dar. In der *Bambergensis* sollte gemäß Art. 199 C.C.B. nach dem damaligen gesetzgeberischen Willen auch der arglistige Diebstahl aus einem Opferstock in einer geweihten Kirche sowie dessen Aufbrechen oder Sperren mit dem Tode durch Verbrennen bestraft werden[54]. Demgegenüber sollte eine nicht weiter konkretisierte Todesstrafe verhängt werden, wenn sich der Stock nicht auf geweihtem Grund befand[55]. In dieser Differenzierung wird deutlich, dass einer Rechtsverletzung, die auf ein kirchliches Gut abzielte, regelmäßig ein erhöhter Unrechtsgehalt im Vergleich zu weltlichen Rechtsgütern zugesprochen wurde. In der *Carolina* fiel diese Unterscheidung nunmehr weg. Art. 173 C.C.C. sanktionierte das Aufbrechen, Sperren oder den arglistigen Diebstahl aus einem Opferstock nur noch mit einer Strafe an Leib oder Leben. Man maß den Gerichten also einen breiten Ermessensspielraum bei der Urteilsfindung zu. Diese Gesetzesänderung lässt sich auch mit einer partiellen Abnahme des kirchlichen Einflusses

---

49 Überschrift zu Art. 116 C.C.C.

50 Art. 116 C.C.C.: „Item so eyn mensch mit eynem vihe, mann mit mann, weib mit weib, vnkeusch treiben, die haben auch das leben verwürckt, vnd man soll sie der gemeynen gewonheyt nach mit dem fewer vom leben zum todt richten“.

51 Überschrift zu Art. 125 C.C.C.

52 Überschrift zu Art. 150 C.C.B.

53 Überschrift vor Art. 172 C.C.C.

54 Art. 199 C.C.B.: „Item so einer einen stock (darinn man das heylig almusen sammelt) auffbricht, sperret, oder wie er arglistiglichen darauss stilt, oder söllichs mit etlichen werckeu zuthun vnderstet, vnd der stock steht auff dem geweychten, man sol sölchen dieb auch verprennen“.

55 Art. 199 C.C.B. a.E.: „Stet aber der stock nit auff dem geweychten, man sol den dieb (als vmb weltlichen diebstal vom leben zum tode richten“.

auf die Strafgesetzgebung im Rahmen der von der Reformation ausgelösten Konflikte unter den Konfessionen zwischen dem Inkrafttreten der C.C.B. im Jahre 1507 und der Verabschiedung der C.C.C. 1532 erklären.

III. Das Schwert

In Art. 192 C.C.C. wurde die Tötung eines Delinquenten durch das Schwert als zweite Möglichkeit zur Vollstreckung der Todesstrafe genannt[56]. Der erste einschlägige Straftatbestand in der *Carolina* war Art. 119 C.C.C., der die „Straff der nottzucht“[57] regelte. Wenn jemand mit der Ehefrau eines anderen, einer Witwe oder einer Jungfrau Notzucht, also Geschlechtsverkehr mit Gewalt und gegen den Willen der Frau, vollzog, sollte er nach peinlicher Klage der Geschädigten gleich einem Räuber mit dem Schwert gerichtet werden. So heißt es im ersten Satz des Art. 119 C.C.C.:

> „Item so jemandt eyner vnuerleumbten ehefrawen, witwenn oder jungkfrawen, mit gewalt vnd wider jren willen, jr jungkfrewlich oder frewlich ehr neme, der selbig übelthetter hat das leben verwürckt, vnd soll auff beklagung der benöttigten inn aussfürung der missthat, eynem rauber gleich mit dem schwert vom leben zum todt gericht werden.“[58]

An dieser Vorschrift lässt sich sehen, dass auch das Institut der Privatklage der geschädigten Person zur Einleitung des Strafverfahrens in bestimmte Vorschriften der Peinlichen Halsgerichtsordnung Kaiser Karls V. übernommen wurde. Dadurch sollte der gewohnheitsrechtlichen Tradition des Alten Reiches Rechnung getragen werden. War in der *Bambergensis* die Entführung von Ehefrauen und Jungfrauen gegen den Willen des Ehemanns oder Vaters sowie die Entführung von Klosterfrauen ebenfalls noch mit dem Tode durch das Schwert bestraft worden (Art. 144 C.C.B.), wurde die Verletzung der Pendantvorschrift hierzu in der *Carolina* (Art. 118 C.C.C.) nicht mehr explizit mit einer Strafe am Leben, sondern nur noch mit einer unbenannten Strafe nach dem Rat der Rechtsverständigen, nach peinlicher Klage des Ehemanns oder Vaters, sanktioniert[59]. Selbiges gilt für den Ehebruch, der nach Art. 146 C.C.B. noch die Verhängung der Todesstrafe durch das Schwert zur Folge hatte. Gemäß Art. 120 C.C.C. sollte dieser nunmehr ebenfalls nach der Klage des Ehemanns ohne konkrete Strafandrohung „nach sage vnser vorfarn, vnd vnser

---

56 Art. 192 C.C.C.: Zwischenüberschrift „Zum schwert“.

57 Überschrift zu Art. 119 C.C.C.

58 Art. 119 Satz 1 C.C.C.

59 Art. 118 C.C.C. a.E.: „vnd soll der thetter, nach satzung vnser vorfarn, vnd vnser Keyserlichen recht darumb gestrafft vnd derhalb bei den rechtuerstendigen radts gebraucht werden“.

Keyserlichen rechten gestrafft werden“[60]. In dieser Schlussformel zu Art. 120 C.C.C. brachten die geistigen Väter der *Carolina* exemplarisch zum Ausdruck, dass die Urteilsfindung sowohl auf den Prinzipien des Gewohnheitsrechts („nach sage vnser vorfarn“) als auch des römischen Rechts („vnser Keyserlichen rechten“) basieren sollte[61]. Weiterhin hatte auch eine Verurteilung wegen Raubes („Straff der Rauber“)[62] gemäß Art. 126 C.C.C. eine Verurteilung zum Tode mittels des Schwerts zur Folge. Art. 126 C.C.C. umfasste im Vergleich zum heutigen Begriff des Raubes „alles, was Räuber typischerweise tun“[63]; darunter fielen Handlungen wie der gewaltsame Diebstahl, die Gefangennahme von Leuten, Menschenraub, die Erpressung von Lösegeld oder Landfriedensbruch[64]. Diese Handlungen waren nach dem Verständnis Schwarzenbergs immer auch von einem zumindest bedingten Tötungsvorsatz getragen. In seinem Werk *Teutsch Cicero* vertritt dieser die These, dass „jeder Räuber ein fürsetzlicher Mörder im Gemüt oder mit der Tat“[65] sei. Man könnte daher auch davon sprechen, dass der Straftatbestand des Raubes in der C.C.C. nicht nur an die Tat an sich, sondern vielmehr auch an einen bestimmten Verbrechertypus des Räubers anknüpft[66]. Für diese Auslegung des Raubtatbestandes spricht auch die bei der Strafvollstreckung vorgenommene Gleichstellung eines Vergewaltigers mit einem Räuber, die in Art. 119 C.C.C. vorgenommen wird[67]. Allerdings war trotz der expliziten Regelung in Art. 126 C.C.C. die Tötung durch das Schwert nicht die einzige Hinrichtungsmethode, die bei verurteilten Räubern angewendet wurde. So wurden zur Vollstreckung der Todesstrafe auch oftmals der Galgen oder in schwereren Fällen das Rädern nach vorangegangener Schleifung zum Richtplatz gewählt. Bei der letztgenannten Art der Exekution wurde der Verurteilte auf ein großes Wagenrad gefesselt, wo ihm dann bis zum Exitus mit einem anderen Wagenrad sämtliche Knochen zerschlagen wurden[68]. Auch die Bedrohung in Form der „Straff der jhenen so bösslich ausstretten“[69] nach Art. 128 C.C.C. und die böswillige Befehdung wider Recht und Billigkeit als „Straff der jhenen, so die leut bösslich bevhe-

60 Art. 120 C.C.C Satz 1 a.E.
61 Vgl. *Radbruch*, Der Raub in der Carolina, S. 16.
62 Überschrift zu Art. 126 C.C.C.
63 *Radbruch*, Der Raub in der Carolina, S. 13.
64 Vgl. a.a.O., S. 11 ff.
65 *Schwarzenberg*, Teutsch Cicero, S. XCIII.
66 Vgl. *Radbruch*, Der Raub in der Carolina, S. 16.; *Kollmann*, ZStW Bd. 34 (1913), S. 646 ff.
67 Art. 119 C.C.C. Satz 1 a.E.: „eynem rauber gleich mit dem schwert vom leben zum todt gericht werden“.
68 Vgl. *Reitz*, Schinderhannes und Spießgesellen, S. 144.
69 Überschrift zu Art. 127 C.C.C.

den"[70] (Art. 129 C.C.C.), konnten mit der Hinrichtung durch das Schwert bestraft werden. Wie bereits bei der Vorgängernorm des Art. 154 C.C.B. ist dabei unter „Recht" das geschriebene Recht und unter „Billigkeit" die gerechte Rechtsausübung im Einzelfall zu verstehen[71]. Die „Straff der jhenen so schwangern weibssbilden kinder abtreiben"[72] gemäß Art. 133 C.C.C. bedeutete für männliche Täter ebenfalls den Tod durch das Schwert. Unter diesen Straftatbestand subsumierte man die Abtreibung „durch bezwang, essen oder drincken (...), wer auch mann oder weib vnfruchtbar macht"[73]. Weibliche Straftäterinnen hingegen sollten nach dem Willen des Gesetzgebers „ertrenckt oder sunst wie zum todt gestrafft werden"[74]. An dieser Regelung lässt sich erkennen, dass die bereits in der *Bambergensis* in manchen Strafvorschriften vorgenommene Differenzierung bei der Bestrafung zwischen männlichen und weiblichen Missetätern auch in der *Carolina* übernommen wurde. In Art. 137 C.C.C. war die „Straff der mörder und todtschleger die keyn gnugsam entschuldigung haben mögen"[75] geregelt. Im Regelfall sollte ein Mörder oder Totschläger, bei dem keine genügenden Entschuldigungsgründe ersichtlich waren, „nach gewonheyt etlicher gegent"[76] mit dem Rad zu Tode gerichtet werden[77]. Bei der Begehung eines Totschlags im Affekt sollte nach dem Willen der Schöpfer der *Carolina* jedoch die vergleichsweise weniger brutale Hinrichtung durch das Schwert zur Anwendung kommen. Bei der Formulierung des Art. 137 C.C.C. wurden diesbezüglich die Begriffe „gecheyt" (Jähheit) und „Zorn" verwendet[78]. Wie bereits in der *Bambergensis* ist die Unterscheidung der beiden Begriffe Mord und Totschlag auch in der *Carolina* nach heutigen Maßstäben eher vage. Derjenige, der emotionalisiert im Affekt handelte, wurde als Totschläger regelmäßig mit einer „milderen" Hinrichtungsmethode – hier die Tötung durch das Schwert anstelle des Räderns – als ein brutaler und planvoll handelnder Mörder bedacht[79]. Einzelne Entschuldigungsgründe waren im Anschluss in den Artt. 138 ff. C.C.C. detailliert normiert. Eben-

70 Überschrift zu Art. 128 C.C.C.

71 Vgl. *Becker*, HRG, Bd. 1, Sp. 587 ff.; siehe hierzu die Ausführungen unter Kap. 1, B), IV., 3.

72 Überschrift zu Art. 133 C.C.C.

73 Art. 133 Satz 1 C.C.C.

74 Art. 133 Satz 1 C.C.C. a.E.

75 Überschrift zu Art. 137 C.C.C.

76 Art. 137 Satz 2 C.C.C.

77 Art. 137 Satz 2 C.C.C.: „werden die fürsetzlichen mörder und todtschleger eynander gleich mit dem radt gericht".

78 Art. 137 Satz 2 C.C.C..: „vnnd eyn ander der eyn todtschlag, (oder) auss gecheyt vnd zorn gethan, vnd sunst auch gemelte entschuldigung nit hat, mit dem schwert vom leben zum todt gestrafft werden sollen".

79 Vgl. *Hauck*, HRRS 2016, S. 236.

falls mit Hinrichtung mittels des Schwerts wie ein Totschläger bestraft werden sollte nach Art. 148 C.C.C. schließlich noch derjenige, der eine Person „inn einem schlagen oder gefecht“[80] tötete.

IV. Die Vierteilung

Art. 192 C.C.C. übernahm das bereits in Art. 219 C.C.B. niedergeschriebene Prozedere zur Vierteilung. Ein zum Tode durch Vierteilung Verurteilter sollte „Durch seinen gantzen leib zu vier stücken zu schnitten vnd gehawen, vnd also zum tode gestrafft werden“[81]. Zudem „sollen solche viertheyl auff gemeyne vier wegstrassen offentlich gehangen vnnd gesteckt werden“[82]. An diesem Akt der öffentlichen Zurschaustellung der Überbleibsel des Getöteten lässt sich gut erkennen, wie der Strafzweck der Generalprävention durch Abschreckung der Bevölkerung, aber auch der Strafzweck der Vergeltung durch die Schändung des Körpers des Täters umgesetzt wurde. Wie bereits in der *Bambergensis* war auch in der *Carolina* nur die boshafte Verräterei („verretterey“)[83], welche in Art. 124 C.C.C. normiert war, ausdrücklich mit dem Tod durch Vierteilung bedroht. Auch hier waren nur männliche Täter im Falle einer Verurteilung dazu bestimmt, viergeteilt zu werden. Verurteilte Frauen sollten hingegen ertränkt werden[84]. In besonders schweren Fällen war die Strafe durch Schleifen oder das Reißen mit Zangen zusätzlich noch zu verschärfen. In milderen Fällen sollte der Verurteilte vor der Vierteilung erst geköpft werden, um ihm größeres Leid zu ersparen[85].

V. Das Rädern

Gemäß Art. 192 C.C.C. war die Strafe des Räderns dergestalt auszuführen, dass ein verurteilter Straftäter „Mit dem rade durch zerstossung seiner glider vom leben zum todt gericht, vnd fürter öffentlich darauff gelegt werden“[86] sollte. Das Rädern war nach dem Wortlaut der *Carolina* Mördern und Giftmi-

80 Art. 148 Satz 2 C.C.C.

81 Art. 192 C.C.C., unter der Zwischenüberschrift „Zu der viertheylung“.

82 Ebd.

83 Überschrift zu Art. 124 C.C.C.

84 Art. 124 C.C.C.: „Wer es aber ein weybs bilde, die solt man ertrencken“.

85 Art. 124 C.C.C.: „Und wo sölche verretterey grossen schaden oder ergernuss bringen möchte, Also so die ein landt, stadt, seinen eygen herren, pethgenossen, oder nahent gesipten freundt betreffe, So sölt die straff durch schlayffen oder zangen reyssen beschwert, vnd also zu tödlicher straff geführt werden, Es möchte auch die verretterey, so wenig böser vmstände haben, man möchte einen sölchen misstetter erstlich köpffen vnd danach vierteylen“.

86 Art. 192 C.C.C., unter der Zwischenüberschrift „Zum rade“.

schern vorbehalten[87]. Die „Straff der, die mit gifft oder venen heymlich vergeben“[88] gemäß Art. 130 C.C.C. sanktionierte wie Art. 155 C.C.B. die Tötung oder Gesundheitsschädigung durch heimliche Beigabe von Gift oder Venen. Unter Venen sind in diesem Zusammenhang die venerischen Krankheiten bzw. Geschlechtskrankheiten zu verstehen. In Art. 130 C.C.C. wurden also die Vergiftung und die Ansteckung mit Geschlechtskrankheiten gleichgestellt.[89] Wie bereits die Vorgängernorm in der *Bambergensis* war Art. 130 C.C.C. die erste Vorschrift in der Systematik der Tötungsdelikte in Kaiser Karls V. Peinlicher Halsgerichtsordnung. Das Rädern sollte jedoch nur bei männlichen Giftmördern vollstreckt werden[90]. Giftmörderinnen hingegen wurden ertränkt oder auf andere Weise exekutiert[91]. Nach gerichtlichem Ermessen konnte ein Täter „zu merer forcht andern“[92] vor der endlichen Todesstrafe auch geschleift oder mit glühenden Zangen zerrissen werden. Gemäß Art. 137 C.C.C. waren auch verurteilte „fürsetzliche“[93] Mörder und Totschläger, die keine genügende Entschuldigung für ihr Handeln hatten, mit dem Rade zu Tode zu richten. Ein Totschlag aus „Jähheit“ oder Zorn wurde milder bestraft, nämlich mit dem Schwert[94]. Insoweit wurden auch hier die Maßgaben der Bambergischen peinlichen Halsgerichtsordnung in Art. 162 C.C.B. übernommen.

VI. Der Galgen

Mit dem Galgen sollten nach dem Willen der Schöpfer der C.C.C. vor allem als schwerer angesehene Fälle des Diebstahls bestraft werden. Nach Art. 192 C.C.C. sollten die Verurteilten „An den galgen mit dem strang oder ketten vom leben zum todt gericht werden“[95]. Art. 159 C.C.C. regelte die Strafbarkeit des Diebstahls durch Einbruch in eine Behausung oder ein Behältnis sowie des Diebstahls mit Waffen. Ein männlicher Missetäter, der in eine Wohnung einbrach, dabei eine Waffe mit sich führte und dabei eine andere Person verletzte

87 Vg l. *Schroeder*, Die Peinliche Gerichtsordnung Kaiser Karls V., S. 324.

88 Überschrift zu Art. 130 C.C.C.

89 Der Begriff der venerischen Krankheiten leitet sich vom lateinischen Wort Venus ab; näheres hierzu bei *Adam*, Die Strafe der Venus.

90 Art. 130 C.C.C.: „ist es ein mannssbild, der soll eynem fürgesatzten mörder gleich mit dem rad zum todt gestrafft werden“.

91 Art. 130 C.C.C.: „Thet aber eyn solche missthat eyn weibssbild, die soll man erdrencken, oder inn andere weg nach gelegenheit vom leben zum todt richten“.

92 Art. 130 C.C.C.

93 Art. 137 C.C.C.

94 Siehe hierzu die Ausführungen unter Kap. 2, B), III.

95 Art. 192 C.C.C., unter der Zwischenüberschrift „Zum galgen“.

oder vergewaltigte, sollte zum Tod durch den Strang verurteilt werden[96]. Weiblichen Straftäterinnen drohte hingegen die Todesstrafe durch Ertränken. Nach dem Ermessen des Richters konnte auch eine Leibesstrafe verhängt werden. Gemäß Art. 162 C.C.C. sollten auch diejenigen Männer, die bereits zum dritten Mal gestohlen hatten, mit dem Galgen bestraft werden, die Frauen wiederum mit dem Ertränken. Der Galgen war zur Zeit des Inkrafttretens der *Carolina* ein bedeutendes Symbol der Gerichtsbarkeit[97]. Die Hinrichtung eines Verurteilten am Galgen war bis 1600 eine der am häufigsten praktizierten Arten zur Vollziehung der Exekution im Heiligen Römischen Reich Deutscher Nation. Auch bei Missetaten, die in der C.C.C. mit anderweitigen Strafandrohungen versehen waren, wurde der Tod durch den Strang oft von den Strafgerichten angeordnet. Ab dem 17. Jahrhundert nahm die Zahl der gehängten Täter ab. An Stelle des Galgens trat dann in vielen Fällen zunehmend vor allem die Enthauptung mit dem Schwert, sodass der primäre Anwendungsbereich des Hängens am Galgen den in der *Carolina* normierten Diebstahlsfällen galt[98]. Dieser Wandel kann neben der im Vergleich zum Galgen einfacheren praktischen Handhabung der Enthauptung auch mit der Hinwendung zu einer humaneren Hinrichtungspraxis im Laufe des 17. Jahrhunderts in einigen Teilen Deutschlands begründet werden. Vor allem im Bereich der bayerischen und österreichischen Territorien war die Neigung zu brutaleren Tötungsmethoden bis weit ins 18. Jahrhundert hinein hingegen noch stärker ausgeprägt, wie bei der Untersuchung der Regelungen des *Codex Juris Bavarici Criminalis* und der *Constitutio Criminalis Theresiana* noch gezeigt werden wird.

VII. Das Ertränken

Wie bereits in der *Bambergensis* war die Todesstrafe durch „Ertrencken“[99] vorrangig für weibliche Verurteilte vorgesehen. Konnte in Art. 146 C.C.B. noch die Doppelehe unter Umständen nach regionaler Gewohnheit mit dem Tod durch Ertränken bestraft werden, war dies in der Nachfolgevorschrift der *Carolina* in Art. 121 C.C.C. nicht mehr vorgesehen. Gemäß Art. 124 C.C.C. sollten auch Missetäterinnen, die den Straftatbestand der boshaften

---

96 Art. 159 Satz 2, 3 C.C.C.: „So ist inn dem diebstall, der mit waffen geschicht, eyner vergewaltigung und verletzung zu besorgen. Darumb inn disem fall, der mann mit dem strang, vnnd das weib mit dem wasser oder sunst nach gelegenheyt der personen (…) gestrafft werden soll“.

97 Vgl. *Schrott*, Um Galgen, Rad und Schwert, S. 134 f.

98 Vgl. *Evans*, Rituale der Vergeltung, S. 79.

99 Art. 192 C.C.C, Zwischenüberschrift „Zum Ertrencken“.

Verräterei[100] verwirklicht hatten, ertränkt werden[101]. Männlichen Verrätern hingegen wurde die die Strafe der Vierteilung zuteil[102]. Weiterhin hatte auch die „Straff der, die mit gifft oder venen heymlich vergeben“[103] gemäß Art. 130 C.C.C., also die Strafe einer Tötung oder Gesundheitsschädigung durch Gift oder Venen, für weibliche Verurteilte den Tod durch Ertränken zur Folge. Männliche Täter waren wie bereits gezeigt mit dem Rädern zu bestrafen[104]. Der Kindsmord bzw. die Kindstötung als „Straff der weiber so jre kinder tödten“[105] war in Art. 131 C.C.C. normiert. Diese Strafe war im Regelfall dergestalt zu vollstrecken, dass die Kindsmörderinnen lebendig vergraben und gepfählt werden sollten. Hatte eine Frau ihr Kind jedoch aus Verzweiflung getötet, war diese zum Tod durch das Wasser zu verurteilen, wenn im Bezirk des erkennenden Gerichts entsprechende Stellen zur Durchführung des Ertränkens vorhanden waren[106]. Oftmals wurde in diesen Fällen aus Gnade aber lediglich die schnellere und damit weniger grausame Todesstrafe durch das Schwert angeordnet, um die Ausnahmesituation der verurteilten Mütter entsprechend zu würdigen[107]. Täterinnen, die sich wegen einer Abtreibung gemäß Art. 133 C.C.C. strafbar gemacht hatten, sollten „ertrenckt oder sunst wie zum todt gestrafft werden“[108]. Auch Frauen, die sich gemäß Art. 159 C.C.C. wegen Diebstahls „durch einsteygen oder prechen“[109] strafbar gemacht hatten, wurden ertränkt. Männer, die sich nach Art. 159 C.C.C. strafbar gemacht hatten, sollten hingegen am Galgen hingerichtet werden[110]. Dasselbe galt für Frauen, die bereits zum dritten Mal eines Diebstahls schuldig gesprochen wurden. Auch für diese sah Art. 162 C.C.C. den Tod durch das Wasser vor. Wurden weibliche Verurteilte in den Anfangszeiten der Geltung der *Carolina* noch regelmäßig ertränkt, wenn die C.C.C. diese Sanktion vorsah, geriet das Ertränken bald aus der Mode. Es wurde zwar bis zum frühen 18. Jahrhundert noch praktiziert, jedoch nur noch selten[111]. In vielen Gegenden des Alten Reichs war das Er-

100 Die Überschrift des Art. 124 C.C.C. spricht von der „Straff der verretterey“.
101 Art. 124 C.C.C.: „Wer es aber ein weybs bilde, die solt man ertrencken“.
102 Siehe hierzu die Ausführungen unter Kap. 2, B), IV.
103 Überschrift zu Art. 130 C.C.C.
104 Siehe hierzu die Ausführungen unter Kap. 2, B), V.
105 Überschrift zu Art. 131 C.C.C.
106 Art. 131 Satz 1 C.C.C.: „Aber darinnen verzweiffelung zuuerhüten, mögen dieselben übelthätterin inn welchem gericht die bequemlicheyt des wassers darzu vorhanden ist, ertrenckt werden“.
107 Vgl. *Schrott*, Um Galgen, Rad und Schwert, S. 172 m.w.N.
108 Art. 133 Satz 1 C.C.C. a.E.
109 Überschrift zu Art. 159 C.C.C.
110 Siehe hierzu die Ausführungen unter Kap. 2, B), VI.
111 Vgl. *Evans*, Rituale der Vergeltung, S. 81.

tränken schon im 17. Jahrhundert nicht mehr üblich[112]. Frauen, die ihr Kind aus Verzweiflung getötet hatten, wurden ohnehin in vielen Fällen mit dem Schwert hingerichtet anstatt ertränkt zu werden, da diese „mildere" Hinrichtungsmethode mitunter als Gnadenakt angesehen wurde[113].

VIII. Das Lebendigbegraben und Pfählen

Die einzige Straftat in der *Carolina*, bei der explizit angeordnet wurde, dass ein verurteilter Täter „lebendig vergraben und gepfelet werden"[114] solle, war der in Art. 131 C.C.C. geregelte Kindsmord. Die „Straff der weiber so jre kinder tödten"[115] kannte nur Frauen als taugliche Täterinnen. Dabei fiel wie bereits in Art. 156 C.C.B. nicht der Nasciturus, sondern nur das lebend geborene Kind unter den Anwendungsbereich des Art. 131 C.C.C.[116]. In der strafrechtlichen Praxis wurde die Verurteilte gebunden und in Dornen gehüllt in ein flaches Grab gelegt. Dort wurde ihr dann, während oder nachdem sie lebendig begraben wurde, ein Pfahl durchs Herz gestoßen[117]. Bei einer Tötung aus Verzweiflung wurde in der Regel jedoch die Todesstrafe durch Ertränken verhängt[118]. Wenn es zur Abschreckung weiterer Täterinnen als erforderlich angesehen wurde[119] war es den Richtern aber auch möglich die Anordnung zu treffen, dass die Übeltäterin vor dem Ertränken „mit gluenten zangen zerrissen werde"[120]. Weitere Vorschriften, die explizit das Lebendigvergraben als Strafe zur Tötung eines Delinquenten nennen, finden sich in der *Carolina* nicht. Bereits ab dem frühen 17. Jahrhundert wurde das Lebendigbegraben weiblicher Missetäterinnen nicht mehr praktiziert[121].

---

112 Vgl. ebd.; zur Praxis in der Reichsstadt Speyer vgl. *Harster*, Das Strafrecht der Freien Reichsstadt Speyer in Theorie und Praxis, S. 72.

113 Vgl. *Schrott*, Um Galgen, Rad und Schwert, S. 172 m.w.N.

114 Art. 193 C.C.C.

115 Überschrift zu Art. 131 C.C.C.

116 Art. 131 C.C.C.: „Item welches weib jre kind, das leben vnd glidmass empfangen hett, heymlicher bosshafter williger weiss ertödtet, die werden gewonlich lebendig vergraben und gepfelt".

117 Vgl. *Evans*, Rituale der Vergeltung, S. 63.

118 Art. 131 Satz 1 C.C.C.: „Aber darinnen verzweiffelung zuuerhüten, mögen dieselben übelthätterin inn welchem gericht die bequemlicheyt des wassers darzu vorhanden ist, ertrenckt werden".

119 Art. 156 C.C.B.: „wo aber sölich vbel offt geschehe".

120 Art. 131 C.C.C.

121 Vgl. *Evans*, Rituale der Vergeltung, S. 81.

IX. Das Schleifen

In Art. 193 C.C.C. war zum Schleifen folgendes Prozedere geregelt:

> „Vom schleyffen
>
> Item wo durch die vorgemelten entlichen vrteyl eyner zum todt erkent, beschlossen würde, dass der vbelthetter an die richtstatt geschleyfft werden soll, So sollen die nachuolgenden wörtlin an der ander vtrheyl, wie obsteht, auch hangen also lautend, Vnd soll darzu auff die richtstatt durch die vnuernünfftigen thier geschleyfft werden."

Bei bestimmten Delikten, die im Folgenden dargestellt werden, konnte die eigentlich zu verhängende Strafe in besonders schweren Fällen dadurch erschwert werden, dass der Verurteilte zur Richtstätte geschleift wurde[122]. Der Straftäter wurde dabei am Boden oder auf einem Brett liegend gezogen. In der Regel diente das Schleifen nur zur Strafschärfung, war jedoch je nach Ausführung auch für sich gesehen schon dafür geeignet, den Verurteilten zu töten. Die Anordnung des Schleifens vor der Vierteilung des Täters konnte bei einer Verurteilung wegen Verräterei nach Art. 124 C.C.C. angeordnet werden, wenn diese zu einem großen Schaden geführt hatte. Als Regelbeispiele wurden die Schädigung eines Landes, einer Stadt, des eigenen Herrn, des Ehepartners oder eines Verwandten durch den Verurteilten genannt[123]. Weiterhin konnte ein Verbrecher auch in Fällen der Tötung oder Gesundheitsschädigung durch Gift oder Venen gemäß Art. 130 C.C.C. geschleift werden. Dabei sollte das Ausschleifen vor allem in Fällen angeordnet werden, in denen es dem Gericht als zusätzliche Maßnahme zur Abschreckung der Bevölkerung erforderlich schien[124]. Ebenfalls konnte das Schleifen bei einer Verurteilung wegen Mordes gemäß Art. 137 C.C.C. vor der eigentlichen Todesstrafe verhängt werden. Wie bereits in Art. 162 C.C.B. war dies in erster Linie bei Verwirklichung der folgenden Regelbeispiele vorgesehen: Mord an Personen der Obrigkeit oder. mit hoher gesellschaftlicher Stellung, dem eigenen Herrn, Eheleuten und Verwandten[125]. Abgesehen von der unterschiedlichen Schreibweise bestimmter Wörter wurden damit die zum Schleifen relevanten Strafvorschriften der *Bambergensis* in die *Carolina* übernommen.

---

122 Vgl. *Schroeder*, Die Peinliche Gerichtsordnung Kaiser Karls V., S. 325 f.

123 Art. 124 C.C.C.: „vnd wo solche verreterei grossen schaden oder ergernuss bringen möcht, als so die eyn landt, statt, seinen eygen herrn, pethgenossen, oder nahet gesipten freundt betreffe, so mag die straff durch schleyffen oder zangenreissen, gemert, vnnd also zu tödtlicher straff gefürt werden".

124 Art. 130 C.C.C.: „Doch zu merer forchte andern, söllen sölche bosshafte misstettige person vor der endtlichen todstraff geschleyfft (...) werden".

125 Art. 137 C.C.C..: „an hohen treffenlichen personen des tetters eygen herrn, zwischen eheleuten, oder nahent gesipten freunden".

X. Das Reißen mit glühenden Zangen

Art. 194 regelte das „reissen mit glüenden zangen“[126]. Dabei handelte es sich wie beim Schleifen nicht um eine eigenständige Todesstrafe, sondern vielmehr um eine Erschwerung vor der eigentlichen Exekution bei bestimmten Straftaten, bei welchen der Täter einen besonders schweren Fall verwirklicht hatte. In diesen Fällen wurde der Verurteilte vor der „entlichen Tötung“[127] öffentlich auf einem Wagen zur Richtstätte gebracht, bevor sein Körper dann mit glühenden Zangen bis zur Verstümmelung malträtiert wurde[128]. Als Alternative zur Ausschleifung eines Täters vor der Verhängung der eigentlichen Todesstrafe konnte bei einer Verurteilung nach Art. 124 C.C.C. wegen Verräterei das Reißen mit Zangen angeordnet werden, wenn der Täter eines der dort genannten Regelbeispiele verwirklicht hatte[129]. Auch die Bestrafung einer Tötung oder Gesundheitsschädigung mittels Gift oder Venen im Sinne von Art. 130 C.C.C. konnte alternativ zum Schleifen das Reißen bzw. Greifen mit glühenden Zangen zur Folge haben, wenn dies zur Abschreckung der Allgemeinheit erforderlich schien[130]. Gemäß Art. 131 C.C.C. konnten Kindsmörderinnen ebenfalls zum Reißen mit glühenden Zangen vor dem Ertränken verurteilt werden, wenn in dem zuständigen Gerichtsbezirk verhältnismäßig viele Fälle des Kindsmordes oder der Kindstötung auftraten[131]. Gleichsam konnte eine Verurteilung wegen Mordes oder Totschlags im Sinne von Art. 137 C.C.C. nach gerichtlichem Ermessen zur Anwendung der glühenden Zangen anstatt des Schleifens führen, wenn eines der dort genannten Regelbeispiele erfüllt war[132]. Wie beim Schleifen wurden auch die relevanten Vorschriften aus der *Bambergensis* in die C.C.C. inhaltsgleich und lediglich mit sprachlichen Änderungen übernommen. Auch der vorrangig generalpräventive Charakter zur Abschreckung möglicher Nachahmungstäter blieb dabei erhalten.

---

126 Überschrift zu Art. 194 C.C.C.

127 Art. 194 C.C.C.

128 Art. 194 C.C.C. a.E.: „Vnnd soll darzu vor der entlichen tödtung öffentlich auff eynen wagen biss zu der richstat vmm gefürt, vnnd der leyb mit glüenden zangen gerissen werden, nemlich mit N. griffen“; vgl. *Evans*, Rituale der Vergeltung, S. 65; *Schroeder*, Die Peinliche Gerichtsordnung Kaiser Karls V., S. 325 f.

129 Siehe hierzu die Ausführungen unter unter Kap. 2, B), IX.

130 Vgl. ebd.

131 Art. 131 Satz 2 C.C.C.: „Wo aber solche übel offt geschehe, (...) oder aber das vor dem erdrencken die übelthätterin mit glüenden zangen gerissen werde, alles nach radt der rechtsuerstendigen“.

132 Ebd.

XI. Die Enthauptung

Wie in der Bambergischen peinlichen Halsgerichtsordnung war die Enthauptung nicht explizit in den Artt. 192 ff. C.C.C. geregelt, wurde aber wiederum in zwei Vorschriften erwähnt. Nach Art. 124 C.C.C. sollten männliche Täter, die sich der Verräterei schuldig gemacht hatten, geköpft und anschließend gevierteilt werden, wenn der Unrechtsgehalt ihrer Tat vergleichbar gering war[133]. Die Vierteilung des Getöteten entfaltete dadurch hauptsächlich abschreckende Wirkung für die Öffentlichkeit. Ebenfalls möglich war die Verhängung der Enthauptung in Fällen der Volksaufruhr gemäß in Art. 127 C.C.C. Dabei konnte das Gericht nach seinem Ermessen den Täter entweder „mit der abschlahung seines haupts“[134] zum Tode strafen oder lediglich eine Leibesstrafe durch Ausschlagen mit Ruten und Verweisung außer Landes auszusprechen. Wie in der *Bambergensis* ist davon auszugehen, dass die Enthauptung in diesen beiden Vorschriften nicht zwingend mit dem Schwert, sondern auch mit anderen Mitteln vollzogen werden durfte.

XII. Zwischenfazit

Im Wesentlichen übernahmen die Schöpfer der *Carolina* die Regelungen der *Bambergensis* zur Todesstrafe. Die meisten Änderungen hatten lediglich redaktionellen Charakter und waren außerdem der orthographischen Entwicklung geschuldet. Zum einen war diese in der deutschen Sprache des frühen 16. Jahrhunderts ohnehin stetigen Änderungen unterworfen. Zum anderen wurde die Notation der Strafnormen auch von Territorium zu Territorium unterschiedlich gehandhabt. Durch die Umformulierung der Bamberger Vorschriften zu einer gesamtdeutschen Gesetzesschreibung ergaben sich dann die zahlreichen, aber eben meist nur die Schreibweise betreffenden Änderungen des Wortlauts der einschlägigen Strafvorschriften. Daher kann die Bewertung der Normen zur Todesstrafe in der Peinlichen Halsgerichtsordnung Kaiser Karls V. an sich im Ergebnis keine andere sein als die bereits im ersten Kapitel dieser Arbeit bei der Bambergischen peinlichen Halsgerichtsordnung vorgenommene. Ob die Vorschriften der *Carolina* tatsächlich bei der Urteilsfindung herangezogen wurden oder ob die Richter weiterhin nach örtlichem Gewohnheitsrecht urteilten, kann nicht gesamtheitlich beurteilt werden, sondern war von Region zu Region verschieden. Die strafprozessuale Praxis der Verhängung der Todesstrafe war daher ebenfalls nicht einheitlich, auch wenn sie nach

---

133 Art. 124 C.C.C..: „Es möcht auch die verretterey also gestalt sein, man möcht eynen solchen misshtetter erstlich köpffen vnd darnach viertheylen“.

134 Art. 127 C.C.C.

den Vorgaben der C.C.C. festen Regeln folgte. Die nachfolgenden Ausführungen sind daher unter der Prämisse einer möglichst wortlautgetreuen Auslegung der *Carolina* zu verstehen.

C) Die Praxis der Strafgerichte

I. Allgemeine Praxis

Die Verfasser der *Carolina* waren bestrebt, nicht mit den althergebrachten Traditionen der volkstümlichen Strafrechtspflege zu brechen. Vielmehr wurden diese mit den Rechtsgedanken der oberitalienischen Strafjuristen ergänzt und dort, wo es notwendig erschien, durch diese ersetzt[135]. So orientierte sich auch das System der peinlichen Strafen in der *Carolina* an der strafrechtlichen Praxis des deutschen Mittelalters. Die C.C.C. übernahm daher weiterhin die Systematik aus Todesstrafen und Leibesstrafen sowie der Verhängung von Pranger und Landesverweisung, welche bereits zuvor im Heiligen Römischen Reich regelmäßig angewendet worden war. Der privatrechtliche Charakter des Strafrechts in Form privater Vergeltung wurde hingegen deutlich minimiert, was sich auch daran zeigt, dass die zuvor in vielen Ordnungen benannten und auch gewohnheitsrechtlich anerkannten Rechtsinstitute Wergeld und Buße in der *Constitutio Criminalis Carolina* nicht enthalten sind[136]. Wergeld und Buße waren im germanischen Recht des Mittelalters als privatrechtliche Entschädigungszahlungen ausgestaltet. So hatte beispielshalber ein Totschläger an die Angehörigen seines Opfers ein bestimmtes Wergeld zu zahlen. Der Sachsenspiegel legte in seinem Art. 45 Wergeldzahlungen für die Tötung eines Menschen und in Art. 51 für die Tötung von Tieren fest. So reichte die Spanne der möglichen Entschädigungen von 18 Pfund[137] für die Tötung eines freien Mannes bis zu einem halben Pfennig für die Tötung eines Huhns. Bei der Tötung von Menschen musste zusätzlich eine Buße von bis zu 30 Pfund an den Fürsten zur Wiederherstellung des öffentlichen Friedens gezahlt werden[138]. Im Geltungsbereich des sächsischen Rechts bedeutete der Wegfall dieser privatrechtlichen Elemente somit faktisch eine Verschärfung der Rechtsfolgen für

---

135 Vgl. *Schmidt*, Die Carolina, S. 3.

136 Vgl. a.a.O., S. 14 ff.; *Wolf*, Johann Freiherr von Schwarzenberg, S. 124; *Güterbock*, Die Entstehungsgeschichte der Carolina, S. 185. Güterbock verweist an dieser Stelle auch auf den Widerstand, den die Abschaffung von Wergeld und Buße bei den Vertretern Kursachsens auf dem Augsburger Reichstag 1530 hervorrief.

137 Ein Pfund hatte zur Zeit des Sachsenspiegels ca. den Gegenwert eines Reitpferdes; näheres zum Wergeld m.w.N. bei *Bothe / Esders / Nijdam* (Hrsg.), Wergild, Compensation and Penance.

138 *Sachsenspiegel*, Bd. 3, Artt. 45, 51.

die Verurteilten, da diese durch das peinliche Strafensystem der *Carolina* ersetzt wurden[139]. Aufgrund der Salvatorischen Klausel galt auch hier die C.C.C. jedoch in vielen Fällen nur subsidiär, so dass die gewohnheitlichen Rechte oftmals weiterhin angewandt wurden und dadurch auch die privatrechtlichen Elemente mit dem Ziel von Rache und Vergeltung des Geschädigten auf diese Weise gegenüber dem System der peinlichen Strafen bei der Rechtsfindung bevorzugt wurden[140]. Ebenfalls oft praktiziert wurde im deutschen Strafrecht des Mittelalters das Richten nach Gnade. Durch den richterlichen Gnadenakt wurde der Täter von der eigentlich zu verhängenden Strafe verschont. Dieses Gnadenrecht versuchten die Verfasser der *Carolina* ebenfalls zu eliminieren, da es den Gerechtigkeitsvorstellungen von Schwarzenberg und seinen Mitstreitern widersprach[141]. Gleichwohl wurden Täter durch die Gerichte auch nach Inkrafttreten der Peinlichen Halsgerichtsordnung Kaiser Karls V. in vielen Fällen begnadigt. Das Kernstück des Strafprozesses in der *Carolina* war der Rechtstag, welcher als Pendant zur Hauptverhandlung des heutigen Strafprozessrechts gesehen werden kann. Die Ausgestaltung dieses Rechtstags war in den Artt. 78 bis 103 C.C.C. ausführlich geregelt. Bei Lektüre dieser Vorschriften kann man feststellen, dass die öffentliche Verurteilung und Vollstreckung des Urteils im Grunde einem Schauspiel glichen und die Handlungen des Gerichts im Stile eines feierlichen Zeremoniells durchgeführt werden sollten[142]. So hob sich nach Art. 82 C.C.C. der Vorhang akustisch untermalt durch Glockengeläute[143], während die Richter und Schöffen zum Gerichtsplatz – in der Regel der örtliche Marktplatz – schritten[144]. Ebenfalls in Art. 82 C.C.C. findet sich die Regelung, wonach der Richter entweder einen Stab oder ein Schwert zur Schau stellen sollte, um die Strafgewalt des Gerichts visuell zu untermauern[145]. Der Angeklagte wurde nach Art. 86 C.C.C. durch den Henker, in der Nomenklatur der *Carolina* als Nachrichter bezeichnet, und den Gerichtsknecht herbeigeführt[146]. Sowohl die Anklage als auch der Fürsprecher – der Verteidiger des Angeklagten – hatten sodann Gelegenheit zum Plädieren. Im Anschluss beriet sich der Richter mit den Schöffen über das Urteil. Diese

139 Vgl. *Schmidt*, Die Carolina, S. 14 ff.

140 Vgl. *Kaufmann*, Die Peinliche Gerichtsordnung Kaiser Karls V. von 1532, S. 9.

141 Vgl. *Schmidt*, ZStW 62 (1943), S. 251 f.; näheres zu Schwarzenbergs Vorstellungen von Gerechtigkeit unter Kap. 2, D).

142 Vgl. *Langbein*, The Carolina, S. 196.

143 Art. 82 C.C.C.: „mit der gewonlichen glocken beleutten“.

144 Vgl. *Langbein*, The Carolina, S. 196.

145 Art. 82 C.C.C.: „vnnd er auch sitzen seinen stabe oder bloss schwert, nach lendlichem herkommen eyns jeden orts inn den henden haben“.

146 Art. 86 C.C.C.: „Item darnach soll der Richter beuelhen dass der verklagt durch den nachrichter vnnd gerichtsknecht wol verwart, für das gericht bracht werde“.

Beratung hatte jedoch nur symbolischen Charakter, da das Gericht in der Regel bereits sein Urteil gefällt hatte, bevor der Angeklagte überhaupt hereingeführt wurde und sich verteidigen konnte[147]. Nach der Verkündung des Urteils brach der Richter seinen Stab[148] und überließ den Angeklagten sogleich dem Henker, wenn dieser eine Todesstrafe zu vollstrecken hatte[149]. Die zu vollstreckende Todesstrafe musste nach Maßgabe des Art. 192 C.C.C. in der Urteilsformel konkret benannt werden[150]. Um den theatralischen Charakter des Rechtstags zu unterstreichen, hatte die Hinrichtung sofort durchgeführt zu werden[151].

II. Einzelheiten zur Todesstrafe

Auch zur Todesstrafe lässt sich feststellen, dass die Anwendung der den maßgeblichen Normen der *Constitutio Criminalis Carolina* durch die Strafgerichte im 16. und 17. von den regionalen Gegebenheiten abhing[152]. Auffallend ist jedoch im Allgemeinen, dass bei bestimmten Delikten Abweichungen der Rechtsprechung von der Gesetzeslage zu beobachten waren. So wurden oftmals härtere Strafen als in der *Carolina* vorgesehen verhängt, wenn eine Verurteilung wegen Hexerei oder Zauberei gemäß Art. 109 C.C.C. erfolgte[153]. Diese Verschärfungen wurden dadurch erreicht, dass vor dem gesetzlich vorgesehenen Verbrennen weitere brutale Bestrafungen wie z.B. die Vierteilung oder das Rädern durchgeführt wurden. Die genannte Entwicklung war vor allem im 17. Jahrhundert unter dem Einfluss des zu neuer Popularität erstarkten Hexenhammers zu beobachten[154]. Ihren zahlenmäßigen Höhepunkt erreichten die Hexenprozesse zwischen 1580 und 1640[155]. Es soll allerdings an dieser Stelle nicht unerwähnt bleiben, dass der Erlass der C.C.C. zunächst zu einem Rückgang der Hexenverbrennungen führte. Dies wird in erster Linie auf die zurückhaltende Formulierung des Art. 109 C.C.C. zurückgeführt, da dort der Eintritt eines Schadens für eine andere Person Tatbestandsvoraussetzung für die Anwendung der Todesstrafe war[156]. Zwischen 1500 und 1750 wurden auf

147 Vgl. *Langbein*, The Carolina, S. 197 f.

148 Art. 96 C.C.C.; diese Vorschrift war freilich nur zu beachten, soweit ein Stab nach den Üblichkeiten des Gerichtsortes vorhanden war, vgl. hierzu Art. 82 C.C.C.

149 Vgl. *Langbein*, The Carolina, S. 199.

150 Art. 192 C.C.C.

151 Art. 97 f. C.C.C.

152 Vgl. *Evans*, Rituale der Vergeltung, S. 61; *Schmidt*, ZRG GA 83 (1966), S. 249 ff.

153 Vgl. *Evans*, a.a.O., S. 64; Näheres hierzu bei *Lambrecht*, in: Blauert / Schwerhoff, S. 137–157.

154 Vgl. *Gehm*, Die Hexenverfolgung im Hochstift Bamberg, S. 12 f.

155 Vgl. *Evans*, Rituale der Vergeltung, S. 70 f.

156 Vgl. *Rummel / Voltmer*, Hexen und Hexenverfolgung in der Frühen Neuzeit, S. 41.

deutschem Staatsgebiet ungefähr dreihunderttausend Menschen Opfer des Hexenwahns. Ausnahmen waren beispielshalber die Reichsstädte Frankfurt am Main und Nürnberg, in welchen die Anzahl der verbrannten Hexen im Vergleich deutlich geringer war[157]. Je nach Region waren signifikante Unterschiede hinsichtlich des Zeitraums und der Intensität der Hexenverbrennungen zu beobachten. So lagen regionale Schwerpunkte unter anderem in Westfalen, im Rheinland und in Thüringen. Eine Erklärung für dieses differenzierte Bild kann darin gesehen werden, dass temporäre klimatische Veränderungen, durch welche Ernteausfälle oder Überschwemmungen und damit Verschlechterungen der wirtschaftlichen Bedingungen hervorgerufen wurden, regelmäßig vermeintlichen Hexen angelastet wurden und diese somit in bestimmten Gebieten je nach Zeit häufiger verbrannt wurden. Überdies spielten religiöse Einflüsse eine Rolle: So waren Hexenverbrennungen in den katholischen Fürstbistümern verbreiteter als in Gebieten mit vorwiegend protestantischem Glauben[158]. Besonders der protestantische Rechtsgelehrte Benedikt Carpzov der Jüngere (1595–1666) profilierte sich als gnadenloser Hexenverfolger[159]. Aber auch besonders verwerfliche und brutale Gewaltdelikte zogen regelmäßig Strafen nach sich, die über das von der *Carolina* geforderte Maß hinausgingen. Beliebt war in diesem Zusammenhang zum Beispiel das Abhacken der Finger vor der Tötung des Verurteilten oder auch das Abreißen derselben mit glühenden Zangen. Vor allem bei Tätern, die einer Vielzahl von Personen Schaden zugefügt hatten, wurden diese zusätzlichen Strafen angewandt[160]. Diese Praxis spricht sowohl für die Verankerung des Vergeltungsgedankens, da dadurch beispielshalber jemand, der eine Vielzahl von Menschen ermordet hatte, noch härter bestraft wurde als der Mörder eines Einzelnen. Auf der anderen Seite spielten hier ebenso generalpräventive Aspekte eine Rolle, indem die Behandlung des Täters andere abschrecken sollte. Auch von Seiten der Obrigkeit wurden bei besonders schlimmen Verbrechen härtere Strafen gefordert als in der Peinlichen Halsgerichtsordnung Kaiser Karls V. vorgesehen waren[161]. Der Rechtstag und die anschließende Vollstreckung der Strafe selbst waren ein brutales Spektakel, welches gerade bei öffentlichkeitswirksamen Verurteilungen eine Vielzahl von Schaulustigen anlockte. Der Jurist Jacob Döpler be-

157 Vgl. *Evans*, Rituale der Vergeltung, S. 64 f.

158 Näheres hierzu bei *Voltmer / Irsigler*, Die europäischen Hexenverfolgungen der Frühen Neuzeit.

159 Vgl. *Barring*, Die Todesstrafe in der Geschichte der Menschheit, S. 256.

160 Vgl. *Evans*, Rituale der Vergeltung, S. 64.

161 Vgl. a.a.O., S. 65.

zeichnete dieses Schauspiel 1697 daher treffend als „Theatrum poenarum“[162]. Andererseits wurden bei Delikten, deren Verwirklichung zur Todesstrafe führte und deren Unrechtsgehalt gleichwohl als vergleichbar gewöhnlich oder eher gering angesehen wurde, oft mildere oder vermeintlich mildere Sanktionen gewählt als es die *Carolina* in ihren Strafandrohungen vorsah. Zwar waren in den Strafnormen der C.C.C. selbst bereits an einigen Stellen Milderungen für bestimmte Arten der Tatbegehung vorgesehen. Nichtsdestotrotz sprachen die Richter immer wieder Urteile, in welche die gesetzlich vorgesehenen Strafen nicht beachtet, sondern nach eigenem Ermessen abgemildert wurden. Dies betraf zum einen Fälle, in denen eine als geringeres Übel erscheinende Vollstreckungsart angeordnet wurde, z.B. die weniger qualvolle Hinrichtung mit dem Schwert anstatt des Räderns. Zum anderen begnadigten die Gerichte auch immer wieder Täter, die eigentlich eine Todesstrafe zu erwarten gehabt hätten, indem sie die Tötung des Verurteilten durch den Ausspruch einer milderen Sanktion wie einer Leibesstrafe, Gefängnisstrafe oder der Verweisung aus der Stadt ersetzten[163]. Ab der Mitte des 17. Jahrhunderts konnte ein Rückgang der Gewaltkriminalität beobachtet werden. Nach dem Ende des Dreißigjährigen Krieges im Jahr 1648 und der damit eintretenden Erstarkung der gesellschaftlichen Ordnung konzentrierten sich die fürstlichen Obrigkeiten wieder vermehrt auf die Bekämpfung von Verbrechen, bedienten sich dafür jedoch neuer Methoden. Grausame Sanktionen, wie sie im 16. Jahrhundert praktiziert worden waren, wichen zunehmend den Maßnahmen neuer weltlicher und kirchlicher Institutionen, welche der Disziplinierung der Bevölkerung dienten. Die präventive Wirkung dieser Kontrollmaßnahmen bewirkte eine Verbesserung der sittlichen und moralischen Gesellschaftsordnung, welche mit einer spürbaren Abnahme von Gewaltverbrechen korrelierte. Mit dieser Entwicklung veränderte sich auch die prozentuale Verteilung zwischen exekutierten Männern und Frauen. So waren beispielshalber im Gebiet der Reichsstadt Nürnberg zwischen 1533 und 1582 nur zehn Prozent der Hingerichteten weiblich. Im 17. Jahrhundert hingegen stieg die Anzahl der Frauen, an denen die Todesstrafe vollstreckt wurde, signifikant an. Mithin wurden zwischen 1653 und 1662 sowie zwischen 1683 und 1702 in Nürnberg sogar mehr Frauen als Männer hingerichtet[164]. Diese Zahlen lassen sich zum einen mit dem Phänomen des allgemeinen Rückgangs der Gewaltkriminalität und zum anderen auch mit der zeitweisen Renaissance der Hexenverbrennungen erklären. Zudem hatte sich

---

162 *Döpler*, Theatripoenarum, S. 1; vgl. *Martschukat*, Inszeniertes Töten, S. 46, dort wird der Nachname Döbler geschrieben.

163 Vgl. hierzu *Schrott*, Um Galgen, Rad und Schwert, S. 141 ff., 157, 172, 476 m.w.N.

164 Vgl. *Evans*, Rituale der Vergeltung, S. 74 f.

auch die Zahl der von Frauen begangenen Kapitalverbrechen erhöht, insbesondere ist hier die oft aus wirtschaftlicher Not heraus begangene Kindstötung zu nennen[165]. Im Laufe der Zeit wandelten sich auch die von den Gerichten angeordneten Hinrichtungsarten. Je länger die *Carolina* in Kraft war, desto weniger wurden ihre Vorgaben beachtet. So war das Hängen eines Delinquenten im 16. Jahrhundert noch eine der am häufigsten angewandten Methoden zur Vollstreckung der Todesstrafe. Im Laufe des 17. Jahrhunderts nahm die Bedeutung des Galgens aber spürbar ab. Stattdessen wurde insbesondere die Hinrichtung mit dem Schwert populär, auch wenn die C.C.C. für das abzuurteilende Delikt andere Tötungsarten vorsah. Das Lebendigbegraben und Pfählen von weiblichen Missetäterinnen wurde nur bis zum Beginn des 17. Jahrhunderts durchgeführt. Auch das Ertränken von Frauen wurde ab diesem Zeitpunkt nur noch sehr selten praktiziert. Insgesamt lässt sich feststellen, dass die Anzahl der verhängten Todesstrafen ab dem 17. Jahrhundert zurückging. Mit diesem Rückgang ging eine im Vergleich zum ursprünglichen Rechtstag noch stärkere Hervorhebung des zeremoniellen Charakters der Hinrichtungen einher. Je weniger üblich die Todesstrafe wurde, desto mehr wurde sie zum Anlass staatlicher Machtdemonstrationen. Dies galt vor allem in der zweiten Hälfte des 17. Jahrhunderts unter dem Eindruck des aufkommenden Absolutismus[166].

D) Geistige Grundlagen der Constitutio Criminalis Carolina

I. Das Werk Schwarzenbergs

Das intellektuelle Fundament der *Constitutio Criminalis Carolina* ist zunächst einmal im Werk des Johann Freiherr zu Schwarzenberg, dem geistigen Vater der *Bambergensis* und der *Carolina*, zu sehen. Dieser schöpfte sowohl aus dem Fundus des römischen Strafrechts als auch der deutschen Partikularrechte und Gewohnheitsrechte. Dadurch verbanden er und seine Mitstreiter beide Strafrechtskulturen zu einer Strafrechtsordnung, die Geltung für das gesamte Heilige Römische Reich Deutscher Nation beanspruchte. Umfangreiche Ausführungen zum Werk Schwarzenbergs finden sich im ersten Kapitel dieser Arbeit[167]. Doch Schwarzenbergs Ideen können nicht losgelöst von den vorherrschenden ethisch-philosophischen Prinzipien und gesellschaftlichen Umständen beurteilt werden, die zu Beginn des 16. Jahrhunderts im Alten Reich bestimmend waren. Vielmehr wurde er unmittelbar von diesen beeinflusst.

---

165 Vgl. a.a.O., S. 76.
166 Vgl. a.a.O., S. 79 ff.
167 Nähere Ausführungen hierzu vor allem unter Kap. 1, B), I.

II. Gesellschaftlich-politische Grundlagen

Die politische und soziale Situation des frühen 16. Jahrhunderts im Heiligen Römischen Reich ist differenziert zu betrachten. Es gab blühende Reichsstädte mit florierender Wirtschaft und großem Reichtum. Niccolo Machiavelli (1469–1527) berichtete im Zuge seiner Reise ins Reich und zum Hofe Maximilians I. in den Jahren 1507 und 1508 von der „Macht Deutschlands" aufgrund seines Überflusses an Menschen, Reichtümern und Waffen. Gleichzeitig stellte Macchiavelli aber fest, dass der deutsche Kaiser nicht in der Lage war, sich dieser Macht zu bedienen[168]. Auf der anderen Seite war diese Zeit gekennzeichnet durch politische Unsicherheit und soziale Unruhen. Spannungen zwischen den protestantischen und katholischen Reichsständen ließen ein Fortschreiten der ohnehin schon bestehenden gesellschaftlichen Spaltung des Reichs befürchten. In den Jahren vor der Verabschiedung der *Carolina* befürchtete man immer wieder den Ausbruch eines Bürgerkrieges[169]. Die Ausbeutung der Bauern durch Lehnsherren und reiche Städter sorgte für zunehmende Ungleichheit. Für diese Entwicklung sorgten auch die Vertreter der verweltlichten Kirche, indem sie die Stände mit hohen Abgaben belasteten[170]. Doch nicht nur die politische Situation war für die problematische Lage verantwortlich. So sorgten auch die Krisen des späten Mittelalters und ihre Nachwirkungen dafür, dass viele Bürger in ihrer Existenz bedroht waren und oft aus materieller Not heraus kriminell wurden. Klimatische Veränderungen und Krankheiten wie Pest oder Syphilis hatten negative soziale und wirtschaftliche Konsequenzen zur Folge, von welcher sich die spätmittelalterliche Gesellschaft nur schwer erholte[171]. Diese Faktoren begünstigten die verstärkte Wahrnehmung der Kriminalität im Heiligen Römischen Reich des 15. und zu Beginn des 16. Jahrhunderts[172]. Durch soziale und politische Umwälzungen herrschte in Mitteleuropa und vor allem im deutschen Reichsgebiet ein Klima der Unsicherheit und in Folge der gestörten Ordnung vor[173]. Diese schwierigen Bedingungen begünstigten auch kriminelle Milieus. Gewohnheitsverbrecher begingen zahlreiche Straftaten[174]. Raubritter und andere Verbrecherbanden verübten brutale Überfälle und Raubmorde, während Söldnerheere und Wilderer

---

168 Vgl. *Herbers / Neuhaus*, Das Heilige Römische Reich, S. 188.

169 Vgl. a.a.O., S. 200.

170 Vgl. *Radbruch*, Der Raub in der Carolina, S. 22 f.

171 Vgl. *Reitz*, Schinderhannes und Spießgesellen, S. 13 ff.

172 Vgl. *Kaufmann*, Die peinliche Gerichtsordnung Kaiser Karls V., Einführung, S. 4; *Laufs*, Rechtsentwicklungen in Deutschland, S. 136.

173 Vgl. *von Schubert*, Revolution und Reformation im XVI. Jahrhundert, S. 5; *Radbruch*, Der Raub in der Carolina, S. 23.

174 Vgl. *Laufs*, Rechtsentwicklungen in Deutschland, S. 136.

die Bevölkerung in Atem hielten[175]. Radbruch nennt als „Quellpunkte der Kriminalität jenes Zeitalters“[176] die Konflikte, die durch religiöse Auseinandersetzungen, die proletarische Ritterschaft und den unterdrückten Bauernstand hervorgerufen wurden. Als Beispiele nennt er die Reformation, die Erhebung des Ritters Franz von Sickingen im Zuge des Ritterkriegs 1522, die Bundschuhbewegung der südwestdeutschen Bauern und den Deutschen Bauernkrieg von 1524 bis 1526[177]. Dem Bauernkrieg waren bereits zahlreiche Aufstände von Bauern und ärmerer Bürger gegen Adel und Klerus vorangegangen, welche darauf abzielten, den unterprivilegierten Gesellschaftsschichten mehr Privilegien zu gewähren. Nachdem sich insbesondere der Hochadel gegen dieses Ansinnen verwehrte, da dessen Angehörige einen Machtverlust fürchteten, gipfelten die Unruhen schließlich in den kriegerischen Auseinandersetzungen in vielen Reichsterritorien[178]. Das Phänomen der Kriminalität selbst zu Beginn des 16. Jahrhunderts ist gekennzeichnet durch seine Heterogenität. Von kleinkriminellen Gewohnheitsverbrechern bis zu brutalen Räubern und Mördern reichte die Palette der Delinquenten[179]. Eine prominente Rolle im Gefüge der Gesetzlosen kam vor allem den Landsknechten zu. Diese vagabundierten als vormals für den Bedarfsfall angeworbene Söldner nach Kriegsende heimatlos durch das Land und nahmen aufgrund ihrer kriegerischen Erfahrung führende Positionen im Verbrechertum ein. Sie zeichneten sich durch Gewalttätigkeit und Skrupellosigkeit aus und waren sowohl im Gefolge der Raubritter als auch in Gaunerbanden und der Bewegung aufständischer Bauern zahlreich vertreten[180]. Darüber hinaus sorgten andere Personengruppen wie Zigeuner und fahrendes Volk als Vagabunden für zahlreiche Straftaten[181]. Hinzu kam, dass die Strukturen des Heiligen Römischen Reichs ganz abgesehen von den unzureichenden strafprozessualen Regelungen durch ineffiziente Verwaltungseinheiten, das Fehlen eines stehenden Heeres und mangelhafte Steuereinkünfte zur beklagten Absenz von Rechtssicherheit führten[182].

---

175 Vgl. *Reitz*, Schinderhannes und Spießgesellen, S. 72 ff., 79 ff.
176 *Radbruch*, Der Raub in der Carolina, S. 24.
177 Vgl. ebd.
178 Vgl. *Reinhard*, in: Gebhard (Hrsg.), Handbuch der deutschen Geschichte, Bd. 9, S. 160 ff.
179 Vgl. *Reitz*, Schinderhannes und Spießgesellen, S. 72 ff., 79 ff.
180 Vgl. *Radbruch*, Der Raub in der Carolina, S. 25.
181 Vgl. *Schroeder*, Die Peinliche Gerichtsordnung Kaiser Karls V., S. 310.
182 Vgl. *Evans*, Rituale der Vergeltung, S. 64.

III. Ethisch-philosophische Grundlagen

Das von Schwarzenberg und den weiteren Schöpfern der Peinlichen Halsgerichtsordnung Kaiser Karls V. erkannte Kriminalitätsproblem führte dazu, dass die Bekämpfung von Unrecht und delinquentem Verhalten zu einer bestimmenden Maxime in der *Bambergensis* und später der *Carolina* erklärt wurde[183]. Das oberste Prinzip beider Strafordnungen war die Gerechtigkeit, unter welche auch die Bekämpfung des Unrechts fiel. Ein weiterer zentraler, der Gerechtigkeit jedoch untergeordneter Grundsatz war der Gemeinnutz. Die Begriffe Gerechtigkeit und Gemeinnutz waren die Grundpfeiler von Schwarzenbergs Rechtsauffassung. Zur Durchsetzung dieser Prinzipien bedurfte es seiner Ansicht nach eines effizienten Strafverfahrens und einer starken Staatsgewalt[184]. Er wollte dem Kriminalitätsproblem mit harten und repressiven Strafen begegnen[185]. Für Schwarzenberg war die peinliche Strafe strenge Rechtsbewährung gegenüber schwerem Unrecht und diente sowohl zur Abschreckung aus generalpräventiven Erwägungen als auch aus spezialpräventiver Sicht, um den Täter unschädlich zu machen[186]. Diese intendierten Strafzwecke werden prägnant in Art. 104 C.C.C., dem Einführungsartikel zu den materiellen Strafvorschriften der *Carolina* („Eyn Vorrede wie an missthat peinlich straffen soll")[187], formuliert[188]. Gleichzeitig wollte er den von ihm selbst erkannten Unzulänglichkeiten des deutschen Strafprozessrechts am Ende des 15. Jahrhunderts entgegenwirken. Hierzu zählten der dominierende privatrechtliche Charakter des Strafrechts, welcher getreu dem Motto „wo kein Kläger, da kein Richter" eine Strafverfolgung nur auf private Klage hin vorsah. Auch das Beweisrecht mit Beweismitteln wie Zweikampf, Eid und Gottesurteil erschien ihm zu starr und ineffizient. Ebenso lehnte er den im mittelalterlichen deutschen Strafrecht anerkannten Reinigungseid, mit welchem ein Täter die eigentlich zu verhängende Strafe durch Schwören eines Eides auf Gott umgehen

---

183 Vgl. *Wolf*, Johann Freiherr von Schwarzenberg, S. 133.

184 Vgl. a.a.O., S. 122 ff.

185 Vgl. *Radbruch*, Der Raub in der Carolina, S. 25.

186 Vgl. *Schmidt*, ZStW 62 (1943), S. 241.

187 Überschrift zu Art. 104 C.C.C.

188 Art. 104 C.C.C Satz 1 a.E..: „Wann vnser Keyserlich recht, etlich peinlich straff setzen, die nach gelegenheydt diser Zeit vnd land vnbequem, vnd eyns theyls nach dem buchstaben nit wol müglich zu gebrauchen weren, darzu auch dieselben recht die form vnd maß, eyner jeglichen peinlichen straff nit anzeygen, sonder auch guter gewonheyt oder erkantnuß verstendiger Richter beuelhen, vnd inn der selben wilküre setzen, die straff nach gelegenheyt vnd ergernuß der übelthatt, auß lieb der gerechtigkeyt, vnd vmb gemeynes nutz willen zu ordnen vnd zu machen".

konnte, ab[189]. Zunächst mit der *Bambergensis* und danach mit der *Carolina* sollten diese strafprozessualen Schwachpunkte beseitigt werden. Die Peinliche Halsgerichtsordnung Kaiser Karls V. wollte wie ihre Vorgängerin diesem Anspruch Rechnung tragen, indem sie den erkennenden Richtern konkrete und nach damaligen Maßstäben sehr umfangreiche Normen als Handlungsempfehlungen zur Verfügung stellte, an welchen sich diese zur Verfahrensführung und Urteilsfindung orientieren konnten. Dadurch sollte die Gefahr willkürlicher Entscheidungen minimiert werden. Eine mögliche Abschaffung der Todesstrafe stand in den Diskussionen vor der Einführung der C.C.C. nicht ernsthaft zur Debatte. Vielmehr wurde die Hinrichtung eines Täters bei bestimmten Delikten als selbstverständliches Instrument angesehen, um einerseits die Gerechtigkeit wiederherzustellen und auf der anderen Seite auch zur Abschreckung möglicher Nachahmer zu dienen. Hier finden sich also die Strafzwecke der Generalprävention durch Abschreckung als auch der Spezialprävention durch Unschädlichmachung des Täters sowie der Vergeltung wieder[190]. Aus diesem Grunde wandte sich Schwarzenberg auch vehement gegen das im mittelalterlichen Strafrecht oft praktizierte Richten nach Gnade, welches eine Verschonung des Täters vor der eigentlich zu verhängenden Strafe zur Folge hatte, da es seinen Gerechtigkeitsmaximen zuwiderlief[191]. Trotz dieser Intentionen hatten vor allem die Vertreter der Reichsstädte die Befürchtung, dass die Strafen der Peinlichen Gerichtsordnung nicht hart genug seien. So waren diese der Meinung, diese würden dazu führen, die Verbrecher „zu harzen und zu pflanzen“[192]. Es wurden also Befürchtungen verlautbart, dass die Peinliche Halsgerichtsordnung Kaiser Karls V. für eine Verweichlichung der Strafrechtspraxis und eine untragbare Milde mit den Straftätern sorgen würde[193]. Aus heutiger Sicht erscheint dies nur schwer nachvollziehbar, da die Lebens- und Leibesstrafen der *Carolina* von einer Brutalität gekennzeichnet waren, die im heutigen Mitteleuropa kaum mehr vorstellbar sind. Wie jedoch in den Ausführungen unter lit. B) dieses Kapitels gezeigt wird, versuchten die Schöpfer der *Carolina* zumindest, an einigen Stellen im Vergleich zu den bisherigen Üblichkeiten eine Abmilderung der Grausamkeiten bei der Bestrafung von Delinquenten zu erreichen[194]. So sollten gemäß Art. 131 C.C.C. bei der Kinds-

---

189 Vgl. *Schroeder*, Die Peinliche Gerichtsordnung Kaiser Karls V., S. 310; näheres zum Rechtsinstitut des Reinigungseides bei *Loening*, Der Reinigungseid bei Ungerichtsklagen im Deutschen Mittelalter, S. 15 ff.

190 Vgl. *Schroeder*, ebd.

191 Vgl. *Schmidt*, ZStW 62 (1943), S. 251 f.

192 *Schroeder*, Die Peinliche Gerichtsordnung Kaiser Karls V., S. 324.

193 Vgl. ebd.

194 Vgl. a.a.O., S. 326.

tötung für weibliche Täterinnen anstatt der Todesstrafe durch Lebendigbegraben und Pfählen auf die „mildere“ Sanktion des Ertränkens erkannt werden[195]. Ein weiterer Strafzweck neben Vergeltung und Abschreckung war der Erhalt des staatlichen Machtanspruchs durch konsequente Anwendung der Gesetze. Aber nicht nur staatliche Autoritäten, sondern auch die Autorität der Gemeinschaft sollte unter dem bereits angesprochenen Aspekt des Gemeinnutzes durch die Bestrafung der Delinquenten wiederhergestellt werden[196]. Schwarzenberg und seine Mitstreiter beriefen sich wie bereits im ersten Kapitel dargestellt auf das Rechtsdenken des oberitalienischen Humanismus, den sie mit den Grundsätzen des gemeinen deutschen Rechts zu einem gerechten und nützlichen Strafrechtswerk zu verbinden suchten[197]. Gleichsam war Schwarzenberg wie auch viele andere deutsche Juristen zu Beginn des 16. Jahrhunderts von Martin Luthers Ideen und der Reformationsbewegung beeinflusst[198]. Vor allem im Hinblick auf die Todesstrafe heißt dies, dass deren Legitimation auch mit Berufung auf die Bibel, namentlich in erster Linie auf die Bücher Genesis und Exodus aus dem Alten Testament, begründet wurde. Nach der lutherischen Interpretation hatte Gott der Menschheit die Verfügung über Leben und Tod selbst übertragen, sodass die Tötung von Verbrechern durch Anordnung der Obrigkeit letztendlich durch Gottes Willen geschah[199]. Somit kann die Rechtfertigung für die Anwendung der Todesstrafe bei zahlreichen Straftaten in der C.C.C. auch in der Bibelauslegung Martin Luthers, welche auf die Schöpfer der *Carolina* einen spürbaren Einfluss ausübte, gesehen werden.

E) Entwicklungen nach dem Inkrafttreten der Carolina

I. Die Entwicklung der Todesstrafe nach dem Inkrafttreten der Carolina

Es wurden bereits die in der Peinlichen Halsgerichtsordnung Kaiser Karls V. normierten Hinrichtungsarten vorgestellt. Im Zusammenhang mit der je nach Örtlichkeit divergierenden Akzeptanz der *Constitutio Criminalis Carolina* wurde an dieser Stelle auch schon auf die Diskrepanz zwischen der geschriebenen Rechtsordnung und der tatsächlichen Rechtsprechung verwiesen. Dabei wurden die in der *Carolina* festgelegten Strafen abhängig von den strafrechtli-

195 Art. 131 C.C.C.; vgl. ebd.
196 Vgl. *Evans*, Rituale der Vergeltung, S. 68.
197 Vgl. *Wolf*, Johann Freiherr von Schwarzenberg, S. 122 ff.
198 Vgl. a.a.O, S. 103.
199 Vgl. *Althaus*, Die Todesstrafe als Problem der christlichen Ethik, S. 6.

chen Traditionen und Usancen der jeweiligen Territorien teilweise als zu milde, teilweise als zu gravierend angesehen. Vor allem bei Straftätern, die wegen Hexerei oder Zauberei verurteilt worden waren, wurden das in der C.C.C. festgelegte Strafmaß oftmals deutlich überschritten. Ohnehin waren in der *Carolina* die allermeisten Straftatbestände im Hinblick auf die geforderte Sanktion nur als Soll-Vorschrift ausgestaltet, so dass den Gerichten ein breiter Ermessensspielraum bei der Urteilsfindung zukam. Vor allem bei Taten, deren Unrechtsgehalt nach allgemeiner Ansehung besonders hoch war, kam dies zum Tragen. So wurde beispielshalber 1597 in Eschwein ein Mörder, der fünfundzwanzig Personen getötet hatte, gevierteilt[200]. Immer wieder wurden auch zusätzliche Peinigungen verhängt, die ein Delinquent vor seiner Hinrichtung erleiden musste. Dies galt nicht nur bei Gewaltverbrechen. So wurden 1686 dem wegen Urkundenfälschung und Veruntreuung zum Tode verurteilten Bremer Finanzbeamten Dirk Surbick vor seiner Enthauptung zwei Finger an der rechten Hand abgehackt[201]. Besonders das Abhauen von Händen und Fingern, mit denen die Taten begangen wurden, war eine immer wieder praktizierte Methode der Strafschärfung vor der Hinrichtung. Diese symbolische Abtrennung von Körperteilen, die im unmittelbaren zeitlichen Zusammenhang mit den abzuurteilenden Taten standen, diente sowohl der Abschreckung als auch der teilweisen Rehabilitierung des Verbrechers vor dessen Tötung. So lässt sich das Abhacken von zwei Fingern an der Hand des Finanzbeamten damit erklären, dass dieser zwei Finger zum Halten der Schreibfeder, unter deren Anwendung er seine Taten begangen hatte, benötigt hatte. Seit dem Inkrafttreten der *Constitutio Criminalis Carolina* wandelten sich die bevorzugten Tötungsarten im zeitlichen und kulturellen Kontext. So erlebte die Hexenverbrennung wie bereits beschrieben vor allem zwischen 1580 und 1640 eine Renaissance im Zuge der verstärkten Rezeption des Hexenhammers in diesem Zeitraum. Danach ebbte die Anzahl der Verbrennungen wieder deutlich ab[202]. Auch andere Hinrichtungsarten, die in der *Carolina* ausdrücklich vorgesehen waren, wurden ab dem Beginn des 17. Jahrhunderts nur noch selten angewandt. Dies gilt beispielsweise für das Lebendigbegraben und Pfählen sowie die Vierteilung[203]. Das Hängen war bis ca. 1600 eine der am häufigsten angewandten Methoden zur Vollstreckung der Todesstrafe. Im 17. Jahrhundert

200 Vgl. *Evans*, Rituale der Vergeltung, S. 64.

201 *Staatsarchiv der Freien Hansestadt Bremen*, 2.-D. 16 g. 1: Das sogenannte Schwartze-Buch des Bremischen Criminal-Gerichts von 1238 bis 1813, Eintrag von 1686; zitiert nach ebd.

202 Vgl. *Gehm*, Die Hexenverfolgung im Hochstift Bamberg, S. 12 f.; *Evans*, Rituale der Vergeltung, S. 70 f.

203 Vgl. *Ortner*, Wenn der Staat tötet, S. 38 f.

wurde der Galgen zunehmend durch die Enthauptung mittels eines Schwertes abgelöst. Die Enthauptung war zunächst vor allem bei adeligen Verurteilten praktiziert worden, wurde spätestens ab dem Ende des 17. Jahrhunderts aber bei Tätern aus allen sozialen Schichten angewandt. Auch das Ertränken weiblicher Missetäterinnen kam ab dem Ende des 16. Jahrhunderts mehr und mehr aus der Mode[204]. In Nürnberg wurde erstmals im Jahr 1580 die Enthauptung von Kindsmörderinnen anstatt des gesetzlich verankerten Ertränkens praktiziert[205]. Die genannten Änderungen der Strafpraxis gehen mit einer allgemeinen Abnahme der Hinrichtungen im Laufe des 17. Jahrhundert auf dem Gebiet des Heiligen Römischen Reiches einher. Diese Entwicklung kann auf mehrere Faktoren zurückgeführt werden. So war im 17. Jahrhundert insgesamt ein signifikanter und langfristiger Rückgang von abgeurteilten Gewaltverbrechen im Reichsgebiet zu beobachten. Nüchtern betrachtet ist diese Feststellung zunächst mit dem zwischen 1618 und 1648 wütenden Dreißigjährigen Krieg zu erklären, in dessen Verlauf wütende und plündernde Heere schwere Verwüstungen verursachten und eine sehr eingeschränkte Handlungsfähigkeit der Strafrechtspflege die Folge war. Daher konnten auch viele schwere Verbrechen während dieser Zeit nicht strafrechtlich verfolgt werden. Nach dem Kriegsende war zudem die Welle der Hexenverbrennungen abgeebbt. Aber auch ein durch das bereits angesprochene Erstarken des staatlichen Gewaltmonopols nach dem Ende des Dreißigjährigen Krieges hervorgerufener Wandel der sittlichen und moralischen Vorstellungen der Bevölkerung hin zu einem rechtstreueren Verhalten sorgte für eine Verringerung bestimmter Deliktstypen wie beispielshalber von Sexualdelikten und Kapitaldelikten[206]. So weist Evans darauf hin, dass Sittlichkeitsdelikte in der ersten Hälfte des 17. Jahrhunderts in München noch 30 Prozent der abgeurteilten Straftaten ausmachten, in der ersten Hälfte des 18. Jahrhunderts hingegen nur noch 14 Prozent[207]. In Deutschland wie auch europaweit war der Übergang vom 17. zum 18. Jahrhundert durch einen allgemeinen Rückgang an zwischenmenschlicher Gewalt und einen Ausbau geordneter sozialer Strukturen gekennzeichnet[208]. Diese sozialen Strukturen lassen sich im Erstarken kontinuierlicher gesellschaftlicher Muster verstehen, die sich nach dem Ende des Dreißigjährigen Krieges herausbildeten. Dieser Wandel und die damit einhergehende gesellschaftliche

---

204 Vgl. *Evans*, Rituale der Vergeltung, S. 79 ff.

205 Vgl. *Leder*, Todesstrafe, S. 157; *Keller*, Maister Franntzen Schmidts Nachrichter in Nürnberg all sein Richten, S. 9.

206 Siehe hierzu die Ausführungen unter Kap. 2, D), II.

207 Vgl. *Evans*, Rituale der Vergeltung, S. 73 ff.

208 Vgl. a.a.O., S. 78; näheres hierzu bei *Johnson / Monkkonen* (Hrsg.), The Civilization of Crime, m.w.N.

Stabilisierung hatten nicht zuletzt zur Folge, dass auch die bestehende Bestrafungspraxis und die Todesstrafe an sich ab dem 18. Jahrhundert von einigen Stimmen kritisch hinterfragt wurden, wie im vierten Kapitel dieser Arbeit noch gezeigt werden wird. Es lässt sich feststellen, dass die Strafgerichte die Vorschriften der C.C.C. immer weniger beachteten, je länger diese galt. Der Rückgang von Hinrichtungen im 17. Jahrhunderts lässt sich nicht nur durch ein Abebben von Gewalttaten, sondern auch durch eine zunehmend restriktivere Handhabung der Todesstrafe durch die Gerichte erklären. Auf der anderen Seite steht während dieser Zeit der immer mehr in den Vordergrund rückende zeremonielle Charakter des Rechtstags, in dessen Rahmen die Hinrichtungen mit der Zeit sogar noch eindrücklicher und spektakulärer durchgeführt wurden[209]. In Zeiten von immer seltener werdenden Tötungen von Straftätern wurden diese Exekutionen auch immer mehr zu einem Spektakel instrumentalisiert, durch welches die Macht der Obrigkeit gegenüber dem Volk zum Ausdruck kommen sollte[210]. Im Kontext der von regionalen Unterschieden geprägten Gerichtspraxis sowie der politischen und gesellschaftlichen Veränderungen lässt sich somit in den über zwei Jahrhunderten zwischen Inkrafttreten der *Carolina* und der Zeit der Aufklärung insgesamt ein heterogenes Bild der Anwendung der Todesstrafe zeichnen, dessen vielfältige Schattierungen im Grunde keine lineare Bewertung dieser Thematik zulassen.

II. Politische und gesellschaftliche Veränderungen

Die Hinrichtungspraxis zwischen dem Inkrafttreten der *Carolina* und dem Zeitalter der Aufklärung lässt sich nicht behandeln, ohne auch auf die politischen und gesellschaftlichen Veränderungen in diesem Zeitraum einzugehen. Bereits zu Beginn des 16. Jahrhunderts sorgten die Differenzen zwischen den katholischen und protestantischen Reichsständen für ein Klima der gesellschaftlichen Zerrüttung. Im Frühjahr 1552 kam es unter Führung von Kurfürst Moritz von Sachsen (1521–1553) zu einem Aufstand gegen Kaiser Karl V., der maßgeblich von den protestantischen Reichsständen initiiert worden war[211]. Infolgedessen wurde im gleichen Jahr der Passauer Vertrag geschlossen, mit dem der Frieden zwischen Katholiken und Protestanten interimistisch geregelt wurde. Auf dem Reichstag von Augsburg 1555 wurde schließlich mit dem Augsburger Religionsfrieden ein Landfrieden, der das konfliktfreie Zusammenleben von Protestanten und Katholiken regelte, verabschiedet. Daneben

---

209 Vgl. *Martschukat*, Inszeniertes Töten, S. 46.

210 Vgl. *Evans*, Rituale der Vergeltung, S. 81.

211 Vgl. *Herbers / Neuhaus*, Das Heilige Römische Reich, S. 205.

brachte der Augsburger Reichstag auch die Reichsexekutionsordnung mit sich, die vor allem Regelungen zum Vorgehen im Falle eines Landfriedensbruchs beinhaltete[212]. Mit dem Religionsfrieden und der Reichsexekutionsordnung gelang es, die Einheit des von Krisen gebeutelten Alten Reiches zu bewahren und den inneren Frieden zu sichern. Karl V., der Namensgeber der *Constitutio Criminalis Carolina*, hatte am Augsburger Reichstag schon nicht mehr teilgenommen und dankte schließlich 1556 als Kaiser ab[213]. Der Übergang vom 16. zum 17. Jahrhundert markierte dann wieder einen Rückgang der inneren Sicherheit des Heiligen Römischen Reiches, was unter anderem durch die zunehmende Herausbildung religiöser Milieus in den Grenzen der einzelnen Reichsterritorien[214] und die schwindende Akzeptanz des Augsburger Religionsfriedens hervorgerufen wurde und sich in einer Vielzahl von regional begrenzten kriegerischen Auseinandersetzungen zeigte[215]. Der Prager Fenstersturz am 23. Mai 1618 löste den Dreißigjährigen Krieg aus, der 1648 mit dem Westfälischen Frieden beendet wurde und mehrere Millionen Todesopfer forderte[216]. Der Kriegszustand mit politischen Verwerfungen in ganz Europa und anschließend herummarodierenden Söldnertruppen, in denen sich ehemalige Soldaten und Offiziere nun verdingten, sorgten für eine steigende Kriminalität und damit ein verstärktes Klima der gesellschaftlichen Angst[217]. Auf der anderen Seite gelang es mit dem Westfälischen Frieden, die Rechtssicherheit und insbesondere die Parität zwischen den Konfessionen zumindest auf dem Papier wiederherzustellen und zu bekräftigen[218]. In § 180 des Jüngsten Reichsabschieds von 1654 wurde die Stellung der Reichsfürsten als Territorialherren gegenüber dem Kaiser deutlich gestärkt, da diese nun ohne Vetorecht der Landstände Steuern erheben konnten. Ein bis dato noch nicht dagewesener Dualismus zwischen dem Reichskaiser und den Reichsterritorien war die Folge[219]. Ab 1663 tagte der Immerwährende Reichstag bis zum Ende des Alten Reiches 1806 in Regensburg und sorgte dadurch in örtlicher Hinsicht für eine gewisse Kontinuität[220]. Gleichwohl war die Sicherheit des Heiligen Römischen

212 Vgl. a.a.O., S. 205 f.

213 Vgl. a.a.O., S. 209.

214 *Herbers / Neuhaus*, a.a.O., S. 214, sprechen insoweit von der Transformation von „Landesgrenzen und Bekenntnisgrenzen“ aufgrund der durch den Augsburger Religionsfrieden hervorgerufenen konfessionellen Abschließungen.

215 Vgl. a.a.O., S. 214 f.

216 Vgl. *Schormann*, Der Dreißigjährige Krieg, S. 25 ff.; *Laufs*, Rechtsentwicklungen in Deutschland, S. 148 ff.

217 Vgl. *Herbers / Neuhaus*, Das Heilige Römische Reich, S. 241.

218 Vgl. *Laufs*, Rechtsentwicklungen in Deutschland, S. 158.

219 Vgl. *Herbers / Neuhaus*, Das Heilige Römische Reich, S. 246.

220 Vgl. a.a.O., S. 250; *Laufs*, Rechtsentwicklungen in Deutschland, S. 170.

Reiches bis zu dessen Ende durch äußere und innere Einflüsse gefährdet. So wurde der Bestand des Alten Reiches ab der zweiten Hälfte des 17. Jahrhunderts unter anderem an der Westgrenze durch Frankreich und im Südosten durch das Osmanische Reich bedroht. Dazu kamen wie zuvor auch schon kriegerische Auseinandersetzungen zwischen einzelnen Territorien[221]. Zudem sorgte der zunehmende Machtkampf zwischen Österreich und Preußen um die Vorherrschaft im Reich, der sich im Laufe des 18. Jahrhunderts zuspitzte, für eine weitere politische und soziale Destabilisierung[222]. Demgegenüber stand das Zeitalter der Aufklärung, welches zum Ende des 17. Jahrhunderts begann und dessen geistige Auswirkungen bis über das Ende des Heiligen Römischen Reiches hinaus reichten. Die Ideen der Aufklärung brachten peu á peu eine Erneuerung althergebrachter Vorstellungen mit sich, die darauf gerichtet war, mit Hilfe des zentralen Vernunftgedankens diejenigen Elemente zu beseitigen, die dem zivilisatorischen Fortschritt entgegenstanden. In gesellschaftlicher Hinsicht traten die Vordenker der Aufklärung überkommenen Moralvorstellungen entgegen und propagierten stattdessen unter anderem die Handlungsfreiheit des Individuums, Bürgerrechte und das Recht des Einzelnen auf Bildung. Im Laufe des 18. Jahrhunderts wurden die Ideen der Aufklärung auch von einzelnen Kurfürsten des Heiligen Römischen Reiches aufgegriffen. So verkörperte Friedrich II. (Friedrich der Große, 1712–1786), als König von Preußen eine für damalige Verhältnisse progressive Herrschaft, in welcher er sich als „Erster Diener des Staates" gerierte und den bestimmenden Status der Religion in der Gesellschaft zurückzudrängen versuchte[223]. Auch Kaiser Joseph II. (1741–1790), ab 1780 Erzherzog von Österreich und sein Bruder Leopold II. (1747–1792), unter anderem ab 1765 Großherzog der Toskana und ab 1790 römisch-deutscher Kaiser, verbanden die Ideen der Aufklärung mit ihrem Amt im Sinne des aufgeklärten Absolutismus[224]. Gleichwohl konnte der sich anbahnende Zerfall des fragilen Reiches nicht aufgehalten werden. Die Nachwehen der Französischen Revolution sowie die tiefgreifenden territorialen Umwälzungen durch den Regensburger Reichsdeputationshauptschluss vom 25. Februar 1803, durch den die linksrheinischen Territorien an Frankreich abgetreten und diverse rechtsrheinische Reichsstände aufgrund von Säkularisation bei kirchlichen respektive Mediatisierung bei weltlichen Ständen aufgelöst worden waren, trugen zu dieser Entwicklung bei. Gleiches gilt für den nicht zu behebenden Mangel an innerer und äußerer Stabilität des Reiches.

---

221 Vgl. *Herbers / Neuhaus*, a.a.O., S. 252 ff.
222 Vgl. a.a.O., S. 275 ff. zur Problematik des Deutschen Dualismus.
223 Vgl. *Clark*, Preußen, S. 60 ff., 221 ff.
224 Vgl. *Herbers / Neuhaus*, Das Heilige Römische Reich, S. 275 ff.

Am 6. August 1806 legte Kaiser Franz II. in Wien unter dem Eindruck dieser Faktoren die Krone des römischen Kaisers nieder, womit die lange Geschichte des fast tausendjährigen Heiligen Römischen Reiches endete[225].

III. Die Strafgerichtsbarkeit im Heiligen Römischen Reich

Die oberste Gerichtsbarkeit im Heiligen Römischen Reich Deutscher Nation vom Inkrafttreten der *Carolina* bis zum Ende des Alten Reiches war geprägt von der Koexistenz der Institutionen Reichshofrat und Reichskammergericht[226]. Die Errichtung des Reichskammergerichts wurde am 26. März 1495 auf dem Reichstag zu Worms beschlossen und bereits am 31. Oktober des gleichen Jahres durch Kaiser Maximilian I. in Frankfurt am Main in die Tat umgesetzt[227]. Dadurch wurde das alte kaiserliche Kammergericht abgelöst, welches bis dahin das oberste Gericht im Reich dargestellt hatte und in örtlicher Hinsicht an den jeweiligen Aufenthaltsort des Kaisers gebunden war. Demgegenüber war das Reichskammergericht zunächst in Frankfurt am Main und nach diversen Ortswechseln ab 1527 in Speyer und ab 1689 in Wetzlar stationiert[228]. Am 13. Februar 1498 wurde durch Maximilian I. die Hofratsordnung erlassen. Mit dieser wurde der Reichshofrat als Korrektiv zum ständisch beeinflussten Reichskammergericht geschaffen, um wieder eine von den Reichsständen vollkommen unabhängige, an die Person des Kaisers geknüpfte Jurisdiktion zu konstituieren[229]. Seitdem existierten Reichskammergericht und Reichshofrat bis 1806 als oberste Gerichte für das Territorialgebiet des Heiligen Römischen Reiches parallel. Für die italienischen Reichsgebiete war der Reichshofrat nach überwiegender Auffassung ausschließlich zuständig. Dies wurde unter anderem sowohl mit dem Verweis auf das Gewohnheitsrecht als auch auf die Tatsache, dass das Reichskammergericht nur für das deutsche Reichsgebiet errichtet worden sei, begründet[230]. Anderseits wiesen Moser[231] und Harpprecht[232] darauf hin, dass sich die rechtliche Gewalt des Reichskam-

---

225 Vgl. *Deutscher Bundestag* (Hrsg.), Fragen an die Deutsche Geschichte, S. 37 ff.; *Herbers / Neuhaus*, a.a.O., S. 287.

226 Vgl. *Sellert*, Über die Zuständigkeitsabgrenzung von Reichshofrat und Reichskammergericht, S. 1 ff.

227 Vgl. a.a.O., S. 5 ff.; *Herbers / Neuhaus*, Das Heilige Römische Reich, S. 189 f.

228 Vgl. *Smend*, Das Reichskammergericht, S. 46.

229 Vgl. *Winkelmann*, Allgemeine Verfassungsgeschichte, S. 316; *Sellert*, Über die Zuständigkeitsabgrenzung von Reichshofrat und Reichskammergericht, S. 8 ff.

230 Vgl. *Sellert*, a.a.O., S. 15 f. m.w.N.; *Herchenhahn*, Geschichte der Entstehung, Bildung und gegenwärtigen Verfassung des Kaiserlichen Reichshofraths, Teil II, S. 253.

231 *Moser*, Teutsches-Staatsrecht, Bd. 1, S. 397.

232 *Harpprecht*, Staats-Archiv, Teil II, S. 163.

mergerichts zumindest anfangs auch auf Reichsitalien erstreckt hat. Dies lässt sich zumindest für die ersten Jahrzehnte des 16. Jahrhunderts anhand der Akten des Frankfurter Reichskammergerichts belegen[233]. In der Peinlichen Halsgerichtsordnung Kaiser Karls V. von 1532 war die Zuständigkeit der Strafgerichte nicht ausdrücklich geregelt worden[234]. In der Einleitung zur C.C.C. wird allerdings klargestellt, dass diese für die Reichsuntertanen und nicht auch für die Reichsstände gelten solle[235]. Wurde einem Reichsunmittelbaren eine Straftat vorgeworfen, konnte ein Verfahren außerhalb des Anwendungsbereichs der *Carolina* in engen Grenzen vor dem Reichshofrat, in Ausnahmefällen auch vor dem Reichskammergericht, durchgeführt werden[236]. Beide obersten Reichsgerichte sprachen sowohl in erster Instanz bei bestimmten Delikten, nämlich bei Vorwürfen von Landfriedensbruch, Religionsfriedensbruch, Reichsfiskalverfahren und strafrechtlich relevanten Polizeivergehen, als auch als Rechtsmittelinstanz bei Appellationsprozessen Recht. Mit dem Reichsabscheid von Augsburg 1530 waren die bis dahin häufiger praktizierten Appellationen gegen Strafurteile zunächst bis auf Weiteres verboten worden. In der Folge wurden kaum noch obergerichtliche Urteile in Rechtsmittelverfahren gefällt. Das Kammergerichtskonzept von 1613 gestattete allerdings die Nullitätsklage, mit welcher eine Rechtsverweigerung oder Prozessverletzung gerügt werden konnte, sofern der erkennende Richter des angefochtenen Urteils unmittelbarer Reichsangehöriger war. Ab dem Ende des 17. Jahrhunderts finden sich vermehrt Belege über vor dem Reichskammergericht und dem Reichshofrat verhandelte Appellationsverfahren[237]. Insgesamt lässt sich das Verhältnis von Reichskammergericht und Reichshofrat als ein nur selten von Konkurrenz geprägtes Nebeneinander unter der Gerichtsherrschaft des deutschen Königs oder Kaisers mit teilweise unterschiedlichen, oft aber überschneidenden Kompetenzbereichen beschreiben. Unter den beiden obersten Gerichten waren die Oberappellationsgerichte angesiedelt, die im Laufe des 17. und 18. Jahrhunderts in einigen Reichsterritorien errichtet wurden, um das von den jeweiligen Herrschern erworbene, in der Goldenen Bulle von 1356 statuierte *Privilegium de non appellando* umzusetzen. Mit diesem wurde ein Verbot für die Untertanen des betreffenden Reichsgebiets zur Appellation an die kaiserlichen Gerichte

233 Vgl. *Sellert*, Über die Zuständigkeitsabgrenzung von Reichshofrat und Reichskammergericht, S. 16 m.w.N.

234 Vgl. *Sellert*, Über die Zuständigkeitsabgrenzung von Reichshofrat und Reichskammergericht, S. 73.

235 C.C.C, Einleitung, S. 28: „daß alle und jede unser und des Reichs underthanen sich hinfürter in peinlichen sachen"; vgl. ebd.

236 Vgl. *Sellert*, a.a.O., S. 90 ff.

237 Vgl. a.a.O., S. 74 ff.

umgesetzt und im Gegenzug ein Oberappellationsgericht als höchstes Territorialgericht konstituiert. Erstes Oberappellationsgericht war das 1625 gegründete Revisorium für das Kurfürstentum Bayern, welches sich in München befand[238]. Unterhalb der Ebene der Oberappellationsgerichte gab es eine Vielzahl von Territorialgerichten, deren Rechtsprechung von mehreren Faktoren geprägt war wie etwa der jeweiligen Weltanschauung der Obrigkeit, regionalen Gegebenheiten und der örtlichen Kriminalitätsproblematik. Im Heiligen Römischen Reich existierten fast zweitausend Gerichtsbarkeiten, die strafrechtliche Sanktionen aussprechen konnten[239]. Angesichts dieses Flickenteppichs erscheint es kaum möglich, ein einheitliches Bild der Strafrechtspflege zu zeichnen. Vielmehr beachteten manche Gerichte die Vorgaben der *Carolina* vergleichsweise strikt, während anderenorts vor allem nach den Vorschriften der dort geltenden Partikularrechtsordnungen Recht gesprochen wurde. Sowohl Abschwächungen als auch Überschreitungen des Strafmaßes waren zu verzeichnen, ohne dass man diesbezüglich von einer festen Linie sprechen kann. Insgesamt lässt sich aber im Laufe des 17. Jahrhunderts ein deutschlandweiter Rückgang der Hinrichtungen verzeichnen, der mit einem langfristigen Rückgang von judizierten Gewaltverbrechen in dieser Periode einherging[240].

IV. Die Praxis der Todesstrafe im Zeitalter der Aufklärung

Im Laufe des 18. Jahrhunderts wandelte sich das Vorgehen bei der Vollstreckung der Todesstrafe. Dieser Umbruch stellt jedoch keine lineare Entwicklung dar. Vielmehr lässt sich diesbezüglich eine Uneindeutigkeit der Justizpraxis konstatieren[241]. Diese Unterschiede sind sowohl im regionalen Kontext als auch im Hinblick auf die einzelnen Deliktsarten zu sehen. So wurden ab 1750 weniger Kindsmörderinnen hingerichtet als zuvor, da die Tötung von Kindern durch ihre Mütter in der Strafjustiz zunehmend im gesellschaftlichen Zusammenhang vorrangig als Problem von Armut und weniger durch moralische oder religiöse Vorstellungen motiviert begriffen wurde. Aus diesem Grund wurde der Kindsmord z.B. in Hamburg ab 1780 immer seltener mit dem Tode bestraft[242]. Im Rahmen seiner Untersuchung zu Kindstötungen im Deutschland

238 Vgl. *Heydenreuther*, Der landesherrliche Hofrat unter Herzog und Kurfürst Maximilian I. von Bayern, S. 215 ff.; *Herbers / Neuhaus*, Das Heilige Römische Reich, S. 157 ff.

239 Vgl. *Evans*, Rituale der Vergeltung, S. 73.

240 Vgl. a.a.O, S. 73 ff.

241 Vgl. *Martschukat*, Inszeniertes Töten, S. 83.

242 Vgl. *Staatsarchiv der Freien und Hansestadt Hamburg*, 111-1, Cl. VII, Lit. Me, No. 8, Vol. 1b; zitiert nach a.a.O., S. 84.

des 18. Jahrhundert stellt Ulbricht fest, dass der weit überwiegende Anteil von Kindsmörderinnen auf dem Lande der gesellschaftlichen Unterschicht angehörte. Die Geburt eines Kindes konnte für junge Frauen aus bescheidenen Verhältnissen damals eine kaum zu bewältigende wirtschaftliche Belastung darstellen, wenn nicht der Kindsvater oder dessen Familie finanzielle Unterstützung leisteten. Mithin handelten Frauen, die ihre neugeborenen oder ungeborenen Kinder töteten, zumeist aus wirtschaftlicher Not heraus[243]. Am Beispiel von Verurteilungen wegen Kindsmordes in Schleswig-Holstein zwischen 1762 und 1806 lässt sich erkennen, dass von in diesem Zeitraum verhängten elf Urteilen in fünf Fällen statt der Todesstrafe auf eine lebenslängliche Zuchthausstrafe erkannt wurde, davon in drei Fällen, nachdem das Kriminalgericht in erster Instanz zunächst eine Todesstrafe verhängt hatte. In einem weiteren Fall wurde zwar die Exekution vorgenommen, jedoch ohne jegliche Schärfungen. Somit wurde im untersuchten Zeitraum lediglich in fünf von elf Verfahren die Todesstrafe noch mit Strafschärfungen versehen vollstreckt[244]. Auch die Verhängungen von Todesstrafen wegen Zauberei und Hexerei auf deutschem Boden fanden im Laufe des 18. Jahrhunderts ihr Ende. So fand die letzte Verurteilung wegen Hexerei auf deutschem Gebiet 1775 in Kempten statt, wurde allerdings nicht mehr vollstreckt[245]. Die Ideen und Prinzipien der Aufklärung sorgten hier durchaus für einen Wandel in der Sanktionspraxis. So wurde die bis dato über Jahrhunderte fest verankerte Doktrin der Abschreckungswirkung der Todesstrafe mitunter von Strafjuristen und Rechtsphilosophen kritisch hinterfragt, was im vierten Kapitel dieser Arbeit näher beleuchtet wird. In einzelnen Strafgesetzen wie der *Leopoldina* 1786 und der *Josephina* 1787 wurde die Todesstrafe zeitweise sogar ganz abgeschafft, wie an späterer Stelle noch gezeigt werden wird. Auf der anderen Seite reagierten viele Gesetzgeber gar nicht oder sogar mit einer Verschärfung von Gesetzen und Verordnungen auf diese Entwicklung. So verkündete der Hamburger Rat 1777, dass dem Problem „frevelhafter“ Mordtaten durch die Ausschöpfung sämtlicher Möglichkeiten zur Bestrafung der Täter durch die Justiz zu begegnen sei; dies umfasste auch bereits in der *Carolina* festgelegte Methoden wie das

243 Vgl. *Ulbricht*, Kindsmord und Aufklärung in Deutschland, S. 47.

244 Vgl. a.a.O., S. 360; in den strafrechtlichen Diskussionen um die Todesstrafe im Zeitalter der Aufklärung wurde das Verbrechen Kindstötung oft exemplarisch herangezogen; vgl. hierzu *Wächtershäuser*, Das Verbrechen des Kindesmordes im Zeitalter der Aufklärung.

245 Vgl. *Schmidt*, Einführung in die Geschichte der deutschen Strafrechtspflege, S. 211. Schmidt ging in seiner Abhandlung noch davon aus, dass es zur Vollstreckung des Urteils kam, was erst 1995 durch den Historiker Wolfgang Petz widerlegt wurde; siehe hierzu die Ausführungen unter Kap. 5, C).

Reißen mit glühenden Zangen, das Schleifen zur Gerichtsstätte und das Rädern des Delinquenten[246]. Gleichwohl ist in der zweiten Hälfte des 18. Jahrhunderts eine Tendenz zu einer insgesamt milderen Bestrafung im Heiligen Römischen Reich Deutscher Nation zu beobachten[247]. Bereits 1746 hatte der preußische König Friedrich II. eine Jahre zuvor vollzogene öffentlichkeitswirksame Verbrennung eines wegen Sodomie verurteilten Straftäters scharf kritisiert, indem er auf die schädlichen Auswirkungen eines solch brutalen Spektakels auf das Publikum hinwies, welches den vorgeblichen Nutzen der Todesstrafe bei weitem überwiege. Friedrich II. erließ in der Folge daher Dekrete, um die damals übliche Praxis der Verbrennung und später auch des Räderns von Verurteilten zu beenden[248]. In Bayern hingegen war erst im letzten Viertel des 18. Jahrhunderts ein spürbarer Rückgang der Hinrichtungen zu beobachten. Zuvor hatte Kurfürst Maximilian III. Joseph noch Mitte des Jahrhunderts ein besonders hartes Vorgehen gegen Räuber propagiert, was in der auch für damalige Verhältnisse ungewöhnlich hohen Anzahl von 126 hingerichteten Personen in München zwischen 1749 und 1758 zum Ausdruck kam[249]. Die Grundsätze der strafrechtlichen Aufklärung fanden in Bayern erst ab den 1770er Jahren Anklang im strafrechtlichen Diskurs, als dortige Juristen zunehmend den Sinn und Zweck der strengen Gesetze anzweifelten[250]. Im Hinblick auf die europäische Hinrichtungspraxis wurden im Laufe des 18. Jahrhunderts modernere Vorrichtungen entwickelt, deren Anwendung nicht zuletzt eine effizientere Form des Tötens bezweckte. So wurde der Galgen mit der Zeit modernisiert, um die Qualen des langwierigen Todes durch Erdrosseln im Sinne der aufkeimenden Humanisierungstendenzen abzumildern. In England wurde dazu der sogenannte Long Drop entwickelt, bei welchem man dem Verurteilten die Schlinge zunächst um den Hals legte und ihn anschließend abrupt abstürzen ließ, um ihm zur Herbeiführung eines schnellen Todes das Genick zu brechen[251]. Erstmalig wurde eine Hinrichtung mit dem Long Drop im Jahre 1760 durchgeführt und schließlich 1783 in England als offizielle Form der Vollstreckung deklariert[252]. In Frankreich wurde hingegen im Vorfeld der Französischen Revolution durch den Arzt und Abgeordneten Dr. Guillotin das mecha-

246 Vgl. *Staatsarchiv der Freien und Hansestadt Hamburg*, 111-1, Cl. VII, Lit. Me, No. 8, Vol. 1b; zitiert nach *Martschukat*, Inszeniertes Töten, S. 84.
247 Vgl. *Evans*, Rituale der Vergeltung, S. 157.
248 Vgl. *Schmidt*, Die Kriminalpolitik Preußens unter Friedrich Wilhelm I. und Friedrich II., S. 33 f.; *Evans*, a.a.O., S. 159.
249 Vgl. *Behringer*, in: van Dülmen (Hrsg.), Verbrechen, Strafen und soziale Kontrolle, S. 111 ff.
250 Vgl. *Evans*, Rituale der Vergeltung, S. 163.
251 Vgl. *Leder*, Todesstrafe, S. 271.
252 Vgl. *Babington*, The Power to Silence, S. 58.

nische Fallbeil, genannt Guillotine, salonfähig gemacht. Vergleichbare Konstruktionen wurden partiell allerdings bereits im ausgehenden Mittelalter verwendet. Die Guillotine führte zwar zu einem schnellen Tod, gleichwohl brachte ihre Handhabung durch die öffentliche Zurschaustellung der Hinrichtung und das oftmals quälend lange Warten des Verurteilten auf den Tötungsakt ein hohes Maß an Grausamkeit mit sich[253]. Im Heiligen Römischen Reich Deutscher Nation wurde die Guillotine erstmals zum Ende des 18. Jahrhunderts in der Rheinprovinz und in Hessen durch die französischen Besatzungstruppen zum Einsatz gebracht[254].

253 Vgl. *Leder*, Todesstrafe, S. 251 ff.
254 Vgl. *Ramlau*, Wie wird im Deutschen Reiche die Enthauptung vollstreckt?, S. 1 ff.

ZWEITER TEIL:
DIE DISKUSSION UM DIE TODESSTRAFE UNTER DEM EINFLUSS DER AUFKLÄRUNG

Drittes Kapitel: Die Befürworter der Todesstrafe

A) Entwicklungen bis zur Frühen Neuzeit

I. Entwicklung bis zur Antike

In der Geschichte der Menschheit ist die Sühne von Verbrechen mittels Verhängung der Todesstrafe für den Täter allgegenwärtig. Schon in der Frühgeschichte waren Tötungen von Delinquenten als Rituale der Bestrafung fester Teil der vorstaatlichen Gesellschaften[1]. Deren Stämme kannten die „Blutrache" als ungeschriebenes Recht. Diese besagte, dass ein Angehöriger eines Getöteten ein Familienmitglied des Täters zu töten hatte[2]. Mit der Bildung der ersten Hochkulturen wurden auch die ersten niedergeschriebenen Sammlungen von Rechtssätzen veröffentlicht. Bereits die älteste schriftlich überlieferte Rechtssammlung, der *Codex Ur-Nammu*, der um 2100 v.Chr. in Mesopotamien erschienen war, sah die Todesstrafe für Mord und Ehebruch vor[3]. Auch im *Codex Hammurapi*, der berühmten babylonischen Sammlung von Rechtssprüchen aus dem 18. Jahrhundert v. Chr., war das Talionsprinzip ein maßgeblicher Rechtsgrundsatz[4]. In der Bibel wird das Talionsrecht im 2. Buch Mose des Alten Testaments zur Wiedergutmachung eines entstandenen Schadens gefordert[5]. Das im *Codex Hammurapi* und im Alten Testament formulierte Talionsprinzip stellt bereits eine biblische Urform der Vergeltungslehre dar[6]. In der Argumentation der Befürworter der Todesstrafe spielen seit jeher Vergeltungstheorien als Ausformung eines absoluten Strafzwecks eine wesentliche Rolle. Die absoluten Straftheorien negieren im Gegensatz zu den relativen Theorien den Zweckgedanken der Strafe und begründen diese stattdessen mit dem erlittenen Unrecht und dem wiederherzustellenden Ideal der Gerechtigkeit an sich[7].

---

1 Vgl. *Barring*, Die Todesstrafe in der Geschichte der Menschheit, S. 15 ff. m.w.N.

2 Vgl. *Leder*, Todesstrafe, S. 35 f.

3 Vgl. *Wilcke*, in: Raaflaub / Müller-Luckner (Hrsg.), Anfänge politischen Denkens in der Antike, S. 39 ff.

4 Näheres hierzu bei *Harke*, Das Sanktionensystem des Codex Hammurapi; näheres zum *ius talionis* bzw. Talionsprinzip bei *Otto*, Kontinuum und Proprium, S. 224–245.

5 *Die Bibel*, AT, Ex 21,23–25: „Ist weiterer Schaden entstanden, dann musst du geben: Leben für Leben, Auge für Auge, Zahn für Zahn, Hand für Hand, Fuß für Fuß, Brandmal für Brandmal, Wunde für Wunde, Strieme für Strieme".

6 Vgl. *Keller*, Die Todesstrafe in kritischer Sicht, S. 37.

7 Vgl. a.a.O., S. 31 f.

Henrici ordnet die Vergeltungstheorie aufgrund ihres auf den Täter selbst abzielenden Charakters als absolut-subjektive Straftheorie ein[8]. Zudem wohnt dem biblischen Talionsprinzip neben dem Vergeltungscharakter ein maßgebliches im christlichen Glauben verankertes Sühneelement inne. Auch später wurden Sühnetheorien mitunter ergänzend herangezogen, um das staatliche Recht zur Tötung von Straftätern zu legitimieren. Die Sühne kann dabei nach Keller sowohl in der Tilgung der Schuld gegenüber der Gemeinschaft, als auch in der Tilgung der Gewissensschuld des Täters zu sehen sein[9]. Mit der Zeit spielte die Begründung der Todesstrafe auch eine Rolle in der Philosophie. In der Antike finden sich hierzu prominente schriftliche Begründungen vor allem bei Platon (428/427–348/347 v. Chr.). Dessen Lehrer Sokrates wurde im Jahr 399 v. Chr. zum Tod durch den Schierlingsbecher verurteilt[10]. Die Verabreichung des giftigen Gefleckten Schierlings war im 5. und 4. Jahrhundert v. Chr. eine gebräuchliche Hinrichtungsmethode im Alten Athen[11]. Platon sprach sich in seinem Spätwerk *Nomoi* gleichwohl für die Verhängung der Todesstrafe aus. Die *Nomoi* stellen ein in Dialogform gestaltetes Gespräch über Staatstheorie dar, das sich mit der Suche nach der besten Staatsverfassung am Beispiel der Gründung der fiktiven Stadt Magnesia beschäftigt. Die Begehung von Straftaten sollte nach Platons Ansicht zwei Arten von Rechtsfolgen nach sich ziehen, nämlich die Wiedergutmachung des Schadens als äußeres Ziel und die Einwirkung auf die Seele des Täters[12]. Durch eine gegen die mit der Straftat verwirklichte Ungerechtigkeit gerichtete Maßnahme – entweder Belehrung oder Zwang – soll der Täter dazu gebracht werden, das Gerechte zu lieben und seine Tat nicht mehr zu wiederholen[13]. In diesem Gedanken ist ein spezialpräventiver Aspekt von Platons Straftheorie zu sehen. Zwangsmittel ist die gesetzlich vorgesehene Strafe, die auf den seelischen Zustand des Delinquenten zielen soll. Die Strafe ist nach Platon als Maßnahme zur Heilung zu sehen, da er die Ungerechtigkeit zu den „Krankheiten der Seele“[14] zählt. Es besteht aber auch die Möglichkeit, dass diese seelische Krankheit nicht mehr heilbar ist[15]. In diesen Fällen soll der unheilbare Straftäter mit dem Tod bestraft werden. Platon begründet dies zum einen damit, dass es für den Unheil-

8 Vgl. *Henrici*, Die Begründung des Strafrechts in der neueren deutschen Rechtsphilosophie, S. 41 ff.
9 Vgl. *Keller*, Die Todesstrafe in kritischer Sicht, S. 33.
10 Vgl. *Demandt*, in: Demandt (Hrsg.), Macht und Recht, S. 16 f.
11 Vgl. *Müller*, in: Weigel (Hrsg.), Märtyrer-Porträts, S. 49 ff.
12 Vgl. *Schöpsdau*, Etudes Platonciennes I (2004), S. 51 ff.
13 Vgl. *Platon*, Nomoi, 862d; *Schöpsdau*, ebd.
14 *Platon*, a.a.O., 862c.
15 Vgl. a.a.O., 957e.

baren selbst keinen Mehrwert bedeutet, am Leben zu bleiben[16]. Nach Platons Ansicht nimmt derjenige, der Unrecht tut, Schaden an seiner Seele. Nachdem die gerechte Strafe die Seele von allem Schlechten befreit, trifft den Ungerechten, der nicht bestraft wird, das größte Übel[17]. Auf der anderen Seite hat die Vollstreckung der Todesstrafe auch eine abschreckende Wirkung auf andere[18] und befreit die Gemeinschaft von einem schlechten Menschen. Unheilbar ist für Platon ein Mensch, der trotz einer angemessenen Erziehung eines der großen Verbrechen begeht[19]. Insgesamt lässt sich erkennen, dass in Platons Rechtsphilosophie bereits mehrere straftheoretische Aspekte vorkommen. Neben der bereits angesprochenen Spezialprävention findet sich in der Hervorhebung der Abschreckungswirkung und des gesamtgesellschaftlichen Nutzens von Hinrichtungen zur Vorbeugung künftiger schwerer Verbrechen[20] der Gedanke der Generalprävention. In seiner Forderung der Todesstrafe für schwere Straftaten zur Schadenswiedergutmachung lässt sich zudem Platons Befürwortung der Vergeltungstheorie erkennen[21]. Weiterhin verfolgte Platon über die genannten Strafzwecke hinaus auch einen sühnetheoretischen Ansatz in Form der Einwirkung auf den inneren Zustand des unheilbar kranken Täters, der nur durch den eigenen Tod die Möglichkeit erhält, seine Seele von allem Schlechten zu befreien[22]. Nach Platon sprach sich auch dessen Schüler Aristoteles (384–322 v. Chr.) für die Todesstrafe aus. So bemerkte dieser, dass ein böser Mensch schlimmer als ein Tier sei und auch mehr Schaden als dieses anrichte[23]. In der römischen Antike waren Hinrichtungen gleichfalls als strafrechtliche Sanktion anerkannt. So sprach sich unter anderem Marcus Tullius Cicero (106–43 v. Chr.) ausdrücklich für die Todesstrafe aus. Im Rahmen des Umsturzversuches des römischen Senators Lucius Sergius Catalina im Jahre 63 v.Chr. argumentierte Cicero beispielsweise, dass ein Staatsfeind wie Catalina durch dessen Verschwörung seine Bürgerrechte und damit auch sein Leben verwirkt habe[24].

---

16 Vgl. a.a.O., 862e.
17 Vgl. *Pieper*, „Hat er aber gemordet, so muß er sterben“, S. 27.
18 Vgl. *Platon*, Nomoi, 854e–855a.
19 Vgl. a.a.O., 854e.
20 Vgl. a.a.O., 854e–855a.
21 Vgl. *Schöpsdau*, Etudes Platonciennes I (2004), S. 51 ff.
22 Vgl. *Platon*, Nomoi, 862e; *Pieper*, „Hat er aber gemordet, so muß er sterben“, S. 27.
23 Vgl. *Althaus*, Die Todesstrafe als Problem der christlichen Ethik, S. 4.
24 Vgl. *Cicero*, Ausgewählte Reden, Bd. 3, S. 16 ff.

II. Entwicklung bis zum Mittelalter

Im Gegensatz zum Alten Testament finden sich im Neuen Testament keine Formulierungen, die auf eine Befürwortung der Todesstrafe schließen lassen. Ganz im Gegenteil, im Matthäusevangelium wird zum Beispiel das Gebot der Feindesliebe[25], im Johannesevangelium das Verbot der Vergeltung mit den Worten „Wer von Euch ohne Sünde ist, der werfe den ersten Stein auf sie“[26], formuliert, wodurch im Umkehrschluss – da kein Mensch ohne Sünde sein kann – das Verbot, andere zu töten, hergeleitet wurde[27]. Die frühen christlichen Theologen lehnten die Todesstrafe mithin auf dem Neuen Testament aufbauend bis ins 4. Jahrhundert zumeist ab[28]. Als Begründung dieser Ablehnung wurde ergänzend oft Jesu Auslegung der Tora herangezogen[29]. Im Zuge der konstantinischen Wende im Jahr 313 erkannte die Kirche jedoch das staatliche Vergeltungsrecht des römischen Reiches an und legitimierte dadurch die Todesstrafe. Vor allem im Machtbereich der römisch-katholischen Kirche wurden zahlreiche Personen als Heiden und Ketzer hingerichtet[30]. Augustinus (354–430) sah die Todesstrafe als zulässig an[31]. Eine weitergehende wirkmächtige philosophische Auseinandersetzung mit ihr ist in den nachfolgenden Jahrhunderten seitens der römisch-katholischen Theologen nicht erfolgt; vielmehr wurde die Legitimierung von Hinrichtungen offensichtlich als selbstverständlich wahrgenommen. Die erste ausführliche theologisch-philosophische Begründung der Todesstrafe wurde im Mittelalter durch Thomas von Aquin (1225–1274) in seinem Werk *Summa theololgica* bzw. *Summa theologiae* dargelegt[32]. Thomas argumentiert hier vorrangig aus naturrechtlich-soziologischer Sicht mit dem Schutz des *bonum commune*, des öffentlichen Wohls. Demnach sei die Todesstrafe notwendig, um die Gesellschaft und damit das öffentliche Wohl gegen gefährliche und schädliche Glieder zu beschützen. Maßgeblich ist demzufolge das Ganze, zu welchem sich die einzelnen Teile der Gesellschaft fügen. Wenn ein Teil andere Teile verderben kann, ist es daher angezeigt, es abzureißen[33]. Daher ist es nach Thomas von Aquin

---

25 *Die Bibel*, NT, Mt 5,44.

26 A.a.O., Joh 8,7.

27 Vgl. *Gleixner*, Wenn Gott nicht existiert, S. 186.

28 Vgl. *Althaus*, Die Todesstrafe als Problem der christlichen Ethik, S. 3; *Keller*, Die Todesstrafe in kritischer Sicht, S. 19.

29 Vgl. *Cancik*, in: Cancik /Cancik-Lindemaier (Hrsg.), Europa – Antike – Humanismus, S. 409.

30 Vgl. *O'Donovan*, TRE Bd. 33, S. 639.

31 Vgl. *Wittwer*, in: Wittwer / Schäfer / Frewer (Hrsg.), Sterben und Tod, S. 427.

32 Vgl. *Pieper*, „Hat er aber gemordet, so muß er sterben“, S. 45 f.

33 *Thomas von Aquin*, Summa theologiae 2, 2, Q64, a2: „Et ideo si aliquis homo sit periculosus communitati et corruptivus ipsius propter aliquod peccatum, laudabiliter et

folgerichtig, einen Menschen zu töten, wenn er für die Gemeinschaft eine Gefahr darstellt und diese zu verderben droht. Mithin handelt es sich um eine primär spezialpräventive Theorie, da sie in erster Linie den Schutz der Allgemeinheit vor dem Täter zum Zweck hat. Die Begründung der Todesstrafe des Aquinaten aus dem Gesichtspunkt des Gemeinwohls heraus wurde von der katholischen Moraltheologie in weiten Teilen übernommen. Gleichsam war sie auch mitunter der Kritik von deren Vertretern ausgesetzt, da ihrer Ansicht nach der Sühnegedanke bei Thomas von Aquin nicht ausreichend thematisiert wurde[34].

III. Frühe Neuzeit

1. Reformation

Im Zuge der Reformation wurden neue Ansätze zur Begründung der Todesstrafe vorgebracht. So rechtfertigt Martin Luther (1483–1546) deren Anwendung im Gegensatz zu Thomas Aquin nicht primär soziologisch, sondern beruft sich auf die Bibel. Luther vertrat die Auffassung, dass Hinrichtungen bei schweren Verfehlungen auf Gottes Befehl hin von der Obrigkeit als „weltlich schwerdt“[35] auszuführen seien[36]. Luther nimmt dabei Bezug auf das Alte Testament, vor allem auf Gen 9,6 und Ex 21[37]. Die angeführte Stelle im Buch Genesis begründet seiner Auffassung nach den Staat und das Recht an sich. Dort heißt es: „Das Blut soll auch durch den Menschen vergossen werden.“[38] Durch diese Aufforderung übertrage Gott der Menschheit, vertreten durch die Obrigkeit, einen Anteil an der Verfügungsgewalt über Leben und Tod. Die Vollstreckung der Todesstrafe durch Menschenhand werde in Wirklichkeit daher von Gott selbst ausgeführt[39]. Luthers Gedanken wurden auch von Philipp Melanchthon (1497–1560) übernommen. Wie Luther legitimierte auch Melanchthon die Strafgewalt des Staates über das Naturrecht hinaus mit der Begründung, dass die Obrigkeit von Gott selbst eingesetzt wurde und verwies dabei vor allem auf das mosaische Gesetz[40]. Johannes Calvin (1509–1564)

---

salubriter occiditur, ut bonum commune conservetur“; deutsche Übersetzung: „Da nun jede einzelne Person zum Gemeinwesen im Verhältnisse steht wie der Teil zum Ganzen, so wird lobenswerter- und heilsamerweise ein einzelner für das Gemeinwesen verderblicher Mensch getötet, damit das Ganze unversehrt bestehen bleibe“; vgl. *Althaus*, Die Todesstrafe als Problem der christlichen Ethik, S. 4.

34 Vgl. *Althaus*, a.a.O., S. 4 f.

35 *Luther*, Von weltlicher vberkeit, S. 8.

36 Vgl. *Althaus*, Die Todesstrafe als Problem der christlichen Ethik, S. 5.

37 Vgl. *Luther*, Von weltlicher vberkeit, S. 4 ff.

38 *Die Bibel*, AT, Gen 9,6.

39 Vgl. *Althaus*, Die Todesstrafe als Problem der christlichen Ethik, S. 6.

40 Vgl. a.a.O., S. 7.

behandelte darüberhinausgehend auch die Frage, inwieweit der Vollzug der Todesstrafe mit dem Gebot „Du sollst nicht töten" zu vereinbaren ist. Calvin beantwortet diese dahingehend, dass die Obrigkeit lediglich Gottes eigene Gerichte ausführe, damit ein Mord nicht unbestraft bleibe. Der Schaden der Frommen müsse gesühnt werden, womit auch kein Verstoß gegen das genannte Gebot vorliegen könne[41].

2. Thomas Morus

Sir Thomas More (1478–1535), auch Thomas Morus, war selbst unmittelbar mit den Auswirkungen der Todesstrafe konfrontiert. Dies liegt zum einen daran, dass er als Richter wohl selbst mit Hinrichtungen befasst war. Zum anderen wurde er am 6. Juli 1535 selbst wegen Hochverrats exekutiert[42]. In seinem bekanntesten Werk *Utopia* (1516), mit welchem er das Genre des Staatsromans begründete, befasste sich Morus mit den politischen und gesellschaftlichen Verhältnissen im damaligen England, indem er diese in großen Teilen kritisierte und ihnen eine von ihm als ideal empfundene Gesellschaftsordnung gegenüberstellte[43]. So plädierte er unter anderem für eine mit Philosophen besetzte Staatsregierung[44]. Auch der damaligen Hinrichtungspraxis stand er kritisch gegenüber. Zwar stellte er sich nicht gegen die Todesstrafe generell. Allerdings wandte er sich explizit gegen die damals übliche Exekution verurteilter Diebe, da er die Todesstrafe für Diebstahl als unangemessen in Relation zum Unrechtsgehalt der Tat und damit als ungerecht ansah[45]. Hingegen forderte Thomas Morus ausdrücklich die Hinrichtung begnadigter Ehebrecher, die wieder rückfällig geworden waren. Bei den übrigen Straftaten sollte nach richterlichem Ermessen über das Strafmaß entschieden werden. In der Regel sah More die Sklaverei als geeignete Art der Sanktionierung an, da die Verurteilten in der Regel durch ihre Arbeit der Gesellschaft mehr Nutzen brächten als durch ihren Tod. Die Todesstrafe sei vor allem anzuwenden bei widerspenstigen und sich der Bestrafung widersetzenden Verbrechern[46]. Für diese fordert Morus, dass sie wie „wilde Bestien, die weder Kerker noch Ketten im Zaum halten kann, totgeschlagen"[47] werden sollen.

---

41 Vgl. *Calvin*, Institutio Christianae Religionis, S. 1041, Lib. IV., 20,10; *Althaus*, ebd.
42 Vgl. *Pieper*, „Hat er aber gemordet, so muß er sterben", S. 57.
43 Vgl. a.a.O., S. 57 f.
44 Vgl. *Morus*, Utopia, S. 28.
45 Vgl. a.a.O., S. 20 ff.; *Pieper*, „Hat er aber gemordet, so muß er sterben", S. 60 ff.
46 Vgl. *Morus*, a.a.O., S. 80 ff.; *Pieper*, a.a.O., S. 68 ff.
47 *Morus*, a.a.O., S. 83.

3. Hugo Grotius

Hugo Grotius (1583–1645) wird oft als Gründungsvater des Völkerrechts und der neuzeitlichen Naturrechtslehre bezeichnet[48]. Die Säkularisierung des Naturrechts von der Moraltheologie ist auf die in seinem 1625 erschienenen Hauptwerk *De iure belli ac pacis* aufgestellte Hypothese zurückzuführen, das natürliche Recht gelte auch dann fort, wenn es Gott nicht gäbe[49]. Für Grotius ist die Bestrafung die logische Folge einer Rechtsverletzung durch den Täter. Seiner Ansicht nach entstammt die Begründung der Strafe dem natürlichen Recht. Nach dem Naturrecht sei die Strafgewalt eine originär individuelle Kompetenz, daher setze ihre Ausübung durch die Staatsmacht eine Übertragung dieser Kompetenz durch die einzelnen Menschen voraus[50]. Diese Auffassung von der Geltung der natürlichen Individualrechte übernahm Hugo Grotius aus der katholischen Naturrechtslehre, wie sie vor allem auf der iberischen Halbinsel betrieben wurde[51]. Vertreter der spanischen Spätscholastik wie insbesondere Francisco Suárez (1548–1617) oder Fernando Vázquez de Menchaca (1512–1569), die der Schule von Salamanca angehörten, hatten die Signifikanz subjektiver Rechte besonders hervorgehoben und übten dadurch einen starken Einfluss auf die Theorie von Grotius aus[52]. Die Staatsgewalt setzt nach Grotius also eine Übereinkunft der Individuen voraus. Diese übertragen dem Staat auch das Recht zur Bestrafung, über welches nur die einzelnen Menschen ursprünglich verfügen[53]. Mit dieser Begründung legitimierte Grotius auch die Anwendung der Todesstrafe. Nach dem Naturrecht habe jeder Mensch die Befugnis, Rechtsverstöße selbst zu sanktionieren[54]. Bei schweren Verfehlungen hielt er auch die Tötung des Delinquenten als Sanktion für angemessen. Dabei beruft sich Hugo Grotius auf das Argument der impliziten Einwilligung des Täters in die Verhängung der Todesstrafe. Denn die Kenntnis allgemeiner rechtlicher und sozialer Normen werde bei einem verständigen Menschen vorausgesetzt. Der Straftäter weiß also um die Möglichkeit, dass er sein Recht auf Nichtschädigung bzw. das Lebensrecht an sich durch seine Tat

---

48 Vgl. *Hüning*, Die Begründung der ius puniendi in der Naturrechtslehre des 17. Jahrhunderts, S. 80; kritisch hierzu *Grewe*, Der Staat 23 (1984), S. 161 ff.

49 Vgl. *Grotius*, De iure belli ac pacis, Prolegomena, § 12; vgl. *Hüning*, Die Begründung der ius puniendi in der Naturrechtslehre des 17. Jahrhunderts, S. 81.

50 Vgl. *Grotius*, De iure praedae commentarius, S. 91: „jus illud antiquus penes privatos fuisse quam penes rempublicam necesse videtur".

51 Vgl. *Heepe*, ARSP 92, Bd. 4 (2006), S. 535.

52 Vgl. a.a.O., S. 534.

53 Vgl. *Heepe*, ARSP 94, Bd. 2 (2008), S. 173; *Hüning*, Die Begründung der ius puniendi in der Naturrechtslehre des 17. Jahrhunderts, S. 82.

54 Vgl. *Hüning*, a.a.O., S. 83.

grundsätzlich verwirken kann. Wenn er diese gleichwohl begeht, ist darin eine Einwilligung in den Rechtsverlust zu sehen[55]. Bei bestimmten Delikten sollte auch bereits der Versuch einer Straftat die Todesstrafe nach sich ziehen, bei Vollendung die Vollziehung der Exekution dann entsprechend geschärft werden[56]. Der Staat hatte sich nach Grotius allerdings bei der Verhängung der Todesstrafe in Zurückhaltung zu üben und diese Maßnahme nur ergreifen, wenn sie auch aus weiteren Gründen zweckmäßig erschien[57]. In der Lehre von Grotius lassen sich generalpräventive Ausprägungen erkennen, da in dessen naturrechtlicher Begründung die Vertragsgesellschaft durch den Rechtsverlust des Straftäters, der notfalls seine Tötung zur Folge hat, geschützt wird. Der straftheoretische Ansatz von Hugo Grotius übte vor allem in der deutschen Naturrechtslehre bis zur Mitte des 18. Jahrhunderts einen großen Einfluss aus[58].

4. Thomas Hobbes

Demgegenüber war die Begründung der Strafgewalt bei Thomas Hobbes (1588–1679) in erster Linie staatsrechtlicher Natur[59]. Zwar fußten seine Werke *De cive* (1642) und *Leviathan* (1651) ebenfalls auf dem Gedanken des natürlichen Individualrechts[60]. Hobbes schrieb diesen Individualrechten aber andere Attribute zu als Grotius. Im ursprünglichen und vorstaatlichen Urzustand habe jeder Mensch das uneingeschränkte Recht auf alles, was seinem eigenen Überleben dient[61]. Auf der einen Seite kommt dem Lebensrecht des Einzelnen damit eine zentrale Stellung zu, andererseits sind aus diesem Grunde im Naturzustand Kollisionen mit den ebenfalls nicht beschränkbaren Rechten anderer Menschen nicht zu vermeiden[62]. Bei Hobbes wird der Staat durch den Verzicht sämtlicher Bürger auf bestimmte Rechte, welche diese ursprünglich innehatten, legitimiert. Es ergibt sich dadurch eine Gehorsamspflicht des Einzelnen gegenüber dem Staat[63]. Damit stellte Hobbes eine Gegenposition zur Übertragung der Individualrechte bei Grotius auf. Das Lebensrecht war für Thomas Hobbes allerdings unveräußerlich, so dass die Disposition über das

---

55 Vgl. *Heepe*, ARSP 94, Bd. 2 (2008), S. 174 f.
56 Vgl. *Grotius*, De iure belli ac pacis, librum 1, c 20, § 12; *Carmignani*, Die Todesstrafe, S. 17 f.
57 Vgl. *Heepe*, ARSP 94, Bd. 2 (2008), S. 175.
58 Vgl. a.a.O., S. 177.
59 Vgl. *Hüning*, Die Begründung der ius puniendi in der Naturrechtslehre des 17. Jahrhunderts, S. 90.
60 Vgl. *Heepe*, ARSP 94, Bd. 2 (2008), S. 177.
61 Vgl. *Hobbes*, Vom Bürger, S. 75 ff.; *ders.*, Leviathan, S. 118 ff.; *Heepe*, ebd.
62 Vgl. *Heepe*, a.a.O., S. 177 f.
63 Vgl. *Hobbes*, Leviathan, S. 156 ff..; *Heepe*, a.a.O., S. 178.

eigene Leben von seiner Konstruktion des Rechtsverzichts generell ausgeschlossen war. Ein Mensch als Rechtssubjekt konnte damit nicht wirksam über das Grundrecht auf das eigene Leben verfügen. Somit hat in der Theorie von Hobbes jeder Bürger in Ausnahme von seiner ansonsten geltenden Pflicht zum Gehorsam gegenüber der Obrigkeit das Recht, wenn nicht sogar eine Pflicht, sich gegen staatliche Maßnahmen zu wehren, die sein Leben gefährden[64]. Das natürliche Recht auf Selbsterhaltung ist nach Hobbes unveräußerlich, zieht aber keine Verpflichtungen nach sich. Der Souverän hat daher auch nicht die Pflicht, das Leben eines Straftäters zu schützen, der seinerseits ein unumstößliches Lebensrecht hat. Er hat andererseits das Recht zur Bestrafung des Verbrechers, der wiederum nicht verpflichtet ist, sich der Strafe zu fügen. Wie im Naturzustand befinden sich Souverän und Rechtsbrecher somit in einem legitimen Rechtskonflikt. In einem solchen Konflikt, der mit den Mitteln des Rechts nicht mehr aufgelöst werden kann, kann sich der Stärkere ohne moralische Beanstandungen durchsetzen[65]. Ein Verbrecher hat zwar das Recht, sich gegen staatliche Maßnahmen zur Wehr zu setzen, die sein Überleben gefährden. Da sich in einem Staat alle Bürger dem Souverän unterwerfen, darf aber niemand einen Verbrecher dabei unterstützen, sich der stärkeren Staatsgewalt zu widersetzen – es sei denn, sein eigenes Leben ist in Gefahr[66]. Es ist daher nicht mehr möglich, diesen Konflikt mit rechtlichen Mitteln zu entscheiden, sondern nur noch mittels der stärkeren Position, die aufgrund der Unterwerfung der rechtstreuen Bürger dem Staat zukommt[67]. Hobbes begründete die Legitimation der Todesstrafe damit im Ergebnis mit der faktisch höheren Durchsetzungskraft der Obrigkeit gegenüber dem das Recht brechenden Straftäter. Heepe vergleicht insoweit das Konzept der legitimen Todesstrafe bei Hobbes mit einem „uneingeschränkten Krieg zwischen Staat und Straftäter"[68]. Die Doktrin von Hobbes enthält sowohl Elemente der Vergeltungstheorie als auch der Generalprävention. Eine Spielart der Vergeltungstheorie lässt sich in der Qualifikation schwerer Verbrechen als Vertragsbruch des Täters und der folgenden Restitution des Idealzustandes nur durch dessen Tötung erkennen. Durch den erwünschten Abschreckungseffekt bei der Bevölkerung durch Bestrafung desjenigen, der mit seiner Tat den Staat widerrechtlich zu bekämpfen versucht, enthält die Theorie von Hobbes zudem generalpräventive Elemente[69]. Überdies beinhaltet seine vertragstheoretische Konzeption auch einen gewissen Sühnecharakter, der sich in der Befreiung des Straf-

64 Vgl. *Hobbes*, a.a.O., S. 258 ff.; *ders.*, Vom Bürger, S. 130 ff.; *Heepe*, ebd.
65 Vgl. *Hobbes*, Vom Bürger, ebd.; *Heepe*, a.a.O., S. 178 f.
66 Vgl. *Hobbes*, Leviathan, S. 258 ff.
67 Vgl. *Heepe*, ARSP 94, Bd. 2 (2008), S. 179.
68 Ebd.
69 Vgl. *Heepe*, a.a.O., S. 177 ff.

täters von seiner Schuld gegenüber der staatlichen Gemeinschaft, sozusagen als positive Kehrseite seiner kontraktualistischen Lehre, manifestiert.

5. Benedikt Carpzov

Abschließend soll bei den Fürsprechern der Todesstrafe in der Frühen Neuzeit Benedikt Carpzov der Jüngere (1595–1666) mit seiner Doktrin beleuchtet werden. Der bedeutende Strafrechtsprofessor Carpzov der Jüngere gilt auch heute noch als flammender Befürworter der Hexenverfolgungen und wirkte auf eine Ausweitung von Hexenverbrennungen hin[70]. Als Senior des Leipziger Schöppenstuhles systematisierte Carpzov zu Beginn des 17. Jahrunderts eine Vielzahl von Gerichtsentscheidungen der Leipziger und Dresdner Strafgerichte und erarbeitete auf diese Weise mit der *Practica nova Imperialis Saxonica rerum criminalium* und dem „Peinlichen Inquisitions- und Achts-Prozess“ detaillierte Handlungsanweisungen für die Strafrechtspflege, welche auch über Sachsen hinaus weite Verbreitung fanden. Martschukat attestiert Carpzovs Werken dabei einen „annähernd kanonischen Charakter“[71]. In Carpzovs Theorie war jede Straftat in der Schlechtigkeit des Menschen begründet. Durch eine Gesetzesübertretung wurden seiner Auffassung nach nicht nur die primär Geschädigten, sondern die gesamte gesellschaftliche Ordnung missachtet und die von Gott eingesetzte Obrigkeit verhöhnt, so dass eine Straftat auch gleichzeitig einen Verstoß gegen die göttlichen Gebote und die Verletzung Gottes selbst bedeutete[72]. Aufgrund der Schwere des Verstoßes habe der Staat die Pflicht zu einer möglichst harten Bestrafung des Täters, wodurch Carpzov auch die Anwendung der Todesstrafe als geboten und rechtmäßig begründete. Aufgrund der großen Wirkung seiner Werke auf die Strafrichter des frühneuzeitlichen Heiligen Römischen Reiches fanden die Theorien Carpzovs großen Anklang in der strafrechtlichen Praxis und wurden oft zur Urteilsfindung herangezogen[73]. Es soll in diesem Zusammenhang auch darauf hingewiesen werden, dass Benedikt Carpzov die Auffassung vertrat, dass die Todesstrafe nur

70 Vgl. *Barring*, Die Todesstrafe in der Geschichte der Menschheit, S. 256. Es soll an dieser Stelle aber nicht unerwähnt bleiben, dass sich der Beleg dieses Bildes von Carpzov als Einzelperson anhand von Quellen durchaus als schwierig erweist, da die Entscheidungen des Schöppenstuhls als Kollegialorgan veröffentlicht wurden und damit ein konkreter Nachweis der konkreten Befassung Einzelner schwierig erscheint; Carpzovs theoretische Begründung der Hexenverfolgungen ist aber belegt (siehe Fn. 72); vgl. hierzu m.w.N. *Pätzold*, Leipziger gelehrte Schöffenstuhlsammlung, S. 56.

71 *Martschukat*, Inszeniertes Töten, S. 12.

72 Vgl. *Carpzov*, Practica Nova Imperialis Saxonica Rerum Criminalium, S. 4 (Pars I, Quaestio I, Abs. 17); *Martschukat*, a.a.O., S. 13.

73 Vgl. *Martschukat*, a.a.O., S. 12 ff.

im Fall ihrer ausdrücklichen gesetzlichen Androhung zulässig sei, während sie bei Delikten, die einen gesetzlichen Ermessensspielraum beinhalteten, nicht angewendet werden dürfe[74]. Damit schränkte er den Anwendungsbereich der *Carolina* für die Anwendung der Todesstrafe ein, obgleich er deren Legitimation an sich zweifelsfrei bejahte. Diese restriktive Anschauung spiegelte sich auch in der Rechtsprechung des Leipziger Schöppenstuhls zur Zeit Carpzovs wider, in welcher Hinrichtungen bei schweren Delikten in Relation zu anderen Gerichten vergleichsweise selten angeordnet wurden[75].

B) Aufklärung in England

I. John Locke

John Locke (1632–1704) gilt als einer der klassischen Vordenker der Aufklärung[76]. Somit erscheint es konsequent, den Reigen der Befürworter der Todesstrafe unter den englischen Aufklärern mit ihm zu beginnen. In seinem Werk *Two treatises of Government* von 1689 baute Locke seine Argumentation maßgeblich auf den Theorien von Hugo Grotius auf[77]. Gleichsam knüpfte er insgesamt auch an die christliche Naturrechtslehre an, welche wiederum maßgeblich von den Schriften Ciceros beeinflusst wurde[78]. Von Hobbes übernahm Locke die grundsätzliche Idee des Gesellschaftsvertrages, im Gegensatz zu diesem grenzte er allerdings den Naturzustand strikt vom Kriegszustand ab[79]. Er führte aus, dass jeder Mensch in seinem ursprünglichen Zustand eine als individuelles Recht konzipierte Strafgewalt innehat. Im Naturzustand gebe es nicht nur das uneingeschränkte Recht auf Selbsterhaltung, sondern vielmehr auch die Pflicht zur Erhaltung des Friedens. Mit dieser Pflicht gehe auch die Gewalt einher, Störungen des Friedens zu bestrafen. Dies schließe bei schweren Verfehlungen auch die Pflicht zur Vollstreckung der Todesstrafe ein. Nach Locke darf jedes Verbrechen, das im Naturzustand begangen wurde, mit der

74 Vgl. *Fleckenstein*, Die Todesstrafe im Werk Carl Joseph Anton Mittermaiers, S. 26 ff.; *Schaffstein*, Studien zur Entwicklung der Deliktstatbestände im allgemeinen deutschen Strafrecht, S. 44.

75 Vgl. *Boehm*, Der Schöppenstuhl zu Leipzig und der sächische Inquisitionsprozeß im Barockzeitalter, S. 300 ff.; *Schaffstein*, ebd.; *Fleckenstein*, a.a.O., S. 28.

76 Näheres zu Lockes Biographie z.B. bei *Mack*, John Locke.

77 Vgl. *Euchner*, Naturrecht und Politik bei John Locke, S. 182ff.; *Heepe*, ARSP 94, Bd. 2 (2008), S. 175.

78 Vgl. *Kersting*, Die politische Philosophie des Gesellschaftsvertrages, S. 111; *Hüning*, Die Begründung der ius puniendi in der Naturrechtslehre des 17. Jahrhunderts, S. 86.

79 Vgl. *Pieper*, „Hat er aber gemordet, so muß er sterben", S. 72.

gleichen Intensität im Staat verfolgt und gesühnt werden[80]. In seinem *Second Treatise of Government* stellte Locke zur Verpflichtung des Einzelnen fest:

> „Damit nun alle Menschen davon abgehalten werden, die Rechte anderer zu beeinträchtigen und sich einander zu benachteiligen, und damit das Gesetz der Natur, das den Frieden und die Erhaltung der ganzen Menschheit verlangt, beobachtet werde, so ist in jenem Zustand die Vollstreckung des natürlichen Gesetzes in jedermanns Hände gelegt. Somit ist ein jeder berechtigt, die Übertreter dieses Gesetzes in einem Maße zu bestrafen, wie es notwendig ist, um eine erneute Verletzung zu verhindern."[81]

Wie Grotius vertrat auch Locke die Auffassung, dass das natürliche Recht zu strafen als Individualrecht vom Einzelnen auf den Staat übertragen wird und dadurch die staatliche Strafgewalt begründet. Im Vergleich zu Grotius legt Locke zudem ein stärkeres Augenmerk auf die politischen Dimensionen der Begründung des Rechts. Seiner Auffassung nach verzichten die Einzelnen auf Ihre Rechte zu Gunsten der Obrigkeit, welche sowohl an das natürliche Recht als auch an den zwischen Bürgern und Herrschenden geschlossenen Gesellschaftsvertrag gebunden ist, welcher die Herrschaft sowohl zu begründen als auch zu begrenzen vermag[82]. Durch seinen Rechtsbruch verwirkt ein Straftäter seine eigenen originären Schutzrechte und legitimiert dadurch die Bestrafung seiner Tat durch die zuständigen staatlichen Instanzen[83]. John Locke begründete die Rechtmäßigkeit der Todesstrafe also naturrechtlich mit der Übertragung der ursprünglich bürgerlichen Individualrechte auf den Staat, welcher dadurch die Kompetenz innehat, einem Rechtsbrecher, der durch seine Tat die Verfügungsgewalt über sein Lebensrecht aus der Hand gibt, zu bestrafen und soweit erforderlich auch dessen Leben zu nehmen. Locke, der in der geistigen Tradition von Grotius dem Staat als Sachwalter der bürgerlichen Individualrechte das Recht erteilte, den Verbrecher, der durch seine Tat sein Lebensrecht verwirkt hat, zu töten, ist Vertreter einer generalpräventiven

---

80 Vgl. *Locke*, Second Treatise of Government, § 12; *Pieper*, „Hat er aber gemordet, so muß er sterben", S. 72 f., 77.

81 Vgl. *Locke*, a.a.O., § 7; Deutsche Übersetzung bei Euckner (Hrsg.), *Locke*, Zwei Abhandlungen über die Regierung (Übersetzung), S. 202 (2. Abhandlung, 2. Kapitel); Original: „And that all Men may be restrained from invading others Rights, and from doing hurt to one another, and the Law of Nature be observed, which willeth the Peace and Preservation of all mankind, the Execution of the Law of Nature is in that State, put into every Mans hands, whereby every one has a right to punish the transgressors of that Law to such a Degree, as may hinder its Violation".

82 Vgl. *Kersting*, Die politische Philosophie des Gesellschaftsvertrages, S. 114 f., 133; *Hüning*, Die Begründung der ius puniendi in der Naturrechtslehre des 17. Jahrhunderts, S. 87.

83 Vgl. *Heepe*, ARSP 94, Bd. 2 (2008), S. 176.

Theorie, da bei ihm die Abschreckung potentieller Nachahmer in der Bevölkerung im Vordergrund steht.

II. Richard Cumberland

Der englische Philosoph Richard Cumberland (1631/1632–1718), ab 1691 auch Bischof von Peterborough, stellte 1672 in seinem Werk *A Treatise of the Laws of Nature* eine konsequentialistische Theorie unter dem Aspekt der Förderlichkeit für das Gemeinwohl auf[84]. Kennzeichen des Konsequentialismus, zu dessen Spielarten auch der Utilitarismus zählt, ist, dass eine Handlung gerechtfertigt ist, wenn durch sie ein moralisches Gut maximiert wird[85]. Nach Cumberland bemisst sich der moralische Wert von Handlungen, Praktiken und Institutionen somit nach deren Nutzen für die Allgemeinheit[86]. Je mehr das Kollektiv von einem Handeln profitiere, desto höher ist der Wert dieses Handelns einzuschätzen. Ein Konflikt zwischen Eigennützigkeit und Gemeinwohl war nach Cumberland nicht zu befürchten, da in seiner Theorie das Zweite unabdingbar auf dem Ersten aufbaute. Insoweit hatte sein Wohlfahrtsgedanke perfektionistischen Charakter[87]. Cumberland bejahte die Existenz der natürlichen Rechte, verortete diese allerdings im Gegensatz zur Theorie von Hobbes vom Recht eines jeden auf alles als Rechte, die der Gemeinschaft zur Maximierung der Wohlfahrt zu Gute kommen[88]. In *A Treatise of the Laws of Nature* führt er hierzu aus:

> „Das Naturrecht ist ein Lehrsatz, aufgestellt zu der Beobachtung, oder zur Einprägung des Verstandes durch die Natur der Dinge mit hinreichender Klarheit, und zwar aus dem Willen der ersten Ursache, die die mögliche Handlung eines vernünftigen Akteurs aufzeigt, die hauptsächlich das allgemeine Wohl fördert und durch die nur das unmittelbare Glück einzelner Personen erreicht werden kann.“[89]

Aus diesem gemeinwohlorientierten Ansatz begründete er auch die Existenz des Staates und der Strafgewalt. Die Bestrafung eines Straftäters fördert das

---

84 Vgl. *Heepe*, ARSP 94, Bd. 2 (2008), S. 180; näheres zu Richard Cumberland bei *Spaulding*, Richard Cumberland als Begründer der englischen Ethik, S. 1 ff.

85 Vgl. *Schroth*, Konsequentialismus, S. 11 ff.

86 Vgl. *Heepe*, ARSP 94, Bd. 2 (2008), S. 180.

87 Vgl. a.a.O., S. 180 f.

88 Vgl. a.a.O., S. 181; *Cumberland*, A Treatise of the Laws of Nature, S. 495 f.

89 *Cumberland*, A Treatise of the Laws of Nature, S. 495 f.; Original: „The Law of Nature is a Proposition, proposed to the Observation of, or impress'd upon, the Mind, with sufficient Clearness, by the Nature of Things, from the Will of the first Cause, which points out that possible Action of a rational Agent, which will chiefly promote the common Good, and by which only the intire Happiness of particular Persons can be obtain'd“.

Allgemeinwohl demnach, wenn der durch die Strafe verwirklichte Nutzen für die Gemeinschaft mögliche Einbußen der Wohlfahrt wie durch Kosten der Strafverfolgung oder persönliche Beeinträchtigungen des Täters übersteigt. Daraus folgt dann in einer solchen Konstellation eine Pflicht des Staates zur Bestrafung des Verbrechers, welcher diese im Umkehrschluss zu dulden hat. Sofern sie für das Gemeinwohl förderlich erschien, bejahte Cumberland daher auch bei bestimmten Straftaten die Legitimation der Todesstrafe. Mit seiner Argumentation, welche die Sicherung der kollektiven Wohlfahrt als Strafzweck priorisierte, stellte er damit eine alternative Theorie zur Begründung der Todesstrafe auf, welche von den Vertretern des Utilitarismus teilweise aufgegriffen wurde[90].

C) Aufklärung in Frankreich

I. Montesqieu

Der Philosoph, Schriftsteller und Staatstheoretiker Charles-Louis de Secondat, Baron de la Brède et de Montesquieu (1689–1755), kurz Montesquieu, behandelte die Thematik der Todesstrafe 1748 in seinem Werk *De l'esprit des loix*, zu deutsch „Vom Geist der Gesetze“[91]. Im Rahmen seiner staatsphilosophischen Erwägungen unterscheidet er zwischen den moderaten Regierungsformen der Republik und der konstitutiven Monarchie sowie der despotischen Regierungsform der absoluten Monarchie[92]. Im Zuge dessen beschäftigte er sich auch mit der Notwendigkeit des Gerichtswesens und des Strafrechts[93]. In einer Despotie ist die Todesstrafe nach Montesquieu notwendiges Mittel zum Zweck zur Sicherung der Gewaltherrschaft, da diese auf „terreur“, also der Furcht der Untertanen, aufgebaut ist[94]. Das Leben habe in despotischen Staaten einen so geringen Wert, dass die Todesstrafe alleine noch nicht ausreichend zur Abschreckung sei. Vielmehr sei es hier erforderlich, dass die Qualen des Todes als generalpräventives Merkmal hinzutreten. In moderaten Regierungsformen hingegen sieht Montesquieu die Todesstrafe ohne weitere Verschärfungen bereits als ausreichend an, die erforderliche Abschreckungswirkung für das Volk zu erzielen, da das Leben in diesen Gesellschaften an sich bereits

90 Vgl. *Heepe*, ARSP 94, Bd. 2 (2008), S. 181.
91 Vgl. *Klemperer*, Montesquieu, Bd. 2, S. 55 ff.; näheres zu Montesquieu bei *Stubbe da Luz*, Montesquieu, S. 7 ff.
92 Vgl. *Stubbe da Luz*, a.a.O., S. 67 ff.
93 Vgl. *Klemperer*, Montesquieu, Bd. 2, S. 50 ff.
94 Vgl. *Montesquieu*, Vom Geist der Gesetze, S. 176 f.; *Klemperer*, a.a.O., S. 55.

lohnenswert sei[95]. Seiner Auffassung nach war also in zivilisierten Staaten, in welchen das Leben eines Menschen einen entsprechenden Wert hatte, die Furcht eines Delinquenten vor seiner Tötung bereits Abschreckung genug. In Staaten, die dem Leben eines Menschen hingegen keinen oder nur einen sehr geringen Wert zumessen, müssen zur Angst vor dem Tode noch weitere Strafverschärfungen wie Folter hinzukommen, um die erwünschte Abschreckungswirkung zu entfalten. Damit sieht er die Todesstrafe sogar als ein vergleichbar kleines Übel an, wenn diese nicht mit zusätzlichen Qualen verbunden ist. Bei einem Mord ist es notwendig, den Täter zu exekutieren, um dadurch dem Strafzweck der Vergeltung Rechnung zu tragen. Es sei nur konsequent und gerecht, wenn der Staat einem Bürger die Sicherheit auf Leben nimmt, sofern dieser das Recht anderen auf Sicherheit zuvor verletzt hat. Auch bei Vermögensdelikten hält er die Todesstrafe für möglich und vertretbar[96]. Auf der anderen Seite stellte Montesquieu aber auch durchaus den generellen Sinn von Lebensstrafen und Leibesstrafen in Frage. So spricht er diesen ab, einen anhaltenden positiven Effekt zu entfalten; vielmehr führten allzu grausame Sanktionen lediglich zur Abstumpfung der Bevölkerung[97]. Es lässt sich also festhalten, dass Montesquieu die Todesstrafe in Relation zu den einzelnen von ihm behandelten Regierungsformen legitimiert, in ihr gleichzeitig aber in moderat regierten Staaten auf Dauer keinen Nutzen für die Allgemeinheit erkennt. Somit befürwortet er sie zwar grundsätzlich, äußert sich jedoch auch kritisch im Hinblick auf ihre sozialen Effekte. Montesquieus Theorie wohnen sowohl Elemente der Vergeltungslehre als auch der Generalprävention inne, da er zum einen die Exekution eines Mörders als einzig mögliches Mittel zur Wiederherstellung der Rechtsordnung ansieht und zum anderen die Abschreckung potentieller Nachahmer in der Bevölkerung in den Vordergrund stellt, wobei er eine zusätzliche Differenzierung zwischen der bloßen Tötung des Verbrechers an sich und der Notwendigkeit zusätzlicher Qualen durch den Modus der Hinrichtung vornimmt.

II. Jean-Jacques Rousseau

Jean-Jacques Rousseau (1712–1778) wurde im schweizerischen Genf geboren und wuchs zunächst auch dort auf. Gleichwohl reiht er sich nahtlos in den Kreis der französischen Befürworter der Todesstrafe ein, da er die meiste Zeit seines Lebens in Frankreich verbrachte und auch ein wichtiger ideeller Wegbereiter der französischen Revolution war[98]. Rousseau stellte in seinem 1762

95 Vgl. *Klemperer*, ebd.
96 Vgl. a.a.O., S. 120.
97 Vgl. *Montesquieu*, Vom Geist der Gesetze, S. 176 f.; *Klemperer*, a.a.O., S. 56.
98 Vgl. *Venedey*, Rousseau, S. 5 ff.

erschienenen Werk *Du Contrat social* die Theorie des Gesellschaftsvertrages auf. Seiner Ansicht nach war die Voraussetzung der Begründung einer sozialen Gemeinschaft ein freiwilliger Vertragsschluss zwischen allen Menschen auf Grundlage des Gemeinwillens[99]. Ursprünglich lebten die Menschen nach Rousseau in einem Naturzustand, welchen dieser allerdings positiver als Hobbes bewertete. Diese Bewertung rechtfertigte sich aus der Auffassung von Rousseau, dass die Menschen ursprünglich gut seien, weshalb der Naturzustand bei ihm daher von Gleichheit und Zufriedenheit der Individuen geprägt war[100]. Die Gründung eines Staates bedinge allerdings die freiwillige Unterordnung sämtlicher Bürger unter den Gesellschaftsvertrag. Aufgrund der Unfehlbarkeit und universalen Gerechtigkeit des gemeinen Willens sei diese alternativlos[101]. Im Rahmen seines *Contrat social* untersuchte Rousseau die Fragestellung, inwieweit der Gesellschaftsvertrag und das Instrumentarium der Todesstrafe vereinbar sein können[102]. Hierzu stellte er fest, dass diese notwendig sei, um den Bestand derjenigen zu sichern, die sich dem Vertrag freiwillig untergeordnet haben. Die Bürger möchten natürlich nicht selbst das Opfer eines Mörders werden. Daher willigen diese nach Rousseau in ihre eigene Tötung ein, falls sie selbst eines Tages zum Mörder werden sollten[103]. Aus diesem Grund ist die Hinrichtung einer Person, die einen anderen Menschen getötet hat, nach der totalitären Auffassung des Jean-Jacques Rousseau vom Einzelnen, der sich dem Gemeinwohl ohne Einschränkungen unterzuordnen hat, zulässig und als letztes Mittel nur konsequent[104]. Denn wer das Gesetz bricht, macht sich zum Kriegsfeind des Staates und muss „aus dem Staat ausgeschlossen werden, durch Verbannung als Vertragsbrüchiger oder durch den Tod als Staatsfeind“[105]. Rousseaus Doktrin enthält sowohl vergeltungstheoretische als auch generalpräventive Elemente. Letztere werden wie bei Hobbes durch die nur durch den Tod des Rechtsbrechers zu erzielende Abschreckungswirkung bei der rechtstreuen Gesellschaft zum Ausdruck gebracht.

---

99 Vgl. *Rousseau*, Vom Gesellschaftsvertrag, S. 31 ff.; *Venedey*, a.a.O., S. 236 ff.

100 Vgl. *Fetscher*, Rousseaus politische Philosophie, S. 9 ff.

101 Vgl. ebd.

102 Vgl. *Keller*, Die Todesstrafe in kritischer Sicht, S. 111.

103 Vgl. *Rousseau*, Vom Gesellschaftsvertrag, S. 75 ff.; *Keller*, ebd.

104 Vgl. *Keller*, ebd.

105 *Rousseau*, Vom Gesellschaftsvertrag, S. 77; vgl. *Pieper*, „Hat er aber gemordet, so muß er sterben“, S. 87.

D) Aufklärung in Deutschland

I. Naturrecht

1. Samuel von Pufendorf

Der Naturrechtler Samuel von Pufendorf (1632–1694) gilt als Begründer der Lehre vom Vernunftrecht[106]. In seinem Hauptwerk *De iure naturae et gentium libri octo* legte Pufendorf 1672 eine weit beachtete und einflussreiche Theorie des Naturrechts und des Völkerrechts vor[107]. Damit wurde Samuel von Pufendorf zu einem Wegbereiter der Aufklärung in Deutschland. Allerdings wird er selbst zumeist noch nicht zu den Aufklärern im eigentlichen Sinne gezählt. Das Naturrecht hatte für ihn seinen Ursprung in Gott und stimme daher mit der christlichen Offenbarung überein[108]. Doch obwohl er seine naturrechtliche Theorie oftmals mit Bibelstellen untermauerte, erkannte Pufendorf gleichwohl die Grundlagen des Naturrechts in der menschlichen Vernunft und gerade nicht in der Bibel[109]. Das Heilige Römische Reich würdigte er kritisch und charakterisierte dessen Verfassung als die eines „irregulären und einem Monstrum ähnlichen Körpers“[110]. Zudem prägte Pufendorf den Begriff der Menschenwürde, der *dignitatio*, welche später in vielen Verfassungsordnungen einen zentralen Grundsatz darstellen sollte[111]. In seiner strafrechtlichen Theorie bezog sich Pufendorf maßgeblich auf die Lehren des Thomas Hobbes, auch wenn er dessen Konstrukt vom „Recht eines jeden auf alles“ im Naturzustand konsequent ablehnte[112]. In Anlehnung an Hobbes' Straftheorie nahm er Bezug auf dessen Begründung der Todesstrafe[113]. Man kann insoweit von der Hobbes-Pufendorf'schen Straftheorie sprechen. Wie auch Hobbes begründete Pufendorf die Strafgewalt an sich wie auch die Anwendung der Todesstrafe mit der Verpflichtung der Obrigkeit zur Bestrafung eines Rechtsbrechers, der gegen seine Gehorsamspflicht gegenüber dem Staat verstoßen hat[114]. Die Wiedervergeltung

---

106 Vgl. *Denzer*, in: Maier / Rausch / Denzer (Hrsg.), Klassiker des politischen Denkens, Bd. 2., S. 27 ff.

107 Vgl. *Heepe*, ARSP 94, Bd. 2 (2008), S. 179.

108 Vgl. *Hohlwein*, RGG, Bd. V, Sp. 721.

109 Vgl. *Cattaneo*, Aufklärung, Vol. 5, No. 1 (1991), S. 29.

110 *Pufendorf*, De statu imperii Germanici ad Laelium fratrem, dominum Trezolani, liber unus (veröffentlicht unter dem Pseudonym „Severinus de Monzambano Veronensis“), S. 198; Original (lat.): „irregulare aliquod corpus et monstro simile“.

111 Vgl. *Denzer*, in: Maier / Rausch / Denzer (Hrsg.), Klassiker des politischen Denkens, Bd. 2, S. 27 ff.

112 Vgl. *Heepe*, ARSP 92, Bd. 4 (2006), S. 539.

113 Vgl. *Heepe*, ARSP 94, Bd. 2 (2008), S. 179.

114 Vgl. *Pufendorf*, De jure naturae et gentium libri octo, lib. VIII, cap. III, S. 1042 ff.; *Hüning*, in: Grunert / Fiorillo (Hrsg.), Das Naturrecht der Geselligkeit, S. 185.

als Strafzweck lehnte Pufendorf gleichwohl ab[115]. In seinem 1673 erschienen Nachfolgetraktat *De officio hominis et civis iuxta lege naturalem* ergänzte Pufendorf die vorgenannten Erwägungen um einen gemeinwohlorientierten Ansatz.[116] Dieser erinnert an die Argumentation Richard Cumberlands. Aufgrund der zeitlichen Nähe zu dessen Werk A *Treatise of the Laws of Nature* ist es durchaus denkbar, dass Cumberland dahingehend einen gewissen Einfluss auf Pufendorf ausgeübt hat[117].

2. Christian Thomasius

Der Jurist und Philosoph Christian Thomasius (1655–1728) gilt als einer der Väter der Aufklärung in Deutschland[118]. Cattaneo bezeichnet ihn gar als den „Bahnbrecher der deutschen Aufklärung im allgemeinen und im besonderen der Strafrechtsphilosophie der deutschen Aufklärung“[119]. Unter dem Einfluss von Pufendorf, aber auch Grotius und später Hobbes wandte er sich dem klassischen Naturrecht zu und entwickelte diese Lehre weiter[120]. Vor allem sein Leipziger Werk *Institutiones Jurisprudentiae Divinae* (1688) stand unter dem Einfluss Pufendorfs, während Thomasius' zweites großes Traktat *Fundamenta Juris Naturae et Gentium* aus dem Jahre 1705 weitgehend originär durch ihn selbst entwickelte naturrechtliche Theorien enthält[121]. In den *Institutiones* differenzierte er zwischen der göttlichen *poena divina*, die auf Vergeltung ausgerichtet ist und der weltlichen, auf zukunftsgerichteten *poena humana*[122]. Thomasius propagierte damit in erster Linie den Strafzweck der Generalprävention, welche zudem sowohl auf die Abschreckung möglicher Folgetäter als auch auf die moralische Besserung der Gesellschaft abzielt. Im Hinblick auf die Todesstrafe blieb Thomasius der Linie seines Vordenkers Pufendorf treu

115 Vgl. *Hüning*, Kants Strafrechtstheorie und das jus talionis, S. 345.

116 Vgl. *Pufendorf*, Über die Pflicht des Menschen und des Bürgers nach dem Gesetz der Natur, S. 190 ff.

117 Vgl. *Heepe*, ARSP 94, Bd. 2 (2008), S. 179.

118 Vgl. *Meumann*, in: Neugebauer-Wölk / Geffarth / Meumann (Hrsg.), Aufklärung und Esoterik, S. 645 ff.

119 *Cattaneo*, Aufklärung, Vol. 5, No. 1 (1991), S. 26.

120 Vgl. *Holzhey / Zurbuchen*, in: Holzhey / Schmidt-Brüggemann (Hrsg.), Grundriss der Geschichte der Philosophie, Bd. 4/2, S. 1170; *Heepe*, ARSP 94, Bd. 2 (2008), S. 179.

121 Vgl. *Cattaneo*, Aufklärung, Vol. 5, No. 1 (1991), S. 26.

122 *Thomasius*, Institutiones Jurisprudentiae Divinae, S. 413: „Illa vero poena, quae solum tendit ad expitationem propter delictum tantum, ad species divinarum pertinet, quia homo nunquam debet in puniendo spectare solum malum praeteritum, sed semper reflectere ad bonum aliquod futurum.“; ebd.: „Positio mali seu dolor, quem propter delictum infert superior inferiori invito, in emendationem communem civium.“; vgl. *Cattaneo*, ebd.

und legitimierte diese, wobei er sie nicht nur für Mörder, sondern beispielshalber auch für Diebe forderte[123]. Diese Auffassung änderte sich auch nicht in der Folge, als Thomasius im Rahmen der *Fundamenta* die bei Pufendorf noch nicht ausgeprägte Säkularisierung im Wege der Trennung zwischen Naturrecht und Kirche ausarbeitete und sich gleichzeitig gegen die Anwendung von Folter und Hexenverfolgung wandte[124]. Damit sagte er sich von dem damals noch weitgehend bestehenden, auf Benedikt Carpzov zurückzuführenden System des Strafrechts los, welches auf theologischen Voraussetzungen basierte[125].

3. Christian Wolff

Christian Wolff (1679–1754, ab 1745 Freiherr von Wolff) war als Philosoph und Jurist einer der wichtigsten Vertreter des Naturrechts im Zeitalter der Aufklärung[126]. Im Rahmen seiner Strafrechtstheorie orientierte sich Wolff an den Lehren seiner Vorgänger, wobei vor allem Hugo Grotius einen maßgeblichen Einfluss auf ihn ausübte[127]. Die Wiedervergeltung als Strafzweck lehnte Wolff wie auch schon Grotius und Pufendorf ab[128]. Die Strafzumessung ergebe sich vielmehr nach dem Prinzip der Proportionalität aus der Sozialschädlichkeit des sanktionierten Verhaltens[129]. Von diesem Grundsatz her erfolgt auch die Begründung der Todesstrafe. Demnach könne es bei einem hohen Unrechtsgehalt im Sinne einer großen Sozialschädlichkeit – wie bei der Begehung eines Mordes – erforderlich sein, den Täter hinzurichten, um die gewünschte Abschreckungswirkung für die Bevölkerung zu erzielen. Wolff argumentiert also vorrangig vom Strafzweck der Abschreckung her und legt seiner Theorie damit generalpräventive Erwägungen zu Grunde. Dabei sei es zur Erreichung dieses anzustrebenden Zwecks zudem möglich, das Strafübel größer oder kleiner als das Schuldübel auszugestalten[130]. Daher könne es angemessen sein, einen Dieb mit dem Tode zu bestrafen. Wolffs Schüler Regnerus

---

123 Vgl. *Thomasius*, Institutiones Jurisprudentiae Divinae, S. 415, 417; *Cattaneo*, a.a.O., S. 26 f.

124 Vgl. *Cattaneo*, a.a.O., S. 27 f.; *Luig*, Studia Leibnitiana, Bd. 2, H. 2 (1980), S. 247 ff.

125 Vgl. *Luig*, a.a.O., S. 244.

126 Näheres zu Wolffs Biographie bei *Wuttke* (Hrsg.), Christian Wolffs eigene Lebensbeschreibung, S. 1 ff.

127 Vgl. *Hüning*, Die Begründung des Strafrechts in Christian Wolffs Naturrechtslehre, S. 183; *Heepe*, ARSP 94, Bd. 2 (2008), S. 176.

128 Vgl. *Wolff*, Grundsätze des Natur- und Völckerrechts, S. 99; *Hüning*, Kants Strafrechtstheorie und das jus talionis, S. 345.

129 Vgl. *Hüning*, Die Begründung des Strafrechts in Christian Wolffs Naturrechtslehre, S. 212.

130 Vgl. *Wolff*, Jus naturae methodo scientifica pertractatum, VIII, § 641, S. 468; *Hüning*, a.a.O., S. 213.

Engelhard (1717–1777)[131] führt hierzu in der geistigen Tradition seines akademischen Lehrers aus, dass es bei der Bemessung einer strafrechtlichen Sanktionierung nicht auf die Vergleichbarkeit von Straftat und Bestrafung, sondern auf die Notwendigkeit der Abwendung des Verbrechens durch Anwendung eines entsprechenden Mittels zum Zweck – dieses kann auch in der Verhängung der Todesstrafe bestehen – ankomme[132].

II. Immanuel Kant

Auch der bedeutende Königsberger Philosoph Immanuel Kant (1724–1804) zählt zu den Befürwortern der Todesstrafe[133]. Im Gegensatz zu den meisten naturrechtlich argumentierenden Strafrechtsphilosophen begründete Kant als Anhänger des ius talionis Strafe mit dem Prinzip der Wiedervergeltung[134]. Seiner Auffassung nach war die Anwendung von Strafe als Zwang ein notwendiger Akt der Freiheit, welcher einen als Gesetzesübertretung zu Tage tretenden Freiheitsmissbrauch einzuschränken hatte[135]. Von diesem Ansatz her legitimierte er die Todesstrafe. In seiner 1797 erschienenen Schrift *Die Metaphysik der Sitten* äußert sich Immanuel Kant wie folgt zu dieser Thematik:

> „Wer da stiehlt, macht aller Anderer Eigentum unsicher; er beraubt sich also (nach dem Rechte der Wiedervergeltung) der Sicherheit alles möglichen Eigentums; er hat nichts und kann auch nichts erwerben, will aber doch leben; welches nun nicht anders möglich ist, als daß ihn Andere ernähren. Weil dieses aber der Staat nicht umsonst tun wird, so muß er diesem seine Kräfte zu ihm beliebigen Arbeiten (Karren- oder Zuchthausarbeit) überlassen und kommt auf gewisse Zeit, oder nach Befinden auch auf immer in den Sklavenstand.“[136]

Für Diebstahl und andere Vermögensdelikte hält Kant also die Arbeitsstrafe respektive die Versklavung für eine geeignete Sanktion. Dies begründet er damit, dass der Dieb in der Regel aus Armut stiehlt. Da eine staatliche Alimentation aber nicht ohne Gegenleistung erwartet werden kann, muss der verurteilte Dieb seine Strafe durch die Erbringung von Arbeit verbüßen, wobei Kant hier namentlich die Arbeit im Zuchthaus und die Karrenarbeit nennt. Die Kar-

131 *Altmüller*, ADB Bd. 6 (1877), S. 138.

132 Vgl. *Engelhard*, Versuch eines allgemeinen peinlichen Rechtes aus den Grundsätzen der Weltweisheit, und besonderst des Rechtes der Natur hergeleitet, § 299; *Hüning*, Die Begründung des Strafrechts in Christian Wolffs Naturrechtslehre, S. 213 f.

133 Näheres zu Kants Biographie bei *Vorländer*, Immanuel Kant; vgl. *Hüning*, Kants Strafrechtstheorie und das jus talionis, S. 347.

134 Vgl. *Hüning*, ebd.

135 Vgl. *Kant*, Die Metaphysik der Sitten, 231, S. 67 f.; *Pieper*, „Hat er aber gemordet, so muß er sterben“, S. 117.

136 *Kant*, a.a.O., 333, S. 194.

renstrafe war eine vom 16. bis zum 18. Jahrhundert verbreitete Arbeitsstrafe, bei welcher der Verurteilte beispielshalber bei Arbeiten im Steinbruch schwere Karren mit Steinen zu ziehen hatte[137]. Kant begründete diese Sanktion mit dem Wiedervergeltungsprinzip, da er die Erbringung von Zwangsarbeit als angemessene Reaktion zur Wiedergutmachung des durch das Vermögensdelikt entstandenen Schadens erachtete. Im Anschluss begründet Kant, warum er die Todesstrafe als richtige Bestrafung von Mördern und Totschlägern ansah:

> „Hat er aber gemordet, so muß er sterben. Es gibt hier kein Surrogat zur Befriedigung der Gerechtigkeit. Es ist keine Gleichartigkeit zwischen einem noch so kummervollen Leben und dem Tode, also auch keine Gleichheit des Verbrechens und der Wiedervergeltung, als durch den am Täter gerichtlich vollzogenen, doch von aller Misshandlung, welche die Menschheit in der leidenden Person zum Scheusal machen könnte, befreiten Tod."[138]

Kant fordert in seiner Metaphysik der Sitten also die Todesstrafe für Mörder. Nur durch die Hinrichtung eines Mörders könne nach seiner Auffassung die Gerechtigkeit durch den Vollzug des Wiedervergeltungsrechts wiederhergestellt werden. Hierauf aufbauend führt er dazu aus:

> „Selbst wenn sich die bürgerliche Gesellschaft mit aller Glieder Einstimmung auflöste (z.B. das eine Insel bewohnende Volk beschlösse auseinander zu gehen und sich in alle Welt zu zerstreuen, müßte der letzte im Gefängnis befindliche Mörder vorher hingerichtet werden, damit jedermann das widerfahre, was seine Taten wert sind, und die Blutschuld nicht auf dem Volke hafte, das auf diese Bestrafung nicht gedrungen hat: weil es als Teilnehmer an dieser öffentlichen Verletzung der Gerechtigkeit betrachtet werden kann. Diese Gleichheit der Strafen, die allein durch die Erkenntnis des Richters auf den Tod nach dem strengen Wiedervergeltungsrechte möglich ist, offenbart sich daran, dass dadurch allein proportionierlich mit der inneren Bösartigkeit der Verbrecher das Todesurteil über alle (selbst wenn es nicht einen Mord, sondern ein anderes nur mit dem Tode zu tilgendes Staatsverbrechen beträfe) ausgesprochen wird."[139]

Nur die Gerichte und nicht etwa Urteile von Privatleuten können nach Kants Auffassung eine angemessene Bestrafung garantieren. Die Strafgewalt müsse sich nach den allgemeinen, apriorischen Gesetzen richten, um die ebenfalls a priori begründete Idee der Gerechtigkeit umzusetzen[140]. Wenn die Strafrechtspflege diese Vorgaben bei der Urteilsfindung beachtet, sei auch die Verhängung der Todesstrafe für Mörder gerecht und mithin auch notwendig, um die Rekonstruktion der Gerechtigkeit für alle zu erreichen. Denn durch seine

---

137 Vgl. *Jacoby*, Zeitschrift der Gesellschaft für Schleswig-Holsteinische Geschichte, Bd. 59 (1930), S. 461 f.

138 *Kant*, Die Metaphysik der Sitten, 333, S. 194.

139 A.a.O., S. 194 f.

140 Vgl. *Schreiber*, ZIS 2006, S. 327 f.

Straftat hat der Täter der bürgerlichen Gesellschaft die Gerechtigkeit genommen. Für einen verurteilten Mörder könne es keine andere Möglichkeit zur Wiedererlangung der Gerechtigkeit für alle geben, als diesen hinrichten zu lassen, um den Strafzweck der Wiedervergeltung zu erreichen. Um eine gerechte Todesstrafe zu verhängen, dürfe diese aber von keinen Rachegelüsten oder überhaupt von jedem Nutzen, der die Hinrichtung als Mittel zum Zweck erscheinen ließe, motiviert sein, sondern alleine die Wiederherstellung der Gerechtigkeit zum Ziel haben[141]. Ein Verbrecher dürfe daher nur zum Zwecke, der Gerechtigkeit genüge zu tun, gestraft werden, „weil er verbrochen hat"[142]. Die Strafe ergebe sich aus dem Bösen „als natürliche Folge"[143]. Diese absolute Straftheorie resultiere aus der ethischen Pflicht, den Menschen als Selbstzweck zu behandeln[144]. Relative Straftheorien seien hingegen nicht zur Begründung der Todesstrafe geeignet, da diese nur unter dem Vorwand der Prävention und der Besserung des Täters dazu führten, dass der Mensch als Mittel zum Zweck für die Gesellschaft ausgenutzt werde[145]. Die Ansichten seines Zeitgenossen Cesare Beccaria, welcher eine Abschaffung der Todesstrafe forderte, lehnte Kant ausdrücklich ab. So sah er diese als zu empfindlich, affektiert und sophistisch an[146].

III. Idealismus

1. Georg Wilhelm Friedrich Hegel

Auch die Philosophen des deutschen Idealismus äußerten sich zur Todesstrafe. Zwar hatten ihre Arbeiten keinen unmittelbaren Einfluss mehr auf das bestimmende Thema dieser Abhandlung, nämlich die Abschaffung der Todesstrafe in diversen Kodifikationen im Heiligen Römischen Reich Deutscher Nation, allerdings durchaus auf diesen nach 1806 nachfolgende Strafgesetze. Vor allem aufgrund der geistigen und zeitlichen Nähe insbesondere zum bedeutenden Werk von Immanuel Kant erscheint zumindest eine kurze Behandlung hier angebracht. Georg Wilhelm Friedrich Hegel (1770–1831) als wohl prominentester Vertreter des Idealismus folgte Kant in dessen Auffassung, dass die Todesstrafe von allem Nutzen entkernt sein und ausschließlich der Idee der

141 Vgl. a.a.O., S. 328.

142 *Kant*, Die Metaphysik der Sitten, 331, S. 192; vgl. *Pieper*, „Hat er aber gemordet, so muß er sterben", S. 117.

143 *Kant*, Kritik der praktischen Vernunft, S. 61.

144 Vgl. *Nahm*, ARSP Bd. 100, Heft 4 (2014), S. 502.

145 Vgl. ebd.

146 Vgl. *Schmitz*, in: Schrader / Goedert / Scherbel (Hrsg.), Perspektiven der Philosophie Bd. 28 (2002), S. 198.

Gerechtigkeit verpflichtet sein müsse[147]. Er entwickelte Kants absolute Straftheorie der Wiedervergeltung weiter, in dem er diese mit seiner Besserungstheorie verknüpfte[148]. Der Begriff der Wiedervergeltung war bei Hegel allerdings von Kants Theorie vom Begriff des ius talionis, den dieser noch synonym mit dem Wiedervergeltungsrecht benutzt hatte, strikt getrennt. Seinen eigenen Rechtsbegriff entwickelte Hegel zu Beginn des 19. Jahrhunderts, als er 1802 seine erste Vorlesung über das Naturrecht in Jena hielt. Die „Sphäre des Rechts" stellte für ihn die geistige Sphäre der Freiheit dar. Hegel verband diesen Begriff mit dem Begriff des Subjekts, das sich in seiner Allgemeinheit dem Einzelnen entgegensetzen könne[149]. Wie schon Kant lehnte auch Hegel die Rache als Strafzweck ab, da diese einem Unrecht lediglich ein anderes Unrecht entgegensetze. Dies passe zwar zur antiken Sittlichkeit, aber nicht mehr in moderne Gesellschaften. Anknüpfend an Kants Vergeltungstheorie sah Hegel die Todesstrafe nicht nur als notwendiges Institut der Rechtssetzung, sondern vielmehr auch als Ehrung des Delinquenten als vernünftige Person an. Die strafrechtliche Sanktion als Reaktion auf das Verhalten des Verbrechers sei gerecht und damit auch von dessen Willen selbst umfasst. Diese Auffassung setzt voraus, dass der Täter überhaupt in der Lage zu einem vernünftigen Handeln ist, also das Ausmaß seiner Gesetzesverletzung zu erkennen hat. Die Bestrafung sei das anerkannte Recht des Täters, in welches dieser als Vernünftiger einstimmen müsse, wie er in seinen 1821 erschienenen *Grundlinien der Philosophie des Rechts* feststellt. So heißt es dort in § 100:

> „Die Verletzung, die dem Verbrecher widerfährt, ist nicht nur an sich gerecht, – als gerecht ist sie zugleich sein an sich seiender Wille, ein Dasein seiner Freiheit, sein Recht; sondern sie ist auch ein Recht, das den Verbrecher selbst, d.i. in seinem daseienden Willen, in seiner Handlung gesetzt. Denn in seiner als eines Vernünftigen Handlung liegt, daß sie etwas allgemeines, daß durch sie ein Gesetz aufgestellt ist, das er in ihr für sich anerkannt hat, unter welches er also, als unter sein Recht subsumiert werden darf."[150]

Ebenso wie Kant lehnte auch Hegel die Lehren des Cesare Beccaria, der sich für die Abschaffung der Todesstrafe einsetzte, ab. Der Auffassung des Italieners, dass der Staat aufgrund eines Vertragsschlusses zwischen den Individuen zu Stande komme und der substantielle Zweck des Staates der Schutz des Lebens sei, widersprach er. Gleichwohl erkannte er die positiven Auswirkungen der Theorie von Beccaria an, da diese zu einer restriktiveren Anwendung

147 Vgl. *Schreiber*, ZIS 2006, S. 328; näheres zu Hegels Biographie bei *Vieweg*, Hegel. Der Philosoph der Freiheit, S. 27 ff.
148 Vgl. *Nahm*, ARSP Bd. 100, Heft 4 (2014), S. 502.
149 Vgl. a.a.O., S. 502 ff.
150 *Hegel*, Grundlinien der Philosophie des Rechts, § 100, S. 110.

strafrechtlich veranlasster Hinrichtungen geführt hatte, was von Hegel grundsätzlich auch begrüßt wurde. Für verurteilte Mörder allerdings war aus seiner Sicht die Todesstrafe unumgänglich, da nur durch diese die Gerechtigkeit wiederhergestellt werden könne[151]. Auch in diesem Punkt präsentierte sich Hegel also als geistiger Nachfolger der Kantischen Lehre. Wenngleich Hegel oft als klassischer Vertreter der Vergeltungstheorie genannt wird, ist sein Bild von der Todesstrafe doch differenzierter: Seiner Auffassung nach kann eine Strafe als Zwangsmittel nur verhängt werden, wenn bereits das Verbrechen als vorausgehender Zwang verübt wurde. Diese Straftat als erster Zwang stellt sich als Widerspruch zum freien Willen aller dar, der erst durch die Vergeltung als zweiter Zwang wieder aufgehoben werden könne. Gegenstand der Vergeltung kann jedoch nur die Manifestierung des Täterwillens nach außen sein, da der Wille an sich als ontologisches Konstrukt überhaupt nicht zu etwas gezwungen werden könne. Damit müsse das Strafmaß empirisch bestimmt werden, was zur Folge hat, dass das Strafmaß und die Wiedervergeltung niemals kongruent übereinstimmen, da ein empirisch bestimmbarer Gegenstand nicht genau in dem Begriff des Allgemeinen aufgehen könne. Insoweit hänge die Bestimmung einer Strafe immer auch von äußerlichen Faktoren wie der Bildung des Volkes und dem gesellschaftlichen Gerechtigkeitsniveau ab. Diese Erwägungen führten nach Nahm im Ergebnis dazu, dass langfristig die Abschaffung von Hinrichtungen als sinnvoll erscheinen könne, was Hegels Stellung als Befürworter der Todesstrafe in gewisser Weise relativiert, zumindest aber als nicht so eindeutig wie bei Kant erscheinen lässt[152].

2. Arthur Schopenhauer

Auch das Werk von Arthur Schopenhauer (1788–1860) soll an dieser Stelle Erwähnung finden, da es unter anderem maßgeblich von der Kantischen Rechtsphilosophie beeinflusst wurde[153]. Wie Kant war auch Schopenhauer ein Befürworter der Todesstrafe. In seinem Hauptwerk *Die Welt als Wille und Vorstellung*, dessen erster Band bereits 1819, der zweite Band erst 1844 erschien, befasste er sich mit Sinn und Zweck von Strafe[154]. Schopenhauer sah im Gegensatz zu Kants Wiedervergeltungstheorie den bestimmenden Strafzweck in der Generalprävention. Strafe solle demzufolge nicht vorrangig der

151 Vgl. a.a.O., § 100, S. 110 f.; vgl. *Schreiber*, ZIS 2006, S. 328.

152 Vgl. *Hegel*, a.a.O., § 135, S. 138 ff.; *Nahm*, ARSP Bd. 100, Heft 4 (2014), S. 513.

153 Näheres zu Schopenhauers Biographie und Philosophie bei *Appel*, Arthur Schopenhauer, S. 9 ff.

154 Vgl. *Schopenhauer*, Die Welt als Wille und Vorstellung, S. 337 ff., 1034 ff.

Vergeltung, sondern der Abschreckung möglicher Nachahmer dienen[155]. Er stellt sich damit auch ausdrücklich gegen die von Kant und Hegel vertretene Auffassung, dass der Täter nicht als Mittel zum Zweck gebraucht werden dürfe. Vielmehr müsse der Mörder, der das Gesetz gebrochen hat, „allerdings und mit vollem Recht als bloßes Mittel gebraucht werden“[156]. Denn dieser habe die öffentliche Sicherheit, in welcher Schopenhauer den Hauptzweck des Staates sieht, gestört. Damit diese nicht aufgehoben werde, müsse das Gesetz in Form der Vollstreckung der Todesstrafe erfüllt werden. Der Verbrecher wird damit durch seine Tötung Mittel zum Zweck zur Wiederherstellung der öffentlichen Sicherheit. In diese Zweck-Mittel-Relation habe dieser als Bürger eingewilligt, indem er sich dem Staatsvertrag unterworfen habe. Mit seiner Begründung reiht sich Schopenhauer also ein in den Kreis der Vertragstheoretiker und verweist in diesem Zusammenhang auch unter anderem auf die Werke von Pufendorf und Hobbes[157]. Der Argumentation Beccarias gegen die Todesstrafe entgegnete er, dass diese zur Sicherstellung des Lebens der Bürger notwendig sei. So hält er den Gegnern der Todesstrafe entgegen: „Schafft erst den Mord aus der Welt: dann soll die Todesstrafe nachfolgen.“[158]

E) Zwischenfazit

Anhand der einzelnen Argumentationen der aufgeführten Befürworter der Todesstrafe wird erkennbar, dass die Legitimationsansätze höchst unterschiedlich sind. Insbesondere lässt sich feststellen, dass es keine herrschende Theorie gibt, welche die Meinungshoheit in der Diskussion zu beanspruchen vermag. Auch innerhalb vergleichbarer Zeiträume werden unterschiedliche Ansichten vertreten. Die meisten Befürworter der Todesstrafe argumentieren dabei mit vergeltungstheoretischen und generalpräventiven Erwägungen. Auffallend ist, dass sowohl die Vergeltungstheorie als auch generalpräventive Theorien von der Antike bis in die Zeit des deutschen Idealismus und noch darüber hinaus[159] in unterschiedlichen Facetten vertreten werden. Bereits Platon vereint diese beiden Lehren, wobei seine Argumentation auch noch den Sühnecharakter der Todesstrafe hervorhebt. Doch nicht nur bei ihm, sondern auch bei anderen

---

155 Vgl. *Pieper*, „Hat er aber gemordet, so muß er sterben“, S. 167.

156 *Schopenhauer*, Die Welt als Wille und Vorstellung, S. 351.

157 Vgl. ebd.

158 Vgl. a.a.O., S. 1035; *Pieper*, „Hat er aber gemordet, so muß er sterben“, S. 168.

159 Mit der Behandlung des deutschen Idealismus endet die Darstellung im Rahmen der vorliegenden Abhandlung. Aber auch später wurde die Todesstrafe vielfach und auf verschiedene Weise mit den Strafzwecken der Vergeltung und der Generalprävention zu begründen versucht.

Denkern kann beobachtet werden, dass nicht nur eine Theorie zur Legitimation herangezogen wird, sondern die Begründung vielmehr auf mehreren Doktrinen fußt respektive weitere Theorien zumindest mit herangezogen werden. Als Beispiel können hier Thomas Hobbes und Jean-Jacques Rousseau genannt werden. Die Vertreter der deutschen Naturrechtslehre in der Aufklärung wie Pufendorf, Thomasius und Wolff lehnen die Vergeltung mehrheitlich ab und begründen ihre grundsätzliche Bejahung der Tötung von Straftätern stattdessen mit dem relativen Strafzweck der Generalprävention. Ein Bruch ist dann bei Immanuel Kant zu beobachten. Kant lehnt die relativen Straftheorien kategorisch ab, da das Recht nur der Gerechtigkeit verpflichtet sei und der Täter nicht als bloßes Mittel zum Zweck gelten dürfe und begründet damit seine Vergeltungstheorie. In diesem Grundsatz folgt ihm Hegel nach, wenn auch mit abweichender Begründung. Ein interessanter Gesichtspunkt bei der Gesamtschau der vertretenen Lehren ist, dass mit der Vergeltungslehre und der Generalprävention sowohl ein absoluter als auch ein relativer Strafzweck vorherrschend sind[160]. Die Vertreter der Wiedervergeltung argumentieren hierbei vor allem mit dem Prinzip der Gerechtigkeit, während bei den Anhängern der generalpräventiven Theorie vorrangig der Gedanke der Abschreckung für die Allgemeinheit im Vordergrund steht. Untergeordnet sind hingegen bei den absoluten Strafzwecken die Sühnetheorien und bei den relativen Theorien die Spezialprävention, die jeweils seltener und dann auch zumeist nur als zusätzliches Argument neben einer der beiden herrschenden Lehren vertreten werden.

---

160 Zur Einteilung der Straftheorien speziell im Hinblick auf die Todesstrafe vgl. *Keller*, Die Todesstrafe in kritischer Sicht, S. 31 ff.

Viertes Kapitel: Die Kritiker der Todesstrafe

A) Italienische Kritiker

I. Cesare Beccaria

1. Leben und Wirken

Der Mailänder Cesare Beccaria (1738–1794), mit vollem Namen Marchese Cesare di Beccaria Bonesana, gelangte 1764 mit seiner zunächst anonym veröffentlichten strafrechtlichen Schrift *Dei delitti e delle pene*[1] zu großer Bekanntheit über Italien und sogar Europa hinaus[2]. Als Angehöriger des lombardischen Adels war er Bürger des Heiligen Römischen Reichs[3]. Das Werk wurde in den ersten zwei Jahren nach seiner Veröffentlichung sechsmal neu aufgelegt und wurde ins Englische, Deutsche, Französische, Spanische, Niederländische und Polnische übersetzt[4]. 1766 wurde es von der katholischen Kirche in Rom auf den Index gesetzt[5]. Diverse strafrechtliche Gesetzesreformen wurden durch Beccarias Werk beeinflusst, unter anderem in der Toskana, Österreich, Russland, Schweden und einigen amerikanischen Staaten[6]. Mit *Dei delitti e delle pene* verfasste Beccaria die erste systematische Abhandlung über Strafrechtstheorie, welche sich auch an Nichtjuristen richtete. Dabei konzentrierte er sich nicht nur auf die Diskussion zur Todesstrafe, sondern forderte beispielsweise auch die Abschaffung der Folter, den Grundsatz der Öffentlichkeit im Strafprozess, die Gleichbehandlung von Adeligen und Bürgern, die verhältnismäßige Anwendung von Strafe, das Willkürverbot und die Einhaltung des Grundsatzes „nulla poena sine lege". Zudem sprach er sich für eine vorbeugende Kriminalpolitik aus, die das Verbrechen durch Aufklärung, Er-

1 Deutsche Übersetzung: „Über die Verbrechen und die Strafen"; vgl. *Rother*, Verbrechen, Folter, Todesstrafe, S. 27; bzw. „Von den Verbrechen und den Strafen"; die deutsche Übersetzung in der Ausgabe von Carl Ferdinand Hommel (im Folgenden zitiert als *Beccaria*, Von Verbrechen und Strafen) lautet „Von Verbrechen und Strafen".

2 Vgl. *Weis*, Cesare Beccaria, S. 3 ff.

3 Vgl. *Evans*, Rituale der Vergeltung, S. 165.

4 Vgl. *Pieper*, „Hat er aber gemordet, so muß er sterben", S. 91; vgl. *Weis*, Cesare Beccaria, S. 3 f.

5 Vgl. *Weis*, a.a.O., S. 5.

6 Vgl. *Pieper*, „Hat er aber gemordet, so muß er sterben", S. 91.

ziehung und Bildung minimieren sollte[7]. Beccaria selbst machte nicht nur als Strafrechtler von sich reden, sondern hatte ab 1768 in Mailand einen Lehrstuhl für Volkswirtschaft und Handel inne und übte auch diverse politische Ämter aus[8]. Mit seinem Ansatz, der die Kriminalität als rechtlich-gesellschaftliches Phänomen deutet und durch die soziale Reaktion darauf zu erklären versucht, prägte er die klassische Schule des 18. Jahrhunderts und gilt als Wegbereiter der modernen Kriminologie[9].

2. Vertragstheorie und Strafrecht

Seine Staatstheorie war wie bereits bei Hobbes, Locke und Rousseau von der eigenständigen Konzeption des Gesellschaftsvertrages geprägt[10]. Nach Beccarias Vertragstheorie verzichten die Menschen zu einem gewissen Teil auf ihre ursprüngliche Freiheit, indem sie sich einem Herrscher unterwerfen, und erhalten stattdessen von diesem die Garantie der Sicherheit und des sozialen Zusammenhalts[11]. Das Naturrecht als solches könne jedoch nicht durch eine gesellschaftliche Vereinbarung eingeschränkt werden. Damit argumentierte Beccaria in der Tradition von John Locke[12]. Er ist der Auffassung, „Daß die größte in bürgerlicher Verfassung mögliche Vollkommenheit diejenige sey, woran die größte Anzahl der Bürger Antheil nimt“[13]. Da der Mensch von Natur aus egoistisch sei, erfordere der Staat die Existenz von Zwangsmitteln zur Abschreckung von Straftaten und zur Kontrolle des Verhaltens seiner Bürger[14]. Damit begründete er Gesetze und Strafen unmittelbar aus seiner Konstruktion des Gesellschaftsvertrages. Die Legitimation einer Strafe ergab sich nach Beccaria aus dem Zweck der Sicherstellung der allgemeinen Sicherheit[15]. Hierzu führte er in seinem Werk aus:

> „Die Gewalt einer privat Person gegen eine andere ist ungerecht, wenn sie nicht dringend notwendig ist; nun gründet sich aber die dem Oberhaupt gegebene Ge-

---

7 Vgl. *Pieper*, a.a.O., S. 91 f.; *Weis*, Cesare Beccaria, S. 15.

8 Vgl. *Rother*, Verbrechen, Folter, Todesstrafe, S. 18; Pieper, a.a.O., S. 91.

9 Vgl. *Kunz / Singelnstein*, Kriminologie, S. 36.

10 Vgl. *Weis*, Cesare Beccaria, S. 15; *Pieper*, „Hat er aber gemordet, so muß er sterben“, S. 92.

11 Vgl. *Beccaria*, Von Verbrechen und Strafen, § I, S. 9 f.; *Pieper*, ebd.

12 Vgl. *Rother*, Verbrechen, Folter, Todesstrafe, S. 61.

13 *Beccaria*, Von Verbrechen und Strafen, Einleitung, S. 4 (Deutsche Übersetzung in der Ausgabe von Carl Ferdinand Hommel); Orginal bei *Beccaria*, Dei delitti e delle pene, S. 5: „la massima felicità divisa nel maggior numero“.

14 Vgl. *Beccaria*, Von Verbrechen und Strafen, § I, S. 10 f.; *Pieper*, „Hat er aber gemordet, so muß er sterben“, S. 92.

15 Vgl. *Beccaria*, a.a.O., § II, S. 11 ff.; *Pieper*, ebd., S. 92; *Evans*, Rituale der Vergeltung, S. 165 f.

walt auf die Nothwendigkeit, das anvertraute öffentliche Wohl wider die Eingriffe eines jeglichen zu vertheidigen. Je heiliger also die Freyheit ist, welche der Beherscher seinen Unterthanen gewähren muß, desto gerechter sind die Strafen.“[16]

In *Dei delitti e delle pene* forderte Beccaria zudem die in der Aufklärung verbreitete Unterscheidung zwischen der weltlichen Strafe und der göttlichen Gerechtigkeit. Das irdische Strafrecht muss seiner Auffassung nach unabhängig von Letzterer gelten. Denn strafrechtliche Maßnahmen dürften ausschließlich mit der Vernunft begründet werden und nicht auf religiöse oder willkürliche Erwägungen gestützt werden. Diese Differenzierung müsse der Gesetzgeber im Rahmen seiner Strafrechtspolitik berücksichtigen[17]. Das Recht hatte für Beccaria die notwendige Funktion, die persönliche Freiheit für das Wohl und den Nutzen der Allgemeinheit einzuschränken[18]. Insbesondere wandte er sich gegen die Anwendung von Folter und Todesstrafe[19].

3. Argumentation gegen die Todesstrafe

Mit der Theorie des Gesellschaftsvertrages begründete Beccaria auch seine Ablehnung der Todesstrafe[20]. Die Todesstrafe war nach Beccarias Ansicht „weder nützlich noch notwendig“[21]. Im 28. Kapitel „Von der Todesstrafe“[22] behandelt er ausführlich die Argumente, die für deren Abschaffung sprechen. Seiner Auffassung nach wäre es unvernünftig, wenn ein Mensch jemand anderem vertraglich das grundsätzliche Recht einräumen würde, ihn zu töten. Dies sei auch mit dem Verbot der Selbsttötung nicht zu vereinbaren. Der gewünschte Strafzweck der Abschreckung könne zudem durch mildere Mittel wie lebenslange Zwangsarbeit deutlich besser erreicht werden als durch die Tötung des Verbrechers. Hierfür wandte er ein, dass die Menschen das einmalige

16 *Beccaria*, Von Verbrechen und Strafen, § II, S. 12 (Deutsche Übersetzung in der Ausgabe von Carl Ferdinand Hommel); Orginal bei *Beccaria*, Dei delitti e delle pene, S. 8: „ogni atto di autorità di uomo a uomo che non derivi dall'assoluta necessita è tirannico. Ecco dunque sopra di che è fondato il diritto del sovrano di punire i delitti: sulla necessitá di difendere il deposito della salute pubblica dalle usurpazioni particolari; e tanti piú giuste sacra ed inviolabile é la sicurezza, e maggiore la libertà che il sovrano conserva ai sudditi“.

17 Vgl. *Evans*, Rituale der Vergeltung, S. 165.

18 Vgl. *Pieper*, „Hat er aber gemordet, so muß er sterben“, S. 92.

19 Vgl. *Weis*, Cesare Beccaria, S. 24.

20 Vgl. *Weis*, a.a.O., S. 21.

21 *Beccaria*, Von Verbrechen und Strafen, § XXVIII, S. 132 (Deutsche Übersetzung in der Ausgabe von Carl Ferdinand Hommel); Original bei *Beccaria*, Dei delitti e delle pene, S. 69: „nè utile nè necessaria“; vgl. *Weis*, a.a.O., S. 26.

22 Original bei *Beccaria*, Dei delitti e delle pene, Überschrift vor Cap. 28: „Della pene di morte“.

Ereignis einer Hinrichtung viel schneller vergessen würden als eine lebenslange Strafe, die ergo eine nachhaltigere Wirkung entfalte[23]. Konkrete Argumente gegen die Anwendung der Todesstrafe erblickte Beccaria damit sowohl in der ausreichenden Abschreckungswirkung als auch in der härteren Bestrafung, die seiner Auffassung nach jeweils durch die Verurteilung eines Verbrechers zu lebenslanger Zwangsarbeit anstatt dessen Hinrichtung erreicht werden[24]. Denn

> „Das immerwährende Beyspiel derer, die wirkliche Opfer ihres Leichtsinnes geworden, macht auf ihn einen viel stärkern Eindruk, als der Anblik einer gar selten vorfallenden Todesstrafe, welche mehr zu seiner Verhärtung, als zur Vermeidung des Bösen dienet."[25]

Beccaria warf die Frage nach ihrem konkreten Nutzen auf und beleuchtete die Thematik damit von einem utilitaristischen Standpunkt aus. Diese beantwortete er mit der Aussage, dass der Gesellschaftsvertrag gerade nicht zur Begründung der Todesstrafe herangezogen werden könne und stellte sich damit auch gegen andere führende Vertragstheoretiker wie Hobbes, Locke und Rousseau. In Beccarias Vertragstheorie geben die Bürger nämlich nur einen geringen, notwendigen Teil ihrer Rechte an den Staat ab, so dass man bei ihm auch von einem moderaten Kontraktualismus sprechen kann. Konsequenz seiner utilitaristischen Herangehensweise ist die Vermengung von Nutzen und Gerechtigkeit, zu deren Zweckerreichung die Generalprävention das wichtigste Kriterium ist[26]. Die Todesstrafe war für Beccaria kein Recht, sondern ein „Krieg, welchen das ganze Volk mit einem einzelnen Bürger führet, dessen Vertilgung es für nützlich oder nothwendig hält"[27]. Damit unterschied er sich insbesondere von Rousseaus Theorie vom Gesellschaftsvertrag, in welcher der Verbrecher durch seine Tat dem Staat und dessen Gesetzen den Krieg erklärt[28].

---

23 Vgl. *Beccaria*, Von Verbrechen und Strafen, § XXVIII, S. 132; *Pieper*, „Hat er aber gemordet, so muß er sterben", S. 92; *Weis*, a.a.O., S. 25; *Evans*, Rituale der Vergeltung, S. 169.

24 Vgl. *Beccaria*, a.a.O., S. 132 ff.; *Rother*, Verbrechen, Folter, Todesstrafe, S. 64.

25 *Beccaria*, a.a.O., S. 141 (Deutsche Übersetzung in der Ausgabe von Carl Ferdinand Hommel); Original bei *Beccaria*, Dei delitti e delle pene, S. 73: „L'esempio continuo di quelli che attualmente vede vittime della propria inavvedutezza, gli fa una impressione assai più forte che non lo spettaculo di un supplicio che lo indurisce più che non lo corregge".

26 Vgl. *Rother*, Verbrechen, Folter, Todesstrafe, S. 64.

27 *Beccaria*, Von Verbrechen und Strafen, § XXVIII, S. 132 (Deutsche Übersetzung in der Ausgabe von Carl Ferdinand Hommel); Original bei *Beccaria*, Dei delitti e delle pene, S. 68: „una guerra della nazione con un cittadino, perché giudica necessaria o utile la distruzione del suo essere."; vgl. *Rother*, a.a.O., S. 61.

28 Vgl. *Rother*, a.a.O., S. 63.

In seinem Hauptwerk gibt Beccaria im 27. Kapitel „Von der Gelindigkeit der Strafen“[29] diesbezüglich zu bedenken:

> „Es ist schon genug, um eine Strafe in ihrer Wirksamkeit zu erhalten, daß das aus der Strafe entstandene Uebel den Vortheil übertreffe, welcher das Verbrechen mit sich bringet, wenn man auch den Ueberschuss des Bösen über das Gute, die Gewisheit der Strafe und den Verlust der Vortheile, welche das Verbrechen würde verschaft haben, mit in Rechnung bringen wollte. Alles, was diese Grenzen überschreitet, ist überflüsig und eben deswegen tyrannisch.“[30]

Seine ablehnende Haltung gegen die Todesstrafe vertrat Beccaria allerdings nicht ohne Einschränkungen. Wenn nämlich die generelle Sicherheit und Freiheit des Staates durch einen Verbrecher bedroht werde und diese Gefahr nur durch dessen Hinrichtung beseitigt werden könne, namentlich also vor allem bei Hochverrat, solle die Anwendung der Todesstrafe erlaubt sein[31]. Gleichwohl ist in dieser engen Bejahung der Möglichkeit von Hinrichtungen nur eine Ausnahme von der ansonsten geltenden Regel zu sehen, dass die Todesstrafe abzulehnen sei. Auf der einen Seite bestand Beccarias Intention darin, die strafrechtliche Praxis unter humanitären Gesichtspunkten milder zu gestalten, andererseits hielt er die lebenslängliche Strafe für eine härtere Sanktion als die Todesstrafe. Zur Auflösung dieses Widerspruchs verwies er darauf, dass eine solche Haftstrafe für denjenigen, der sie von außen betrachte, einen nachhaltigeren Eindruck vermittle als für den Verurteilten, der sie verbüßt und sich auf Dauer mit ihr abfinden müsse. Beccaria argumentierte dahingehend, dass durch Differenzierung zwischen Fremdwahrnehmung des abzuschreckenden Dritten und Eigenwahrnehmung des nach wie vor lebenden Verbrechers sowohl der Strafzweck der Generalprävention als auch die gewünschte Humanisierung der Strafe erreicht werden können. Neben der Abschreckung kommt als sekundäres Ziel der Bestrafung auch die soziale Wiedergutmachung durch den erzwungenen, der Gesellschaft nützlichen Arbeitseinsatz des Straftäters zum Tragen. Er verwies auf die positiven Auswirkungen der lebenslangen Strafe auf den Verurteilten und die Gesellschaft[32]. Diesbezüglich vertritt

---

29 Original bei *Beccaria*, Dei delitti e delle pene, Überschrift vor Cap. 27: „Dolcezza delle pene“.

30 *Beccaria*, Von Verbrechen und Strafen, § XXVII, S. 127 (Deutsche Übersetzung in der Ausgabe von Carl Ferdinand Hommel); Original bei *Beccaria*, Dei delitti e delle pene, S. 66 f.: „Perché una pena ottenga il suo effetto basta che il male della pena ecceda il bene che nasce dal delitto, e in questo eccesso di male dev'essere calcolata l'infallibilità della pena e la perdita del bene che il delitto produrrebbe. Tutto il di piú è dunque superfluo e perció tirannico“.

31 Vgl. *Beccaria*, Von Verbrechen und Strafen, § XXVIII, S. 132 f.; *Weis*, Cesare Beccaria, S. 26.

32 Vgl. *Rother*, Verbrechen, Folter, Todesstrafe, S. 65 f.

Beccaria ergänzend auch die Lehre von der Spezialprävention, die wie die Generalprävention zu den relativen Straftheorien zählt. Die positive Spezialprävention ist dabei auf die Besserung des Delinquenten ausgelegt, während die negative Spezialprävention auf den Schutz der Allgemeinheit vor dem Täter abzielt[33]. Gleichwohl ist die Abschreckung als Hauptzweck in Beccarias Theorie zu sehen. Er argumentierte dahingehend, dass jede Hinrichtung ein zu der ohnehin bereits begangenen Straftat des Delinquenten durch dessen Tötung neu begangenes Verbrechen darstelle, während für die lebenslange Zwangsarbeit nur eine einzige Tat, die durch die Verurteilung ausreichend sanktioniert werde, begangen werden müsse. Dies verdeutliche einerseits die bessere Eignung der Todesstrafe zur Generalprävention und andererseits den ihr innewohnenden Widerspruch, der darin zu sehen sei, dass sie die Begehung des Übels, das sie eigentlich verhindern möchte, selbst voraussetze um zur Anwendung zu kommen. Einen weiteren Widerspruch sah Cesare Beccaria in der Tatsache, dass die Gesetze der Begehung eines Tötungsdelikts durch die Anordnung einer öffentlichen Tötung des Delinquenten begegneten, also das zu sühnende größtmögliche Übel durch staatliche Anwendung desselben Übels sanktionierten[34]. Diesbezüglich gab er in seinen *Delitti* zu bedenken:

> „Es scheint mir ungereimt, daß die Geseze, welche die Herolde des Willens eines ganzen Volkes sind, den Menschenmord, als das größte Verbrechen bestrafen, selbst Menschenmord begehen, und so gar einen öfentlichen Todschlag anbefehlen, um die Bürger von Blutvergießen abzuhalten.“[35]

In dieser Aussage kommt auch wieder der kontraktualistische Charakter von Beccarias Argumentation zur Geltung, indem er die Gesetze als den Willen des Volkes bezeichnet[36]. Insgesamt lässt sich an der Lektüre des 28. Kapitels von „Verbrechen und Strafen“ erkennen, dass Cesare Beccaria als Hauptargumente gegen die Todesstrafe sowohl ihre Ungerechtigkeit und fehlende Notwendigkeit als auch die höhere Abschreckungswirkung der lebenslangen Strafe vorbringt. Einen weiteren Grund gegen ihre Anwendung erörterte er in einem Gutachten über die Reformierung des Strafrechts und Polizeiwesens in der Lombardei, welches er 1792 zusammen mit Paolo Risi und dem Hofrat

---

33 Vgl. *Keller*, Die Todesstrafe in kritischer Sicht, S. 72; näheres zur Spezialprävention bei *Schmidt*, ZgesStW 67 (1955), S. 177 ff.

34 Vgl. *Rother*, Verbrechen, Folter, Todesstrafe, S. 67.

35 *Beccaria*, Von Verbrechen und Strafen, § XXVIII, S. 142 (Deutsche Übersetzung in der Ausgabe von Carl Ferdinand Hommel); Original bei *Beccaria*, Dei delitti e delle pene, S. 74: „Parmi un assurdo che le leggi, che sono l'espressione della pubblica volontà, che detestano e puniscono l'omicidio, ne commettono uno esse medesime, e, per allontanare i cittadini dall'assassinio, ordinino un publico assassino“.

36 Vgl. *Rother*, Verbrechen, Folter, Todesstrafe, S. 67.

Gallarati Scotti erarbeitet hatte. Dort befasste er sich auch mit der Irreparabilität der Todesstrafe, welche nach ihrer Vollstreckung schließlich nicht mehr rückgängig gemacht werden könne. Diese Ausführungen waren möglicherweise der Kritik von André Morellet geschuldet, der Beccarias *Dei delitti e delle pene* ins Französische übersetzt hatte und das vorgenannte Argument darin noch vermisst hatte [37].

II. Pietro Verri

Auch wenn Cesare Beccaria sicherlich der prominenteste italienische Gegner der Todesstrafe zur Zeit der Aufklärung war, soll die Wirkung von Pietro Verri (1728–1797) an dieser Stelle nicht unterschlagen werden. Verri war wie Beccaria Angehöriger des Mailänder Adels und war wie dieser Mitglied der Academia dei Pugni, bei welcher er sich als Herausgeber der Zeitschrift *Il Caffè* hervortat[38]. Besondere Wirkung in der Diskussion um die Todesstrafe entfaltete Verri, als er 1765 in der zusammen mit seinem Bruder Alessandro veröffentlichten Abhandlung *Risposta ad uno scritto che s'initiola Note ed osservazioni sul libro Dei delitti e delle pene*[39] Beccarias zunächst anonym erschienene Schrift *Dei delitti e delle pene* öffentlichkeitswirksam verteidigte. In erster Linie galt dieses Werk den Angriffen des Mönchs Ferdinando Facchinei, der seine Kritik an Beccarias Thesen in einer Gegenschrift verpackt hatte[40]. Verris Kritik an der Todesstrafe griff letztendlich in erster Linie die Argumentation Beccarias auf und beinhaltete die Ablehnung der Todesstrafe mit den bereits von diesem aufgestellten generalpräventiven Nützlichkeitserwägungen. Sein Verdienst im Rahmen dieser Diskussion ist damit vor allem in der Verteidigung der Thesen von *Dei delitti e delle pene* zu sehen. Zugleich erbrachte Pietro Verri aber eine wichtige eigenständige geistige Leistung mit seinem zwischen 1770 und 1777 erarbeiteten Werk *Osservazioni sulla tortura*[41]. In diesem Traktat befasste er sich umfassend mit den Argumenten für eine Abschaffung der damals noch weit verbreiteten Folter im Strafprozess. Die *Osservazioni sulla tortura* entfalteten diesbezüglich eine vergleichbare Wirkung in der Folterdiskussion wie *Dei delitti e delle pene* im Hinblick auf die Todesstrafe. Beccaria selbst hatte der Folter im seinem Haupttraktat zwar auch

---

37 Vgl. a.a.O., S. 68; *Venturi*, Cesare Beccaria, S. 393.

38 Vgl. *Heintze*, in: Greiner-Mai (Hrsg.), Kleines Wörterbuch der Weltliteratur, S. 126; *Rother*, Verbrechen, Folter, Todesstrafe, S. 14 f.

39 Dieses Werk wurde ebenfalls bekannt unter dem Alternativtitel „Apologia dell'opera dei Delitti e delle Pene, contro il P.D. Ferdinando Facchinei"; vgl. *Rother*, a.a.O., S. 20.

40 Vgl. *Weis*, Cesare Beccaria, S. 4; *Rother*, a.a.O., S. 15.

ein eigenes Kapitel gewidmet; seine Gedanken zur Folter blieben in ihrer Wirkung auf die Kritik an der Folter allerdings hinter Verris Werk zurück und erreichten nicht die Prominenz seiner eigenen Ausführungen zur Todesstrafe[42].

III. Weitere italienische Kritiker

Bereits vor Beccaria hatte sich der sizilianische Jurist und Philologe Tommaso Natale (1733–1819) im Jahre 1759 in seiner Abhandlung *Riflessioni intorno all'efficacia e necessità delle pene* mit der Frage befasst, ob Vergeltung und Abschreckung als taugliche Strafzwecke gelten können und verneinte diese im Ergebnis[43]. Darin nahm Natale bereits einige der Themen vorweg, mit welchen Beccaria durch *Dei delitti e delle pene* zur Berühmtheit gelangte, so zum Beispiel die strikte Ablehnung von Rache und Abschreckung als Endzweck der Strafe. Inwieweit Beccaria sich auf Natales Werk berief, ist ungeklärt; zumindest fand der Autor aus Palermo keine explizite Erwähnung beim Mailänder. Aus Angst vor Repressalien ließ Natale sein Werk nicht im großen Stil veröffentlichen, unternahm aber diverse Reisen durch Europa, um es anderen Gelehrten zu zeigen und mit diesen zu diskutieren[44]. Neben den genannten Beccaria, Verri und Natale äußerten im Italien der Aufklärung noch weitere Juristen und Rechtsphilosophen Kritik an der Todesstrafe. Zu nennen sind dabei vor allem Gaetano Filangieri (1752–1788), Mario Pagano (1748–1799) und Paolo Risi (1731–1800). Wie Beccaria übten auch diese Autoren Einfluss auf den Umgang mit der Todesstrafe im Kriminalgesetzbuch Großherzogs Leopold von Toskana (1786) und im Allgemeinen Gesetz über Verbrechen und derselben Bestrafung (1787). Daher soll die Darstellung ihrer Lehren unmittelbar bei der Behandlung dieser Kodifikationen im siebten und achten Kapitel dieser Abhandlung erfolgen[45].

B) Englische Kritiker

I. Samuel Johnson

Cesare Beccaria war nicht der erste bekannte Kritiker der Todesstrafe. Auch in England regte sich im 18. Jahrhundert Widerstand. Der erste prominente Denker, der sich dort gegen die gängige und weitgehend unwidersprochene Praxis

41 Deutsche Übersetzung: „Beobachtungen über die Folter"; vgl. *Rother*, a.a.O., S. 49.
42 Vgl. a.a.O., S. 49 ff.
43 Vgl. *Martschukat*, Inszeniertes Töten, S. 58.
44 Vgl. *Berti*, in: *Audegean/Delia*, Le moment Beccaria, S. 205 ff.; *Cassaro*, abrufbar unter www.ilsicilia.it, vom 6.6.2019.

der Hinrichtungen stellte, war Mitte des 18. Jahrhunderts der englische Autor und Gelehrte Samuel Johnson (1709–1784)[46]. Johnson äußerte sich in mehreren moralischen Wochenschriften zu den unterschiedlichsten Themen. Eine davon war *The Rambler*, die von 1750 bis 1752 erschien. Besondere Bedeutung entfalteten Johnsons Ausführungen zur Todesstrafe in *The Rambler No 114* vom 20. April 1751 unter der Überschrift *The necessity of proportioning punishments to crimes*[47]. In seiner Theorie baute er auf den Thesen des Thomas Morus auf, der sich in seinem Werk *Utopia* zwar nicht gegen die Todesstrafe generell stellte, ihrer Anwendung im gesellschaftlichen Kontext aber gleichwohl kritisch gegenüberstand[48]. Samuel Johnson lehnte einen rein utilitaristischen Vernunftbegriff ab und verstand sich stattdessen als Vertreter der Empfindsamkeit und der Humanität[49]. Aufgrund seiner Parallelen zur Argumenta-tion Cesare Beccarias hält es der Anglist und Literaturhistoriker Rudolf Freiburg für gerechtfertigt, ihn als den „englischen Beccaria“[50] zu bezeichnen. Zu Johnsons Zeit war es weit verbreitete Ansicht in England, man müsse Verbrechern mit der größtmöglichen Härte begegnen und Hinrichtungen besonders öffentlichkeitswirksam durchführen, um die erforderliche Abschreckungswirkung zu erzielen[51]. In seinem Aufsatz im *Rambler No 114* führte Johnson aus, dass die Befürwortung der Todesstrafe der Vernunft widerspreche. Die Vernunft im Sinne der Aufklärung müsse dem Wohl der Menschheit in der Tradition des humanistischen Ideals der Renaissance verpflichtet sein und dürfe keine utilitaristischen Auswüchse, mit welchen der Mensch zum reinen Objekt instrumentalisiert werde, enthalten. Eine solche aus seiner Sicht unzulässige Instrumentalisierung erblickte er in der Anwendung des Talionsprinzips[52]. Samuel Johnson vertrat daher die Auffassung, dass nicht

---

45 Siehe hierzu insbesondere die Ausführungen unter Kap. 7, C), I. und Kap. 8, C), I.

46 Vgl. *Freiburg*, in: Jacobs (Hrsg.), Gegen Folter und Todesstrafe, S. 27 ff.; näheres zu Johnsons Biographie m.w.N. bei *Green*, Englische Suite, S. 5 ff.

47 *Johnson*, The Rambler Vol. II, S. 39 ff.

48 Vgl. *Freiburg*, in: Jacobs (Hrsg.), Gegen Folter und Todesstrafe, S. 28; siehe hierzu auch die Ausführungen zu Thomas Morus unter Kap. 3, A), III., 2.

49 Vgl. *Freiburg*, ebd., S. 28.

50 Ebd.

51 Diese Härte gegenüber Straftätern wurde z.B. in der damaligen englischen Öffentlichkeit vehement von dem bekannten Schriftsteller *Henry Fielding* (1707–1754) und dessen Bruder *John Fielding* (1721–1780) gefordert; *Henry Fielding* verfasste hierzu unter anderem die Werke „An Enquiry into the Causes of the Late Increase of Robbers“ (1751) und „Proposal for Making Effective Provision for the Poor“ (1753); vgl. *Freiburg*, in: Jacobs (Hrsg.), Gegen Folter und Todesstrafe, S. 31 ff.; näheres zu Henry Fieldings Biographie m.w.N. bei *Cross*, The History of Henry Fielding.

52 *Johnson*, The Rambler Vol. II, S. 39 ff.; vgl. *Freiburg*, in: Jacobs (Hrsg.), Gegen Folter und Todesstrafe, S. 33 f.

Verschärfungen, sondern Milderungen des Strafrechts zu einer Reduzierung der Verbrechen in England führen würden[53]. Wie auch Beccaria forderte Johnson die Abschaffung der Todesstrafe allerdings nicht ohne Einschränkungen. So hielt er sie nur bei schwersten Verbrechen für vertretbar, also vorrangig bei Mord. Eine generelle Anwendung auf Eigentumsdelikte lehnte er im Gegensatz zur damaligen englischen Strafrechtspraxis konsequent ab[54]. Diesbezüglich argumentiert er damit, dass Täter, die ansonsten lediglich gestohlen oder geraubt hätten, auch die Tötung eines Menschen in Kauf nehmen würden, da ihnen sowohl für Vermögens- als auch für Tötungsdelikte ohnehin dieselbe Bestrafung, nämlich die Hinrichtung, drohe[55].

II. Samuel Romilly

Der englische Rechtsanwalt und Abgeordnete Samuel Romilly (1757–1818) war ebenfalls ein prominenter Gegner der Todesstrafe[56]. 1784, in Samuel Johnsons Todesjahr, hatte der Rechtsanwalt und Schriftsteller Martin Madan (1726–1790) in seinem anonym veröffentlichten Werk *Thoughts on Executive Justice* eine entschiedene Ausweitung der Anwendung der Todesstrafe gefordert. In der Folge verdoppelte sich die Anzahl der Hinrichtungen in London nahezu[57]. Daran lässt sich erkennen, dass Johnsons Forderungen nach der zumindest weitgehenden Abschaffung der Todesstrafe zunächst keine signifikante Wirkung in Gesellschaft und Justiz erzielten. Wie Johnson wollte auch Romilly eine Milderung der Sanktionen im englischen Strafrecht erreichen. Er war auch ein überzeugter Gegner des Sklavenhandels und unterstützte aktiv die Abschaffung der Sklaverei. Romilly würdigte Johnson als großen Vordenker seiner Reformbewegung, mit welcher die Abschaffung der Todesstrafe in England angestoßen wurde[58]. Bereits bevor er 1783 zur Anwaltschaft zugelassen wurde, knüpfte er in Paris Kontakte zu französischen Aufklärern wie Denis Diderot, Jean-Baptiste le Rond d'Alambert und Paul Henri Thiry d'Holbach[59]. 1808 erreichte er als Parlamentarier die Abschaffung der Todesstrafe für Kleinkriminelle und Taschendiebe. In einer berühmten Rede am 9. Februar 1810 im englischen Unterhaus kritisierte Romilly die geltende Hinrichtungspraxis scharf und argumentierte für mildere Strafen sowie in Johnsons

53 Vgl. *Freiburg*, a.a.O. S. 34.
54 *Johnson*, The Rambler Vol. II, S. 39 ff.; vgl. *Freiburg*, a.a.O., S. 37.
55 Vgl. *Freiburg*, a.a.O., S. 37 f.
56 Näheres zu Romillys Biographie bei *Medd*, Romilly, S. 10 ff.
57 Vgl. *Freiburg*, in: Jacobs (Hrsg.), Gegen Folter und Todesstrafe, S. 33 f.
58 Vgl. a.a.O., S. 27.
59 Vgl. *Gregory*, Harvard Law Review Vol. 15, No. 6 (1902), S. 446 ff.

Tradition für eine Abschaffung der Todesstrafe bei Eigentumsdelikten[60]. Die Reformbemühungen Romillys leiteten einen über Jahrzehnte andauernden Prozess einer stückweisen Milderung des Strafrechts in England ein, wobei die Todesstrafe im Vereinigten Königreich selbst erst in der zweiten Hälfte des 20. Jahrhunderts abgeschafft wurde[61].

III. Jeremy Bentham

Als Begründer des klassischen Utilitarismus gilt der englische Jurist und Philosoph Jeremy Bentham (1748–1832)[62]. In Folge seiner utilitaristischen Ethik vertrat er einen systematischen Rechtspositivismus. Im Zentrum von Benthams Strafrechtstheorie steht die Generalprävention. Zur Todesstrafe hatte er ein ambivalentes Verhältnis. Mehrfach äußerte sich Jeremy Bentham ihr gegenüber ablehnend. Seiner Ansicht nach hat die Bestrafung eines Delinquenten am Leben nur eine weitere Vermehrung des gesellschaftlichen Übels, welches bereits durch die ursprüngliche Straftat begründet wurde, zur Folge. Zudem sei die Todesstrafe ökonomisch nicht sinnvoll und bei Fehlurteilen nicht mehr revidierbar[63]. Allerdings lehnte Jeremy Bentham die Todesstrafe trotz der genannten Einwände nicht generell ab. Denn bei schweren Straftaten, namentlich bei gravierenden Verbrechen gegen das Leben, hält er diese für vertretbar und spricht sich daher auch dafür aus, Exekutionen öffentlichkeitswirksam zu vollziehen, um eine möglichst effektive Abschreckung der Öffentlichkeit zu erreichen[64]. Dadurch legitimierte Bentham die Anwendung der Todesstrafe in einem engen Anwendungsbereich, nämlich bei schweren Kapitalverbrechen, mit dem Strafzweck der Generalprävention. Gleichwohl wird Jeremy Bentham vorliegend unter den Kritikern der Todesstrafe aufgeführt, da seine Reputation als strafrechtlicher Reformer, der den grundsätzlichen Nutzen der Todesstrafe in Frage gestellt hat, seine Befürwortung von Hinrichtungen bei schweren Verbrechen überwiegt.

---

60 *Romilly*, NACr 6 (1824), S. 113 ff. (mitgeteilt von C.W. Asher); vgl. *Kappler*, Handbuch der Literatur des Criminalrechts und dessen philosophischer und medizinischer Hilfswissenschaften, S. 407; *Gregory*, a.a.O., 456.

61 Vgl. *Rath*, Todesstrafe in England, Legal Tribune Online vom 14.6.2020.

62 Vgl. *Höffe*, Einführung in die utilitaristische Ethik, S. 13 ff.

63 Vgl. *Bedau*, in: Journal of Criminal Law and Criminology 74, 3, S. 873 ff.; *Calvert*, Dialogue 2 (2006) S. 211 ff.

64 *Bentham*, The Rationale of Punishment, S. 450: „murders, accompanied with circumstances of aggravation, and particularly when their effect may be the destruction of numbers; and in these cases, expedients, by which it may be made to assume the most tragic appearance, may be safely resorted to, in the greatest extent possible, without having recourse to complicated torments“.

C) Französische Kritiker

I. Voltaire

Auch im Frankreich des 18. Jahrhunderts wurde von einigen Stimmen vermehrt die Beendigung der Hinrichtungen von Straftätern gefordert. Zur Zeit Ludwigs XV. gehörte die Anwendung der Folter und verschiedener Arten der Todesstrafe auch bei Delikten mit eher überschaubarem Unrechtsgehalt zum Repertoire der Strafrechtspflege[65]. Ein prominenter Gegner der Todesstrafe in Frankreich war der Aufklärer Voltaire (1694–1778), mit bürgerlichem Namen François-Marie Arouet[66]. Voltaire erlangte Berühmtheit als Schriftsteller und gilt als einer der wichtigsten Wegbereiter der Französischen Revolution, obwohl er selbst auch gute Beziehungen zu Monarchen wie Friedrich II. unterhielt und der Eignung des Volkes zur Demokratie eher kritisch gegenüberstand[67]. Seine Leistung in der Strafrechtsphilosophie im Allgemeinen und in der Diskussion um die Todesstrafe im Besonderen besteht jedoch nicht vorrangig im Erschaffen einer eigenständigen Denkrichtung, sondern vielmehr in der Rezeption und Verbreitung der Lehren Cesare Beccarias[68]. Von der Lektüre Beccarias Hauptwerks *Dei delitti e delle pene* war er „erfüllt"[69] und widmete ihr 1766 seinen Kommentar *Commentaire sur le livre des délits et des peines*[70]. In seinem Kommentar äußerte er die Hoffnung, dass Beccarias Schrift „den Rest von Barberei in der Rechtspflege vieler Völker tilgen würde"[71]. Im Hinblick auf die Todesstrafe folgte Voltaire Beccarias Argumentation, dass die Verurteilung eines Verbrechers zur lebenslanger Arbeitsstrafe für die Gesellschaft von größerem Nutzen sei als seine Hinrichtung. Hierzu bemerkte er:

> „Es ist einleuchtend, daß zwanzig kräftige Diebe, lebenslang zu öffentlichen Arbeiten verurteilt, durch ihre Strafe dem Staat dienen, ihr Tod aber niemandem guttut, außer dem Henker, der dafür bezahlt wird, daß er Menschen öffentlich umbringt."[72]

---

65 Vgl. *Holmsten*, Voltaire in Selbstzeugnissen und Bilddokumenten, S. 55; *Pieper*, „Hat er aber gemordet, so muß er sterben", S. 105.

66 Näheres zu Voltaires Biographie z.B. bei *Popper-Lynkeus*, Voltaire.

67 Vgl. *Vorländer*, Geschichte der Philosophie, Bd. 2, S. 131; *Pieper*, „Hat er aber gemordet, so muß er sterben", S. 104.

68 Vgl. *Holmsten*, Voltaire in Selbstzeugnissen und Bilddokumenten, S. 112; *Pieper*, a.a.O., S. 105.

69 *Voltaire*, Republikanische Ideen, S. 33.

70 Vgl. *Pieper*, „Hat er aber gemordet, so muß er sterben", S. 105 f.; deutsche Übersetzung: Kommentar zu dem Buch „Über Verbrechen und Strafen" von einem Anwalt aus der Provinz.

71 *Voltaire*, Republikanische Ideen, S. 33.

72 A.a.O., S. 55.

Neben dem Nützlichkeitsgedanken begründete Voltaire seine Ablehnung der Todesstrafe wie Beccaria oder auch Samuel Johnson, auf den er jedoch nicht ausdrücklich Bezug nahm, mit dem Grundsatz der Humanität, gegen welchen die Hinrichtung eines Straftäters schlichtweg verstieße[73]. Über ein Jahrzehnt später, am 15. Februar 1777, veröffentlichte er außerdem in der Berner Zeitung Nr. XIV mehrere Artikel unter der Überschrift „Prix de la justice et de l'humanité"[74]. Dabei setzte er sich ebenfalls mit der Verhältnismäßigkeit von Strafen und Argumenten für die Abschaffung der Todesstrafe auseinander, wobei er auch hier maßgeblich auf Beccarias Theorien Bezug nahm[75].

II. Weitere französische Kritiker

Neben Voltaire machten sich im Frankreich der Aufklärung vor allem Marie Jean Antoine Nicolas de Caritat, Marquis de Condorcet (1743–1794), kurz Nicolas de Condorcet, sowie der französische Rechtsanwalt und Autor François-Vincent Toussaint (1715–1772) einen Namen als Kritiker der Todesstrafe. Condorcet war nicht nur Philosoph, sondern auch Politiker und überzeugter Verfechter der Ideen der Aufklärung[76]. Als Abgeordneter des französischen Nationalkonvents, in welchem er die Girondisten vertrat, opponierte er 1792 erfolglos gegen die Hinrichtung Ludwigs XVI., des letzten Königs des Ancien Régime, da er die Todesstrafe für inhuman und ineffektiv hielt. Der Verzicht auf die Todesstrafe war nach Condorcet ein Gebot der Rechtsstaatlichkeit[77]. Stattdessen votierte er dafür, den gestürzten König zu einem lebenslangen Galeerendienst zu verurteilen. Nicolas de Condorcet scheiterte nicht nur mit seinem Versuch, eine Mehrheit der Abgeordneten dafür zu gewinnen, gegen die Hinrichtung Ludwigs XVI. zu stimmen. 1793 verloren die Girondisten zudem die Mehrheit im Nationalkonvent gegen die Jakobiner. Condorcet wurde wegen Hochverrats verurteilt und tauchte zunächst unter, wurde aber 1794 gefasst und starb kurze Zeit später unter ungeklärten Umständen[78]. François-Vincent Toussaint war ebenfalls ein bekannter Kritiker der Todesstrafe. Touissants wichtigstes Werk war *Les Moeurs*, zu deutsch „Die Sitten", aus dem Jahre 1748. In diesem Buch vertrat er eine aufklärerische und naturphilosophische Grundhaltung und trat der damals in Frankreich vorherrschenden katholischen Morallehre entgegen. Touissant äußerte Bedenken gegen die Hinrichtung von Straf-

---

73 Vgl. a.a.O., S. 55 ff.
74 Deutsche Übersetzung: „Preis der Gerechtigkeit und der Menschlichkeit"; Anm. d. Verf.
75 *Voltaire*, Republikanische Ideen, S. 90 ff.; 164 ff.
76 Vgl. *Lüchinger*, Das politische Denken von Condorcet, S. 11 ff.
77 Vgl. *Steinkamp*, in: Jacobs (Hrsg.), Gegen Folter und Todesstrafe, S. 253 ff.
78 Vgl. *Rommel*, in: Metzler Philosophen Lexikon, S. 187 ff.

tätern und nahm auf diese Weise Beccarias Argumentation teilweise vorweg, beispielshalber hinsichtlich der Inhumanität und fehlenden Effizienz der Todesstrafe[79]. Es ist durchaus denkbar, dass sich Beccaria auf Toussaints Gedanken bezog, auch wenn er ihn nicht ausdrücklich erwähnte.

D) Deutschsprachige Kritiker

I. Karl Ferdinand Hommel

1. Leben und Wirken

Karl Ferdinand Hommel (1722–1781) war ein deutscher Jurist und ab 1752 ordentlicher Professor für Lehnrecht in Leipzig. Er tat sich daneben in maßgeblicher Weise als Strafrechtsreformer hervor, indem er sich unter anderem gegen Folter und Todesstrafe und für eine Humanisierung des Strafrechts einsetzte[80]. 1778 erschien Hommels Neuübersetzung von Cesare Beccarias Abhandlung *Dei delitti e delle pene* unter dem Titel *Des Herrn Marquis von Beccaria unsterbliches Werk von Verbrechen und Strafen.* In seiner berühmten „Hommelschen Vorrede“ setzte er sich mit diversen strafrechtlichen und kriminalpolitischen Forderungen auseinander[81]. Zu Beginn dieser Vorrede lässt Hommel den Leser wissen, dass er am 30. April 1765 in seiner Disputation *Principis cura leges oder des Fürsten Höchste Sorgfalt: die Gesetze* an der Universität Leipzig gegenüber dem damals vierzehnjährigen Kurfürsten Friedrich August III. bereits Auffassungen vertrat, welche mit den Prinzipien, die Cesare Beccaria 1764 in *Dei delitti e delle pene* aufgestellt hatte, vergleichbar waren[82]. Bemerkenswert daran ist die von Hommel geschilderte Tatsache, dass dieser nach seinen Angaben das Werk Beccarias erst 1766 in der damals erschienenen deutschen Übersetzung las; zum Zeitpunkt seiner Leipziger Disputation waren ihm dessen Gedanken und Prinzipien noch unbekannt[83]. Allerdings wurden sowohl Beccaria als auch Hommel von den Lehren Montesquieus *De l'esprit des loix* und dessen

---

79 Vgl. *Martschukat*, Inszeniertes Töten, S. 58; näheres zu Touissants Biographie bei *Adams*, François-Vincent Toussaint.

80 Vgl. *von Zahn*, Karl Ferdinand Hommel als Strafrechtsphilosoph und Strafrechtslehrer, S. 14 ff.

81 Vgl. *Hommel*, Des Herrn Marquis von Beccaria unsterbliches Werk von Verbrechen und Strafen, S. III ff.

82 Vgl. a.a.O., S. III; *Rother*, Verbrechen, Folter, Todesstrafe, S. 101; *Martschukat*, Inszeniertes Töten, S. 58.

83 Vgl. *Hommel*, a.a.O., S. VII; *Rother*, ebd.

kritischen Anmerkungen zur Sinnhaftigkeit der Todesstrafe beeinflusst, womit sich möglicherweise die Ähnlichkeit ihrer Theorien erklären ließe[84].

2. *Strafrechtspolitische Positionen*

Karl Ferdinand Hommel vertrat in seiner Rede die Auffassung, dass Gesetze, die im Laufe der Zeit nicht mehr dem Gerechtigkeitsgefühl entsprachen, geändert werden müssen[85]. Weiterhin sprach er sich auch für die Trennung von Staat und Kirche in der Legislative aus[86]. In beiden Forderungen stimmte er damit bereits unwissentlich mit Beccaria ein, welcher diese ebenfalls in *Dei delitti e delle pene* erhoben hatte[87]. Gleichsam kritisierte Hommel auch die Härte der Strafen seiner Zeit und mahnte daher insgesamt zu einer milderen Gesetzgebung, was ebenfalls eine Gemeinsamkeit mit Beccaria darstellt[88]. Seiner Auffassung nach waren mildere Gesetze von größerer Beständigkeit, was er mit Verweis auf die Gesetzesreformen des Drakon und des Solon in der griechischen Antike begründete[89] Die Gesetzgebung des Drakon (* um 650 v. Chr.) ab 621 v. Chr. wurde in der klassischen Epoche des alten Griechenlands als besonders grausam wahrgenommen, während die Reformen des Solon (ca. 640–560 v. Chr.) um 594 v. Chr. als progressiv und wegweisend für die Demokratie angesehen werden[90]. Ein weiteres Anliegen Hommels war die Wahrung der Verhältnismäßigkeit von Verbrechen und Strafe[91]. In der Vorrede zu seiner Übersetzung von Beccarias Werk nahm er Bezug auf seine *Principis cura leges* und formulierte die darin aufgestellten Grundsätze wie folgt:

> „Härte schadet; übertriebene Geseze werden lächerlich, und am wenigsten gehalten. Todesstrafen helfen nichts. Wir haben kein charakterisches Kenzeichen von einem götlichen algemeinen positiv Geseze. Alle Kenzeichen, welche man zeithero davon gegeben, trügen. Es giebt dergleichen nicht. Ein Gesezgeber muß der menschlichen Schwachheit eingedenk seyn, und die Natur der Sterblichen kennen.

84 Vgl. *Rother*, a.a.O., S. 106.
85 Vgl. *Hommel*, Principis cura leges, S. 14; *Rother*, a.a.O., S. 101.
86 Vgl. *Hommel*, a.a.O., S. 35; *Rother*, a.a.O., S. 102.
87 Vgl. *Evans*, Rituale der Vergeltung, S. 165.
88 Vgl. *Hommel*, Principis cura leges, S. 26 ff.; *Hommel*, Des Herrn Marquis von Beccaria unsterbliches Werk von Verbrechen und Strafen, S. IV; *Rother*, Verbrechen, Folter, Todesstrafe, S. 102.
89 Vgl. *Hommel*, a.a.O., S. 35; *Rother*, ebd.
90 Vgl. *Hölkeskamp*, in: Gehrke / Schneider, Geschichte der Antike, S. 63 ff. m.w.N.
91 Vgl. *Hommel*, Principis cura leges, S. 35; an dieser Stelle führt Hommel ein Zitat von Horaz an: „Regula peccatis, quae poenas irroget aequas. Nec scutica dignum horribili sectere flagello."; im Original bei *Horaz*, Satire III, Buch I, Verse 117 f. (Deutsche Übersetzung: „Jedem Vergehen die rechte Bestrafung, so will es die Regel. Wer nur die Peitsche verdient, dem gib nicht die schwere Geißel.", vgl. *Rother*, Verbrechen, Folter, Todesstrafe, S. 102.

Wilst du einen Menschen verdammen, so erinnere dich selbst, daß du Mensch bist.“[92]

Wie Beccaria war Hommel zudem ebenfalls für die Abschaffung der Strafbarkeit des außerehelichen Geschlechtsverkehrs[93]. Entgegen der Ansicht Beccarias, der richterliche Gesetzesgebundenheit ohne Interpretationsspielraum forderte, hielt Hommel in vielen Fällen die Abweichung der Judikative vom Gesetz für geboten[94]. Diese richterliche Interpretationsfreiheit begründete er wie folgt:

> „Oder wollen wir heute noch Wahrsagerinnen, die mit dem Teufel verkehrt haben sollen, bei lebendigem Leibe verbrennen? Wir müssen sie aber verbrennen, wenn wir nicht von den Gesetzen, die diese Strafe verhängen und bis zum heutigen Tage noch nicht aufgehoben sind, abweichen wollen.“[95]

Karl Ferdinand Hommel betrachtete Beccarias kontraktualistische Strafrechtstheorie, die auf der Lehre vom Gesellschaftsvertrag aufgebaut war, zwar als sehr nützlich, hob aber hervor, dass diese ein rein hypothetisches Gebilde sei. Hommel war außerdem kein konsequenter Verfechter der Vertragstheorie. So vertrat er im Rahmen seiner Überlegungen zum Verhältnis von Moralphilosophie und Strafrecht auch naturrechtliche Positionen, die er als dem Kontraktualismus übergeordnet ansah[96].

3. Argumentation gegen die Todesstrafe

Im siebten Kapitel „De poenarum capitalium“ seiner Disputation beschäftigte sich Hommel explizit mit der Todesstrafe. Er hielt diese für unzweckmäßig und argumentierte stattdessen für umfassende soziale Reformen[97]:

> „Im allgemeinen weiß ich nicht, wozu es dienlich ist, allzu erzürnt mit dem Schwert auf die Verbrecher einzuschlagen. Denn nicht die Schärfe der Todesstra-

---

92 *Hommel*, Des Herrn Marquis von Beccaria unsterbliches Werk von Verbrechen und Strafen, S. IV; *ders.*, Principis cura leges, S. 20 ff.

93 Vgl. *Hommel*, Principis cura leges, S. 36; *Beccaria*, Von Verbrechen und Strafen, S. 101 f.; *Rother*, Verbrechen, Folter, Todesstrafe, S. 102.

94 Vgl. *Rother*, ebd., S. 102.

95 *Hommel*, Principis cura leges, S. 15; deutsche Übersetzung bei *Rother*, a.a.O., S. 102 f.; im Original (lat.): „Itane enim adhuc hodie sagas, quae nefandas cum Daemone societates inire putantur, vivas cremabimus? Cremandae autem sunt, nisi a legibus, quae talem poenam irrogant, neque tamen ad hunc usque diem ullibi sublatae sunt, recedamus“.

96 Vgl. *Hommel*, Philosophische Gedanken über das Criminalrecht, S. 4; *Rother*, a.a.O., S. 107.

97 Vgl. *Rother*, a.a.O., S. 103.

fen hält die Menschen von Verbrechen zurück; dies erreicht man eher, wenn man die Ursache der bösen Tat an der Wurzel packt."[98]

Weiter führte Hommel aus, „man hätte weder Strick noch Galgen nötig, wenn die Armen genug zum Leben hätten"[99]. Damit schlug er – wohl noch unwissentlich – wiederum in die Kerbe Beccarias, der sich gleichsam für eine präventive Bekämpfung der Kriminalität eingesetzt und sich ebenfalls entschieden gegen die Hinrichtung von Dieben gewandt hatte[100]. Wie Beccaria führte auch Hommel die Vorzüge der lebenslangen Zwangsarbeit gegenüber der Anwendung der Todesstrafe an[101]. Obwohl Karl Ferdinand Hommel jedoch die Todesstrafe an sich kritisierte, gab es gleichwohl eine Reihe von Delikten, deren Verwirklichung er für todeswürdig hielt. Darunter fiel nicht nur der Hochverrat, für den auch Beccaria die Todesstrafe forderte[102], sondern darüberhinausgehend auch Mord und Totschlag sowie Brandstiftung, Raub und Münzfälschung. Die Bestrafung dieser Verbrechen durch Hinrichtung des Täters sei allerdings eine bloße Ausnahme von dem Grundsatz, dass eine Straftat generell nicht die Todesstrafe nach sich ziehen dürfe, wie Hommel in seiner Disputation mit anderen Worten darlegt[103]. Er bediente sich darin zur Verdeutlichung des Vergleichs des tötenden Staates mit einem ungeschickten Reiter, der sein störrisches Pferd schlägt und peitscht und führte dazu aus:

> „In diesem mißfällt mir der Zuruf 'Schlag noch stärker zu!' ebenso, so daß ich, mit Ausnahme von Hochverrat, Brandstiftung, Raub, Mord und Münzfälschung nicht wüsste, ob noch ein anderes Verbrechen mit dem Tode zu bestrafen sei."[104]

Zudem unterschied sich Hommel in der Argumentation gegen die Anwendung der Todesstrafe mitunter von Cesare Beccaria. Besonders augenfällig wurde dies bei der Frage nach dem Strafzweck. Zwar wandten sich beide gegen den Strafzweck der Abschreckung, lieferten dafür aber unterschiedliche Begrün-

---

98 *Hommel*, Principis cura leges, S. 33; deutsche Übersetzung bei *Rother*, ebd.; Original (lat.): „Generatim ut dicam, nescio, an gladium iracundius in sceleratos vibrare, expediat? Neque enim poenarum capitalium atrocitas, sed potius radicitus excisa a prima origine sua peccandi occasio homines a criminibus avocat".

99 Ebd.; Original (lat.).: „Nullo, credite mihi, laqueo nec cruce opus, si habeant pauperiores unde vitam sustenare possint".

100 Vgl. *Pieper*, „Hat er aber gemordet, so muß er sterben", S. 91 f.; *Weis*, Cesare Beccaria, S. 15.

101 Vgl. *Rother*, Verbrechen, Folter, Todesstrafe, S. 105.

102 Vgl. *Beccaria*, Von Verbrechen und Strafen, § XXVIII, S. 132 f.; *Weis*, Cesare Beccaria, S. 26.

103 Vgl. *Rother*, Verbrechen, Folter, Todesstrafe, S. 104.

104 *Hommel*, Principis cura leges, S. 34; deutsche Übersetzung bei *Rother*, ebd.; Original (lat.): „In hac enim illiud: 'Feri durius!' adeo displicet, ut, si crimen perduellionis, incendium, rapinam, homicidium et depravationem monetae excipias, nesciam, an ullum aliud delictum morte puniri conveniat?"

dungen. Für Beccaria bestand die größte Abschreckungswirkung der Strafe in ihrer unumstößlichen Anwendung gegenüber dem Straftäter, welche eine darüber hinausgehende Hinrichtung obsolet machte[105]. Demgegenüber lieferte Hommel drei Argumente gegen die Abschreckungstheorie: Erstens die moralphilosophische Begründung, dass die Furcht des Menschen keinen tauglichen Grund für die Tugend darstellen könne, zweitens die psychologische Begründung, nach welcher ein Delinquent ohnehin davon ausgehe, nicht bei seiner Tat ertappt zu werden und drittens die empirische Begründung, dass sich Diebstähle auch häufen, wenn zahlreiche Diebe öffentlich hingerichtet werden[106]. Auf der anderen Seite war Hommels Ablehnung der Abschreckungsdoktrin nicht konsequent. So bezog er sich auch wieder auf die Theorie der Abschreckung, indem er Strafen als Mittel zum Zweck ansah, um Menschen aus Furcht von strafbaren Handlungen abzuhalten[107]. Von Zahn bezeichnete Hommels Lehre dahingehend als „Zähmungstheorie“[108]. Insgesamt lässt sich auch Karl Ferdinand Hommels Stellung als Kritiker der Todesstrafe nicht so eindeutig einordnen wie bei Beccaria, der diese zwar bei Hochverrat als angemessen ansah, grundsätzlich aber entschieden ablehnte. Hingegen übte Hommel darüber hinaus Kritik an Beccarias Doktrin, nach welcher die Todesstrafe auch für Mörder abzulehnen sei[109]. Allerdings erscheint seine partielle Befürwortung von Hinrichtungen bei bestimmten Delikten als untergeordnet und in ihrer Begründung weniger ausgereift im Vergleich zu seiner Abscheu für die Gewalt und Barberei, welche durch diese verursacht wird[110]. Aus diesem Grund lässt sich Hommels Position als Kritiker, wenn auch sicherlich nicht als eindeutiger Gegner der Todesstrafe rechtfertigen, auch wenn die Betitelung als „deutscher Beccaria“ die diversen Unterschiede und Widersprüche seiner Theorien zu den Lehren seines italienischen Zeitgenossen nicht ganz abzubilden vermag.

---

105 Vgl. *Beccaria*, Von Verbrechen und Strafen, § XXVII; *Rother*, a.a.O., S. 110.

106 Vgl. *Hommel*, Philosophische Gedanken über das Criminalrecht, S. 90 f.; *Rother*, ebd.

107 Vgl. *Rother*, a.a.O., S. 111.

108 *von Zahn*, Karl Ferdinand Hommel als Strafrechtsphilosoph und Strafrechtslehrer, S. 78.

109 *Hommel*, Philosophische Gedanken über das Criminalrecht, S. 107 ff.: „Das Bedenklichste im ganzen Werke des Beccaria ist, daß er die Todesstrafe gänzlich abgerathen. Eine ganze Heerde von Schriftstellern hat ihn darüber angeschnattert. Hätte er aber nicht wenigstens den vorsetzlichen Mord ausnehmen, und des Spruches gedenken sollen: Wer Menschenblut vergeust, des Blut wird wieder vergossen werden!“; vgl. *Evans*, Rituale der Vergeltung, S. 247; *Martschukat*, Inszeniertes Töten, S. 70 f.

110 Vgl. *Rother*, Verbrechen, Folter, Todesstrafe, S. 114 ff.

II. Johann Gottlieb Gonne

Bereits vor Hommel publizierte der Rechtsprofessor an der Universität Erlangen Johann Gottlieb Gonne (1713–1758) am 3. Februar 1744 in der wissenschaftlichen Publikation *Erlangische gelehrten Anzeigen* einen Beitrag mit dem Titel *Besondere Anmerkungen von dem Zweck der Strafen in bürgerlichen Gesellschaften*[111]. In diesem Aufsatz wandte sich Gonne explizit gegen die Rache als Strafzweck in bürgerlichen Vertragsgesellschaften[112]. Er sah den Ursprungszustand der Menschheit als Zustand der „natürlichen Freyheit"[113], der in der Staatsform der Republik überwunden werden müsse. Gonne argumentierte also kontraktualistisch wie vor ihm beispielshalber Hobbes, Locke und Rousseau und nach ihm Beccaria. Das Rachegefühl sei dem Naturzustand immanent und müsse in einer vertraglich konsolidierten Zivilgesellschaft überwunden werden. Stattdessen könnten in dieser nur Abschreckung und Besserung als Endzwecke der Strafe akzeptiert werden. Denn der Zustand der größtmöglichen Freiheit und die zu diesem gehörende, inhumane Rachsüchtigkeit der Ursprungsgesellschaft seien in der Republik nicht mehr existent. Deren Mitglieder hätten sich in dem zu Grunde liegenden Gesellschaftsvertrag darauf geeinigt, auf Rache und Vergeltung bei der Findung der richtigen Strafe zu verzichten und sich stattdessen von den Maximen der Besserung und Abschreckung leiten zu lassen[114]. Gonne argumentiert dabei sowohl mit generalpräventiven als auch spezialpräventiven Strafzwecken. Auch wenn sich Gonnes besagter Aufsatz nicht ausdrücklich mit der Todesstrafe beschäftigt, so lässt sich doch eine frühe Beschäftigung mit der Thematik der strafrechtlichen Aufklärung, welche sich für eine humanere, vom Prinzip der Vergeltung entkoppelte Strafrechtspflege einsetzte, erkennen.

III. Joseph von Sonnenfels

Auch der österreichische Schriftsteller und Verwaltungswissenschaftler Joseph von Sonnenfels (1732/1733–1817) befasste sich in seinem dreiteiligen, zwischen 1765 und 1776 erschienenen Werk *Grundsätze aus der Polizey, Handlung und Finanz – Zu dem Leitfaden des politischen Studiums* mit den aufkeimenden strafrechtlichen Forderungen der Aufklärung[115]. In seinen Ausführun-

---

111 *Gonne*, Erlangische gelehrte Anzeigen (1744), Nr. X, S. 73 ff.; vgl. *Martschukat*, Inszeniertes Töten, S. 58.

112 Vgl. *Martschukat*, ebd., S. 58.

113 *Gonne*, Erlangische gelehrte Anzeigen (1744), Nr. X, S. 74.

114 Vgl. *Gonne*, a.a.O., S. 76 ff.; vgl. *Martschukat*, Inszeniertes Töten, S. 58.

115 Vgl. *Martschukat*, a.a.O., S. 58 f.; zur Biographie des Joseph von Sonnenfels *Reinalter*, in: Österreichisches Biographisches Lexikon 1815–1950, Bd. 12 (2005), S. 422 f.

gen zur Verhältnismäßigkeit von Strafe bezieht sich Sonnenfels auf Montesquieu, der die Folgen der verbotenen Handlung zum Maßstab der Strafe erhob. Sonnenfels gab hierzu jedoch zu bedenken:

> „Die in den Gerichtshöfen, als ein Axiom angenommene Meinung: Daß die Strafe Genugthuung für den Staat, Genugthuung für den einzelnen Beleidigten seyn müsse, mißt die Strafe ebenfalls nach den Folgen des Verbrechens. Aber diese Genughtuung ist in den meisten Fällen unmöglich. Der ermordete Bürger lebt selbst im Falle eines Mordes z.B. durch die Hinrichtung des Mörders nicht wieder auf: Wenn durch das Verbrechen, die Volksmenge um 1 vermindert worden, ein zweyter Abzug ergänzt die Summe nicht. Dem Staate also wird der erlittene Verlust dadurch nicht ersetzet, sondern verdoppelt."[116]

Joseph von Sonnenfels argumentierte also dahingehend, dass die Hinrichtung eines Verbrechers keinen nachhaltigen Nutzen für den Einzelnen und die Gesellschaft habe. Vergeltung und Rache als Strafzweck lehnte er somit als unnütz und grausam ab. Stattdessen plädierte er für ein Verständnis des Strafrechts im Sinne der Aufklärung aus einer ethisch-moralischen Perspektive. Das Sanktionensystem, wie es die *Carolina* und die Lehren des Benedikt Carpzov vorsahen, lehnte er damit ebenfalls ab[117]. Über Beccarias Auffassungen äußerte Sonnenfels, dass er selbst dessen Gedanken bereits vor der Veröffentlichung von *Dei delitti e delle pene* vertreten hatte und das Werk des Milanesen ihm letztendlich zur Bestätigung seiner eigenen Strafrechtslehre diente. Diesbezüglich widmete er ihm, zurückblickend auf die Erscheinung von *Dei deliti e delle pene* im Jahr 1764, folgende Zeilen:

> „Gegen das Ende eben dieses Jahres erschien die vortreffliche Abhandlung des Marchese Beccaria, Von Verbrechen und Strafen, welche die verdiente Aufmerksamkeit Europens auf sich zog. Es war eine nicht geringe Beruhigung für mich, einen Satz, der als eine gefährliche Neuerung, und schädlicher Irrthum angefochten war, und mir bereits Widerwärtigkeiten zugezogen hatte, durch das Ansehen dieses Schriftstellers unterstützt zu sehen."[118]

Gleichwohl hielt Sonnenfels wie auch Beccaria die Todesstrafe in Ausnahmefällen für zulässig. Dies war der Fall, wenn die Tötung eines Verbrechers zur Wahrung des Rechts zur Selbstverteidigung notwendig war. Durch den Gesellschaftsvertrag wurde dieses Selbstverteidigungsrecht nach Sonnenfels auf den Staat übertragen, der die Todesstrafe verhängen konnte, wenn die Wiederherstellung der gesellschaftlichen Sicherheit nicht auf andere Weise möglich

116 *von Sonnenfels*, Grundsätze der Polizey, Handlung und Finanz, § 356, S. 460.
117 Vgl. *Martschukat*, Inszeniertes Töten, S. 58 f.
118 *von Sonnenfels*, Grundsätze der Polizey, Handlung und Finanz, § 376, S. 484; vgl. Ammerer, Das Ende für Schwert und Galgen, S. 55.

war[119]. Vor allem auf das 1787 veröffentlichte Allgemeine Gesetz über Verbrechen und derselben Bestrafung hatte Joseph von Sonnenfels großen Einfluss, wie im achten Kapitel dieser Abhandlung noch gezeigt wird.

IV. Johann Gottlieb Fichte

Johann Gottlieb Fichte (1762–1814) als bedeutender Vertreter des deutschen Idealismus setzte sich ebenfalls mit der Begründung der Todesstrafe auseinander[120]. Nach Fichtes Auffassung leitete sich das Strafrecht vom Staatsvertrag ab. Er differenzierte strikt zwischen den jeweiligen Kontexten des Rechts und der Sittlichkeit. Das Fundament seiner rechts- und moralphilosophischen Prinzipien legte Fichte in seinen frühen Werken *Grundlage des Naturrechts nach Prinzipien der Wissenschaftslehre* (1796) und *Das System der Sittenlehre nach den Prinzipien der Wissenschaftslehre* (1798)[121]. In seiner *Grundlage des Naturrechts* stellt Fichte seine Bestimmung der Funktion des Rechts zu Beginn des Kapitels § 8, Deduktion der Eintheilung einer Rechtslehre, wie folgt dar:

> „Soll überhaupt die Vernunft in der Sinnenwelt realisirt werden, so muss es möglich seyn, dass mehrere vernünftige Wesen, als solche, d.i. als freie Wesen neben einander bestehen. Das postulirte Beisammenstehen der Freiheit mehrere aber ist, – es versteht sich beständig, und nach einer Regel, nicht etwa blos hier und da zufälliger Wiese – nur dadurch möglich, dass *jedes freie Wesen es sich zum Gesez mache, seine Freiheit durch den Begriff der Freiheit aller übrigen einzuschränken.*“[122]

In seiner frühen Naturrechtsschrift folgte Fichte damit dem Rechtsbegriff der kantischen Rechtsphilosophie. Im zweiten Teil des Werks geht er auf das angewandte Naturrecht ein und bemerkt zur peinlichen Gesetzgebung in vertragstheoretischer Manier, dass Staat und Bürger durch einen sogenannten auf die Erhaltung der öffentlichen Sicherheit gerichteten Abbüßungsvertrag miteinander verbunden sind, der jedem Rechtsbrecher anstatt eines Ausschlusses vom Staatswesen die Abbüßung der Strafe auf andere Weise, nämlich durch staatliche Sanktionierung, garantiert[123]. Die Sphäre der Sittlichkeit hingegen bestimme nach dem *System der Sittenlehre* das Verhältnis der freien Wesen untereinander und ist dadurch gekennzeichnet, dass sie ausschließlich rationalen Argumenten zugänglich ist[124]. In der Frage der Legitimation der Todesstrafe unterschied Fichte ebenfalls zwischen Recht und Sittlichkeit. So hielt er es

---

119 Vgl. *Strub*, Der Einfluss der Aufklärung auf die Todesstrafe, S. 56.
120 Näheres zu Fichtes Biographie bei *Kühn*, Johann Gottlieb Fichte, S. 17 ff. m.w.N.
121 Vgl. *Pieper*, „Hat er aber gemordet, so muß er sterben“, S. 130.
122 *Fichte*, Grundlage des Naturrechts, Erster Theil, S. 105.
123 Vgl. a.a.O., Zweiter Theil, S. 97 f.

auf der Ebene des Rechts für vertretbar, einen Verbrecher als ultima ratio zu töten. Dies bedinge, dass der Staat sich nicht auf mildere Art und Weise gegen ihn zur Wehr setzen kann. Das Verbrechen gehe einher mit der Aufkündigung des Staatsvertrages durch den Straftäter, so dass die Vollstreckung der Todesstrafe durch den Staat eine reine Schutzmaßnahme gegen den Vertragsbruch darstellt[125]. In der Sphäre der Sittlichkeit hingegen könne die Anwendung der Todesstrafe nach Fichte niemals als vertretbar gelten, da es jedem Menschen möglich sein müsse, frei zu werden um die Freiheit des Sittengesetzes zu erlangen[126]. Diese Freiheit dürfe damit niemanden durch den Staat genommen werden, indem man ihn hinrichten lasse. Denn zum Freiwerden gehöre nach seiner Ansicht das Leben, „denn daß ich jemanden, der keine Freiheit hat, todtschlage, damit er sie bekomme, läßt sich nicht sagen. Also das Recht geht nicht bis zur Todesstrafe“[127]. Auch wenn Johann Gottlieb Fichte die Todesstrafe auf der Rechtsebene grundsätzlich noch für legitimierbar hielt, sah er sie doch als unvereinbar mit dem Sittengesetz an. Damit setzte er sich vor allem in Widerspruch zu Kant und Hegel, da er die Vergeltung als Strafzweck ablehnte. Stattdessen befürwortete er aus heutiger Sicht progressiv die Wiedereingliederung von Straftätern in die Gesellschaft bzw. in schweren Fällen die dauerhafte Verwahrung in geeigneten Anstalten. In seinem *System der Rechtslehre* aus dem Jahr 1812 führte er hierzu aus:

> „Mein Einwurf, wer den Mörder hüten solle, ist leicht zu beantworten. Eben der, der den durch unsern Arzt für wahnsinnig Erklärten hütet, den wir darum nicht tödten, und auf dieselbe Weise. Behandelt ihn als einen gefährlichen Wahnsinnigen.“[128]

Somit steht letztendlich die Ablehnung der Todesstrafe in Fichtes Moralphilosophie seiner grundsätzlichen Legitimation derselben auf der Rechtsebene gegenüber. In seiner *Grundlage des Naturrechts* lässt sich noch deutlich die kantische Prägung erkennen, welche auch mit einer damaligen Befürwortung der Todesstrafe einherging. Die Weiterentwicklung seiner Rechts- und Moralphilosophie bis zum *System der Rechtslehre* führte jedoch zu einer fortschreitenden Ablehnung der Todesstrafe, was unter anderem in dem oben genannten Zitat zum Ausdruck kommt. Aus diesem Grunde erscheint es auch sachgerecht, Fichte nicht bei den Befürwortern, sondern als Kritiker der Todesstrafe zu behandeln.

---

124 Vgl. *Fichte*, Das System der Sittenlehre, S. 233; *Pieper*, „Hat er aber gemordet, so muß er sterben“, S. 129 f.

125 Vgl. *Fichte*, Grundlage des Naturrechts, Zweiter Theil, S. 95 ff.; *Pieper*, a.a.O., S. 130.

126 Vgl. *Pieper*, ebd.

127 *Fichte*, Das System der Rechtslehre, S. 624; vgl. *Pieper*, ebd.

128 *Fichte*, ebd.

V. Johann Christian August Grohmann

Auch das Wirken von Johann Christian August Grohmann (1769–1847) soll an dieser Stelle Erwähnung finden, obwohl es sich vorwiegend nach dem Ende des Alten Reichs realisierte. Der Philosoph Grohmann leitete sein Denken maßgeblich von den Theorien Immanuel Kants ab[129]. Besonderen Einfluss auf die Diskussion um die Todesstrafe nahm er mit seinem 1835 erschienenen Werk *Christenthum und Vernunft für die Abschaffung der Todesstrafe*, in welchem er neben eigenen Erkenntnissen diverse anderweitige Kritiken an der Praxis der Hinrichtungen veröffentlichte. Auch wenn Grohmanns Buch erst neunundzwanzig Jahre nach dem Ende des Heiligen Römischen Reiches erschien, verdient es Erwähnung im Kontext dieser Abhandlung, da es sich gegen diverse im dritten Kapitel erwähnte Begründungsansätze zur Rechtfertigung der Todesstrafe stellt. Grohmann begründete seine Ablehnung wie andere kritische Vorläufer – beispielshalber Beccaria, Hommel oder Johnson – mit der unangemessenen Härte und fehlenden Humanität der Todesstrafe. Es sei ein Gebot der Vernunft, auf ihre Anwendung zu verzichten[130]. Die Argumente für ihre Beibehaltung hielt er für reaktionär und aufgrund falscher Prämissen für widersprüchlich[131]. Grohmann erklärte seine Kritik sowohl mit der Vernunft als auch aus seiner Interpretation des christlichen Glaubens heraus. Die Hinrichtung eines Verbrechers verstoße gegen die Freiheit der Menschennatur und sei daher unmoralisch. In seiner Vorrede zu *Christenthum und Vernunft für die Abschaffung der Todesstrafe* führt er dazu aus:

> „Durch die Todesstrafe wird das ewige Recht der Menschennatur beleidigt. Durch die Bändigung der Willkühr des Verbrechers in mehrjährigem, lebenslänglichem Gewahrsam wird auf keine Weise, wie man wider mich eingewendet hat, ein vielleicht eben so persönliches Recht der Menschennatur verletzt. Dieses Recht der Persönlichkeit wird vielmehr, daß ich es so ausdrücke, integrirt, in seiner Integrität erhalten."[132]

Johann Christian August Grohmann argumentierte also in der Tradition von Cesare Beccaria für die Bestrafung von schweren Verbrechen durch lebenslange Freiheitsstrafe anstatt der Tötung des Straftäters. Grohmann bezog sich dabei maßgeblich auf moralische Erwägungen, welche der Anwendung der Todesstrafe entgegenstehen und diese letztendlich unrechtmäßig erscheinen lassen[133].

---

129 Vgl. *Leibbrand*, NDB, Bd. 7, S. 119 f.

130 Vgl. *Grohmann*, Christenthum und Vernunft für die Abschaffung der Todesstrafe, Vorrede, S. XIII.

131 Vgl. a.a.O., S. IX f.

132 A.a.O., S. X f.

133 Vgl. a.a.O., S. XII ff.

VI. Carl Joseph Anton Mittermaier

Abschließend soll auch noch auf die Auseinandersetzung mit der Todesstrafe im Werk des Carl Joseph Anton Mittermaier (1787–1867) eingegangen werden. Mittermaier war im 19. Jahrhundert einer der bedeutenden deutschen Strafrechtswissenschaftler und hatte Lehrstühle in Landshut, Bonn und Heidelberg inne[134]. Obgleich auch seine Thesen erst nach dem Ende des Alten Reiches veröffentlicht wurden, standen diese doch in der unmittelbaren geistigen Nachfolge der in diesem Kapitel behandelten Denker, weswegen sie an dieser Stelle nicht unberücksichtigt bleiben sollen. Mittermaier befasste sich ab ca. 1820 mit der Todesstrafe und verfasste bis zu seinem Todesjahr Abhandlungen über diese[135]. Obgleich er rückblickend als ihr scharfer Kritiker anerkannt ist, befürwortete er ihre Anwendung zunächst und bezeichnete ihre Ablehnung 1819 gar als „Empfindelei". Mit diesem Wortlaut hatte zuvor bereits Kant Kritik an Beccarias Theorien geäußert[136]. In den zwanziger und dreißiger Jahren des 19. Jahrhunderts begann Mittermaier seine Einstellung zu ändern und stellte das staatliche Recht zu Töten zunächst bei den Delikten des Kindermords und des Totschlags in Frage[137]. Vor allem ab 1848 wandte er sich vermehrt und öffentlichkeitswirksam[138] gegen die Todesstrafe in toto. Seine Ablehnung begründete Mittermaier vor allem mit dem Gerechtigkeitsprinzip. Notwendigkeit und Zweckmäßigkeit galten für ihn als der Maßstab gerechten Strafens. Folgerichtig argumentierte er, Hinrichtungen von Straftätern seien nicht notwendig, da ihre Anwendung keinen Mehrwert für die Gesellschaft mit sich bringen und somit dem Postulat der Gerechtigkeit widersprechen[139]. In seiner Monographie *Die Todesstrafe* stellte Mittermaier 1862 unter anderem mit Verweis auf die Kriminalstatistik klar, dass die Todesstrafe aus seiner Sicht keine abschreckende Wirkung mit sich bringe und stattdessen die Besserung des Täters der bestimmende Strafzweck sein müsse[140]. Damit stellte Mittermaier maßgeblich auf spezialpräventive Erwägungen ab, wie sie auch schon beispielshalber von Beccaria und Gonne geäußert wurden und folgt damit einer argumentativen Tradition der aufklärerischen Straftheorien.

---

134 Näheres zu Mittermaiers Werken und Wirken m.w.N. bei *Nuzzo*, Bibliographie der Werke Karl Joseph Mittermaiers.

135 Vgl. *Fleckenstein*, Die Todesstrafe im Werk Carl Joseph Anton Mittermaiers, S. 45 ff.

136 Vgl. a.a.O., S. 55.

137 Vgl. a.a.O., S. 60 ff.

138 So hielt Mittermaier z.B. am 3. August 1848 eine leidenschaftliche Rede vor der deutschen Nationalversammlung in der Frankfurter Paulskirche als Vertreter Baden-Badens, in welcher er die Abschaffung der Todesstrafe für politische Verbrechen forderte; vgl. a.a.O., S. 67.

139 Vgl. a.a.O., S. 95 ff.

140 *Mittermaier*, Die Todesstrafe; vgl. *Fleckenstein*, a.a.O., S. 140 ff.

E) Spanische Kritiker

Auch im Spanien des 18. Jahrhunderts gab es Stimmen gegen die Todesstrafe, die im Folgenden kurz skizziert werden sollen. Dies ist insoweit bemerkenswert, als der Todesstrafe in Spanien selbst im Vergleich zu den bisher untersuchten Ländern eine besondere Präsenz im Alltag zukam. Hinrichtungen wurden oftmals öffentlich vollzogen, wobei zumeist die Methode des Erhängens gewählt wurde. Der Galgen galt in Spanien als die schändlichste Art der Exekution, während die Garrotte – eine Würgschraube, die um den Hals des Delinquenten gelegt und zugezogen wurde – als humanste Tötungsmethode angesehen wurde und vornehmlich bei adeligen Verurteilten angewendet wurde[141]. Gleichwohl formierte sich auch in Spanien im Zuge der Aufklärung Widerstand gegen die Anwendung der Todesstrafe. Der Benediktinerpater Fray Martín Sarmiento (1695–1771) veröffentlichte zwischen 1762 und 1766 sein Werk *Obra de los seiscientos sesenta pliegos*[142]. In einem Abschnitt dieses Traktats aus dem Jahre 1764 wendet er sich gegen die Todesstrafe. Auch wenn Sarmiento diesen Text, der nur als unveröffentlichtes Manuskript erhalten ist, fast zeitgleich zu Beccarias *Dei dellitti e delle pene* geschrieben hat, gilt es als unwahrscheinlich, dass er dessen Ideen zu diesem Zeitpunkt bereits gekannt hat[143]. Gleichwohl ähnelt Sarmientos Argumentation de Beccarias. So ist er der Auffassung, dass die Verurteilung eines Verbrechers zu Arbeitsdiensten der Gesellschaft mehr nützt als dessen Exekution. Gleichzeitig stellt er sich gegen die verbreitete Ansicht, die Todesstrafe sei ein geeignetes Mittel zur Abschreckung möglicher Nachahmer. Sodann hält Sarmiento es für das einzig geeignete Mittel, einen Verurteilten aus der Gesellschaft auszuschließen und an einen Ort zu verbannen, an welchem er Arbeitsdienste zum Nutzen der Allgemeinheit zu verrichten hat[144]. Ein weiterer sich gegen die Todesstrafe richtender spanischer Text des 18. Jahrhunderts, dessen Autorenschaft bislang allerdings nicht belegt wurde, ist die Utopie *Sinapia.* Zu diesem Werk gibt es die – nicht verifizierte – These von José Santos Puerto, dass es ebenfalls von Fray Martín Sarmiento gegen Ende der 1760er Jahre verfasst wurde[145]. Der Titel *Sinapia* stellt ein Anagramm des Wortes *Hispania* dar und beinhaltet einen diametralen Gegenentwurf zur tatsächlichen politischen Situation Spaniens

141 Vgl. *Jacobs*, Die Beccaria-Rezeption in Spanien, in: ders. (Hrsg.), Gegen Folter und Todesstrafe, S. 75.

142 Deutsche Übersetzung: Werk der sechshundertsechzig Hefte, Anm. d. Verf.

143 Vgl. *González Giutián*, penales y criminólogicos 11 (1988), 73 f.; *Jacobs*, a.a.O., S. 79.

144 Vgl. *Jacobs*, a.a.O., S. 79 f.

145 Vgl. *Santos Puerto*, Martín Sarmiento, Bd. 2, S. 336 ff.

im 18. Jahrhundert. Im 26. Kapitel mit der Überschrift *De la justicia*[146] entwickelt der Autor den Gedanken, dass Vatermörder und Menschen, die sich gegen Staat und Religion auflehnten, auf eine einsame Insel verbannt werden sollten. Dort sollten ihnen Hilfsmittel zur Verfügung gestellt werden, um den eigenen Lebensunterhalt abseits der Gesellschaft zu bestreiten. Weitere Verbrechen wären je nach Schwere mit ewiger oder befristeter Sklaverei oder leichteren Strafen wie Leibes- oder Freiheitsstrafen zu ahnden. Damit wird die Todesstrafe in *Sinapia* abgelehnt. Eine Ausnahme von diesem Grundsatz bestünde lediglich dann, wenn jemand aus der Verbannung unerlaubterweise wieder in die Gemeinschaft zurückkehren würde[147]. Die Reaktionen in Spanien nach dem Erscheinen von Beccarias *Dei delitti e delle pene* waren unterschiedlich: So wandte sich in der Folge Alfonso María de Acevedo (1737–1798) in seiner 1770 erschienenen Schrift *De reorum absolutione objecta crimina negantium apud equuleum, ac de hujus usu eliminando, praesertim ab ecclesiasticis tribunalius, Exercitatio* gegen die Anwendung von Folter und Todesstrafe. Beccaria und Acevedo wurden allerdings von der Mehrheit der Rezipienten kritisiert, unter anderem von Fernando de Zevallos y Mier (1732–1802) und von Pedro de Castro. Die spanischen Verteidiger der Todesstrafe argumentierten vor allem mit dem Abschreckungsgedanken[148].

F) Diskurse über die Todesstrafe

Bei Betrachtung der verschiedenen Begründungen, mit denen gegen die Todesstrafe argumentiert wurde, lässt sich eine ähnliche Vielfalt wie bei ihren Befürwortern erkennen. Auch hier fällt auf, dass die meisten Denker mehr als nur einen Legitimationsansatz verfolgen. Cesare Beccaria beispielsweise verband als einer der wirkmächtigsten Kritiker der Todesstrafe in seiner Lehre sowohl Elemente der Generalprävention und Spezialprävention als auch ethisch-moralische und sozialphilosophische Theorien, wobei die generalpräventiven Elemente das beherrschende Merkmal der Doktrin waren. Selbiges lässt sich bei Voltaire, dessen Theorie maßgeblich auf Beccarias Auffassungen aufgebaut ist, beobachten. Auch bei Karl Ferdinand Hommel war die Generalprävention das Hauptargument gegen die Todesstrafe. Gleichsam zieht er ergänzend moralphilosophische und sozialphilosophische Begründungen heran. Neben der Generalprävention wurden vor allem auch Einwände ethischer

146 Deutsche Übersetzung: Über die Gerechtigkeit, Anm. d. Verf.
147 Vgl. *Jacobs*, Die Beccaria-Rezeption in Spanien, in: ders. (Hrsg.), Gegen Folter und Todesstrafe, S. 80 f.
148 Vgl. a.a.O., S. 82 ff.

und moralischer Natur vorgebracht. Diese stellen das Hauptargument z.B. bei Johnson, Romilly und de Condorcet dar. Auch bei den deutschen Aufklärern Gonne und Sonnenfels wie auch bei ihren geistigen Nachfolgern Fichte und Grohmann sind ethisch-moralische Erwägungen der Hauptbegründungsansatz für die Ablehnung der Todesstrafe. Die Spezialprävention wurde vorrangig herangezogen von Gonne und später auch von Carl Joseph Anton Mittermaier, der die Person des Täters in den Mittelpunkt seiner Kritik an der Todesstrafe stellte. Es fällt also auf, dass keine der Theorien als dominierend bezeichnet werden kann. Vielmehr lässt sich eine Heterogenität respektive eine je nach Urheber der Kritik differenzierte Gewichtung der einzelnen Positionen konstatieren. Zur Zeit der Aufklärung können die Lehre von der Generalprävention und die Moralphilosophie als am stärksten vertretene Begründungen der Kritik am Institut der Todesstrafe ausgemacht werden, daneben auch oftmals sozialphilosophische und gesellschaftstheoretische Argumente. Im Laufe des 19. Jahrhunderts trat auch die Lehre der Spezialprävention stärker in den Vordergrund durch die Verbreitung der Lehren Fichtes und danach vor allem Mittermaiers. Martschukat beschreibt den Diskurs um die Todesstrafe generell als „verästelt und heterogen“[149]. In den vorausgehenden Ausführungen dieses und des vorangegangenen Kapitels lässt sich die Begründungsvielfalt erkennen, mit welcher sowohl für als auch gegen sie eingetreten wurde. Es stellt sich hierbei zunächst die Frage, inwieweit man überhaupt von einem Diskurs sprechen kann. Der Kenntnisstand zur Zeit der Aufklärung kann natürlich nicht mit den Möglichkeiten der Informationsgewinnung im heutigen Internetzeitalter verglichen werden. Es ist davon auszugehen, dass kaum einer der behandelten Rechtsphilosophen alle oder zumindest die meisten Gedanken der zahlreichen anderen Denker, die im Rahmen dieser Arbeit zu Wort kommen, gekannt hat. Waren diese Werke bekannt, wurden die darin formulierten Theorien oftmals übernommen oder mit eigener Nuancierung weitergeführt. Besonders Beccarias *Dei delitti e delle pene* aus dem Jahr 1764 wurde zahlreich rezipiert. Befürwortend war vor allem die Rezeption von Verri und Voltaire. Beide hoben die Wichtigkeit von Beccarias Theorie hervor, verteidigten sie gegen ihre Kritiker und bauten ihre eigenen Werke im Wesentlichen auf ihr auf[150]. Hommel stellte 1765 in seiner Leipziger Disputation seinerseits eine Reihe von Thesen auf, die auch Beccaria in seinem Hauptwerk aufgestellt hatte. Dabei beanspruchte Hommel, diesen Gedanken schon vor Beccaria ohne Kenntnis dessen Werks formuliert zu haben; die Richtigkeit dieser Aussage ist jedoch weder

---

149 *Martschukat*, Inszeniertes Töten, S. 69.

150 Vgl. *Rother*, Verbrechen, Folter, Todesstrafe, S. 20; *Pieper*, „Hat er aber gemordet, so muß er sterben“, S. 105 f.

bewiesen noch widerlegt[151]. Insbesondere der Gesellschaftsvertrag wurde sowohl von den Befürwortern als auch den Kritikern der Todesstrafe als entscheidendes Argument für die jeweilige Richtigkeit ihrer Thesen herangezogen[152]. Diskurse zwischen Gegnern und Befürwortern sind ebenfalls zumindest durch kritische Äußerungen von Philosophen über andere Vertreter ihres Fachs belegt. So befasste sich Immanuel Kant unter anderem mit den Einwänden des Cesare Beccaria, welche er als zu empfindlich, affektiert und sophistisch ablehnte[153]. Eine derartige Befürwortung der Todesstrafe wurde wiederum entschieden von Samuel Johnson abgelehnt, der diese als inhuman bewertete[154]. Auch die einzelnen zur Rechtfertigung staatlicher Tötung aufgestellten Theorien sahen und sehen sich entsprechender Kritik ausgesetzt. Den hierzu vertretenen Sühnetheorien lässt sich aus heutiger Sicht entgegenhalten, dass sie auf der Befreiung des Täters von seiner Schuld fußen, welche aber letztendlich nur durch dessen freiwillige Einwilligung in diesen Akt möglich ist und nicht durch extrinsische Maßnahmen wie seiner Tötung erzwungen werden kann[155]. Dem Vergeltungsgedanken ist aus der Retroperspektive vor allem entgegenzusetzen, dass die Wiedervergeltung eines Übels mit einem anderen Übel einen ethischen Unwert darstellt, der mit der Idee des Rechts als einer Instanz des objektiv Guten vereinbar ist, welches auch nur eine Reaktion auf ein *malum actionis* durch ein *bonum actionis* gestattet[156]. Auch die Abschreckungswirkung der Todesstrafe war und ist Gegenstand vieler Diskussionen, in welchen die tatsächliche Auswirkung aus empirischer Sicht negiert wird. Aus philosophischer Sicht wurde und wird dem Abschreckungsargument vor allem entgegengehalten, dass es den Menschen als bloßes Mittel zum Zweck ansieht. Damit verstoße es gegen das fundamentale ethische Prinzip des Verbots der zweckhaften Verfügung über den Menschen, wie es beispielshalber Immanuel Kant mit seinem kategorischen Imperativ mit der Selbstzweckformel „Handle so, daß du die Menschheit sowohl in deiner Person, als in der Person eines jeden anderen jederzeit zugleich als Zweck, niemals bloßes Mittel brauchst“[157] ausgedrückt hat[158]. Vor allem Immanuel Kant prägte diese Kritik an dem Zweckgedanken der negativen Generalprävention, später auch Hegel und seine

151 Siehe hierzu die Ausführungen unter Kap. 4, D), I.
152 Vgl. *Martschukat*, Inszeniertes Töten, S. 69.
153 Vgl. *Schmitz*, in: Schrader / Goedert / Scherbel (Hrsg.), Perspektiven der Philosophie Bd. 28 (2002), S. 198.
154 Vgl. *Freiburg*, in: Jacobs (Hrsg.), Gegen Folter und Todesstrafe, S. 28.
155 Vgl. *Keller*, Die Todesstrafe in kritischer Sicht, S. 33 f.
156 Vgl. *Del Vecchio*, Die Gerechtigkeit, S. 180 ff.
157 *Kant*, Grundlegung der Metaphysik der Sitten, S. 63.
158 Vgl. *Del Vecchio*, Die Gerechtigkeit, S. 183; *Keller*, Die Todesstrafe in kritischer Sicht, S. 72 f.

geistigen Nachfolger[159]. In historischer Perspektive lässt sich die zunehmende Ablehnung der Todesstrafe in Mittel- und Westeuropa ab Mitte des 18. Jahrhunderts beobachten, wobei Gonne in Deutschland und Johnson in England als zunächst noch nicht in signifikanter Weise rezipierte Vorreiter angesehen werden können. Eine breitere Aufmerksamkeit, die im Wesentlichen auf die gebildete Bevölkerung beschränkt war, wurde der Diskussion dann ab 1765 wie beschrieben durch die Thesen von Hommel und vor allem Beccaria zuteil. Letztendlich lässt sich feststellen, dass auch die bekannten Gegner der Todesstrafe diese oftmals nicht ohne Einschränkungen eliminieren wollten, während auch ihre grundsätzlichen Befürworter teilweise ihren Anwendungsbereich massiv einschränken wollten. Insofern stellte sich die Entscheidung, ob ein Denker den Befürwortern oder den Kritikern der Todesstrafe zuzuordnen war, im Einzelfall als nicht einfach dar; den Ausschlag gaben bei manchen Autoren nur Nuancen.

159 Vgl. *Pieper*, „Hat er aber gemordet, so muß er sterben“, S. 117; *Schreiber*, ZIS 2006, S. 328.

DRITTER TEIL:
DIE BEHANDLUNG DER TODESSTRAFE IN AUSGEWÄHLTEN KODIFIKATIONEN UNTER DEM EINFLUSS DER AUFKLÄRUNG

Fünftes Kapitel: Der Codex Juris Bavarici Criminalis (1751)

A) Allgemeine Grundsätze des Codex Juris Bavarici Criminalis

I. Entstehungsgeschichte

Der dritte Teil dieser Abhandlung soll einen Überblick über die Behandlung und Abschaffung in ausgewählten Strafgesetzbüchern im Zeitalter der Aufklärung geben. Die erste zu untersuchende Kodifikation ist der *Codex Juris Bavarici Criminalis* aus dem Jahr 1751, welcher auf dem Gebiet des damaligen Kurfürstentums Bayern Geltung beanspruchte. Unter der Herrschaft von Kurfürst Maximilian III. Joseph (1727–1777) erschuf der bayerische Vizekanzler Wiguläus Xaver Aloysius Freiherr von Kreittmayr (1705–1790) eine umfassende Kodifikation über die zentralen Bereiche des Rechts, welche Gesetzbücher über das Strafrecht (*Codex Juris Bavarici Criminalis*, 1751), das Zivilprozessrecht (*Codex Juris Bavarici Judiciarius*, 1753) und das Privatrecht (*Codex Juris Bavarici Civilis*, 1756) enthielt[1]. Dieses Vorhaben war zum damaligen Zeitpunkt im noch vorrangig von Partikularrechtsordnungen dominierten Heiligen Römischen Reich Deutscher Nation einzigartig. Der *Codex Juris Bavarici Criminalis* – nachfolgend auch als *Codex* respektive C.J.B.C. abgekürzt – enthielt sowohl Regelungen zum materiellen Strafrecht als auch zum Strafprozessrecht und folgt in dieser Hinsicht der *Constitutio Criminalis Carolina*, welche er nach der Feststellung von Stobbe teilweise noch in Punkto Härte der Strafen übertrifft[2]. Angesichts des Zeitablaufs von über zwei Jahrhunderten zwischen dem Inkrafttreten beider Gesetzestexte und den bereits in der öffentlichen Wahrnehmung diskutierten Ideen der Aufklärung mag dies überraschen. Andererseits war die bayerische Kriminalpolitik in der Mitte des 18. Jahrhunderts noch deutlich weniger progressiv als z.B. diejenige Preußens unter Kaiser Friedrich II., welcher die Prinzipien der Aufklärung selbst schon propagierte und aktiv in seinem Regierungsstil umzusetzen versuchte[3]. Bemerkenswert ist im Übrigen die Tatsache, dass von Kreittmayr selbst in anonymi-

---

1 Vgl. *Heigel*, ADB, Bd. 21 (1885), S. 27 ff.; *Stobbe*, Geschichte der deutschen Rechtsquellen, S. 443.

2 Vgl. *Stobbe*, ebd.

3 Vgl. *Behringer*, in: van Dülmen (Hrsg.), Verbrechen, Strafen und soziale Kontrolle, S. 111 ff.

 | https://doi.org/10.1515/9783112227916-007

sierter Form Anmerkungen zu seinem eigenen Werk im Sinne eines Kommentars verfasst hat. In diesem rechtfertigte er die harten Strafandrohungen des *Codex Juris Bavarici Criminalis* mit kriminalpolitischen Erwägungen, die vor allem auf Abschreckung abzielten. Der Geist der Aufklärung hatte noch keinen Anklang in der bayerischen Kodifikation gefunden. Auch die Zauberei und Hexerei waren weiterhin als Verbrechenstatbestände in dieser aufgeführt, was in besagten Anmerkungen mit dem heimlichen Bündnis und der fleischlichen Vermischung mit dem Teufel, welche es zu bestrafen gelte, legitimiert wird. Berner kommt diesbezüglich zu dem pointiert formulierten Schluss: „In unseres guten Kreittmayrs Kopf spukt noch die ganze Walpurgis-Nacht!"[4]; diese Aussage trifft er jedoch nicht ohne gleich darauf die „hervorragende Bedeutung des Mannes"[5] zu würdigen. Schmidt rezipiert den *Codex* als ein „im Geiste des von Naturrecht und Aufklärung noch kaum berührten Rechtsdenkens"[6] verfasstes Strafgesetzbuch.

II. Grundsätze des materiellen Rechts und des Verfahrensrechts

Wie bereits angesprochen gliedert sich der *Codex Juris Bavarici Criminalis* in einen materiell-rechtlichen und einen strafprozessualen Teil, von welchen der erste zwölf und der zweite elf Kapitel, die im Gesetzestext als Capitul bezeichnet werden, umfasst[7]. Der Akkusationsprozess war in der Tradition der *Bambergensis* und der *Carolina* nach wie vor im strafverfahrensrechtlichen Instrumentarium verankert, trat in seiner Bedeutung aber hinter die Inquisitionsmaxime zurück, da aus Kreittmayrs Sicht das Offizialprinzip gegenüber einem privaten Anklagerecht für jeden vorteilhafter war[8]. Begründet wird dies zu Beginn des zweiten Kapitels des zweiten Teils mit den aus dem Akkusationsprinzip „gemeiniglich entstehenden schweren Feindschaften und anderer Ungelegenheiten"[9] und damit mit der besseren Wahrung des Rechtsfriedens durch das Inquisitionsverfahren[10]. In systematischer Hinsicht werden allge-

4 *Berner*, Die Strafgesetzgebung in Deutschland vom Jahre 1751 bis zur Gegenwart, S. 6; vgl. *Schmidt*, Einführung in die Geschichte der deutschen Strafrechtspflege, S. 211.

5 *Berner*, ebd.

6 *Schmidt*, Einführung in die Geschichte der deutschen Strafrechtspflege, S. 182.

7 Vgl. *Berner*, Die Strafgesetzgebung in Deutschland vom Jahre 1751 bis zur Gegenwart, S. 6.

8 Vgl. *Schmidt*, Einführung in die Geschichte der deutschen Strafrechtspflege, S. 198; *Berner*, a.a.O., S. 4.

9 *C.J.B.C.*, Zweyter Theil, Zweytes Capitul, § 1.

10 Vgl. *Berner*, Die Strafgesetzgebung in Deutschland vom Jahre 1751 bis zur Gegenwart, S. 4.

meine strafrechtliche Lehren zu Beginn im ersten Kapitel des ersten Teils mit der Überschrift „Von denen Criminal-Verbrechen und Straffen überhaupt“[11] behandelt[12]. Dort wird auch eine Unterscheidung zwischen einzelnen Straftaten nach Unrechtsgehalt und Strafmaß getroffen: Geringe Straftaten, die *delicta leviora*, werden lediglich mit einer Gefängnis-, Geld-, Schand- oder vergleichbar leichten Strafe geahndet. Schwere Straftaten, die *delicta graviora*, ziehen demgegenüber eine Leib- oder Lebensstrafe nach sich. Die überschweren Straftaten hingegen, die *delicta atrocissima*, werden ausschließlich mit dem Tode bestraft und zwar „nicht nur am Leben, sondern gar mit einem härtern und langsamen Tod, oder mit einem empfindlichen Zusatz“[13]. Detaillierte Ausführungen finden sich im ersten Kapitel des ersten Teils beispielshalber auch zur Zurechnungsfähigkeit (§ 4), zu Strafmilderungsgründen (§ 13–16) und zur Trunkenheit (§ 19)[14]. Erst zum Abschluss des ersten Teils werden in dessen zwölftem Kapitel die Lehren über Versuch, Beihilfe, Begünstigung und unterlassene Anzeige dargestellt[15]. Hinsichtlich der Verjährung von Straftaten wird im elften Kapitel des zweiten Teils festgelegt, dass eine Verjährung malefizischer Verbrechen grundsätzlich nach zwanzig Jahren eintritt. Hiervon ausgenommen sind allerdings „das Laster der beleydigten Majestät, Ketzerei, fürsetzlicher Todschlag, falsche Münzung, Unterschiebung eines fremden Kindes, wie auch all andere gar überschwere Thaten, zu Latein atrocissima, welche auch nach 20. Jahren der Straff und Inquisition unterworffen bleiben“[16]. Die Verjährungslehre des *Codex* folgte damit der gemeinrechtlichen Tradition[17].

B) Die Todesstrafe im Codex Juris Bavarici Criminalis

I. Allgemeines

Wie bereits festgestellt, wurden die *delicta graviora* fakultativ und die *delicta atrocissima* ausschließlich mit dem Tode bestraft, wobei bei Letzteren zusätzlich noch besondere Qualen verhängt wurden, die zur bloßen Tötung hinzuka-

11 *C.J.B.C.*, Erster Theil, Erstes Capitul, Überschrift.
12 Vgl. *Berner*, Die Strafgesetzgebung in Deutschland vom Jahre 1751 bis zur Gegenwart, S. 3.
13 *C.J.B.C.*, Erster Theil, Erstes Capitul, § 2.
14 Vgl. *Berner*, Die Strafgesetzgebung in Deutschland vom Jahre 1751 bis zur Gegenwart, S. 3.
15 *C.J.B.C.*, Erster Theil, Erstes Capitul, § 12; vgl. ebd.
16 *C.J.B.C.*, Zweyter Theil, Eilftes Capitul, § 4.
17 Vgl. *Berner*, Die Strafgesetzgebung in Deutschland vom Jahre 1751 bis zur Gegenwart, S. 3.

men. Zu den geringen und schweren Straftaten wird in § 5 des ersten Kapitels im ersten Teil des *Codex* unter der Überschrift „Von denen Criminal- und Lebens-Straffen“ das Folgende ausgeführt:

> „Die Straffen der Criminal-Verbrechen gehen theils an Leib, Ehr und Gut, theils gar an das Leben. Die Letztere pflegen zwar auf vilerley Weiß, gemeiniglich aber nach hiesigen Lands-Gebrauch, theils mit dem Schwerdt, Strang oder Rad, und zwar das Letztere mit oder ohne dem sogenannten Gnaden-Stoß, theils durch das Feuer und die Viertheilung, beedes entweder lebendig oder nach vorgängiger Strangulir- oder Enthauptung vorgenommen zu werden.“[18]

§ 5, Theil 1, Cap. 1, gibt somit gewissermaßen das Programm für die gängigen von den Strafgerichten anzuwendenden Hinrichtungsarten vor. Ausdrücklich wird dem erkennenden Richter dabei ein Ermessensspielraum eingeräumt, wie sich aus „auf vilerley Weiß“ ergibt. Gleichzeitig sollte sich die Bemessung der Strafe jedoch nach den bayerisch-gemeinrechtlichen Traditionen, also „nach hiesigen Lands-Gebrauch“ richten. Für den Vollzug der Todesstrafe zählt § 5 die Tötung mit dem Schwert sowie durch das Hängen, Rädern, Verbrennen und die Vierteilung als anerkannte Hinrichtungsarten auf, wobei als Anwendungsalternativen für das Rädern der Gnadenstoß und für Feuer und Vierteilung die Anwendung bei lebendigem Leibe oder nach vorangehender Enthauptung oder Strangulierung genannt werden. Darauf aufbauend werden in § 6, Theil 1, Cap. 1, unter der Überschrift „Zusätz der Lebens-Strafen“ die vorrangig für die Bestrafung der *delicta atrocissima* bestimmten Schärfungen der Tötungsmodalitäten vorgestellt:

> „Jetztgedachte Capital-Straffen werden auch öfters durch Zusätze geschärfft, und der arme Sünder zur Richt-Statt geschleiffet, mit glüenden Zangen gerissen, Riemen aus ihm geschnitten, die Hand abgehauet, die Zung ausgerissen, der entseelte Körper auf das Rad gelegt, verbrannt, geviertheilt und die Viertheil an offener Strassen ausgehenckt. Welch Letzteres jedoch zu Vermeydung ohnnötiger Kösten hinführo unterlassen werden soll.“[19]

Auch bei der Formulierung der Zusätze orientierte sich der Gesetzgeber wieder an den gemeinrechtlichen Traditionen, wie sie zur Sanktionierung von Kapitalverbrechen in Bayern zur Mitte des 18. Jahrhunderts üblich waren. Die aufgezählten Schärfungen der Hinrichtungsmodalitäten finden sich bereits in der *Bambergensis* und der *Carolina*. Daran zeigt sich, dass zumindest im bayerischen Strafrecht auch über zweihundert Jahre nach Inkrafttreten dieser Strafordnungen kein nennenswerter Paradigmenwandel eingesetzt hatte, was die Brutalität der Bestrafung schwerer Verbrechen angeht. Bemerkenswert ist an

---

18 *C.J.B.C.*, Erster Theil, Erstes Capitul, § 5.
19 *C.J.B.C.*, Erster Theil, Erstes Capitul, § 6.

dieser Stelle auch der zweite Satz von § 6, der das im ersten Satz erwähnte traditionelle Aushängen des viergeteilten Körpers in der Öffentlichkeit dadurch relativiert, dass es aus Kostengründen nach Möglichkeit nicht mehr angewandt werden solle.

II. Unbenannte Todesstrafen

Neben den vom Gesetzgeber vorgeschriebenen oder vorgeschlagenen Hinrichtungsarten finden sich im *Codex* auch unbenannte Lebensstrafen, deren Ausgestaltung bewusst offengelassen und damit ganz der richterlichen Willkür unterworfen wurden. So ist in § 16 des zweiten Kapitels im ersten Teil geregelt, dass der Täter eines Menschendiebstahls „an Leib und Leben zu bestraffen“[20] ist, ohne die Exekutionsart näher zur spezifizieren. § 13 des dritten Kapitels im ersten Teil normiert ebenfalls die Möglichkeit einer unbenannten Todesstrafe für Vergiftungen des Viehes oder der Brunnen und Weiden, alternativ die Verhängung einer Leibesstrafe[21]. Nach § 26, erster Theil, drittes Capitul, konnte gleichfalls die vorsätzliche und boshafte Unfruchtbarmachung einer männlichen oder weiblichen Person nach Gelegenheit mit „der Sach, an Leib oder Leben“[22] bestraft werden. Ein weiterer Fall einer unbenannten Todesstrafe findet sich in § 3 des fünften Kapitels im ersten Teil. Nach dieser Vorschrift war der dritte Ehebruch eines verheirateten Mannes, auch wenn dieser nur mit einer ledigen Frau geschah, mit der Hinrichtung des Delinquenten zu ahnden. Gleichermaßen war für die beteiligte Frau, die beim zweiten Ehebruch noch von der Todesstrafe verschont geblieben war, war eine Strafe gegen das Leben zu verhängen[23]. Mit dieser Rechtsfolge wurde im *Codex* eine Strafschärfung im Vergleich zu den älteren Strafordnungen vorgenommen, die in Bayern zur Rechtsfindung herangezogen wurden. In diesen „heißt es nur, daß der Fall malefizisch seye“[24]. Eine weitere Bestrafung, die zumindest mittelbar den sicheren Tod bedeutete, findet sich in § 9 des fünften Kapitels im ersten Teil des *Codex*. Dort wurde das „Recht der Ehemänner gegen ihre ehebrecheri-

---

20 *C.J.B.C.*, Erster Theil, Zweytes Capitul, § 16.

21 *C.J.B.C.*, Erster Theil, Drittes Capitul, § 13: „Vergiftungen des Viehes oder der Brünnen oder Weydenschaften, seynd nach Beschaffenheit des daraus erfolgten Schadens oder der Grösse der Gefahr, welche hieraus leicht hätte entstehen können, an Leib und Leben zu bestraffen“.

22 *C.J.B.C.*, Erster Theil, Drittes Capitul, § 26.

23 *C.J.B.C.*, Erster Theil, Fünftes Capitul, § 3: „Der dritte Ehebruch eines verheyrateten Manns, auch nur mit einer ledigen Weibs-Person, gehet an das Leben, welches bei den Weibern, so das zweytemahl etwan begnadiget worden, desto mehr Platz hat“.

24 *Kreittmayr*, Anmerkungen zum Codex Juris Bavarici Criminalis, Erster Theil, Fünftes Capitul, § 3.a.

schen Weiber“[25] geregelt. Demnach konnten Hausfrauen aus Ritterschaft und Adel, die sich wegen Ehebruchs strafbar gemacht hatten, von ihren Ehemännern lebendig eingemauert und dort bis zum Tode verwahrt werden. Auch die Majestätsbeleidigung ohne Hochverrat, die sogenannte Perduellion, konnte nach § 4, Theil 1, Cap. 8, im für den Delinquenten schlimmsten Fall mit dem Tode bestraft werden[26]. Eine nach Ausprägung der Gewalttat und Gefährdung willkürliche Bestrafung an Leib oder Leben zog die Verwirklichung eines der in § 6, Theil 1, Cap. 8, geregelten Crimen Vis publicae nach sich. „Andere schwere Vergewaltigungen, wodurch die offene freye Straß in Unsicherheit gesetzt, oder beunruhiget, die Leuth in ihren Wohnungen überfallen, und übel tractiret, oder fortgeschleppt, zu unbilligen Dingen gezwungen, Tumult und Zulauf erregt, ertheiltes sicheres Geleit oder ein verruffenes Friedbott gebrochen, der Gottesdienst gestöhret, privilegirte Orth oder Personen gröblich violiret, der rechtmäßigen Obrigkeit Widerstand bezeigt, Inhaftirte aus denen Gefängnissen oder gerichtlichen Händen entrissen, ganze Gemeinden durch Befehdungs-Brief, oder aufgesteckte Brand-Zeichen in Schröcken oder Gefahr gesetzt, Wachen istruiret, oder andere dergleichen, die gemeine Ruh stöhrende Thätlichkeiten und Insolenzien ausgeübt werden“[27], wurden unter diese Vorschrift gefasst, sofern sie nicht unter andere Straftatbestände als lex specialis subsumiert werden konnten. § 6 des achten Kapitels im ersten Teil war mithin als Auffangtatbestand mit umfangreichem Anwendungsbereich für im öffentlichen Interesse stehende Tathandlungen konzipiert. Ebenfalls eine nicht näher definierte Strafe an Leib oder Leben konnte nach gerichtlicher Willkür gemäß § 1 Satz 4 des neunten Kapitels im ersten Teil des *Codex* verhängt werden, wenn jemand „falsche Münz wissentlich aufwechslet und wiederum ausgiebet, oder die bereits gegossen- oder geschlagene mit Gold oder Silber tingiret, oder auch guter Münz durch Abfeilen, Beschneiden, oder sonst an ihrem rechtmäßigen Gehalt etwas benimmt, sofort solch tingirt- oder verringerte Geld-Sorten ausgiebet“[28] und dadurch einen großen Schaden verursachte. Auch die Verwirklichung des Straftatbestandes der Verfälschung beziehungsweise des Falsums gemäß § 2, Theil 1, Cap. 9, sollte eine nach Art der Gefährdung und Größe des verursachten Schadens eine willkürliche Strafe an Leib und Leben des Verurteilten zur Folge haben. Bei der Verfälschung handelte es sich um ein Delikt mit einem umfangreichen Anwendungsbereich, der dadurch gekennzeichnet war, dass „die Warheit der Sach theils mit Worten, theils mit

---

25 *C.J.B.C.*, Erster Theil, Fünftes Capitul, Überschrift vor § 9.
26 *C.J.B.C.*, Erster Theil, Achtes Capitul, § 4 a.E.
27 *C.J.B.C.*, Erster Theil, Achtes Capitul, § 6.
28 *C.J.B.C.*, Erster Theil, Neuntes Capitul, § 1, Satz 4.

Wercken und Schrifften auf eine gefährlich- und anderen zu Schaden gereichende Art verdrehet wird“[29]. Dadurch konnte die Verfälschung auf unterschiedliche Weise verwirklicht werden. Eine weitere im Gesetzestext nicht näher definierte Art der Todesstrafe findet sich in § 3, Theil 1, Cap. 9, welcher die Strafbarkeit des Meineids regelte. Wurde nämlich aufgrund eines Meineids jemand unschuldig zum Tode verurteilt und stellte sich dies später heraus, war die Person, welche den Meineid begangen hatte, auf dieselbe Weise wie der unschuldig Verurteilte zu töten[30].

III. Das Feuer

Die erste Regelung im *Codex Juris Criminalis Bavarici*, die nach dem gesetzgeberischen Willen die Verbrennung des Täters zur Folge hatte, ist § 17 im zweiten Kapitel des ersten Teils. § 17 stellt den Kirchendiebstahl unter Strafe. Diese Vorschrift unterscheidet diesbezüglich je nach Unrechtsgehalt zwischen einzelnen Tötungsarten. Mit dem Feuer zu bestrafen ist demnach der „Monstranzen- und Litorien-Diebstahl, worinn die heilige Hostien enthalten seynd“[31]. Eine Strafschärfung in Form des lebendigen Verbrennens war immer dann auszusprechen, wenn die heilige Hostie dabei entweder „zugleich mit entwendet, oder verunehret“[32] wurde. Ebenfalls mit dem Tod durch das Feuer geahndet wird gemäß § 18 des zweiten Kapitels im ersten Teil die Teilnahme am Kirchendiebstahl, sofern die Komplizen der Haupttäter „sich selbst ohnmittelbar an der heiligen Hostie oder der Monstranz und dem Liborio vergriffen haben“[33]. Die Blutschande in Form des Geschlechtsverkehrs zwischen Verwandten in gerader aufsteigender oder absteigender Linie wurde gemäß § 1, Theil 1, Cap. 6, durch das Verbrennen der Blutschänder und Blutschänderinnen bestraft. Dagegen wurde die Blutschande in der Seitenlinie mit dem Schwert gesühnt. Entferntere Verwandte wurden nicht getötet, sondern am Leib gestraft, beispielshalber mit dem Staubbesen oder durch Landesverweisung. § 1 des sechsten Kapitels im ersten Teil des *Codex* lautet wie folgt:

> „Fleischliche Vermischung zwischen so nahen Bluts-Verwandten oder verschwägerten Personen, daß nach geistlichen Rechten keine gültige Ehe unter ihnen bestehen mag, wird folgender massen gestrafft, und zwar so vil die Bluts-Verwandte betrifft, seynd die Blutschänder und Blutschänderinnen in gerader auf- oder absteigender Linie mit dem Feuer, in der Seiten-Linie unter Geschwisterten mit dem

29 *C.J.B.C.*, Erster Theil, Neuntes Capitul, § 2, Satz 1.
30 *C.J.B.C.*, Erster Theil, Neuntes Capitul, § 3.
31 *C.J.B.C.*, Erster Theil, Zweytes Capitul, § 17, Satz 2.
32 *C.J.B.C.*, Erster Theil, Zweytes Capitul, § 17, Satz 2 a.E.
33 *C.J.B.C.*, Erster Theil, Zweytes Capitul, § 18 a.E.

> Schwerdt, unter weiteren Collateral-Befreundeten und zwar solchen, welche der Elteren Statt seynd, wie Vatter oder Mutter Bruder und Schwester, oder Schwester- und Bruders- Kind und Encklen, mit dem Staub-Besen, unter den übrigen Seiten-Verwandten aber, mit der Landes-Verweisung auf ewig oder gewisse Jahr oder sonst arbitrarie, nachdem die Freundschaft näher oder weiter ist, abzustraffen."[34]

Beachtenswert ist hierbei auch, dass § 1, Theil 1, Cap. 6, auf die „geistlichen Rechte", also das kanonische Recht, abstellt. In den Anmerkungen zum *Codex* wird diesbezüglich darauf verwiesen, dass nach dem weltlichen Recht zwar die Ehe eines Mannes mit der zweiten Ehefrau seines Stiefvaters nicht zulässig ist, aber eine Strafbarkeit wegen Blutschande in dieser Konstellation mangels Verbots durch die kirchenrechtlichen Vorschriften nicht in Betracht kommt[35]. Eine weitere Straftat, die mit dem Tod durch Verbrennen geahndet wurde, war die „Sodomiterey"[36] gemäß § 10, Theil 1, Cap. 6. „Fleischliche Vermischung mit dem Viehe, todten Körpern, oder Leuthen einerley Geschlechts, als Mann mit Mann, Weib mit Weib"[37] war nach dieser Vorschrift strafbar als Sodomie und wurde zunächst mit der Enthauptung und anschließend mit dem Verbrennen des Täters oder der Täterin bestraft. Bemerkenswert an dieser Vorschrift ist, dass im Falle der Sodomie durch Geschlechtsverkehr mit einem Tier auch dieses auf dem Scheiterhaufen mit verbrannt und die Asche des Tieres danach ins Wasser geworfen wurde[38]. In den Anmerkungen zum *Codex* wird erwähnt, dass die Vollstreckung der Todesstrafe mit dem Feuer in der strafrechtlichen Praxis nur noch bei Verwirklichung der Tatbestandsalternative des Geschlechtsverkehrs mit Tieren angewandt wurde. In Fällen der Nekrophilie und des homosexuellen Beischlafs war es hingegen Usus, die Täter mit dem Schwert hinzurichten[39]. Es zeigt sich hier also eine Diskrepanz zwischen dem Wortlaut des Gesetzes und seiner praktischen Anwendung, auf welche der Verfasser selbst in der eigenen Kommentierung hinweist. Die Gotteslästerung mit Werken wurde grundsätzlich nach § 2 Satz 1, Theil 1, Cap. 7, mit dem Tod durch das Schwert bestraft[40]. Wenn sich ein Täter allerdings an der heiligen

---

34 *C.J.B.C.*, Erster Theil, Sechstes Capitul, § 1.

35 Vgl. *Kreittmayr*, Anmerkungen zum Codex Juris Bavarici Criminalis, Erster Theil, Sechstes Capitul, § 1.b.

36 *C.J.B.C.*, Erster Theil, Sechstes Capitul, Überschrift zu § 10.

37 *C.J.B.C.*, Erster Theil, Sechstes Capitul, § 10.

38 *C.J.B.C.*, Erster Theil, Sechstes Capitul, § 10 a.E.: „und soll das Vieh, womit die abscheuliche That geschehen ist, nicht so vil zur Straff als Ausrottung der schändlichen Gedächt- und Aergerniß, auf dem Scheutter-Haufen mit verbrannt; sofort die Asche in das Wasser geworffen werden".

39 Vgl. *Kreittmayr*, Anmerkungen zum Codex Juris Bavarici Criminalis, Erster Theil, Sechstes Capitul, § 10.d.

40 *C.J.B.C.*, Erster Theil, Siebendes Capitul, § 2, Satz 1; zum Begriff der Gotteslästerung mit Werken vgl. die Ausführungen unter Fn. 97 dieses Kapitels.

Hostie vergangen hatte, so wurde er gemäß § 2 Satz 2 lebendig am Scheiterhaufen verbrannt[41]. Eine weitere Form des Verbrennens findet sich in § 5, Satz 2, Theil 1, Cap. 7, allerdings bereits nach vorangegangener Hinrichtung: Nach dieser Norm sollte derjenige, der seine ketzerischen Lehren mit Fleiß verbreitete und dadurch andere verführte oder gar gegen die Obrigkeit aufbrachte, mit dem Schwert hingerichtet und anschließend auf dem Scheiterhaufen verbrannt werden[42]. Mit dem Verbrennen des lebendigen Delinquenten bestraft wurde gemäß § 7 Satz 2 des siebten Kapitels im ersten Teil des *Codex* das Laster der Hexerei, der Zauberei oder des Aberglaubens, wenn dieser durch sein Handeln eines oder mehrere der Tatbestandsmerkmale „Offentlich oder heimliche Bündniß, oder fleischliche Vermischung mit dem Teuffel oder dessen Anbettung, wie auch der Heil. Hostie Verunehrung und Misbrauchung zu teufflischen-aberglaubischen Sachen“[43] verwirklicht hatte. In den Anmerkungen zu § 7 wurden die einzelnen Tatalternativen wie folgt definiert und erläutert:

> a) „Hexerey ist nach gemeiner Beschreibung eine Bünduß mit dem Teufel, kraft welcher man sich demselben gegen die von ihm selbst versprochene Vortheile als eigen übergibt. Ob es nun dergleichen Bündnuß gebe, ist nicht nur jetzo noch, sondern zu allen Zeiten ein grosser Disput unter den Gelehrten gewesen. Wer sowohl die Gründe als auch einen historischen Auszug von bederley Meinungen zu wissen verlangt, kann bey Walch in seinem Philosophischen Lexico sub voce Hexerey nachsehen.“[44]
>
> b) „Zauberey ist eine Geschicklichkeit allerhand Dinge über des Menschens natürliche Kräften durch teufliche Hülfe auszurichten. Sie gründet sich auf obiges Bündnuß, und bleibt mithin sowohl eins als auch das andere in Disput. Walch loc. cit. voce Zauberey.“[45]
>
> c) „Aberglauben ist ein Irrthum, da man menschlich- und natürlichen Dingen eine übernatürlich- und Göttliche Kraft beymesset. Walch, voce Aberglauben.“[46]

Kreittmayr verweist in diesen Anmerkungen jeweils auf die Ausführungen im Philosophischen Lexikon von Johann Georg Walch aus dem Jahr 1726, welches zur damaligen Zeit ein Standardwerk darstellte[47]. Eine zusätzliche Straf-

---

41 *C.J.B.C.*, Erster Theil, Siebendes Capitul, § 2, Satz 2: „Hat sich aber jemand auf jetztverstandene Weis gar an der Heil. Hostie verlohren, wird er auf dem Scheutter-Hauffen lebendig verbrannt“.

42 *C.J.B.C.*, Erster Theil, Siebendes Capitul, § 5 Satz 2.

43 *C.J.B.C.*, Erster Theil, Siebendes Capitul, § 7 Satz 2.

44 *Kreittmayr*, Anmerkungen zum Codex Juris Bavarici Criminalis, Erster Theil, Siebendes Capitul, § 7.a.

45 A.a.O., Erster Theil, Siebendes Capitul, § 7.b.

46 A.a.O., Erster Theil, Siebendes Capitul, § 7.c.

47 Vgl. *Walch*, Philosophisches Lexicon, S. 2 ff., 1413 ff., 2991 ff.

schärfung nach gerichtlichem Ermessen war gemäß § 8, Theil 1, Cap. 7, bei Zauberei und Hexerei möglich, wenn andere, schwerere Verbrechenstatbestände wie Gotteslästerung, Sodomie, Abtrünnigkeit, Ketzerei, Kirchenraub, Giftmischung und Totschlag bei der Tatbegehung mitverwirklicht wurden[48]. In Kreittmayrs Anmerkungen zu § 8 wird hierzu ausgeführt, dass diese zusätzlichen Laster „auch zumahl an jenen Orten, wo man von der Existenz der Hexerey und Zauberey noch Zweifel tragt, gemeiniglich in der Verurteilung den meisten Aufschlag“[49] geben. Die in § 8, Theil 1, Cap. 8, geregelte „Straff der gefährlichen Brennern“[50] umfasste die Tathandlungen der „Gefährlich und fürsetzliche Feuer-Anlegung an Häusern, Gebäuden, Waldungen, Feld-Früchten, Holz-Hauffen, und anderen fremden oder eigenen Sachen, sowohl in- als ausserhalb der Städten, Märckten, Dörffern“[51] und wurde mit dem Tod durch das Feuer bestraft. Hatte der Täter durch sein Handeln einen übergroßen Schaden verursacht, wurde die Strafe noch verschärft, indem er lebendig verbrannt wurde. Aber auch wenn kein Schaden entstanden war, hatte der Gesetzgeber die Todesstrafe zur Ahndung der Tat vorgesehen; in diesem Fall wurde allerdings nach § 8 Satz 2 die mildere Art der Tötung durch das Schwert angewandt[52]. Eine Ausnahme von der Anwendung der Todesstrafe konnte nur gemacht werden, wenn der Brandstifter den von ihm persönlich gelegten Brand aus Reue selbst wieder gelöscht und dadurch sämtliche Schäden abgewendet hatte. Dann nämlich wurde er nur mit einer arbitrarischen Strafe[53] belegt, was in der Regel höchstens die Verweisung des Täters aus seinem Rechtskreis oder das Stäupen am Pranger zur Folge hatte. Die Verwirklichung des Grundtatbestandes der Münzfälscherei zog nach § 1, Satz 1, Theil 1, Cap. 9, die Tötung des Delinquenten durch das Schwert nach sich[54]. In Satz 2 dieser Vorschrift fand sich allerdings eine Strafschärfung. Demnach war ein Münzfälscher, der die unechten Münzen nicht nur herstellte, sondern auch in Umlauf brachte oder bringen ließ und dadurch großen Schaden und Verwir-

48 *C.J.B.C.*, Erster Theil, Siebendes Capitul, § 8.

49 *Kreittmayr*, Anmerkungen zum Codex Juris Bavarici Criminalis, Erster Theil, Siebendes Capitul, § 8.a.

50 *C.J.B.C.*, Erster Theil, Siebendes Capitul, Überschrift zu § 8.

51 *C.J.B.C.*, Erster Theil, Siebendes Capitul, 8, Satz 1.

52 *C.J.B.C.*, Erster Theil, Siebendes Capitul, 8, Satz 2.

53 *C.J.B.C.*, Erster Theil, Siebendes Capitul, 8, Satz 2 a.E.; der Begriff der „arbitrarischen Straff“ umfasste willkürliche Strafen nach dem Ermessen des Gerichts und sollte in diesem Fall nach dem Ausmaß des Verschuldens höchstens die Relegation oder den Staubbesen zur Folge haben; vgl. *Kreittmayr*, Anmerkungen zum Codex Juris Bavarici Criminalis, Erster Theil, Achtes Capitul, § 8.l.

54 *C.J.B.C.*, Erster Theil, Neuntes Capitul, § 1, Satz 1.

rung anrichtete, „nach vorgängiger Decapitirung mit dem Feuer am Leben zu straffen"[55]. Zudem fiel sein ganzes Vermögen dem Fiskus anheim[56].

IV. Das Schwert

Das dritte Kapitel im ersten Teil des *Codex* handelt von der strafrechtlichen Behandlung des Totschlags[57]. § 1 des dritten Kapitels normiert die Hinrichtung des Totschlags, „welcher mit bösen gefährlichen Fürsatz verübt wird"[58]. Diese Grundform des vorsätzlichen Totschlags sollte mit der Hinrichtung des verurteilten Totschlägers mittels des Schwerts bestraft werden[59]. Zu beachten ist in diesem Zusammenhang die Regelung des § 24 im dritten Kapitel, nach welcher andere vorsätzliche Totschläge, die „nicht an natürlichen Bluts-Verwandten in auf- oder absteigender grader Linie, sondern an collateralen, verschwägerten, oder sonst auf einige Weise sehr nahe angehenden, oder an geistlichen, privilegirt- ansehnlich- vornehm- vorgesetzt- und oberen Personen, oder auf grausame Art und dergleichen beschwerenden Umständen verübt werden"[60], schärfer als der gemeine Totschlag zu bestrafen sind. Frauen, die gemäß § 17, Erster Theil, Drittes Capitul, einen wissentlichen und gefährlichen Vater-, Mutter- oder Kindsmord begangen hatten, wurden, „da es ein Weibsbild ist, mit dem Schwerdt und glüenden Zangen-Riß gestrafft"[61]. § 19, Erster Theil, Drittes Capitul, normierte die Verurteilung von Frauen, „welche ihre Leibs-Frucht aus Furcht der Schand und Straff mit Fleiß in der Geburt ersticken, verbluten, in ein gefährliches Orth zu todt fallen, erhungern oder verderben lassen"[62], und stufte diese als wahre Kindsmörderinnen ein. Diese wurden „mit obgedachter Ordinari-Straff"[63], also mit dem regulären Strafmaß des in § 17 geregelten Parricidiums bedacht. In seinen Anmerkungen hierzu begründete Kreittmayr dies wie folgt:

---

55 *C.J.B.C.*, Erster Theil, Neuntes Capitul, § 1, Satz 2.

56 *C.J.B.C.*, Erster Theil, Neuntes Capitul, § 1, Satz 2 a.E.

57 *C.J.B.C.*, Erster Theil, Drittes Capitul, Überschrift „Von Todschlägen".

58 *C.J.B.C.*, Erster Theil, Drittes Capitul, § 1, „Straff des Todschlags".

59 *C.J.B.C.*, Erster Theil, Drittes Capitul, § 1 a.E.: „soll mit dem Schwert bestrafft werden"; ausweislich des Gesetzeswortlauts „soll" räumt der Gesetzgeber dem Tatrichter allerdings ein Ermessen bei der Findung der Tötungsart ein.

60 *C.J.B.C.*, Erster Theil, Drittes Capitul, § 24.

61 *C.J.B.C.*, Erster Theil, Drittes Capitul, § 17 a.E.

62 *C.J.B.C.*, Erster Theil, Drittes Capitul, § 19.

63 *C.J.B.C.*, Erster Theil, Drittes Capitul, § 19 a.E.

> „Weil die neugebohrne Kinder gemeiniglich nur ommittendo & negligendo umgebracht zu werden pflegen, so ist billich, daß das Peccarum ommissionis & Commissionis hierinfalls gleich gehalten werde.“[64]

In dieser Legitimation lässt sich das den Wertungen des *Codex* an einigen Stellen zu Grunde liegende Talionsprinzip, nach welchem Gleiches mit Gleichem zu vergelten sei, gut erkennen. Ebenfalls mit dem Schwert getötet wurden Frauen, die sich gemäß § 20 des dritten Kapitels im ersten Teil des *Codex* wegen Abtreibung der Leibesfrucht strafbar gemacht hatten. Legaldefiniert wurde dieses Delikt in § 20 Satz 1. Demnach fielen darunter als Tatsubjekt „Jene, welche ihre lebendige Leibes-Frucht nach halber Zeit der Schwangerschaft, und da sie von dem Leben des Kindes durch Rührung desselben, bereits genugsame Zeichen gehabt, durch Arzeney oder andere Mittel fürsetzlich und boshafter Weis abtreiben, und todt zur Welt bringen“[65]. Kam das abgetriebene Kind dagegen trotzdem lebend auf die Welt, lag es gemäß § 20 Satz 2 im Ermessen des Strafrichters, eine willkürliche Bestrafung der Kindsmutter auszuwählen. Dasselbe galt darüber hinaus in Fällen, in denen die Abtreibung vor der Hälfte der Schwangerschaftszeit oder nur fahrlässig geschah[66]. In den Anmerkungen zum *Codex* wurde zur Kommentierung des Wortes „willkürlich“ explizit auf Art. 133 C.C.C. verwiesen. Nach Art. 133 C.C.C. sollte die Aburteilung einer Abtreibung eines noch nicht lebendigen Kindes – gemeint ist eine noch nicht lebensfähige Leibesfrucht – nach eigenem Ermessen oder Konsultation des Rates der Rechtsverständigen stattfinden[67]. Weiterhin mit dem Schwert und gleich einer Kindsmörderin zu bestrafen war nach § 21 des dritten Kapitels im ersten Teil des *Codex* auch die heimliche Niederkunft einer ledigen Frau mit Folge einer Totgeburt des Kindes[68]. Eine Hinrichtung durch das Schwert hatte gleichsam zur Folge die „Misshandlung schwangerer Weiber“ gemäß § 22, Erster Theil, Drittes Capitul. Taugliches Tatsubjekt bei die-

---

64 *Kreittmayr*, Anmerkungen zum Codex Juris Bavarici Criminalis, Erster Theil, Drittes Capitul, § 17.b.

65 *C.J.B.C.*, Erster Theil, Drittes Capitul, § 20, Satz 1.

66 *C.J.B.C.*, Erster Theil, Drittes Capitul, § 20, Satz 2: „Kommt aber das abgetriebene Kind gleichwohl lebendig zur Welt, so greifft nur eine willkürliche Straff Platz, welches auch statt hat, wo die Abtreibung vor halber Zeit, oder zwar nach derselben; jedoch mehr aus Versehen als bösen Fürsatz, geschiehet“.

67 Art. 133 Satz 2 C.C.C.: „So aber eyn kind, das noch nit lebendig wer, von eynem weibssbild getriben würde, sollen die vrtheyler der straff halber bei den rechtsuerstendigen oder sunst wie zu end diser ordnung gemelt, radts pflegen“.

68 *C.J.B.C.*, Erster Theil, Drittes Capitul, § 21: „Kommt eine ledige Weibs-Person heimlich nieder, und wird das Kind todt gefunden; so soll sie mit der Entschuldigung, ob seye das Kind schon todt von ihr gegangen, oder in der Geburt kein Leben an ihm zu verspüren gewesen, nicht angehört, sondern für eine Kindsmörderin gehalten, und mit dem Schwerdt am Leben bestrafft werden“.

sem Delikt war, „Wer sein Eheweib, oder auch eine von ihm ausser der Ehe bekanntlich geschwängerte Person, in gefährlicher Meinung und Absicht auf die Leibes-Frucht dergestalten hart schlagt, wirfft, stosset oder übel tractiret, daß das Kind dadurch abgetrieben, und todt zur Welt gebracht wird“[69]. Ein Mann, der seine Ehefrau oder eine von ihm unehelich geschwängerte Frau also so malträtierte, dass das ungeborene Kind starb, galt damit als Kindsmörder und war folgerichtig mit dem Schwert hinzurichten. Dasselbe Strafmaß zog die „Hinlegung der Kinder“ nach § 23 im dritten Kapitel des ersten Teils nach sich. Demnach war derjenige, der „ein lebendiges Kind gefährlicher Weis hingelegt“[70] und dadurch den Tod des Kindes verursacht hatte, mit dem Schwert zu bestrafen. Die Hinlegung „gefährlicher Weis“ wird in den Anmerkungen zu § 23 definiert mit dem Ablegen des Kindes „an einem abgelegenen, von aller menschlicher Hülf und Zutritt entferneten Ort, item zu Winters- oder nächtlicher Zeit oder dergleichen“[71]. Auch die in § 19 des vierten Kapitels im ersten Teil geregelte „Straff der Kupplerey“[72] sollte die Hinrichtung mit dem Schwert nach sich ziehen, wenn bestimmte strafschärfende objektive und subjektive Tatbestandsmerkmale erfüllt waren. So wird im Gesetzestext in § 19 Satz 1 hierzu ausgeführt:

> „Dieweil auch die Kupplerey gemeiniglich der Anfang aller Leichtfertigkeit zu seyn pflegt; so ist dieselbe mit aller Schärfe, und zwar wann eine ehrlich ohnverleumte, geschweigens ansehnlich oder adeliche Weibs-Person von ihrem eigenen Mann, ihren leiblichen Eltern, Vormündern, oder jenen, welche an Eltern Statt oder zur Obhut bestellt seynd, um Gewinns, Genuß, oder anderer Vortheilhaftigkeit wegen zur fleischlicher Unzucht geflissentlich verkupplet wird, mit dem Schwerdt zu bestraffen.“[73]

Verkupplungen, die nicht unter § 19 Satz 1 fielen, sollten gemäß § 19 Satz 2 nach richterlichem Ermessen nicht mit dem Tode, sondern mit einer milderen Strafe belegt werden[74]. Dabei ist § 19 die einzige Norm im vierten Kapitel des ersten Teils, welches die Überschrift „Von dem Laster der Leichtfertigkeit, gemeiner Hurerey, dann anderer schwerer Unzucht und Kupplerey“[75] trägt, deren Verwirklichung die Todesstrafe nach sich zieht. Der zweite Ehebruch

---

69 *C.J.B.C.*, Erster Theil, Drittes Capitul, § 22.

70 *C.J.B.C.*, Erster Theil, Drittes Capitul, § 23.

71 *Kreittmayr*, Anmerkungen zum Codex Juris Bavarici Criminalis, Erster Theil, Drittes Capitul, § 23.a.

72 *C.J.B.C.*, Erster Theil, Viertes Capitul, Überschrift zu § 19.

73 *C.J.B.C.*, Erster Theil, Viertes Capitul, § 19, Satz 1.

74 *C.J.B.C.*, Erster Theil, Viertes Capitul, § 19, Satz 2 a.E.: „mit Anhängung des Lastersteins, öffentlicher Vorstellung, Schand-Straff, Relegation und dergleichen nach Richterlichen Gutbefinden zu straffen“.

75 *C.J.B.C.*, Erster Theil, Überschrift des Vierten Capitul, vor § 1.

eines Mannes mit einer verheirateten Frau wurde gemäß § 2 Satz 2 im fünften Kapitel, erster Teil, des *Codex Juris Bavarici Criminalis* ebenfalls mit dem Tod durch das Schwert gestraft[76]. Im dritten Satz dieses § 2 war geregelt, dass auch Frauen, die „sich mit Ledigen oder Ehemännern das zweytemahl versündigen“[77], genauso mit dem Schwert hinzurichten waren. Dabei war der zweite Ehebruch in den bayerischen Malefizordnungen von 1578 und 1616 noch gar nicht mit dem Tode bestraft worden; diese Sanktion findet sich erstmals in der auf der *Carolina* aufbauenden Kriminalordnung von 1717, auf welche in den Anmerkungen zum *Codex* verwiesen wird[78]. Der dritte Ehebruch eines verheirateten Mannes wurde übrigens, auch wenn er mit einer ledigen Frau vollzogen wurde, ebenfalls mit dem Tode bestraft, ohne dass das Gesetz hier näher auf die Art und Weise der Hinrichtung eingeht[79]. Der Geschlechtsverkehr unter Geschwistern galt als Blutschande und wurde gemäß § 1, Theil 1, Cap. 6, mit dem Tod durch das Schwert bestraft[80]. Die gleiche Bestrafung wurde nach § 2, Theil 1, Cap. 6, verschwägerten Personen in aufsteigender oder absteigender Linie, die sich wegen Blutschande strafbar gemacht hatten, zuteil. Die Vorschrift spricht hier beispielhaft vom Verwandtschaftsverhältnis „bey Stief-Eltern und Stief-Kindern, oder bey des Sohns-Frau und Tochtermann“[81] zur Verdeutlichung. Ebenfalls mit dem Schwert vollstreckt wurde „Die Straff der Nothzucht“[82] gemäß § 7 des sechsten Kapitels im ersten Teil, welche derjenige, der „eine ehrlich unverleumte Person mit Gewalt wider ihren Willen, zur Unzucht nötiget“[83], zu befürchten hatte. Das Tatbestandsmerkmal „ehrlich unverleumt“ bedeutet, dass die Notzüchtigung einer „verschreyten Person oder offentlichen Hur“ getreu den damals herrschenden Moralvostellungen zwar auch strafrechtlich, aber nur „extraordinarie“ nach entsprechend milderen Grundsätzen verfolgt wurde[84]. In seinen Anmerkungen definiert Kreittmayr das Tatbestandsmerkmal „mit Gewalt“ dergestalt, dass „einer grösseren, welcher wegen Ungleichheit der Kräften oder anderen Umständen ohne Leibs-

76 *C.J.B.C.*, Erster Theil, Fünftes Capitul, § 2, Satz 2: „Ein Verehelichter oder auch Lediger aber, welcher zweymahl mit einer Verheyrathen verbricht, wird ohne Unterschied des Stands oder Herkommens, mit dem Schwerdt gestrafft“.

77 *C.J.B.C.*, Erster Theil, Fünftes Capitul, § 2, Satz 3 a.E.

78 Vgl. *Kreittmayr*, Anmerkungen zum Codex Juris Bavarici Criminalis Erster Theil, Fünftes Capitul, § 2.a.

79 *C.J.B.C.*, Erster Theil, Fünftes Capitul, § 3.

80 *C.J.B.C.*, Erster Theil, Sechstes Capitul, § 1.

81 *C.J.B.C.*, Erster Theil, Sechstes Capitul, § 2.

82 *C.J.B.C.*, Erster Theil, Sechstes Capitul, Überschrift zu § 7.

83 *C.J.B.C.*, Erster Theil, Sechstes Capitul, § 7.

84 *Kreittmayr*, Anmerkungen zum Codex Juris Bavarici Criminalis, Erster Theil, Sechstes Capitul, § 7.a.

oder Lebens-Gefahr nicht widerstanden werden mag“[85]. Geringere Gewalt oder Bedrohung reichte hingegen nicht zur Tatbestandsverwirklichung aus[86]. Das Schwert kam auch bei Verwirklichung des Straftatbestandes „Gewalthätige Entführung der Weibs-Personen“[87] nach § 8, Theil 1, Cap. 6, zur Anwendung. Dabei wurde die mit Gewalt ausgeführte Entführung von Frauen gegen den Willen ihres Ehemanns, ihrer Eltern oder ihres Vormundes zur Ausübung des Geschlechtsverkehrs sanktioniert. Wurde die Unzucht nicht ausgeübt, wurde als mildere Strafe die Landesverweisung ausgesprochen[88]. Aus den Anmerkungen zu dieser Vorschrift geht hervor, dass auch die Entführung von Männern auf die gleiche Weise bestraft werden konnte[89]. Auch die „Straff doppelter Verehelichung“[90] gemäß § 9 des sechsten Kapitels im ersten Teil des *Codex* zog die Tötung des Delinquenten oder der Delinquentin mit dem Schwert nach sich. Dieser Straftatbestand war verwirklicht, wenn „sich eine verehelichte Person währender Ehe mit einer anderen, oder eine Ledige mit einer Verehelichten wissentlich auf die zweite Ehe“[91] einließ. Der Gesetzeswortlaut sah hier jedoch mehrere Ausnahmen vor, welche eine Strafmilderung nach Willkür des Gerichts zur Folge hatten. Darunter fielen der fehlende Vollzug des Beischlafs in der zuletzt geschlossenen Ehe oder deren heimliche Schließung entgegen der vorgeschriebenen kirchlichen Gebräuche sowie billige Zweifel am Leben des ersten Ehegattens. Ein billiger Zweifel am Leben des Ehemannes war nach den Anmerkungen zum *Codex* anzunehmen, wenn „der Mann lang abwesend ist, und die Frau den Ort seines Aufenthalts nicht weiß“[92]. Sofern die zuerst geschlossene Ehe nach den geistlichen Rechten ungültig war, trat Straffreiheit ein[93]. Die „Sodomiterey“[94] nach § 10, Theil 1,

---

85 A.a.O., Erster Theil, Sechstes Capitul, § 7.c.

86 Vgl. ebd.

87 *C.J.B.C.*, Erster Theil, Sechstes Capitul, Überschrift zu § 8.

88 *C.J.B.C.*, Erster Theil, Sechstes Capitul, § 8: „Gewaltige Entführung ohnverleumter Weibs-Personen wider ihren oder ihres Ehemanns, oder ihrer Elteren, oder ihrer Vormünderen Willen, von einem Orth in das andere, um der Unzucht Willen, wird mit dem Schwerdt; oder da die Unzucht nicht vollbracht worden, mit der Landes-Verweisung bestrafft.“

89 Vgl. *Kreittmayr*, Anmerkungen zum Codex Juris Bavarici Criminalis, Erster Theil, Sechstes Capitul, § 8.c.

90 *C.J.B.C.*, Erster Theil, Sechstes Capitul, Überschrift zu § 9.

91 *C.J.B.C.*, Erster Theil, Sechstes Capitul, § 9, Halbsatz 1.

92 *Kreittmayr*, Anmerkungen zum Codex Juris Bavarici Criminalis, Erster Theil, Sechstes Capitul, § 9.e.

93 *C.J.B.C.*, Erster Theil, Sechstes Capitul, § 9 a.E.: „ausgenommen, da die letzte vermeinte Ehe durch den Beyschlaff nicht vollzogen, oder gegen die vorgeschriebene Kirchen-Gebräuche nur clandestine contrahiret worden, oder billiger Zweifel von des ersten Ehe-Gattens Leben obhanden gewesen, oder gnugsam gezeigt werden kann, daß die erste Ehe denen geistlichen Rechten nach, niemahl für gültig gehalten werden mö-

Cap. 6. wurde durch den Geschlechtsverkehr mit Tieren, Toten und Personen gleichen Geschlechts begangen und nach dem Gesetzeswortlaut zunächst mit der Enthauptung und anschließend mit dem Verbrennen des Täters oder der Täterin bestraft. Allerdings führt Kreittmayr in den Anmerkungen zum *Codex* hierzu aus, dass das Feuer in der Strafrechtspflege nur noch bei Verwirklichung der Tatbestandsalternative des Geschlechtsverkehrs mit Tieren angewandt wurde. In Fällen der Nekrophilie und des homosexuellen Beischlafs war es hingegen bei den Gerichten gängige Praxis, die Täter mit dem Schwert hinzurichten[95]. Wurde jemand das dritte Mal wegen Gotteslästerung mit Worten gemäß § 1, Theil 1, Cap. 7, verurteilt, war er ebenfalls mit dem Schwert am Leben zu strafen, egal in welcher Form die Lästerung erfolgt war[96]. War hingegen der Straftatbestand der Gotteslästerung mit Werken nach § 2, Theil 1, Cap. 7, erfüllt, wurde gemäß § 2 Satz 1 bereits bei der ersten Verurteilung die Todesstrafe durch das Schwert vollstreckt. Tatbestandsmäßig war im Sinne des § 2 Satz 1 das Schlagen, Stoßen, Werfen, Treten, Besudeln, Anspucken, Zerbrechen oder eine vergleichbare Handlung an Bildnissen Gottes oder seiner Heiligen respektive eines Priesters in Ausübung seiner klerikalen Tätigkeit[97]. Hatte sich jemand hingegen an der heiligen Hostie vergangen, so war er gemäß § 2 Satz 2, Theil 1, Cap. 7, lebendig am Scheiterhaufen zu verbrennen[98]. Ebenfalls mit dem Schwert hingerichtet wurden gemäß § 4 Satz 1 des siebten Kapitels im ersten Teil des *Codex* Abtrünnige und Renegaten mit vormals christlich-katholischem Glauben, die sich dem Judentum, Heidentum oder Islam anschlossen. Zudem wurden in diesen Fällen auch die Güter der Verurteilten konfisziert[99]. Die Kombination der Todesstrafe mit der Beschlagnahme des

---

gen, welch letzteren Falls gar keine, in denen vorigen drey Fällen aber, eine mildere willkührliche Straff statt hat".

94 *C.J.B.C.*, Erster Theil, Sechstes Capitul, Überschrift zu § 10.

95 Vgl. *Kreittmayr*, Anmerkungen zum Codex Juris Bavarici Criminalis, Erster Theil, Sechstes Capitul, § 10.d.

96 *C.J.B.C.*, Erster Theil, Siebendes Capitul, § 1 a.E.: „mit dem Schwerdt am Leben bestrafft, und ist dißfalls einerley, ob die Lästerung durch blosse Wort, Schrifften oder Gemählde, von Christen, Juden, oder anderen, mit oder ohne Bedingniß geschehen oder propaliret worden seye".

97 *C.J.B.C.*, Erster Theil, Siebendes Capitul, § 2, Satz 1: „Wer sich hingegen an denen Bildnissen Gottes, oder seiner Heiligen, oder auch an einem Priester in Verrichtung des Gottesdienst und Administrirung der Heil. Sacramenten aus Spott und Verachtung derselben mit Schlagen, Stossen, Tretten, Besudeln, Anspeyen, Zerbrechen und dergleichen Thätlichkeiten fürsetzlich und wissentlich vergreifft, wird gleich das Erstemahl mit dem Schwerdt, von dem Leben zum Tod hingerichtet".

98 *C.J.B.C.*, Erster Theil, Siebendes Capitul, § 2, Satz 2.

99 *C.J.B.C.*, Erster Theil, Siebendes Capitul, § 4, Satz 1: „Abtrünnige oder Renegaten, welche mit Verlassung des Christ-Katholischen Glaubens den Heydnischen, Jüdischen, oder Mahometanischen annehmen, werden ohne Unterschied, ob sie vorher

Vermögens war dem kanonischen Recht entlehnt[100]. Ein Geistlicher, der seinem Stand oder seinem Kloster entsagte, war dem weltlichen Strafrecht hingegen entzogen und sollte durch den geistlichen Richter seiner Bestrafung zugeführt werden, § 4, Satz 2, Theil 1, Cap. 7[101]. § 5 des siebten Kapitels im ersten Teil normierte die Strafbarkeit der Ketzerei. Tatbestandsmäßig war das notorische Hegen und Verfechten von Meinungen, die den Lehren des christlich-katholischen Glaubens zuwiderliefen. Die Verwirklichung des Grundtatbestandes hatte nach § 5 Satz 1 die Landesverweisung auf ewig oder die Verwahrung im Gefängnis bis zur Erklärung des Widerrufs der ketzerischen Aussagen zur Folge[102]. Wer allerdings seine ketzerischen Lehren mit Fleiß verbreitete und dadurch andere verführte oder gar gegen die Obrigkeit aufbrachte, sollte nach dem Qualifikationstatbestand des § 5 Satz 2 mit dem Schwert hingerichtet und anschließend auf dem Scheiterhaufen verbrannt werden[103]. In § 7, Theil 1, Cap. 7, war die Strafbarkeit der Hexerei, der Zauberei und des Aberglaubens geregelt. Während die in § 7 Satz 2 festgelegten Tatbestandsalternativen mit dem Tod durch das Feuer gestraft wurden[104], normierte § 7 Satz 3 die Tathandlungen, die mit der Exekution durch das Schwert sanktioniert wurden. Dort heißt es:

> „Böse Gemeinschaft mit dem Teuffel, durch desselben praemeditirt und geflissene Beschwörungen mit aberglaubischen Ceremonien, oder da man durch zauberisch-aberglaubische Mittel jemand an seinem Leben, Leibs- oder Gemüths-Gesundheit, Vieh, Früchten, Haab und Guth, oder auf welcherley Weis es immer seyn mag, Schaden thut, wird ohne Unterschied, ob der Schaden gering oder groß, mit dem Schwerdt bestrafft.“[105]

Verfehlungen mit geringerem Unrechtsgehalt, insbesondere wenn kein Schaden entstanden war, wurden gemäß § 7 Satz 4 mit Leibes-, Gefängnis- oder Geldstrafe sanktioniert[106]. Mit dem Schwert enthauptet wurde gemäß § 2 des

---

schon einmahl anderer Religion gewest, oder nicht, mit dem Schwerdt und Confiscation der Güther gestrafft“.

100 Vgl. *Kreittmayr*, Anmerkungen zum Codex Juris Bavarici Criminalis, Erster Theil, Siebendes Capitul, § 4.c.

101 *C.J.B.C.*, Erster Theil, Siebendes Capitul, § 4, Satz 2.

102 *C.J.B.C.*, Erster Theil, Siebendes Capitul, § 5 Satz 1.

103 *C.J.B.C.*, Erster Theil, Siebendes Capitul, § 5 Satz 2: „Werden aber die Ketzerische Lehren mit Fleiß ausgesprengt, andere dadurch verführet, oder wohl gar gegen die Obrigkeit aufgebracht; so sollen dergleichen Verführer oder Aufwiegler mit dem Schwerdt hingericht, und der todte Körper auf dem Scheutter-Hauffen verbrannt werden“.

104 *C.J.B.C.*, Erster Theil, Siebendes Capitul, § 7 Satz 2; siehe hierzu die Ausführungen unter Kap. 5, B), III.

105 *C.J.B.C.*, Erster Theil, Siebendes Capitul, § 7 Satz 3.

106 *C.J.B.C.*, Erster Theil, Siebendes Capitul, § 7 Satz 4.

achten Kapitels im ersten Teil des *Codex* gleichfalls ein Täter, der sich des bereits nach außen erkennbaren Versuchs strafbar gemacht hatte, das in § 1, Theil 1, Cap. 8, normierte „Laster der beleidigten Majestät oder Perduellion"[107] begehen zu wollen, die sog. „Straff der Bemühung"[108]. Neben der Vollstreckung der Todesstrafe wurde hier wie auch beim vollendeten Straftatbestand das Hab und Gut des Verurteilten konfisziert und in das Staatsvermögen überführt. Das gleiche Strafmaß hatten nach § 3 Mitwisser einer Majestätsbeleidigung oder eines Hochverrats zu befürchten, wenn sie diese Tat weder angezeigt noch verhindert hatten[109]. Auch die Rädelsführer eines Landfriedensbruchs gemäß § 5, Theil 1, Cap. 8, wurden mit dem Schwert bestraft. Die Sanktionierung der übrigen Mittäter des Landfriedensbruchs wurde dem Ermessen des erkennenden Gerichts überlassen[110]. Während die in § 8, Theil 1, Cap. 8, geregelte „Straff der gefährlichen Brennern"[111] grundsätzlich mit dem Verbrennen, in schweren Fällen sogar bei lebendigem Leib, geahndet wurde, war in § 8 Satz 2 eine Strafmilderung normiert: Wenn durch die Brandstiftung kein Schaden entstanden war, wurde der Verurteilte mit dem Schwert getötet[112]. Diese Sanktion stellte zwar im Vergleich zum Verbrennen eine etwas weniger brutale Bestrafung dar, hatte aber gleichwohl die Tötung des Täters zur Folge, selbst wenn er noch keinen Schaden verursacht hatte. Dies wurde mit der abstrakten Gefährlichkeit der Brandstiftung und deren hohem Unrechtsgehalt auch bei fehlendem Schadenseintritt begründet[113]. War der Brandstifter hingegen von seinem Vorhaben erfolgreich zurückgetreten, indem er das Feuer gelöscht und so einen Schadenseintritt verhindert hatte, hatte er in der Regel nur eine Leibesstrafe zu befürchten[114]. Auch die in § 11, Theil 1, Cap. 8, geregelte „Straff der Pasquillanten"[115] konnte die Tötung des Verurteilten mittels des Schwerts zur Folge haben. Eine Schmähschrift, die in der Absicht

---

107 *C.J.B.C.*, Erster Theil, Achtes Capitul, Überschrift zu § 1; lat. perduellio: Der Hochverrat, Anm. des Verf.

108 *C.J.B.C.*, Erster Theil, Achtes Capitul, Überschrift zu § 2.

109 *C.J.B.C.*, Erster Theil, Achtes Capitul, § 3.

110 *C.J.B.C.*, Erster Theil, Achtes Capitul, § 5: „Landfriedbrüchige Thathandlungen, welche mit geflissener Zusammenrottierung und bewaffneter Hand, in gefährlicher Absicht unternommen werden, seynd, so vil die Rädelsführer belanget, mit dem Schwerdt, bey denen übrigen Mithelffern aber nach Gestalt des erfolgten Schadens, willkührlich zu bestraffen".

111 *C.J.B.C.*, Erster Theil, Siebendes Capitul, Überschrift zu § 8.

112 *C.J.B.C.*, Erster Theil, Siebendes Capitul, 8, Satz 2.

113 Vgl. *Kreittmayr*, Anmerkungen zum Codex Juris Bavarici Criminalis, Erster Theil, Achtes Capitul, § 8.h.

114 *C.J.B.C.*, Erster Theil, Siebendes Capitul, 8, Satz 2 a.E.; siehe hierzu die Ausführungen unter Kap. 5, B), III.

115 *C.J.B.C.*, Erster Theil, Achtes Capitul, Überschrift zu § 11.

verfasst wurde, eine bestimmte Person zu verleumden oder an ihrer Ehre zu verletzen, wird als Pasquill bezeichnet[116]. Als Pasquillant bestraft wurde daher derjenige, der einen anderen „an seiner Ehr und guten Leutmuth, durch offentliche Schmäh-Schrifften, Gemählde, oder dergleichen Pasquillen verdeckter Weis angreifft, und solche entweder selbst zusammen schmiedet, oder an offenen Orthen anschlägt, oder sonst unter die Leuthe aussprenget“[117]. Mit dem Schwert getötet wurde der Delinquent, „wofern die ausgesprengte Uebelthat an sich capital wäre“[118]. Stellte die Tat, derer der Verschmähte bezichtigt wurde, hingegen kein Kapitaldelikt dar und war stattdessen nur mit einer Leib- oder Ehrenstrafe bewehrt, richtete sich auch die Bestrafung des Pasquillanten nach deren Strafmaß, da das Landrecht in diesem Fall die Anwendung der lex talionis zuließ[119]. Auch die Münzfälscherei wurde im *Codex* mit dem Tod durch das Schwert bestraft. So ist gemäß § 1 Satz 1 im neunten Kapitel des ersten Teils zur „Straff der falschen Geld-Münzer“[120] derjenige, der „ohne Befugniß und habender Münz-Freyheit, in- oder ausländische Münz nachschläget, es seye dieselbe an Korn und Schrott gleich so gut oder noch besser, groß oder klein, viel oder wenig, von Silber, Gold, oder anderer gleichender Materie“[121], mit dem Schwert hinzurichten. Je nach Art und Weise der strafbaren Handlung konnte diese Strafe auch geschärft oder gemildert werden. So wurde nach Satz 2 dieser Vorschrift die Ausgabe der hergestellten Falschmünzen mit dem Verbrennen des Täters geahndet[122]. Wer Beihilfe zur Münzfälschung leistete, wurde nach Satz 3 mit derselben Strafe wie der Haupttäter belangt; zudem verwirkte derjenige, der sein Haus für die Tat zur Verfügung stellte, dieses[123]. Hatte jemand bereits das dritte Mal eine Urfehde gebrochen, wurde er mit dem Schwert hingerichtet, wie § 4, Theil 1, Cap. 9, festlegte. Die Verhängung der Todesstrafe war in diesem Fall jedoch nur zulässig, wenn zur Wahrung der Rechtssicherheit mindestens zwei Zeugen für den Bruch der

---

116 Der Begriff Pasquill stammt aus dem Italienischen und soll von einem römischen Schneider aus dem 16. Jahrhundert namens Pasquino abgeleitet sein, der zu dieser Zeit Epigramme mit verschmähendem Inhalt an einer Statue angebracht hatte; vgl. zu diesem Begriff *Schmidt*, Libelli Famosi m.w.N.

117 *C.J.B.C.*, Erster Theil, Achtes Capitul, § 11, Satz 1.

118 *C.J.B.C.*, Erster Theil, Achtes Capitul, § 11, Satz 1. a.E.

119 *C.J.B.C.*, Erster Theil, Achtes Capitul § 11, Satz 2; vgl. *Kreittmayr*, Anmerkungen zum Codex Juris Bavarici Criminalis, Erster Theil, Achtes Capitul, § 11.f.

120 *C.J.B.C.*, Erster Theil, Neuntes Capitul, Überschrift zu § 1.

121 *C.J.B.C.*, Erster Theil, Neuntes Capitul, § 1, Satz 1.

122 *C.J.B.C.*, Erster Theil, Neuntes Capitul, § 1, Satz 2; siehe hierzu die Ausführungen unter Kap. 5, B), III.

123 *C.J.B.C.*, Erster Theil, Neuntes Capitul, § 1, Satz 3; vgl. *Kreittmayr*, Anmerkungen zum Codex Juris Bavarici Criminalis, Erster Theil, Neuntes Capitul, § 8.k.

Urfehde vorhanden waren[124]. Auch Diener und Beamte, die sich nach § 5, Theil 1, Cap. 9, wegen Untreue oder Pflichtbrüchigkeit strafbar gemacht haben, konnten mit dem Schwert hingerichtet werden, wenn sie bereits zuvor eine Stelle aufgrund ihres pflichtwidrigen Verhaltens verloren hatten und dieselbe Straftat in ihrer neuen Anstellung erneut begangen hatten. Alternativ war auch die Hinrichtung mit dem Strang möglich. Bereits bei erstmaliger Tatbegehung wurde nach dieser Vorschrift ein Diener oder Beamter, der durch seine Tat einen Schaden von über hundert Gulden verursacht hatte, mit dem Schwert oder dem Strang getötet[125]. Gleichfalls mit dem Schwert ums Leben gebracht wurden gemäß § 2 des zehnten Kapitels im ersten Teil des *Codex* Wildschützen, die zwar nicht verrufen[126], aber für rechtmäßige Jäger oder Forstbedienstete eine Bedrohung an Leib oder Leben darstellten[127]. Mit dem Schwert wurden überdies nach § 1, Theil 1, Cap. 11, ausländische Bettler und Vaganten weiblichen Geschlechts hingerichtet, die zuvor bereits einmal des Landes verwiesen worden waren und gleichwohl wieder nach Bayern eingereist waren. Männer, die sich dieser Tat schuldig gemacht hatten, wurden hingegen am Strang aufgehängt[128].

V. Die Vierteilung

Das erste Delikt in der Systematik des *Codex Juris Bavarici Criminalis*, welches mit der Vierteilung des Täters bestraft werden konnte, war gemäß § 1, Theil 1, Cap. 8, das „Laster der beleidigten Majestät oder Perduellion"[129]. Diesen Straftatbestand verwirklichte derjenige, der

> „sich aus höchst-vermessener Tollkühnheit an der geheiligten Person, seines regierenden Landes-Fürstens und Oberhaupts thätlich vergreift, demselben gar nach dem Leben strebt, mit anderen dahin conspiriret, seinen declarirten Feinden mit Rath oder That an die Hand oder gar zu ihnen übergehet, ihme den Gehorsam ausdrücklich und verächtlicher Weis aussagt, mit Entdeckung der Staats-Geheimnissen, oder in anderweg Landschädliche Verräthereyen begehet, Rebellion und Aufruhr erregt, oder sonst die Landesherrliche Gewalt und Hoheit directè angreifft, wird pro Perduellione gehalten, derswegen auf die Richtstatt geschleiffet,

---

124 *C.J.B.C.*, Erster Theil, Neuntes Capitul, § 4, Satz 2.

125 *C.J.B.C.*, Erster Theil, Neuntes Capitul, § 5, Satz 2.

126 Zum Tatbestandsmerkmal der Verrufenheit siehe die Ausführungen unter Kap. 5, B), VII.

127 *C.J.B.C.*, Erster Theil, Zehendes Capitul, § 2.

128 *C.J.B.C.*, Erster Theil, Eilftes Capitul, § 1, Satz 1.

129 *C.J.B.C.*, Erster Theil, Achtes Capitul, Überschrift zu § 1; lat. perduellio: Der Hochverrat; vgl. Fn. 107.

lebendig alldort geviertheilet oder mit Pferden zerrissen, und all sein Haab und Guth dem Fisico heimgeschlagen."[130]

Unter § 1 des achten Kapitels im ersten Teil des *Codex* wurden mithin die nach Auffassung des Gesetzgebers schlimmsten Fälle der Obrigkeitsbeleidigung und des Hochverrats sowohl in Form tätlicher Angriffe als auch Verschwörungen oder anderer Verbalinjurien und Aufwiegelungen gegen die Obrigkeit subsumiert. Diese Taten wurden besonders brutal bestraft, indem der Verurteilte zunächst zur Richtstätte geschleift und dann wahlweise lebendig gevierteilt oder mit Pferden zerrissen wurde. Zudem war auch noch sein Hab und Gut zu beschlagnahmen und der Staatskasse zuzuführen. An dieser Vorschrift lässt sich besonders eindrücklich die gewünschte Abschreckungswirkung der Strafandrohung gegenüber dem Volk erkennen. Dabei war der Straftatbestand der Majestätsbeleidigung mitsamt Perduellion nur verwirklicht, wenn die strafbewehrte Handlung gegenüber einem Fürsten oder Regenten, dem der Täter unmittelbar untergeben war, erfolgte. Entsprechende Handlungen gegenüber einem anderen Vertreter der Obrigkeit wurden durch anderer durch die Taten verwirklichte Straftatbestände sanktioniert[131].

VI. Das Rädern

Gemäß § 19 Satz 1 im zweiten Kapitel des ersten Teils des *Codex* wurde der Raub mit dem Erhängen des verurteilten Räubers am Galgen sanktioniert[132]. In § 19 Satz 2 findet sich allerdings eine Strafschärfung dergestalt, dass ein auf grausame Weise begangener Raub mit der Hinrichtung des Delinquenten durch Rädern bestraft werden solle[133]. Ausweislich des Wortlauts handelt es sich dabei um eine ausdrücklich ins richterliche Ermessen gestellte Soll-Vorschrift. Wenn der gewaltsame Raub den Tod des Tatopfers zur Folge hatte, sollte man den Verbrecher zudem im Wege einer weiteren Schärfung „von unten auf ohne Gnaden-Stoß hinrichten"[134]. Weiterhin sollte nach § 11 des dritten Kapitels im ersten Teil ein hinterlistiger und unter verstellter Freundschaft verübter Totschlag ebenfalls mit dem Rad, hier allerdings nach vorangegangener Enthauptung mit Auflegung entleibten Körpers auf das Rad bestraft werden[135]. Diese Art der Hinrichtung konnte nach dem Gesetzeswortlaut auch durch eine andere

---

130 *C.J.B.C.*, Erster Theil, Achtes Capitul, § 1.

131 Vgl. *Kreittmayr*, Anmerkungen zum Codex Juris Bavarici Criminalis, Erster Theil, Achtes Capitul, § 8.a.

132 *C.J.B.C.*, Erster Theil, Zweytes Capitul, § 19, Satz 1.

133 *C.J.B.C.*, Erster Theil, Zweytes Capitul, § 19, Satz 2.

134 *C.J.B.C.*, Erster Theil, Zweytes Capitul, § 19, Satz 2 a.E.

135 *C.J.B.C.*, Erster Theil, Drittes Capitul, § 11.

Modalität ersetzt werden[136]. Dasselbe Strafmaß war gemäß § 12 des dritten Kapitels, erster Teil, vorgesehen für die Tatbegehung mittels vorsätzlicher Beibringung von Gift. Wenn diese nicht kausal für den Tod des Tatopfers war, sollte ein Zusatz zur eigentlichen Hinrichtung allerdings unterbleiben[137]. Nach § 15 wurden Mörder, welche die Tat auf offener Straße oder andernorts verübten, um sich einen finanziellen Vorteil zu verschaffen, „auf die Richtstatt geschleifft und ohne vorgängigen Gnaden-Stoß von unten auf lebendig gerädert, und der todte Körper auf das Rad gelegt“[138]. Ebenfalls lebendig zu rädern war gemäß § 16 „wer eine Mordthat verübt, und sich hierzu durch Geld, Geschenk, oder anderen Vortheil, oder auch durch blosse Versprechungen erhandlen läßt“[139]. Dabei war der Verurteilte nebst dem Besteller zur Richtstatt zu schleifen, lebendig von unten auf zu rädern und der Körper des Getöteten im Anschluss auf das Rad zu legen. § 17, Erster Theil, Drittes Capitul, normierte das Parricidium, den wissentlichen und gefährlichen Vater-, Mutter- und Kindsmordes. Ein männlicher Delinquent, der sich des Parricidiums schuldig gemacht hatte, wurde „mit lebendiger Räderung von unten auf“[140] bestraft, wobei weibliche Täterinnen durch das Schwert und das Reißen mit glühenden Zangen hinzurichten waren.

VII. Der Galgen

Wie bereits in der *Constitutio Criminalis Carolina* wurde auch im *Codex Juris Bavarici Criminalis* für schwere Fälle des Diebstahls der Tod des Delinquenten durch Erhängen am Galgen mit dem Strang angeordnet. So ordnet § 5 des zweiten Kapitels im ersten Teil des *Codex* an, dass der „Gefährliche Diebstahl“ durch den Strang zu ahnden sei. Unter einem Gefährlichen Diebstahl versteht der Gesetzeswortlaut „Diebstähle, welche mit bewaffneter, oder auch von zusamm rottirten ganzen Diebs-Banden, mit gesammter Hand verübt werden“[141], also den Diebstahl mit Waffen und den Bandendiebstahl. Ebenfalls zu erhängen sind nach § 5 Satz 1 a.E. Täter, die mittels eines Stricks, Leitern oder mit Gewalt einen Einbruch begehen[142]. Hingegen sollte die Todesstrafe nicht angewendet werden, wenn der Einbruch „nur mit Dietrich-Schlüsseln,

136 *C.J.B.C.*, Erster Theil, Drittes Capitul, § 11 a.E.: „oder anderen Zusatz zu bestraffen“.
137 *C.J.B.C.*, Erster Theil, Drittes Capitul, § 12.
138 *C.J.B.C.*, Erster Theil, Drittes Capitul, § 15.
139 *C.J.B.C.*, Erster Theil, Drittes Capitul, § 16.
140 *C.J.B.C.*, Erster Theil, Drittes Capitul, § 17.
141 *C.J.B.C.*, Erster Theil, Zweytes Capitul, § 5, Satz 1.
142 *C.J.B.C.*, Erster Theil, Zweytes Capitul, § 5, Satz 1 a.E.

aber sonst ohne Verletzung der Schlösser, Thüren, Kisten und Behältnissen“[143] begangen wurde. Diese Fälle waren als gemeiner Diebstahl zu ahnden, konnten also statt mit dem Tod auch mit einer Leibesstrafe oder Geldstrafe sanktioniert werden. § 3 des zweiten Kapitels im ersten Teil des *Codex* legt fest, dass ein „großer Diebstahl“, der dadurch begangen wird, dass der Täter „auf ein- oder zweymahl 20 Fl[144]. oder mehr in Geld oder Werth“[145] stiehlt, ebenfalls durch den Strang bestraft wird. In den Fällen des großen Diebstahls stand es aber ausdrücklich im Ermessen des Strafrichters[146], „nach Beschaffenheit der Person und Umständen, sonderbahr wann die freywillige Resurrection noch vor der Justizierung geschehen, oder nach keine Correction voraus gegangen, oder sonst grosse Hoffnung zur Besserung anscheint, statt des Strangs, das Schwerdt, oder noch eine gelindere Straff zu erkennen“[147]. Durch den Wortlaut der Norm war das richterliche Ermessen weit gefasst. Es konnte demnach sowohl die Anwendung einer als milder empfundenen Hinrichtungsart, wobei der Tod durch das Schwert hier ausdrücklich genannt war, als auch den Ausspruch einer Leibesstrafe oder sogar einer Geldstrafe umfassen. Der dreifache Diebstahl wiederum wurde gemäß § 6 des zweiten Kapitels im ersten Teil des *Codex* wiederum mit dem Tod durch Erhängen bestraft. Lediglich, wenn der Wert des Diebesgutes der drei Taten nicht mehr als 30 Kreuzer[148] betrug, wurde der Diebstahl nach § 6 Halbsatz 2 in Ausnahme zur vorstehenden Regelung nicht mit dem Tode, sondern nach richterlicher Willkür mit einer geringeren Sanktion in Form einer Leibesstrafe oder Geldstrafe geahndet[149]. In diesem systematischen Zusammenhang erscheint es im Übrigen auch erwähnenswert, dass nach § 13 des zweiten Kapitels ein auf frischer Tat ertappter Dieb, der sich trotz Zurufens nicht entfernt und seine Beute nicht zurücklässt, straflos getötet werden konnte, sofern in der konkreten Situation kein milderes Mittel zumutbar war. Gleiches gilt auch bei Antreffen eines nächtlichen oder bewaffneten Diebes und eines Räubers[150]. Der Kirchendiebstahl gemäß § 17 wurde je nach konkreter Tatausführung mit verschiedenerlei Arten der Hinrichtung

---

143 *C.J.B.C.*, Erster Theil, Zweytes Capitul, § 5, Satz 2.

144 Fl. ist das Kürzel für die damalige Währung Gulden und leitet sich vom ab 1252 geprägten Florentiner Gulden (Fiorino d'oro) ab; vgl. *Kellenbenz*, Münzen und Währungen im Mittelalter mit besonderer Berücksichtigung Deutschlands, S. 344 ff.

145 *C.J.B.C.*, Erster Theil, Zweytes Capitul, § 3, Satz 1.

146 *C.J.B.C.*, Erster Theil, Zweytes Capitul, § 3, Satz 2: „Doch stehet in Richterlicher Willkür“.

147 *C.J.B.C.*, Erster Theil, Zweytes Capitul, § 3, Satz 2.

148 Vgl. *Kreittmayr*, Anmerkungen zum Codex Juris Bavarici Criminalis, Erster Theil, Zweytes Capitul, § 2.b.

149 *C.J.B.C.*, Erster Theil, Zweytes Capitul, § 6.

150 *C.J.B.C.*, Erster Theil, Zweytes Capitul, § 13, „Entleybung des Diebs“.

bestraft. Nachdem wie bereits dargelegt der Diebstahl von Monstranzen und Litorien mitsamt heiligen Hostien den Tod durch Verbrennen zur Folge hatte[151], sollte der Diebstahl eines anderen geweihten Gefäßes aus Silber, Gold oder von ähnlicher Qualität und mit einem Wert von mindestens zwanzig Gulden das Erhängen des Täters nach sich ziehen[152]. In § 19 im zweiten Kapitel des ersten Teils des *Codex* ist die Strafbarkeit des Raubes unter der Überschrift „Raubereyen“[153] geregelt. Der Raub wird dabei als „Gewaltsame Abnehm- und Abnöthigung, oder auch bedrohliche Abschröckung fremden beweglichen Guts, um Gewinns oder Vortheils willen auf öffentlicher Straß oder anderwärts“[154] legaldefiniert. Die Bestrafung eines Räubers hatte nach gesetzgeberischem Willen durch den Strang zu erfolgen, wobei im Gegensatz zum Diebstahl keine Differenzierung des Strafmaßes nach dem Wert der Sache oder nach anderen Umständen des Nachtatverhaltens wie einer etwaig erfolgter Schadenswiedergutmachung getroffen wurde[155]. Sofern der Raub aber mit Grausamkeit verübt worden war, sollte gemäß § 19 Satz 2 der Täter mit dem Rad hingerichtet werden[156]. Weiterhin kam der Galgen auch beim Suizid zum Einsatz, der durch § 25, Erster Theil, Drittes Capitul, „mit Confiscation des dritten Theils der Erbschaft“[157] unter Strafe gestellt wurde. Natürlich war eine Tötung des Selbstmörders hier nicht mehr möglich; aus symbolischen und traditionellen Gründen sollte aber „der todte Körper durch den Scharfrichter unter dem Galgen vergraben werden“[158]. In den Anmerkungen zum Codex wird hierzu ausgeführt:

> „an verschiedenen Orten praetendirt der Hencker alles, was er von dem Ort der Entleibung mit dem Schwerdt erreichen kan. (...) In Bayern ist dieses niemahl in Usu gewest, und gebührt ihm nichts als das gewöhnliche Deputat.“[159]

Gemäß § 5, Theil 1, Cap. 9 wurden Diener oder Beamte, die sich wegen Untreue oder Pflichtbrüchigkeit strafbar gemacht hatten, wahlweise mit dem Strang am Galgen oder mit dem Schwert hingerichtet, wenn sie bereits zuvor eine Stelle aufgrund ihres pflichtwidrigen Verhaltens verloren hatten und dieselbe Straftat in ihrer neuen Anstellung erneut begangen hatten oder bei

---

151 *C.J.B.C.*, Erster Theil, Zweytes Capitul, § 17, Satz 2; siehe hierzu die Ausführungen unter Kap. 5, B), III.

152 *C.J.B.C.*, Erster Theil, Zweytes Capitul, § 17, Satz 3.

153 *C.J.B.C.*, Erster Theil, Zweytes Capitul, Überschrift zu § 19, „Raubereyen“.

154 *C.J.B.C.*, Erster Theil, Zweytes Capitul, § 19, Satz 1.

155 *C.J.B.C.*, Erster Theil, Zweytes Capitul, § 19, Satz 1.

156 *C.J.B.C.*, Erster Theil, Zweytes Capitul, § 19, Satz 2.

157 *C.J.B.C.*, Erster Theil, Drittes Capitul, § 25.

158 *C.J.B.C.*, Erster Theil, Drittes Capitul, § 25 a.E.

erstmaliger Tatbegehung einen Schaden von über hundert Gulden verursacht hatte[160]. „Verruffene und bedrohliche Wild-Schützen“[161] wurden gemäß § 1, Theil 1, Cap. 10, „ohne Unterscheid, ob sie deswegen schon einmahl inhaftirt oder bestraffet gewesen, auf offener Straß, wo sie am meisten graffiret, und das Wild geschossen hatten, aufgehenckt“[162]. Dabei stellt sich die Frage, wann ein Wildschütz als verrufen galt. Nach den Anmerkungen zum *Codex* war es mit Verweis auf Art. 25 C.C.C. ausreichend, „daß der üble Ruf bey ehrlich- und ohnpartheyischen Leuten schon vor der Inquisition gegen ihn entstanden seye“[163]. Dies galt insbesondere, wenn er wegen dieses Delikts bereits schon einmal bestraft worden war[164]. Aus Kreittmayrs Anmerkungen geht weiter hervor, dass in der zum damaligen Zeitpunkt bereits über tausendjährigen Geschichte der Verfolgung von Wildschützen in Bayern die erste Todesstrafe erst am 25. Januar 1657, auch damals durch den Strang, verhängt worden war. Zuvor waren mehrheitlich Strafen an Ehre, Leib und Gut des Täters verhängt worden[165]. Dieselbe Strafe wurde nach § 3 des zehnten Kapitels im ersten Teil auch für Wildschützen verhängt, die als verrufen, aber nicht bedrohlich beurteilt wurden und bereits einmal wegen Wilderei vorbestraft waren[166]. Gemäß § 6, Theil 1, 10. Cap., wurde zudem mit dem Tod durch den Strang bestraft, wer schon das dritte Mal wegen Wilddiebstahls auf fremden Gründen oder Hölzern respektive in Kurfürstlichen Jagdgründen verurteilt worden war[167]. Ebenso am Galgen stranguliert wurden nach § 10 des zehnten Kapitels im ersten Teil vermummte Wildschützen, die bei ihrer Anrufung durch die offiziellen Jäger Gegenwehr leisteten und dadurch deren Leib und Leben gefährdeten[168]. Mit dem Strang wurden nach § 1, Theil 1, Cap. 11, außerdem männliche ausländische Bettler und Vaganten hingerichtet, die zuvor bereits einmal des Landes verwiesen worden waren und gleichwohl wieder nach Bayern einge-

159 Vgl. *Kreittmayr*, Anmerkungen zum Codex Juris Bavarici Criminalis, Erster Theil, Drittes Capitul, § 25.d.

160 *C.J.B.C.*, Erster Theil, Neuntes Capitul, § 5, Satz 2; siehe hierzu die Ausführungen unter Kap. 5, B), IV.

161 *C.J.B.C.*, Erster Theil, Zehendes Capitul, Überschrift zu § 1.

162 *C.J.B.C.*, Erster Theil, Zehendes Capitul, § 1 a.E.

163 *Kreittmayr*, Anmerkungen zum Codex Juris Bavarici Criminalis, Erster Theil, Zehendes Capitul, § 1.a.

164 Vgl. a.a.O., Erster Theil, Zehendes Capitul, § 1.a.

165 Vgl. a.a.O., Erster Theil, Zehendes Capitul, § 1.b.

166 *C.J.B.C.*, Erster Theil, Zehendes Capitul, § 3.

167 *C.J.B.C.*, Erster Theil, Zehendes Capitul, Überschrift zu § 6: „Wild-Diebe auf fremden Gründen, sonderbahr in Churfürstlichen Jagden“.

168 *C.J.B.C.*, Erster Theil, Zehendes Capitul, § 10, verweist dabei ausdrücklich auf die Rechtsfolge von § 1, Theil 1, Kap. 10.

reist waren. Frauen, welche die „Straff der ausländischen Bettler und Vaganten" zum zweiten Mal erhielten, waren hingegen mit dem Schwert zu töten[169].

VIII. Das Schleifen

Nach § 16 des dritten Kapitels im ersten Teil des *Codex* war ein Mörder, der sich zum Zwecke seiner Tat „durch Geld, Geschenk, oder anderen Vortheil, oder auch durch blosse Versprechungen erhandlen läßt"[170] nebst dem Besteller zur Richtstatt zu schleifen und lebendig von unten auf zu rädern. Im Anschluss sollte sein toter Körper dann auf das Rad gelegt werden. Ebenfalls mit dem Schleifen zur Richtstätte bestraft wurde gemäß § 1, Theil 1, Cap. 8, das „Laster der beleidigten Majestät oder Perduellion"[171]. Dieser Tatbestand umfasste diverse Fälle des Hochverrats und hatte neben dem Schleifen des Verurteilten im Anschluss entweder die lebendige Vierteilung oder das Zerreißen mit Pferden zur Folge[172].

IX. Das Reißen mit glühenden Zangen

Hatten sich weibliche Täterinnen nach § 17 im dritten Kapitel des ersten Teils wegen Parricidiums, dem wissentlichen und gefährlichen Vater-, Mutter- oder Kindsmord strafbar gemacht, wurden diese, „da es ein Weibsbild ist, mit dem Schwerdt und glüenden Zangen-Riß gestrafft"[173]. Männliche Täter hingegen waren durch das Rad hinzurichten. Wie in § 17 wurden auch nach § 19 im ersten Teil des drittes Kapitels Frauen, die ein neugeborenes Kind als wahre Kindsmörderinnen töteten mit der Ordinärstrafe der Tötung durch das Schwert und das Reißen mit glühenden Zangen exekutiert[174].

X. Das Zerreißen mit Pferden

Eine neue, in der *Carolina* noch nicht ausdrücklich normierte, besonders brutale Art der Hinrichtung war im *Codex* das Zerreißen des Verurteilten mit Pferden. Namentlich findet sich diese Tötungsmethode in § 1, Theil 1, Cap. 8, welcher die Majestätsbeleidigung mitsamt Perduellion regelte. Wer wegen dieser Straftat verurteilt wurde, war zunächst zur Richtstätte zu schleifen.

169 *C.J.B.C.*, Erster Theil, Eilftes Capitul, § 1, Satz 1.
170 *C.J.B.C.*, Erster Theil, Drittes Capitul, § 16.
171 *C.J.B.C.*, Erster Theil, Achtes Capitul, Überschrift zu § 1.
172 *C.J.B.C.*, Erster Theil, Achtes Capitul, § 1; siehe hierzu die Ausführungen unter Kap. 5, B), V.
173 *C.J.B.C.*, Erster Theil, Drittes Capitul, § 17 a.E.
174 *C.J.B.C.*, Erster Theil, Drittes Capitul, § 19.

Anschließend wurde sein lebendiger Leib dann wahlweise geviertteilt oder mit Pferden zerrissen, zudem sein Hab und Gut dem Fiskus zugeschlagen[175].

XI. Die Enthauptung

Im *Codex Juris Bavarici Criminalis* war die Enthauptung eines verurteilten Verbrechers ohne explizite Anordnung der Durchführung mit dem Schwert lediglich als ein der eigentlichen Hinrichtungsmethode vorangehender Tötungsakt bei bestimmten Straftatbeständen ausgestaltet. So war beispielshalber in § 11 des dritten Kapitels im ersten Teil geregelt, dass ein hinterlistiger und unter verstellter Freundschaft verübter Totschlag „schärfer als ein anderer, und zwar nach vorläufiger Enthauptung mit Auflegung des todten Körpers auf das Rad, oder anderen Zusatz“[176] zu bestrafen ist. § 10, Theil 1, Cap. 6, normierte die Strafbarkeit der „Sodomiterey“[177]. Nach dieser wurde „Fleischliche Vermischung mit dem Viehe, todten Körpern, oder Leuthen einerley Geschlechts, als Mann mit Mann, Weib mit Weib“[178] zunächst mit der Enthauptung und nach deren Vollzug mit dem Verbrennen des Täters oder der Täterin geahndet.

C) Zwischenfazit

Der *Codex Juris Bavarici Criminalis* stammt aus dem Jahr 1751 und trat damit 219 Jahre nach der *Constitutio Criminalis Carolina* in Kraft. Wenn man die zahlreichen Straftatbestände, deren Verwirklichung die Todesstrafe nach sich zieht, betrachtet, so scheint der Geist der Aufklärung zur Mitte des 18. Jahrhunderts im Kurfürstentum Bayern noch nicht angekommen zu sein. Verglichen mit den Regelungen der *Bambergensis* und der *Carolina* lassen sich aber doch einige Veränderungen betreffend die Ahndung von Verbrechen feststellen. So kommen die Tötungsarten des Ertränkens sowie des Lebendigbegrabens und Pfählens im *Codex* nicht mehr vor. Diese waren in der C.C.B. und der C.C.C. ausschließlich für Frauen verhängt worden, die wegen Kindstötung sowie wegen boshafter Verräterei sowie Tötung oder Gesundheitsschädigung durch Gift verurteilt worden waren. Das Nichtvorhandensein dieser beiden Hinrichtungsarten war allerdings weniger einer gesetzgeberischen Milde als vielmehr praktischen Nützlichkeitserwägungen geschuldet. Zum Ende des 16. Jahrhunderts wurden das Ertränken und das Lebendigbegraben und Pfählen

---

175 *C.J.B.C.*, Erster Theil, Achtes Capitul, § 1; siehe hierzu die Ausführungen unter Kap. 5, B), V.

176 *C.J.B.C.*, Erster Theil, Drittes Capitul, § 11.

177 *C.J.B.C.*, Erster Theil, Sechstes Capitul, Überschrift zu § 10.

178 *C.J.B.C.*, Erster Theil, Sechstes Capitul, § 10.

nämlich sukzessive in der strafrechtlichen Praxis abgeschafft und durch andere Tötungsmethoden ersetzt[179]. Das Ertränken in einem Sack war im Bayerischen Landrecht von 1518 genauso wie das Lebendigbegraben und Pfählen als Strafe noch explizit genannt worden[180]. Da Kreittmayr, der Schöpfer des *Codex*, sich vorrangig dem gewohnheitsrechtlichen Usus der bayerischen Strafrechtspflege verpflichtet sah, verwundert es nicht, dass er sich auch an den im Bayern des 18. Jahrhunderts gebräuchlichen Hinrichtungsarten und nicht an den noch in der *Carolina* festgelegten Rechtsfolgen orientierte. Gleichzeitig findet sich im *Codex* auch das Zerreißen mit Pferden als eine neue Art der Todesstrafe, die bei einer Verurteilung wegen Majestätsbeleidigung mit Perduellion zur Anwendung kommen konnte, nachdem der Straftäter zuvor zur Richtstätte geschleift worden war. Besonders ins Auge fallen die zahlreichen Straftatbestände, deren Verwirklichung die Verhängung der Todesstrafe durch das Schwert zur Folge hatte. Im Vergleich zu C.C.B. und C.C.C. hatte das Schwert als Tötungsmittel eine deutlich größere, geradezu exponierte Bedeutung, obgleich dieses in den Halsgerichtsordnungen des 16. Jahrhunderts auch schon oft zur Anwendung kam. Ebenso wurde das Erhängen am Galgen bei einer größeren Anzahl an Strafnormen als in der C.C.C. angewandt, obgleich das Schwert den Galgen im Laufe des 17. Jahrhunderts in seiner Bedeutung in den meisten Reichsterritorien überholt hatte[181]. Bemerkenswert ist auch die Tatsache, dass das Verbrennen als Methode zur Vollstreckung der Todesstrafe im *Codex* nach wie vor eine große Rolle spielte, obwohl die Hexenverbrennungen wie auch generell das Verbrennen von Verurteilten bereits ab Mitte des 17. Jahrhunderts in ihrer Bedeutung stark zurückgegangen waren. Zur Zeit des Inkrafttretens des *Codex Juris Bavarici Criminalis* wurden Hexenverbrennungen im Heiligen Römischen Reich Deutscher Nation fast gar nicht mehr praktiziert, davor letztmalig im Jahr 1749 in Würzburg[182]. Und auch im Kurfürstentum Bayern wurden nach 1751 nur noch vereinzelt Hexenverbrennungen durchgeführt, nämlich bis 1756 in der Region zwischen Landshut, Freising und Salzburg[183]. Die letzte Verurteilung einer Hexe auf deutschem Boden fand 1775 in Kempten statt, das Urteil wurde aber nicht mehr vollstreckt[184]. Daran lässt sich auch

179 Vgl. *Ortner*, Wenn der Staat tötet, S. 38 f.; *Leder*, Todesstrafe, S. 157.

180 Vgl. *Berner*, Die Strafgesetzgebung in Deutschland vom Jahre 1751 bis zur Gegenwart, S. 5.

181 Vgl. *Evans*, Rituale der Vergeltung, S. 79 ff.

182 Vgl. *Schmidt*, Einführung in die Geschichte der deutschen Strafrechtspflege, S. 211.

183 Am 2. April 1756 wurde die fünfzehnjährige Veronika Zerritsch (auch Zerretschin) als letzte verurteilte Hexe Bayerns in Landshut exekutiert; vgl. *Behringer*, Hexenverfolgung in Bayern, S. 355 ff.

184 Vgl. *Schmidt*, Einführung in die Geschichte der deutschen Strafrechtspflege, S. 211; Die verurteilte Dienstmagd Anna Maria Schwägelin bzw. Schwegelin wurde zwar

sehen, dass im Bayern des 18. Jahrhunderts hinsichtlich der Todesstrafe durch Verbrennen zwischen den Vorstellungen des Gesetzgebers und der Praxis der Strafgerichte durchaus Diskrepanzen bestanden. So lässt sich das eingangs in diesem Kapitel dargestellte Zitat Berners – „In unseres guten Kreittmayrs Kopf spukt noch die ganze Walpurgis-Nacht!“[185] – angesichts der Regelungen des *Codex* zum Tod durch das Feuer wie auch zur Todesstrafe generell gut verstehen. Grundsätzlich kann konstatiert werden, dass die Gedanken der Aufklärer und die damit einhergehende partielle Abschaffung der Todesstrafe im Kurfürstentum Bayern zur Zeit der Entstehung des *Codex Juris Bavarici Criminalis* noch keine nennenswerte Rezeption erfuhren. Nachdem Kurfürst Maximilian III. Joseph zu dieser Zeit noch ein überdurchschnittlich striktes Vorgehen gegen Straftäter propagiert hatte, wurden erst im letzten Viertel des 18. Jahrhunderts kritische Stimmen gegen die harten Strafen laut, was erst ab 1775 – im Vergleich zu anderen Reichsterritorien mit zeitlicher Verzögerung – zu einem spürbaren Rückgang von verhängten Todesstrafen führte[186]. Eine partielle Abschaffung der Todesstrafe unter dem Einfluss der Aufklärung lässt sich bei Betrachtung der Regelungen des *Codex Juris Bavarici Criminalis* jedenfalls noch nicht erkennen.

1775 als Hexe zum Tode verurteilt, das Urteil wurde jedoch nicht vollstreckt, da der Fürstabt Honorius Roth von Schreckenstein kurz vor der Verbrennung die Ermittlungen wieder aufnehmen ließ. Schwägelin starb 1781 im Gefängnis von Kempten eines natürlichen Todes. Erst 1995 hatte der Historiker Wolfgang Petz herausgefunden, dass das Todesurteil nicht vollstreckt worden war; näheres hierzu bei *Petz*, Die letzte Hexe. Das Schicksal der Anna Maria Schwägelin m.w.N.

185 *Berner*, Die Strafgesetzgebung in Deutschland vom Jahre 1751 bis zur Gegenwart, S. 6; vgl. Fn. 4.

186 Vgl. *Evans*, Rituale der Vergeltung, S. 163; *Leder*, Todesstrafe, S. 271.

Sechstes Kapitel:
Die Constitutio Criminalis Theresiana (1768)

A) Allgemeine Grundsätze der Constitutio Criminalis Theresiana

I. Entstehungsgeschichte

Die *Constitutio Criminalis Theresiana*, auch unter den Bezeichnungen *Theresiana* respektive *Nemesis Theresiana* bekannt, trat am 31. Dezember 1768 in Wien unter der Herrschaft der österreichischen Kaiserin Maria Theresia (1717–1780) in Kraft[1]. Maria Theresia war von 1740 bis zu ihrem Tod Erzherzogin von Österreich sowie unter anderem Königin von Ungarn und Böhmen. Ihr Gemahl Franz I. Stephan (1708–1765) wurde 1745 zum Kaiser des Heiligen Römischen Reiches gekrönt. Als Gattin des Kaisers wurde Maria Theresia nach damaligem Usus ebenfalls als Kaiserin tituliert. Die österreichischen Regierungsgeschäfte führte Maria Theresa eigenverantwortlich[2]. Bereits in den Jahrzehnten vor dem Inkrafttreten der *Theresiana* hatte in Österreich eine große Unzufriedenheit über den Zustand der Strafgerichtsbarkeit geherrscht, was auch Maria Theresia nicht entgangen war. Nach von Kwiatkowski betraf der allgemeine Unmut über die österreichische Strafjustiz vor allem

> „den schleppenden Gang der Prozesse, die Unwissenheit, Willkür und Lässigkeit der Richter, die üble Behandlung der Gefangenen, hiebei kamen eingewurzelte Übelstände in Betracht, die von alters her die Aufmerksamkeit der österreichischen Herrscher und ihrer Räte hervorgerufen hatten, trotz aller Mahnungen und Weisungen der Halsgerichts- und Kanzlei-Ordnungen, der landesfürstlichen Patente, Generalien und Instruktionen, ja selbst der Strafen, war der Stand der Kriminal-Justiz bis in das letzte Jahrzehnt der Theresianischen Regierung kaum ein besserer, als zwei Jahrhunderte früher. Selbst bei den Zentral-Stellen machten sich Gebrechen geltend.“[3]

In der Tat waren Strafprozesse mit einer Dauer von mehreren Jahren in Österreich zu dieser Zeit keine Seltenheit. In der Steiermark beispielshalber verstarben mehrere Beschuldigte unter der Prozessleitung ein und desselben Richters während des Verfahrens oder verfielen aufgrund der schlechten Behandlung dem Wahnsinn, da dieser die strafprozessualen Untersuchungen um teils bis zu vier Jahre verzögert hatte, und dies, obwohl ihm die Amtsenthebung bereits

---

1 Vgl. *von Kwiatkowski*, Die Constitutio criminalis Theresiana, S. 28.
2 Vgl. *Lau*, Die Kaiserin, S. 59 ff.
3 *von Kwiatkowski*, Die Constitutio criminalis Theresiana, S. 3.

angedroht worden war[4]. Vor dem Inkrafttreten der *Theresiana* war die maßgebliche Strafordnung in Österreich die *Constitutio Criminalis Carolina*, welche auch die Grundlage für regionale Partikularordnungen wie die *Ferdinandea* von 1656 für Österreich unter der Enns und Innerösterreich, die *Leopoldina* von 1675 für Österreich ob der Enns oder *Josefina* von 1707 für die böhmischen Gebiete bildete. Zahlreiche Strafgerichte beriefen sich in ihren Entscheidungen daneben auch auf das Gewohnheitsrecht[5]. Ab 1752 gab es schließlich Überlegungen zur Formulierung eines einheitlichen Strafgesetzes für das österreichische Hoheitsgebiet. Nachdem die Kaiserin gleichfalls die Notwendigkeit für ein entsprechendes Gesetzesvorhaben gesehen hatte, wurde in der Sitzung der Obersten Justizstelle[6], des damals höchsten österreichischen Gerichts, vom 12. Oktober 1752 begonnen, die Regelungen der *Ferdinandea* und der *Josefina* zu überarbeiten, um diese einer einheitlichen Kodifikation zuzuführen. In den folgenden Jahren trieb eine eigens dafür eingesetzte Kompilations-Kommission unter aktiver Mitwirkung von Kaiserin Maria Theresia die Ausarbeitungen an dem neuen Gesetzesentwurf voran. Es dauerte nach mehreren Unterbrechungen der Arbeiten bis 1766, bis der erste Entwurf des Strafgesetzes vorlag[7]. Am 11. März 1766 übergab die Kommission den ersten Teil des Entwurfs mittels Alleruntertänigster Verfügung an den Staatsrat. Dieser beurteilte den Entwurf wohlwollend, bemängelte allerdings den ausufernden Inhalt. Am 31. März 1767 wurde der zweite Teil des Entwurfs vorgelegt, der allerdings auf dieselben Bedenken stieß. Der Staatsrat übersandte der Kompilations-Kommission daher diverse Erinnerungen mit dem Wunsch auf Nachbesserung. Nachdem die Entwürfe überarbeitet und ihr Inhalt komprimiert worden war, wurde die *Constitutio criminalis Theresiana* schließlich trotz Einwänden von Staatskanzlei und Staatsrat zum 31. Dezember 1768 verabschiedet[8]. Endgültig in Kraft trat sie am 1. Januar 1770. Nachdem Galizien an die Habsburger gefallen war, galt die *Theresiana* ab 1774 auch dort. Weiterhin gab es auch Bestrebungen zu ihrer Einführung in Ungarn, die allerdings schlussendlich nicht in die Tat umgesetzt wurden[9].

---

4 Dabei handelte es sich um den obersteirischen Bann-Richter Dr. von Apostl; vgl. a.a.O., S. 6 f.

5 Vgl. a.a.O., S. 15 ff.

6 Die Oberste Justizstelle wurde 1749 von Maria Theresia gegründet und wurde am 21. August 1848 im Zuge der österreichischen Revolution von 1848/1849 zum Obersten Gerichtshof umbenannt; vgl. *Neschwara*, BRGÖ 2016, S. 256 ff.

7 Vgl. *von Kwiatkowski*, Die Constitutio criminalis Theresiana, S. 21 ff.

8 Vgl. a.a.O., S. 27 ff.

9 Vgl. a.a.O., S. 30 ff.

II. Grundsätze des materiellen Rechts und des Verfahrensrechts

Die *Constitutio Criminalis Theresiana* war zweigeteilt. Der „Erste Theil von der peinlichen Verfahrung"[10] beinhaltete die Vorschriften zum Strafprozessrecht. In 54 Artikeln wurden die prozessualen Regelungen dargelegt. Das Strafensystem der C.C.T. umfasste Lebensstrafen (Art. 5 C.C.T.), Leibesstrafen (Art. 6 C.C.T.) und Geldstrafen (Art. 8 C.C.T.). Das Strafverfahrensrecht beruhte im Wesentlichen auf dem Inquisitionsprozess, der in Art. 25 C.C.T. normiert war[11]. Das Akkusationsprinzip war in Art. 24 C.C.T. geregelt und wurde nur in zwei Fällen angewandt, nämlich „entweder 1mo. auf Verordnung einer hierzu berechtigten Gerichtsstelle; oder 2do. gegen gewisse Personen vermög ihrer Landesfreyheit, somit allemal von Amtswegen angestellet"[12]. Nach Art. 24 § 3 C.C.T. wurden willkürliche Privatanklagen in peinlichen Sachen gänzlich abgeschafft[13]. Dadurch wurde der Charakter des Strafprozesses als öffentlich-rechtliches Verfahren im Vergleich zu vorangegangenen Strafordnungen und Strafgesetzen gestärkt. Die *Theresiana* enthielt auch noch weitere Verfahrensarten wie das Ediktalverfahren gegen abwesende und flüchtige Personen (Art. 48 C.C.T.), das standrechtliche Verfahren (Art. 49 C.C.T.) und den Reinigungs- oder Purgationsprozess (Art. 51 C.C.T.), mit dem ein Beschuldigter mittels ordentlichen Beweises und diversen schriftlichen Einlassungen seine Unschuld beweisen konnte. Die zulässigen Beweismittel wurden detailliert in den Artt. 32 ff. C.C.T. aufgeführt. Dazu zählen vorbehaltlos Geständnis und Zeugen sowie mit Einschränkungen das Geständnis von Mitbeschuldigten, untrügliche Urkunden und unfehlbare Anzeigungen[14]. Ein großes Anliegen von Kaiserin Maria Theresia war darüber hinaus die gesetzliche Regelung der zum damaligen Zeitpunkt gängigen Foltermethoden. So enthält die *Theresiana* am Ende zwei als „Beylagen" bezeichnete Anhänge, in denen die Folterinstrumente mit Bildbeispielen aufgelistet und ihre Anwendung detailliert erklärt wurde. Besondere Erläuterung mit entsprechender Illustration findet an dieser Stelle die Anwendung von Daumstöcken, der Schnürung, der Streckleiter, von Beinschrauben und der Winde[15]. Berner bemerkt zu dieser Darstellung der Brutalität:

10 C.C.T., Verzeichniß, Überschrift zu Erster Theil.
11 Vgl. *von Kwiatkowski*, Die Constitutio criminalis Theresiana, S. 137 ff.
12 Art. 24 § 1 C.C.T.
13 Art. 24 § 3 C.C.T.
14 Vgl. *von Kwiatkowski*, Die Constitutio criminalis Theresiana, S. 140.
15 C.C.T., Beylagen zum ersten Theil.

„Schlägt man sodann die Theresiana auf, so wendet sich das entsetzte Auge alsbald mit Abscheu weg von den gräßlichen Bildern, mit denen der Gesetzgeber in der Zeit des Anbruchs der Aufklärungsperiode sein Werk auszustatten gewagt hat. Auf einer Reihe von Tafeln giebt er eine Abschilderung und Beschreibung der 'Peinigungsarten, wie selbe in der königl. böhmischen Hauptstadt Prag bei dem daselbstigen Stadt-Magistrate vorgenommen werden'. Das abstoßendste dieser Bilder ist die Darstellung der Feuerfolter, – in der Mitte der auf der Folter bereits auseinander gezogene Inquisit, der das Gesicht mit den Zügen der furchtbarsten Qualen verzerrt und den schreienden Mund weit öffnet, während der Scharfrichter ihm zwei Bündel Kerzen in die Brustleisten brennen läßt, – rechts davon ein Bild 'des nach der Seiten und vollendetem Grad des Feuers anzusehenden Inquisiten', – links ein 'Entwurf des oberen Leibes des Inquisiten, wie selber nach vollzogener Brennung von vorne anzusehen'."[16]

Der „Anderter Theil von denen halsgerichtsmäßigen Verbrechen insonderheit, und deren Straffen"[17] enthält die materiell-rechtlichen Strafnormen der *Theresiana.* Beanstandet wurde hier vielmals die Unbestimmtheit der verwendeten Rechtsbegriffe. Die Kritik bezog sich auf die nach wie vor wie beispielshalber bereits in der *Constiutio Criminalis Carolina* enthaltene unklare Abgrenzung zwischen Mord und Totschlag in Art. 83 C.C.T. unter der Überschrift „Von dem Todschlag, Verwundungen, und anderen tödtlichen Handlungen"[18]. Weitere tatbestandliche und begriffliche Vermischungen wie die Zusammenlegung von Betrug, Untreu und Verletzung des Briefgeheimnisses unter Art. 72 C.C.T. („Von denen, die allerhand Falsch begehen"[19]) führten ebenfalls zu sehr umfangreichen und daher in der Praxis der Strafrechtspflege mitunter schwer handhabbaren Straftatbeständen. Der Gesetzeswortlaut vieler Vorschriften räumte dem Ermessen des Tatrichters bei der Urteilsfindung einen großen Spielraum ein[20]. Nach von Kwiatkowski ist dieses Ermessen rückblickend eines, das „hauptsächlich in Richtung auf die Strafzumessung als ein viel zu weit gehendes bezeichnet werden muß und mit Rücksicht auf den weiten Strafrahmen der richterlichen Willkür ein weites Feld eröffnete"[21].

---

16 *Berner*, Die Strafgesetzgebung in Deutschland vom Jahre 1751 bis zur Gegenwart, S. 11.
17 C.C.T., Verzeichniß, Überschrift zu Anderter Theil.
18 Überschrift zu Art. 83 C.C.T.
19 Überschrift zu Art. 72 C.C.T.
20 Vgl. *von Kwiatkowski*, Die Constitutio criminalis Theresiana, S. 141.
21 A.a.O., S. 141 f.

B) Die Todesstrafe in der Constitutio Criminalis Theresiana

I. Allgemeines

Das Programm der *Theresiana* für die Anwendung der Todesstrafe findet sich zunächst in Art. 5 ihres ersten Teils unter der Überschrift „Von Lebensstraffen“[22]. In § 1 des fünften Artikels heißt es hierzu:

> „Die in diesen Erblanden übliche Todesstrafen sind zweyerley: die härtere in überschweren, die gelindere in schweren Verbrechen.“[23]

Nach Art. 5, § 2, gibt es bei der härteren Art der Todesstrafe mehrere Vollstreckungsmöglichkeiten. So ist sie anzuwenden „durch das Feuer mit lebendiger Verbrennung; oder wenn die Umstände eine Linderung zugeben, mit vorheriger Enthauptung des Missetäters. Andertens: durch das Viertheilen. Drittens: durch das Radbrechen von untenhinauf, oder von obenherab“[24]. Hierzu wurde angemerkt, dass das Verbrennen bei lebendigem Leib und das Rädern von unten nach oben nur angeordnet werden konnte, wenn das Obergericht zuvor in dem Strafverfahren über Einwendungen und mögliche Strafmilderungen zur Abwendung dieser Todesarten entschieden hatte[25]. In § 3 des fünften Artikels der C.C.T. war der Umgang mit weiteren Strafschärfungen geregelt. Demnach konnte bei den in § 1 genannten Todesstrafen die eigentliche Strafe je nach Gestalt der Missetat und nach richterlichem Ermessen noch erschwert werden „durch Schleiffung zur Richtstatt, durch Reissung mit glüenden Zangen, durch Riemenschneiden, durch Zungenabschneid oder zum Nackenausreissung“[26]. Die ausdrückliche Normierung der Nackenausreißung als verschärfender Zusatz zur Todesstrafe stellt im Vergleich zu den vorangehend untersuchten Strafgesetzen und Ordnungen eine Neuerung dar. Gleiches gilt für das Riemenschneiden und das Abschneiden der Zunge[27]. Art. 6 § 5 C.C.T. stellte dabei klar, dass verstümmelnde Strafen nur als Verschärfung zur Todesstrafe verhängt werden dürfen, allerdings nicht bei Verurteilten, die „am Leben zu verbleiben haben“[28]. Nach Art. 5 § 4 C.C.T. gehören zur Gattung der härteren Todesstrafen „auch die sonst gemeine Todesarten, wenn dieselbe nach Schwere der Umständen durch erstbemeldte, oder andere übliche Straffzuschläge

---

22 Überschrift zu Art. 5 C.C.T.

23 Art. 5 § 1 C.C.T.; nebenstehend lateinischer Text: „Supplicia mortis feveriora sunt, alia leniora“.

24 Art. 5 § 2 C.C.T.

25 Art. 5 § 2 C.C.T. a.E.

26 Art. 5 § 3 C.C.T.

27 Vgl. *Berner*, Die Strafgesetzgebung in Deutschland vom Jahre 1751 bis zur Gegenwart, S. 12.

verschärffet werden: als durch Verbrenn- oder Durchpfählung des todten Körpers, durch Flechtung des Körpers, wenn es ein Mann ist, auf das Rad, mit- oder ohne einem hierüber aufgericht-kleinen Galgen; durch Handabschlagung mit- oder ohne Auffsteckung des Kopfs, oder Kopf, und Hand, oder der Hand allein auf ein Rad, oder Pfahl, oder Anheftung der Hand an der Pranger“[29]. § 5 des fünften Artikels beinhaltet hingegen eine Klarstellung, welche Todesstrafen in den österreichischen Erblanden nicht gewöhnlich und daher auch nach Inkrafttreten der *Theresiana* nicht gebraucht werden sollten. Zu diesen nach dem Willen des Gesetzgebers nicht anzuwendenden Tötungsarten zählen „das Ertränken, das Schinden, das lebendige Vergraben, das lebendige Pfählen etc., wie auch das Radbrechen der Weibsbildern (…); eben also ist sich auch des Spiessens (ausser in Aufruhren, und Landesverräthereyen) noch ferners zu enthalten“[30]. Die gelinderen respektive gemeinen Todesstrafen sind nach Art. 5 § 6 C.C.T. der Schwertschlag sowie das Hängen am Galgen ohne strafschärfende Zusätze[31]. Zu beachten ist allerdings in diesem Zusammenhang § 6 Satz 2: „Das Henken jedoch ist in Ansehen der Weibspersonen nicht gebräuchig, sondern dieselbe werden an statt des Strangs mit dem Schwert hingerichtet“[32]. Diesbezüglich knüpft die *Theresiana* an vorangehende strafrechtliche Kodifikationen wie die *Carolina* oder den *Codex Juris Criminalis Bavarici* an, bei denen das Hängen als Rechtsfolge der Verwirklichung vieler Straftatbestände durch das Schwert als Tötungsmethode ersetzt wurde. Dies ist wiederum eine Folge des gewohnheitsrechtlichen Usus, nach welchem das Hängen von Frauen als unsittlich beziehungsweise unwürdig angesehen wurde. Nach Art. 5 § 7 C.C.T. standen im Übrigen auch die Verurteilung zu ewiger Gefängnisstrafe und die Erklärung eines Verurteilten für vogelfrei durch das Gericht nach der Ansicht des Gesetzgebers der Todesstrafe gleich[33]. Art. 5 § 8 C.C.T. verweist hinsichtlich der Abfassungskriterien von Urteilen auf Art. 40 C.C.T. Demnach soll das Urteil grundsätzlich den Namen des Gerichts, des Inquisiten und – soweit vorhanden – des Anklägers sowie eine kurze Erzählung der abgeurteilten Tat enthalten, sofern daraus keine schweren Nachteile für die Allgemeinheit oder bestimmte Personen erwachsen[34]. Die ausgesprochene Strafe musste dabei nach Art. 40 § 2 C.C.T. ausdrücklich in der *Theresiana* oder

28 Art. 6 § 5 C.C.T.; vgl. *Berner*, ebd.
29 Art. 5 § 4 C.C.T.
30 Art. 5 § 5 C.C.T.
31 Art. 5 § 6 Satz 1 C.C.T.
32 Art. 5 § 6 Satz 2 C.C.T.
33 Art. 5 § 7 C.C.T.
34 Art. 40 § 1 C.C.T.

einer anderen für die österreichischen Erblande geltenden Halsgerichtsordnung geregelt sein[35].

II. Unbenannte Todesstrafen

In den bislang untersuchten Strafordnungen sind jeweils diverse Straftatbestände enthalten, die mit dem Tode bestraft werden konnten, jedoch keine explizite Anordnung der Hinrichtungsart enthielten. Der erste Fall einer unbenannten Todesstrafe wird in Art. 58 § 12 der *Theresiana* geregelt. Nach dieser Vorschrift war diejenige Person, die sich aus Boshaftigkeit und falscher Verstellung als Zauberer, Wahrsager, Teufelskünstler, Hexenmeister oder als Hexe etc. ausgab und infolgedessen durch Verwirklichung einer anderen Straftat den Tod eines Menschen verursachte, auf die Weise am Leben zu strafen, wie es die C.C.T. für die Verurteilung aufgrund dieser Straftat vorsah[36]. Auch eine Bestrafung wegen falschem Schwören bzw. Meineid konnte gemäß Art. 59 § 3 C.C.T. die Verurteilung zu einer Todesstrafe gemäß richterlichem Ermessen nach sich ziehen, wenn beschwerende Umstände vorlagen[37]. In Art. 59 § 4 C.C.T. werden diese beschwerenden Umstände legaldefiniert:

> „§ 4 Beschwerende Umstände, so den Meineyd grösser machen, sind beyläuffig diese:
>
> Erstlich: Wenn der Meineyd zu öftermalen vorsätzlich beschehen.
>
> Andertens: Wenn der Thäter über vorangegangene Erinnerung des Meineyds, und hierauf gesetzt-schweren Straffen gleichwohlen falsch geschworen.
>
> Drittens: Wenn der Meineyd mit einem gar besonderen Frevel, oder Vermessenheit beschehen.
>
> Viertens: Wenn dadurch einem anderen unschuldiger Weise die Tortur, oder eine schwere Leibsstraffe, oder ein unwiederbringlich-grosser Schaden wirklich zugezogen worden; und umso mehr
>
> Fünftens: Wenn deswegen viele Leute ihr Haab, und Gut, oder auch Ehr, Leib, und Leben verlohren haben.“[38]

Wurde durch den Verrat von Rats- oder Amtsgeheimnissen der Straftatbestand des Meineids verwirklicht, konnte dies nach Art. 66 § 2 C.C.T. ebenfalls die Todesstrafe nach sich ziehen[39]. Auch wenn durch den Bruch einer Urfehde ein Straftatbestand verwirklicht wurde, der die Verurteilung zum Tode nach sich

---

35 Art. 40 § 2 C.C.T.
36 Art. 58 § 12 C.C.T.
37 Art. 59 § 3 C.C.T.
38 Art. 59 § 4 C.C.T.
39 Art. 66 § 2 C.C.T.

zog, war der Täter gemäß Art. 60 § 6 C.C.T. auf die Art und Weise hinzurichten, welche die mitverwirklichte Strafvorschrift forderte[40]. Eine Lebensstrafe konnte nach Art. 65 § 3 C.C.T. nach gerichtlichem Ermessen beim Vorliegen von besonders beschwerenden Umständen auch verhängt werden gegen Richter oder Beamte, die sich wegen Bestechlichkeit im Amt strafbar gemacht hatten[41]. Richter und Beamte, „so sich ihres Amts zur Rach, oder Gelderpressung mißbrauchen“[42] konnten nach Art. 67 § 2 C.C.T. „nebst ihrer Dienstentsetz- und unfähig- Erklärung zu weiteren Diensten nach Gestalt der Sachen am Gut, Leib, oder Leben gestraffet werden“[43]. Eine weitere unbenannte Lebensstrafe nach richterlichem Ermessen konnte je nach Schwere des Verbrechens bei Verwirklichung des Straftatbestandes der „Untreue der Rechtsfreunden, und Sachwaltern, so zu Schaden ihrer Parthey handeln“[44] gemäß Art. 69 C.C.T. verhängt werden. Nach Art. 69 § 2 C.C.T. hatte der wegen Untreue Verurteilte daneben zusätzlich Schadenswiedergutmachung zu leisten[45]. Auch die widerrechtliche Gefangennahme durch eigenmächtige Ausübung eines privaten oder eigenmächtigen Gefängnisrechts konnte nach Art. 70 § 1 C.C.T. eine Todesstrafe nach Willkür des Strafgerichts nach sich ziehen, sofern beschwerende Umstände gegeben waren[46]. Beschwerende Umstände lagen nach § 70 § 2 C.C.T. vor, wenn die Gefangennahme mit besonderer Vermessenheit geschah und beim Gefangenen großen Ungemach oder andere Nachteile verursachte, außerdem wenn der Gefangene angegriffen wurde respektive eine Inquisition durchgeführt wurde[47]. Beim Vorliegen besonders schwerer Umstände konnten die Strafgerichte weiterhin auch den Gefängnisausbruch gemäß § 71 § 3 C.C.T. mit dem Tode bestrafen. Art. 71 § 5 C.C.T. stellte klar, dass die Verhängung der Todesstrafe nicht nur für die Ausbrecher selbst möglich

---

40 Art. 60 § 6 C.C.T.

41 Art. 65 § 3 C.C.T.

42 Überschrift zu Art. 67 C.C.T.

43 Art. 67 § 2 C.C.T.

44 Überschrift zu Art. 69 C.C.T.

45 Art. 69 § 2 C.C.T.

46 Art. 70 § 1 C.C.T.: „Wer sich erfrechet Jemanden widerrechtlich gefangen zu nehmen, und solchergestalten durch eigenmächtige Ausübung eines Gefängnisrechts in Unsere Landesherrliche Hoheit eingreiffen, der solle als ein Verletzer Unser Majestät nach Schwere der Umständen das Leben verwirket haben; wo aber keine gar schwere Umstände unterlauffeten, am Geld, oder Leib willkührig gestraffet werden“.

47 Art. 70 § 3 C.C.T.; besondere Vermessenheit kann in diesem Zusammenhang als große Verachtung der geltenden Gesetze verstanden werden, so heißt es dort: „Wenn die Gefangennehmung mit besonderer Vermessenheit, und Verachtung Unserer Gesetzen vorgenommen worden“.

war, sondern sogar für diejenigen Personen, die ihnen dabei Hilfe leisteten[48]. Auch bei einer Verurteilung wegen Ehebruchs konnte der Täter nach Maßgabe von Art. 77 § 6 C.C.T. am Leben gestraft werden, wenn beschwerende Umstände gegeben waren[49]. Eine weiterer Straftatbestand, dessen Verwirklichung eine nicht näher definierte Lebensstrafe zur Konsequenz hat, ist Art. 85 C.C.T. Dieser regelt die Strafbarkeit „von dem Todschlag, so im Getümmel, und Schlägerey unter vielen Leuten begangen wird“[50]. Art. 85 § 2 C.C.T. stellt dabei klar:

> „Wenn etliche Personen mit vereinigten bösen Fürsatz, und Willen Jemanden zu ermorden, einander Hülff, und Beystand leisten, in diesem Fall haben sie alle das Leben verwircket.“[51]

Im Gegensatz zu den in Art. 83 C.C.T. aufgeführten detaillierten Vorstellungen des Gesetzgebers zu den Hinrichtungsarten für Totschläger wurde die Tötungsmethode bei Art. 85 § 2 C.C.T. also ausdrücklich offengelassen und damit ins Ermessen der Strafgerichte gestellt. Nach Art. 85 § 3 C.C.T. konnten auch die Teilnehmer an einer Rauferei, in deren Verlauf jemand getötet wurde, zum Tode verurteilt werden, auch wenn sie selbst niemanden getötet hatten. Der Totschläger selbst wurde in diesem Fall mit dem Schwert hingerichtet[52]. Wurde jemand in einem Aufruhr oder einer Zankerei unter Beteiligung mehrerer entleibt, war jeder, der dem Getöteten nachweislich eine tödliche Verletzung zugefügt hatte, zum Tode zu verurteilen. Die übrigen Tatbeteiligten waren nach dem Gutdünken des Richters zu bestrafen[53]. Die Möglichkeit einer willkürlichen Todesstrafe eröffnete auch Art. 85 § 5 C.C.T. für Personen, die sich an einem Aufruhr beteiligt hatten, in dem jemand getötet wurde, ohne dass ein Totschläger identifiziert werden konnte. Der Urheber des Aufruhrs war in diesem Fall mit dem Schwert zu töten[54]. Gemäß Art. 102 § 4 C.C.T. konnte die Todesstrafe ohne weitere Konkretisierung nach der Willkür des Gerichts außerdem verhängt werden bei der Bestrafung „von Verheelern, und

---

48 Die vom Gesetzgeber beabsichtigte teilweise Gleichstellung von Tätern und Tatgehilfen ergibt sich bereits aus der Überschrift zu Art. 71 C.C.T.: „von denen, so aus der Gefängniß brechen, nebst ihren Hülffleistern“.

49 Art. 77 § 6 C.C.T.

50 Überschrift zu Art. 85 C.C.T.

51 Art. 85 § 2 C.C.T.

52 Art. 85 § 3 C.C.T. a.E.: „derselbe solle als ein Todschläger mit dem Schwerd zum Tod, die übrige hingegen willkührlich schwerer, oder gelinder nach Gestalt der Sachen, und nach Maß ihrer Beywirkung gestraffet werden“.

53 Art. 85 § 4 C.C.T.

54 Art. 85 § 5 C.C.T.

Aufhaltgebern lasterhafter, und verdächtiger Leuten“[55], sofern beschwerende Umstände vorlagen.

III. Das Feuer

Gemäß Art. 56 § 9 C.C.T. wurde die vorsätzliche Gotteslästerung höchsten Grades mit der Verbrennung des Verurteilten bei lebendigem Leib bestraft. Wenn die Gotteslästerung in diesem Fall mit Worten geschah, war als Strafschärfung zudem noch das Ausreißen oder Abschneiden der Zunge angeordnet. Wurde die Gotteslästerung im höchsten Grad hingegen durch eine sichtbare Tathandlung begangen, hatte das Gericht zusätzlich das Abhauen der Hand des Delinquenten auszusprechen. Nach dem Ermessen des Richters konnte die Verschärfung der Feuerstrafe bei beschwerenden Umständen auch durch das Reißen mit glühenden Zangen, Riemenschneiden oder Ausschleppen vollstreckt werden[56]. Unter Gotteslästerung im erst- und höchsten Grad versteht die *Theresiana* nach Art. 56 § 1 C.C.T. eine Handlung „da Jemand Gott den allmächtigen, folglich die allerheiligste Dreyfaltigkeit, oder eine deren drey göttlichen Personen unmittelbar mit Worten, oder Thaten schmählich lästert, und Gott etwas zumesset, so sich nicht gebühret, oder etwas benimmt, so ihme zustehet“[57]. Berner stellt fest, dass die Gotteslästerung im Strafensystem der *Theresiana* den unter den schwersten Verbrechen den obersten Rang einnimmt[58]. Auch die Zauberei bzw. Hexerei war nach Art. 58 § 12 C.C.T. wie die Gotteslästerung höchsten Grades mit dem Feuer zu bestrafen, wenn der Täter dabei ein Bündnis mit dem Teufel eingegangen war oder „sonst sich unmittelbar gotteslästerischer Ausdrücken gebrauchet hätte“[59]. Erwähnenswert ist hierbei, dass der Gesetzgeber die Bestrafung der Hexerei und Zauberei nicht den ordentlichen Gerichten zugeordnet hatte, sondern stattdessen der besonderen Zuständigkeit der Landesfürsten unterstellt hatte[60]. Ebenfalls mit Verbrennung bestraft wurde die Münzfälschung. Gemäß § 63 § 7 C.C.T. wurden Personen, die wegen der Fälschung inländischer Münzen verurteilt wurden wie auch deren Gehilfen „mit dem Feuer vom Leben zum Tod hingerichtet, und nach Beschaffenheit der beschwerdend- oder linderenden Umständen solche Straffe mit Zusätzen verschärffet, oder die Thätere vorhero enthauptet,

---

55 Überschrift zu Art. 102 C.C.T.

56 Art. 56 § 9 C.C.T.

57 Art. 56 § 1 Satz 2 C.C.T.

58 Vgl. *Berner*, Die Strafgesetzgebung in Deutschland vom Jahre 1751 bis zur Gegenwart, S. 14.

59 Art. 58 § 12 C.C.T.

und hernach verbrennet, allemal aber ihr ganzes Vermögen zu Unser Kammer eingezogen werden solle"[61]. Die Täter und Gehilfen einer Fälschung ausländischer Münzen hingegen waren mit dem Schwert als gelinderer Todesstrafe mit anschließender Verbrennung des toten Körpers hinzurichten. Wenn der Verurteilte die gefälschten Münzen noch nicht ausgegeben hatte, war nur der Schwertschlag ohne Verbrennung anzuordnen[62]. Lebendig verbrannt wurden nach Art. 74 § 6 C.C.T. Personen, die wegen Geschlechtsverkehrs mit Tieren verurteilt worden waren. Sofern das Tier die Schändung überlebt hatte, sollte es ebenfalls zusammen mit dem Verurteilten „durch das lebendige Feuer von der Erde vertilget werden"[63]. Wenn der Täter selbst geflohen oder bereits verstorben war und daher nicht mehr bestraft werden konnte, war das Tier als Tatmittel gleichwohl zu töten, „damit keine Erinnerung, und Merkmahl solchen Greuels in der Gemeinde zurückbleibe"[64]. Nach derselben Vorschrift wurden auch Personen, die sich wegen homosexuellen Geschlechtsverkehrs oder wegen Knabenschändung strafbar gemacht hatten, verbrannt; hier wurden die Verurteilten allerdings zunächst enthauptet und im Anschluss der Körper zusammen mit dem abgetrennten Kopf dem Feuer zugeführt[65]. Nach Art. 80 § 6 C.C.T. war ein Täter, der für eine Kupplerei mit gottgeheiligten Personen, an heiligen Orten, oder zwischen Gläubigen[66] und Ungläubigen verantwortlich war, zunächst zu enthaupten und sein Korpus im Anschluss zu verbrennen[67]. Ebenfalls nach vorheriger Enthauptung verbrannt wurden Männer und Frauen, die sich gemäß Art. 82 § 2 Satz 1 C.C.T. der Blutschande durch Sexualkontakte zwischen Gläubigen und Ungläubigen in auf- oder absteigender verwandtschaftlicher Linie strafbar gemacht hatten[68]. Im Falle einer Notzucht im Sinne von Art. 82 § 2 Satz 2 C.C.T. war die Verbrennung – nach vorheriger Tötung mit dem Schwert – nur für einen ungläubigen Mann, der die Tat mit einer Christin begangen hatte, anzuordnen[69]. Ebenfalls nach Hinrichtung mit dem Schwert verbrannt wurden nach Art. 82 § 2 Satz 3 C.C.T. die Körper von Männern und Frauen, die sich wegen Ehebruchs strafbar gemacht hatten,

60 Art. 58 § 12 C.C.T.; vgl. *Berner*, Die Strafgesetzgebung in Deutschland vom Jahre 1751 bis zur Gegenwart, S. 14 f.
61 Art. 63 § 7 Satz 3 C.C.T.
62 Art. 63 § 7 Satz 4 C.C.T.
63 Art. 74 § 6 Satz 1 C.C.T. a.E.
64 Art. 74 § 6 Satz 2 C.C.T. a.E.
65 Art. 74 § 6 Satz 3 C.C.T.
66 Mit Gläubigen waren in der *Theresiana* grundsätzlich die Christen gemeint; dies ergibt sich z.B, aus Art. 82 C.C.T.
67 Art. 80 § 6 C.C.T.
68 Art. 82 § 2 Satz 1 C.C.T.
69 Art. 82 § 2 Satz 2 C.C.T.

sofern beide oder auch nur die Frau verheiratet waren[70]. Dieselbe Strafe hatte der Gesetzgeber gemäß Art. 82 § 2 Satz 4 C.C.T. für Männer, die nicht dem christlichen Glauben angehörten, vorgesehen, wenn diese eine Christin entführt und mit dieser den Sexualakt vollzogen hatten[71]. Wie auch bei anderen Verbrennungen des toten Körpers eines bereits auf andere Weise Hingerichteten wurde diese Art der Strafschärfung verhängt, wenn der Verurteilte eine aus Sicht des Gesetzgebers besonders schändliche und den gängigen Moralvorstellungen signifikant zuwiderlaufende Tat begangen hatte, deren Nachwirkungen auf symbolische Weise durch die Verbrennung von der Erde getilgt werden sollte. Nach der Hinrichtung durch das Schwert verbrannt wurde nach Art. 92 § 6 Satz 4 C.C.T. der Körper einer Person, die Tiere oder Weiden vergiftet hatte und dadurch einen großen Schaden verursacht hatte[72]. Mit dem Feuer zum Tod gebracht wurden weiterhin gemäß Art. 95 § 6 C.C.T. auch Personen, die im Rahmen eines Kirchendiebstahls „Monstranzen, oder Kelch, wo das hochheilige Sacrament darinnen ist, entfremdet"[73] hatten. In selbiger Strafnorm war geregelt, dass der Körper von wegen Kirchendiebstahls Verurteilten, die andere gottgeweihte Sachen gestohlen hatten, auch wenn dies nicht an geweihten Orten geschehen war, nach ihrer Hinrichtung durch das Schwert (bei Frauen) oder den Strang (bei Männern) verbrannt wurde. Bei einer Verurteilung wegen Menschenraubes oder Leutefängerei war der Täter anstatt des für dieses Delikt üblichen Schwertschlages gemäß Art. 98 § 2 C.C.T. wahlweise mit dem Feuer oder durch das Rad zum Tode zu bringen, „wenn Christenkinder durch Juden aufgefangen würden, oder wenn wer einen Christen an Heiden, Juden, oder Türken verkauffete, sonderlich wenn solches von den Eltern, Gerhaben, Lehrmeistern, und dergleichen beschähe"[74]. Art. 99 C.C.T. handelte von „Feueranlegern und Mordbrennern"[75]. Die „Straff der Brennern"[76] war in Art. 99 § 5 C.C.T. normiert. Wegen Brandstiftung wurde demnach zum Tod durch das Feuer verurteilt „der Thäter des gefährlich- und boshafter Weise angelegten Brandes, oder aber der wissentlich, und vorsetzlich zur Feueranlegung geleisteten Beyhülffe geständig, oder überwiesen wäre"[77]. Wenn beschwerende Umstände vorlagen, war die Strafe nach Art. 99 § 6 C.C.T. dadurch zu schärfen, indem „Land- und Mordbrenner mit glüenden

70 Art. 82 § 2 Satz 3 C.C.T.
71 Art. 82 § 2 Satz 4 C.C.T.
72 Art. 92 § 6 Satz 4 C.C.T.
73 Art. 95 § 6 C.C.T.
74 Art. 98 § 2 C.C.T. a.E.
75 Überschrift zu Art. 99 C.C.T.
76 Überschrift zu Art. 99 § 5 C.C.T.
77 Art. 99 § 5 C.C.T.

Zangen gezwicket, ihre Glieder mit dem Rad zerstossen, und sodann lebendig in das Feuer geworfen werden sollen“[78]. Diese beschwerenden Umstände waren gegeben, „wenn von Jemandem öftere Feueresbrunsten boshaft angerichtet worden; um so mehr wenn verruchte Bösewichte, um aller Orten Brand anzulegen, sich vom Feind ausschicken, und gebrauchen lassen, sodann andere durch Geld, und Darreichung der Zündstricken, und dergleichen zum Brennen anreißen, und solchergestalten theils selbst, theils auch durch andere Feuer in Städten, Märkten, und anderen Orten einlegen, daß andurch nicht allein die Gebäu, sondern auch viele Menschen durchs Feuer verderbt, oder sonst ermordet werden“[79].

IV. Das Schwert

Bei Verurteilung wegen Gotteslästerung mittleren Grades sollte gemäß Art. 55 § 9 C.C.T. anstatt der bei Verwirklichung des höchsten Grades anzuwendenden Feuerstrafe die Tötung des Verurteilten durch das Schwert angeordnet werden. Zudem konnte zur Strafschärfung bei einer Gotteslästerung mit Worten die Zunge, bei einer Gotteslästerung durch Taten die Hand abgeschnitten respektive abgehauen werden[80]. Eine Gotteslästerung mittleren Grades begeht, wer „auf die allerreineste Jungfrau, oder andere Heilige Gottes schmähet, ihnen was ungebührliches zueignet, oder, was denenselben gebührt, freventlich abspricht; ingleichen, da wer das Crucifix, oder andere heilige Bildnißen, wissent- und vorsetzlich zerbricht, zerschlaget, oder in anderweg boshaft verunehret, und solchergestalten sich mittelbar an Gott vergreiffet“[81]. Der Tod durch das Schwert drohte nach Art. 60 § 3 C.C.T. auch demjenigen, der zum dritten Mal die ihm auferlegte Urfehde durch Rückkehr an den Ort, von welchem er aufgrund der Urfehde verwiesen worden war, brach; dieser sollte „ohne weiteren wegen solch-drittmaligen Urphedbruchs mit dem Schwerd vom Leben zum Tod hingerichtet werden“[82]. Mit dem Schwertschlag wurde nach Art. 61 § 8 C.C.T. auch die Majestätsbeleidigung minderen Grades bestraft[83]. Beim Eintreten der in Art. 61 § 10 C.C.T. genannten Linderungsgründe konnte hier auch lediglich eine Leibesstrafe verhängt werden[84]. Gleichfalls mit dem Schwert hingerichtet wurden gemäß Art. 62 § 4 C.C.T. Personen, die

78 Art. 99 § 6 C.C.T. a.E.
79 Art. 99 § 6 C.C.T.
80 Art. 55 § 9 C.C.T.
81 Art. 55 § 1 Satz 2 C.C.T. a.E.
82 Art. 60 § 3 C.C.T.
83 Art. 61 § 8 C.C.T.
84 Art. 61 § 10 C.C.T.

sich als „Anfänger, Ursacher, und Rädelsführer, wie auch jene, so in den Thätigkeiten vorzüglich Hand angelegt haben“[85] eines Aufruhrs oder Tumults strafbar gemacht hatten. Auch beim Vorliegen sonstiger beschwerender Umstände wurde das Schwert als Mittel zur Tötung gewählt. Art. 61 § 1 Satz 2 C.C.T. stellt dabei klar, dass unter einem Aufruhr eine Zusammenrottung mehrerer Personen unter dem Vorwand einer Beschwerde gegen bestimmte, im Gesetzeswortlaut näher definierte, Maßnahmen der Obrigkeit zu verstehen ist[86]. Bei einer besonders bedrohlichen und gefährlichen Zusammenrottung konnte darüber hinaus nach dem Ermessen des Obergerichts zu Abschreckungszwecken eine Exekution der Haupträdelsführer im standrechtlichen Eilverfahren gemäß Art. 49 C.C.T. vorgenommen werden[87]. Die Fälschung ausländischer Münzen wurde gemäß Art. 63 § 7 Satz 4 C.C.T. durch Hinrichtung mittels des Schwerts mit anschließender Verbrennung des toten Körpers bestraft. Waren die gefälschten ausländischen Münzen noch nicht ausgegeben worden, war ausschließlich der Schwertschlag anzuordnen[88]. Nach Art. 63 § 7 Satz 5 C.C.T. galt die Strafe des Schwertschlags ohne weitere Zusätze auch die diejenigen Münzfälscher, „welche durch vorsätzliche Verfälsch-Beschneid- oder Benehmung des Uebergewichts, und wie immer erdenkliche Verringerung der guten Münz, und derselben Wiederausgebung dem gemeinen Wesen namhaften Schaden, und Nachtheil zugezogen haben“[89]. Selbiges gilt auch für Personen, die gefälschte Münzen „gefährlich, und wissentlich ausgeben“[90]. Sofern Art. 63 der *Theresiana* ausschließlich den Schwertschlag als Strafe anordnete, konnten beim Vorliegen beschwerender Umstände gleichwohl Strafschärfungen verhängt wie auch beim Vorliegen mildernder Umstände die

---

85 Art. 62 § 4 C.C.T.

86 Art. 62 § 1 Satz 2 C.C.T.: „Sondern es verstehet sich dieser Artikel von einem Auflauff, und Zusammenrottirung mehrerer Personen, welche unter allerhand Vorwand einer vermeintlichen Beschwerde entweder entgegen ein- oder andere ausgeschriebene Abgabe, oder ein- oder andere politisch- oder sonstige Einrichtung, oder aber wegen einiger von ihren Obrigkeiten, von ihren Herren, Vorstehern, Zünften etc. angeblich erleidender Bedruckungen, oder unter was immer für einer Vorschützung sich eigenmächtig zusammenschlagen, und das vorgegebene Unrecht mit gewaltsamer Widersetzung abstellen zu machen sich erfrechen, oder wohl gar aus blossen Frevelmuth um Jemandens Beschimpf- und Beleidigung willen zusammenrottiren“.

87 Art. 62 § 4 C.C.T.: „Viertens: Wo es bey einer gar bedenklich- und gefährlichen Zusammenrottirung, um das Uebel nicht weiter um sich greiffen zu lassen, alsogleich auf ein erspieglendes Exempel, und auf Erweckung Schreckens, und Abscheu ankäme, nach vernünftigen Ermessen des Obergerichts gegen die Hauptradelführer standrechtmäßig nach der oben Art. 49 vorgeschriebenen Richtschnur fürgegangen werden solle“.

88 Art. 63 § 7 Satz 4 C.C.T.

89 Art. 63 § 7 Satz 5 C.C.T.

90 Art. 63 § 7 Satz 6 C.C.T.

Todesstrafe nach richterlichem Ermessen in eine Leibesstrafe abgeändert werden[91]. Art. 72 C.C.T. normierte die Strafbarkeit „von denen, die allerhand falsch begehen“[92]. Dieser Straftatbestand umfasste diverse Fälschungsdelikte, welche z.B. Maß, Gewicht und Waren sowie Siegel, Briefe und Urkunden wie auch die Unterlegung falscher Geburt und die Verrückung von Mark- und Reinzeichen betrafen. Art. 72 § 10 C.C.T. stellt zunächst klar, dass die Bestrafung der falschen Begehung grundsätzlich der richterlichen Willkür unterworfen ist. Gleichwohl sind in Art. 72 § 11 C.C.T. nähere Anordnungen zur Ausgestaltung der Strafe enthalten. Demnach konnte in schweren Fällen auch die Todesstrafe mit dem Schwert angeordnet werden; alternativ war es auch möglich, den Täter gleich einem Dieb mit dem Strang am Galgen aufzuhängen. Auch die Verhängung weiterer Strafschärfungen war in diesen Fällen ausdrücklich gestattet[93]. Ein weiterer umfangreicher Straftatbestand, der diverse Tathandlungen vereinte, findet sich in Art. 73 C.C.T. „von dem öffentlichen Gewalt, und jenen gewaltsamen Thathandlungen, so der gemeinen Sicherheit entgegen stehen“[94]. Unter diesen Tatbestand wurden unter anderem Fälle der Vergewaltigung, des Landfriedensbruchs, des Auflauerns auf öffentlichen Straßen, des Widerstandes gegen die Staatsgewalt und von Ausschweifungen gegen die Obrigkeit subsumiert. Art. 73 § 12 C.C.T. stellt klar, dass gegen Personen, die sich wegen Landfriedensbruchs, Vergewaltigung fremder Leute in ihrer Wohnung, Vorlauerung und hinterlistiger Nachstellung sowie wegen Befehdung neben der Verwirkung des Hab und Guts auch beim Vorliegen beschwerender Umstände die Todesstrafe durch das Schwert angeordnet werden konnte. Nach derselben Vorschrift waren Fälle von Gewalt gegen Gerichtspersonen und der vorsätzlichen und gefährlichen Verunehrung oder Beraubung einer Grabstätte ebenso mit der Hinrichtung durch den Schwertschlag zu sanktionieren[95]. Weiterhin wurde die Blutschande in Form des Geschlechtsverkehrs zwischen Verwandten in direkter auf- oder absteigender Linie gemäß Art. 75 § 5 C.C.T. mittels Hinrichtung durch das Schwert bestraft[96]. Gemäß Art. 76 § 1 C.C.T. beging das Laster der Notzucht, „wer einer

---

91 Art. 63 § 7 Satz 7 C.C.T.

92 Überschrift zu Art. 72 C.C.T.

93 Art. 72 § 11 C.C.T. a.E.: „oder Leben, und in dem letzteren Fall mit dem Schwerd, oder gestalten Dingen nach gleich den Dieben mit dem Strang, auch allenfalls mit Verschärffungszusätzen gestraffet werden können, und sollen“.

94 Überschrift zu Art. 73 C.C.T.

95 Art. 73 § 12 C.C.T.

96 Art. 75 § 5 Satz 1 C.C.T. a.E.: „Dergleichen Übelthäter, da sie diese Gott, und der Natur abscheuliche Sünd in auf- oder absteigender Linie, in was immer für einem Grad (wenn gleich sothane Blutsverwandtschaft von uneheliger Geburt herrührete, o-

unverleumdeten Jungfrauen, Wittib, oder Frauen mit Gewalt, und wider ihren Willen ihre jungfräulich- oder weibliche Ehre nimmt“[97]. Art 76 § 6 C.C.T. bestimmte, dass derjenige, der sich wegen Notzucht schuldig bekannte oder dieser Straftat überführt wurde, „sodann gleich einem Rauber mit dem Schwerd vom Leben zum Tod gerichtet werden solle“[98]. Die Hinrichtung des Täters mit dem Schwert war auch anzuordnen bei einer Verurteilung wegen „zweyfacher Ehe“[99] nach Maßgabe von Art. 78 § 6 C.C.T., „wenn solche boshaftig, wissentlich, und betruglicher Weise unternommen, und mittelst ehelicher Beywohnung wirklich vollzogen worden“[100], wobei bei schwereren Fällen auch eine Strafschärfung nach richterlichem Ermessen gestattet war. Gemäß Art. 79 § 5 C.C.T. erfolgte die Bestrafung „von gewaltthätiger Entführung der Weibspersonen“[101] mit dem Schwert. Eine Besonderheit des Art. 79 § 5 C.C.T. bestand darin, dass das Strafverfahren nicht nur von Amts wegen, sondern auch durch die Privatklage der entführten Frau oder ihres Ehemanns, Vaters oder anderer zum Vormund berechtigter Personen[102] eingeleitet werden konnte. Bestraft wurde nicht nur der Täter, sondern auch derjenige, der unmittelbar Hilfe zur Entführung geleistet hatte. Lagen beschwerende Umstände vor, war die Todesstrafe durch Legung des Körpers auf das Rad oder auf andere Weise zu erschweren[103]. Art. 82 § 2 Satz 2 C.C.T. regelte die Strafbarkeit der Notzucht zwischen Christen und Personen, die nicht dem christlichen Glauben angehörten. Bei einer Verurteilung wegen „Nothzucht“[104] war die Tötung beider Delinquenten durch das Schwert anzuordnen, wobei im Falle der Notzucht zwischen einem ungläubigen Mann und einer Christin der Körper des

---

der die auf- oder absteigende Person sonst einen Hurenwandel führete) vollbracht hätten, mit dem Schwerd vom Leben zum Tod gestraffet werden sollen“.

97 Art. 76 § 1 C.C.T.

98 Art. 76 § 6 C.C.T. a.E.

99 Überschrift zu Art. 78 C.C.T.

100 Art. 78 § 6 C.C.T.

101 Überschrift zu Art. 79 C.C.T.

102 Art. 79 § 5 C.C.T. spricht von „Ehemann, Vatter, Gerhab, und andere“; unter Gerhab(e) verstand man einen zumeist aus dem Verwandtschaftskreise stammenden Vormund oder Pfleger; vgl. *Speer u.a.*, in: Deutsches Rechtswörterbuch, Bd. 4, Sp. 295.

103 Art. 79 § 5 C.C.T.: „Da nun der Ehemann, Vatter, Gerhab, und andere, so die Entführte in der Gewalt gehabt, oder die Entführte selbst klagen, oder auch von Amtswegen wider den Verdächtigen verfahren wurde, und die Wahrheit durch peinliche Frage, oder sonst, wie sich zu Recht gebühret, an Tag käme, solle der Thäter, wie auch derjenige, so zur Zeit der Entführung unmittelbar Hülff, und Vorschub gegeben, darüber der Ordnung nach bestättiget, und auf seine Bekanntniß, oder Ueberweisung mit dem Schwerd hingerichtet, und nach Beschaffenheit der beschwerenden Umständen die Todesstraffe mit Legung des Körpers auf das Rad, oder sonst verschärffet werden“.

104 Art. 82 § 2 Satz 2 C.C.T.

Ungläubigen anschließend noch verbrannt wurde. Der Ehebruch zwischen Christen und Ungläubigen hatte nach Art. 82 § 2 Satz 3 C.C.T. ebenfalls die Hinrichtung mittels des Schwertschlags zur Folge. Wenn der Ehebruch aber „zwischen einem Verheyratheten, und eines anderen Eheweib, oder auch zwischen einem ledigen Gesellen, und einem Eheweib vollbracht würde, sollen nebst der Schwerdstraffe beyder Missethäter ihre Körper hinnach verbrennet werden"[105]. Hatte ein Mann, der selbst nicht dem christlichen Glauben angehörte, eine Christin „mit Gewalt boshaftiger Weise zur Schmach, und Unehr entführet"[106] so war er gemäß Art. 82 § 2 Satz 4 C.C.T. ebenfalls mit dem Schwert zu töten und – sofern er den Geschlechtsverkehr mit ihr ausgeübt hatte – danach zu verbrennen. Gleichfalls mit dem Schwert hingerichtet wurde nach Art. 83 § 11 C.C.T., wer einen Totschlag begangen hatte, ohne dass beschwerende oder lindernde Umstände hinzukamen[107]. Beschwerende Umstände hatten nach Art. 83 § 12 C.C.T. Strafschärfungen bzw. die Anwendung noch drastischerer Tötungsmethoden wie die Vierteilung und das Rädern zur Folge[108]. Beim Vorliegen lindernder Umstände hingegen war gemäß Art. 83 § 14 C.C.T. statt der Todesstrafe lediglich eine Leibesstrafe anzuordnen[109]. Ebenfalls als Totschläger mit dem Schwert hingerichtet wurde, wer nach Art. 85 § 3 C.C.T. jemanden im Laufe einer Rauferei ohne rechtlichen Grund getötet hatte[110]. Der Schwertschlag traf gemäß Art. 85 § 5 C.C.T. auch denjenigen, der einen Zank, eine Rauferei oder einen Aufruhr begonnen hatte, in dessen Folge jemand entleibt wurde, ohne dass der oder die Totschläger nachweislich ausfindig gemacht werden konnten[111]. Nach Art. 87 C.C.T. wurden Mütter bestraft, die das Delikt „von dem Kinderverthun, oder Mordthat, so an

---

105 Art. 82 § 2 Satz 3 C.C.T. a.E.

106 Art. 82 § 2 Satz 4 C.C.T. a.E: „Wir wollen aber hiermit ferners ausdrücklich geordnet haben, daß, wenn ein Jud, Türk, oder anderer Unglaubiger eine Christin mit Gewalt boshaftiger Weise zur Schmach und Unehr entführet, derselbe mit dem Schwerd hingerichtet, und wenn er die Schmach an ihr vollbracht, sein Körper zu Aschen verbrennet werden solle".

107 Art. 83 § 11 C.C.T.: „Die Straffe in gemeinen Todschlägen, wovon hier gehandlet wird, ist das Schwerd; welche Straffe jedoch nach denen darzustossenden Beschwerungs- und Linderungsumständen bisweilen zu verschärffen, oder zu verminderen ist".

108 Art. 83 § 12 C.C.T.

109 Art. 83 § 14 C.C.T.

110 Art. 85 § 3 C.C.T.: „Etliche Personen ungefehr bey einem Rauffhandel sich beysammen befunden, einander geholffen, und also ohne rechtliche Ursach umgebracht hätten, und man zugleich den rechten Thäter, von dessen Hand die Entleibung geschehen, wüßte, derselbe solle als ein Todschläger mit dem Schwerd zum Tod, die übrige hingegen willkührlich schwerer, oder gelinder nach Gestalt der Sachen, und nach Maß ihrer Beywirkung gestraffet werden".

111 Art. 85 § 5 C.C.T.

neugebohrenen Kindern beschiehet“[112] begangen hatten. Der Kindermord stellte eine Abart des in Art. 86 C.C.T. normierten Verwandtenmordes dar, wurde allerdings, wie sich aus dem Wortlaut des Art. 87 C.C.T. ergibt, teilweise milder bestraft. Dies wurde vor allem mit der Rücksichtnahme auf den emotionalen Ausnahmezustand der Kindsmutter bei der Geburt begründet[113]. Unter Art. 87 C.C.T. gefasst waren nach Art. 87 § 1 C.C.T. die Taten von Müttern, „welche ihre leibliche Kinder entweder in- oder gleich nach der Geburt des Lebens zu berauben, und heimlich zu verthun sich vermessen“[114] Gemäß Art. 87 § 5 C.C.T. wurden Mütter, die ihre ungeborenen oder frisch auf die Welt gekommenen Kinder getötet hatten, durch Enthauptung mittels des Schwerts hingerichtet. Hatte die Mutter den Tod vorsätzlich und mit Gewalt herbeigeführt, war nach Art. 87 § 5 Satz 1 C.C.T. anzuordnen, dass „nach der Enthauptung ihr Körper ins Grab geleget, ein Pfahl durch das Herz geschlagen, und sodann verscharret werden solle“[115]. Geschah die Kindstötung hingegen durch Unterlassen, beispielshalber „als da sie die Nabelschnur nicht verbunden, und andurch das Kind sich verblutet, oder da sie das Kind ohne Nahrung liegen, und verschmachten lassen etc.“[116], wurde die Kindsmutter lediglich zur Tötung durch das Schwert ohne weitere Zusätze verurteilt, Art. 87 § 5 Satz 2 C.C.T. Das Gericht durfte gemäß Art. 87 § 5 Satz 3 C.C.T. bei einer Kindstötung durch Unterlassen eine Verurteilung zum Tod durch das Schwert jedoch nur aussprechen, „wenn die Unterlassung mit Fürsatz, und geflissentlicher Absicht auf die Ertödtung des Kinds beschehen ist“[117]. Auch bei der Verwirklichung der Tatbestandsvariante der Kindsvertuung war nach Art. 87 § 5 Satz 6 C.C.T. „Gegen diejenige, welche zur Kindsverthuung wissentlich, und gefährlicher Weise Hülff, Beystand und Vorschub leisten, ebenfalls der Schwerdschlag“[118] anzuordnen. Gemäß Art. 87 § 5 Satz 7 C.C.T. galt dieselbe Strafandrohung auch für den Zuhälter der Kindsmutter, „wenn er zu Kindsverthuung Hülff, und Rath geleistet“[119] hatte. Ein weiterer Straftatbestand, dessen Verwirklichung die Verurteilung zum Tode durch das Schwert die Folge hatte, ist Art. 88 C.C.T., welcher die Strafbarkeit „von vorsetzlicher Abtreibung der Leibsfrucht, wie auch von Unfruchtbarmachung einer Manns- oder Weibsper-

112 Überschrift zu Art. 87 C.C.T.
113 Vgl. *Hoegel*, Geschichte des Österreichischen Strafrechtes, S. 131.
114 Art. 87 § 1 C.C.T.
115 Art. 87 § 5 Satz 1 C.C.T. a.E.
116 Art. 87 § 5 Satz 2 C.C.T.
117 Art. 87 § 5 Satz 3 C.C.T. a.E.
118 Art. 87 § 5 Satz 6 C.C.T.
119 Art. 87 § 5 Satz 7 C.C.T.

son“[120] regelte. Die Strafandrohung des Schwertschlages ist für dieses Delikt in Art. 88 § 4 C.C.T. normiert. Auch die gefährliche Hinweglegung von Kindern nach Art. 89 C.C.T., nach heutigen Maßstäben vergleichbar mit der Aussetzung von Kindern, wurde nach Art. 89 § 2 C.C.T. mit dem Schwertschlag bestraft, „so ein Kind in ein einsames, und von Gemeinschaft der Leuten entlegenes Ort zu dem Ende vorsetzlich hingeleget wird, damit es daselbst vor Hunger, oder hülfflos sterben, und verderben solle; und das Kind stürbe darüber“[121]. Überlebte das Kind hingegen oder wurde nicht vorsätzlich abgelegt, war die Täterin willkürlich, jedoch empfindlich und im Fall des nicht vorsätzlich herbeigeführten Todes „mit einem ganzen Schilling oder einer anderen empfindlichen Leibstraffe, nebst ewiger Landgerichtsverweisung zu belegen“[122]. Gemäß Art. 90 § 8 Satz 2 C.C.T. konnte bei einer Verurteilung wegen Straßen- oder Meuchelmordes anstatt des üblichen Räderns des Täters bei mildernden Umständen auch der Schwertschlag angeordnet werden[123]. Art. 92 C.C.T. handelte „von dem Laster der Giftmisch- oder Vergiftung“[124]. Nach Art. 92 § 1 C.C.T. hatte sich wegen dieses Lasters „schuldig gemacht, wenn wer einen anderen vorsetzlich, und gefährlicher Weise mit Gift umbringt, oder sonst einen Schaden zufüget, darzu wissentlich, und boshaft geholffen, oder das Gift hierzu wissentlich hergegeben, verkaufft, erkaufft, abgeholet, oder zugerichtet hat. Ingleichen verfallen auch in dieses Laster diejenige, welche Viehe und Weide vergiften, und andurch Viehefall verursachen“[125]. In § 92 § 6 Satz 1 C.C.T. wurde die Anweisung des Gesetzgebers für die Strafgerichte normiert, die Strafe „dieser grausamen Unthat, welche meistentheils verräterisch- und meuchelmörderischer Weise unternommen wird, und wo man der heimlichen Nachstellung nicht wohl entgehen kann, nach aller Strenge vorzunehmen“[126]. Nach Art. 92 § 6 Satz 2 C.C.T. war eine weibliche Täterin, die einen Menschen mit Gift umgebracht oder wissentlich und auf boshafte Weise dazu geholfen hatte, dass ein Mensch durch Gift zu Tode kam, mit dem Schwert nebst Abschlagung der Hand hinzurichten, während ein männlicher Täter zu rädern war. Beim Vorliegen beschwerender Umstände konnte nach gerichtlichem Ermessen zur Abschreckung der Öffentlichkeit auch das Schleifen zur Richtstätte oder das Reißen mit glühenden Zangen angeordnet werden bzw.

---

120 Überschrift zu Art. 88 C.C.T.
121 Art. 89 § 1 Satz 2 C.C.T. a.E.
122 Art. 89 § 2 Satz 2 C.C.T.
123 Art. 90 § 8 Satz 2 C.C.T.
124 Überschrift zu Art. 92 C.C.T.
125 Art. 92 § 1 C.C.T.
126 Art. 92 § 6 Satz 1 C.C.T.

die Todesstrafe auch auf andere Weise vollstreckt werden[127]. Ebenfalls mit dem Schwert hingerichtet wurde nach Art. 92 § 6 Satz 4 C.C.T. jemand, der Tiere oder Weiden vergiftet hatte und dadurch einen großen Schaden verursacht hatte. Anschließend wurde der Körper der getöteten Person verbrannt[128]. Gemäß Art. 94 § 10 Satz 2 C.C.T. waren weibliche und adelige Diebe, die zu einer Todesstrafe verurteilt wurden, mit dem Schwert hinzurichten, während männliche Diebe in diesem Fall am Galgen gehängt wurden[129]. Gemäß Art. 95 § 6 C.C.T. waren Frauen, die im Rahmen eines Kirchendiebstahls andere gottgeweihte Sachen als Monstranzen und Kelche mit gottgeweihten Sakramenten gestohlen hatten, durch das Schwert zu töten und ihr Körper anschließend zu verbrennen[130]. Die Strafbarkeit des Straßenraubes war in Art. 96 C.C.T. geregelt. Zur Tatbestandsmäßigkeit des Straßenraubes ist in Art. 96 § 1 Satz 1 C.C.T. folgendes ausgeführt:

> „Welche die Leute auf freyen Gassen, und Strassen mit öffentlichen, oder auch nur einem geringeren Gewalt angreiffen, und ihrer Sachen (so wenig als deren auch immer seyn mögen) berauben, machen sich eines Strassenraubes schuldig, ob sie gleich dieselbe an ihrem Leib, und Leben nicht beschädigen.“[131]

Art. 96 § 5 C.C.T. bestimmte nun, dass verurteilte Räuber wahlweise mit dem Strang oder dem Schwert zu bestrafen seien, wobei bei einer Hinrichtung mit dem Schwert bei einem männlichen Täter „der Körper auf das Rad geleget, wenn es aber eine Weibsperson, der Kopf auf ein Rad, oder Pfahl gestecket, auch nach Schwere der Umständen die Todesstraffe mit Straffzusätzen verschärffet werden“[132] solle. Diese Strafzusätze nach bereits vollzogener Tötung der Delinquenten dienten zur Abschreckung der Allgemeinheit, wie bereits dem Gesetzeswortlaut „(womit die Vorbeygehende ein Zeichen der dem gemeinen Wesen so hoch angelegenen Sicherheit der Straffen vor Augen haben mögen)“[133] zu entnehmen ist. Ebenfalls zur Hinrichtung mit dem Schwert

---

127 Art. 92 § 6 Satz 2 C.C.T Halbsatz 2: „so solle der Uebelthäter, und zwar eine Mannsperson mit dem Rad, eine Weibsperson aber mit dem Schwerd nebst Abschlagung der Hand hingerichtet, und nach Gestalt der Sachen, besonders wenn schwere Umstände darzu kommen, um mehreren Abscheu, und Schrecken bey anderen zu erwecken, solch-boshaftige Leute vor der endlichen Straffe zur Richtstatt geschleiffet, oder denselben etliche Griffe am Leibe mit glüenden Zangen viel, oder wenig nach Ermessung der Person, und der Ertödtung gegeben, oder die Todesstraffe in anderweg verschärffet werden“.

128 Art. 92 § 6 Satz 4 C.C.T.

129 Art. 94 § 10 Satz 2 C.C.T.

130 Art. 95 § 6 C.C.T.

131 Art. 96 § 1 Satz 1 C.C.T.

132 Art. 96 § 5 C.C.T.

133 Ebd.

verurteilt wurden gemäß Art. 97 § 7 Satz 4 C.C.T. adelige oder weibliche Beamte, die einen Geldbetrag in Höhe von mindestens 150 Gulden veruntreut oder entwendet hatten, während männliche Verurteilte am Galgen gehängt wurden[134]. War die Missetat noch nicht beendet und der entstandene Schaden vollständig ersetzt worden, war gleichwohl gemäß Art. 97 § 7 Satz 6 C.C.T. eine mildere Strafe zu verhängen[135]. Art. 98 C.C.T. handelte „von Leutauffangern, und Menschenraub“[136]. Nach Art. 98 § 1 C.C.T. wurde wegen Menschenraubes mit dem Schwert hingerichtet, „Wer die Leute, Manns- oder Weibspersonen, auch Kinder auf offener Strassen, zu Feld, in den Weingärten, oder sonst gefährlicher Weise um Gewinnst, oder anderer bösen Ursachen wegen auffanget, mit List, und Gewalt entführet, verberget, oder verhandelt“[137]. Dieselbe Strafe zu befürchten hatte „derjenige, so einen solchergestalt entführten Menschen wissentlich erkauffet, oder erhandlet“[138]. Auch die Urheber und Ausbreiter von Schandbriefen wurden gemäß Art. 101 § 7 C.C.T. zur Hinrichtung durch den Schwertschlag verurteilt, „wenn der Schandbrief, oder Schandzeichen zur Schmach, und Unehr Unserer Ministern, Räthen, oder Unserer Landesstellen, und Aemtern, oder wohl gar zu Verkleinerung Unserer Landesfürstlichen Hoheit gereichete, oder sonst die That mit gar bösen Umständen beschweret wäre“[139].

V. Die Vierteilung

Die Vierteilung bei lebendigem Leibe war gemäß Art. 61 § 8 C.C.T. anzuordnen bei männlichen Tätern, die sich wegen des Lasters „der beleidigtweltlichen Majestät, und Landesverrätherey“[140] in Form der Majestätsbeleidigung ersten Grades respektive Landesverrats bzw. Hochverrats schuldig gemacht hatten[141]. Nach Art. 61 § 1 C.C.T. wurde dieses Delikt im erst- und höchsten Grad verwirklicht, „wenn ein Unsriger Unterthan, oder Landesinlaß sich höchst vermessentlich beygehen liesse, unmittelbar wider Uns, oder den gemeinen Staat, oder den gemeinen Staat mit gefährlich- und feindlichen Gemüth etwas zu unternehmen: es beschehe sodann öffentlich, oder heimlich, mit Rath oder That, mit- oder ohne Ergreiffung der Waffen, von einer, oder mehreren Personen, durch Aufruhr, Zusammenschwörung, Verrätherey, Entdeckung

134 Art. 97 § 7 Satz 4 C.C.T.
135 Art. 97 § 7 Satz 6 C.C.T.
136 Überschrift zu Art. 98 C.C.T.
137 Art. 98 § 1 C.C.T.
138 Art. 98 § 1 C.C.T.
139 Art. 101 § 7 C.C.T.
140 Überschrift zu Art. 61 C.C.T.

der Staatsgeheimnißen, oder durch Verbindung mit den Feinden, deren Beförder- und Hülffleistung, Hinübertrettung zu denenselben, oder durch was immer für eine Mißhandlung, so gerad, und unmittelbar auf die Landesherrschaft, oder deren Fürstliches Haus, auf den gesammten Staat, oder einigen Theil desselben gerichtet wäre"[142]. Hatte sich hingegen eine Frau wegen Majestätsbeleidigung ersten Grades oder Landesverrats strafbar gemacht, wurde sie getötet, indem man sie „nach vorhergehender Zwickung mit glüenden Zangen an den Brüsten enthauptet, und der Kopf sodann auf einen Pfahl gestecket"[143]. Sowohl bei männlichen als auch bei weiblichen Tätern waren sowohl Strafschärfungen bei beschwerenden Umständen als auch die Wandlung zu einer gemeinen Todesstrafe bei mildernden Umständen möglich. In jedem Fall unterlag das Hab und Gut des Verurteilten der Einziehung. Nach gleicher Maßgabe konnten auch Beihilfehandlungen bestraft werden[144]. Auch wenn durch den Verrat von Rats- oder Amtsgeheimnissen der Straftatbestand des Landesverrats verwirklicht wurde, konnte dies nach Art. 66 § 2 C.C.T. ebenfalls die Todesstrafe der Vierteilung nach sich ziehen, sofern keine mildernden Umstände vorlagen[145]. Nach Art. 83 § 12 C.C.T. konnte bei einer Verurteilung wegen Totschlags nach gerichtlichem Ermessen auch die Vierteilung anstatt des Schwertschlages angeordnet werden, sofern beschwerende Umstände vorlagen[146]. Diese beschwerenden Umstände ergaben sich ebenfalls aus Art. 83 § 12 C.C.T. und lauteten:

> „Erstlich: Durch den leichtfertig- und boshaften lang vorgefaßten Fürsatz der Ermordung.
>
> Andertens: Durch die Unbarmherzigkeit.
>
> Drittens: Durch die boshaftig erfundene, und arglistig vollbrachte Weise des Todschlages.
>
> Viertens: Wenn die umgebrachte Person eines hohen Standes, oder in einer hohen Würde ist.
>
> Fünftens: Wenn einer seinen eigenen Herrn, Frau, oder andere Person, so ihme Gutthat, und Treue erzeiget haben, oder Jemanden unter dem Schein der Freundschaft umbringt.
>
> Sechstens: Da ein Bettler unter dem Schein des begehrenden Allmosens, oder unter einem anderen dergleichen arglistigen Vorwand die Reisende, oder sonst Jemanden ermordet; oder da ein Wirth die Gäste grausamlich erwürgete, und etwann

---

141 Art. 61 § 8 C.C.T.
142 Art. 61 § 1 C.C.T.
143 Art. 61 § 8 C.C.T.
144 Art. 61 § 8 C.C.T. a.E.
145 Art. 66 § 2 C.C.T.
146 Art. 83 § 12 C.C.T.

> noch darzu anderen Gästen verspeisete. Wie dann diese letztere, und andere dergleichen boshaftigere Umstände gestalten Dinge noch zugleich in eine schwerere Gattung des Todschlages, als Meuchel- oder Strassenmord etc. einschlagen können."[147]

Anhand dieser Auflistung der beschwerenden Umstände zum Totschlag lässt sich zum einen erkennen, dass die Begriffe Totschlag und Mord wie bereits zu Zeiten der *Carolina* noch teilweise synonym bzw. ohne weitere Differenzierung verwendet wurden. Zum anderen sind unter den beschwerenden Umständen objektive und subjektive Merkmale gefasst, die nach ihrem Sinn und Zweck die Gestalt von Mordmerkmalen nach dem heutigen Verständnis antizipieren, wie z.B. die „arglistig vollbrachte Weise des Todschlages"[148]. Bei einem boshaften oder grausamen vorsätzlichen Vater-, Kinder- oder Eheleutemord konnte nach Art. 86 § 3 Satz 1 C.C.T. anstatt der für dieses Delikt üblichen Strafe des Räderns auch die Vierteilung des Täters angeordnet werden[149]. Gemäß Art. 90 § 8 Satz 2 C.C.T. konnte auch bei einer Verurteilung wegen Straßen- oder Meuchelmordes nach Schwere der Tat auch die Vierteilung des Täters anstatt des Radbrechens befohlen werden[150].

VI. Das Rädern

Art. 79 § 5 C.C.T. normierte die Bestrafung der gewalttätigen Entführung von Frauen, die durch das Schwert erfolgte. Beim Vorliegen beschwerender Umstände wurde der Vollzug der Todesstrafe dadurch verschärft, dass der Körper des Verurteilten auf das Rad gelegt wurde, nach richterlichem Ermessen auch auf andere Weise[151]. In Art. 79 § 6 C.C.T. war geregelt, wann besondere Umstände gegeben waren:

> „6. Beschwerende Umstände sind, und wird dies Laster grösser: Erstlich: Wenn dabey Mord, oder andere schwere Thätigkeiten unterloffen.
>
> Andertens: Da die Entführung einer geweihten Person aus einem geweihet- oder ungeweihten Ort; item einer anderen Person aus einem geweihten Ort geschehen; oder da ein Jud eine Christin raubet, und schändet.
>
> Drittens: Wenn ein schlechter Mensch eine adeliche, oder wohl gar eine höhere Standesperson entführet; weilen andurch die adeliche Geschlechter in ihren Würden, Stand, und Wesen höchst beschimpfet, und verkleineret werden.
>
> Viertens: So es von einem öfters verübet worden.

147 Art. 83 § 12 C.C.T.
148 Ebd.
149 Art. 86 § 3 Satz 1 C.C.T.
150 Art. 90 § 8 Satz 2 C.C.T.
151 Art. 79 § 5 C.C.T.

Fünftens: Wenn es von einem beschiehet, so entweder der entführten Person selbst, oder den Eltern, Gerhaben, oder dem Ehemann der Entführten mit Pflichten beygethan, oder bedienet wäre.

Sechstens: Wenn ein anderes Laster als Ehebruch etc. darzustosset."[152]

Nach Art. 83 § 12 C.C.T. konnte bei einer Verurteilung wegen Totschlags nach richterlichem Ermessen auch das Radbrechen anstatt der weniger brutalen Hinrichtung durch das Schwert angeordnet werden, wenn beschwerende Umstände vorlagen[153]. Art. 86 C.C.T. normierte die Strafbarkeit „von dem Vatter-Kinder- und Eheleutmord"[154]. Nach Art. 86 § 1 C.C.T. beging einen Vatermord, „wer seinen leiblichen Vatter, oder Mutter, Großvatter, oder Großmutter, und weiters in dem Grad hinauf verwandte Personen boshaftig tödtet, er seye gleich in- oder ausser der Ehe von ihnen erzeuget worden"[155]. Dem gleichgestellt war es, „wenn Vatter, oder Mutter ihre Kinder, oder die Eheleute einander umbringen: worunter in weiteren Verstand auch der an weiteren nahen Anverwandten, oder verschwägerten Personen verübte Todschlag begriffen wird"[156]. Auch wenn es in der *Theresiana* keine Unterscheidung zwischen Totschlag und Mord nach heutiger Lesart gab, war gleichwohl eine Tendenz erkennbar, für als besonders verachtenswert angesehene Tötungsdelikte den Begriff des Mordes zu verwenden, wie es auch bei Art. 86 C.C.T. der Fall ist. Art. 86 § 3 C.C.T. stellte nun klar, welche Strafe für den Mord an Vätern, Kindern und Eheleuten zu verhängen war. Demnach wurde bei männlichen Tätern grundsätzlich das Radbrechen von unten nach oben, nach Beschaffenheit des Verbrechens oder Nähe der Blutsverwandtschaft auch von oben, als Strafe verhängt. Bei besonders boshaften und grausamen Vorsatztaten konnte anstatt des Räderns auch die Vierteilung des Täters angeordnet werden[157]. Hatte hingegen eine Frau einen Vater-, Kinder- oder Eheleutemord begangen, war „ihr Kopf, und Hand abzuschlagen, und beydes auf das Rad zu stecken, anbey solche Todesstraffe mit vorhergehenden Zangenzwicken, oder in anderweg zu verschärffen"[158]. Durch Rädern hingerichtet wurden nach Art. 90 § 8 C.C.T. auch vorsätzliche Straßen- oder Meuchelmörder. In Art. 90

152 Art. 79 § 6 C.C.T.

153 Art. 83 § 12 C.C.T.

154 Überschrift zu Art. 86 C.C.T.

155 Art. 86 § 1 Hs. 1 C.C.T.

156 Art. 86 § 1 C.C.T. a.E.

157 Art. 86 § 3 Satz 1 C.C.T.: „Die Straffe einer solch-abscheulichen Mordthat ist insgemein das Radbrechen entweder von unten auf, oder von oben herab nach Beschaffenheit des Verbrechens, oder Nähe der Blutsverwandtschaft; es kann auch ein gar boshafter, oder grausam vorsetzlicher Vatter- Kinder- oder Eheleutmord durch das Viertheilen abgestraffet werden".

158 Art. 86 § 3 Satz 2 C.C.T. a.E.

§ 1 C.C.T. war eine Legaldefinition des Straßenmordes enthalten. Demnach wird ein Straßenmord begangen, „da wer Jemanden auf freyen Strassen um Gewinns halber angreifft, beraubt, und zugleich um das Leben bringt. Es kommet aber in diesem greulichen Laster nicht eben auf den Ort der verübten Unthat an, sondern es sind auch jene Böswichte, so Jemanden in eigener Wohnung, oder anderwärts um eines Gewinns halber ermorden, den Strassenmördern in der Bestraffung gleich zu halten“[159]. Indes wird der Meuchelmord in Art. 90 § 4 C.C.T. definiert. Einen solchen begeht, „wer heimlich, oder durch Hinterlist, die nicht leicht vorzusehen, und auszuweichen ist, oder unter Liebkosung und Schein der Freundschaft Jemanden, der sich dessen nicht versiehet, boshaft, und verrätherisch umbringt. Und dieses ohne Unterschied: ob solche Unthat aus Rach, Haß, Feindschaft, Frevelthat, Mutwillen, oder auch ohne Ursach, jedoch boshaft, und vorsetzlich unternommen worden seye? worunter dann insonderheit diejenige Manns- oder Weibspersonen, oder Dienstleute gehörig, welche entweder aus einer gegen den Eltern tragenden Rachgier, oder aus sonst einer Ursach sich an unschuldigen fremden Kindern vergreiffen, und dieselbe ertödten“[160]. Bei dieser Definition lassen sich Parallelen zu den Mordmerkmalen des gegenwärtig in der Bundesrepublik Deutschland geltenden § 211 StGB erkennen. Art. 90 § 8 C.C.T. gab nun zur Bestrafung des Straßen- oder Meuchelmordes vor, dass der Täter „mit dem Rad nach Gestalt der Sachen von oben herab, oder unten hinauf hingerichtet, und dessen Körper sodann auf das Rad geleget“[161] werden solle. Hatte jedoch eine weibliche Person den Straßen- oder Meuchelmord begangen, wurde diese „aber vorhero mit glüenden Zangen ein- oder mehr- jedoch nicht über viermal gezwicket, hierauf ihr an dem Richtplatz Hand, und Kopf abgeschlagen, und beydes auf das Rad gestecket werden solle“[162]. Gemäß Art. 90 § 8 Satz 2 C.C.T. konnte nach Schwere der Tat auch die Vierteilung des Täters, bei mildernden Umständen auch der Schwertschlag angeordnet werden. Darüber hinaus war eine Verschärfung der Strafe durch weitere Methoden wie Schleifen, Zangenreißen und Riemenschneiden möglich[163]. Des Weiteren lautete die Strafe „von der bestellten Mordthat“[164] gemäß Art. 91 § 6 C.C.T. bei männlichen Tätern auf Hinrichtung durch Rädern und anschließendes Flechten des toten Körpers auf das Rad. Diese Rechtsfolge galt sowohl für den Auftraggeber als auch für den Ausführenden. Nach Art. 91 § 1 C.C.T. wurde diese Straftat

---

159 Art. 90 § 1 C.C.T.
160 Art. 90 § 4 C.C.T.
161 Art. 90 § 8 Satz 1 C.C.T.
162 Art. 90 § 8 Satz 1 C.C.T.
163 Art. 90 § 8 Satz 2 C.C.T.
164 Überschrift zu Art. 91 C.C.T.

„begangen sowohl von jenem, der einen mit Geld bestellet, oder durch Geschank, und Verheissung dahin erhandlet, daß er einen anderen ermorden solle; als auch von denenjenigen, so sich bestellen, und also erhandlen lassen“[165]. Weiblichen Täterinnen, welche dieses Delikt begangen hatten, wurden hingegen zunächst Hand und Kopf abgeschlagen; anschließend wurden die abgetrennten Körperteile dann auf das Rad gesteckt. Nach dem gesetzgeberischen Willen wog das Bestellen eines Mordes deutlich schwerer als ein gewöhnlicher Totschlag und war vom Unrechtsgehalt her eher mit einem Straßen- oder Meuchelmord zu vergleichen[166]. Gemäß Art. 92 § 6 Satz 2 C.C.T. hatte der Strafrichter einen Mann, der einen Menschen mit Gift umgebracht oder wissentlich und auf boshafte Weise dazu geholfen hatte, dass ein Mensch durch Gift zu Tode kam, zur Hinrichtung am Rade zu verurteilen, wobei weibliche Täterinnen durch das Schwert getötet wurden[167]. Nach Art. 96 § 5 C.C.T. wurden Straßenräuber entweder mit dem Strang oder dem Schwert hingerichtet, wobei bei einer Exekution durch das Schwert bei einem männlichen Verurteilten „der Körper auf das Rad geleget, wenn es aber eine Weibsperson, der Kopf auf ein Rad, oder Pfahl gestecket“[168] werden solle. Gemäß Art. 98 § 2 C.C.T. wurde der Täter eines Menschenraubes oder einer Leutefängerei entweder am Rad oder durch das Feuer getötet, „wenn Christenkinder durch Juden aufgefangen würden, oder wenn wer einen Christen an Heiden, Juden, oder Türken verkauffete, sonderlich wenn solches von den Eltern, Gerhaben, Lehrmeistern, und dergleichen beschähe“[169]. Lagen bei einer Brandstiftung erschwerende Umstände vor, war die Strafe nach Art. 99 § 6 C.C.T. dadurch zu beschweren, indem die Brandstifter „mit glüenden Zangen gezwicket, ihre Glieder mit dem Rad zerstossen, und sodann lebendig in das Feuer geworfen werden sollen“[170].

---

165 Art. 91 § 1 C.C.T.

166 Art. 91 § 6 C.C.T.: „Und zumalen dergleichen Ermordungen viel ärger, und boshaftiger sind, als gemeine Todschläge, und gar wohl dem Strassen- oder Meuchelmord verglichen werden, auch auf alle Weise zu verhüten ist, daß sogestalte Unthaten in Unseren Erblanden nicht einschleichen mögen, als ordnen Wir gerechtest, daß hierinnfalls mit aller Schärffe fürgegangen, und sowohl der Bestellte, als der Besteller mit dem Rad hingerichtet, und deren Körper auf das Rad geflochten; wenn es aber eine Weibsperson wäre, derselben Hand, und Kopf abgeschlagen, sodann Kopf, und Hand auf das Rad gestecket, und nach Schwere der Umstände solche Todesstraffe mit Verschärffungszusätzen vermehret werden solle“.

167 Siehe hierzu die Ausführungen unter Kap. 6, B), IV.

168 Art. 96 § 5 C.C.T.

169 Art. 98 § 2 C.C.T. a.E.; siehe hierzu die Ausführungen unter Kap. 6, B), III.

170 Art. 99 § 6 C.C.T. a.E.; siehe hierzu die Ausführungen unter Kap. 6, B), III.

VII. Der Galgen

Die Bestrafung des falschen Begehens nach Art. 72 C.C.T.[171] konnte in schweren Fällen mit der Todesstrafe erfolgen. Nach Art. 72 § 10 der *Theresiana* war es möglich, den Verurteilten gleich einem Dieb mit dem Strang am Galgen aufzuhängen. Alternativ war der Schwertschlag als Tötungsmethode anzuordnen, wobei jeweils auch weitere strafschärfende Zusätze zulässig waren[172]. Der Diebstahl selbst war in Art. 94 C.C.T. geregelt. Gemäß Art. 94 § 10 Satz 1 C.C.T. wurden „gar gefährliche, und besonders bösgeartete Diebstähle, bey welchen nämlich die unten ausgesetzte schwere Umstände unterlauffen, mit dem Strang nebst Anhängung der Ketten, auch allenfalls mit einer nöthig erachtender Straffverschärffung“[173] bestraft. Diese beschwerenden Umstände waren in Art. 94 § 11 C.C.T. normiert und betrafen unter anderem den Hausdiebstahl durch Dienstleute, Hausgenossen und Tagelöhner sowie den Diebstahl zur Zeit einer Feuersbrunst, eines Schiffsbruchs oder eines anderen Notfalls. Ebenfalls strafschärfend wirkte sich ein Diebstahl aus, der „mit gewehrter Hand, und zum Mord tauglichen Instrumenten, mit Erbrechung der Thüren, und Schlössern, mit Einsteigung und Herunterlassung, mit Verwund- und sonstiger Vergewältigung der Hausleuten, oder der zu Hülff kommenden Personen verübet, oder wohl gar von einer zusammenrottirt-ganzen Diebesbande mit gesammter Hand unternommen wird“[174]. Gleichfalls beschwerende Umstände konnten vorliegen, wenn „Vieh von gemeinen Hutweiden weggetrieben, und entfremdet wird“[175], wenn der Diebstahl nachts geschah oder Dinge betraf, die nicht verwahrt werden können wie Bienenstöcke oder Weinstöcke; weiterhin auch wenn „durch einen kleinen Diebstahl, als durch Ausschneidung der Wägen, Zerbrech- oder Verderbung deren mit wenigen Gold, oder Silber eingefaßt-kostbar und künstlichen Geschieren, Bildern, oder Schildereyen etc. ein grosser Schaden verursachet wird“[176]. Ebenfalls mit dem Strang am Galgen gehängt wurden nach Art. 94 § 10 C.C.T. Täter, die bei einem gemeinen Diebstahl bzw. mehreren Diebstählen einen Wert von mindestens 25 Gulden erbeutet hatten oder die bereits das dritte Mal wegen Diebstahls verurteilt worden waren. Art. 94 § 10 C.C.T. normierte weiterhin, dass auch gefährliche Betrüger nach gerichtlichem Ermessen „nach Schwere der Bosheit, und gefährlichen Umständen in Gleichförmigkeit der bereits oben Art. 72 § 6 & § 11 gemachten

---

171 Zu Art. 72 C.C.T. siehe die Ausführungen unter Kap. 6, B), IV.
172 Art. 72 § 10 C.C.T. a.E.
173 Art. 94 § 10 Satz 1 C.C.T.
174 Art. 94 § 11 Satz 3 C.C.T. a.E.
175 Art. 94 § 11 Satz 5 C.C.T.
176 Art. 94 § 11 Satz 7 C.C.T.

Ausmessung auch mit dem Strang bestraffet werden sollen“[177]. Weibliche und adelige Diebe, gegen die eine Todesstrafe verhängt wurde, waren hingegen nach Art. 94 § 10 Satz 2 C.C.T. „an statt des Strangs mit dem Schwerd hinzurichten“[178]. Gemäß Art. 95 § 6 C.C.T. wurden Männer, die im Rahmen eines Kirchendiebstahls andere gottgeweihte Sachen als Monstranzen und Kelche mit gottgeweihten Sakramenten gestohlen hatten, mit dem Strang zu Tode gebracht und ihr Körper anschließend verbrannt[179]. In Art. 96 § 5 C.C.T. war festgelegt worden, dass Personen, die wegen Straßenraubes verurteilt wurden, wahlweise mit dem Schwert oder durch den Strang am Galgen hinzurichten seien[180]. Weiterhin am Galgen erhängt wurden gemäß Art. 97 § 7 Satz 4 C.C.T. männliche Beamte, die einen Geldbetrag in Höhe von mindestens 150 Gulden veruntreut oder entwendet hatten, während weibliche oder adelige Beamte mit dem Schwert hingerichtet wurden[181].

VIII. Das Schleifen

Das Schleifen des Verurteilten zur Richtstätte wurde in der *Constitutio Criminalis Theresiana* auch als Ausschleppen – als Abwandlung des Begriffs Ausschleifen – bezeichnet[182]. Art. 55 § 9 C.C.T. stellte es bei schweren Fällen der vorsätzlichen Gotteslästerung höchsten Grades beim Vorliegen beschwerender Umstände ins richterliche Ermessen, das Ausschleppen des Verurteilten vor dessen Verbrennung anzuordnen[183]. Art. 55 § 10 C.C.T. definiert abschließend die beschwerenden Umstände, welche für die Anordnung der genannten Strafschärfungen erforderlich ist:

> „§ 10. Beschwerende Umstände sind, wenn
>
> Erstlich: Die Gotteslästerung nicht gleich auf einmal, sondern zu unterschiedlichenmalen wohlbedächtlich beschehen.
>
> Andertens: Wenn es einer oft thut, und eine Gewohnheit daraus machet.
>
> Drittens: Wenn einer über vorhergegangene Abmahnungen gleichwohl in Lästern fortfahret.
>
> Viertens: Wenn es mit Fleiß erdachte, und gar sonderbahre, ausgesuchte Gottesschändungen sind, oder mit absonderlichem Frevel, Vermessenheit, oder grossen Aergerniß beschehen.

---

177 Art. 94 § 10 Satz 1 C.C.T. a.E.
178 Art. 94 § 10 Satz 2 C.C.T.
179 Art. 95 § 6 C.C.T.
180 Art. 96 § 5 C.C.T.
181 Art. 97 § 7 Satz 4 C.C.T.
182 Vgl. *Speer u.a.*, in: Deutsches Rechtswörterbuch, Bd. 1, Sp. 1092.
183 Art. 55 § 9 C.C.T.

Fünftens: Die Juden, und dergleichen leichtfertige, lasterhafte Leute sollen auch schärffer, als andere gestraffet werden.

Sechstens: Wie denn auch die Gotteslästerung, so mit der That beschiehet, schwerer ist, als die Lästerung der Zungen."

Gemäß Art. 83 § 12 C.C.T. konnte bei einer Verurteilung wegen Totschlags das Schleifen zur Richtstatt als zusätzliche Strafschärfung angeordnet werden, sofern beschwerende Umstände vorlagen[184]. Bei der Verurteilung eines Täters wegen Straßen- oder Meuchelmordes konnte nach Art. 90 § 8 Satz 2 C.C.T. ebenfalls eine Strafschärfung durch das Schleifen nach richterlichem Ermessen angeordnet werden[185]. Gemäß Art. 92 § 6 Satz 2 C.C.T. konnte zur Bestrafung „von dem Laster der Giftmisch- oder Vergiftung"[186] beim Vorliegen beschwerender Umstände genauso nach gerichtlichem Ermessen zur Abschreckung der Öffentlichkeit das Schleifen zur Richtstätte vor der eigentlichen Tötung durch das Rad (bei Männern) oder das Schwert (bei Frauen) angeordnet werden[187].

IX. Das Reißen mit glühenden Zangen

Das Reißen mit glühenden Zangen wurde als weitere Tortur zur Strafschärfung bei bestimmten Delikten angeordnet. Fakultativ war dies zum Beispiel gemäß Art. 55 § 9 C.C.T. nach richterlichem Ermessen möglich bei der Bestrafung der vorsätzlichen Gotteslästerung höchsten Grades mit beschwerenden Umständen als Zusatz zum Verbrennen bei lebendigem Leibe[188]. Ebenfalls angeordnet wurde das Reißen bzw. nach dem Gesetzeswortlaut Zwicken mit glühenden Zangen nach Art. 61 § 8 C.C.T. bei Frauen, die sich wegen Majestätsbeleidigung ersten Grades bzw. Landesverrat strafbar gemacht hatten. Nachdem diese Strafschärfung ausgeführt worden war, wurden die Täterinnen zunächst enthauptet und im Anschluss ihr abgetrennter Kopf auf einen Pfahl gesteckt[189]. Gemäß Art. 83 § 12 C.C.T. konnte bei einer Verurteilung wegen Totschlags das Zangenreißen respektive Zwicken mit glühenden Zangen als zusätzliche Strafschärfung auferlegt werden, sofern beschwerende Umstände vorlagen[190]. Das Zangenzwicken als strafschärfende Maßnahme konnte ebenfalls angeordnet werden bei Frauen, die einen Vater-, Kinder- oder Eheleutemordes im Sinne von Art. 86 C.C.T. begangen hatten, bevor sie enthauptet

184 Art. 83 § 12 C.C.T.
185 Art. 90 § 8 Satz 2 C.C.T.
186 Überschrift zu Art. 92 C.C.T.
187 Siehe hierzu die Ausführungen unter Kap. 6, B), IV.
188 Art. 55 § 9 C.C.T.
189 Art. 61 § 8 C.C.T.
190 Art. 83 § 12 C.C.T.

wurden[191]. Auch bei weiblichen Täterinnen, die sich eines Straßen- oder Meuchelmord gemäß Art. 90 C.C.T. schuldig gemacht hatten, wurde das Zwicken mit glühenden Zangen vor der eigentlichen Hinrichtung angewandt, wobei die Täterin „ein- oder mehr- jedoch nicht über viermal gezwicket“[192] werden sollte. Gemäß Art. 90 § 8 Satz 2 C.C.T. war bei diesem Delikt nach Schwere der Tat auch bei männlichen Tätern eine Verschärfung der Strafe durch weitere Methoden wie das Zangenreißen möglich[193]. Gemäß Art. 92 § 6 Satz 2 C.C.T. konnte die eigentliche Todesstrafe wegen der Tötung eines Menschen durch Gift beim Vorliegen beschwerender Umstände auch durch „etliche Griffe am Leibe mit glüenden Zangen, viel, oder wenig nach Ermessung der Person“[194] verschärft werden[195]. Wenn bei einer Brandstiftung beschwerende Umstände vorlagen, war die Strafe nach Art. 99 § 6 C.C.T. dadurch zu schärfen, dass die Täter vor dem Verbrennen mit glühenden Zangen gezwickt und ihre Glieder mit dem Rad zerstoßen wurden[196].

X. Das Riemenschneiden

Das Riemenschneiden war weder in der *Bambergensis* und der *Carolina* noch im *Codex Juris Bavarici Criminalis* ausdrücklich als Methode zur Bestrafung genannt, wird jedoch in der *Constitutio Criminalis Theresiana* ausdrücklich normiert. Unter Riemenschneiden versteht man eine grundsätzlich immer als strafschärfenden Zusatz zur Todesstrafe auferlegte Verstümmelungsstrafe, bei welcher mit einem Messer Streifen, die sogenannten Riemen, aus der Haut des Delinquenten herausgeschnitten wurden. Nachdem Ausführungen zum Riemenschneiden schon in der Niederösterreichischen Landgerichtsordnung von 1656 und der Neuen peinlichen Halsgerichtsordnung vor das Königreich Böheim von 1707 enthalten waren, nannte auch die *Theresiana* diese Möglichkeit der zusätzlichen Schärfung der Lebensstrafe in Art. 5 § 3 C.C.T.[197] So stand es bei der vorsätzlichen Gotteslästerung höchsten Grades gemäß Art. 55 § 9 C.C.T. im Ermessen des Strafgerichts, beim Vorliegen beschwerender Umstände neben der Verurteilung zum Tod durch das Feuer auch noch das

191 Art. 86 § 3 Satz 2 C.C.T.: „Wenn aber eine Weibsperson eine solche Unthat begienge, ist ihr Kopf, und Hand abzuschlagen, und beydes auf das Rad zu stecken, anbey solche Todesstraffe mit vorhergehenden Zangenzwicken, oder in anderweg zu verschärffen“.

192 Art. 90 § 8 Satz 1 C.C.T.

193 Art. 90 § 8 Satz 2 C.C.T.

194 Art. 92 § 6 Satz 2 C.C.T.

195 Siehe hierzu die Ausführungen unter Kap. 6, B), IV.

196 Art. 99 § 6 C.C.T.; siehe hierzu die Ausführungen unter Kap. 6, B), III.

197 Vgl. *Speer*, in: Deutsches Rechtswörterbuch, Bd. 11, Sp. 1082 f.

Riemenschneiden vor der Verbrennung bei lebendigem Leibe anzuordnen[198]. Gemäß Art. 83 § 12 C.C.T. konnte bei einer Verurteilung wegen Totschlags das Riemenschneiden als zusätzliche Strafschärfung auferlegt werden, sofern beschwerende Umstände vorlagen[199]. Nach Art. 90 § 8 Satz 2 C.C.T. war bei der Verurteilung eines Täters wegen Straßen- oder Meuchelmordes dieselbe Strafschärfung nach richterlichem Ermessen möglich[200].

XI. Das Handabhauen

Das Abhauen, andernfalls auch Ausschneiden, der Hand beziehungsweise der Hände des Verurteilten konnte als Strafschärfung vor Vollstreckung der eigentlichen Exekution angeordnet werden. So war nach Art. 55 § 9 C.C.T. die Hand des Täters einer vorsätzlichen Gotteslästerung im höchsten oder mittleren Grad abzuhauen, wenn dieser seine Tat nicht durch Verbalisierung, sondern vielmehr durch eine erkennbare Tathandlung, beispielshalber durch Verunstaltung einer heiligen Reliquie, begangen hatte[201]. Gemäß Art. 83 § 12 C.C.T. konnte bei einer Verurteilung wegen Totschlags das Handabhauen als zusätzliche Strafschärfung auferlegt werden, sofern beschwerende Umstände vorlagen[202]. Frauen, die sich eines Vater-, Kinder- oder Eheleutemordes nach Art. 86 C.C.T. strafbar gemacht hatten, wurden dadurch bestraft, dass ihnen Hand und Kopf abgeschlagen und anschließend auf das Rad gesteckt wurden[203]. Nach Art. 92 § 6 Satz 2 C.C.T. war eine weibliche Täterin, die einen Menschen mit Gift umgebracht oder wissentlich und auf boshafte Weise dazu geholfen hatte, dass ein Mensch durch Gift zu Tode kam, mit dem Schwert nebst Abschlagung der Hand hinzurichten[204].

XII. Das Zungenabschneiden

Strafschärfend konnte weiterhin bei bestimmten Delikten auch das Abschneiden der Zunge des Delinquenten vor seiner Tötung ausgesprochen werden. Gemäß Art. 55 § 9 C.C.T. war dies bei vorsätzlicher Gotteslästerung höchsten

---

198 Art. 55 § 9 C.C.T.
199 Art. 83 § 12 C.C.T.
200 Art. 90 § 8 Satz 2 C.C.T.
201 Art. 55 § 9 C.C.T.
202 Art. 83 § 12 C.C.T.
203 Art. 86 § 3 Satz 2 C.C.T.: „Wenn aber eine Weibsperson eine solche Unthat begienge, ist ihr Kopf, und Hand abzuschlagen, und beydes auf das Rad zu stecken, anbey solche Todesstraffe mit vorhergehenden Zangenzwicken, oder in anderweg zu verschärffen".
204 Siehe hierzu die Ausführungen unter Kap. 6, B), IV.

oder mittleren Grades der Fall, wenn die Tathandlung durch verbale Äußerungen verwirklicht wurde[205].

XIII. Die Enthauptung

Die Enthauptung als Todesstrafe ohne nähere Konkretisierung der Vollzugsmodalitäten kommt in der *Theresiana* im Vergleich zu den zuvor untersuchten Strafordnungen öfter vor. Sie wurde nach Art. 61 § 8 C.C.T. angewandt bei weiblichen Verurteilten, die sich wegen Majestätsbeleidigung im höchsten Grad oder Landesverrats strafbar gemacht hatten. Zuvor war das Zwicken bzw. Reißen der Delinquentin mit glühenden Zangen anzuordnen und nach durchgeführter Enthauptung der abgetrennte Kopf auf einen Pfahl zu stecken. Männliche Täter, die sich wegen dieses Delikts strafbar gemacht hatten, wurden hingegen lebendig gevierteilt[206]. Nach Art. 74 § 6 C.C.T. wurden Personen, die wegen Knabenschändung oder wegen homosexuellen Geschlechtsverkehrs verurteilt worden waren, zunächst enthauptet, woraufhin dann der Körper zusammen mit dem abgetrennten Kopf verbrannt wurde[207]. Ebenfalls mit Enthauptung bestraft wurde gemäß Art. 80 § 6 C.C.T. die Kupplerei, sofern beschwerende Umstände durch die Tat oder die Person des Täters verwirklicht wurden. Wenn die Kupplerei „mit gottgeheiligten Personen, oder an heiligen Orten, oder zwischen Unglaubig- und Glaubigen beschehen wäre“[208], war zudem die Verbrennung des toten Leibes nach durchgeführter Enthauptung anzuordnen. Beschwerende Umstände bestehen nach Art. 80 § 7 C.C.T. dann, wenn Eltern ihre Kinder, ein Mann seine Frau, ein Bruder seine Schwester respektive ein Vormund seine Pflegetochter boshaft verkuppelte oder wenn ein Kuppler durch seine Tat viele Personen verführt bzw. zu einem unehrenhaften Leben verleitet oder seine Tat in einer Kirche verübt hatte[209]. Art. 82 C.C.T. normierte die Strafbarkeit „von fleischlicher Vermischung mit Unglaubigen, dann anderen schweren Unglücksfällen“[210]. Vorrangig ging es dem Gesetzgeber bei dieser Norm um die Bestrafung der Unzucht zwischen Christen und Ungläubigen, namentlich vor allem Juden und Türken[211]. In Fällen, in denen

205 Art. 55 § 9 C.C.T.
206 Art. 61 § 8 C.C.T.
207 Art. 74 § 6 Satz 3 C.C.T.
208 Art. 80 § 6 C.C.T.
209 Art. 80 § 7 C.C.T.
210 Überschrift zu Art. 82 C.C.T.
211 Art. 82 § 1 C.C.T.: „Da die Unzucht, so zwischen Christen, und Juden, Türken, oder anderen Ungläubigen begangen wird, eine besondere Abscheulichkeit auf sich traget, so wollen, und ordnen Wir, daß sich hierinnfalls aller Strenge gebrauchet werden, und

„ein Christ, so vorhin ein Jud, Türk oder sonst ein Unglaubiger gewesen, sich mit einer ihme befreundten Jüdin, Türkin, oder anderen unglaubigen Weibsperson vergriffen“[212] hatte, begingen Mann und Frau nach Art. 82 § 2 Satz 1 C.C.T. eine Blutschande. Wenn die beteiligten Sexualpartner in auf- oder absteigender Linie verwandt waren, wurden beide zunächst enthauptet und anschließend „ihre Körper zu Aschen verbrennet“[213]. Bestand das Verwandtschaftsverhältnis in einem anderen Grad der Seitenlinie oder im ersten Grad der Schwägerschaft, verhängte man gegen die Delinquenten keine Todesstrafe, sondern verwies sie nach vorangegangener öffentlicher Züchtigung auf ewig aus den österreichischen Erblanden[214]. Wenn Weibspersonen einen Vater-, Kinder- oder Eheleutemordes im Sinne von Art. 86 C.C.T. begangen hatten, wurde dies dadurch geahndet, dass ihnen Hand und Kopf abgeschlagen und diese anschließend auf das Rad gesteckt wurden[215]. Dieselbe Sanktion wurde auch bei Frauen angeordnet, wenn diese wegen eines Straßen- oder Meuchelmordes im Sinne des Art. 90 C.C.T. verurteilt wurden. Zuvor war die Verurteilte ein- bis viermal mit glühenden Zangen zu zwicken[216]. Die Strafe „von der bestellten Mordthat“[217] nach Art. 91 C.C.T. lautete für männliche Täter auf das Rädern. Jedoch, „wenn es aber eine Weibsperson wäre, derselben Hand, und Kopf abgeschlagen, sodann Kopf, und Hand auf das Rad gestecket, und nach Schwere der Umstände solche Todesstraffe mit Verschärffungszusätzen vermehret werden solle“[218].

C) Zwischenfazit

Das Fazit hinsichtlich der Regelungen zur Todesstrafe in der *Constitutio Criminalis Theresiana* fällt vergleichbar zur Wertung des *Codex Juris Criminalis Bavarici* aus. Siebzehn Jahre nach Kreittmayrs Werk kann auch in den österreichischen Erblanden noch nicht von einem bemerkbaren Einfluss der Aufklärung auf die strafrechtliche Gesetzgebung gesprochen werden. Ganz im Gegenteil, die Todesstrafe nahm wie auch im *Codex* einen breiten Raum

---

kein Richter Macht haben solle, die hier ausgesetzte Straffen ohne Unseren gnädigen Vorwissen, und Befehl in eine geringere zu verändern“.

212 Art. 82 § 2 Satz 1 C.C.T.

213 Ebd.

214 Art. 82 § 2 Satz 1 C.C.T. a.E.

215 Art. 86 § 3 Satz 2 C.C.T.: „Wenn aber eine Weibsperson eine solche Unthat begienge, ist ihr Kopf, und Hand abzuschlagen, und beydes auf das Rad zu stecken, anbey solche Todesstraffe mit vorhergehenden Zangenzwicken, oder in anderweg zu verschärffen“.

216 Art. 90 § 8 Satz 1 C.C.T.

217 Überschrift zu Art. 91 C.C.T.

218 Art. 91 § 6 C.C.T. a.E.

ein; kaum ein Straftatbestand, dessen Verwirklichung nicht auch – zumindest beim Vorliegen beschwerender Umstände – für den Täter die Verurteilung zum Tode bedeuten konnte. Der Umfang der *Theresiana* war beachtlich, auch im Vergleich zum *Codex Juris Criminalis Bavarici.* Berner führt in diesem Zusammenhang aus:

> „Legt man den Folianten des Bayrischen Codex criminalis von 1751, mit welchem die Anmerkungen des ehrwürdigen Kreittmayr verbunden sind, zur Seite und nimmt hierauf die Theresiana in die Hand: So hat man zunächst den materiellen Eindruck eines mehr als doppelt so schweren Gewichts. Dies erweckt kein gutes Vorurtheil; je mehr die Bildung wächst, desto mehr nimmt der Umfang der Strafgesetzbücher ab."[219]

Unabhängig davon, ob man eine derartige Korrelation zwischen Bildung und Umfang von Strafgesetzbüchern annehmen möchte, muss man jedenfalls feststellen, dass die oft mehrere Seiten umfassenden Straftatbestände der C.C.T. aufgrund ihres vielschichtigen Regelungsgehalts den Rechtsanwender vor einige Herausforderungen stellen. Zudem dürfte die extensive Formulierung der Strafnormen nicht gerade für eine Rechtsklarheit und Rechtssicherheit der Bevölkerung gesorgt haben. Ein Charakteristikum der *Theresiana* besteht in der bei vielen Straftatbeständen ausgestalteten ausführlichen Beschreibung von beschwerenden und mildernden bzw. lindernden Umständen, die sowohl in der Tathandlung selbst als auch in der Person von Täter und Tatopfer begründet sein konnten. Bei vielen Delikten war das Vorliegen beschwerender Umstände Voraussetzung für die Verhängung der Todesstrafe, während bei mildernden Umständen auch von einer grundsätzlich auszusprechenden Lebensstrafe abgesehen werden konnte. Die im *Codex Juris Bavarici Criminalis* aufgeführte Hinrichtung durch das Zerreißen mit Hilfe von Pferden findet sich in der *Theresiana* nicht, andererseits sind in der C.C.T. weitere Methoden der Strafschärfung vor der Tötung des Verurteilten wie das Riemenschneiden, das Handabhauen und das Zungenabschneiden enthalten. Wie auch im *Codex* spielt das Verbrennen als Vollstreckungsmethode der Lebensstrafe noch eine große Rolle. Dies gilt auch für die Zauberei bzw. Hexerei, obwohl zum Zeitpunkt ihres Inkrafttretens in den österreichischen Erblanden bereits keine Hexenverbrennungen mehr dokumentiert sind und Kaiserin Maria Theresia selbst sich gegen die Verbrennung von Frauen als Hexen ausgesprochen hatte. So lassen sich aufklärerische Bestrebungen lediglich daran erkennen, dass der Gesetzgeber die Bestrafung der Hexerei und Zauberei den ordentlichen Gerichten entzogen hatte und die Sanktionierung stattdessen die Strafgewalt der

---

219 *Berner*, Die Strafgesetzgebung in Deutschland vom Jahre 1751 bis zur Gegenwart, S. 10 f.

besonderen Erschließung der Landesfürsten unterstellte[220]. Auch in der *Nemesis Theresiana* kam dem Schwert als Mittel zur Exekution eine besonders prominente Stellung zu. Auch das Rädern und das Hängen am Galgen waren nach wie vor beliebte Tötungsmethoden. Die schon seit dem 17. Jahrhundert nicht mehr praktizierten Hinrichtungsarten des Ertränkens sowie des Lebendigbegrabens und Pfählens tauchen auch in der C.C.T. nicht mehr auf. Insgesamt ist zu bemerken, dass die wenige Jahre zuvor publizierten Ideen der Aufklärung zur Abschaffung der Todesstrafe im Sinne von Denkern wie Cesare Beccaria und Karl Ferdinand Hommel in der *Theresiana* noch keinen nennenswerten Eingang gefunden haben. Auf der anderen Seite darf aber nicht außer Acht gelassen werden, dass die gesetzgebende Gewalt um Kaiserin Maria Theresia nebst einer verbindlichen Formalisierung des Folterprozesses auch ein differenziertes Strafensystem geschaffen hat, welches bei vielen Straftaten eine fakultative Strafmilderung im Sinne einer Umgehung der Todesstrafe vorsah und sich bei einzelnen Straftatbeständen wie Art. 58 C.C.T ein Umdenken im Vergleich zur vormaligen Rechtslage zeigte. Von Kwiatkowski hebt daher die positiven Seiten der *Theresiana* wie folgt hervor:

> „Der Wert der Theresiana liegt nicht bloß in ihren unläugbaren Fortschritten hinsichtlich des Strafrechts und Strafverfahrensrechts, sondern auch in ihrer politischen Bedeutung, als dem ersten, gemeinsamen Strafgesetze der 'Deutschen Erblanden', da sie ein neues, inniges Band zwischen diesen Teilen der habsburgischen Monarchie knüpfte, und auf der, von der Kaiserin eingeschlagenen Bahn zwischen der Staatseinheit und Rechtsgleichheit einen bedeutungsvollen Schritt darstellt. Auch diesem Gesetze ist der Stempel Theresianischen Geistes aufgedrückt: Stärkung der staatlichen Gewalt, bedächtiger Fortschritt, warme Menschen- und Gerechtigkeitsliebe treten uns entgegen; um zu gerechter Würdigung der Theresiana zu gelangen, muß sie in ihrer Entstehung und ihren Zielen, namentlich aber in der Durchführung geprüft, und mit dem Maßstabe ihrer Zeit gemessen werden. In ihrer Gänze ist sie nicht unwürdig der Zeit, die sie geschaffen und sicherlich kein Mantelkind der alt-österreichischen Gesetzgebung."[221]

Der darin formulierten Mahnung, ein Gesetzeswerk immer an den Maßstäben der Zeit seiner Entstehung zu messen, soll hier nicht widersprochen werden. Gleichsam gibt es nicht nur rückwirkend – wie beispielshalber an der unterschiedlichen Rezeption von Berner und von Kwiatkowski deutlich wird – sondern auch während der Regierungszeit Maria Theresias verschiedene Positionen zur *Theresiana.* Bereits zur Zeit ihrer Entstehung wurde sie für ihre Rückständigkeit und die Tatsache, dass viele Regelungen aus zuvor geltenden österreichischen Halsgerichtsordnungen einfach übernommen worden waren,

---

220 Vgl. *Berner*, a.a.O., S. 14 f.

221 *von Kwiatkowski*, Die Constitutio criminalis Theresiana, S. 144.

kritisiert[222]. 1787 trat in Österreich das Allgemeine Gesetz über Verbrechen und derselben Bestrafung, die *Josephina*, in Kraft, wodurch die *Constitutio Criminalis Theresiana* weitgehend an Einfluss verlor. Gleichwohl beanspruchte sie für bestimmte Bereiche auch im 19. Jahrhundert noch Geltung, zum Beispiel für das österreichische Militär bis zum Inkrafttreten des Militär-Strafgesetzbuches für Verbrechen und Vergehen im Jahr 1855[223].

---

222 Vgl. *Berner*, Die Strafgesetzgebung in Deutschland vom Jahre 1751 bis zur Gegenwart, S. 17.

223 Vgl. a.a.O., S. 17 f.

Siebtes Kapitel: Das Kriminalgesetzbuch Großherzog Leopolds von Toskana (1786)

A) Allgemeine Grundsätze der Leopoldina

I. Das Großherzogtum Toskana als Teil des Heiligen Römischen Reiches

Bevor die Entstehungsgeschichte und die Verfahrensgrundsätze des Kriminalgesetzbuchs Großherzog Leopolds von Toskana von 1786 dargestellt werden, soll kurz skizziert werden, warum dieses Werk aus staatsrechtlicher und geographischer Sicht im Rahmen dieser Arbeit behandelt wird. Denn tatsächlich stellt sich die Frage, inwieweit die Toskana überhaupt als zum Gebiet des Alten Reiches gehörend anzusehen ist. Hierzu muss zunächst der reichsrechtliche Status des Großherzogtums Toskana geklärt werden. Zum Verständnis ist eine Rückblende bis in die Zeit Karls des Großen (748–814) erforderlich, der 774 das Langobardenreich, dessen Gebiet sich über weite Teile des heutigen Nord- und Mittelitaliens erstreckte, eroberte und mit dem Frankenreich vereinigte[1]. Otto I. der Große (912–973) aus dem Geschlecht der Liudolfinger wurde durch Heirat mit Adelheid von Burgund im Jahr 951 König von Italien (rex italiae) und regierte ab 962 als römisch-deutscher Kaiser. Adelheids Sohn Berengar wurde zum Lehnsnehmers Ottos, wodurch ein bis zum Reichsende bestehendes Lehnsverhältnis zwischen dem deutschen Kaiser und Reichsitalien begründet wurde[2]. Mit Otto I. begann eine jahrhundertelange Praxis, nach welcher die Kaiser des Heiligen Römischen Reiches auf dem Weg zur Kaiserkrönung in Rom im lombardischen Pavia, später dann auch anderenorts, Station machten und dort zum König Italiens gekrönt wurden. Der örtliche Geltungsbereich dieses Titels beschränkte sich allerdings nur auf das Territorium Reichsitaliens, welches zur damaligen Zeit das Gebiet des heutigen Norditaliens und große Teile Mittelitaliens umfasste[3]. In den folgenden Jahrhunderten versuchten die deutschen Kaiser, ihre Machtposition in Reichsitalien zu stärken, was allerdings auf starke Widerstände stieß. Ab dem 14. Jahrhundert, nach dem Ende der Regenten aus dem Geschlecht der Staufer, legten die deut-

1 Vgl. *Hartmann*, Karl der Große, S. 83 ff.
2 Vgl. *Becher*, Otto der Große, S. 9 ff.
3 Vgl. *Altgeld / Lill*, Kleine italienische Geschichte, S. 15 ff.

schen Machthaber keinen großen Wert mehr auf die Erhaltung des Machtanspruchs in Reichsitalien, sodass weite Teile der Gebiete verloren gingen. Die personelle Identität von römisch-deutschem Kaiser und König Italiens endete im 16. Jahrhundert. Im Jahr 1530 wurde Karl V. als letzter Kaiser des Alten Reichs in Bologna zum rex italiae gekrönt[4]. Ende des 17. Jahrhunderts konnten die Habsburger unter der seit 1658 bestehenden Regentschaft von Kaiser Leopold I. (1640–1705) den Einfluss Österreichs auf italienischem Boden wieder stärken. Die deutsche Lehnsherrschaft in Reichsitalien hatte indes über die Jahrhunderte immerzu fortbestanden. Oberste Lehensbehörde war der Reichshofrat. Die Verfassung des Heiligen Römischen Reiches gestattete den italienischen Fürsten und Städten keine eigenen Rechte, sodass diese auch keinen Einfluss auf die Wahl des Kaisers nehmen konnten[5]. Aufgrund der beschriebenen Tatsache, dass die reichsitalienischen Territorien keine vollwertigen Mitgliedsstaaten des Heiligen Römischen Reiches Deutscher Nation, sondern staatsrechtlich lediglich in einem Lehnsverhältnis mit diesem verbunden waren, stellt sich sodann die berechtigte Frage, ob die Untersuchung eines toskanischen Strafgesetzes überhaupt noch die Thematik dieser Abhandlung trifft. Aufgrund der historischen Verbindungen und insbesondere auch der im 18. Jahrhundert wiedererstarkten Bindungen zwischen Österreich und dem Großherzogtum Toskana erscheint eine Behandlung an dieser Stelle jedoch sinnvoll und angemessen. Dies zeigt sich insbesondere daran, dass der Habsburger und spätere deutsche Kaiser Franz Stephan von Lothringen (1708–1765) seit 1737 als Großherzog über die Toskana herrschte und damit eine sehr starke rechtliche und ideelle Bindung des Großherzogtums an das Heilige Römische Reich begründete[6].

II. Entstehungsgeschichte

Am 30. November 1786 trat das Kriminalgesetzbuch Großherzog Leopolds von Toskana, im italienischen Original *Riforma della legislazione criminale di Toscana*, in Kraft. Dieses Strafgesetzbuch ist gemeinhin auch bekannt unter der Bezeichnung *Constitutio Criminalis Leopoldina (C.C.L.)* bzw. verkürzt *Leopoldina* respektive als *Legge criminale*[7]. Sein geistiger Vater war Peter Leopold (1747–1792), italianisiert Pietro Leopoldo, Erzherzog von Österreich aus dem Hause Habsburg-Lothringen und von 1765 bis 1790 Großherzog der Toskana. Vom 30. September 1790 bis zu seinem Tod am 1. März 1792 war er

4 Vgl. a.a.O., S. 51 ff.
5 Vgl. *von Aretin*, Das Alte Reich 1648–1806, Bd. 1, S. 32.
6 Vgl. *Pesendorfer*, Die Habsburger in der Toskana, S. 15 ff.
7 Vgl. *Schlosser*, Die „Leopoldina“, S. 1.

als Leopold II. Kaiser des Heiligen Römischen Reiches sowie König von Böhmen, Kroatien und Ungarn[8]. Der spätere Kaiser Leopold II. war der Bruder von Joseph II. (1741–1790), der von 1765 bis 1790 als römisch-deutscher Kaiser regiert hatte[9]. Er war der Sohn des bereits genannten Franz Stephan von Lothringen, von 1745 bis 1765 als Franz I. römisch-deutscher Kaiser, und von Maria Theresia (1717–1780), der bereits im vorangegangenen Kapitel vorgestellten Namensgeberin der *Constitutio Criminalis Theresiana.* Als Peter Leopold am 13. September 1765 nach dem Tod seines Vaters Franz Stephan in Florenz den toskanischen Thron bestieg, war er gerade einmal achtzehn Jahre alt. Um der italienischen Tradition des Amtes des toskanischen Großherzogs, in italienischer Sprache Granduca, Tribut zu zollen, nannte er sich fortan Pietro Leopoldo[10]. Der Beginn seiner Herrschaft als Großherzog fiel in eine Zeit, in der sich die toskanische Wirtschaft, Verwaltung und Justiz in einer desolaten Situation befanden. Hohe Steuern und Zölle sowie das System der Finanzpacht, mit welcher das Recht zur Eintreibung von Steuern verpachtet wurde, führten zur Verarmung großer Teile der Bevölkerung. Das Verhältnis von Franz Stephan zu seinen Untertanen war zerrüttet gewesen; Schlosser beschreibt das Verhältnis zwischen Herrscher und Volk gar als von Hass geprägt[11]. Es war das Bestreben von Pietro Leopoldo bei Antritt seiner Regierungsgeschäfte, diesen prekären Zustand zu beenden und die Metamorphose des Großherzogtums Toskana zu einem Idealstaat nach den Prinzipien der Aufklärung herbeizuführen. Dabei bediente er sich versierter Berater wie Francesco Maria Gianni und Pompeo Nero. Ziel des Granduca war es, das gesamte staatliche und gesellschaftliche System des Großherzogtums zu verändern und dadurch nachhaltige Fortschritte in den Bereichen Verwaltung, Justiz und Wirtschaft zu erzielen. Durch Maßnahmen wie die Aufhebung der Finanzpacht und Bodenreformen sollte der Wohlstand der Bevölkerung verbessert werden[12]. Ein weiteres wichtiges Projekt des Großherzogs bestand im Umbau und in der Vereinfachung des Rechtswesens. Die geplante Justizreform zielte vor allem auf die effizientere Handhabung des Strafverfahrens, die Vereinheitlichung der Gerichtsorganisation und die Humanisierung des Strafvollzuges ab. 1771 wurde erstmals eine Verordnung über die akademische und praktische Ausbildung von Berufsjuristen auf dem toskanischen Hoheitsgebiet

---

8 Vgl. *Pesendorfer*, Die Habsburger in der Toskana, S. 53 ff.

9 Vgl. *Schlosser*, Die „Leopoldina“, S. 1.

10 Vgl. ebd. S. 1; *Wandruszka*, Leopold II., Bd. 1, S. 17.

11 Vgl. *Schlosser*, in: „De curia semel in anno facienda“, S. 232 ff.; *Schlosser*, a.a.O., S. 3; *Graf*, Der Verfassungsentwurf, S. 142 ff.

12 Vgl. *Reinhardt*, Geschichte Italiens, S. 168 ff.; *Schlosser*, Die „Leopoldina“, S. 3 f.

erlassen[13]. Inspirieren ließ sich der Granduca unter anderem von den Ideen der Aufklärung und von der verfassungsrechtlichen Entwicklung der Vereinigten Staaten von Amerika[14]. Gleichwohl traf Pietro Leopoldo auf massive Gegenwehr: So scheiterte die Umsetzung eines ambitionierten Entwurfs für eine neue Verfassung des Großherzogtums Toskana 1787 am Widerstand des Klerus und an den immer noch zahlreichen Kritikern der Positionen der Aufklärung[15]. So mobilisierten die Verantwortlichen der römisch-katholische Kirche die Bevölkerung gegen das kirchenreformatorische Vorhaben des Granduca, die Bindungen der Kirche an Rom zur Stärkung eines nationalen toskanischen Bewusstseins zu lockern und die Freiheitsrechte im Sinne der Aufklärung zu stärken[16]. Die *Leopoldina* selbst wurde 1786 nach über vierjähriger Vorarbeit verabschiedet. Im Jahr 1782 hatte sich der Großherzog zu einer kompletten Überarbeitung des bislang in der Toskana geltenden Kriminalrechts entschlossen. Das bisherige, noch auf die Herrschaft der Medici zurückgehende Strafrecht hielt er für nicht mehr zeitgemäß, in der Praxis schwer handhabbar und barbarisch. 1783 legte Pietro Leopoldo mit dem *Progetto*[17] einen ersten Entwurf für ein neues Strafgesetzbuch vor[18]. Vorangestellt waren 34 sogenannte *Massime*, in denen die Grundsätze des neuen Strafverfahrens dargelegt werden sollten. Als oberstes Prinzip genannt wurde vor allem die unbedingte Erforschung der materiellen Wahrheit bei gleichzeitiger Abschaffung der Folter. Weitere wesentliche Maximen waren die Einhaltung der Öffentlichkeit des Verfahrens ohne Einschränkungen sowie die Beschleunigung und Vereinfachung des Strafprozesses. Weiterhin enthielt der *Progetto* 70 als *Vedute* bezeichnete Grundentscheidungen, welche Sinn und Zweck behandelten. Als maßgebliche Prinzipien genannt wurden hier der Gesetzlichkeitsgrundsatz, nach welchem keine Strafe ohne gesetzliche Grundlage verhängt werden durfte[19], und die Forderung der Bestrafung eines Täters ohne Differenzierung nach Herkunft und Ansehen. Ein besonderes Anliegen von Pietro Leopoldo war an dieser Stelle die Humanisierung des Strafrechts, welche er unter anderem

---

13 Das Studium der Rechte im Bereich des Großherzogtums Toskana wurde an der Universität Pisa angeboten; vgl. *Schlosser*, a.a.O., S. 4 f.

14 Vgl. *Graf*, Der Verfassungsentwurf, S. 284 ff.

15 Vgl. *Graf*, a.a.O., S. 262 ff.; *Schlosser*, Die „Leopoldina", S. 6.

16 Vgl. *Schlosser*, ebd. m.w.N; zur Kirchenpolitik Pietro Leopoldos vgl. *Graf*, a.a.O., S. 158 ff.

17 Italienisch: Entwurf, Plan, Projekt; Anm. des Verf.

18 Vgl. *Schlosser*, Die „Leopoldina", S. 8.

19 Der strafrechtliche Gesetzlichkeitsgrundsatz gilt als wesentliche Errungenschaft der Aufklärung. Paul Anselm von Feuerbach (1775–1833) prägte hierzu später die lateinische Wendung „nulla poena sine lege"; vgl. *Rengier*, Strafrecht, Allgemeiner Teil, S. 14.

durch die Abschaffung der Verstümmelung als Strafe, die Streichung von Majestätsverbrechen aus dem Katalog der Straftatbestände und die Ersetzung der Todesstrafe durch lebenslange Zwangsarbeit auch bei vorsätzlichem Mord zu erreichen versuchte[20]. In der Zeit zwischen seinem Regierungsantritt und den Vorarbeiten zum *Progetto* hatte Leopold umfangreiches Material in Form von Tabellenwerken über die toskanische Strafjustiz sammeln lassen, sodass er über bis dahin in dieser Weise nicht gekannte empirische Daten zur Strafrechtspraxis verfügte. Diese Daten umfassten sämtliche im Erhebungszeitraum eingeleiteten Strafverfahren und listeten unter anderem die Arten der abgehandelten Straftaten, die jeweiligen Angeklagten und die Vorschriften, nach welchen die Verfahren beendet worden waren, auf[21]. Durch die Sammlung dieser umfangreichen und komplexen Informationen erhoffte sich der Granduca eine gesteigerte Legitimation seiner kriminalpolitischen Vorstellungen. Nach Beendigung seines *Progetto* legte Leopold diesen einer Kommission vor, die aus vier von ihm selbst ausgewählten hochrangigen Justizpraktikern bestand. Zu diesem Gremium zählten der Staatsrat Giuliano Tosi, der Verwaltungsexperte Antonio Maria Cercignani aus Pisa, der Florentiner Polizeipräsident Guiseppe Gusti und der Staatsrat und vormalige Richter am Obersten Gericht, dem Supremo Tribunale di Giustizia, Antonio Caciotti Bianchi. Der zu diesem Zeitpunkt bereits sechsundsiebzigjährige Tosi sollte die *Massime* und *Vedute* im Hinblick auf dogmatische Schlüssigkeit und Praxistauglichkeit untersuchen, während den restlichen Mitgliedern vor allem eine Kontrollfunktion im Rahmen einer kritischen Begutachtung zukam[22]. Die Kommissionsmitglieder gaben sodann ihre Stellungnahmen, die sogenannten *pareri*, ab. Dabei unterstützte vor allem Tosi das Vorhaben des Großherzogs, die Todesstrafe in der Toskana abzuschaffen und begründete dies mit der universalen Geltung der Menschenwürde auch für Verbrecher. Weiterhin votierte Tosi auch für die Einführung eigener Strafen bei Verfahren gegen weibliche Angeklagte und den Vorrang des Schutzes nichtehelicher Mütter und deren Kinder vor strafrechtlicher Verurteilung[23]. Cercignani hingegen plädierte für die Beibehaltung der Lebensstrafe und des inquisitorischen Verfahrens, sprach sich gleichzeitig aber auch für die teilweise Reformierung des Strafprozesses aus. Caciotti Bianchi und Giusti traten vor allem nachdrücklich für eine harte Bestrafung bei denjenigen Delikten ein, durch welche die öffentliche Sicherheit und Ordnung

20 Vgl. *Schlosser*, Die „Leopoldina", S. 9.

21 Die deutsche Übersetzung dieser Tabellen findet sich bei *Crone*, Die Staatsverwaltung von Toskana unter Leopold II., S. 153 ff.; vgl. *Schlosser*, a.a.O., S. 12.

22 Vgl. *Zuliani*, La riforma penale di Pietro Leopoldo, Vol. 1, S. 130 ff.; *Schlosser*, a.a.O., S. 13.

23 Vgl. *Zuliani*, a.a.O.; *Schlosser*, a.a.O., S. 13 f.

nachhaltig gefährdet wurde[24]. So sprachen sie sich auch für die Weitergeltung der Hinrichtungspraxis aus. Zur Legitimation beriefen sich die Befürworter der Todesstrafe unter den Kommissionsmitgliedern vorrangig auf die Bibel und das darin formulierte Talionsprinzip. Für den Fall der Abschaffung der Todesstrafe befürchteten sie eine von Justiz und Obrigkeit nicht mehr beherrschbare Zunahme der Schwerstkriminalität[25]. Nachdem alle *pareri* vorlagen, beauftragte Pietro Leopoldo im Oktober 1785 mit Staatsrat Giuliano Tosi den einzigen erklärten Gegner der Todesstrafe unter den vier Gutachtern mit der Erstellung eines Gesetzesentwurfs, in welchen die bisherigen Vorarbeiten einfließen sollten. Tosi erledigte diese Arbeit akribisch und gleichzeitig kritisch. Schließlich konnte der finale Entwurf im Juli 1786 vorgelegt werden. Nach einigen formalen und inhaltlichen Korrekturen trat die *Riforma della legislazione criminale* am 30. November 1786 in Pisa in Kraft[26].

III. Verfahrensgrundsätze

Bestimmende Verfahrensgrundsätze der *Leopoldina* waren das in Art. 27 C.C.L.[27] verankerte Streben nach objektiver, materieller Wahrheit und die in Art. 57 C.C.L.[28] normierte eindeutige Bestimmung der individuellen Schuld.

---

24 Vgl. *Schlosser*, ebd.

25 Vgl. *Zuliani*, La riforma penale di Pietro Leopoldo, Vol. 1, S. 229 ff.; *Schlosser*, a.a.O., S. 15.

26 Vgl. *Zuliani*, a.a.O..; *Schlosser*, ebd.

27 Art. 27 C.C.L.; Original: „Resterà da quì avanti assolutamente proibito in qualunque Caso, e circostanza, e qualunque sia il delitto anche atrocissimo per cui si proceda (procede), l'uso delle Prove così dette privilegiate, le quali essendo sempre irregolari, e perconseguenza ingiuste non possono esser permesse in verun Caso possibile, giacché dovendosi in tutti i delitti cercar la verità con gli (li) stessi mezzi, se questi non fossero abili a trovar la verità in un Caso, non lo possono essere neppure nell'altro.“; deutsche Übersetzung: „Fortan wird unbedingt, in jedem Fall und unter jedem Begleitumstand, um welches Verbrechen es sich auch handeln mag, auch bei dem schrecklichsten, dessentwegen der Prozess geführt wird, die Verwendung der so genannten privilegierten Beweismittel verboten bleiben, die, da sie stets ungesetzlich und infolgedessen ungerecht sind, in keinem denkbaren Fall erlaubt werden können; weil bei allen Verbrechen die Wahrheit mit ein und denselben Mitteln erforscht werden muss, können diese, wenn sie sich in einem Falle zur Wahrheitsfindung als ungeeignet erweisen, in einem anderen Falle nicht das Gegenteil davon sein.“; zitiert nach *Schlosser*, a.a.O., S. 100.

28 Art. 57 Satz 1 C.C.L.; Original: „Considerando Noi che le azioni degl'Uomini (degli uomini) sono personali, e che nessuno può esser tenuto legittimamente per le azioni dei suoi Parenti, Vogliamo che nessuna delle dette Pene rechi il minimo danno, discredito, Macchia, o disonore ai Parenti del Condannato, i quali anzi Vogliamo, e dichiariamo, che nonostante ancora la più Stretta Congiunzione di Sangue col Delinquente siano mantenuti a tutti gli effetti non solo nella buona Opinione, che si saranno meritata presso il Pubblico, ma ancora in tutte le Prerogative proprie delle loro Persone,

Damit sollte ein bewusster Gegenpol zu den vor ihrem Inkrafttreten oftmals ausgesprochenen Verurteilungen auf Indizienbasis geschaffen werden. Eine weitere bestimmende Maxime war das zum Schutz des Angeklagten ausgestaltete Prinzip der Prozessbeschleunigung[29]. Die Systematik der *Leopoldina* ist durch eine Gliederung in drei Teile gekennzeichnet. Der erste Teil (Art. 1 bis Art. 50 C.C.L.) behandelt die Vorschriften zur Strafklage. Vorgesehen waren sowohl die öffentliche Anklage, genannt „querelante pubblico", als auch die Privatklage der durch die Straftat verletzten Person. Die Sachverhaltsaufklärung selbst wurde von Amts wegen durch den „ministro processante", einen Ermittlungsbeamten, vorgenommen. Nur bei Bagatelldelikten war die Betreibung des Verfahrens ausschließlich durch den Privatkläger vorgesehen. Weiterhin umfasst der erste Teil auch Vorschriften zu Haftbefehlen und Vorführungsbefehlen sowie weitere Regelungen, die der Vorbereitung des Beweisverfahrens dienen wie zu Einreden gegen die Zuständigkeit von Gerichten und zum Recht der Pflichtverteidigung[30]. Im zweiten Teil (Artt. 51 bis 109 C.C.L.) finden sich die materiell-rechtlichen Normen der *Leopoldina.* Die Straftatbestände sind wiederum in mehrere Gruppen unterteilt. Nach einem allgemeinen Teil, in welchem die bestimmenden Maximen und Strafarten näher dargestellt werden (Artt. 51 bis 59 C.C.L.), werden in der ersten Gruppe Religionsdelikte (Artt. 60, 61 C.C.L.), Staats- und Majestätsverbrechen (Artt. 62 bis 66 C.C.L.), Straftaten gegen das Leben und die körperliche Unversehrtheit (Artt. 67 bis 73 C.C.L.), Vermögensdelikte (Artt. 74 bis 84 C.C.L.), gemeingefährliche Straftaten (Artt. 85 bis 92 C.C.L.), Fälschungsdelikte (Artt. 93 bis 95 C.C.L.) und Sexualdelikte (Artt. 96 bis 101 C.C.L.) behandelt. Die zweite Normengruppe des materiell-rechtlichen Teils (Artt. 102 bis 109 C.C.L.) umfasst Gefängnis-

---

dignità, impieghi, e Capacità di qualunque grado o promozione, a cui potessero, come potranno aspirare, e (o) giungere, secondo il merito loro personale, che come di ogni altro buon Cittadino sarà sempre da Noi alle occorrenze considerato."; deutsche Übersetzung: „Indem Wir in Betracht ziehen, dass die Menschen für ihr Handeln persönlich verantwortlich sind und niemand von Rechts wegen für die Handlungen seiner Verwandten haftbar gemacht werden kann, wollen Wir, dass keine der genannten Strafen den geringsten Schaden, Misskredit, Makel oder Schande den Verwandten des Verurteilten bringe; Wir wollen und erklären darüber hinaus, dass jene – ungeachtet der sehr engen Blutsverwandtschaft mit dem Straftäter – vor allen Folgen geschützt werden, und zwar nicht nur bezüglich ihres guten Rufes, den sie sich in der Öffentlichkeit erworben haben werden, sondern auch in allen besonderen Vorrechten ihrer Person, in Würden, Ämtern und in jeder Art von Befähigung oder Aufstiegsmöglichkeit, die sie nach ihrem persönlichen Verdienst erwarten und erlangen könnten ebenso wie können, was von Uns wie bei jedem anderen guten Bürger stets im gegebenen Fall beachtet werden wird."; zitiert nach a.a.O., S. 112.

29 Vgl. a.a.O., S. 26.

30 Vgl. a.a.O., S. 17.

ausbruch und Gefangenenbefreiung sowie weitere kleinere, polizeirechtlich relevante Delikte, die ihrer Rechtsnatur mit Ordnungswidrigkeiten vergleichbar sind, wie verbotene Handelsgeschäfte, Verstöße gegen staatliche Monopole und diverse Störungen der öffentlichen Ordnung[31]. Der dritte und finale Teil der *Leopoldina* (Artt. 110 bis 119 C.C.L.) beinhaltet schließlich ergänzende prozessuale Regelungen beispielsweise zu Fragen der Verjährung und der Entschädigung auf Staatskosten wegen unrechtmäßiger Strafverfolgung. Angesichts der Knappheit des Gesetzes mit seinen lediglich 119 Artikeln kamen mitunter Zweifel an der Eignung zur praktischen Umsetzung auf. Die *Leopoldina* erlaubte in ihrem Art. 118 allerdings explizit die Weitergeltung der bereits vor ihrem Inkrafttreten geltenden toskanischen materiellen Strafgesetze, Strafordnungen und Edikte. Somit konnten die Gerichte in Fällen, in denen die C.C.L. auf eine ausdrückliche Regelung verzichtete, auf schon länger bestehende Strafnormen zurückgreifen. Diese sogenannte „Heterointegration" des alten Strafrechts war jedoch nur in gewissen Grenzen zulässig[32]. So legte Art. 118 C.C.L. dem erkennenden Richter folgende Vorgehensweise bei der Einbeziehung der betreffenden Vorschriften auf:

> „Die anhängigen Strafsachen werden in allen den Fällen, die oben behandelt wurden, nach der dort vorgeschriebenen Form entschieden. In den in diesem Gesetz nicht geregelten Fällen werden die Richter auf die anderen im Großherzogtum befolgten Gesetze zurückgreifen, die dafür spezielle Regelungen vorsehen, dabei jedoch stets im Geiste der gegenwärtigen Reform und im Einklang mit den in ihr enthaltenen ausdrücklichen Bestimmungen."[33]

Wollte ein Richter mithin auf nicht in der *Riforma della legislazione criminale di Toscana* enthaltene Strafvorschriften zurückgreifen, hatte er darauf zu achten, diese „secondo lo spirito della presente riforma, e compatibilmente coll'espresse disposizioni in essa contenute", also „im Geiste der gegenwärtigen Reform und im Einklang mit den in ihr enthaltenen ausdrücklichen Bestimmungen" auszulegen. Weiterhin bestimmte Art. 48 C.C.L., dass ein Rückgriff auf bereits zuvor bestehende Strafgesetze nur bei materiell-rechtlichen Vorschriften möglich war; die prozessualen Regelungen der *Leopoldina* hingegen waren zwingend zu beachten:

---

31 Vgl. a.a.O., S. 18.

32 Vgl. *Tarello*, Storia della cultura giuridica moderna, Vol. I, S. 548 ff.; *Guerrini*, La „Leopoldina" 5 (1989), S. 43 ff.; *Schlosser*, a.a.O., S. 19.

33 Art. 118 C.C.L.; Original: „Le Cause pendenti in tutti i Casi, dei quali è stato trattato di sopra, sirisolveranno nella forma quivi prescritta; nei Casi in questa Legge ommessi ricorreranno i Giudici alle altre Leggi osservate nel Gran Ducato, chene disponessero in particolare, sempre però secondo lo Spirito della presente riforma, e compatibilmente coll'espresse disposizioni in essa contenute."; zitiert nach *Schlosser*, a.a.O., S. 137 f.

> „Bei der Prozessführung müssen, gleich um welches Verbrechen es sich handeln und auf welche Weise es zur Kenntnis des Richters oder Gerichtes gekommen sein mag, die oben vorgeschriebenen Regeln beachtet und jeder Kriminalprozess mit einem förmlichen Urteil beendet werden, wobei es in keinem Falle und bei keinem Verbrechen, auch nicht bei dem schrecklichsten gestattet ist, von den üblichen Formen der Prozessführung abzugehen und eine Strafe – auch nicht in einer reinen Polizeisache – über eine Person zu verhängen, ohne ihr vorher ihre Vergehen vorgehalten und ihre Rechtfertigungen angehört zu haben."[34]

Ein besonderes Verdienst Pietro Leopoldos war die Einführung des reformierten Inquisitionsprozesses. Das bis dahin allgemein anerkannte Inquisitionsverfahren wurde zwar nicht abgeschafft, dennoch aber tiefgreifenden Änderungen unterworfen. Als charakteristische Merkmale sind vor allem die Stärkung der Beschuldigtenrechte sowie eine signifikante Ausweitung des Öffentlichkeitsgrundsatzes zu nennen. Der reformierte Strafprozess der *Constitutio Criminalis Leopoldina* war in drei Abschnitte unterteilt[35]. Der erste, in den Artt. 1 bis 14 C.C.L. geregelte und auch als „processo informativo" bezeichnete Abschnitt war nicht öffentlich und begann mit der Einleitung des Verfahrens aufgrund einer öffentlichen Anklage oder einer Privatklage. Nach Registrierung der Strafakten am Ort des Gerichts hatte der „ministro processante" die Tatvorwürfe von Amts wegen zu untersuchen und die Ermittlungen unparteiisch zu leiten. Beim Verdacht der Verwirklichung schwerer Verbrechen und bei Fluchtgefahr wurde ein Arrestbefehl erlassen, bei weniger schweren Vorwürfen der Beschuldigte förmlich zu Gericht geladen. Zeugen wurden im ersten Verfahrensabschnitt ebenfalls gerichtlich und im Normalfall uneidlich in Abwesenheit des Beschuldigten vernommen. Dieser erste Verfahrensabschnitt endete mit der Übergabe der Prozessakte durch den „ministro processante" an den „giudice", den zuständigen Richter. Dieser hatte die Rechtmäßigkeit des bisherigen Verfahrens zu überprüfen und dem Beschuldigten und seinem Verteidiger Kenntnis über den Sachstand des Prozesses zu verschaffen[36]. In der zweiten Verfahrensphase wurde die Spezialinquisition durchgeführt. Diese war in den Artt. 23 bis 50 C.C.L. normiert und durch die Prozessmaximen der Öffentlichkeit und der Schriftlichkeit gekennzeichnet. Der Inquisit konnte nun

---

34 Art. 48 C.C.L.; Original: „Qualunque sia il Delitto, e per qualunque mezzo sia venuto a notizia del Giudice o Tribunale, dovranno esattamente osservarsi nel procedere le Regole di sopra prescritte, ed ogni Processo criminale si dovrà terminare con una formal Sentenza, non dovendosi per verun Caso nè verun delitto anche atrocissimo mai escire dalle forme solite di procedere, nè infliggersi verun Castigo anche per Cosa di pura Pulizia a veruna Persona senza prima averli contestato le sue mancanze e sentito le sue discolpe."; zitiert nach a.a.O., S. 107.

35 Vgl. *Padovani*, La „Leopoldina" 5 (1989), S. 12 ff.

36 Vgl. *Colao*, La „Leopoldina" 7 (1989), S. 167 ff.; *Schlosser*, Die „Leopoldina", S. 21 f.

Einreden gegen die Zuständigkeit des Gerichts erheben oder sich zur Verteidigung auf sein Notwehrrecht berufen. Zudem hatte er auch das Recht, Zeugen aktiv zu befragen und abzulehnen bzw. eigene Zeugen zu benennen. Diese Beschuldigtenrechte stellten ein signifikantes Novum der *Leopoldina* im Vergleich zu ihren Vorgängern dar, welche keine Kenntnisnahme des Angeklagten vom Akteninhalt zu dessen Verteidigung zuließen. In der dritten und letzten Phase des Strafprozesses wurde das Urteil verkündet. Die Beendigung des Verfahrens durch ein förmliches Urteil war zwingend. Der Urteilstenor musste Entscheidungen zu Schäden, Kosten und zivilrechtlichen Ansprüchen der Geschädigten, welche diese dann vor den Zivilgerichten geltend machen konnten, enthalten[37]. Eine weitere Neuerung in der *Leopoldina* war die Einführung der sogenannten „contravvenzioni". Dabei handelte es sich um die bereits angesprochenen, in Artt. 102 bis 109 C.C.L. geregelten Zuwiderhandlungen gegen die öffentliche Ordnung, deren Unrechtsgehalt für geringer als der „delitti", der klassischen Straftatbestände, angesehen wurde. Die „contravvenzioni" wurden durch die Polizei in eigener Zuständigkeit verfolgt und sind daher nach heutigen Maßstäben mit den Ordnungswidrigkeiten vergleichbar[38]. Bei den Delikten des Polizeistrafrechts wurde zwar ein vereinfachtes Verfahren durchgeführt; gleichwohl hatten auch hier elementare Beschuldigtenrechte wie das rechtliche Gehör Geltung[39]. Weiterer bestimmender Strafzweck der *Leopoldina* war die Rechtssicherheit, welche der toskanischen Bevölkerung die Verlässlichkeit und Beständigkeit der leopoldinischen Strafvorschriften garantieren sollte. Die Verhängung einer die Persönlichkeit des Täters und die Umstände der Tat im konkreten Einzelfall berücksichtigenden Strafe hatte die Besserung des Täters zum Ziel und sollte ihm in der Regel ermöglichen, nach Verbüßung seiner Strafe wieder als vollwertiges Mitglied der Gesellschaft anerkannt zu werden. Damit stand diese Sanktionspraxis im Widerspruch zur bisherigen, vorwiegend auf Abschreckung gerichteten Strafpraxis des alten Justizsystems[40]. Auch wenn diverse Verfahrensgrundsätze und Strafzwecke die C.C.L. charakterisierten, kann doch nicht von einer nach heutigen Grundsätzen klassisch ausgefeilten, in sich schlüssigen Straftheorie gesprochen werden. Vielmehr war die Konzeption der *Leopoldina* von der Notwendigkeit

---

37 Vgl. *Schlosser*, a.a.O., S. 22.

38 Vgl. *Carmignani*, Kritische Zeitschrift für Rechtswissenschaft und Gesetzgebung des Auslandes, Bd. 1, (1829), S. 368 ff.; *Schlosser*, a.a.O., S. 23.

39 Vgl. *Schlosser*, a.a.O., S. 24.

40 Vgl. a.a.O., S. 27 f.

einer schnellen Reaktion auf die von Peter Leopold erkannten dringlichen Probleme der strafrechtlichen Praxis in der Toskana geprägt[41].

B) Die Abschaffung der Todesstrafe in der Leopoldina

I. Allgemeines

1. Grundsätze

Eine zentrale Neuerung Pietro Leopoldos bestand in der Abschaffung der Todesstrafe in seinem Toskanischen Strafgesetzbuch vom 30. November 1786. Damit war die Toskana das erste Territorium weltweit, in welchem die Lebensstrafe komplett aufgehoben wurde[42]. Die Wichtigkeit dieses Novums für den Gesetzgeber lässt sich bereits daran erkennen, dass die Vorrede zur *Constitutio Criminalis Leopoldina* neben anderen elementaren Zwecken des neuen Gesetzes ausdrücklich auf die generelle Eliminierung der Todesstrafe verweist:

> „Seit Unserer Besteigung des Thrones der Toskana haben Wir die Überprüfung und Reform der Kriminalgesetzgebung als eine Unserer wichtigsten Pflichten betrachtet und, nachdem Wir recht bald erkannt haben, dass sie viel zu hart und von Grundsätzen beherrscht wird, die in den weniger glücklichen Zeiten des Imperium Romanum oder in den Wirren der Anarchie späterer Zeiten entstanden waren, und insbesondere zu dem weichen und sanften Charakter der toskanischen Nation nicht passt, haben Wir Uns vorsorglich darum bemüht, die Härte mit Instruktionen, Befehlen an Unsere Gerichte und mit Spezialedikten zu mildern, mit welchen die Todesstrafen, die Folter und die maßlosen und in keinem Verhältnis zu Verstößen und Zuwiderhandlungen gegen Fiskalgesetze stehenden Strafen abgeschafft wurden, bis Wir in der Lage sein würden, durch eine gründliche und reifliche Überprüfung sowie gestützt auf die Erfahrung mit solchen neuen Anordnungen die genannte Gesetzgebung vollständig zu reformieren.“[43]

---

41 Vgl. *Paterniti*, Note al codice criminale toscano del 1786, S. 88 ff.; *Schlosser*, a.a.O., S. 27.

42 Vgl. *Conrad*, Staatsgedanke und Staatspraxis des aufgeklärten Absolutismus, S. 48.

43 Vorrede zur C.C.L.; Original: „Fino dal Nostro avvenimento al Trono di Toscana riguardammo come uno die nostri principali doveri l'esame, e riforma della Legislazione Criminale, ed avendola ben presto riconosciuta troppo severa, e derivata da massime stabilite nei tempi meno felici dell'Impero Romano, o nelle Turbolenze dell'Anarchia de Bassi tempi, e specialmente non adattata al dolce, e mansueto Carattere della Nazione, procurammo provvisionalmente temperarne il rigore con Istruzioni, ed Ordini ai nostri Tribunali, e con particolari Editti, con i quali vennero abolite le Pene di Morte, la Tortura, e le Pene immoderate, e non proporzionate alle trasgressioni, ed alle contravvenzioni alle Leggi fiscali, finché non ci fossimo posti in grado mediante un serio, e maturo esame, e col soccorso dell'esperimento di tali nuove disposizioni di riformare intieramente la detta legislazione.“; zitiert nach *Schlosser*, Die „Leopoldina“, S. 91.

Wie herausragend die Bedeutung dieser Neuerung für Peter Leopold war, lässt sich bereits daran erkennen, dass bei der Nennung der signifikanten Änderungen des Gesetzes die Todesstrafen noch vor der Folter und den „maßlosen und in keinem Verhältnis stehenden zu Verstößen und Zuwiderhandlungen gegen Fiskalgesetze stehenden Strafen“ genannt werden. Im weiteren Verlauf der Vorrede wird zum Programm der *Leopoldina* die folgende Erläuterung für den Gesetzesanwender gegeben:

> „Zur größten Genugtuung Unseres väterlichen Herzens haben Wir schließlich erkannt, dass die Milderung der Strafen – verbunden mit der auf Verhütung strafbarer Handlungen gerichteten höchsten Wachsamkeit und mittels der schnellen Durchführung der Prozesse, der Promptheit und Gewissheit der Bestrafung der wahren Straftäter – die Zahl der häufigsten Verbrechen, anstatt sie zu vermehren, beträchtlich verringert und so bewirkt hat, dass man von den schrecklichen Straftaten fast nichts mehr hört. Und deshalb sind Wir zu dem Entschluss gekommen, die Reform der Kriminalgesetzgebung nicht mehr länger aufzuschieben, mit der kraft eines unabänderlichen Grundsatzes die Todesstrafe als für den von der Gesellschaft für die Bestrafung der Täter gesetzten Zweck nicht notwendig abgeschafft, der Gebrauch der Folter, die Konfiskation des Vermögens der Straftäter – weil sie dazu neigt, in den meisten Fällen ihre unschuldigen Familien zu schädigen, die keinen Anteil an dem Verbrechen haben – völlig beseitigt und die mit der Vermehrung der fälschlicherweise als Majestätsverletzung bezeichneten, in verderbten Zeiten mit ausgesuchter Grausamkeit erfundenen Verbrechen aus der Gesetzgebung verbannt wird; und indem Wir für Verbrechen die im rechten Verhältnis zu den Taten stehenden, jedoch in den jeweiligen Fällen unvermeidlichen Strafen festsetzen, haben Wir Uns entschlossen, kraft der Fülle Unserer Höchsten Autorität Nachfolgendes anzuordnen.“[44]

---

44 Vorrede zur C.C.L.; Original: „Colla più grande soddisfazione del nostro paterno Cuore abbiamo finalmente riconosciuto, che la mitigazione delle Pene congiunta con la più esatta vigilanza per prevenire le ree azioni, e mediante la celere spedizione die Processi, e la Prontezza, e sicurezza della Pena dei veri Delinquenti, in vece di accrescere il numero dei Delitti, ha considerabilmente diminuiti i più comuni e resi quasi inauditi gli atroci, e quindi siamo venuti nella determinazione di no più lungamente differire la riforma della legislazione criminale, colla quale abolita per massima costante la Pena di morte, come non necessaria per il fine propostosi dalla Società nella Punizione dei Rei, eliminato affatto l’uso della Tortura, la confiscazione dei Beni dei delinquenti, come tendente per la massima parte al danno delle loro innocenti Famiglie, che non hanno complicità nel delitto, e sbandita dalla legislazione la moltiplicazione dei delitti impropriamente detti di Lesa Maestà con raffinamento di Crudeltà inventati in tempi perversi, e fissando delle Pene proporzionate ai delitti, ma inevitabili nei respettivi casi, Ci siamo determinati a ordinare colla Pienezza della nostra suprema Autorità quanto appresso. Tutte le Cause Criminali si principieranno, o ad Istanza del Querelante pubblico, o ad Istanza della parte offesa. L’uno e l’altro sarà obbligato a firmare la sua querela sapendo scrivere, e presentata in Tribunale a ratificarla con la viva voce davanti al Ministro a ciò deputato, il quale interrogatolo ancora sopra quel

Bereits in der Vorrede lässt Pietro Leopoldo also die geschilderten bestimmenden Verfahrensgrundsätze erläutern, in dem er auf die hohe Bedeutung „der schnellen Durchführung der Prozesse, der Promptheit und Gewissheit der Bestrafung der wahren Straftäter“ verweist. Die Todesstrafe wird „als für den von der Gesellschaft für die Bestrafung der Täter gesetzten Zweck nicht notwendig“ betrachtet, sodass ihre Abschaffung die Konsequenz ist. Gleiches gilt auch für die Folter und die Konfiskation des Vermögens der Täter.

2. Art. 51 C.C.L.

Weiterhin werden in Art. 51 C.C.L. explizit die bestimmenden Gründe für die Abschaffung der Todesstrafe genannt:

> „Wir haben mit Abscheu gesehen, mit welcher Leichtfertigkeit in der früheren Gesetzgebung die Todesstrafe auch für nicht schwere Verbrechen verhängt worden war, und indem Wir erwogen haben, dass der Zweck der Strafe die Wiedergutmachung des privaten und öffentlichen Schadens, die Besserung des Täters – der auch Kind der Gesellschaft und des Staates ist, den zu bessern man niemals unterlassen darf –, die Sicherheit vor Tätern sehr schwerer und schrecklicher Verbrechen, damit sie nicht in Freiheit bleiben, um andere Verbrechen zu begehen, und schließlich das öffentliche Beispiel sein müssen, dass ferner die Regierung bei der Bestrafung der Verbrechen und im Dienst für die Gegenstände, für die einzig und allein sie zuständig ist, gehalten ist, sich stets der möglichst wirksamsten, für den Täter am wenigsten von Schmerzen begleiteten Mittel zu bedienen, und dass man eine solche Wirkung und Mäßigung insgesamt besser mit der Strafe der öffentlichen Zwangsarbeiten als mit der Todesstrafe erreicht – die öffentlichen Zwangsarbeiten dienen als fortdauerndes Beispiel und nicht als augenblicklicher Schrecken, der sich häufig in Mitleid verwandelt, und sie beseitigen die Möglichkeit, neue Verbrechen zu begehen, nicht aber die mögliche Hoffnung auf die Aussicht, in die Gesellschaft als nützlicher und gebesserter Bürger zurückzukehren – und weil Wir außerdem in Betracht gezogen haben, dass eine völlig andere Gesetzgebung für die größere Sanftheit und Biegsamkeit der Sitten des gegenwärtigen Jahrhunderts und insbesondere im toskanischen Volk geeigneter sein könnte, sind Wir zu dem Entschluss gekommen, die Todesstrafe, wie wir sie aufgehoben haben, mit dem gegenwärtigen Gesetz für immer und für jeden Täter abzuschaffen, sei er erschienen oder säumig geblieben und sei er auch geständig und gleich welchen Verbrechens überführt, das durch die bis jetzt erlassenen Gesetze zum Kapitalverbrechen erklärt war, welche Wir alle in dieser Beziehung kassiert und abgeschafft wissen wollen.“[45]

---

più, che esigesse di schiarimento il tenore della stessa Querela ne registrerà l'atto nelle debite forme.“; zitiert nach a.a.O., S. 91 f.

45 Art. 51 C.C.L.; Original: „Abbiamo veduto con orrore con quanta facilità nella passata Legislazione era decretata la Pena di morte per delitti anco non gravi, ed avendo considerato che l'oggetto della Pena deve essere la Soddisfazione al Privato e al Pubblico danno, la correzione del Reo figlio anche esso della Società e dello Stato, della di

Auch an dieser Stelle wird wiederum darauf verwiesen, dass die Todesstrafe in der Vergangenheit bereits bei Straftaten mit geringerem Unrechtsgehalt verhängt worden war und dass die erstrebten Strafzwecke durch ihre Anwendung nicht erreicht werden konnten. Der Gesetzeswortlaut verweist hierbei auf die Schadenswiedergutmachung, die Besserung des Täters und die Sicherung der Bevölkerung vor Schwerverbrechern als zentrale Kriterien. Insbesondere wird auch darauf hingewiesen, dass der Täter selbst nach seiner Delinquenz noch Mitglied der Gesellschaft und des Staates sei. Daher ist es nach Auffassung des toskanischen Gesetzgebers unerlässlich, sich auch nach der Verurteilung weiter um die Besserung des Verurteilten zu kümmern. Die Sicherung der Gesellschaft vor den Tätern schwerer Verbrechen sei nicht durch die Todesstrafe zu erreichen, sondern vielmehr durch die Verurteilung dieser Verbrecher zu lebenslanger Freiheitsstrafe und Zwangsarbeit. Diesbezüglich verweist Art. 51 C.C.L. darauf, dass eine solche Bestrafung zu öffentlicher Zwangsarbeit sowohl zur Abschreckung als auch zur Verhinderung weiterer Straftaten durch die Verurteilten dient, diesen gleichzeitig aber auch eine Hoffnung auf eine mögliche Wiedereingliederung in die Gesellschaft gibt. Insgesamt lässt sich anhand der Formulierung des Art. 51 C.C.L. erkennen, dass Pietro Leopoldo Hinrichtungen als ungeeignetes Strafmittel ansah, da Gefängnis und Zwangsarbeit zur Erreichung der genannten Strafzwecke wie Abschreckung und Besserung des Täters geeigneter erschienen. Zudem erachtete er die unangemessene Brutalität der Lebensstrafe als nicht mehr zeitgemäß. Neben der Todesstrafe verbannte Leopold auch andere brutale Sanktionen wie Verstümmelungen der Gliedmaßen aus dem toskanischen Strafrecht, wie aus den im Folgenden noch näher beleuchteten Art. 54 C.C.L. hervorgeht[46].

---

cui emenda non può mai disperarsi, la Sicurezza nei Rei dei più gravi ed atroci Delitti che non restino in libertà di commetterne altri, e finalmente il Pubblico esempio; che il Governo nella Punizione dei Delitti, e nel Servire agl'oggetti, ai quali questa unicamente è diretta, è tenuto sempre a valersi dei mezzi più efficaci col minor male possibile al Reo; che tale efficacia e moderazione insieme si ottiene più che colla Pena di morte, colla Pena dei Lavori pubblici, i quali servono di un esempio continuato, e non di un momentaneo terrore che spesso degenera in compassione, e tolgono la possibilità di commettere nuovi Delitti, e non la possibile speranza di veder tornare alla Società un Cittadino utile e corretto; avendo altresì considerato che una ben diversa legislazione potesse più convenire alla maggior dolcezza e docilità di costumi del presente Secolo, e specialmente nel Popolo Toscano, Siamo venuti nella determinazione di abolire, come abbiamo abolita colla presente Legge per sempre la Pena di Morte contro qualunque Reo, sia presente, sia Contumace, ed ancorché confesso e convinto di qualsivoglia delitto dichiarato Capitale dalle Leggi fin quì promulgate, le quali tutte vogliamo in questa Parte cassate, ed abolite."; zitiert nach a.a.O., S. 108 f.

46 Art. 54 C.C.L.; a.a.O., S. 26.

II. Einzelheiten

1. Artt. 52 bis 55 C.C.L.

Nachdem die Regelung des Art. 51 C.C.L. bereits das Programm Pietro Leopoldos hinsichtlich der Abschaffung der Todesstrafe skizziert hatte, befassen sich die nachfolgenden Vorschriften mit der näheren Ausgestaltung dieser Aufgabe. So stellte Art. 52 C.C.L. klar, dass auch jedes Gesetz, das bisher die straflose Tötung eines Verbrechers oder vermeintlichen Verbrechers erlaubt hatte, mit Inkrafttreten der *Leopoldina* seine Wirkung verlor. Der Gesetzeswortlaut des Art. 52 C.C.L. verweist hier explizit auf eine Anordnung vom 31. Oktober 1637, mit welcher die Tötung vermeintlicher Mörder oder anderer Gewaltverbrecher ausdrücklich für jedermann erlaubt worden war, wenn diese nicht wegen der angeklagten Tat vor Gericht erschienen waren[47]. Dieses sogenannte „Compendium" war 1637 aufgrund der ausufernden Bandenkriminalität erlassen worden und galt als besonders brutal und ungerecht, da es unter anderem jedermann die straflose Tötung von Schwerkriminellen gegen Auslobung einer Belohnung gestattete[48]. Art. 53 C.C.L. regelte die Ersetzung der Lebensstrafe als Höchststrafe durch die lebenslängliche Strafe der öffentlichen Zwangsarbeiten für Männer und das lebenslängliche Zucht- und Arbeitshaus für Frauen:

> „Und weil die Täter von Kapital- und schweren Verbrechen am Leben bleiben müssen, um ihre bösen Taten durch nützliche wettzumachen, ordnen Wir an, dass an die Stelle der abgeschafften Todesstrafe für die Männer als Höchststrafe die lebenslängliche Strafe der öffentlichen Zwangsarbeiten und für die Frauen das ebenfalls lebenslängliche Zucht- und Arbeitshaus treten sollen, wobei Wir die Gewohnheit vollständig abschaffen, den zur genannten Strafe der öffentlichen Zwangsarbeiten lebenslänglich Verurteilten zu gestatten, nach dreißig Jahren Strafverbüßung um die – ihnen gleichsam geschuldete – Freilassung ansuchen zu können."[49]

Diese Vorschrift gab dem Rechtsanwender weiter vor, dass die bislang geltende Praxis, dass zu lebenslanger Zwangsarbeit verurteilte Personen nach dreißig

---

47 Art. 52 C.C.L.

48 Vgl. *Zuliani*, La riforma penale di Pietro Leopoldo, Vol. 1, S. 504; *Schlosser*, Die „Leopoldina", S. 38.

49 Art. 53 C.C.L.; Original: „E dovendo i Rei dei capitali e gravi delitti rimanere in vita per compensare le loro Opere malvagie con delle utili, Ordiniamo che alla abolita Pena di Morte sia sostituita come ultimo Supplizio per gli Uomini la Pena dei pubblici lavori a Vita, e per le Donne dell'Ergastolo parimente a Vita, abolendo onninamente il Costume di accordare ai Condannati alla detta Pena dei pubblici lavori a Vita dopo averla sofferta per lo Spazio di trent'anni di poter supplicare per la loro quasi dovuta liberazione."; zitiert nach *Schlosser*, a.a.O., S. 109 f.

Jahren um ihre Haftentlassung ersuchen konnten, nunmehr abgeschafft war. Die „lavori pubblici“, die Arbeitsstrafen, hatten die Todesstrafe nunmehr als schwerste strafrechtliche Sanktion im Großherzogtum Toskana abgelöst. Die Beschwer dieser Sanktionierung bestand nicht zuletzt in der fehlenden Begnadigungsmöglichkeit. Bevorzugte Örtlichkeiten, in denen die männlichen Verurteilten die lebenslange Zwangsarbeit ableisten mussten, waren die Steinsalzminen von Volterra, die Sumpfgebiete bei Grosseto und die Gebiete um Massa. Weibliche Verurteilte wurden in einem speziellen Arbeits- bzw. Zuchthaus untergebracht. Die Trennung zwischen Männern und Frauen wurde mit moralischen und sittlichen Erwägungen begründet[50]. In Art. 54 Satz 2 C.C.L. ließ Leopold weiterhin anordnen, dass alle Galgen abgebaut werden und sämtliche Seile und Seilzüge nicht mehr in der Öffentlichkeit ausgestellt und aus den Gerichten entfernt werden müssen. Diese Maßnahmen dienten der restlosen Eliminierung der zur Vollstreckung der abgeschafften Todesstrafe verwendeten Instrumente und sollten den mit dem Inkrafttreten der *Leopoldina* eingetretenen Paradigmenwechsel auch symbolisch untermauern[51]. Wie Art. 54 C.C.L. weiterhin klarstellte, wurden – wie bereits angesprochen – auch die Strafen, welche die Verstümmelung der Gliedmaßen zur Folge hatten, in toto abgeschafft. Gleiches gilt für die Strafe des Brandmarkens. Der Wortlaut des Art. 54 C.C.L. lautete im Einzelnen wie folgt:

> „Mit Unserem Edikt war die Strafe des durch Gesetz vom 6. Februar 1750 verordneten Brandmarkens bereits aufgehoben worden und mit besonderem, an Unsere Richter und Gerichte gerichteten Befehl blieb gleichfalls die Strafe des Stranges oder des Aufziehens mit dem Seil abgeschafft, die nach den alten Gesetzen des Großherzogtums üblich war. Deswegen bekräftigen Wir diese Unsere Anordnungen und untersagen Unseren Richtern und Gerichten den Gebrauch solcher Strafen sowohl für die Angelegenheiten der ordentlichen Gerichtsbarkeit wie auch für Polizeisachen, und befehlen, dass – zusätzlich zum Abbruch der Galgen, wo immer sie angetroffen werden – die Seile und Seilzüge nicht mehr öffentlich zur Schau ausgestellt, sondern aus allen Gerichten entfernt werden. Und weil sich in vielen und verschiedenen Statuten der Städte des Großherzogtums die sowohl barbarische wie auch unmenschliche Strafe der Verstümmelung der Gliedmaßen für bestimmte Verbrechen als geltend und verordnet findet, obwohl sie schon viele Jahre nicht angewendet wurde, kassieren und annullieren Wir in dieser Beziehung und soweit erforderlich die genannten Statuten und jedes andere Gesetz, das diese Strafe auferlegt.“[52]

---

50 Vgl. a.a.O., S. 26 f.

51 Vgl. *Zuliani*, La riforma penale di Pietro Leopoldo, Vol. 1, S. 465; *Carmignani*, Kritische Zeitschrift für Rechtswissenschaft und Gesetzgebung des Auslandes, Bd. 2 (1830), S. 393.

52 Art. 54 C.C.L.; Original: „Con Nostro Editto fù già abolita la Pena del Bollo imposta per la Legge del dì 6 febbrajo 1750, e con ordine Speciale diretto ai Nostri Giudici e

Weitere strafrechtliche Sanktionen im System des toskanischen Kriminalgesetzbuchs von 1786 waren unter anderem die zeitige Freiheitsstrafe, die Verbannung, die Zwangsverweisung sowie Körper- und Geldstrafen. Auch die Ehrenstrafe des Prangers, bei welcher der Verurteilte an der Pforte zum Gerichtsgebäude öffentlich zur Schau gestellt wurde, findet sich nach wie vor in der *Leopoldina*[53]. Art. 55 C.C.L. führt die zulässigen Strafen abschließend auf. Unter die milderen Strafen fallen hier zunächst Geldstrafen, nichtöffentliche Rutenhiebe, Gefängnis (wenn es die Zeit von einem Jahr nicht überschritt), Verbannung aus dem Gemeindegebiet und auf drei Meilen im Umkreis, Verbannung aus dem Vikariat und auf fünf Meilen im Umkreis, Zwangsverweisung nach Volterra und das zugehörige Territorium, Zwangsverweisung in die Untere Provinz, Zwangsverweisung nach Grosseto, Verbannung aus dem gesamten Großherzogtum, Pranger ohne Verbannung, Pranger mit Verbannung, öffentliches Auspeitschen, sowie öffentliches Auspeitschen, sitzend auf einem Esel[54]. Zum Zucht- und Arbeitshaus für Frauen führt Art. 55 Satz 2 C.C.L. aus, dass dieses für einen Zeitraum von einem Jahr bis zu lebenslänglicher Strafe angeordnet werden konnte. Dabei wurden die weiblichen Verurteilten kahlgeschoren und zu Arbeiten eingeteilt, die ihrer Tauglichkeit entsprachen. Frauen, die zu lebenslänglicher Zwangsarbeit verurteilt worden waren, mussten spezielle Kleidung mit einem angenähten Schild tragen, auf welchem „ultimo Supplizio“[55] stand[56]. Männliche Verurteilte konnten gemäß Art. 55

Tribunali restò parimente abolita la Pena di Corda, o tratti di Fune tanto familiari nelle antiche Leggi del Granducato. Confermando pertanto queste Nostre Disposizioni proibischiamo ai Nostri Giudici e Tribunali l'uso di tali Pene tanto per affari di Giustizia ordinaria, quanto per Cose di Polizia, e perciò oltre la demolizione delle Forche ovunque si trovino, Comandiamo che non si tengano altrimenti esposte alla pubblica Vista, ma che si levino da tutti i Pretorj le Corde e Carrucole. E poiché in più e diversi statuti delle Città del Gran Ducato trovasi vegliante e prescritta per certi Delitti la barbara ed inumana Pena di mutilazione di membra, quantunque già da molti anni andata in disuso, Cassiamo, ed Annulliamo in questa Parte, ed in quanto facesse di bisogno i detti Statuti, e qualunque altra Legge imponente tali Pene.“; zitiert nach *Schlosser*, Die „Leopoldina“, S. 110.

53 Vgl. *Sciumè*, La „Leopoldina“ 5 (1989), S. 70; *Schlosser*, a.a.O., S. 27.

54 Art. 55 C.C.L. Satz 1.

55 Italienisch: Höchststrafe, Anm. d. Verf.

56 Art. 55 C.C.L. Satz 2: „Ergastolo per le Donne dallo Spazio di un anno fino a Vita, tutte e ciascheduna, rapate, ed obbligate a quei lavori, ai quali potranno essere adattate, e le Condannate a Vita con abito diverso, e con Cartello cucito al detto abito, in cui si legga ultimo Supplizio.“; deutsche Übersetzung: „Zucht- und Arbeitshaus für die Frauen auf die Dauer von einem Jahr bis lebenslänglich, alle und jede einzelne kahl geschoren und zu solchen Arbeiten angehalten, zu welchen sie werden tauglich sein können, und die lebenslänglich Verurteilten mit einer andersartigen Kleidung und mit einem auf der genannten Kleidung angenähten Schild versehen, auf dem zu lesen ist Höchststrafe.“; zitiert nach *Schlosser*, Die „Leopoldina“, S. 111.

Satz 3 C.C.L. zu öffentlichen Zwangsarbeiten für eine Dauer von drei, fünf, sieben, zehn, fünfzehn und zwanzig Jahren sowie zu lebenslänglicher Zwangsarbeit verurteilt werden[57]. Art. 55 Satz 4 C.C.L. legte schließlich fest, dass die verurteilten Männer bei der Verrichtung der Zwangsarbeiten ein Schild zu tragen hatten, auf welchem das von ihnen begangene Verbrechen geschrieben stand. Ab einer Strafdauer von zehn Jahren sowie bei nach Fluchtversuchen rückfällig gewordenen Verurteilten konnte der Richter nach seinem Ermessen zur Strafschärfung anordnen, dass ein rundes Kettenglied an den Füßen des Täters befestigt wurde[58]. Bei einer Verurteilung zu einer lebenslänglichen Strafe war es nach Art. 55 Satz 5 C.C.L. zwingend, wahlweise entweder ein solches rundes Kettenglied oder eine doppelte Kette an die Füße des Delinquenten zu schließen. Zudem musste ein Lebenslänglicher eine nach Farbe und Schnitt besondere Kleidung tragen, die ihn von allen anderen Gefangenen unterschied. Er wurde außerdem zu besonders harten und beschwerlichen Arbeiten eingeteilt, die er barfuß zu verrichten hatte. Schließlich hatte er ein Schild zu tragen, auf welchem die Bezeichnung seines Verbrechens und – wie bei zu lebenslanger Zwangsarbeit verurteilten Frauen – die Worte „ultimo Supplizio" standen[59].

57 Art. 55 Satz 3 C.C.L.: „Lavori pubblici per gl'Uomini per tre, cinque, sette, dieci, quindici, e venti anni, ed a Vita."; deutsche Übersetzung: „Öffentliche Zwangsarbeiten für die Männer auf die Dauer von drei, fünf, sieben, zehn, fünfzehn und zwanzig Jahren sowie lebenslänglich."; zitiert nach ebd.

58 Art. 55 Satz 4 C.C.L.: „La Pena dei pubblici lavori averà congiunto il Cartello, in cui Sarà espresso il titolo del Delitto, e da dieci anni in sù, e per i recidivi di fuga potrà il Giudice secondo la qualità di Casi aggiungervi l'anello tondo al Piede."; deutsche Übersetzung: „Die Strafe der öffentlichen Zwangsarbeiten wird mit einem Schild verbunden, auf dem der Name des Verbrechens steht, und bei zu zehn Jahren und mehr Verurteilten sowie bei nach Fluchtversuchen rückfällig Gewordenen wird der Richter mit Rücksicht auf die Beschaffenheit der Fälle ein rundes Kettenglied an deren Füße schließen lassen können."; zitiert nach ebd.

59 Art. 55 Satz 5 C.C.L.: „Ed essendo a Vita, Pena riservata per i Delitti capitali, averà il Condannato oltre l'anello tondo, o una doppia Catena l'abito di colore e taglio, che lo distingua da tutti gli altri Forzati, Piedi nudi, sarà impiegato nei travagli più duri e faticosi, e porterà Scritto nel Cartello esprimente il titolo del suo Delitto ultimo Supplizio."; deutsche Übersetzung: „Und bei lebenslanger Strafe, die den Kapitalverbrechen vorbehalten ist, hat der Verurteilte zusätzlich zum runden Kettenglied oder zu einer doppelten Kette eine nach Farbe und Schnitt besondere Kleidung zu tragen, die ihn von allen anderen Gefangenen unterscheidet, er wird barfuss zu den härtesten und beschwerlichsten Arbeiten angehalten und auf dem Schild den Namen seines Verbrechens und die Worte Höchststrafe geschrieben tragen."; zitiert nach *Schlosser*, Die „Leopoldina", S. 111.

2. Zwingende Anwendung der neuen Höchststrafe

Mit der Abschaffung der Todesstrafe war somit die lebenslange Freiheitsstrafe mit Arbeitszwang zur härtesten Sanktion des toskanischen Strafrechts geworden. Im Urteil war diese Höchststrafe zwingend bei einer Verurteilung wegen vorsätzlichen Totschlags („omicidio premeditato") gemäß Art. 67 C.C.L. auszusprechen, wobei hierunter auch Kindstötungen und Giftbeimischungen sowie andere als besonders brutal angesehene Tötungsdelikte subsumiert wurden. Vor der Vollstreckung der Höchststrafe wurde der Totschläger eine Stunde lang am Pranger öffentlich zur Schau gestellt. Auch andere an dieser Tat Beteiligte wie Auftraggeber, Helfer und Helfershelfer wurden zu lebenslanger Zwangsarbeit verurteilt[60]. Ebenfalls gleich einem vorsätzlichen Totschlag mit lebenslanger Zwangsarbeit bestraft wurde die vollendete Abtreibung nach Art. 71 C.C.L., wobei taugliche Tatsubjekte sowohl die Kindsmütter als auch die an der Abtreibung beteiligten Personen und diejenigen, die den Erfolgseintritt durch Gewalt oder Beigabe eines Mittels verursacht hatten, waren[61]. In der

---

60 Art. 67 C.C.L.: „Gli Omicidj premeditati, nella Classe dei quali sono pure gl'Infanticidj Venefizj, e gli altri tutti che diconsi qualificati, saranno sempre considerati come delitti atrocissimi, e perciò irremissibilmente puniti colla Pena da Noi stabilita per ultimo Supplizio, previa un ora di Gogna, ed all'istessa Pena saranno soggetti i Mandanti, gli Ausiliatori, gli Assistenti, ed ogni altro che deliberatamente avrà cooperato a tali Omicidj."; deutsche Übersetzung: „Die vorsätzlichen Totschläge, zu deren Kategorie auch die Kindestötungen, Giftbeibringungen und alle anderen als qualifizierte bezeichneten Verbrechen gehören, gelten stets als die schrecklichsten und werden deshalb unnachsichtig mit der Strafe geahndet, die von Uns als Höchststrafe festgesetzt wurde, nachdem der Täter vorher eine Stunde am Pranger gestanden hat; und derselben Strafe werden die Auftraggeber, die Helfer, die Helfershelfer und jeder andere unterworfen, die vorsätzlich bei solchen Totschlägen zusammengearbeitet haben."; zitiert nach a.a.O. S. 118.

61 Art. 71 C.C.L.: „Quelle madri, che avranno procurato l'aborto del feto da sé concepito, ed i Complici del loro misfatto, siccome quei che avessero fatto alle medesime alcuna sorta di Violenza, o usato altro mezzo col reo fine di farle abortire, se sarà seguito l'effetto, e resterà concluso esser derivato l'aborto dall'opera di chi lo ha procurato, subiranno la Pena ordinaria delli omicidarj, dichiarata all'Art. LXVII. Se poi non seguisse l'aborto, o seguito rimanesse in dubbio, se ne sia stata la cagione il fatto a quello diretto, la Pena come di delitto attentato sarà per le Donne la carcere a tempo, e per gli uomini l'esilio, o il confino parimente a tempo; nè sarà considerato che come omicidio colposo, se alcuno perquotendo una Donna, o dandole per imperizia qualche cibo, o bevanda, o medicamento, le avesse cagionato fuori della sua intenzione l'aborto."; deutsche Übersetzung: „Jene Mütter, welche die Abtreibung ihrer Leibesfrucht verursacht haben, und die Beteiligten an ihrer Untat sowie jene, die den Müttern Gewalt in irgendeiner Form angetan oder ein anderes Mittel in der bösen Absicht abzutreiben gebraucht haben, werden, wenn der Erfolg eingetreten und erwiesen ist, dass die Abtreibung das Ergebnis ihrer aufgewendeten Bemühungen war, die ordentliche, in Artikel 67 angeordnete Strafe der Totschläger erleiden. Wenn dann ein Fruchtabgang nicht nachfolgte oder zwar eintrat, aber zweifelhaft bliebe, ob die Tat unmittelbar

Systematik der *Leopoldina* waren die Tötungsdelikte dabei zweigeteilt. Der vorsätzliche Totschlag (Art. 67 C.C.L.) und die Abtreibung (Art. 71 C.C.L.) zählten dabei zu den „delitti atrocissimi"[62], die vom Gesetzgeber als besonders schlimm und verwerflich angesehen wurden. Zur Verwirklichung dieser Schwerstverbrechen war die Verwirklichung eines besonderen Tatbestandsmerkmals erforderlich, welches beispielshalber in der Heimtücke, Heimlichkeit oder dem Ausnutzen der Schutzlosigkeit oder Wehrlosigkeit des Tatopfers lag[63]. Diese besonderen Tatbestandsmerkmale erinnern an die Mordmerkmale im gegenwärtigen deutschen Strafrecht. Gleichwohl verzichtet das Kriminalgesetzbuch Großherzogs Leopolds auf einen eigens als Mord bezeichneten Straftatbestand und fasst die schwersten Tötungsdelikte stattdessen unter den vorsätzlichen Totschlag und teilweise auch unter den Tatbestand der Abtreibung[64]. Die zweite Gruppe von Tötungsdelikten umfassten Taten mit geringerem Unrechtsgehalt, vor allem Handlungen im Affekt oder nach vorangegangenen Streitigkeiten. Bei diesen Tötungsdelikten war eine Strafmilderung möglich, wie aus Art. 68 C.C.L. hervorgeht[65]. Ein weiterer Straftatbestand, bei dessen Verwirklichung zwingend die Höchststrafe ausgesprochen wurde – aber nur bei männlichen Tätern – findet sich in Art. 96 Satz 1 C.C.L., der den Ehebruch, die Bigamie, die Sodomie und die Bestialität unter Strafe stellte. Männer, die wegen dieser Tathandlungen verurteilt wurden, mussten lebenslange Zwangsarbeit verrichten. Demgegenüber wurden weibliche Täterinnen zu einer zeitigen Strafe von zwanzig Jahren Zucht- und Arbeitshaus verurteilt[66]. Auch Art. 100 Satz 2 C.C.L. führte das „Ultimo Supplizio" als zwingende Strafandrohung auf. Hier war die Höchststrafe zu verhängen, wenn eine vollendete Sexualstraftat respektive Entführung durch eine Gewalthandlung begangen wurde. Zudem wurde der Täter auch noch öffentlich ausgepeitscht. Lediglich, wenn die Entführte in das Delikt eingewilligt hatte, kam eine Straf-

---

dafür die Ursache war, wird die Tat wie ein versuchtes Verbrechen bestraft, die Frauen mit Gefängnis auf Zeit und die Männer mit der Verbannung oder Zwangsverweisung ebenfalls auf Zeit; auch wird es nur als fahrlässige Tötung gelten, wenn jemand ohne Absicht die Abtreibung verursacht hatte, nachdem er eine Frau geschlagen oder ihr aus Ungeschicklichkeit eine Speise oder ein Getränk oder eine Arznei gegeben hat."; zitiert nach a.a.O., S. 119.

62 Italienisch: Schrecklichste bzw. abscheulichste Verbrechen, Anm. d. Verf.

63 Vgl. *Schlosser*, Die „Leopoldina", S. 39.

64 Vgl. *Guerrini*, La „Leopoldina" 5, S. 50; *Schlosser*, ebd.

65 Art. 68 C.C.L.; *Schlosser*, a.a.O., S. 40.

66 Art. 96 Satz 1 C.C.L.: „L'Adulterio, la Bigamia, la Sodomia, la Bestialità si puniranno negl'Uomini coll'ultimo Supplizio, e nelle Donne coll'Ergastolo per anni Venti."; deutsche Übersetzung: „Der Ehebruch, die Bigamie, die Sodomie und die Bestialität werden bei Männern mit der Höchststrafe und bei Frauen mit zwanzigjährigem Zucht- und Arbeitshaus bestraft."; zitiert nach *Schlosser*, a.a.O., S. 35, 127.

milderung in Betracht[67]. Nach Art. 101 Satz 1 C.C.L. a.E. hatte das Gericht zudem die Strafe der lebenslangen Zwangsarbeit zu verhängen, wenn im Rahmen der Kuppelei der Geschlechtsverkehr mit einer Jungfrau oder einem noch nicht geschlechtsreifen Mädchen oder insgesamt mit Gewalt ausgeübt wurde[68].

3. Fakultative Anwendung der neuen Höchststrafe

Der fakultative Ausspruch der Höchststrafe war bei einer Reihe weiterer Straftatbestände möglich. So wurden beispielshalber Gotteslästerungen in Form gewaltsamer Störungen von Gottesdiensten oder anderer liturgischer Handlungen und das öffentliche Verbreiten häretischer, im Widerspruch zum katholischen Glauben stehender Lehren gemäß Art. 60 C.C.L. als schwere Störungen öffentlicher Ordnung mit Zwangsarbeit coram publico bestraft, wobei nach den Umständen des Einzelfalls auch eine lebenslange Strafe ausgesprochen werden konnte[69]. Gotteslästerungen mit geringerem Unrechtsgehalt hingegen wurden nach Art. 61 C.C.L. mit einer Haftstrafe oder lediglich nach den Polizeigesetzen geahndet[70]. Es fällt auf, dass die Religionsdelikte im Vergleich zu vorangehenden Strafgesetzen spürbar entkriminalisiert wurden, worin sich die kritische Haltung des Granduca gegenüber der katholischen Kirche zeigt. Bereits 1778 war unter seiner Ägide im Großherzogtum Toskana das bischöfliche Offizialat als eigene Gerichtsbarkeit abgeschafft und der Klerus statt-

---

67 Art. 100 Satz 2 C.C.L.: „La Violenza usata nel ratto, come in ogni altra specie di Delitto di Carne qualunque siasi, se il delitto sarà consumato, lo renderà sempre meritevole dell'ultimo supplizio, e solo nel ratto avrà il Giudice l'arbitrio di minorare una tal Pena, qualora vi fosse intervenuto il libero consenso della rapita, onde l'Ingiuria perquotesse {percuotesse} piuttosto i Genitori o i Consanguinei, o i Tutori, e Curatori della medesima."; deutsche Übersetzung: „Die bei Entführung ebenso wie bei jeder anderen Form des fleischlichen Verbrechens angewendete, gleich wie auch immer geartete Gewalt wird, wenn das Verbrechen vollendet wurde, stets verdientermaßen die Höchststrafe nach sich ziehen; und nur bei der Entführung wird der Richter nach seinem Ermessen eine solche Strafe herabsetzen, wenn die freie Einwilligung der Entführten hinzukam, weil die Beleidigung weit mehr ihre eigenen Eltern oder die Blutsverwandten oder Vormünder und Pfleger träfe."; zitiert nach a.a.O., S. 129.

68 Art. 101 Satz 1 C.C.L. a.E.: „e la detta Pena resterà ancora aggravata nel Caso che vi fosse concorso lo stupro in Vergine, e molto più se non viripotente, o intervenuta qualche Violenza."; deutsche Übersetzung: „und die genannte Strafe wird in dem Falle noch geschärft, in dem der Geschlechtsverkehr mit einer Jungfrau und mehr noch, wenn er mit einem noch nicht geschlechtsreifen Mädchen ausgeübt oder wenn dabei Gewalt in irgendeiner Form angewendet wurde."; zitiert nach a.a.O., S. 130.

69 Art. 60 C.C.L. a.E.: „nè mai con minor Pena dei pubblici lavori a tempo o a Vita secondo le Circostanze del Caso."; deutsche Übersetzung: „und niemals mit einer geringeren Strafe als den öffentlichen Zwangsarbeiten auf Zeit oder lebenslänglich nach den Umständen des Falles."; zitiert nach *Schlosser*, Die „Leopoldina", S. 33, 115.

70 Art. 61 C.C.L.; zitiert nach a.a.O., S. 33.

dessen der ordentlichen Gerichtsbarkeit unterstellt worden[71]. Auch die vormals noch oft mit der Lebensstrafe belegten Majestätsdelikte wurden in der *Leopoldina* deutlich entschärft. So ließ Pietro Leopoldo in Art. 62 C.C.L. verlauten, dass alle Gesetze aufgehoben werden sollen, die aufgrund missbräuchlicher Ausweitung die als Majestätsverletzung bezeichneten Straftatbestände geschaffen haben. Er ordnete an, dass gegen die Obrigkeit gerichtete Gewalttaten und Anschläge auf Sicherheit, Freiheit und ungestörte Ordnung der Regierung ohne Ausnahmen als Gewaltdelikte zu betrachten und auch nach deren Grundsätzen zu bestrafen seien. Dies konnte je nach Einzelfall und anzuwendendem Straftatbestand auch eine Verurteilung bis zu lebenslanger Zwangsarbeit zur Folge haben[72]. Auch die Verleumdung von Richtern oder Beamten (Art. 66 C.C.L.) konnte in schweren Fällen mit öffentlicher lebenslänglicher Zwangsarbeit bestraft werden[73]. Gerade bei der Herabstufung der Religionsdelikte und Majestätsdelikte stieß Leopold auf immense Widerstände der katholischen Kirche, deren Vertreter die Abschaffung der Todesstrafe bis zum Inkrafttreten der *Leopoldina* zu verhindern versuchten[74]. Weiterhin konnte das Strafgericht auch bei einer Verurteilung wegen Raubes mit Waffen oder einem anderen, zur Beibringung von Verletzungen tauglichen Mittel gemäß Art. 72 C.C.L. nach den Umständen der Tat den Delinquenten zu lebenslanger Zwangsarbeit verurteilen[75]. Die fakultative Anwendung der Höchststrafe war auch möglich bei einer Verurteilung wegen vorsätzlicher und heimtückischer Brandstiftung nach Art. 85 C.C.L.; bei der Strafzumessung waren sowohl das Ausmaß des verursachten Schadens als auch die potentielle Gefahr eines noch größeren Schadens durch die Tat zu berücksichtigen[76]. Die Falschmünzerei konnte gemäß Art. 94 C.C.L. in schweren Fällen ebenfalls die lebenslange Zwangsarbeit zur Folge haben. Dies war nach dem Gesetzeswortlaut möglich, wenn die Menge und der Wert der gefälschten Münzen aus Sicht des Richters einen solchen Umfang hatten, dass die Anwendung der Höchststrafe in diesem Fall angemessen war[77].

71 Vgl. *Di Simone*, Istituzioni e fonti normative in Italia dall'Antico Regime al fascismo, 67 f.; *Schlosser*, a.a.O., S. 33 f.

72 Art. 62 C.C.L.; Vgl. *Schlosser*, Die „Leopoldina", S. 34.

73 Art. 66 C.C.L.

74 Vgl. *Schlosser*, Die „Leopoldina", S. 34.

75 Art. 72 C.C.L.

76 Art. 85 C.C.L.

77 Art. 94 C.C.L. a.E.: „ed al contrario da estendersi ai pubblici lavori a Vita, se la quantità e l'importare fosse di tal rilevanza che paresse al Giudice meritevole il delitto di una tal punizione."; deutsche Übersetzung: „und umgekehrt zu schärfen bis zu lebenslänglichen öffentlichen Zwangsarbeiten, wenn die Menge und der Wert von solcher Erheblichkeit war, dass dem Richter das Verbrechen einer solchen Strafe als wert erschiene."; zitiert nach *Schlosser*, Die „Leopoldina", S. 127.

Nach Art. 95 C.C.L. konnte dieselbe Strafe auch für den Handel oder das Inverkehrbringen der Falschmünzen im Einverständnis mit dem Haupttäter verhängt werden[78]. Auch die in Art. 99 C.C.L. normierte Vergewaltigung wurde mit öffentlicher Zwangsarbeit bestraft, wobei in schweren Fällen auch eine Verurteilung zum „Ultimo Supplizio" möglich war[79]. Waren Kinder Opfer der Vergewaltigung, wurde grundsätzlich immer die Höchststrafe ausgesprochen[80].

C) Geistige Grundlagen für die Abschaffung der Todesstrafe in der Leopoldina

I. Ideelle Einflüsse

Beeinflusst wurde Peter Leopold bei den Vorarbeiten zu seinem Kriminalgesetzbuch unter anderem durch naturrechtsphilosophische Werke von Samuel Pufendorf, Christian Thomasius, Christian Wolff, Gottfried Wilhelm Leibniz und Samuel Cocceji sowie durch die Literatur der französischen Aufklärung von Voltaire, Montesquieu und Jean-Jacques Rousseau[81]. Des Weiteren hatte sich Leopold auch intensiv mit den Lehren diverser Vertreter des „illuminismo", der italienischen Aufklärung, beschäftigt. Zu diesen zählen beispielshalber Paolo Risi (1731–1800) und Giovanni Gualberto De Soria (1707–1767), die an der Universität Pisa als Professoren tätig waren[82]. Weitere wichtige ideelle Einflüsse strafrechtsphilosophischer Natur erhielt Pietro Leopoldo insbesondere von seinen Zeitgenossen Gaetano Filangieri und Francesco Mario Pagano. Gaetano Filangieri (1752–1788) war ein italienischer Jurist und Philosoph, der in seiner historischen Bewertung gelegentlich auch als „der Montesquieu Italiens"[83] bezeichnet wird. In dem 1780 erschienenen ersten Teil seines dreibändigen Werks *La Scienza della legislazione*[84] befasste er sich mit dem Verhältnis von Politik und Strafgesetzgebung. Nach Filangieris Auffas-

---

78 Art. 95 C.C.L.

79 Art. 99 Satz 1 C.C.L.: „Per lo Stupro commesso con Violenza la Pena sarà dei pubblici lavori a tempo, ed anche a Vita secondo la qualità del Caso."; deutsche Übersetzung: „Für die Vergewaltigung wird die Strafe öffentliche Zwangsarbeiten auf Zeit und auch lebenslänglich nach Maßgabe der Beschaffenheit des Falles sein."; zitiert nach *Schlosser*, Die „Leopoldina", S. 128.

80 Vgl. *Coluccia*, La „Leopoldina" 12 (1991), S. 153; *Schlosser*, a.a.O., S. 35 f.

81 Vgl. *Schlosser*, a.a.O., S. 10.

82 Vgl. *Zuliani*, La riforma penale di Pietro Leopoldo, Vol. 1, S. 72; *Schlosser*, ebd.

83 *Fischl*, Einfluss der Aufklärungsphilosophie auf die Entwicklung des Strafrechts, S. 63.

84 Deutsche Übersetzung: Die Wissenschaft der Gesetzgebung, Anm. d. Verf.

sung war dieses von wechselseitigen inneren Spannungen geprägt, was seitens des Gesetzgebers Berücksichtigung finden müsse. Er behandelte in seinen Ausführungen das „ius puniendi", das subjektive Recht zu strafen, und legte eine Begründung der aus seiner Sicht bestimmenden Strafzwecke im Sinne der Aufklärung vor[85]. Im Gegensatz zu Pietro Leopoldo lehnte Filangieri die Todesstrafe nicht schlechthin ab. Ein grundsätzliches Recht zu ihrer Anwendung gestand er der Staatsgewalt zu, allerdings nur bei Mord und Hochverrat. Wenn das Volk die Todesstrafe jedoch ablehnte, hatte deren Vollziehung nach seiner Auffassung große Nachteile für den Staat[86]. In seiner Konzeption lässt sich daher auch ein utilitaristischer Charakter erkennen. Francesco Mario Pagano (1748–1799) war ein italienischer Strafjurist und Philosoph, der ab 1785 den Lehrstuhl für Kriminalrecht an der Universität von Neapel innehatte. Wie auch Filangieri lehnte er in seinen Schriften die strafrechtlichen Konzepte des Ancién Regime ab und setzte sich für eine Reformierung des Strafprozesses unter dem Einfluss der Aufklärung ein. Es ist anzunehmen, dass Pietro Leopoldo sich mit den Gedanken Paganos und Filangieris auseinandergesetzt hatte und diese auch entsprechenden Einfluss auf die Konzeption der *Leopoldina* hatten. Die Strafzwecklehre des Granduca war dabei an Filangieris Doktrin angelehnt. In der C.C.L. finden sich diverse Reminiszenzen an dessen Reformierungsgedanken. So lässt sich die auf Rechtssicherheit und das Legalitätsprinzip gerichtete Konzeption der *Leopoldina* bereits bei Filangieri finden. Gleiches gilt für die Besserung des Täters als bestimmender Zweck anstelle der reinen Abschreckungspraxis des Ancien Régime[87]. Aus diesen Erwägungen heraus entwickelte Leopold seine differenzierte Vorstellung vom Wesen einer als gerecht anzusehenden Strafe. So war diese der Humanität und dem Grundsatz der Verhältnismäßigkeit verpflichtet, musste den Täter individuell treffen und die Kriterien der Legalität und der Rechtssicherheit erfüllen[88]. Paganos Strafrechtstheorie hingegen fand vor allem Widerhall im Hinblick auf das systematische Konzept der *Leopoldina*. Insbesondere gilt dies für die Beschreibung der einzelnen Straftatbestände und die Hervorhebung der einzelnen Verbrechensmerkmale[89].

---

85 Vgl. *Seelmann*, Zeitschrift für die gesamte Strafrechtswissenschaft 97 (1985), S. 241 ff.; *Becchi*, Archiv für Rechts- und Sozialphilosophie (ARSP) 71 (1985), S. 199 ff.; *Schlosser*, Die „Leopoldina", S. 11.

86 Vgl. *Mittermaier*, Die Todesstrafe, S. 16.

87 Vgl. *Schlosser*, Die „Leopoldina", S. 11.

88 Vgl. a.a.O., S. 27 f.

89 Vgl. *Moccia*, GA 1979, S. 213 ff.

II. Die Wirkung des Cesare Beccaria auf die Leopoldina

Wie weit der Einfluss von Pietro Leopoldos berühmtem Zeitgenossen Cesare Beccaria Einfluss auf die *Leopoldina* reichte, ist umstritten. Bekannt ist, dass der Granduca neben den bereits genannten italienischen Straftheoretikern vor allem auch das Werk Beccarias studiert hatte. Es ist daher weit verbreitete Ansicht, dass sich die Idee der *Leopoldina* vor allem auf Beccarias Schrift *Dei delitti e delle pene* aus dem Jahr 1764 stützt[90]. Beispielshalber verweist Weis darauf, dass sie das erste Strafgesetz war, das eindeutig auf die Anregungen des Milanesen zurückging und untermauert seine These mit der Tatsache, dass Leopold diesen nach seiner Inthronisierung als Kaiser auch in seine Kommission zur Reformierung des josephinischen Strafgesetzbuches von 1787 aufnahm[91]. Schlosser hingegen gibt zu bedenken, dass die These von Beccarias überwiegendem Einfluss auf das toskanische Strafgesetzbuch von 1786 in der neueren Forschung vermehrt bezweifelt wird. So lassen sich nach diesen Stimmen die Systematik und die Formulierung der *Leopoldina* nicht alleine mit Beccarias Lehre in Einklang bringen, da in dieser keine ausreichende Grundlage für die spezielle Ausgestaltung des Strafgesetzes enthalten sei. Die entscheidende Differenz liege in der unterschiedlichen Konzeption von Beccarias theoretisch geprägten Ideen auf der einen und Leopolds praktischem Gesetz auf der anderen Seite. Daher sei der Einfluss auf Leopold auch vorranging nicht beim Mailänder Reformer, sondern vielmehr bei den bereits genannten Gaetano Filangieri und Francesco Mario Pagano zu sehen[92]. Auch Carlo Paterniti vertritt mit den genannten Argumenten die Ansicht, dass Beccarias Wirkung auf die *Consitutio Criminalis Leopoldina* überschätzt sei. Insbesondere verweist er darauf, dass Beccarias Arbeiten zwischen Utopie und Reform „oszillieren“[93] und daher auch als unmittelbares und alleiniges Vorbild für ein praxistaugliches Strafgesetz nicht taugen würden[94]. Der „Streit“ um Cesare Beccarias Wirkung auf das toskanische Strafgesetzbuch von 1786 lässt sich letztendlich dahingehend klären, dass sich keine Seite faktisch im Unrecht befindet und muss daher auch nicht entschieden werden. Sicherlich ist die Auswirkung von *Dei delitti e delle pene* auf Leopolds strafrechtliche Reformen als hoch anzusehen, was bereits an den bestimmenden Verfahrensgrundsätzen und Straf-

---

90 Vgl. *Zuliani*, La riforma penale di Pietro Leopoldo, Vol. 1, S. 15 f.

91 Vgl. *Weis*, Cesare Beccaria, S. 27.

92 Vgl. *Schlosser*, Die „Leopoldina“, S. 10 f.

93 *Paterniti*, Note al codice criminale toscano del 1786, S. 63: „l'opera di Beccaria, in vero, oscilla tra utopia e riforma“; deutsche Übersetzung: „Die Arbeit von Beccaria oszilliert in Wahrheit zwischen Utopie und Reform“.

94 Vgl. *Schlosser*, Die „Leopoldina“, S. 11.

zwecken der C.C.L. ersichtlich ist. In seinem Traktat stellte Beccaria eine Reihe von Postulaten auf, die sich in den Prozessmaximen und Strafzwecken der *Leopoldina* wiederfinden. So vertrat er die Auffassung, dass der Strafzweck der Abschreckung durch die lebenslange Zwangsarbeit besser erreicht werden könne als durch die Todesstrafe. Er argumentierte, dass die Hinrichtung lediglich ein singuläres Ereignis darstelle und daher nicht so eindrucksvoll sein könne als eine lebenslange Arbeitsstrafe, welche demgegenüber nachhaltigere Wirkungen erziele[95]. Die Zwangsarbeit auf Lebenszeit sei daher im Vergleich zur Todesstrafe sogar die einschneidendere Sanktion und gleichwohl im Vergleich zur Todesstrafe humaner[96]. Der Marchese negierte somit die Notwendigkeit und den Nutzen der Lebensstrafe und legitimierte deren Ablehnung aus einer vorwiegend utilitaristischen Perspektive und von einem generalpräventiven Standpunkt aus. Darüber hinaus propagierte er die positive und negative Spezialprävention, indem er die Besserung des Täters durch die lebenslange Zwangsarbeit und gleichzeitig die Sicherung der Gesellschaft durch diese bezweckte[97]. Mithin finden sich verschiedene generalpräventive und spezialpräventive Aspekte in Beccarias Kriminaltheorie. Die maßgeblichen Strafzwecke der *Leopoldina* finden sich daher auch schon in *Dei delitti e delle pene*. Pietro Leopoldo griff auf verschiedene Konzepte zurück, die sich bereits in der Strafzwecklehre des Milanesen finden. So sind im toskanischen Strafgesetzbuch von 1786 sowohl die Sicherung und Besserung als auch die Abschreckung bestimmende Aspekte zur Legitimation von Strafe. Nachdem sich der rechtsphilosophisch interessierte Leopold sich mit Beccarias Werk beschäftigt hatte, ist demnach anzunehmen, dass dieses auch einen starken Einfluss auf die Arbeiten an seinem Strafgesetz hatte. Gleichwohl ging der Großherzog stellenweise auch über die Forderungen Beccarias hinaus. So hielt dieser die Todesstrafe bei Hochverrat aufgrund der Schwere des Delikts für legitim, während Leopold die Exekutionen von Straftätern komplett aus dem Strafrecht tilgte. Auch war der Gedanke der Humanität beim Granduca ausgeprägter als bei Beccaria. Während Letzterer die Lebensstrafe maßgeblich aus utilitaristischen Erwägungen heraus ablehnte, waren diese im Ideengebilde Pietro Leopoldos zwar auch vorhanden, standen allerdings nicht so sehr im Vordergrund. Vielmehr bestimmten die Gedanken der Humanität und der Menschenwürde im Sinne der Aufklärung dessen Denken und stellten daher auch ausschlaggebende Erwägungsgründe für die Eliminierung der Todesstrafe

95 Vgl. *Beccaria*, Von Verbrechen und Strafen, § XXVIII, S. 132; *Pieper*, „Hat er aber gemordet, so muß er sterben“, S. 92; *Weis*, Cesare Beccaria, S. 25; *Evans*, Rituale der Vergeltung, S. 169; siehe hierzu die Ausführungen unter Kap. 4, A), I., 3.

96 Vgl. *Beccaria*, ebd.; *Rother*, Verbrechen, Folter, Todesstrafe, S. 64.

dar[98]. Da die *Leopoldina* sich aber vorrangig an den kriminalrechtlichen Praktiker wendete und vor allem auf Unzulänglichkeiten der Strafrechtspflege reagierte, finden sich gleichsam auch Erwägungen von Gaetano Filangieri und Francesco Mario Pagano in ihr[99]. Ein weiterer wichtiger Einfluss aus dem Kreis der Kommission zur Erarbeitung des Strafgesetzes war vor allem Giuliano Tosi als einziger erklärter Gegner der Todesstrafe unter den von Leopold berufenen Gutachtern[100]. Es lässt sich also feststellen, dass Cesare Beccaria ein wichtiger geistiger Impulsgeber für die Abschaffung der Lebensstrafe in der *Leopoldina* war. Gleichzeitig griff Pietro Leopoldo auch auf weitere ideelle Konzepte auch als dem Bereich der Justizpraktiker zurück und schuf damit ein strafrechtliches System eklektizistischer Natur. Somit ist die Abschaffung der Todesstrafe im toskanischen Strafgesetzbuch von 1786 ein Produkt verschiedener ideeller Einflüsse, von denen Cesare Beccaria zwar ein maßgeblicher, jedoch keinesfalls der Einzige war.

D) Die Wiedereinführung der Todesstrafe in der Toskana

I. Weitere Entwicklung unter Pietro Leopoldo

Nach ihrem Inkrafttreten wurde die *Leopoldina* mehrfach modifiziert, was allerdings an ihrem progressiv-aufklärerischen Charakter zunächst nicht viel änderte. Auch nach der Komplettaufhebung der Todesstrafe war in der Toskana kein Anstieg der todeswürdigen Verbrechen zu beobachten. So wurden in den Jahren 1787 bis 1789 im Großherzogtum jeweils zwei Morde pro Jahr begangen, was keine signifikante Veränderung im Vergleich zur Zeit vor dem Inkrafttreten der *Leopoldina* bedeutete[101]. Damit war auch die Befürchtung vieler Befürworter der Hinrichtungen, Ausländer würden zur Begehung von Tötungsdelikten und anderer schwerer Straftaten in die Toskana einreisen, da ihnen dort keine Exekution mehr drohte, widerlegt[102]. Im Jahr 1790 wurde Pietro Leopoldo dann unter dem Namen Leopold II. zum römisch-deutschen Kaiser gewählt.

II. Entwicklung unter Ferdinand III.

Sein Sohn Ferdinand III. (1769–1824) folgte ihm auf dem Thron des Großherzogtums Toskana nach, legte aber keinen Wert auf die konsequente Weiterfüh-

97 Vgl. *Beccaria*, a.a.O., S. 132 f.; vgl. *Weis*, Cesare Beccaria, S. 26.
98 Vgl. *Schlosser*, Die „Leopoldina", S. 16, 38.
99 Vgl. a.a.O., S. 10 f.
100 Vgl. *Zuliani*, La riforma penale di Pietro Leopoldo, Vol. 1, S. 176 ff.; a.a.O., S. 13 f.
101. Vgl. *Mittermaier*, Die Todesstrafe, S. 17.

rung der Reformen seines Vaters. Nachdem bereits Leopold sein Strafgesetzbuch nur gegen große Widerstände aus Adel, Klerus und Teilen der Bevölkerung durchgesetzt hatte, formierten sich nach dem Machtwechsel in mehreren toskanischen Städten wie Florenz, Prato und Pistoia Aufstände, welche Ferdinand zu weitreichenden Eingriffen in das Gesetz veranlassten[103]. So führte er bereits 1790 den von seinem Vater gegen massive Gegenwehr abgeschafften offenen Straftatbestand des Majestätsverbrechens wieder ein und setzte im Zuge dessen auch die Todesstrafe wieder in Kraft[104]. Die Anwendung der Lebensstrafe blieb dabei allerdings lediglich den Anführern der Unruhen vorbehalten. Gleichwohl kam es während der weiteren Geltungsdauer des toskanischen Strafgesetzbuches von 1786 zu keinen Hinrichtungen[105]. Damit lässt sich in der erstmaligen Wiedereinführung der Todesstrafe unter Ferdinand III. für schwere Majestätsverbrechen wohl eher eine zur Beruhigung der allgemeinen Unruhen und Volksaufstände gedachte Symbolpolitik als eine Maßnahme aus Überzeugung erblicken. Nachdem ja auch Cesare Beccaria die Todesstrafe bei Hochverrat für zulässig erklärt hatte, stellte sich der neue Granduca damit im Übrigen nicht in einen Widerspruch zum maßgeblichen Ideengeber der *Leopoldina*, wohl aber zu den aufklärerischen Überzeugungen seines Vaters Leopold. Doch auch in den Jahren danach traten immer wieder Unruhen auf. Am 30. August 1795 erließ Ferdinand III. unter dem Eindruck der angespannten Lage schließlich ein Gesetz, durch welches die Todesstrafe nicht nur bei Staatsverbrechen, sondern auch bei Mord, Kindsmord und Vergiftung und bei diversen Religionsdelikten wieder eingeführt wurde[106]. Von 1796 bis 1799 stand das Großherzogtum in der dritten Phase der Revolutionskriege unter französischer Besatzung. Auch während dieser Zeit wurden am Gesetz weitere Änderungen vorgenommen[107]. Am 28. Mai 1803 wurde der französische *Code des délits et des peines* in der Toskana eingeführt, welcher für eine Vielzahl von Delikten die Todesstrafe anordnete[108]. Die toskanische Bevölkerung, die mittlerweile an die mildere Strafpraxis gewöhnt war und daher mehrheitlich der Lebensstrafe ablehnend gegenüberstand, quittierte dies

102 Vgl. a.a.O., S. 18.

103 Vgl. *Da Passano*, „La Leopoldina“ 3 (1988), S. 105 ff.; *Zuliani*, La riforma penale di Pietro Leopoldo, Vol. 1, S. 476 ff.; *Schlosser*, Die „Leopoldina“, S. 16.

104 Vgl. *Da Passano*, Materiali per una storia della cultura giuridica XXVI, S. 39 ff.; *Schlosser*, ebd.

105 Vgl. *Zobi*, Storia civile della Toscana, S. 537 ff.; *Zuliani*, La riforma penale di Pietro Leopoldo, Vol. 1, S. 479; *Schlosser*, a.a.O., S. 16.

106 Vgl. *Mittermaier*, Die Todesstrafe, S. 17.

107 Vgl. *Da Passano*, Emendare o intimidire? La codificazione del diritto penale in Francia e in Italia durante la rivoluzione e l'impero, S. 195 ff.; *Schlosser*, a.a.O., S. 16.

108 Vgl. *Zobi*, Storia civile della Toscana, S. 625; *Mittermaier*, Die Todesstrafe, S. 47.

mit Unwillen[109]. Zwischen 1807 und 1814 annektierte Frankreich die Toskana. In diesem Zeitraum wurde die *Leopoldina* weitgehend außer Kraft gesetzt und durch die Strafgesetzgebung des Napoleon Bonaparte ersetzt. Im Jahr 1814 konnte Ferdinand III. wieder den toskanischen Thron zurückerobern und das Gesetz von 1795 wieder mit den von ihm vor der französischen Annexion angeordneten Änderungen in Kraft setzen[110]. Gleichwohl sah er sich aufgrund der politisch fragilen Situation dazu veranlasst, weitere Strafschärfungen zu initialisieren. So wurde am 22. Juli 1816 ein weiteres Gesetz verabschiedet, welches gegenüber der alten Rechtslage zusätzlich auch den mit Waffen oder Gewalt verübten Diebstahl mit der Exekution bedrohte. Die toskanischen Gerichte, die die Todesstrafe mittlerweile wie weite Teile der Bevölkerung weitgehend ablehnten, wendeten die schärferen Gesetze allerdings mit sehr großer Zurückhaltung an. Daher waren zu diesem Zeitpunkt nach wie vor keine Hinrichtungen seit der Verabschiedung der *Leopoldina* durchgeführt worden. In den Fällen, in denen die Todesstrafe ausgesprochen wurde, erfolgte eine Begnadigung der Verurteilten[111].

III. Entwicklung unter Leopold II.

1824 starb Ferdinand III. und sein Sohn Leopold bestieg als Leopold II. den toskanischen Thron. Im Jahr 1830 wurden erstmals wieder zwei Hinrichtungen in Pisa und Florenz vollzogen. Auf die Bevölkerung hatten diese eine nachhaltige Wirkung. So wurden in Florenz während des öffentlichen Aktes alle Geschäfte geschlossen, während zahlreiche Einwohner in die Kirchen strömten, um zu beten und dadurch ihre Abneigung gegen die nunmehr als anachronistisch und überholt wahrgenommene Todesstrafe zum Ausdruck zu bringen. Diese Reaktion des Volkes auf die beiden nach Jahrzehnten ohne Hinrichtungen vollstreckten Todesurteile hinterließ bei Leopold II. einen nachhaltigen Eindruck. So gelangte dieser zur Überzeugung, dass aufgrund der ablehnenden Haltung des Volkes kein Todesurteil mehr vollstreckt werden solle, wie er 1841 rückblickend gegenüber C.J.A. Mittermaier bekanntgab[112]. Seit dem Jahr 1831 wurde die Todesstrafe in der Toskana nicht mehr vollzogen. Am 2. August 1838 trat ein Gesetz in Kraft, nach welchem die Verhängung eines Todesurteils nur möglich war, wenn in einem Strafverfahren alle Richter sich einstimmig dafür aussprachen. Zwischen 1838 und 1847 wurden im Granducato

109 Vgl. *Mittermaier*, ebd.

110 Vgl. *Da Passano*, „La Leopoldina“ 3 (1988), S. 155 ff.; *Schlosser*, Die „Leopoldina“, S. 16 f.

111 Vgl. *Mittermaier*, Die Todesstrafe, S. 47.

112 Vgl. ebd.

di Toscana lediglich zwei Todesurteile ausgesprochen, deren Vollstreckung jedoch in beiden Fällen gnadenweise abgelehnt wurde. Der 11. Oktober 1847 brachte schließlich das Inkrafttreten eines Gesetzes mit sich, mit welchem die Todesstrafe im Großherzogtum Toskana im Rahmen der liberalen Reformpolitik Leopolds wieder komplett abgeschafft wurde[113]. Die in vielen Regionen Europas in den Jahren 1848 und 1849 aufkeimenden revolutionären Erhebungen machten allerdings auch vor der Toskana nicht Halt. So sah sich Leopold II. im Februar 1849 unter dem Eindruck der italienischen Unabhängigkeitsbewegung gezwungen, das Land zu verlassen. Jedoch schlugen österreichische Streitkräfte den Versuch der Installation einer republikanisch-demokratischen Verfassung bereits im April 1849 nieder, sodass Leopold wieder in die Toskana zurückkehren konnte[114]. Dieses Erlebnis und die durch die revolutionären Aufstände hervorgerufene instabile politische Lage veranlassten den Großherzog dazu, die Todesstrafe mit Gesetz vom 16. November 1852 wieder einzuführen. Dieser war nämlich der Überzeugung, dass die liberale Reformpolitik und die mit dieser einhergehende Nachsicht gegenüber den Straftätern den Boden für die Revolutionen auf toskanischem Boden geschaffen hatten und versuchte dieser Entwicklung durch diese Maßnahme entgegenzusteuern[115]. Im Jahr 1853 wurde die *Leopoldina* schließlich endgültig durch den *Codice penale pel Gran Ducato di Toscana* abgelöst, welcher auch die Vorgaben zur Todesstrafe aus dem Gesetz vom 16. November 1852 übernahm[116]. Volk und Justiz begegneten der erneuten Initiierung der Lebensstrafe mit weitgehender Ablehnung. Nachdem infolge der Wiedereinführung tatsächlich ein Todesurteil ausgesprochen wurde, formierte sich gegen dessen Vollstreckung ein solcher Widerstand, dass Leopold II. von seinem Begnadigungsrecht Gebrauch machen musste. In Art. 309 des *Codice penale pel Gran Ducato di Toscana* wurde als Versuch einer vermittelnden Maßnahme die Regelung aufgenommen, dass bei einer Verurteilung wegen Mordes Milderungsgründe zu einer Verhängung einer lebenslangen Zuchthausstrafe anstelle der Hinrichtung führen konnten. Als nach Inkrafttreten des neuen Strafgesetzes ein Todesurteil ausgesprochen wurde, begnadigte Leopold den Verurteilten aufgrund der allgemeinen Proteste der Bevölkerung gegen die Exekution[117]. Am 21. Juli 1859 dankte Leopold II. schließlich aus Solidarität gegenüber Österreich als Großherzog der Toskana ab, nachdem ihn weite Teile des Volkes zur Teilnahme am Sardinischen Krieg gegen die österreichischen Truppen auf Seiten des Königreichs Sardinien-

113 Vgl. *Mittermaier*, a.a.O.
114 Vgl. *Braun*, in: Richter / Dirbach (Hrsg.), Thronverzicht, S. 254 ff.
115 Vgl. *Mittermaier*, Die Todesstrafe, S. 48.
116 Vgl. *Schlosser*, Die „Leopoldina“, S. 17; *Mittermaier*, ebd.

Piemont verpflichten wollten. Sein Sohn Ferdinand IV. verzichtete auf den Thron, während sich die Toskana per Volksabstimmung dem Königreich Sardinien-Piemont anschloss[118]. Die neue sardische Regierung verfügte schließlich unter dem Eindruck der allgemeinen Unruhen per Dekret vom 10. Januar 1860 die Wiederaufhebung der Todesstrafe in der Toskana[119].

E) Zwischenfazit

Seit dem Inkrafttreten der *Leopoldina* 1786 war die Todesstrafe einer wechselvollen Geschichte mehrerer Aufhebungen und Wiedereinführungen unterworfen. Der in Art. 51 C.C.L. formulierte Leitgedanke des Granduca Pietro Leopoldo, der vorsah, sie „für immer und für jeden Täter abzuschaffen"[120], konnte somit zunächst nicht auf Dauer in die Tat umgesetzt werden. Ideelle Einflüsse des Großherzogs Peter Leopold lassen sich vor allem in Cesare Beccarias Werk *Dei delitti e delle pene*, aber auch in den Arbeiten bekannter italienischer Juristen wie Gaetano Filangieri, Francesco Mario Pagano oder Giuliano Tosi erkennen. Dabei ist festzustellen, dass sich der spätere römisch-deutsche Kaiser Leopold II. bei seinem Unterfangen gegen zahlreiche Widerstände aus Adel, Klerus, Politik, Justiz und der eigenen Bevölkerung durchsetzen musste. Die Ablehnung der bislang geltenden Strafgesetze war die Konsequenz seines von der Idee der Aufklärung und seiner Auffassung von der Menschenwürde geprägten Weltbildes. Dabei muss natürlich berücksichtigt werden, dass auch vor dem Inkrafttreten der *Leopoldina* die Vollstreckung der Todesstrafe im Granducato Seltenheitswert hatte. So hatte dort die letzte Hinrichtung vor der Strafrechtsreform im Jahr 1774 stattgefunden[121]. Bemerkenswert in diesem Zusammenhang ist, dass sich trotzdem eine so breite Allianz für die Beibehaltung der Todesstrafe im Gesetz stark machte. In der Folge zeigt sich, dass die Anordnungen Pietro Leopoldos entgegen dessen in Gesetzesform gegossenen Wunsch nach der Nachhaltigkeit der Eliminierung der Lebensstrafe diese mehrfach wieder reaktiviert wurde, wenn es zu politischen Krisen kam. Die Herrscher Ferdinand III. und Leopold II. sahen in den Strafschärfungen ein Instrument zur Sicherung des Friedens und des eigenen Machterhalts durch Abschreckung der Bevölkerung. Die darauffolgenden Strafmilderungen und Wiederabschaffungen waren dann ebenfalls die Konse-

---

117 Vgl. *Mittermaier*, ebd.

118 Vgl. *Braun*, in: Richter / Dirbach (Hrsg.), Thronverzicht, S. 254 ff.

119 Vgl. *Mittermaier*, Die Todesstrafe, S. 48.

120 Art. 51 C.C.L.: „come abbiamo abolita colla presente Legge per sempre la Pena di Morte contro qualunque Reo".

121 Vgl. *Mittermaier*, Die Todesstrafe, S. 17.

quenz von inneren Spannungen und Aufständen und dienten nicht zuletzt auch der Beruhigung der Volksseele; auch hier lassen sich wieder die Sicherung innerer Stabilität und Macht als entscheidende Faktoren ausmachen. Retrospektiv sind also vor allem auch Motive bei den Nachfolgern Pietro Leopoldos zu erkennen, die durchaus als opportunistisch bezeichnet werden können. Die Motivation des Großherzogs Peter Leopold zur Abschaffung der Todesstrafe hingegen kann in erster Linie als intrinsisch bezeichnet werden. Dieser war von den Ideen der Aufklärung und der Menschenwürde beseelt und darüber hinaus im Stande, diese auch gegen enorme Widerstände aus mehreren Lagern durchzusetzen. Dabei war der Begriff der Menschenwürde bei Pietro Leopoldo naturrechtlich geprägt. Er sah die ursprüngliche Freiheit der Menschen, die *libertá naturale*, welche durch den Zusammenschluss zu einer Gesellschaft als *libertá civile* fortbestand, als ursprünglich gegeben an[122]. Demnach war seiner Anschauung nach und entgegen der traditionellen Auffassung, welche nach sozialen Gruppen und Ständen differenzierte, der einzelne Mensch als Individuum Inhaber von Rechten[123]. Mit seinem Kriminalgesetzbuch von 1786, der *Leopoldina*, hat er ein bemerkenswertes Strafgesetz geschaffen und zugleich Rechtsgeschichte geschrieben: Durch seine Bemühungen konnte er erreichen, dass das Großherzogtum Toskana weltweit der erste Staat war, in welchem die Todesstrafe – zumindest für einige Jahre – komplett abgeschafft wurde.

---

122 Vgl. *Graf*, Der Verfassungsentwurf, S. 250.
123 Vgl. a.a.O., S. 247.

Achtes Kapitel: Das Allgemeine Gesetz über Verbrechen und derselben Bestrafung (1787)

A) Allgemeine Grundsätze der Josephina

I. Entstehungsgeschichte

1. Allgemeines

Am 13. Januar 1787 wurde das Allgemeine Gesetz über Verbrechen und derselben Bestrafung verkündet und trat am selben Tage in Kraft[1]. Gängige Kurzbezeichnungen dieses Strafgesetzbuchs sind *Josephina*, *Josephinisches Strafgesetz*, StG 1787 sowie JStG. Diese strafrechtliche Kodifikation löste die *Constitutio Criminalis Theresiana* ab, die seit 1768 in Kraft war, sowie alle anderen älteren Strafgesetze und Strafordnungen, die bis dahin noch auf dem Gebiet der habsburgischen Erbländer Geltung beanspruchten[2]. Ihr geistiger Vater war Joseph II. (1741–1790), der von 1765 bis zu seinem Tode als erstes Mitglied des Hauses Habsburg-Lothringen die Stellung als römisch-deutscher Kaiser innehatte, davon bis 1780 gleichzeitig als Mitregent seiner Mutter Maria Theresia in den Habsburger Erblanden und danach als alleiniger Machthaber[3]. Bereits während der Regentschaft Maria Theresias wurden zwischen August 1775 und Mai 1778 Überlegungen zu einer möglichen Reduzierung der Todesstrafen angestellt. Obgleich hierzu mehrere behördliche Gutachten eingeholt worden waren, unterblieb eine Reformierung des Sanktionensystems der *Theresiana*, wobei hierfür vor allem ökonomische Gründe eine Rolle spielten[4]. Nach den Ausführungen von Ammerer in dessen Habilitationsschrift unternahm Joseph II. im Jahr 1781 bereits kurz nach dem Tod seiner Mutter Maria Theresia einen erneuten Versuch zur Reformierung des österreichischen Strafrechts und der Todesstrafe[5]. Die gegenteilige Auffassung bei Wangermann, der einen fehlenden Reformwillen Josephs II. zu Beginn seiner

1 Vgl. *Berner*, Die Strafgesetzgebung in Deutschland vom Jahre 1751 bis zur Gegenwart, S. 18; *Wiener Zeitung* vom 7. Februar 1787, S. 285, abrufbar unter: https://anno.onb.ac.at/cgi-content/anno?apm=0&aid=wrz&datum=17870207&seite=1.

2. Vgl. *Berner*, a.a.O., S. 19.

3 Vgl. *Gutkas*, Joseph II., S. 16 ff.

4 Vgl. *Ammerer*, Das Ende für Schwert und Galgen, S. 77 ff.

5 Vgl. a.a.O., S. 79.

Alleinregentschaft annimmt, soll an dieser Stelle nicht unerwähnt bleiben[6]. Es sprechen allerdings mehr Gründe dafür, der Annahme Ammerers zu folgen, wie die weitere Chronologie der Entstehungsgeschichte nahelegt. Joseph II. war durch seinen Rechtslehrer Christian August Beck mit den Lehren diverser Reformjuristen aus der Zeit der Aufklärung vertraut. Zu diesen zählten unter anderem Samuel Pufendorf, Montesquieu und nicht zuletzt Cesare Beccaria, deren Gedanken er teilweise übernahm[7].

2. Erste Gesetzgebungsphase

Unter diesem Einfluss veranlasste der Kaiser mit Handschreiben vom 2. Februar 1781 die zum damaligen Zeitpunkt 21 Köpfe zählende[8] Oberste Justizstelle zur Überprüfung möglicher Ansätze zur Reformierung respektive Abschaffung der Todesstrafe[9]. Wie bereits unter der Herrschaft Maria Theresias war auch hier wiederum eine möglichst geringe Belastung des Staatshaushaltes eine Vorgabe für die Gremiumsangehörigen bei ihrer Entscheidungsfindung. Bereits am 5. Februar 1781 votierten vier Mitglieder der Obersten Justizstelle für eine Einschränkung der Todesstrafe, während die Mehrheit des Gremiums sich dafür aussprach, die untergeordneten Länderstellen zur Klärung dieser Frage anzuhören[10]. Der Kaiser reagierte auf die Anrufung der Länderstellen mit Unverständnis, da er keinen Anlass für eine Delegation des Gutachtensauftrages sah und warf den betreffenden Angehörigen der Obersten Justizstelle vor, sich ihren Verpflichtungen zu entziehen[11]. Am 26. Februar 1781 setzte er ein Dreiergremium zur Klärung der dringlichen Fragen ein. Diesem gehörten Karl Anton Freiherr von Martini, Franz Georg Ritter von Keeß und Josef

---

6 Vgl. *Wangermann*, Die Waffen der Publizität, S. 157 ff.

7 Vgl. *Hartl*, historicum Nr. 9 (1988), S. 17; *Ammerer*, Das Ende für Schwert und Galgen, S.80.

8 Vgl. *Ammerer*, a.a.O., S 112.

9 Vgl. *Österreichisches Staatsarchiv*, HHStA, Protokolle und Indices der Kabinettskanzlei, Handbillettenprotokoll, Bd. 19, S. 90; *Ammerer*, a.a.O., S.80 f.

10 Vgl. *Ammerer*, ebd.

11 *Österreichisches Staatsarchiv*, HHStA, Protokolle und Indices der Kabinettskanzlei, Handbillettenprotokoll, Bd. 19, S. 145, Nr. 162; zitiert nach *Ammerer*, a.a.O., S.81 f.: „Die gewöhnliche Ausflucht mit Vernehmung der Länder Stellen, ist ein Mittel, dessen sich Stellen und Referenten bedienen, wenn sie nicht arbeiten, in Prioribus nachsehen, und denken wollen; dieses hat also zu unterbleiben, und muß ohnehin der Obersten Justiz-Stelle die beyläufige Zahl der von Jahr zu Jahr etwa vorkommenden Delinquenten, und andere Umstände der Länder soweit schon bekannt seyn, um allhier zu der vorhabenden Einrichtung die Grundsätze zu fassen, die zur allgemeinen gleichen Beobachtung vorgeschrieben werden können, und müssen“.

Ferdinand Ritter von Holger an. Hofrat von Martini formulierte diese Fragen in seinem Votum vom 26. März 1781 wie folgt:

> „1tens Ob und in welchen wenigen ganz besonderen Fällen die Todesstrafe allenfalls annoch beibehalten bleiben sollte?
>
> 2tens Was für Strafarbeiten für die übrigen Delinquenten nach der Verhältniß ihrer Verbrechen, und ihres Geschlechts zu bestimmen?
>
> 3tens Wie das Unterkommen, und die Verwahrung derselben allenthalben zu veranstalten wäre, um dem Staat keine beträchtlichen Kosten aufzulegen, und gleichwohl gegen die Entweichung der genüglichen Kosten sicheren Vorsichten zu nehmen."[12]

Am 9. März 1781 beschloss Joseph II., dass Todesurteile gegenüber dem Verurteilten zwar zu verkünden seien, die Vollstreckung der Todesstrafe zukünftig gleichwohl aber ausgesetzt werde[13]. Weiterhin beauftragte der Kaiser am 13. April 1781 die in den 1750er Jahren geschaffene Kompilationshofkommission, der auch mehrere Mitglieder der Obersten Justizstelle angehörten, „den Criminal Codicem auf eine der dermaligen Criminal Justiz-Pflege, und einem Gesetzbuch angemessenen Art einzurichten"[14]. Der kaiserlichen Anweisung nach waren dabei sowohl die Notwendigkeit der Abschaffung der Folter als auch die Reduzierung der Todesstrafe und damit einhergehend die Möglichkeit von Ersatzstrafen zu prüfen. In mehreren Fällen begnadigte der Kaiser zum Tode Verurteilte, sodass diese stattdessen lebenslange Zwangsarbeit abzuleisten hatten[15]. In den folgenden Jahren wurden unter den beteiligten Juristen konträre Diskussionen über die Umsetzung der kaiserlichen Vorgaben geführt. Immer wieder diskutiert wurde die Möglichkeit der Ausweitung öffentlicher Strafarbeiten anstatt der Todesstrafe. In den Ländern unter dem Herrschaftsanspruch der Habsburger hatte es bereits vor dem 17. Jahrhundert wenige Verurteilungen zu „operae publicae", also öffentlichen Arbeiten, gegeben. So war bereits in Art. 52 § 2 des ersten Teils der Neuen Peinlichen Landgerichts-Ordnung in Oesterreich unter der Enns vom 30. Dezember 1656 die Anord-

---

12 *Österreichisches Staatsarchiv*, AVA, Kompilationshofkommission, Kr. 103, Anhang 3; zitiert nach *Ammerer*, a.a.O., S. 112.

13 Vgl. *Fischl*, Der Einfluß der Aufklärungsphilosophie auf die Entwicklung des Strafrechts, S. 190; *Ammerer*, a.a.O., S. 82.

14 *Österreichisches Staatsarchiv*, AVA, Kompilationshofkommission., Kr. 103; zitiert nach *Ammerer*, a.a.O., S. 112.

15 Solche Begnadigungen fanden 1781 beispielshalber in den Verfahren des zum Tod durch den Strang verurteilten Räubers Matthias Schellauf und des ebenfalls wegen dem Mord an seiner Ehefrau zum Tode verurteilten Mathias Gurolsky statt; vgl. *Österreichisches Staatsarchiv*, HHStA, Protokolle und Indices der Kabinettskanzlei, Handbillettenprotokoll, Bd. 19, S. 146; *Ammerer*, Das Ende für Schwert und Galgen, S. 82 f.

nung der öffentlichen Arbeit im Wiener Stadtgraben, dort als „Stadt-Grabens-Straff"[16] bezeichnet, geregelt. Außerhalb der habsburgischen Erbländer waren weitere Formen von Arbeits- und Karrenstrafen bekannt. Die Arbeitskraft der Verurteilten, in aller Regel gesunde und kräftige Männer, wurde je nach Territorium zum Beispiel für den Festungsbau[17] oder zur Kalkgewinnung[18] herangezogen[19]. Bereits am 2. Mai 1781 legte das Dreiergremium zwei Grundlagengutachten vor, in welchen es sich mit den zuvor genannten Fragestellungen auseinandersetzte. Die Arbeiten bestanden vorrangig aus Referaten des Hofrats Holger vom 16. März und des Hofrats Martini von 26. März. In seinem Ursachenreferat vertrat Holger die Auffassung, dass ein Täter, der für die Gesellschaft einen Schaden verursache, diesen abzuarbeiten habe. Dieser Grundsatz der materiellen Wiedergutmachung sei ökonomisch sinnvoller als die Tötung des Delinquenten. Dabei griff er Überlegungen auf, die bereits zur Zeit der *Constitutio Criminalis Theresiana* vertreten worden waren. Den von ihm ausgemachten Stillstand hinsichtlich der Schaffung geeigneter Anstalten erklärte Holger mit den befürchteten hohen Kosten und der latenten Gefahr für die Bevölkerung durch geflohene Häftlinge[20]. Anschließend behandelte Holger die Frage, in welchen Fällen die Todesstrafe beibehalten werden solle. Seiner Ansicht nach war dafür ein für das Gemeinwesen in besonderem Maße schädigendes und gefährliches Verhalten erforderlich, welches bei den folgenden Delikten der Fall sei: Majestätsbeleidigung und Landesverrat, Überlaufen zum Feind und Auskundschaften und falsches Werben sowie Entführung von Landesuntertanen, Straßenraub und Meuchelmord unter beschwerenden Umständen, bestellter Mord, Giftmischen sowie Feuerlegen und Mordbrennen. Für den Fall der Beschränkung der Todesstrafe auf diese Delikte sprach sich Holger für eine besonders exakte Formulierung der entsprechenden Straftatbestände aus. Weiterhin befasste er sich ausführlich mit den Kriterien der möglichen Ersatzstrafen für Straftaten, bei denen die Todesstrafe aufgehoben werden sollte. Er kam zu dem Ergebnis, dass nur die Zuchthausstrafe, die Dominikal- bzw. Gemeindearbeit und die Kettenstrafe den rechtsstaatlichen Anforderungen genügten[21]. Das Votum Martinis vom 26. März 1781 behandelte unter anderem auch die naturrechtlichen Begründung der Todesstrafe. Martini orientierte sich maßgeblich an der Staatslehre von Christian Wolff und setzte sich

---

16 Art. 52 § 2 Neue Peinliche Landgerichts-Ordnung in Oesterreich unter der Enns, Erster Theil.

17 Vor allem in Osnabrück, Anm. d. Verf.

18 Vor allem in Lüneburg, Anm. d. Verf.

19 Vgl. *Ammerer*, Das Ende für Schwert und Galgen, S.85.

20 Vgl. a.a.O., S. 126.

21 Vgl. a.a.O., Anhang 2, S. 445 ff.; S. 134 f.

mit den Positionen von Joseph von Sonnenfels und Cesare Beccaria sowie auch mit Wiener Autoren wie Franz Xaver Huber auseinander[22]. Nach Martinis Vorstellung war die gesellschaftsvertraglich begründete Einsetzung eines Herrschers zur Herstellung der staatlichen Sicherheit nötig. Die Legitimation der Todesstrafe ergebe sich „nur in jenen Fällen, wo die Vertheidigung der öffentlichen Sicherheit den Tod des Müßethäters unumgänglich macht, folglich die Noth vorhanden ist, und das natürliche Gesetz verletze niemanden zu erfüllen nicht möglich wäre, auch die höchste Gewalt gegen den Schuldigen das Schwerd zücken, und ihn zum Tod verurtheilen dürfe“[23]. Primärer Zweck der Todesstrafe war nach Martini mithin die Sicherung der öffentlichen Sicherheit und des Gemeinwohls. Wie Holger sprach er sich für eine spürbare Reduzierung der mit dem Tode bedrohten Straftatbestände gegenüber der *Theresiana* aus. Für die mögliche Beibehaltung der Todesstrafe beschränkte er sich dabei auf Delikte, die eine Existenzgefährdung der staatlichen Gemeinschaft bedeuteten. Darunter fielen Mord, Brandstiftung und schwerer bandenmäßiger Haus- und Straßenraub sowie Vaterlandsverrat, Aufruhr und das Überlaufen zum Feind. Bei den übrigen strafbaren Handlungen votierte er für die Abschaffung der Lebensstrafe[24]. Auch bei den schwersten Straftaten bestand für Martini allerdings die Möglichkeit, auf die Anwendung der Todesstrafe zu verzichten, wenn sie „ohne Nachtheil des Staates in eine lebenslänglich schwerste Ehr- und Gnadenlose, und mit grösten Ehlend verknüpfte Arbeit zu Zeiten verwandelt werden könne. Es ist nicht zu leugnen, daß die Todesstrafe blos in sich betrachtet, ein großeres Übel, als die ewige Gefängnisstrafe sey“[25]. Wie auch Joseph II. vertrat Martini die Ansicht, dass die Wirkungskraft der Ersatzstrafe von deren Anerkennung im Rahmen der öffentlichen Meinung abhänge[26]. Gegenüber den Voten Holgers und Martinis fiel das zwischenzeitlich vorgestellte Gutachten der Kompilationshofkommission zur Schaffung eines neuen Strafgesetzes knapp aus und befasste sich hauptsächlich lediglich mit Vorfragen, weswegen es vom Kaiser nicht mit Zustimmung aufgenommen wurde[27]. Erst am 21. August 1781 wurde mit dem Vortrag des Hofrats von Keeß das letzte der drei Hauptgutachten vorgelegt. Als einziger der drei Einzelgutachter negierte von Keeß die abschreckende und präventive Wirkung der Todesstrafe und kam daher zu dem Schluss, dass diese in allen Fällen aufgehoben werden

---

22 Vgl. a.a.O., S. 143.

23 *Martini*, Votum, S. 7, zitiert nach a.a.O., Anhang 3, S. 491; S. 144.

24 Vgl. a.a.O., S. 146.

25 *Martini*, Votum, S. 19, zitiert nach a.a.O., Anhang 3a, S. 495 f.; S. 147.

26 Vgl. *Valentinitsch*, Das Grazer Zucht- und Arbeitshaus 1734–1783, S. 503; *Ammerer*, a.a.O., S. 147.

27 Vgl. *Ammerer*, a.a.O., S. 153 f.

könne. Diese grundsätzliche Ablehnung der Lebensstrafe schränkte er jedoch dahingehend ein, dass sie bei unverbesserlichen Wiederholungstätern die beste Möglichkeit zum Schutz der staatlichen Gemeinschaft sei. Gleichwohl sprach sich Keeß im Ergebnis für die Abschaffung der Todesstrafe mit Surrogation durch lebenslange Zuchthaus- und Arbeitsstrafe aus[28]. Die drei genannten Grundsatzgutachten waren der Ausgangspunkt für intensive, jahrelange Diskussionen über die Ausgestaltung des neuen Strafgesetzes und der Todesstrafe[29]. Anfang August 1781 fand eine zweitägige Generaldiskussion über die zukünftige Handhabung sämtlicher in der *Theresiana* mit der Todesstrafe bewehrter Straftatbestände statt, in welcher eine Fertigstellung des neuen Strafgesetzes noch im Laufe desselben Jahres avisiert wurde[30]. Dass die *Josephina* nicht bereits 1781, sondern erst über fünf Jahre später in Kraft trat, lag vor allem daran, dass die mit den Beratungen befassten Juristen in der Kompilationshofkommission und im Staatsrat in vielen Fragen keine einheitlichen Auffassungen vertraten. Die fakultative Beteiligung des Staatsrates war eine Besonderheit aufgrund der Wichtigkeit des Gesetzesvorhabens[31]. In dieser Phase standen die meisten Diskussionsteilnehmer der gänzlichen Aufhebung der Todesstrafe noch mit Ablehnung gegenüber. Joseph II. erteilte derweil die Anweisung, dass Hinrichtungen nur noch durch den Strang durchgeführt werden und sämtliche Zusatzstrafen an den Körpern der bereits Getöteten aufgehoben werden sollten[32]. Unter Federführung des Hofrats Franz Georg Ritter von Keeß wurde am 13. Februar 1783 ein Entwurf für das neue Strafgesetz vorgestellt, der 219 Paragraphen umfasste. In der Kompilationshofkommission wurde der Beschluss gefasst, das neue Gesetz in zwei Teilen erscheinen zu lassen. Der vorgelegte Entwurf sollte den ersten Teil der Kodifikation darstellen[33]. Der Kaiser beauftragte Joseph von Sonnenfels mit der Durchsicht und stilistischen Überarbeitung des Gesetzesentwurfs, die in sechs Kommissionssitzungen vorgenommen wurde. Bereits am 21. Februar 1783 präsentierte Sonnenfels die redigierte Fassung, die neben den Änderungen des Wortlauts auch geringfügige inhaltliche Korrekturen aufwies[34]. Schließlich wurde am 8. März 1783 der überarbeitete Gesetzesentwurf dem Kaiser vorgelegt. Der Entwurf enthielt

28 Vgl. a.a.O., S. 155 ff.

29 Vgl. *Hoegel*, Freiheitsstrafe und Gefängniswesen in Österreich von der Theresiana bis zur Gegenwart, S. 9.

30 Vgl. *Ammerer*, Das Ende für Schwert und Galgen, S. 275.

31 Vgl. *Kocher*, Höchstgerichtsbarkeit und Privatrechtskodifikation, S. 80; *Ammerer*, a.a.O., S. 277.

32 Vgl. *Wahlberg*, Die Revision der Theresiana, S. 7; *Ammerer*, a.a.O., S. 277.

33 Vgl. *Ammerer*, a.a.O., S. 280 f.

34 Vgl. a.a.O., S. 288 ff.

sämtliche Straftatbestände, die aus Sicht der Kommission in das neue Gesetz aufgenommen werden sollten. Kaiser Joseph II. zeigte sich jedoch unentschlossen, was die Umsetzung des Entwurfs anging und dachte nun sogar ohne nähere Begründung offen darüber nach, anstatt der Konstituierung eines neuen Strafgesetzes die *Theresiana* nur in ausgewählten Teilbereichen zu reformieren[35]. Die Mitglieder der Kompilationshofkommission jedoch traten den kaiserlichen Überlegungen mit Vehemenz entgegen und wiesen ihn mit ausführlicher Begründung auf die Reformbedürftigkeit des gesamten österreichischen Strafrechts hin[36]. Diese Intervention erwies sich als erfolgreich und die Arbeiten der Kommission am ersten Teil wurden wieder aufgenommen und bis April 1784 weitgehend abgeschlossen.

3. Finale Gesetzgebungsphase

Am 23. Juni trug Hofrat Keeß schließlich den nochmals überarbeiteten ersten Teil der Kodifikation im Rahmen der Kommissionssitzung vor[37]. Anschließend wurde die Tätigkeit der Kommission mit der Ausarbeitung des politischen Strafkodex, der die Vorschriften zur Störung der öffentlichen Ordnung behandelte, fortgesetzt. Nach mehreren Beratungen Ende 1784 und Anfang 1785 ordnete der Kaiser weitere Überarbeitungen an, da insbesondere die beteiligten Vertreter der Appellationsgerichte unter anderem an der geplanten Ausgestaltung der lebenslangen Freiheitsstrafe Kritik geübt hatten[38]. Nach mehreren weiteren Vorträgen in den Jahren 1785 und 1786 wurde am 11. März 1786 Joseph von Sonnenfels auf Anregung der Obersten Justizstelle vom Kaiser zum Referenten für die Abfassung des zweiten Teils des neuen Strafgesetzes ernannt[39]. Am 3. November 1786 erfolgte der Vortrag des zweiten Teils in gemeinsamer Sitzung der Kompilationshofkommission und der Vereinigten Hofstellen. Auch zu diesem Entwurf hatte Joseph II. wiederum mehrere Korrekturanmerkungen, sodass Sonnenfels noch mehrere Überarbeitungen vornehmen musste, bis schließlich am 16. November 1786 der endkorrigierte Gesetzesentwurf dem Kaiser zur Bestätigung vorgelegt werden

---

35 Es gilt als wahrscheinlich, dass dieser Sinneswandel des Regenten aufgrund zahlreicher anderer von ihm zu diesem Zeitpunkt als dringlicher angesehener Reformprojekte eingetreten war; vgl. a.a.O., S. 297 ff.

36 Vgl. a.a.O., S. 299.

37 Vgl. *Österreichisches Staatsarchiv*, Allgemeines Verwaltungsarchiv, Oberste Justizstelle, Protocoll der Compilations Hof Commission Vom Jahre 1783, Bd. 35, 23. Juni 1784; *Ammerer*, a.a.O., S. 306.

38 Vgl. *Wahlberg*, Die Revision der Theresiana, S. 15; *Ammerer*, a.a.O., S. 306 ff.

39 Vgl. *Osterloh*, Joseph von Sonnenfels, S. 172; *Ammerer*, a.a.O., S. 310.

konnte[40]. Gleichwohl wurden auf kaiserliches Geheiß am 4. Dezember 1786 nochmals punktuelle Korrekturen vorgenommen. Joseph von Sonnenfels erhielt den Gesetzestext im Anschluss zur finalen stilistischen Überarbeitung und reichte diesen – abermals mit eigenständigen inhaltlichen Korrekturen – am 31. Dezember 1786 zurück. Weitere kurzfristige Änderungen am Gesetzestext wurden am 6. Januar 1787 von Joseph II. und am 8. Januar 1787 durch Hofrat von Keeß vorgenommen, bevor das Allgemeine Gesetz über Verbrechen und derselben Bestrafung schließlich am 13. Januar 1787 in Kraft treten konnte[41]. Die erstmalige Bekanntmachung des Kundmachungspatents zur *Josephina* erfolgte am 7. Februar 1787 in der Wiener Zeitung[42]. Ammerer datiert die Publikation des Patents auf den 2. April 1787[43].

II. Verfahrensgrundsätze

Im Gegensatz zu seiner Vorgängerin, der *Constitutio Criminalis Theresiana*, war das Allgemeine Gesetz über Verbrechen und derselben Bestrafung von 1787 durch seinen im Vergleich geringen Umfang gekennzeichnet. Berner bemerkt in diesem Zusammenhang:

> „Wie die Theresiana durch Breite, so zeichnet sich die *Josephina* durch Kürze aus. Jene füllt einen schweren Folianten, diese ein Bändchen kaum von dem Umfange des Preußischen Strafgesetzbuches von 1851.“[44]

Die Struktur der *Josephina* ist durch eine zweiteilige Gliederung gekennzeichnet. Der erste Teil mit der Überschrift „Von Kriminalverbrechen und Kriminalstrafen“[45] regelt die allgemeinen materiell-rechtlichen Grundsätze des Josephinischen Strafgesetzes sowie die einzelnen in ihr enthaltenen Straftatbestände mit Ausnahme der politischen Verbrechen. Diesen ist der zweite Teil der *Josephina*, „Von politischen Verbrechen und politischen Strafen“[46] gewidmet. Diese Zweiteilung in allgemeine und politische Verbrechen ist eine interessante und erklärungsbedürftige Neuerung der *Josephina*. Dabei sind mit den politischen Verbrechen nicht etwa Majestätsdelikte und sonstige Straftaten gegen den Staat gemeint. Vielmehr ist der Begriff „politisch“ hier mit „polizei-

---

40 Vgl. *Hock-Bidermann*, Der österreichische Staatsrath (1760–1848), S. 317 f.; *Ammerer*, a.a.O., S. 310 ff.

41 Vgl. *Ammerer*, a.a.O., S. 318 ff.

42 *Wiener Zeitung* vom 7. Februar 1787, S. 285f.; abrufbar unter: https://anno.onb.ac.at/cgi-content/anno?apm=0&aid=wrz&datum=17870207&seite=1.

43 Vgl. *Ammerer*, Das Ende für Schwert und Galgen, S. 322.

44 *Berner*, Die Strafgesetzgebung in Deutschland vom Jahre 1751 bis zur Gegenwart, S. 19.

45 JStG, Inhaltsverzeichnis, S. 1.

46 JStG, S. 91.

lich" gleichzusetzen. Bei den politischen Verbrechen des zweiten Teils handelt es sich daher um Delikte des Polizeistrafrechts, die wie bereits in der kurz zuvor in Kraft getretenen *Leopoldina* einen nach Auffassung des Gesetzgebers geringeren Unrechtsgehalt hatten und grundsätzlich milder als die allgemeinen Verbrechen bestraft wurden[47]. Die Tatbestände des zweiten Teils hatten somit aus heutiger Perspektive eher den Charakter von Ordnungswidrigkeiten. Dabei ist erwähnenswert, dass sich im zweiten Teil des StG 1787 gleichwohl auch Straftatbestände befanden, die in der C.C.T. noch teilweise mit der Todesstrafe sanktioniert wurden oder zumindest eine harte Bestrafung nach sich zogen. Dies gilt zum Beispiel für Gotteslästerung, Meineid, Kuppelei, Ehebruch oder Holz- und Wilddiebstahl[48]. Der Versuch war bei den politischen Verbrechen straflos. Sie konnten durch Züchtigung mit Schlägen auf das Hinterteil, Ausstellung auf der Schandbühne, öffentliche Arbeit in Eisen und Verweisung von einem bestimmten Ort bestraft werden; die Verhängung einer Geldstrafe war für politische Verbrechen nicht vorgesehen[49]. Die *Theresiana* hatte dem richterlichen Ermessen noch einen breiten Spielraum eingeräumt. Darüber hinaus hatte sie auch noch die Bildung von Analogien zu Lasten der Angeklagten erlaubt, wie Art. 124 C.C.T. bestimmte[50]. Demgegenüber lässt sich das legislatorische Programm des JStG bereits anhand des Beginns des ersten Satzes seiner Vorrede erkennen. Dort wird das erklärte Ziel formuliert, „Um auch der strafenden Gerechtigkeit durch ein allgemeines Gesetz eine bestimmte Richtung zu geben; bey Verwaltung derselben alle Willkühr zu entfernen"[51]. Weiterhin enthielt das Allgemeine Gesetz über Verbrechen und derselben Bestrafung nunmehr ein ausdrückliches Analogieverbot. So werden in Satz 3 der Vorrede „die Kriminalrichter hiermit angewiesen, künftig ihre Amt nur gegen diejenigen zu handeln, die wegen eines in diesem Gesetze ausgedrückten Kriminalverbrechens bey dem Kriminalgerichte einkommen"[52]. Ein weiterer Grundsatz, den Joseph II. mit seinem Strafgesetz zu verwirklichen suchte, war die Wahrung des Grundsatzes der Verhältnismäßigkeit. In der Vorrede wird es zum Ziel erklärt, „zwischen Verbrechen und Strafen das billige Ebenmaß zu finden, und die letzteren nach einem Verhältnisse zu bestimmen, damit ihr

---

47 Vgl. *Berner*, Die Strafgesetzgebung in Deutschland vom Jahre 1751 bis zur Gegenwart, S. 20 f.

48 Vgl. *Ammerer*, Das Ende für Schwert und Galgen, S. 337.

49 Vgl. *Berner*, Die Strafgesetzgebung in Deutschland vom Jahre 1751 bis zur Gegenwart, S. 21.

50 Art. 124 C.C.T.; Vgl. *Berner*, a.a.O., S. 20.

51 JStG, Vorrede, Satz 1.

52 JStG, Vorrede, Satz 3.

Eindruck nicht bloß vorübergehend seyn möge“[53]. Der erste Teil der *Josephina* gliedert sich in sieben Kapitel. Das erste Kapitel trägt die Überschrift „Von Kriminalverbrechen überhaupt“[54]. Es enthält Regelungen zu allgemeinen Grundsätzen des materiellen Strafrechts wie der Versuchsstrafbarkeit, Täterschaft und Teilnahme, Böswilligkeit und Fahrlässigkeit sowie Prinzipien der Schuldzurechnung[55]. Dabei konnte nach § 2 StG 1787 ein Kriminalverbrechen ausschließlich begangen werden, wenn in der Person des Täters „böser Vorsatz, und freyer Wille“[56] vorhanden waren. Somit konnte ein Kriminalverbrechen nicht verwirklicht werden, wenn der Beschuldigte lediglich fahrlässig handelte. Das Strafmündigkeitsalter wurde gemäß § 5 lit. d) StG 1787 auf zwölf Jahre festgesetzt[57]. Im zweiten Kapitel des ersten Teils mit der Überschrift „Von den Kriminalstrafen überhaupt“[58] werden allgemeine Grundsätze über die in der *Josephina* angewendeten Strafen und deren Anwendung dargelegt. § 13 des StG 1787 bestimmt die strenge Bindung des Richters an das Gesetz. So ist dieser „an die buchstäbliche Beobachtung des Gesetzes gebunden, so weit in demselben auf die Missethat, die Grösse, und Gattung der Strafe genau, und ausdrücklich bestimmet ist: Es ist ihm bei strenger Verantwortung die gesetzmäßig vorgeschriebene Strafe weder zu lindern, noch zu verschärfen erlaubt. Noch weniger ist er berechtiget, die Gattung der Strafe zu ändern, oder die Bestrafung gegen eine Ausgleichung zwischen dem Verbrecher und dem Beschädigten ganz aufzuheben“[59]. Hatte ein Täter mehrere Straftatbestände verwirklicht, so sollte nach § 15 StG 1787 „die Strafe nach demjenigen Verbrechen, worauf die schärfere Strafe bestimmet ist, zuerkennet, zugleich aber auf jedes Verbrechen wegen Verschärfung der Bestrafung Bedacht genommen werden“[60]. Das dritte Kapitel des ersten Teils behandelt die Kriminalverbrechen, die sich unmittelbar auf die Landesfürsten und den Staat beziehen, worunter unter anderem Majestätsbeleidung (§§ 41 ff. JStG), Landesverrat (§§ 45 ff. JStG) und die Münzfälscherei (§§ 68 ff. JStG) fielen[61]. Im vierten Kapitel des ersten Teils werden die „Verbrechen, die auf das menschli-

53 JStG, Vorrede, Satz 1.
54 JStG, Erster Theil, Erstes Kapitel, Überschrift.
55 Vgl. *Berner*, Die Strafgesetzgebung in Deutschland vom Jahre 1751 bis zur Gegenwart, S. 21.
56 § 2 JStG, Erster Theil.
57 § 5 lit. d) JStG.
58 JStG, Erster Theil, Zweites Kapitel, Überschrift.
59 § 13 JStG, Erster Theil.
60 § 15 JStG, Erster Theil.
61 §§ 41–88 JStG, Erster Theil, Drittes Kapitel; vgl. *Berner*, Die Strafgesetzgebung in Deutschland vom Jahre 1751 bis zur Gegenwart, S. 23.

che Leben, und die körperliche Sicherheit unmittelbare Beziehung haben“[62] vorgestellt. § 89 StG 1787 benennt die einzelnen Delikte des vierten Kapitels. Diese sind der gemeine Mord (§§ 90 ff. JStG), Raubmord (§§ 98 ff. JStG), Meuchelmord (§§ 100 ff. JStG), Bestellung zum Morde (§§ 102 ff. JStG), Zweikampf (§§ 105 ff. JStG), Abtreibung der Leibesfrucht (§§ 112 ff. JStG), Weglegung der Kinder (§§ 116 ff. JStG), gewaltsame Verwundung (§§ 119 ff. JStG), und Gewalt an sich selbst durch Selbstmord (§§ 123 ff. JStG)[63]. Den Straftatbestand des gemeinen Mordes verwirklichte nach § 90 StG 1787, „wer einen Menschen mit tödtlichen Waffen anfällt, oder sonst an ihm auf eine Art gewaltsam Hand anlegt, daß die Verwundung tödtlich, und der Tod des Verwundeten entweder sogleich, oder auch nach einiger Zeit, ohne in der Zwischenzeit zu Stand gebrachte Heilung desselben, nothwendig erfolgt“[64]. Das fünfte Kapitel des ersten Teils behandelt die „Kriminalverbrechen, welche auf die Ehre, und Freyheit unmittelbare Beziehung haben“[65]. Darunter fallen Verleumdung, Nothzucht, Menschenraub, Entführung und unberechtigte Gefangenhaltung[66]. Im sechsten Kapitel werden „Kriminalverbrechen, welche auf Vermögen und Rechte Beziehung haben“[67] aufgeführt. Namentlich handelt es sich dabei um Betrug, Diebstahl, Raub, Brandlegung und zweifache Ehe[68]. Der erste Teil der *Josephina* wird beendet mit dem siebten Kapitel, welches „Von Erlöschung der Verbrechen und Strafen“[69] handelt. Eine besonders bedeutsame Regelung dieses Abschnitts findet sich in § 183 JStG. Diese besagt, dass bei Verbrechen und Strafbarkeit nunmehr keine Verjährung mehr stattfinden kann[70]. Die im zweiten Teil der *Josephina* normierten politischen Verbrechen haben – wie bereits dargestellt – nach heutigen Maßstäben den Charakter von Ordnungswidrigkeiten. Nach § 4 des zweiten Teils war der Versuch von Polizeidelikten nicht strafbar, gemäß § 3 allerdings Anstiftung, Beihilfe und Be-

---

62 JStG, Erster Theil, Vierttes Kapitel, Überschrift.

63 §§ 89–125 JStG, Erster Theil, Viertes Kapitel.

64 § 90 JStG, Erster Theil.

65 JStG, Erster Theil, Fünftes Kapitel, Überschrift.

66 Vgl. *Berner*, Die Strafgesetzgebung in Deutschland vom Jahre 1751 bis zur Gegenwart, S. 25.

67 JStG, Erster Theil, Sechstes Kapitel, Überschrift.

68 Vgl. *Berner*, Die Strafgesetzgebung in Deutschland vom Jahre 1751 bis zur Gegenwart, S. 25.

69 JStG, Erster Theil, Siebtes Kapitel, Überschrift.

70 § 183 JStG, Erster Theil: „Gegen Verbrechen und Strafbarkeit soll künftig keine Verjährung statt finden: und ist der Verbrecher nach dem Gesetze zu behandeln, was immer für eine Zwischenzeit von dem begangenen Verbrechen bis zur Entdeckung desselben verflossen seyn mag“.

günstigung[71]. Umfassende Regelungen zum formellen Recht finden sich im JStG nicht; stattdessen wurden hierfür eigenständige Kodifikationen geschaffen. Das *Verzeichnis der künftigen Kriminalgerichte* vom 30. August 1787 beinhaltete vor allem Vorschriften zur Gerichtsorganisation[72]. Am 1. Juni 1788 wurde schließlich die *Allgemeine Krimal-Gerichtsordnung* erlassen, in welcher detaillierte Regelungen des Strafverfahrensrechts enthalten waren[73].

B) Die Abschaffung der Todesstrafe in der Josephina

I. Allgemeines

1. § 20 JStG

Die zentrale Norm zur Abschaffung der Todesstrafe im zweiten Kapitel des ersten Teils der *Josephina* ist § 20 JStG. Diese Vorschrift bringt nach Berner gar die „wichtigste Veränderung im Strafensysteme"[74] durch das Allgemeine Gesetz über Verbrechen und derselben Bestrafung mit sich, nämlich die Abschaffung der Todesstrafe für alle Verbrechen, bei denen nicht standrechtlich verfahren wird. Das standrechtliche Verfahren wurde in bestimmten Fällen von Aufruhr und Tumulten als Eilverfahren durchgeführt[75]. Nach dem Katechismus über Kaiser Josephs II. Gesetz von Verbrechen und derselben Bestrafung wurde es wie folgt definiert: „Das standrechtliche Verfahren ist, wo der Richter ganz kurz, ohne alle Umschweife, bloß mit Beobachtung des Wesentlichen wider den Verbrecher fürgeht."[76] § 20 JStG lautet wie folgt:

> „Die Todesstrafe soll ausser den Verbrechen, bei welchen nach dem Gesetze mit Standrecht verfahren werden muß, nicht statt finden. In den standrechtlichen Fällen aber ist der Strang zur alleinigen Todesstrafe bestimmet. Der zum Strang verurtheilte Verbrecher wird gehangen, erdrosselt, und ihm die ordentliche Begrabung versaget. Des Verbrechers Körper, nachdem er dem Volke zum Beispiele 12 Stunden hangen geblieben, ist ohne Gepränge, oder Begleitung, wo es seyn kann, neben dem Richtplatze einzuscharren."[77]

---

71 Vgl. *Berner*, Die Strafgesetzgebung in Deutschland vom Jahre 1751 bis zur Gegenwart, S. 20.

72 Vgl. *Ammerer*, Das Ende für Schwert und Galgen, S. 339 ff.

73 Vgl. a.a.O., S. 356 ff.

74 *Berner*, Die Strafgesetzgebung in Deutschland vom Jahre 1751 bis zur Gegenwart, S. 22.

75 Vgl. *Ammerer*, Das Ende für Schwert und Galgen, S. 337; zu den Einzelheiten des standrechtlichen Verfahrens siehe die Ausführungen unter Kap. 8, B), II., 2.

76 Katechismus über Kaiser Josephs II. Gesetz von Verbrechen und derselben Bestrafung, S. 17; zitiert nach *Ammerer*, a.a.O., S. 337.

77 § 20 JStG, Erster Theil.

Die Todesstrafe wurde also für alle Fälle, die kein standrechtliches Verfahren nach sich zogen, abgeschafft. Auffallend ist dabei die knappe Formulierung des § 20 Satz 1 im ersten Teil des StG 1787, welche zudem als Soll-Vorschrift verfasst wurde. Demgegenüber beinhaltet dieselbe Norm in ihren Sätzen 2 bis 4 eine durchaus detaillierte Anleitung für die Verhängung der Exekution in standrechtlichen Verfahren, genauer gesagt in Form des Hängens am Strang und der anschließenden Behandlung des toten Körpers des Delinquenten.

2. Ersatzstrafen

In den Fällen, in denen nicht standrechtlich zu verfahren war, wurde die Todesstrafe durch ein komplexes System aus langwierigen und einschneidenden Freiheitsstrafen ersetzt[78]. In § 21 Satz 1 im ersten Teil des JStG werden die weiteren Kriminalstrafen genannt, nämlich „Anschmiedung, Gefängniß mit öffentlicher Arbeit, Gefängniß allein, Stock-, Karbatsch- und Ruthenstreiche, und Ausstellung auf der Schandbühne"[79]. Strafschärfungen waren gemäß § 21 Satz 2 sowohl möglich durch die längere Dauer der Bestrafung als auch dadurch, „daß damit etwas vereiniget wird, das sie empfindlicher macht"[80]. § 25 im ersten Teil des JStG regelte die Strafe der Anschmiedung, die wie folgt ausgestaltet werden sollte:

> „Die Strafe der Anschmiedung besteht darinn: der Verbrecher wird in schwerem Gefängnisse gehalten, und dermaßen enge angekettet, daß ihm nur zur unentbehrlichen Bewegung des Körpers Raum gelassen wird. Der zur Anschmiedung verurtheilte Verbrecher wird zum öffentlichen Beyspiele alle Jahre mit Streichen gezüchtiget."[81]

Weiterhin waren in § 26 des ersten Teils des JStG die verschiedenen Grade der Gefängnisstrafe normiert, nämlich „a) schwerstes, b) hartes, c) gelinderes Gefängnis"[82]. Die einschneidendste Strafe war dabei die Strafe des schwersten Gefängnisses, die in § 27 geregelt war, der wie folgt lautete:

> „Bei dem schwersten Gefängnisse ist der Verbrecher mit einem um die Mitte des Körpers gezogenen eisernen Ringe Tag und Nacht an dem ihm angewiesenen Orte zu befestigen: auch können ihm, nachdem die ihm auferlegte Arbeit es zuläßt, oder die Gefahr der Entweichung es fordert, schwere Eisen angelegt werden. Dem zum Gefängnisse Verurtheilten ist keine andere Liegerstatt, als auf Brettern, keine andere Nahrung als Wasser oder Brod zuzulassen, und alle Zusammenkunft, oder Un-

---

78 Vgl. *Hartl*, Österreichische Juristen-Zeitung, 32. Jg. (1977), S. 314 f.; *Ammerer*, Das Ende für Schwert und Galgen, S. 337.

79 § 21 Satz 1 JStG, Erster Theil.

80 § 21 Satz 2 JStG, Erster Theil.

81 § 25 JStG, Erster Theil.

82 § 26 JStG, Erster Theil.

terredung nicht nur mit Fremden, sondern auch mit seinen Angehörigen und Bekannten zu untersagen."[83]

Demgegenüber stand nach § 28 des JStG, erster Teil, das harte Gefängnis. Dieses war grundsätzlich mit dem schwersten Gefängnis identisch; allerdings sollten dabei zur Abmilderung der Gefängnisstrafe „a) minder schwere Eisen an die Füsse geleget, b) zween Tage in der Woche ein halb Pfund Fleisch zur Nahrung gegeben werden"[84]. Die Stock-, Karbatsch- und Rutenstreiche wurden im Josephinischen Strafrecht vielfach zur Bestrafung verwendet. Ihre Anwendung war in § 32 JStG, erster Teil, geregelt und konnte im Wege des öffentlichen Vollzugs sowohl als Primärstrafe als auch zur Strafschärfung erfolgen[85]. Unter einem Karbatschstreich verstand man den Hieb mit der Karbatsche, einer Lederpeitsche. Vom Ende des 17. Jahrhunderts bis zum beginnenden 19. Jahrhundert waren Karbatschstreiche zur Bestrafung geringfügiger Delikte wie Bettelei oder als Zusatzsanktion für Insassen von Arbeitshäusern gebräuchlich[86]. Eine weitere Sanktion der *Josephina* war die sowohl als Hauptstrafe als auch als Nebensanktion angewandte Ausstellung auf der Schandbühne gemäß § 33 JStG. Bei dieser Bestrafung wurde der Verurteilte „in Eisen geschlossen, und bewachet in einem zur Zusammenkunft des Volks geräumigen Orte auf einem erhöhten Gerüste durch drey aufeinander folgende Tage jedesmal eine Stunde lang der öffentlichen Schau ausgestellet, und in einer ihm vor der Brust hangenden Tafel mit einigen Worten das begangene Verbrechen angezeiget"[87]. Ein wichtiger Bestandteil diverser Ersatzstrafen war die in § 35 JStG normierte öffentliche Kundmachung des Verbrechers. Diese „besteht darin, daß der Name des Verbrechers mit umständlicher, ihn kennbar bezeichnender Beschreibung seiner Gestalt, die begangene Missethat, und das zuerkannte Strafurtheil allgemein auf diejenige Art bekannt gemacht wird, die nach der Verfassung eines jeden Landes zur allgemeinen Kundmachung in andern Fällen eingeführet ist"[88].

---

83 § 27 JStG, Erster Theil.

84 § 28 JStG, Erster Theil.

85 Vgl. *Berner*, Die Strafgesetzgebung in Deutschland vom Jahre 1751 bis zur Gegenwart, S. 23.

86 Vgl. *Speer u.a.*, in: Deutsches Rechtswörterbuch, Bd. 7, Sp. 431.

87 § 33 JStG, Erster Theil.

88 § 35 JStG, Erster Theil.

II. Einzelheiten

1. Die Anwendung der Ersatzstrafen im Verhältnis zur Abschaffung der Todesstrafe

Nur kurze Zeit nach der gänzlichen Eliminierung der Todesstrafe in der *Leopoldina* wurde diese auch in Österreich durch die *Josephina* mit der Ausnahme der standrechtlichen Verfahren abgeschafft. Die heutigen Ansichten zum tatsächlichen Gehalt und zu den Wirkungen dieser Maßnahme unter Kaiser Joseph II. divergieren jedoch. Dies gilt insbesondere auch im Vergleich zur *Leopoldina.* Insbesondere stellt sich die Frage, ob man das Verfahren der *Josephina* als ähnlich progressiv wie das toskanische Strafgesetzbuch beurteilen kann oder ob im Vergleich beider Strafgesetze signifikante Unterschiede auszumachen sind. In der Österreichischen Rechtsgeschichte von Baltl und Kocher wird das Allgemeine Gesetz über Verbrechen und derselben Bestrafung „auf dem Boden der Abschreckungstheorie mit grausamen Strafen – jedoch ohne Todesstrafe im ordentlichen Verfahren – und war im allgemeinen fortschrittlich“[89] bewertet. Nach Ammerers Auffassung hingegen greift diese Einschätzung „zu kurz und forderte zu einer genaueren Quellenanalyse und zumindest zu einer Modifizierung der knappen Beurteilung heraus“[90]. Dabei wirft er die Fragen auf, inwieweit die Einführung von Ersatzstrafen, die gleichwohl in der Lage waren, den schnellen Tod des Verurteilten zu verursachen, tatsächlich als Abschaffung der Todesstrafe gelten kann und wie die Aufrechterhaltung der Lebensstrafe im standrechtlichen Verfahren zu bewerten ist[91]. Diese Fragestellungen erscheinen berechtigt, wie sich auch im Rahmen eines Vergleichs der josephinischen Ersatzstrafen mit der *Leopoldina* zeigt. Deutlich wird dies beispielshalber an der Strafe der öffentlichen Brandmarkung, die in § 24 JStG, erster Teil, geregelt war. § 24 lautet:

> „Bei Verbrechen, worauf in dem Gesetze eine langwierige Strafe im zweyten Grade verhängt ist, kann der Strafe auch die öffentliche Brandmarkung beygefüget werden, besonders wenn die vorzüglich böse Eigenschaft und die Gefährlichkeit des Verbrechers die Vorsicht fordert. Dem hierzu verurtheilten Verbrecher ist bey dem Eintritte in seine Strafe öffentlich auf beyden Wangen das Zeichen eines Galgens kennbar und so einzuschröpfen, daß es weder durch die Zeit, noch auf andere Art verlöschet werden kann. Die Verhängung der öffentlichen Brandmarkung aber kann nur von dem Kriminal-Obergerichte geschehen.“[92]

89 *Baltl / Kocher*, Österreichische Rechtsgeschichte, S. 186.
90 *Ammerer*, Das Ende für Schwert und Galgen, S. 383.
91 Vgl. ebd., S. 383.
92 § 24 JStG, Erster Theil.

§ 23 JStG, erster Teil, a.E., definiert, dass die „Dauer einer langwierigen Strafe im zweiten Grade nie unter 30. Jahren, jedoch nach Umständen auch bis auf 100. Jahre ausgemessen werden“[93] konnte. Damit handelte es sich bei der langwierigen Strafe zweiten Grades um die längste Art der Freiheitsstrafe in der *Josephina*. Neben der langjährigen Inhaftierung im Kerker konnte nach § 24 also die den Delinquenten auf Dauer entstellende Brandmarkung im Gesicht ausgesprochen werden, wenn gegen ihn eine Freiheitsstrafe von 30 Jahren und mehr verhängt wurde. Ammerer beschreibt diese Sanktion als „Form der sozialen Tötung“[94]. Und in der Tat waren die Verurteilten durch die lebenslang sichtbare Brandmarkung für jedermann als Schwerverbrecher erkennbar, auch wenn sie ihre Kerkerstrafe bereits verbüßt hatten. Sie waren damit faktisch vom sozialen Leben auf Dauer ausgeschlossen. Die bereits angesprochene Strafe des schwersten Gefängnisses nach § 27 JStG, erster Teil, beinhaltete die dauerhafte Befestigung des zu Kerkerhaft Verurteilten mit einem um die Körpermitte herum angebrachten Eisenring unter widrigsten Bedingungen[95]. Ein großer Teil der zu schwerstem Gefängnis verurteilten Personen war nicht in der Lage, diese Tortur ohne menschliche Kontakte und frische Luft über längere Zeit zu überstehen. Die mit der schweren Kerkerstrafe in Eisen einhergehenden körperlichen und seelischen Strapazen führten oftmals dazu, dass die Häftlinge dem Wahnsinn verfielen oder zeitig verstarben[96]. Die Situation in den Zuchthäusern wurde von mehreren Autoren als lebensfeindlich beschrieben. Ein prominenter Kritiker der Gefängnisse unter Joseph II. war der Londoner John Howard (1726–1790), der sein Leben vor allem der Reform des Strafvollzugs widmete[97]. Mehrfach besuchte Howard zwischen 1775 und 1790 Gefängnisse in Mitteleuropa und unterbreitete Vorschläge zu deren Verbesserung Bereits zu Lebzeiten Maria Theresias hatte er sich ihr gegenüber kritisch über den Zustand der Zuchthäuser und fehlende Anstaltsvorschriften geäußert[98]. Im Zuge eines Aufenthalts in Wien im Dezember 1786, also unmittelbar vor dem Inkrafttreten der *Josephina*, bemängelte Howard unter anderem die Isolation der Gefangenen sowie die Überbelegung der finsteren Kerker[99]. Diese Verhältnisse änderten sich auch in den

93 § 23 JStG a.E., Erster Theil.
94 *Ammerer*, Das Ende für Schwert und Galgen, S. 395.
95 Vgl. hierzu die Ausführungen unter Fn. 84 dieses Kapitels.
96 Vgl. *Ammerer*, Das Ende für Schwert und Galgen, S. 396; *Hartl*, Das Wiener Kriminalgericht, S. 408.
97 Vgl. *Wesel*, Geschichte des Rechts in Europa, S. 361 ff.
98 Vgl. *Howard*, John Howards appendix, S. 62; *Ammerer*, Das Ende für Schwert und Galgen, S. 90.
99 Vgl. *Ludwig*, John Howard's Nachrichten, S. 164 ff; *Ammerer*, a.a.O., S. 91 f.

ersten Jahren der Anwendung des Josephinischen Strafgesetzes nicht spürbar. Der Eisenring wurde erst im Jahr 1833 abgeschafft[100]. Eine weitere einschneidende Sanktion, die zwar formell keine Ersatzstrafe war, aber gleichwohl vom Kaiser im Rahmen von Strafminderungen verhängt werden konnte, war das Schiffziehen[101]. Normiert wurde das Schiffziehen nicht schon im Allgemeinen Gesetz über Verbrechen und deren Bestrafung, sondern erst im Jahr darauf in § 188 KGO[102]. Wurde den Verurteilten die Strafe des Schiffzugs auferlegt, mussten diese mit schweren Fesseln beladen und aneinander gekettet unter widrigen Bedingungen stundenlang Schiffe vor allem auf der ungarischen Donau entgegen der Strömung ziehen[103]. Bereits im Vorfeld der Einführung der *Josephina* hatte die Oberste Justizstelle 1785 die Frage aufgeworfen, für welche Verbrecher das Schiffziehen als Substitut der Todesstrafe angewendet werden könne. In der Praxis wurde dies so gehandhabt, dass sowohl Schwerstverbrecher als auch wegen minder schwerer Delikte wie Diebstahl und Betrug je nach Arbeitsbedarf zum Schiffziehen verurteilt werden konnten. Hierbei spielte der körperliche Zustand der Delinquenten oftmals keine Rolle. Gemäß § 191 KGO konnte auch ein Verurteilter, der „sich so übel betrage, daß daraus abzunehmen ist, die Strafe wirke nicht zu dessen Besserung“[104] zum Schiffzug abkommandiert werden[105]. Aufgrund der schwierigen Bedingungen bei Wind und Wetter und der körperlichen Strapazen, welche die Strafe des Schiffziehens mit sich brachte, kamen immer wieder Verurteilte durch diese Art der Bestrafung zu Tode. So findet sich in den Mitteilungen des Hofkriegsrats die Angabe, dass zwischen 1784 und 1789 von – wohl circa – 1200 zum Schiffziehen Verurteilten 740 Personen ums Leben kamen. Dies bedeutet eine Todesrate von über 60 Prozent[106]. Bedenkt man die Tatsache, dass in den 1770er Jahren pro Jahr um die 30 Exekutionen an zum Tode Verurteilten vollzogen wurden, ergibt sich das Bild einer signifikanten Erhöhung der durch Bestrafung zu Tode gekommenen Personen trotz formaler Abschaffung der Todesstrafe. Angesichts der genannten Substitute ist die Abschaffung der

---

100 Vgl. *Hartl*, Grundlinien der österreichischen Strafrechtsgeschichte bis zur Revolution von 1848, S. 39; *Ammerer*, a.a.O., S. 396.

101 Vgl. *Ammerer*, a.a.O., S. 387.

102 § 188 KGO; vgl. a.a.O., S. 388.

103 Vgl. *Anonymus*, Kurze Uebersicht der Lebens- und Regierungs-Jahre Kaiser Joseph II., S. 53 ff.; *Ammerer*, a.a.O., S. 383 f.

104 § 191 KGO.

105 Vgl. *Ammerer*, Das Ende für Schwert und Galgen, S. 388.

106 Vgl. *Macho*, Joseph II. – Die Condemnatio ad poenas extraordinarias, S. 117; die runden Zahlen deuten darauf hin, dass es sich hier nicht um personengenaue, sondern nur um ungefähre Angaben handelt, deren Plausibilität sich gleichwohl aus der Zusammenschau mit anderen Quellen ergibt; vgl. hierzu *Ammerer*, a.a.O., S. 390 m.w.N.

Lebensstrafe daher nicht ausschließlich im Lichte der gesetzgeberischen Milde zu betrachten, sondern auch eingedenk der Tatsache, dass das Sanktionensystem der *Josephina* immer noch brutale und lebensfeindliche Bestrafungsmechanismen bereithielt. Joseph II. hob die Strafe des Schiffziehens schließlich mit Dekret vom 19. Juli 1790 aufgrund der vielen Todesfälle und der damit einhergehenden immer wieder geäußerten Zweifel an ihrer Rechtmäßigkeit auf[107].

2. *Standrechtliche Verfahren*

Wie bereits erörtert, bestimmte § 20 im ersten Teil des JStG, dass die Todesstrafe grundsätzlich in den habsburgischen Erblanden im Geltungsbereich der *Josephina* abgeschafft werden sollte – davon ausgenommen waren jedoch die standrechtlichen Verfahren[108]. Standrechtlich zu verfahren war bei den Verbrechen des Aufruhrs und des Tumults, deren Strafbarkeit in den §§ 50 bis 53 JStG, erster Teil, normiert wurde. § 50 definiert Aufruhr und Tumult folgendermaßen:

> „Aufruhr und Tumult jede eigenmächtige Zusammenrottung mehrerer Personen, um der Obrigkeit mit Gewalt Widerstand zu leisten, die Absicht eines solchen Widerstandes mag nun seyn, um von der Obrigkeit etwas zu erzwingen, oder eine aufliegende Pflicht nicht zu leisten, oder eine getroffene Anstalt von was immer für einer Geltung zu vereiteln; Auch ist es als Aufruhr und Tumult gleich anzusehen, die Gewaltthätigkeit mag unmittelbar gegen die Person der Obrigkeit selbst, oder gegen einen Beamten, und untern Diener, welche zu Ausführung ihrer Anordnungen bestimmet sind, verübet werden. Daher sich dieses Verbrechens auch diejenigen Unterthanen schuldig machen, welche sich wider ihren Grund, Dorf, Vogt, oder Gerichtsherrn, oder dessen Beamten, wie auch Gemeinden, die sich wider ihren Vorsteher aus Widersetzung zusammenrotten."[109]

Die Bestrafung von Aufruhr und Tumult ist in § 53 JStG, erster Teil, geregelt, welcher wie folgt lautet:

> „Jedermann, der sich in einem Aufruhr oder Tumult miteinziehen lässt, setzt sein Leben in Gefahr, wenn es so weit kommt, daß die Zusammengerotteten mit offner Gewalt zerstreuet werden müssen. Bey diesem Verbrechen hat das standrechtliche Verfahren einzutreten, und können nach den verschiedenen Rücksichten auf das Verbrechen und den Verbrecher alle Gattungen der Strafen dagegen statt finden. Von Seite des Verbrechens kommt das Maaß der weit aussehenderen Absicht, die Gefährlichkeit des Anschlages, und der zur Ausführung gebrauchten Mittel, die Wichtigkeit der hieraus entstandenen Folgen: Von Seite des Verbrechers aber der Grad der Antheilnehmung und bezeigten Thätigkeit zu erwegen. Bey dem höchsten Grade der Bosheit und Gemeinschädlichkeit sind daher die Rädelsführer nebst

107 Vgl. *Ammerer*, a.a.O., S. 390 f.
108 § 20 JStG, Erster Theil.
109 § 50 JStG, Erster Theil.

Einziehung des Vermögens, so in diesem Falle dem Staate ohne Rücksicht auf die etwan vorhandenen Kinder ganz heimfällt, zur Todesstrafe zu verurtheilen."[110]

Die prozessuale Ausgestaltung des standrechtlichen Verfahrens war nicht in der *Josephina* geregelt, sondern in der mehr als ein Jahr nach dieser erlassenen Allgemeinen Kriminal-Gerichtsordnung (KGO), dort im 18. Hauptstück in den §§ 238 bis 249 KGO. Gemäß § 246 KGO konnte das standrechtliche Verfahren nur auf zwei Arten beendet werden, nämlich entweder durch Freispruch oder aber durch Tod am Galgen[111]. Nach § 239 Satz 1 KGO konnte das Standrecht auch Anwendung finden, „wenn Raub, Mord, Brandlegung in einem Bezirke dermassen um sich greifen, daß um dem eingerissenen Uibel Einhalt zu thun nötig wird, durch standrechtliches Verfahren Schrecken zu verbreiten"[112]. § 239 Satz 2 KGO schränkte diese Befugnis dahingehend ein, dass seitens des Landesfürsten und des Kriminalobergerichts die akute Bedrohung für den jeweiligen Bezirk bestätigt wurde, aus welcher sich die Notwendigkeit des Standrechts ergab[113]. Das standrechtliche Urteil musste binnen 24 Stunden gefällt werden. Wenn dies nicht möglich war, musste das Verfahren gemäß § 245 KGO an die ordentliche Strafgerichtsbarkeit zur weiteren Untersuchung abgegeben werden[114]. Insbesondere aufgrund der Regelung des § 239 KGO, mit welcher das seiner Natur nach für die Militärgerichtsbarkeit konzipierte Standrecht auch bei Raub, Mord und Brandstiftung angewandt werden konnte, lässt sich die Einführung der Allgemeinen Kriminal-Gerichtsordnung 1788 zumindest als partielle Abkehr von dem Grundsatz der gesetzgeberisch intendierten Abschaffung der Todesstrafe ansehen[115]. Durch die Ausweitung auf Delikte des allgemeinen Strafrechts lag es bei den genannten schweren Verbrechen im Ermessen der Landesfürsten und der Gerichte, ob Lebensstrafen im standrechtlichen Verfahren ausgesprochen wurden. Dieser Paradigmenwechsel ist als umso einschneidender zu bewerten, als dabei der strafrechtliche Untersuchungsgrundsatz durch ein Eilverfahren ersetzt wurde, in welchem zwar die Schuld des Täters zu beweisen war, die ordnungsgemäße Sachverhaltsaufklärung angesichts der genannten Frist von 24 Stunden jedoch nur sehr eingeschränkt möglich war.

110 § 53 JStG, Erster Theil.
111 § 246 KGO.
112 § 239 Satz 1 KGO.
113 § 239 Satz 2 KGO.
114 § 245 KGO.
115 Vgl. *Ammerer*, Das Ende für Schwert und Galgen, S. 401.

3. Öffentlicher Diskurs

Wie bereits gezeigt, gingen der Publikation der *Josephina* kontroverse Diskussionen innerhalb der für den Gesetzesentwurf verantwortlichen Gremien voraus. Auch im öffentlichen Diskurs, der in Politik, Wissenschaft und Gesellschaft geführt wurde, divergierten die Ansichten zur Todesstrafe. Erleichtert wurde die Möglichkeit des Diskurses durch die zunehmenden Erweiterungen der Pressefreiheit und Zensurerleichterungen während der Regentschaft von Joseph II., die er aus seinem Verständnis des vernunftbegabten Bürgers im Sinne der Aufklärung schöpfte. Zwischen 1781 und 1788 entstanden diverse Abhandlungen zur Todesstrafe, die sich der Thematik sowohl aus wissenschaftlicher als auch aus populärer Perspektive annäherten. Als Beispiel lassen sich die sogenannten „josephinischen Broschüren" nennen, die nach der Lockerung der Pressegesetze veröffentlicht wurden. Dabei handelte es sich um einen Oberbegriff für Presseerzeugnisse, die vor allem aus populärwissenschaftlichen Abhandlungen bestanden und vorwiegend unter dem Einfluss der Aufklärung standen[116]. Wichtige Publikationen zur Thematik der Todesstrafe in Österreich im genannten Zeitraum waren beispielshalber *Uiber die Justizpflege, eine Abhandlung zum Wohle der Menschheit* von J.B.W. (1781), *Die Todesstrafe* von Faustin (1785), oder *Freymüthige Gedanken über die Schärfe mancher Strafen* (1786) die wie viele andere derartige Schriften unter einem Pseudonym oder anonym verfasst wurden. Auch der Satiriker Franz Xaver Huber (1755–1814) befasste sich in den 1780er Jahren in diversen Werken mit der Todesstrafe[117]. Die in Wissenschaft und Öffentlichkeit vertretenen Auffassungen beeinflussten einander gegenseitig[118]. Hauptsächlich drehte sich die Diskussion zwischen Befürwortern und Gegnern der Todesstrafe um Sinn und Legitimation der staatlichen Strafgewalt. Der kaiserliche Auftrag zur Prüfung neuer Ansätze zum Umgang mit der Todesstrafe aus dem Jahr 1781 war gleichsam Startpunkt für die Debatte um diese Thematik in der Öffentlichkeit[119]. Der Verbreitung der bereits genannten „josephinischen Broschüren" führte zu einer mitunter kritischen Würdigung der gesetzgeberischen Intentionen bei der Bevölkerung[120]. Teilweise war zu beobachten, dass die Publikationen unter dem Eindruck starker Emotionen verfasst worden waren. Die Argumente gegen die Todesstrafe waren sowohl moralischer Natur als auch gegen

---

116 Vgl. a.a.O., S. 182 f.

117 Vgl. a.a.O., S. 189 f.

118 Vgl. *Becker*, Österreichische Zeitschrift für Gesellschaftswissenschaften 4. Jg., H 4 (1993), S. 664; *Ammerer*, a.a.O., S. 182 f.

119 Vgl. *Ammerer*, a.a.O., S. 182.

120 Vgl. *Bodi*, Tauwetter in Wien, S. 280 ff.

ihre Wirksamkeit als Instrument zur Verbrechensbekämpfung gerichtet. Zur Emotionalisierung der Diskussion trug nicht zuletzt auch die öffentliche Verbreitung gerichtlicher Einzelfälle im Vorfeld des Inkrafttretens der *Josephina* bei, welche in der publizistischen Literatur zu Justizskandalen hochstilisiert wurden. In der Bewertung aus heutiger Sicht dürften jedoch eher die für die Öffentlichkeit missliebigen Ergebnisse dieser Strafverfahren zur allgemeinen Empörung beigetragen haben[121]. Befürworter der Todesstrafe verwiesen demgegenüber vorwiegend auf ihre Abschreckungswirkung, die zur Bekämpfung der Straftaten notwendig sei, und auf die Ideen der Vermeidung von Rückfällen durch Spezialprävention. In der breiten Bevölkerung war auch der Vergeltungsgedanke verbreitet. An den öffentlichen Debatten, die zwischen 1781 und 1787 geführt worden sowie anhand von einschlägigen Zeitungen, Broschüren und Romanen lässt sich ein differenziertes Meinungsbild erkennen, sodass man nicht von einer homogenen Einstellung der Öffentlichkeit zur Todesstrafe zu sprechen vermag[122].

C) Geistige Grundlagen für die Abschaffung der Todesstrafe in der Josephina

I. Ideelle Einflüsse

Zwischen dem Inkrafttreten von *Leopoldina* und *Josephina* lagen nur in etwa anderthalb Monate. Somit liegt der Schluss nahe, diese beiden Strafrechtskodifikationen als geistige Geschwister anzusehen, zumal die beiden Regenten, unter deren Herrschaft der Erlass erfolgte, ebenfalls Brüder waren. Die ideellen Grundlagen beider Werke divergierten jedoch durchaus. Joseph II. war wie bereits angesprochen mit den Werken diverser Rechtsphilosophen vertraut, unter anderem Pufendorf, Montesquieu und Beccaria. Die vom Kaiser ernannten Hauptgutachter jedoch empfahlen vor allem die geistigen Vorbilder der *Leopoldina* als Ideengeber des Allgemeinen Gesetzes über Verbrechen und derselben Bestrafung. Im Laufe der Beratungen über den Gesetzesentwurf erfolgte ein reger Austausch von Informationen und Meinungen zwischen den toskanischen Behörden und den Wiener Hofstellen. Die gewonnenen Erkenntnisse flossen auch in die Hauptgutachten ein[123]. So finden sich im Gutachten des Hofrats Karl Anton von Martini unter anderem Verweise auf die Gedanken von

121 Vgl. *Ammerer*, Das Ende für Schwert und Galgen, S. 192 ff.
122 Vgl. a.a.O., S. 203 ff.
123 Vgl. a.a.O., S. 96.

Paolo Risi, mit denen sich auch der toskanische Großherzog Pietro Leopoldo intensiv beschäftigt hatte[124]. So bemerkte Martini in seinem Gutachten:

> „Nicht allein der Marquis Beccaria, sondern auch der Paul Risi haben in Ansehung der Italiener beobachtet, daß die entsetzlichen Scenen der Hinrichtung zu nichts weiter dienen, als bei einigen Mitleiden zu erregen, und bei anderen die bloße Neugierde zu befriedigen, öfters auch wilde Grausamkeit zu erwecken, oder zu vermehren."[125]

Neben Cesare Beccaria berief sich Martini auch auf die kritischen Anmerkungen Montesquieus, und rezipiert letzteren dahingehend, dass dieser eine übermäßige Härte der Strafen „als Kennzeichen des Despotismus"[126] ansah. Nicht nur die geistigen Einflüsse der toskanischen Denker, sondern auch die tatsächlichen Gegebenheiten der toskanischen Strafpraxis beeinflussten die Entstehung der *Josephina*. Das pisaische System von Ersatzsanktionen wie der Kettenstrafe, dem Pranger und der Holzbank, auf welche der Verurteilte befestigt und mit diversen Geräten geschlagen wurde, diente als Vorlage für die Substitute des StG 1787[127]. Ein weiteres Vorbild fand sich in der Mailänder Gefängnisordnung von 1771, in welcher festgelegt war, dass die Arbeitskraft sämtlicher Gefangenen dem Gemeinwesen zur Verfügung stehen sollte[128]. Martini selbst wurde 1785 nach Mailand gesandt, um dort eine neue Gerichtsordnung zu installieren[129]. Daran lässt sich die enge Verbindung zwischen der österreichischen und der lombardischen strafrechtlichen Theorie und Praxis erkennen.

II. Die Wirkung des Cesare Beccaria auf die Josephina

Neben der Mailänder Gefängnisordnung und der damit zusammenhängenden Strafrechtspraxis war vor allem auch das Werk des Cesare Beccaria eine wichtige geistige Grundlage des Allgemeinen Gesetzes über Verbrechen und derselben Bestrafung. Joseph II. kannte Beccarias Hauptwerk *Dei delitti e delle pene* gut und sah sich auch im Rahmen eines Mailandbesuchs im Jahr 1769, in dessen Rahmen der Kaiser auch in Sitzungen des Kriminalsenats zugegen war, mit den Forderungen Beccarias konfrontiert. Enge Mitarbeiter des Regenten wie der Leiter des Italienischen Departements der Staatskanzlei, Hofrat Sperges,

124 Siehe hierzu die Ausführungen unter Kap. 7, C), I.
125 *Martini*, Votum, S. 20, zitiert nach *Ammerer*, Das Ende für Schwert und Galgen, Anhang 3a, S. 496.
126 Ebd.
127 Vgl. *Ammerer*, Das Ende für Schwert und Galgen, S. 99 ff.
128 Vgl. *Canosa / Colonnello*, Storia del Carcere, S. 119.
129 Vgl. *Ammerer*, Das Ende für Schwert und Galgen, S. 95.

und Graf Kaunitz waren starke Sympathisanten der Ideen des Milanesen[130]. Der Schluss liegt nahe, dass diese Mitarbeiter ebenfalls einen entsprechenden Einfluss auf die Einstellung von Joseph II. zur Todesstrafe ausgeübt haben. Im Gegensatz zur *Leopoldina* haben Diskussionen, ob Cesare Beccaria maßgeblichen Einfluss auf die Entstehung der *Josephina* hatte oder nicht, keinen nennenswerten Eingang in die wissenschaftliche Literatur gefunden. Es wird angenommen, dass Beccarias Werk zweifelsohne einen wichtigen Einfluss auf das josephinische Strafgesetz ausübte, gleichzeitig aber auch andere Denker als Ideengeber fungierten[131]. Wie auch im toskanischen Gesetzbuch finden sich in der *Josephina* diverse Neuerungen im Hinblick auf den Umgang mit der Todesstrafe, die ihre Entsprechung in den Forderungen Beccarias finden. Bekanntermaßen verbreitete dieser die Idee, dass lebenslange Zwangsarbeit im Vergleich zur Todesstrafe besser geeignet sei, die gewünschte Abschreckungswirkung zu erzielen und gleichzeitig dem Gedanken der Humanität Rechnung zu tragen[132]. Wie auch Joseph II. hielt Beccaria die Todesstrafe jedoch in Ausnahmefällen unverzichtbar, um schweren Schaden von den staatlichen Institutionen abzuwenden. Dass dieser Gedanke sich im Allgemeinen Gesetz über Verbrechen und derselben Bestrafung widerspiegelt, geht aus § 20 und § 53 des ersten Teils im JStG hervor. Demnach war bei den staatsfeindlichen Delikten Aufruhr und Tumult das standrechtliche Verfahren durchzuführen, welches bei Beweisbarkeit der Tatbegehung die unverzügliche Exekution ohne ordentliches Verfahren zur Folge hatte. Die *Josephina* übernahm also Beccarias Doktrin, nach welcher schwere Verfehlungen gegen die staatliche Handlungshoheit zur Abwehr von Schäden für die Allgemeinheit zur Tötung des Verbrechers führen sollten im Rahmen der Fortgeltung der Todesstrafe im Standrecht. Im Vergleich mit der ideellen Prägung seines Bruders Leopold, dessen Ablehnung der Todesstrafe vor allem im Gedanken der Menschenwürde gründete, lassen sich bei Joseph II. und seinen Gutachtern weitgehendere utilitaristische Erwägungen, wie sie auch in Beccarias Denken vorhanden waren, erkennen. Zwar waren diese bei Pietro Leopoldo auch gegeben, aber gegenüber der Konzeption der Menschenwürde eher untergeordneter Natur[133]. Das Werk des Cesare Beccaria war also für das Allgemeine Gesetz über Verbrechen und derselben Bestrafung eine bedeutende ideelle Quelle. Der Einfluss Beccarias in der *Josephina* dürfte insbesondere aufgrund der Beibehaltung der

130 Vgl. a.a.O., S. 51.

131 Zu diesem Ergebnis kommt der Verfasser auch für Beccarias Einfluss auf die Leopoldina; siehe hierzu die Ausführungen unter Kap. 7, C), II.

132 Vgl. *Beccaria*, Von Verbrechen und Strafen, § XXVIII, S. 132 ff.; *Rother*, Verbrechen, Folter, Todesstrafe, S. 64.

133 Siehe hierzu die Ausführungen unter Kap. 4, A), I., 3.

Lebensstrafe im standrechtlichen Verfahren sogar über dessen Wirkung für die *Leopoldina* hinausgehen, wobei der Marchese auch für diese ein wichtiger Ideengeber war[134].

III. Die Wirkung des Joseph von Sonnenfels auf die Josephina

Im Besonderen soll an dieser Stelle noch eingegangen werden auf den Einfluss des Joseph von Sonnenfels auf die Behandlung der Todesstrafe in der *Josephina.* In seinem dreiteiligen Traktat *Grundsätze aus der Policey, Handlung und Finanz – Zu dem Leitfaden des politischen Studiums* setzte Sonnenfels sich unter anderem intensiv mit Fragen der Reformierung des Strafrechts im Sinne der Aufklärung auseinander[135]. Sonnenfels berief sich dabei in vielen Punkten auf die Lehre Montesquieus[136]. Er vertrat Positionen, die denen Beccarias in vielen Punkten sehr ähnlich waren, und beanspruchte deren geistige Urheberschaft[137]. Seine Gegnerschaft der Todesstrafe begründete er wie der Milanese mit Nützlichkeitserwägungen. Er vertrat die Auffassung, dass die Tötung von Verbrechern durch den Staat der Förderung des Gemeinwohls entgegensteht[138]. Vertretbar sei diese nur, wenn das Wohl der Allgemeinheit nicht auf andere Weise wiederhergestellt werden könne, was bei schweren Verbrechen gegen die Obrigkeit wie Hochverrat der Fall sei[139]. Obwohl er durch diese als progressiv geltenden Ansichten im Vorfeld des Erlasses der *Theresiana* starken Anfeindungen von Konservativen ausgesetzt war, wurde er von Maria Theresia 1769 zum Wirklichen Regierungsrat ernannt und mit Beratungsaufgaben betraut, auch wenn die Kaiserin seine Einstellung zur Abschaffung der Todesstrafe nicht teilte[140]. Ab 1781 war er dann an den Arbeiten zu den Gesetzesentwürfen unmittelbar beteiligt. Zur Rezeption der Ideen von Sonnenfels wird 1788 von einem anonymen Autor im patriotischen Blatt angemerkt:

> „Die in seinen Schriften vorgetragenen Grundsätze, und die Lehren, welche seine zu wichtigen Staatsämtern beförderten Schüler in Ausübung brachten, fanden in Deutschland, so wie des Hrn. v. Beccaria seine in Italien, den stärksten Eingang bei den weisesten der Selbstdenker unter den Regenten, und hatten dadurch einen

134 Siehe hierzu die Ausführungen unter Kap. 7, C), II.
135 Vgl. *Martschukat*, Inszeniertes Töten, S. 58 f.
136 Vgl. *Ammerer*, Das Ende für Schwert und Galgen, S. 49 ff.
137 Vgl. a.a.O., S. 54 f.
138 Vgl. *von Sonnenfels*, Grundsätze der Policey, Handlung und Finanz, § 359, S. 223; vgl. *Ammerer*, a.a.O., S. 55.
139 Vgl. *Kopetzky*, Josef und Franz von Sonnenfels, S. 208.
140 Vgl. *Ammerer*, Das Ende für Schwert und Galgen, S. 56.

vorzüglichen Antheil an der heilsamsten Umschaffung der Kriminalgerichtigkeitspflege."[141]

Im Vergleich zu Beccaria, der mehrfach mit dem Empfinden als weiterem Argument für seine Vorstellung von der Gerechtigkeit argumentierte, waren die Gründe von Sonnenfels ausschließlich zweckrationaler Natur[142]. Wie bereits geschildert, wurde Sonnenfels im Verlauf der Gesetzgebungsarbeiten zwischen 1783 und 1786 von Joseph II. mehrfach mit der Überprüfung der Entwürfe betraut, wobei diese Arbeiten nach der kaiserlichen Vorgabe vorrangig stilistische Redaktionsarbeiten beinhalten sollten[143]. Gleichwohl nahm Sonnenfels auch diverse inhaltliche Korrekturen nach eigenem Gusto vor, welche auch teils Eingang in das neue Gesetz fanden. Diese Änderungen gingen sogar soweit, dass noch im November 1786 Strafnormen komplett geändert oder sogar – wie § 33 JStG, erster Teil, der die Strafe der Schandbühne regelte – noch neu eingefügt wurden. Zu den in diesem Rahmen von Sonnenfels überarbeiteten Vorschriften zählte auch § 20 JStG, erster Teil, in welchem bekanntlich die Abschaffung der Todesstrafe normiert war[144]. An dieser Entscheidungsgewalt zeigt sich die starke Wirkung, die Joseph von Sonnenfels auf die *Josephina* ausübte. Nachdem er den Gesetzestext zu einer letztmaligen Überarbeitung erhalten hatte, legte er bei dessen Rückgabe ein Begleitschreiben bei, in welchem er folgende Ausführungen machte:

> „Hier folgt von mir neuerdings im Stile übersehen, und in den wenigen Stellen, wo es mir nöthig schien, berichtigte Kriminalgesetz, dessen Eingang ich dem Befehl Sr Majtt[145] eine mehrere Deutlichkeit gegeben zu haben, glaube. Es sind mir zwar auch sonst einige nicht ganz unwichtige Zweifel aufgestossen, welche mir zu verschiedenen kleinen abänderungen Veranlassung geben; und worüber ich mir die Ursache meiner jedesmaligen Beantwortung aufgezeichnet habe. Allein ich finde nicht nöthig dieses kleine Rappulare beizulegen, da ich erwarte, daß diese Ursachen von selbst auffallen werden."[146]

Jedenfalls lässt sich feststellen, dass Joseph von Sonnenfels eine bedeutende Rolle zukommt, welche sowohl seinen ideellen Einfluss als auch seine unmittelbare Mitwirkung an der Entstehung der *Josephina* betrifft.

---

141 *Anonymus*, Patriotisches Blatt, H 8 (1788), S. 369 f.
142 Vgl. *Ammerer*, Das Ende für Schwert und Galgen, S. 59.
143 Vgl. ebd.
144 Vgl. a.a.O., S. 317.
145 Sr Majtt = Seiner Majestät, Anm. d. Verf.
146 *Sonnenfels*, Schreiben vom 31. Dezember 1786; zitiert nach *Ammerer*, Das Ende für Schwert und Galgen, S. 321.

D) Die Wiedereinführung der Todesstrafe in Österreich

I. Veränderungen unter Leopold II. und Franz II.

Am 20. Februar starb Joseph II. in Wien an Tuberkulose[147]. Sein Bruder Leopold II., von 1765 bis 1790 als Pietro Leopoldo Granduca des Großherzogtums Toskana, trat dessen Nachfolge als römisch-deutscher Kaiser an. Sogleich bemängelte der neue Regent des Heiligen Römischen Reiches die mangelhaften Haftbedingungen in den Arbeits- und Zuchthäusern sowie die Unmenschlichkeit von Ersatzstrafen wie dem Schiffziehen und der schweren Kerkerstrafe. Diese Einschätzung wurde auch vom Staatsrat geteilt[148]. Bereits wenige Monate nach Regierungsantritt verfügte Leopold II., dass die aus seiner Sicht augenfälligsten Unzulänglichkeiten der *Josephina* zu beseitigen waren.[149] So wurden die Überstellungen von Gefangenen zum Schiffziehen im April 1790 eingestellt und die Strafe selbst am 19. Juli 1790 abgeschafft[150]. Weiterhin ließ er am 7. Mai 1790 die Brandmarkung, die öffentliche Züchtigung mit Schlägen und die Anschmiedung per Hofdekret abschaffen[151]. Am 2. April 1790 wurde zudem die Kompilationshofkommission aufgelöst, deren Existenz als symptomatisch für das nunmehr als überkommen geltende josephinische Strafrechtssystem angesehen wurde. Als Ersatz ließ Leopold II. die Hofkommission in Gesetzessachen unter dem Vorsitz des Hofrats Karl Anton Freiherr von Martini begründen[152]. Der überraschende Tod des progressiven Herrschers Leopold II. am 1. März 1792 verhinderte weitere progressive Änderungen und Neuerungen der Strafgesetzgebung. Nachfolger als Regent wurde dessen Sohn Franz Joseph Karl, der vom 14. Juli 1792 bis zum Ende des Alten Reiches am 6. August 1806 der letzte Kaiser des Heiligen Römischen Reiches Deutscher Nation war, von 1804 bis 1806 zudem als Franz I. auch noch Kaiser von Österreich als weltweit einziger Doppelkaiser. Franz II. beendete die fortschrittliche Regentschaft seines Vaters und leitete stattdessen eine Phase der politischen Restauration ein[153]. In den Folgejahren wurden mehrere Entwürfe für ein neues Strafgesetzbuch vorgelegt. Diese zielten vor-

---

147 Vgl. *Ramshorn*, Kaiser Joseph II. und seine Zeit, S. 445 ff.

148 Vgl. *Ammerer*, Das Ende für Schwert und Galgen, S. 403 f.

149 Vgl. *Hoegel*, Freiheitsstrafe und Gefängniswesen in Österreich von der Theresiana bis zur Gegenwart, S. 16.

150 Vgl. *Conrad*, Deutsche Rechtsgeschichte, S. 450; *Ammerer*, Das Ende für Schwert und Galgen, S. 405.

151 Vgl. *Domin-Petrushevecz*h, Neue österreichische Rechtsgeschichte, S. 207; *Ammerer*, ebd.

152 Vgl. *Ammerer*, a.a.O., S. 405 f.

153 Vgl. *Hartmann*, Die Kaiser des Heiligen Römischen Reiches, S. 176 ff.

rangig auf eine Zusammenführung von materiellen und prozessualen Vorschriften in einer Kompilation ab. Im ersten Quartal des Jahres 1794 debattierten die Mitglieder der Hofkommission auch wieder vermehrt über die Ausgestaltung der Todesstrafe. So votierte deren Mehrheit dafür, die Todesstrafe für drei Delikte zu verhängen, nämlich für gedungenen Mord, Raubmord und Hochverrat[154]. Gleichwohl wurde jedoch keine einheitliche Kodifikation erlassen, die sowohl Straftatbestände als auch das Strafverfahrensrecht enthielt. Stattdessen wurde am 2. Januar 1795 das Hofdekret „Ueber Hochverrath und dessen Bestrafung" verabschiedet. Diese brachte eine Aufhebung der §§ 41 bis 48 des ersten Teils des JStG mit sich. In diesem Rahmen wurde schließlich die Todesstrafe im ordentlichen Strafprozess für Hochverrat wieder als zulässig erklärt. Diese Wiedereinführung der Exekution von Straftätern auch im gemeinen Strafverfahren war direkte Folge der in den Jahren 1794 und 1795 in Wien geführten Jakobinerprozesse, bei denen unter anderem Franz Hebenstreit wegen Hochverrats durch den Strang hingerichtet worden war[155]. Als Begründung für die Wiederkehr der Todesstrafe im ordentlichen Verfahren wurde vor allem die Notwendigkeit des Schutzes der Monarchie vor akuten Bedrohungen durch revolutionäre Strömungen heranzogen[156].

II. Das Gesetzbuch über Verbrechen und schwere Polizey-Überschreitungen

Nachdem Westgalizien am 25. November 1795 in das Reich der Habsburger eingegliedert worden war, erschien am 17. Juni 1796 das Westgalizische Strafgesetzbuch. In diesem bereits bald aufgrund diverser Unzulänglichkeiten überarbeiteten Gesetzeswerk war die Todesstrafe erstmals wieder in den habsburgischen Erblanden nach der Eliminierung durch die *Josephina* auch für Mord und Raub im ordentlichen Verfahren enthalten[157]. Zur weiteren Erarbeitung eines neuen Strafgesetzes für das gesamte österreichische Staatsgebiet wurde in der Folge eine Kommission berufen, der unter anderem auch Franz Georg Ritter von Keeß und Joseph von Sonnenfels angehörten[158]. In den Jahren 1798 bis 1800 legte die Kommission dem Kaiser mehrere Entwürfe vor.

---

154 Vgl. *Hebeis*, Karl Anton von Martini, S. 114; *Hoegel*, Die Geschichte des Österreichischen Strafrechts, S. 85; *Ammerer*, Das Ende für Schwert und Galgen, S. 406 ff.

155 Vgl. *Ammerer*, a.a.O., S. 409.

156 Vgl. *Wangermann*, Von Joseph II. zu den Jakobinerprozessen, S. 193; *Ammerer*, a.a.O., S. 413.

157 Vgl. *Ammerer*, a.a.O., S. 409, 414; *Drda*, Die Entwicklung der Majestätsbeleidigung in der Österreichischen Rechtsgeschichte, S. 75; *Rottensteiner*, Der strafrechtliche Diskurs über Verbrechen und ihre Bestrafung, S. 121.

158 Vgl. *Hoegel*, Die Geschichte des Österreichischen Strafrechts, S. 87.

Franz II. forderte diesbezüglich mehrfach ausdrücklich, nicht nur den Hochverrat mit dem Tode zu bestrafen, sondern auch andere Straftaten wie Mord, qualifizierte Brandlegung und Kreditpapierfälschung[159]. Nach weiteren sich anschließenden ausführlichen Diskussionen wurde das Gesetzespatent schließlich als Gesetzbuch über Verbrechen und schwere Polizey-Uebertretungen am 3. September 1803 publiziert. Das in der Bevölkerung auch unter dem Namen *Franciscana* bekannte Strafgesetz trat schließlich zum 1. Januar 1804 in allen Ländern der habsburgischen Monarchie in Kraft[160]. Wie bereits in der *Josephina* hatte der Gesetzgeber eine Zweiteilung vorgenommen, wobei die *Franciscana* gemäß ihrem offiziellen Titel zwischen Verbrechen und schweren Polizeiübertretungen unterschied. Im Vergleich zur *Josephina* beinhaltete das Gesetzbuch über Verbrechen und schwere Polizey-Uebertretungen detailreichere Beschreibungen der einzelnen Straftatbestände und genauere Definitionen der verwendeten Rechtsbegriffe. Den Strafgerichten wurde eine größere Bandbreite an Strafzumessungsmöglichkeiten sowie insgesamt ein größeres Ermessen bei der Urteilsfindung zuerkannt[161]. Das neue Gesetz sah in der Umsetzung des kaiserlichen Willens nach einer Verschärfung des Strafrechts die Todesstrafe für diverse Delikte vor. So heißt es in der Präambel zum Gesetzbuch über Verbrechen und schwere Polizey-Uebertretungen:

> „Bey Bestimmung der Strafarten legten Uns überwiegende Gründe die Nothwendigkeit auf, die Todesstrafe auf einige Gattungen der Verbrechen auch außer dem Standrechte wieder herzustellen. Sie sind aber auf diejenigen Verbrechen eingeschränket worden, welche nur mit voller Ueberlegung ausgeführet werden können, und bey ihrem höchst gefährlichen Einflusse auf die öffentliche und die Privat-Sicherheit der öffentlichen Verwaltung diese Strenge abnöthigen."[162]

Die mit der Tötung des Delinquenten bedrohten Verbrechen waren allesamt im ersten Teil normiert. Es handelte sich dabei um Hochverrat (§ 53), Herstellung und Ausgabe gefälschter Bancozettel[163] (§ 94), Mord (§ 119), räuberischen Totschlag (§ 124) und schwere Brandstiftung (§ 148a). Bei einer Verurteilung

---

159 Vgl. *Ammerer*, Das Ende für Schwert und Galgen, S. 416 f.

160 Vgl. *Hartl*, Grundlinien der österreichischen Strafrechtsgeschichte bis zur Revolution von 1848, S. 37; *Ammerer*, a.a.O., S. 424.

161 Vgl. *Hartl*, Das Wiener Kriminalgericht, S. 26; *Ammerer*, ebd.; *Schmidt*, Einführung in die Geschichte der deutschen Strafrechtspflege, S. 259.

162 Gesetzbuch über Verbrechen und schwere Polizei-Uebertretungen, Präambel, S. 6 f.

163 Unter einem Bancozettel verstand man nach der Legaldefinition in §§ 92 und 94 des Gesetzbuchs über Verbrechen und schwere Polizei-Uebertretungen ein öffentliches Kreditpapier, das als Münze galt. Als Bancozettel wurden die ersten Banknoten in Deutschland und Österreich bezeichnet. In Österreich wurden Bancozettel erstmals am 1. Juli 1762 vom Wiener Stadtbanco herausgegeben; vgl. *Resch*, Bankhistorisches Archiv, Beiheft 45 (2006), S. 94 ff.

wegen dieser Straftaten konnte nunmehr wieder die Todesstrafe im ordentlichen Verfahren ausgesprochen werden. Wie schon in der *Josephina* wurde auch im Strafgesetz von 1803 die Lebensstrafe für Aufruhr im standrechtlichen Verfahren verhängt (§ 67)[164]. Überdies trat am 1. Januar 1804 eine kaiserliche Verordnung in Kraft, mit der die Anordnung der Todesstrafe konkretisiert und näher begründet wurde. Darin wurde darauf hingewiesen, dass Hinrichtungen auch zukünftig die Ausnahme bleiben sollten; gleichwohl sei ihre Wiedereinführung im Hinblick der von Anselm Feuerbach vertretenen generalpräventiven Theorie des psychologischen Zwanges grundsätzlich geboten gewesen. Die Anwendung der Todesstrafe kam demnach nur in Betracht, wenn eine Besserung des Täters auf anderem Wege als ausgeschlossen erscheine[165]. Retrospektiv lässt sich feststellen, dass dem Ansinnen einer zurückhaltenden Anwendung von Exekutionen in den Folgejahren von Seiten der Gerichte durchaus Rechnung getragen wurde. So konstatiert Hartl, dass im Bezirk des Wiener Kriminalgerichts zwischen 1804 und 1850 „nur etwa ein Dutzend Todesurteile vollzogen“[166] wurden, wobei der überwiegende Anteil der Exekutierten wegen qualifizierten Mordes verurteilt worden war[167]. Eine weitere Statistik der strafrechtlichen Verurteilungen zwischen 1809 und 1813 weist 28 vollstreckte Hinrichtungen während dieser vier Jahre in sämtlichen habsburgischen Erbländern auf[168]. Auch anhand dieser Zahl lässt sich eine deutlich geringere Anzahl an vollzogenen Todesurteilen im Vergleich zur Zeit der Regentschaft Maria Theresias feststellen, sodass der Schluss der Anwendung der Todesstrafe nur im Ausnahmefall in den Folgejahren der Einführung des Gesetzbuches über Verbrechen und schwere Polizey-Uebertretungen als zulässig erscheint[169].

E) Zwischenfazit

Das Allgemeine Gesetz über Verbrechen und derselben Bestrafung schaffte die Todesstrafe im ordentlichen Strafverfahren zunächst vollständig ab. Der Schluss liegt nahe, das josephinische Strafgesetz als geistige Schwester der *Leopoldina* zu sehen, da beide Kodifikationen innerhalb eines kurzen Zeitraums in ihren Geltungsbereichen erstmals auf Hinrichtungen verzichteten.

---

164 Vgl. *Ammerer*, Das Ende für Schwert und Galgen, S. 424 f.

165 Vgl. *Hoke*, Österreichische und deutsche Rechtsgeschichte, S. 434; *Ammerer*, Das Ende für Schwert und Galgen, S. 426; *Mittermeier*, Die Todesstrafe, S. 20 f.

166 *Ammerer*, a.a.O., S. 427; *Hartl*, Das Wiener Kriminalgericht, S. 407.

167 Vgl. ebd.

168 Vgl. *Pratobevera*, Nachrichten, S. 253 f.; *Ammerer*, ebd.

169 Vgl. *Ammerer*, ebd.

Doch bei näherer Betrachtung fallen nicht nur Gemeinsamkeiten, sondern auch signifikante Unterschiede auf. Ein gemeinsamer Nenner war der Einfluss des Cesare Beccaria. Die Theorien des Milanesen hatten sowohl auf die *Leopoldina* als auch auf die *Josephina* einen bestimmenden, jedoch bei weitem nicht den alleinigen ideellen Einfluss. In ihrer geistigen Grundhaltung standen sich Beccaria und Joseph II. wohl gar näher als der Marchese und der toskanische Großherzog Peter Leopold, der seinerseits den Gedanken der Menschenwürde noch stärker betonte. Ein weiterer prominenter Ideengeber des StG 1787 war Joseph von Sonnenfels, der darüber hinaus auch aktiv an den Bestimmungen des josephinischen Strafgesetzes mitgearbeitet hatte. Kritisch zu würdigen sind insbesondere die Ersatzstrafen, die in der *Josephina* anstelle der Todesstrafe für schwere Verbrechen verhängt wurden. So wurden in der Literatur vor allem die Strafe des Schiffziehens, die Brandmarkung und die schwere Kerkerstrafe in Eisen als „Todesstrafe auf Raten"[170] kritisiert, da ihre Anwendung zu zahlreichen Todesfällen unter den Verurteilten führte. Die Aufhebung der Hinrichtungen im ordentlichen Strafverfahren war Substituten gewichen, welche den verurteilten Verbrechern besonders lebensfeindliche Bedingungen zumuteten. Dieser Befund relativiert die Bewertung des Kaisers Joseph II. als strafrechtlicher Reformer in gewisser Weise, zumal sein Bruder Leopold in der Toskana auf diese genannten Strafen verzichtet hatte und die dort verhängte lebenslange Arbeitsstrafe als härteste Sanktion zwar ebenfalls viele Mühen und Qualen für die Delinquenten bedeutete, sich jedoch lange nicht so lebensbedrohend auswirkte wie die josephinischen Ersatzstrafen. Gleichwohl muss bereits das in die Tat umgesetzte Vorhaben der Abschaffung der Todesstrafe im ordentlichen Verfahren als Meilenstein der damaligen Zeit angesehen werden. Die mehrjährige Vorbereitungszeit mit der Erarbeitung mehrerer Gesetzesentwürfe zeigt ein zähes Ringen des Kaisers, seiner Gutachter und der darüber hinaus involvierten Juristen und Ratgeber um das richtige Maß der Strafrechtsreformen und die Auswirkungen der Eliminierung richterlich angeordneter Tötungen. Dabei war die komplette Abschaffung der Lebensstrafe abgesehen vom Standrecht keinesfalls selbstverständlich, sondern vielmehr Ergebnis vielfältiger Diskussionen über Sinn und Zweck der Gesetzesänderungen. Vor diesem Hintergrund sind die Bemühungen von Kaiser Joseph II. und seinen Mitstreitern um eine progressivere Strafrechtspolitik unter dem Einfluss der Aufklärung trotz der geäußerten Kritik als mutig zu bezeichnen. Dabei muss insbesondere auch der Vergleich zur *Constitutio Criminalis Theresiana* gezogen werden, die als unmittelbare Vorgängerin des Allgemeinen Gesetzes über Verbrechen und derselben Bestrafung eine noch ganz anders gelagerte,

170 A.a.O., S. 392.

deutlich reaktionärere Geisteshaltung vermittelte und zahlreiche Straftatbestände beinhaltete, deren Verwirklichung die Verurteilung zum Tode nach sich zog. Wie auch in der Toskana stand ebenso in den habsburgischen Erbländern die Abschaffung der Todesstrafe angesichts der Veränderung der politischen Lage auf tönernen Füßen. Bereits wenige Jahre später wurde die Todesstrafe wieder schrittweise im ordentlichen Verfahren eingeführt. Die vergleichsweise geringe Anzahl an Hinrichtungen in der ersten Hälfte des 19. Jahrhunderts zeigt jedoch, dass Hinrichtungen nur mit großer Zurückhaltung und bei besonders schweren Verbrechen vollstreckt wurden. Man muss also davon ausgehen, dass die Ideen der Aufklärung sich auch langfristig in den Köpfen der involvierten Juristen festgesetzt hatten und die wenigen Jahre ohne Lebensstrafe im ordentlichen Strafprozess durchaus ihre Wirkung hinterlassen hatten.

Neuntes Kapitel: Das Allgemeine Landrecht für die Preußischen Staaten (1794)

A) Allgemeine Grundsätze

I. Entstehungsgeschichte

1. Allgemeines

Das Allgemeine Landrecht für die Preußischen Staaten, kurz PrALR respektive ALR, wurde am 5. Februar 1794 publiziert und trat am 1. Juni 1794 in Kraft[1]. Es handelt sich bei diesem Werk um das in der Neuzeit einmalige Vorhaben, das gesamte Recht in einem einzigen Gesetz zu kodifizieren. Nach dem Willen des Gesetzgebers umfasste das PrALR sämtliche Gesetzesnormen des Zivilrechts, öffentlichen Rechts und Strafrechts für die Preußischen Staaten[2]. Um ein Verständnis für seine Entstehung zu erlangen, bedarf es eines Rückblicks in das Jahr 1740. Am 31. März 1740 bestieg Friedrich II., gemeinhin auch bekannt als Friedrich der Große respektive in seinen späteren Regierungsjahren als der Alte Fritz, den preußischen Thron[3]. Friedrich der Große war ein bekennender Verfechter des aufgeklärten Absolutismus. Laufs bezeichnet ihn gar als dessen „hervorragendsten Vertreter"[4]. Mit dem aufgeklärten Absolutismus wurde zwar nicht die Staatsform an sich, wohl aber die Art des Regierens geändert. Unter dem neuen preußischen König war nunmehr das Wohl der Allgemeinheit und damit auch die Garantie von Rechtssicherheit für das Volk oberstes Staatsziel. Es war das Bestreben von Friedrich II., willkürliches Handeln im Staatswesen zu eliminieren und sich stattdessen als „le premier domestique"[5], also als „erster Diener"[6] des Staates zu gerieren. Die theoretische Grundlage des Staatsbegriffs von Friedrich dem Großen war die Lehre vom Staatsgründungsvertrag, die vor allem von Samuel Pufendorff und Christian Wolff ausgearbeitet worden war. Es handelte sich dabei um einen Gesell-

---

1 Vgl. *Berner*, Die Strafgesetzgebung in Deutschland vom Jahre 1751 bis zur Gegenwart, S. 35 f.
2 Vgl. *Laufs*, Rechtsentwicklungen in Deutschland, S. 186.
3 Vgl. *Droysen*, Geschichte der preußischen Politik, Fünfter Theil, Erster Band, S. 41.
4 *Laufs*, Rechtsentwicklungen in Deutschland, S. 187.
5 *Preuß*, Œuvres de Frédéric le Grand, Bd. 8, Anti-Machiavel, S. 66.
6 Deutsche Übersetzung der zuvor zitierten Passage, Anm. d. Verf.

schaftsvertrag, der von den Bürgern geschlossen wurde, um den Unwägbarkeiten und Risiken des Naturzustandes zu entsagen[7]. Nur wenige Monate nach seinem Regierungsantritt ließ Friedrich II. am 3. Juni 1740 die Folter im preußischen Strafrecht als Instrument der Inquisition bei den meisten Delikten abschaffen. Lediglich bei Hochverrat, Landesverrat und bei besonders schweren Tötungsdelikten, bei denen entweder eine große Anzahl von Menschen ums Leben gekommen oder viele Tatverdächtige vorhanden sind, wurde ab diesem Zeitpunkt die Tortur zur Wahrheitsfindung noch als zulässig angesehen. Die vollständige Abschaffung der Folter in Preußen erfolgte durch Verfügungen vom 24. Juni 1754 und 4. August 1754, für Schlesien vom 8. August 1754 und 18. November 1756. Allerdings war die Folter seit 1740 ohnehin nur noch in einem einzigen dokumentierten Fall zur Anwendung gekommen[8]. Weitere Edikte zur Änderung der geltenden Rechtslage betrafen beispielshalber die Einrichtung neuer Kriminaltabellen (26. Juli 1755) und Kriminalinstanzen (30. Oktober 1765) sowie die Einsendung der Akten zur Verteidigung des Beschuldigten (1. Februar 1759). Weiterhin wurde am 19. Juni 1756 beschlossen, dass die Zuziehung einer Gerichtsperson zur Protokollierung nunmehr unerlässliche Voraussetzung für die Durchführung einer Gerichtsverhandlung war[9]. Überdies wurde auch durch diverse Kabinettsordres die Abschaffung bestimmter von Friedrich II. als inhuman angesehener Kriminalstrafen verfügt. So schaffte das preußische Kabinett bereits mit Order vom 31. Juli 1740 und durch Reskript vom 7. August 1740 die Strafe des Säckens wegen Kindsmordes ab und ersetze diese durch den Schwertschlag. Gleichsam wurde die Strafe des Stranges bei Diebstahl mit Order vom 23. Juli 1743 aufgehoben, sofern die Diebstahlshandlung nicht ursächlich für den Tod eines Menschen war. Die Landesverweisung wurde mit Kabinettsorder vom 5. November 1743 aufgehoben. Mit Order vom 17. Oktober 1753 verfügte das Kabinett die Milderung der Strafe des Wilddiebstahls[10].

2. Das Project eines Corpus Juris Fridericiani

Schon Friedrich I. (1657–1713), der Großvater von Friedrich dem Großen, stellte Überlegungen zur Kodifizierung eines einheitlichen Gesetzes für alle Rechtsgebiete an. Gleiches galt für Friedrich Wilhelm I. (1688–1740), den Vater von Friedrich dem Großen. Dieser ließ am 18. Juni 1714, ein Jahr nach

---

7 Vgl. *Laufs*, Rechtsentwicklungen in Deutschland, S. 187 f.

8 Vgl. *Berner*, Die Strafgesetzgebung in Deutschland vom Jahre 1751 bis zur Gegenwart, S. 32; Näheres m.w.N. hierzu bei *Zopfs* (Hrsg.), Quellen zur Aufhebung der Folter.

9 Vgl. *Berner*, ebd.

10 Vgl. a.a.O., S. 33.

seiner Inthronisierung, durch die *Ordre an die Juristen Facultät zu Halle wegen Abfassung einiger Constitutionen zum Land-Recht* mit Arbeiten zu einem entsprechenden Gesetzesvorhaben beginnen, welche aber ohne Abschluss blieben[11]. Bereits vor den genannten preußischen Königen hatte Samuel Pufendorf 1672 in seinem Werk *De iure naturae et gentium libri octo* eine adäquate umfassende Rechtsordnung erarbeitet. Friedrich II. griff das Ansinnen seiner Vorfahren und seines Ideengebers Pufendorf schließlich wieder auf und beauftragte den Großkanzler Samuel von Cocceji (1679–1755) Ende des Jahres 1746 mit der Erarbeitung eines *Corpus Juris Fridericiani*, der nach dem Willen des preußischen Königs eine allumfassende Kodifikation des geltenden Rechts sein sollte. Von Cocceji war bereits in den Jahren zuvor durch die Umsetzung diverser rechtlicher Reformen wie der Schaffung einer einheitlichen, drei Instanzen umfassenden Gerichtsverfassung und der Einführung des Tribunals 1748 als oberste Gerichtsbarkeit für die preußischen Staaten hervorgetreten. Von 1749 bis 1751 erschien das unter seiner Federführung erarbeitete *Project eines Corpus Juris Fridericiani.* Dieses enthielt bereits die Entwürfe zum Personen- und Familienrecht sowie zum Sachen- und Erbrecht des erstrebten Gesetzes. Ein dritter Teil, der das Obligationen- und Kriminalrecht enthalten sollte, wurde zwar erarbeitet, aber nicht gedruckt. Mit dem Tod von Coccejis 1755 erstarben allerdings auch die weiteren Arbeiten an dem Projekt, sodass das Gesetzesvorhaben zunächst unvollendet bleiben musste[12].

3. Die Entwürfe zu einem Allgemeines Landrecht für die Preußischen Staaten

Obwohl König Friedrich II. nach wie vor die aus seiner Sicht vorhandenen Defizite des preußischen Justizsystems bemängelte, trat die Fortführung des Kodifikationsvorhabens in den folgenden Jahren und Jahrzehnten in den Hintergrund. Erst die Geschehnisse um den Müller-Arnold-Fall in den Jahren 1779 und 1780 brachten ein Wiedererstarken der Reformbemühungen mit sich. In diesem Verfahren hatte sich der Müller Arnold aus Pommerzig mit Einwendungen gegen ein ihn beschwerendes Urteil des Gerichts in Küstrin, welches die Zwangsversteigerung der von ihm als Erbpächter betriebenen Mühle anordnete, an den mit dem Justizwesen unzufriedenen Alten Fritz gewandt. Dieser hörte den Müller an und hob das Urteil eigenmächtig auf. Zusätzlich verfügte er auch noch die Amtsenthebung der beteiligten Richter und verurteilte

---

11 Vgl. *Laufs*, Rechtsentwicklungen in Deutschland, S. 189; *Schmidt*, Die Kriminalpolitik Preußens unter Friedrich Wilhelm I. und Friedrich II., S. 7 ff.

diese schließlich zu Haftstrafen[13]. Dieser massive Eingriff des preußischen Königs in die richterliche Unabhängigkeit trat nicht nur als Justizskandal in der öffentlichen Wahrnehmung hervor, sondern veranlasste Friedrich II. darüber hinaus, den zum damaligen Zeitpunkt amtierenden Großkanzler Carl Joseph Maximilian Freiherr von Fürst und Kupferberg (1717–1790) zu entlassen. Anstatt seiner ernannte Friedrich II. den damaligen schlesischen Justizminister Johann Heinrich von Carmer (1720–1801) zum Großkanzler und beauftragte diesen am 14. April 1780 mit der Erarbeitung eines Entwurfs der schon seit langer Zeit geplanten großen Kodifikation des gesamten preußischen Rechts[14]. Als Konsequenz aus dem Müller-Arnold-Fall war dem Regenten vor allem an der Begrenzung des richterlichen Ermessens durch Abfassung eines möglichst präzisen Wortlauts der Vorschriften gelegen[15]. Eine weiteres Bestreben Friedrichs des Großen lag in der Vereinfachung der Gesetze, sodass diese nach Möglichkeit nicht nur den Juristen, sondern auch allen Staatsbürgern verständlich sein sollten. Das Gesetzesvorhaben sollte sowohl naturrechtlich geprägt als auch auf dem römischen und preußischen Recht aufgebaut sein. Als Verantwortlicher dieses Unternehmens sorgte Carmer dafür, dass sein ehemaliger Mitarbeiter aus dem schlesischen Justizministerium, der Oberamtsregierungsrat Carl Gottlob Svarez (1746–1798), in die Kommission für die Schaffung eines Allgemeinen Landrechts für die Preußischen Staaten berufen wurde. Svarez wurde in der Folge der führende Kopf der Arbeiten am PrALR, wo er sich vor allem für die zivilrechtlichen Regelungen verantwortlich zeichnete[16]. 1781 wurde darüber hinaus Ernst Ferdinand Klein (1744–1801), der später von 1791 bis 1800 Strafrechtsprofessor an der Universität Halle werden sollte, in die Kommission berufen, wo er wie Svarez und andere Mitarbeiter mit der Formulierung der strafrechtlichen Vorschriften betraut war[17]. Es wird weithin angenommen, dass Klein sich federführend für die Strafvorschriften des Allgemeinen Landrechts verantwortlich zeichnete[18]. Inwieweit dies tatsächlich der Fall war, ist umstritten und nach der Quellenlage nur schwer nachvollziehbar. Gegen Kleins Haupturheberschaft sprechen auch von ihm verfasste kritische Anmerkungen zum ersten Entwurf des ALR, die bei der

12 Vgl. *Döhring*, Cocceji, Samuel Freiherr von, NDB Bd. 3, S. 373 ff.; weiteres zu den historischen Entwicklungen bei Wesel, Geschichte des Rechts, S. 401 ff.

13 Vgl. *Dießelhorst*, Die Prozesse des Müllers Arnold und das Eingreifen Friedrichs des Grossen, S. 21 ff., 64.

14 Vgl. *Laufs*, Rechtsentwicklungen in Deutschland, S. 188.

15 Vgl. *Coing*, Europäisches Privatrecht, Bd. 2, S. 11.

16 Vgl. *Laufs*, Rechtsentwicklungen in Deutschland, S. 188 f.

17 Vgl. *Teichmann*, Ernst Ferdinand Klein, ADB, Bd. 16, S. 88 ff.; *Laufs*, a.a.O., S. 189.

18 Vgl. *Laufs*, ebd.

Endabfassung jedoch nicht korrigiert wurden. Gleichwohl ist gesichert, dass Klein mit der Ausarbeitung des Strafrechts in signifikanter Weise befasst war[19]. Am 13. März 1786 erließ Friedrich II. kurz vor seinem Ableben eine Kabinettsordre, in welcher er nochmals sein Missfallen über die aus seiner Sicht oftmals zu milde Bestrafung von Mördern und Straßenräubern hinwies[20]. Nach dem Tod Friedrichs des Großen am 17. August 1786 folgte ihm sein Neffe Friedrich Wilhelm II. (1744–1797) auf dem preußischen Thron nach[21]. Die – was damals ungewöhnlich war – auch unter Beteiligung der Öffentlichkeit ausgeführten Arbeiten am neuen Gesetz zogen sich danach noch über mehrere Jahre hin[22]. Schließlich wurde am 20. März 1791 nach der sogenannten „Svarezschen Revision" per Publikationspatent das Allgemeine Gesetzbuch für die Preußischen Staaten, kurz AGB, verkündet. Dieses trat allerdings in dieser Form nie in Kraft, da Friedrich Wilhelm II. das Gesetzeswerk unter dem Eindruck der Auswirkungen der Französischen Revolution als zu aufklärerisch empfand und die Vertreter von Adel und Klerus ihre Privilegien gefährdet sahen. Carl Gottlob Svarez indes veröffentlichte 1793 ein Werk namens *Unterricht über die Gesetze für die Einwohner der Preußischen Staaten*, in welchem er Auszüge aus dem AGB publizierte und dadurch nachdrücklich für seine Kodifikationsidee warb. Im gleichen Jahr erwarb Preußen aufgrund der zweiten polnischen Teilung großflächige Gebiete in seinem südlichen Territorium. Hierbei stellte sich die Frage nach der Geltung preußischen Rechts in den neuen Staatsgebieten. Auf diese Weise kam es zum Rückgriff auf das zwischenzeitlich eigentlich schon verworfene Allgemeine Gesetzbuch für die Preußischen Staaten. Dieses wurde schließlich noch einmal in moderatem Ausmaß überarbeitet und einer Revision unterzogen. Am 1. Juni 1794 trat die Kodifikation schließlich unter dem Namen *Allgemeines Landrecht für die Preußischen Staaten* für das gesamte preußische Staatsgebiet in Kraft[23]. Der strafrechtliche Teil des AGB wurde dabei unverändert in das PrALR übernommen[24].

---

19 Vgl. *Kleensang*, Das Konzept der bürgerlichen Gesellschaft bei Ernst Ferdinand Klein, S. 21 ff. m.w.N.; zum Forschungsstand *von Bitter*, Das Strafrecht des Preußischen Allgemeinen Landrechts von 1794 vor dem ideengeschichtlichen Hintergrund seiner Zeit, S. 23 ff.

20 Vgl. *Berner*, Die Strafgesetzgebung in Deutschland vom Jahre 1751 bis zur Gegenwart, S. 34.

21 Vgl. *von Hartmann*, Friedrich Wilhelm II., ADB, Bd. 7, S. 685 ff.

22 Vgl. *Wieacker*, Privatrechtsgeschichte der Neuzeit unter besonderer Berücksichtigung der deutschen Entwicklung, S. 325.

23 Vgl. *Laufs*, Rechtsentwicklungen in Deutschland, S. 190.

24 Vgl. *Berner*, Die Strafgesetzgebung in Deutschland vom Jahre 1751 bis zur Gegenwart, S. 35 f.

II. Grundsätze des Strafrechts

Das Allgemeine Landrecht für die Preußischen Staaten beinhaltete Vorschriften aus den verschiedensten Rechtsbereichen wie dem Privatrecht, Staatsrecht, Ständerecht, Lehnrecht, Kirchenrecht, Gemeinderecht, Polizeirecht und dem Strafrecht[25]. Nach § 1 der Einleitung zum PrALR enthielt es „die Vorschriften, nach welchen die Rechte und Verbindlichkeiten der Einwohner des Staats, so weit dieselben nicht durch besondre Gesetze bestimmt worden, zu beurtheilen sind“[26]. Insgesamt bestand das ALR aus zwei Teilen – der erste war in 23 und der zweite in 20 Titel unterteilt – und umfasste circa 19000 Paragraphen, was der Intention von Friedrich dem Großen, die richterliche Macht durch eine möglichst genaue Regelungsdichte zu begrenzen, geschuldet war. Der Aufbau dieser umfangreichen Kodifikation war an das von Wolff und Pufendorf entwickelte naturrechtliche System angelehnt. So waren im ersten Teil vor allem das Vermögensrecht, Erbrecht und das Sachenrecht geregelt, während sich im zweiten Teil die Regelungen zum Familienrecht, zum öffentlichen Recht und zu guter Letzt zum Strafrecht fanden[27]. Die strafrechtlichen Vorschriften waren im zwanzigsten Titel des zweiten Teils, „Von den Verbrechen und deren Strafen“[28], enthalten, der seinerseits wiederum in siebzehn Abschnitte eingeteilt war. Diese siebzehn Abschnitte enthielten insgesamt 1577 Paragraphen. Den Abschnitten vorangestellt waren sechs Paragraphen, in denen allgemeine Vorbeugungsmittel gegen Verbrechen niedergeschrieben waren[29]. Nach § 1 des zwanzigsten Titels im zweiten Teil muss jede Obrigkeit und jeder Vorgesetzte „Laster und Verbrechen bey seinen Untergebenen zu verhüten ernstlich beflissen seyn“[30]. Der erste Abschnitt mit der Überschrift „Von Verbrechen und Strafen überhaupt“[31] beinhaltete in den §§ 7 bis 90 die allgemeinen Strafrechtslehren des Allgemeinen Preußischen Landrechts. Nach einleitenden Vorschriften zu Handlungen und Unterlassungen sowie dem Territorialitätsprinzip wird in den §§ 16 bis 25 die „Moralität der Verbrechen“[32] behandelt, in deren Rahmen unter andrem die Grundsätze der Zurechnungsfähigkeit und des

25 Vgl. *Laufs*, Rechtsentwicklungen in Deutschland, S. 190.
26 PrALR, Einleitung, § 1.
27 Vgl. *Laufs*, Rechtsentwicklungen in Deutschland, S. 191.
28 PrALR, Zweyter Theil, Überschrift zum 20. Titel.
29 Vgl. *Berner*, Die Strafgesetzgebung in Deutschland vom Jahre 1751 bis zur Gegenwart, S. 36.
30 PrALR, Zweyter Theil, 20. Titel, § 1.
31 PrALR, Zweyter Theil, 20. Titel, Überschrift zum ersten Abschnitt.
32 PrALR, Zweyter Theil, 20. Titel, Überschrift vor § 16.

Notstandes durch Drohung sowie zur Strafzumessung dargestellt werden[33]. Zur Schuldfähigkeit führt § 16 als Grundnorm aus:

> „Wer frey zu handeln unvermögend ist, bey dem findet kein Verbrechen, also auch keine Strafe statt."[34]

Die §§ 26 bis 35 regelten Vorsatz und Fahrlässigkeit, während der grundsätzlich straflose Zufall in den §§ 36 bis 38 normiert war. Unter der Überschrift „Von unternommenen und ausgeführten Verbrechen"[35] waren die Grundsätze zu Vollendung und Versuch des Delikts verschriftlicht. Die vollendete Straftat war gemäß § 39 des zwanzigsten Titels im zweiten Teil dadurch zu ahnden, dass die „ordentliche Strafe eines vorsätzlichen Verbrechens"[36] verhängt wurde. Je nach Versuchsstadium war diese dann entsprechend abzumildern. Nach § 44 waren auch „bloße Drohungen, ein bestimmtes Verbrechen zu begehen"[37] mit Strafe bedroht. In den §§ 45 bis 63 des zwanzigsten Abschnitts im zweiten Teil des ALR werden weitere Maximen zur Strafzumessung wie die Lehre von der Verschärfung und Milderung von Strafen behandelt. Detaillierte Regelungen zur Täterschaft und Teilnahme finden sich in den §§ 64 bis 84. Gemäß § 64 wurde als Mittäter bestraft, wenn „mehrere an Ausführung eines Verbrechens unmittelbar Theil genommen: so trifft jeden von ihnen, als Urheber, die im Gesetze bestimmte Strafe"[38]. Hatte nach § 65 sich „Einer als Haupturheber ausgezeichnet, und die Uebrigen zum Verbrechen verleitet"[39], war die ordentliche Strafe gegen ihn zu verschärfen. § 67 stellte die intellektuelle und die unmittelbare Urheberschaft an der Straftat von den Rechtsfolgen her gleich. Gemäß § 71 war der Hauptgehilfe wie der Täter zu bestrafen, während die Strafe des einfachen Gehilfen nach § 72 fakultativ gemildert werden konnte[40]. Zum Abschluss des allgemeinen Teils finden sich in den §§ 85 bis 90 noch Vorschriften zur „Bestimmung der Strafen und ihres Verhältnissen gegeneinander"[41]. In diesen werden mit für das PrALR vergleichsweise überschaubarem Regelungsgehalt Anweisungen zur Bemessung der Geldstrafe sowie der Gefängnis-, Zuchthaus- und Festungsstrafe gegeben. Weitere Regelungskom-

---

33 Vgl. *Berner*, Die Strafgesetzgebung in Deutschland vom Jahre 1751 bis zur Gegenwart, S. 38.

34 PrALR, Zweyter Theil, 20. Titel, § 16.

35 PrALR, Zweyter Theil, 20. Titel, Überschrift vor § 39.

36 PrALR, Zweyter Theil, 20. Titel, § 39.

37 PrALR, Zweyter Theil, 20. Titel, § 44.

38 PrALR, Zweyter Theil, 20. Titel, § 64.

39 PrALR, Zweyter Theil, 20. Titel, § 65.

40 Vgl. *Berner*, Die Strafgesetzgebung in Deutschland vom Jahre 1751 bis zur Gegenwart, S. 39.

41 PrALR, Zweyter Theil, 20. Titel, Überschrift vor § 85.

plexe wie beispielshalber zum Rücktritt vom Versuch sind nicht im allgemeinen Teil des Strafrechts zum Allgemeinen Landrecht enthalten[42]. Angesichts der Maxime, eine möglichst umfassende gesetzliche Vorgabe für die Gerichte vorzulegen, erscheint diese Lückenhaftigkeit aus heutiger Sicht als unsystematisch. Detaillierte Regelungen zum Strafverfahrensrecht sind im zwanzigsten Titel des zweiten Teils des PrALR nicht zu finden. Wie auch für das Zivilprozessrecht galten hierfür eigene Verfahrensordnungen. Nachdem zunächst noch die alte, auf der *Carolina* aufbauende, Criminalordnung vom 1. März 1717 mit den zwischenzeitlich vorgenommen Änderungen wie der Abschaffung der Tortur noch Geltung beanspruchte, wurde am 11. Dezember 1805 die neue preußische Criminalordnung erlassen, die den Gedanken der Aufklärung und den Kabinettsordern der vorangegangenen Jahrzehnte Rechnung tragen sollte. Ignor beschreibt die Criminalordnung von 1805 als „Vereinfachung des traditionellen Inquisitionsprozesses auf der Grundlage der Kritik des ausgehenden 18. und beginnenden 19. Jahrhunderts"[43]. Zum Geltungsbereich des Allgemeinen Landrechts für die Preußischen Staaten ist anzumerken, dass dieser Kodex nach dem Willen seiner Schöpfer subsidiär zu den Gesetzen der preußischen Provinzen angewandt werden sollte. Allerdings wurden in einigen Territorien Preußens keine eigenständigen Kodifikationen geschaffen, die das ALR verdrängen hätten können. Das Allgemeine Landrecht für die Preußischen Staaten entfaltete dadurch nicht nur in den neu erworbenen Provinzen, sondern auch in anderen preußischen Gebieten unmittelbare Geltung. In der Praxis der Strafrechtspflege wurde das PrALR schon bald nach seinem Inkrafttreten als maßgebliche Rechtsquelle angewendet[44].

B) Die Todesstrafe im Allgemeinen Landrecht für die Preußischen Staaten

I. Allgemeines

In der Systematik des Allgemeinen Landrechts für die Preußischen Staaten findet sich in § 47 des zwanzigsten Titels im zweiten Teil die erste Regelung zur Todesstrafe. Diese Vorschrift lautet:

42 Vgl. *Berner*, Die Strafgesetzgebung in Deutschland vom Jahre 1751 bis zur Gegenwart, S. 40.

43 *Ignor*, Geschichte des Strafprozesses in Deutschland 1532–1846, S. 263.

44 Vgl. *Laufs*, Rechtsentwicklungen in Deutschland, S. 190.

> „Die im Gesetze bestimmten Arten der Todesstrafen werden durch Schleifung zur Richtstätte, oder durch öffentliche Ausstellung des Leichnams geschärft."[45]

Damit wird dem Rechtsanwender verdeutlicht, dass die Todesstrafe auch nach dem Inkrafttreten des PrALR noch verhängt werden kann. Die gesetzlich vorgesehenen Hinrichtungsmethoden konnten nach dem Wortlaut des § 47 dadurch eine Strafschärfung erfahren, dass der Verurteilte zur Richtstätte zu schleifen war oder sein toter Körper nach vollzogener Exekution zur öffentlichen Ansehung drapiert wurde. Dem Gesetzeswortlaut nach handelt es sich dabei um eine abschließende Bestimmung. Betreffend die Überlegungen zur Abschaffung der Todesstrafe sind im Allgemeinen Landrecht keine eigenen Ausführungen enthalten. Gleichwohl darf man in diesem Zusammenhang allerdings nicht außer Acht lassen, dass bereits Friedrich II. sich intensiv mit dem Werk Cesare Beccarias auseinandergesetzt hatte. Der Einfluss von Beccaria ging zwar nicht so weit, dass die Todesstrafe wie in der Toskana oder Österreich komplett abgeschafft wurde. Allerdings wollte der preußische Gesetzgeber im Allgemeinen Landrecht für die Preußischen Staaten explizit den vom Milanesen postulierten Grundsatz berücksichtigen, die Intensität der Strafe ins Verhältnis zur Verwerflichkeit des begangenen Delikts zu setzen[46]. Die Hinrichtungsarten im Allgemeinen Landrecht wurden eingeteilt in die „blossen oder simpeln und in die geschärften Todesstrafen"[47]. Die geschärften Todesstrafen waren dabei nicht zu verwechseln mit den in § 47 genannten Strafschärfungen. Die bloßen respektive simplen Todesstrafen waren dadurch gekennzeichnet, dass sie ausschließlich auf den Verlust des Lebens des Verurteilten abzielten. Hierunter fielen vor allem das Schwert, der Galgen und das Erschießen, wobei Letzteres ausschließlich im militärischen Bereich zur Anwendung kam. Nach allgemeiner Ansicht wurde der Galgen als schändlicher und schmerzhafter als der Schwertschlag angesehen. Zu den geschärften Todesstrafen zählten vor allem das Rad und das Verbrennen. Diese geschärften Formen der Hinrichtungen sollten neben dem Tod des Delinquenten auch die Verursachung von Leid zur Vergeltung seines Unrechts bewirken. Andere Hinrichtungsarten mit derselben Zweckrichtung wie das Pfählen, Säcken oder die Vierteilung waren im Preußen des 18. Jahrhunderts nicht mehr gebräuchlich und fanden daher auch keinen Eingang in das Allgemeine Landrecht[48].

---

45 PrALR, Zweyter Theil, 20. Titel, § 47.

46 Vgl. *Evans*, Rituale der Vergeltung, S. 174.

47 *Klein*, Grundsätze des gemeinen deutschen und peinlichen preussischen Rechts, § 84, S. 64 f.

48 Vgl. ebd.

II. Unbenannte Todesstrafen

Im PrALR finden sich mehrere Straftatbestände, deren Verwirklichung die Todesstrafe ohne nähere Spezifikation nach sich ziehen. Die erste dieser Vorschriften ist § 93 des zwanzigsten Titels im zweiten Teil, der die Strafbarkeit des Hochverrats regelt:

> „Wer sich dessen schuldig macht, soll nach Verhältniß seiner Bosheit, und des angerichteten Schadens, mit der härtesten und schreckhaftesten Leibes- und Lebensstrafe hingerichtet werden."[49]

Der Hochverrat war nach § 92 definiert als ein „Unternehmen, welches auf die gewaltsame Umwälzung der Verfassung des Staats, oder gegen das Leben oder die Freyheit seines Oberhaupts abzielt"[50]. Die Gefährdung der körperlichen Unversehrtheit des Staatsoberhaupts ist nicht in dieser Legaldefinition enthalten[51]. Nicht näher konkretisiert wurde die Beschaffenheit der „härtesten und schreckhaftesten Leibes- und Lebensstrafe" in § 93. Es ist daher anzunehmen, dass hier den Strafgerichten bewusst ein Ermessensspielraum zuerkannt werden sollte, wobei nach allgemeiner Anschauung im Preußen des ausgehenden 18. Jahrhunderts das Rädern von unten herab in Verbindung mit den in § 47 genannten Schärfungen als vergleichsweise besonders harte Lebensstrafe angesehen wurde[52]. Weiterhin ist nach dem Gesetzeswortlaut davon auszugehen, dass der Gesetzgeber hier eine Kombination von Todesstrafe und vorangehenden körperlichen Qualen intendiert hatte. Eine weitere unbenannte Lebensstrafe war in § 173 enthalten, der den tätlichen Angriff, gegebenenfalls auch mit Todesfolge, gegen Vertreter der Obrigkeit unter Strafe stellte. Nach § 173 sollte der Täter „mit geschärfter Leibes- oder Lebensstrafe belegt werden"[53]. Gemäß § 425 des zwanzigsten Titels im zweiten Teil hatten auch Kassenbeamte, die sich wegen Untreue strafbar gemacht und mit dem Kasseninhalt zu fliehen versucht hatten, „bey besonders erschwerenden Umständen, Todesstrafe verwirkt"[54]. Mit „der schärfsten Strafe belegt"[55] wurden Privatpersonen, die sich ein illegales Duell lieferten gemäß § 667. Die §§ 973 bis 981 regelten die Bestrafung von Mitverbrechern bei Kindermorden. Wurde gegen die Kindsmörderin eine Todesstrafe verhängt, wurde der Mann, der diese

49 PrALR, Zweyter Theil, 20. Titel, § 93.
50 PrALR, Zweyter Theil, 20. Titel, § 92.
51 Vgl. *Berner*, Die Strafgesetzgebung in Deutschland vom Jahre 1751 bis zur Gegenwart, S. 40.
52 Vgl. *Leder*, Todesstrafe, S. 171 ff.; *Evans*, Rituale der Vergeltung, S. 174.
53 PrALR, Zweyter Theil, 20. Titel, § 173.
54 PrALR, Zweyter Theil, 20. Titel, § 425.
55 PrALR, Zweyter Theil, 20. Titel, § 667.

geschwängert hatte, nach § 979 verurteilt, ihrer Tötung beizuwohnen. § 1412 normierte einen weiteren Fall einer unbenannten Todesstrafe. Dort heißt es:

> „Wer in einer Criminalsache durch ein falsches eidliches Zeugniß dazu beygetragen hat, daß ein Unschuldiger gestraft worden, gegen den wird die ordinaire Strafe des Meineides verhältnißmäßig, allenfalls bis zur Todesstrafe, geschärft.“[56]

§ 1433 bestimmte, dass die Todesstrafe auch für diejenigen Täter zu verhängen war, die durch falsche Anschuldigungen die Hinrichtung einer anderen Person veranlasst hatten. Wenn die Falschanschuldigung bekannt wurde, hatte der Denunziant „im Falle der erfolgten Hinrichtung aber, eine gleiche Todesstrafe verwirkt“[57]. Weiterhin zog nach § 1511 auch „Jede vorsätzliche Brandstiftung, wodurch das Leben eines oder mehrerer Menschen, oder ganze Städte, Flecken, Dörfer, und sonst bey einander liegende Wohngebäude, oder Schiffe in Gefahr gesetzt worden“[58], die Todesstrafe nach sich. § 1525 bestimmte diesbezüglich, dass die durch einzelne Brandstiftungen verwirkte Todesstrafe „im Falle der Wiederholung des Verbrechens, verschärft“[59] werden soll. Dies galt nach § 1526 auch, „wenn der Verbrecher wegen der vorhergehenden Brandstiftungen noch nicht bestraft worden“[60] war. War, wie § 1533 bestimmte, „durch des Thäters Rufen um Hülfe zwar nicht aller Schade, aber doch die Vergrößerung desselben verhütet worden: so soll er mit der übrigens verwirkten Todesstrafe verschont, und die sonst etwa eintretende ordinaire Strafe gemildert werden“[61]. Schließlich normierte § 1571, zweiter Teil des ALR, zwanzigster Titel, dass die Tötung ohne nähere Angabe der Hinrichtungsart auch zu verhängen war für den Verurteilten, der „Dämme, Deiche, Schleusen, oder andre Wasserbaue, wodurch ganze Gegenden und Feldmarken wider die Gewalt des Wassers geschützt werden sollen, vorsätzlich durchsticht, wegreißt, oder sonst dergestalt beschädigt, daß dadurch ein gewaltsamer Durchbruch oder Ueberströmung des Wassers verursacht wird“[62].

III. Das Feuer

Auch das Verbrennen als Methode zur Tötung des Verurteilten war nach wie vor für mehrere Straftaten des Allgemeinen Landrechts für die Preußischen Staaten vorgesehen. Diese betrafen sämtlich Brandstiftungs- und Brandschat-

---

56 PrALR, Zweyter Theil, 20. Titel, § 1412.
57 PrALR, Zweyter Theil, 20. Titel, § 1433.
58 PrALR, Zweyter Theil, 20. Titel, § 1511.
59 PrALR, Zweyter Theil, 20. Titel, § 1525.
60 PrALR, Zweyter Theil, 20. Titel, § 1526.
61 PrALR, Zweyter Theil, 20. Titel, § 1533.
62 PrALR, Zweyter Theil, 20. Titel, § 1571.

zungsdelikte. Der erste Straftatbestand, dessen Verwirklichung mit dem Feuer bestraft wurde, war § 109 des zwanzigsten Titels im zweiten Teil des PrALR. Demnach sollte mit dem Feuer zum Tode gebracht werden, wer „in gedachter Absicht Städte, Dörfer, Vorrathshäuser, oder offene Magazine in Brand steckt“[63]. Systematisch gehört § 109 zu den „Verbrechen gegen die äußere Sicherheit des Staats“[64], die im dritten Abschnitt des zwanzigsten Titels im zweiten Teil des ALR geregelt sind. Deren Grundnorm ist § 100, der die „Landesverrätherey“[65] normiert und als ein „Unternehmen, wodurch der Staat gegen fremde Mächte in äußere Gefahr und Unsicherheit gesetzt wird“[66] definiert. § 109 gehört zur „Zweyten Classe der Landersverrätherey“[67], unter die gemäß § 106 „Unternehmungen von minderer Wichtigkeit, die zur Begünstigung der Feinde des Staats abzielen“[68] fallen. Wie bereits dargestellt, bestimmte § 1511, dass jede vorsätzliche Brandstiftung in der Regel mit der Todesstrafe zu ahnden war[69]. § 1512 regelte die Bestrafung des sogenannten Mordbrenners, der „eine solche gefährliche Feuersbrunst in der Absicht, unter Begünstigung derselben Mord, Raub, oder ein andres Verbrechen, worauf die Todesstrafe steht, zu begehen, veranlaßt hat“[70]. Ein solcher Mordbrenner sollte demnach mit der Strafe des Feuers belegt werden, wobei es hier nicht darauf ankam, ob der Taterfolg tatsächlich eingetreten war. War bei einer solchen Mordbrennerei der Tod eines oder mehrerer Menschen verursacht worden, sollte gemäß § 1513 „die Todesstrafe des Feuers, nach Verhältniß der begangnen Grausamkeiten, geschärft werden“[71]. Weitere Spezifikationen zur Feuerstrafe finden sich in den §§ 1514 bis 1516, zweiter Teil des ALR, zwanzigster Abschnitt:

> § 1514
>
> „Sind dergleichen Grausamkeiten zwar nicht begangen; es ist aber die Feuersbrunst an einem bewohnten Orte, und zu einer Zeit angelegt worden, da die Einwohner gewöhnlich schon im Schlafe liegen: so hat der Thäter die Strafe des Feuers verwirkt, wofern Menschen in einem solchen Brande, oder bey Gelegenheit

63 PrALR, Zweyter Theil, 20. Titel, § 109.

64 PrALR, Zweyter Theil, 20. Titel, Überschrift zum 3. Abschnitt.

65 PrALR, Zweyter Theil, 20. Titel, Überschrift vor § 100.

66 PrALR, Zweyter Theil, 20. Titel, § 100; vgl. *Berner*, Die Strafgesetzgebung in Deutschland vom Jahre 1751 bis zur Gegenwart, S. 41 f.; *Evans*, Rituale der Vergeltung, S. 174.

67 PrALR, Zweyter Theil, 20. Titel, Überschrift vor § 106.

68 PrALR, Zweyter Theil, 20. Titel, § 106.

69 PrALR, Zweyter Theil, 20. Titel, § 1511; siehe hierzu die Ausführungen unter Kap. 9, B), II.

70 PrALR, Zweyter Theil, 20. Titel, § 1512.

71 PrALR, Zweyter Theil, 20. Titel, § 1513.

desselben, ihr Leben verloren, oder einen bleibnden Nachtheil an ihrer Gesundheit erlitten haben; wenn auch der Thäter die §. 1512. gedachte mordbrennerische Absicht nicht gehabt hätte."[72]

§ 1515

„Ist bey einem solchen zur Nachtzeit angelegten Brande weder die §. 1512. bemerkte mordbrennerische Absicht vorhanden gewesen; noch ein Mensch an Leben oder Gesundheit auf vorstehende Art beschädigt; gleichwohl aber durch Einäscherung von Häusern und Gebäuden ein Schade von Fünf- hundert Thalern oder mehr verursacht worden: so findet die Strafe des Schwerdts nebst der Verbrennung des Körpers Statt."[73]

§ 1516

„Eben diese Todesstrafe wird, jedoch ohne Verschärfung, erkannt, wenn zwar Menschen das Leben verloren, oder einen bleibenden Nachtheil an ihrer Gesundheit erlitten haben, der Brand aber am Tage, und ohne die im §. 1512. gedachte Absicht angelegt worden."[74]

Wie bereits dargestellt, sollte die bereits durch einzelne Brandstiftungen verwirkte Todesstrafe bei Wiederholung dieses Delikts gemäß § 1525 geschärft werden. Dies galt nach § 1526 auch für den Fall der noch nicht erfolgten Bestrafung des Täters[75]. Die letzte Strafvorschrift in der Systematik des Allgemeinen Landrechts, deren Verwirklichung den Tod durch Verbrennen betraf, war § 1564 im zwanzigsten Titel des zweiten Teils, der wie folgt lautete:

„Hat jemand die Gewohnheit der seiner Aufsicht anvertraueten Personen, mit Feuer und Licht unvorsichtig umzugehen, gewußt; und gleichwohl selbiger vorschriftsmäßig zu steuern unterlassen: so soll er eben so, wie der schuldbare Brandstifter bestraft werden."[76]

IV. Das Schwert

Bei der im Allgemeinen Landrecht für die Preußischen Staaten aufgeführten Todesstrafe nahm die Enthauptung durch das Schwert eine prominente Rolle ein. Dabei wurde diese Methode der Hinrichtung im strafrechtlichen System des PrALR im Vergleich zum Rädern und Verbrennen als vergleichsweise milde gegenüber dem Täter angesehen[77]. Das erste Delikt im Normengefüge des Allgemeinen Landrechts, dessen Verwirklichung die Schwertstrafe nach sich zog, war die Teilnahme an einem Hochverrat. § 96, zweiter Teil des ALR,

72 PrALR, Zweyter Theil, 20. Titel, § 1514.
73 PrALR, Zweyter Theil, 20. Titel, § 1515.
74 PrALR, Zweyter Theil, 20. Titel, § 1516.
75 Siehe hierzu die Ausführungen unter Kap. 9, B), II.
76 PrALR, Zweyter Theil, 20. Titel, § 1564.
77 Vgl. *Evans*, Rituale der Vergeltung, S. 174.

zwanzigster Titel, stellte hierzu die Maßgabe auf, dass auch „diejenigen, welche bey einem Hochverrathe auf entferntere Art, es sey durch Rath oder That, behülflich gewesen sind“[78], mit dem Schwert hingerichtet werden sollen. Wer gemäß § 110 im Rahmen eines Landesverrats „die feindlichen Truppen, durch freywillig übernommene Lieferungen, mit Kriegsbedürfnissen und Lebensmitteln in beträchtlicher Menge unterstützt, hat die Strafe des Schwerdtes verwirkt“[79]. Auch eine Strafbarkeit nach § 114 des zwanzigsten Titels im zweiten Teil des Allgemeinen Landrechts konnte den Schwertschlag nach sich ziehen[80]. Beide Vorschriften unterfielen der in den §§ 106 ff. geregelten zweiten Klasse der Landesverräterei[81]. Die in den § 133 ff. normierte „dritte Classe der Landesverrätherey“[82] verwirklichte derjenige, der „den Staat in Unvernehmen und Zwietracht mit fremden nicht feindlichen Mächten zu verwickeln sucht; ingleichen der, welcher solche fremde Mächte, zum Nachtheile der Gerechtsame und des Interesse des eignen Staats begünstigt“[83]. Wer in diesem Rahmen „fremde Mächte gegen den Staat aufwiegelt, und zum Kriege wider denselben reizt, soll mit dem Schwerdte hingerichtet werden“[84], wie § 134 klarstellte. Der fünfte Abschnitt des zwanzigsten Titels handelte „Von Verletzungen der Ehrfurcht gegen den Staat“[85]. § 196 regelte dort die Majestätsbeleidigung. Deren aus Sicht des Gesetzgebers schwerste Form behandelte § 197, der gegen den Landesherrn gerichtete „Thätliche Beleidigungen dieser Art, wenn sie auch dem Leben oder der Freyheit des Regenten nicht gefährlich gewesen wären“[86] mit der Enthauptung durch das Schwert sanktionierte[87]. Der elfte Abschnitt, „Von körperlichen Verletzungen“[88], beinhaltete sowohl Körperverletzungen als auch Tötungsdelikte[89]. Die §§ 806 ff. hatten die Strafvorschriften

---

78 PrALR, Zweyter Theil, 20. Titel, § 96.

79 PrALR, Zweyter Theil, 20. Titel, § 110.

80 PrALR, Zweyter Theil, 20. Titel, § 114: „Feindliche Kriegsgefangene, welche die ihnen gestattete Befreyung von einer engem Gefangenschaft gegen ihr gegebenes Wort mißbrauchen, und Aufruhr anrichten, sollen mit dem Schwerdte, oder nach Bewandniß der Umstände, der Größe der Gefahr, oder des wirklich entstandenen Schadens, mit dem Rade von oben hingerichtet werden“.

81 Siehe hierzu die Ausführungen unter Kap. 9, B), III.

82 PrALR, Zweyter Theil, 20. Titel, Überschrift vor § 133.

83 PrALR, Zweyter Theil, 20. Titel, § 133.

84 PrALR, Zweyter Theil, 20. Titel, § 134; vgl. *Berner*, Die Strafgesetzgebung in Deutschland vom Jahre 1751 bis zur Gegenwart, S. 41 f.

85 PrALR, Zweyter Theil, 20. Titel, Überschrift zum 5. Abschnitt.

86 PrALR, Zweyter Theil, 20. Titel, § 197.

87 Vgl. *Berner*, Die Strafgesetzgebung in Deutschland vom Jahre 1751 bis zur Gegenwart, S. 41.

88 PrALR, Zweyter Theil, 20. Titel, Überschrift zum 11. Abschnitt.

89 Vgl. *Berner*, Die Strafgesetzgebung in Deutschland vom Jahre 1751 bis zur Gegenwart, S. 41.

zum „Todschlag"[90] zum Inhalt. Die Grundnorm des Totschlags war § 806, der wie folgt lautete:

> „Wer in der feindseligen Absicht, einen Andern zu beschädigen, solche Handlungen unternimmt, woraus, nach dem gewöhnlichen allgemein, oder ihm besonders bekannten Laufe der Dinge, der Tod desselben erfolgen mußte, und ihn dadurch wirklich tödtet; der hat als ein Todschläger die Strafe des Schwerdtes verwirkt."[91]

Dieselbe Bestrafung wurde gemäß § 811 einem Täter zuteil, der „die aus seiner Handlung entstehende Lebensgefahr auch nur wahrscheinlich vorausgesehen"[92] hatte. Ebenfalls durch das Schwert hingerichtet wurde ein Totschläger, dessen Opfer infolge seines nicht erfolgten oder nicht rechtzeitigen Hilfeleistens zu Tode kam, nach § 818[93]. Als Totschläger wurde gemäß § 823 auch mit dem Schwertschlag bestraft, wenn durch seine Handlung im Rahmen eines ihm zustehenden Züchtigungsrechts „die vorsätzlich zugefügten Mißhandlungen so beschaffen gewesen, daß der Tod daraus erfolgen mußte"[94]. Auch diverse Strafnormen aus anderen Abschnitten des Allgemeinen Landrechts für die Preußischen Staaten bezogen sich wörtlich auf die Strafe des Totschlags und bürdeten den aufgrund ihrer Anwendung Verurteilten dadurch die Schwertstrafe auf. Nach § 170 war das beispielshalber der Fall, wenn bei einem Tumult ein Totschlag verwirklicht wurde; der Täter konnte dann gleich einem Totschläger, wahlweise auch wie ein Mörder, bestraft werden[95]. Gemäß § 387 war ein Richter, der einen Unschuldigen vorsätzlich verurteilte und dadurch dessen Tod verursachte, entweder als Totschläger oder Mörder zu verurteilen[96]. Die §§ 637 ff. des zwanzigsten Titels im zweiten Titel des ALR, dort im zehnten Abschnitt geregelt, beinhalten die Vorschriften zur Bestrafung „Von schweren Realinjurien"[97]. Schwere Realinjurien lagen nach dem Allgemeinen Landrecht vor, wenn „die bey Realinjurien vorgefallenen Thätlichkeiten so beschaffen,

---

90 PrALR, Zweyter Theil, 20. Titel, Überschrift vor § 806.

91 PrALR, Zweyter Theil, 20. Titel, § 806.

92 PrALR, Zweyter Theil, 20. Titel, § 811.

93 PrALR, Zweyter Theil, 20. Titel, § 818: „Hätte der Getödtete durch rechtzeitige Hülfe gerettet werden können; der Thäter aber hat denselben hülflos gelassen: so ist er, wenn er die daraus entstehende Gefahr voraussehen mußte, als ein Todschläger mit dem Schwerdte zu bestrafen".

94 PrALR, Zweyter Theil, 20. Titel, § 823.

95 PrALR, Zweyter Theil, 20. Titel, § 170: „Ist bey einem solchen Tumulte ein Todschlag geschehen: so wird der Thäter selbst als ein Todschläger oder Mörder bestraft; der Rädelsführer aber mit zehnjähriger Festungs- oder Zuchthausstrafe, und gleicher körperlicher Züchtigung belegt".

96 PrALR, Zweyter Theil, 20. Titel, § 387: „Hat die Strafe des Unschuldigen dessen Tod zur Folge gehabt: so hat ein solcher Richter, nach Beschaffenheit seiner Verschuldung, die Strafe eines Todschlägers oder Mörders verwirkt".

97 PrALR, Zweyter Theil, 20. Titel, Überschrift vor § 637.

daß sie für lebensgefährlich angesehen werden können“[98] sind. Als Realinjurien wurden vorsätzliche körperliche Tätlichkeiten, welche die Verletzung der Ehre des Geschädigten zur Absicht oder zur Folge hatten, bezeichnet[99]. Starb der Geschädigte infolge der Verwirklichung schwerer Realinjurien, wurde der Täter gemäß § 640 als Totschläger bestraft[100]. Wurde ein Kontrahent im Rahmen eines Zweikampfes getötet, wurde der Überlebende je nach Beschaffenheit seines Vorsatzes entweder als Totschläger oder als Mörder verurteilt, § 671[101]. Die §§ 826 ff. des zwanzigsten Titels im zweiten Teil des ALR hatten die Strafbarkeit des Mordes zum Inhalt. Als Mörder verurteilt wurde nach § 826 „Derjenige, welcher mit vorher überlegtem Vorsatze zu tödten einen Todschlag wirklich verübt“[102]. Rechtsfolge der Verurteilung wegen Mordes nach § 826 war das Rädern von oben. Eine Strafmilderung fand sich in § 827, der dem Täter anstatt des Räderns die Schwertstrafe auferlegte[103]. Konnte der Haupttäter eines verabredeten Mordes nicht ermittelt werden, bestimmte § 842, dass „die sämmtlichen Mitverbundenen, welche bey dem Morde selbst Hand angelegt haben, mit der Strafe des Schwerdtes zu belegen“[104] waren. Die Vorschriften zum Totschlag nach den §§ 806 ff. waren gemäß § 844 auch anzuwenden, wenn „bey einer unter Mehrern vorgefallenen Schlägerey ein Todschlag begangen“[105] wurde. Über § 1186 und die dort vorgenommene Verweisung auf § 844 waren die §§ 806 ff. auch zur Urteilsfindung heranzuziehen, wenn im Rahmen einer gewalttätigen Besitznahme fremden Eigentums jemand an seiner Gesundheit geschädigt oder ein Tumult erregt wurde[106]. Eine weitere Schwertstrafe fand sich in § 845 für den Fall der Tötung einer Person durch

---

98 PrALR, Zweyter Theil, 20. Titel, § 637.

99 Vgl. *Simson / Geerds*, Straftaten gegen die Person und Sittlichkeitsdelikte in rechtsvergleichender Sicht, § 7; *Klein*, Grundsätze des gemeinen deutschen und peinlichen preussischen Rechts, § 232, S. 166.

100 PrALR, Zweyter Theil, 20. Titel, § 640: „Stirbt der Beschädige an der empfangenen Verletzung: so wird der Thäter als ein Todtschläger bestraft“.

101 PrALR, Zweyter Theil, 20. Titel, § 671: „Ist der Zweykampf vor sich gegangen, und ein Theil dabey getödtet worden: so soll der Ueberlebende nach Beschaffenheit seines Vorsatzes, mit der Todesstrafe der Mörder oder Todschläger belegt werden“.

102 PrALR, Zweyter Theil, 20. Titel, § 826.

103 PrALR, Zweyter Theil, 20. Titel, § 827: „Wenn jemand, mit dem Vorsatze zu tödten, einem andern eine Verletzung zufügt, welche zwar an sich nicht tödtlich ist, aber in der Folge durch einen Zufall tödtlich wird: so soll er mit dem Schwerdte hingerichtet werden“.

104 PrALR, Zweyter Theil, 20. Titel, § 842.

105 PrALR, Zweyter Theil, 20. Titel, § 844.

106 PrALR, Zweyter Theil, 20. Titel, § 1186: „Ist jemand; dadurch beschädigt, oder ein Tumult erregt worden: so finden die Vorschriften des §. 167. sqq. 796. sqq. 844. sqq. Anwendung“.

mehrere Täter[107]. Den Schwertschlag hatte auch zu befürchten, wer nach § 850 die Begehung einer Straftat befohlen hatte, auf welche „nach dem natürlichen und bekannten Laufe der Dinge, (§. 806.) der Tod des Beschädigten leicht erfolgen konnte“[108]. Weiterhin sollte mit dem Schwert hingerichtet werden, wer im Rahmen einer Vergiftung „durch Zubereitung oder Herbeyschaffung des Gifts absichtlich hilft“[109]. „Hatte der Thäter die Absicht, den Vergifteten wahnsinnig zu machen, und ist daraus ein Wahnsinn, dessen Heilung zweifelhaft ist, entstanden“[110], waren die Strafgerichte ebenfalls gemäß der Regelung in § 863 des zwanzigsten Titels im zweiten Teil des ALR gehalten, ihm die Strafe der Enthauptung durch das Schwert aufzuerlegen. Nach § 864 hatte dieselbe Strafe auch zu befürchten, wenn „wenn das mit der Absicht zu tödten beygebrachte Gift eine Krankheit verursacht hat, welche den Vergifteten auf Zeitlebens unbrauchbar oder unglücklich[111] macht“[112]. Gleichermaßen wie in § 863 wurde auch bestraft, wer nach § 801 im Rahmen einer vorsätzlichen Beschädigung einen Geschädigten in den Wahnsinn getrieben hatte[113]. War durch eine Vergiftung von Brunnen, Gewässern, Speisen, Getränken, Kleidungsstücken, oder anderer zum Gebrauch für mehrere Personen bestimmten Sachen „zwar niemand getödtet; wohl aber mehreren Menschen ein bleibender Nachtheil an ihrer Gesundheit zugefügt worden: so wird der Vergifter mit dem Schwerdte gerichtet, und der Körper aufs Rad gelegt“[114], wie § 871 bestimmte. Der Totschlag an den eigenen Eltern gemäß § 878 des zwanzigsten Titels im

107 PrALR, Zweyter Theil, 20. Titel, § 845: „Haben mehrere dem Entleibten tödtliche Wunden beygebracht: so ist von diesen derjenige, welcher zuerst von den tödtlichen Werkzeugen gegen denselben Gebrauch gemacht hat, als Todschläger zu bestrafen“.

108 PrALR, Zweyter Theil, 20. Titel, § 850.

109 PrALR, Zweyter Theil, 20. Titel, § 860.

110 PrALR, Zweyter Theil, 20. Titel, § 863.

111 Unglücklich ist in diesem Zusammenhang sinngemäß als erbärmlich, bedauernswert bzw. elend zu verstehen – § 864 meint diesbezüglich eine schwerwiegende Verschlechterung des Gesundheitszustandes des Opfers durch die Vergiftung – während unbrauchbar als für die alltägliche Lebensführung nicht mehr zu gebrauchen verstanden werden kann; vgl. *Grimm*, Deutsches Wörterbuch, Bd. 24, Sp. 1023, Bd. 24, Sp. 400.

112 PrALR, Zweyter Theil, 20. Titel, § 864.

113 PrALR, Zweyter Theil, 20. Titel, § 801: „Vorsätzlich verursachter Wahnsinn wird dem Todschlage gleich geachtet (§ 863), außer diesem Falle aber wird der, welcher einen anhaltenden Wahnsinn durch seine Schuld veranlaßt, mit derjenigen Strafe belegt, welche der im Falle des erfolgten Todes verwirkten am nächsten kommt“.

114 PrALR, Zweyter Theil, 20. Titel, § 871; diese Vorschrift bestimmt eine Strafmilderung hinsichtlich § 870, welcher wie folgt lautet: „Sind durch Vergiftung der Brunnen, Gewässer, Speisen, Getränke, Kleidungsstücke, oder anderer zum Gebrauch für Mehrere bestimmten Sachen, Menschen ums Leben gekommen: so soll der Vergifter zum Richtplatze geschleift, und von unten herauf gerädert werden“.

zweiten Teil des PrALR im Rahmen der Vorschriften zum „Verwandten- und Aelternmord“[115] „zieht öffentliche Geißelung, Schleifung zum Richtplatze, und Hinrichtung durchs Schwerdt nach sich“[116]. § 879 bestimmte, dass bei einem Totschlag an Kindern oder Ehegatten der Schwertschlag durch das Schleifen zum Richtplatz geschärft wurde[117]. Wer einen Totschlag an Geschwistern oder anderen nahestehenden Personen begangen hatte, sollte nach § 881 „an einem Schandpfahle öffentlich ausgestellt, und sodann mit dem Schwerdte hingerichtet werden“[118]. Ein Täter, der eigene Kinder oder Ehegatten ermordet hatte, wurde gemäß § 883 „zur Richtstätte geschleift, und daselbst mit dem Schwerdte hingerichtet“[119]. Weiterhin bestimmte § 884, dass ein Totschlag an den eigenen Eltern mit dem Schwert gestraft werde, wenn hierfür ein gewöhnlicher Totschläger zu lebenslanger Haft verurteilt worden wäre[120]. Die §§ 965 ff. im elften Abschnitt des zwanzigsten Titels im zweiten Teil des Allgemeinen Landrechts für die Preußischen Staaten regelten die Strafbarkeit des Kindermordes. In § 965 als Grundvorschrift des Kindermordes wurde hierzu klargestellt:

> „Eine Mutter, die ihr neugebohrnes Kind bey oder nach der Geburt vorsätzlich tödtet (§. 806. und 826.), soll mit der Todesstrafe des Schwerdts belegt werden.“[121]

§ 966 bestimmte, dass „Jede vorsätzliche Unternehmung oder Veranstaltung der Mutter, welche den Tod ihres neugebornen Kindes, dem gewöhnlichen und ihr bekannten Laufe der Dinge gemäß, nach sich gezogen hat“[122] mit der Schwertstrafe belegt war. Die Aussetzung respektive die Veranlassung der Aussetzung eines lebendigen Kindes an einem Ort, an welchem es nicht leicht auffindbar war, wurde nach § 969 ebenfalls mit dem Schwertschlag geahndet,

115 PrALR, Zweyter Theil, 20. Titel, Überschrift vor § 873.

116 PrALR, Zweyter Theil, 20. Titel, § 878.

117 PrALR, Zweyter Theil, 20. Titel, § 879: „Bey einem an Kindern oder Ehegatten begangenen Todschlage, wird die Strafe des Schwerdtes durch Schleifung des Verbrechers zum Richtplatze geschärft“.

118 PrALR, Zweyter Theil, 20. Titel, § 881; zu den anderen nahestehenden Personen gehörten nach den §§ 875–877.b) andere Seitenverwandte in häuslicher Gemeinschaft oder einem sonstigen Respektsverhältnis, Pflegeeltern, Pflegekinder, Vormünder, Pflegebefohlene sowie Vertreter der Herrschaft und Obrigkeit als auch Beamte in Ausführung ihrer beruflichen Tätigkeit.

119 PrALR, Zweyter Theil, 20. Titel, § 883.

120 PrALR, Zweyter Theil, 20. Titel, § 884: „In Fällen, wo ein gemeiner Todschläger lebenswierige Festungsstrafe verwirkt haben würde, wird ein an Aeltern verübter Todschlag mit dem Schwerdte gestraft“.

121 PrALR, Zweyter Theil, 20. Titel, § 965.

122 PrALR, Zweyter Theil, 20. Titel, § 966.

wenn diese Aussetzung kausal für den Tod des Kindes war[123]. Ebenso der Kindsvater und die Eltern, die „zur Verübung eines Kindermords angereizt haben, oder dazu behülflich gewesen sind, werden, wenn die That wirklich ausgeführt worden"[124] mit dem Schwert hingerichtet, was in § 973 verschriftlicht war. Der zwölfte Abschnitt des zwanzigsten Titels im zweiten Teil des ALR handelte „Von fleyschlichen Verbrechen"[125]. Dort war in den §§ 1048 ff. die Strafbarkeit der Notzucht, wie damals die Vergewaltigung bezeichnet wurde, normiert. Wurde im Rahmen einer Notzucht der Tod der Vergewaltigten durch eine gewaltsame Misshandlung verursacht, wurde der Täter gemäß § 1056 mit dem Schwert enthauptet[126]. Diesbezüglich stellte § 1057 klar, dass es dabei keinen Unterschied machte, „ob das Verbrechen gegen eine verheirathete oder unverheirathete Person verübt worden sey"[127]. Jedoch war die Strafe gemäß § 1058 zu mildern, „wenn die genothzüchtigte Person schon vorher in dem Rufe einer schlechten liederlichen Lebensart gestanden hat"[128], sodass in diesen Fällen die Todesstrafe durch eine mildere Sanktion ersetzt werden konnte. Der dreizehnte Abschnitt des zwanzigsten Titels im zweiten Teil des Allgemeinen Landrechts handelte „Von Beleidigungen der Freyheit"[129], worunter im Allgemeinen Eingriffe in die Bewegungsfreiheit eines Menschen durch andere verstanden wurden. Als Maßgabe für diese Delikte war in § 1073, der Grundnorm der Freiheitsdelikte des ALR, niedergeschrieben:

> „Niemand soll ohne Recht die persönliche Freyheit eines Andern beeinträchtigen."[130]

Hatte jemand ohne Genehmigung ein Privatgefängnis errichtet und dadurch den Wahnsinn eines Insassen vorsätzlich verursacht, wurde er nach § 1082, der unter anderem einen Verweis auf § 801 enthielt, als Totschläger mit dem Schwert hingerichtet[131]. In den §§ 1083 ff. war die Strafbarkeit des Menschen-

---

123 PrALR, Zweyter Theil, 20. Titel, § 969: „Hat die Mutter ein lebendiges Kind an einem Orte, wo es nicht leicht gefunden werden kann, ausgesetzt, oder aussetzen lassen: so hat sie, wenn der Tod des Kindes dadurch verursacht worden, die Strafe des Schwerdts verwirkt".

124 PrALR, Zweyter Theil, 20. Titel, § 966.

125 PrALR, Zweyter Theil, 20. Titel, Überschrift vor § 992.

126 PrALR, Zweyter Theil, 20. Titel, 1056: „Ist der Tod durch die gewaltsame Mißhandlung verursacht worden: so tritt die Strafe des Schwerdtes ein".

127 PrALR, Zweyter Theil, 20. Titel, 1057.

128 PrALR, Zweyter Theil, 20. Titel, 1058.

129 PrALR, Zweyter Theil, 20. Titel, Überschrift vor § 1073.

130 PrALR, Zweyter Theil, 20. Titel, § 1073.

131 PrALR, Zweyter Theil, 20. Titel, 1082: „Hat jemand dadurch Leben, Verstand, oder Gesundheit verloren: so sollen die § 797–801. bestimmten Strafen eintreten".

raubes normiert. Wenn Kinder ihren Eltern geraubt oder vorenthalten wurden, um sie in einer anderen Religion zu erziehen, und sie dabei einen Schaden erlitten hatten, galt nach § 1086 ebenfalls die Strafschärfung des § 1082[132]. Die Schwertstrafe war nach dieser Maßgabe ebenfalls verwirkt, „wenn durch den Raub der Tod des Geraubten veranlaßt worden, und der Räuber die Todesgefahr vermuthen können“[133], wie es in den §§ 1093, 1094 bestimmt wurde. Auch wenn im Rahmen einer Entführung das Opfer zu Tode kam, hatte der Entführer gemäß § 1099 der Bestrafung mit dem Schwert entgegenzusehen“[134]. Die Vorschriften zum Raub waren im Allgemeinen Landrecht für die Preußischen Staaten in den §§ 1187 ff. des zwanzigsten Titels im zweiten Teil zu finden. Nach der Legaldefinition in § 1187 machte sich im AL eines Raubes schuldig, „Wer durch Gewalt an Menschen, bewegliche Sachen, wozu er kein Recht hat, seines Gewinns, Vortheils, oder Genusses wegen in Besitz nimmt“[135]. Wenn ein Täter im Zuge eines Raubverbrechens Menschen durch Binden, Knebeln, Schläge, oder auf sonstige Weise misshandelt hatte und diese Handlungen zumindest mitursächlich für den Tod des Opfers waren, sollte er nach § 1191 „mit dem Schwerdte gerichtet, und der Körper auf das Rad geflochten werden“[136]. Dieselbe Strafe war gemäß § 1192 zu verhängen, „wenn die verübte Mißhandlung an sich tödtlich war: das Leben des Beraubten aber durch besondre Umstände, oder Zufälle noch erhalten worden“[137]. Hatte „der Räuber den Raub selbst ohne Verübung eines Mordes vollzogen, und erst nachher den ihn verfolgenden Beraubten, bloß zur Vertheidigung seines eignen Lebens getödtet“[138], sollte er nach Maßgabe des § 1195 ebenfalls mit dem Schwert hingerichtet werden. Die gleiche Bestrafung hatte nach § 1199 derjenige zu befürchten, der einen Beraubten an seiner Gesundheit oder an seinen Gliedmaßen geschädigt hatte[139]. Im siebzehnten Abschnitt waren die „Beschädigungen mit gemeiner Gefahr“[140] geregelt. Die §§ 1495 ff. beinhalteten dort die Strafbarkeit der Landesbeschädiger. Als Landesbeschädiger galten allge-

132 PrALR, Zweyter Theil, 20. Titel, 1086: „Diese Strafe kann bis zu zweyjähriger Zuchthaus- oder Festungsstrafe erstreckt; und muß, wenn die geraubten Kinder Schaden genommen haben, nach Vorschrift des § 1082 verschärft werden“.

133 PrALR, Zweyter Theil, 20. Titel, 1093.

134 PrALR, Zweyter Theil, 20. Titel, 1099: „Ist durch die Entführung der Tod des Geraubten veranlaßt worden: so hat der Entführer die Strafe des Schwerdtes verwirkt“.

135 PrALR, Zweyter Theil, 20. Titel, 1187.

136 PrALR, Zweyter Theil, 20. Titel, 1191 a.E.

137 PrALR, Zweyter Theil, 20. Titel, 1192.

138 PrALR, Zweyter Theil, 20. Titel, 1195.

139 PrALR, Zweyter Theil, 20. Titel, 1199: „Ist der Beraubte von dem Räuber an seiner Gesundheit, oder an seinen Gliedmaßen (§ 1190) beschädigt worden: so soll der Räuber mit dem Schwerdte hingerichtet werden“.

140 PrALR, Zweyter Theil, 20. Titel, Überschrift vor 1495.

mein als schädlich angesehene Verbrecher wie Zigeuner, Landsknechte und Bettler, welche durch ihr Handeln eine Gefahr für die öffentliche Sicherheit darstellten[141]. Hatte ein solcher Landesbeschädiger Lebensmittel verdorben, um einen Nahrungsmangel hervorzurufen und dadurch respektive durch einen durch seine Handlung hervorgerufenen Tumult den Tod eines Menschen verursacht, ohne dass er diesen beabsichtigt hatte, wurde er gemäß § 1502 mit dem Schwert hingerichtet[142]. Für den Fall, dass eine Tötung zwar beabsichtigt war, der Taterfolg jedoch ausblieb, bestimmte § 1503 anstatt des bei vollendeter Tötung anzuwendenden Räderns von unten die Schärfung der milderen Schwertstrafe durch „Schleifung zur Richtstätte, und Flechtung des Körpers aufs Rad“[143]. Bei den Brandstiftungsdelikten war im Fall des § 1515 wie bereits erwähnt die Schwertstrafe neben der Verbrennung des Körpers auszusprechen[144]. War ein Brandstifter bereits zuvor einmal wegen des Versuchs oder des Unternehmens des gleichen Delikts verurteilt worden, hatte er gemäß § 1527 „im Wiederholungsfalle die Strafe des Schwerdts verwirkt, wenn gleich die That an sich eine gelindere Strafe nach sich gezogen hätte“[145]. Eine solche wiederholte Tatbegehung bewirkte nach § 1528 die Schärfung der ansonsten vorgeschriebenen milderen zur härteren Todesstrafe[146].

V. Das Rädern

Das Rädern des Verurteilten kam in zahlreichen Strafnormen des Allgemeinen Landrechts für die Preußischen Staaten vor. Als Varianten waren sowohl das Rädern von oben herab als auch das Rädern von unten herauf vorgesehen. Das Rädern von unten galt dabei im Vergleich zum Rädern von oben als noch härtere Bestrafung der mit dem Tode bestraften Delinquenten[147]. Das erste mit dem Rädern sanktionierte Delikt des Allgemeinen Landrechts war der Landesverrat, der in § 100 als „Unternehmen, wodurch der Staat gegen fremde Mächte in äußere Gefahr und Unsicherheit gesetzt wird“[148] definiert wurde. Als

---

141 Vgl. *Speer (u.a.)*, Land(es)'beschädiger, in: DRW, Bd. VIII, Sp. 340.

142 PrALR, Zweyter Theil, 20. Titel, 1502: „Sind durch einen solchen Mangel, oder vermittelst eines dadurch veranlaßten Tumults, Menschen ums Leben gekommen: so soll der Thäter, wenn ihm auch die Absicht zu tödten nicht beygemessen werden kann, dennoch mit dem Schwerdte hingerichtet werden“.

143 PrALR, Zweyter Theil, 20. Titel, 1503.

144 Siehe hierzu die Ausführungen unter Kap. 9, B), III.

145 PrALR, Zweyter Theil, 20. Titel, 1527.

146 PrALR, Zweyter Theil, 20. Titel, 1528: „Wegen einer solchen Wiederholung (§ 1527) wird die sonst verwirkte gelindere Todesstrafe in die härtere verwandelt“.

147 Vgl. *Evans*, Rituale der Vergeltung, S. 174.

148 PrALR, Zweyter Theil, 20. Titel, § 100.

Landesverräter der ersten Klasse, der Deliktsverwirklichung mit dem höchsten Unrechtsgehalt, galt gemäß § 101, „Wer ganze dem Staate gehörige Lande, Kriegesheere, oder Hauptfestungen, in feindliche Gewalt zu bringen unternimmt“[149]. Zur Bestrafung eines solchen Landesverräters der ersten Klasse bestimmte § 102 des zwanzigsten Abschnitts des zweiten Teils, dieser „soll zum Richtplatze geschleift, mit dem Rade von unten herauf getödtet, und der Körper auf das Rad geflochten werden“[150]. „Wer zur Begünstigung des Feindes, Aufruhr in Festungen erregt, oder Magazine und Vorrathshäuser verderbt“[151], machte sich einer Straftat der zweiten Klasse der Landesverräterei schuldig und wurde nach § 108 mit dem Rad von oben herab hingerichtet. Ebenfalls die Strafe des Rades von oben herab zu befürchten hatten gemäß § 114 „Feindliche Kriegsgefangene, welche die ihnen gestattete Befreyung von einer engem Gefangenschaft gegen ihr gegebenes Wort mißbrauchen, und Aufruhr anrichten“[152], deren Tat hinsichtlich ihrer Umstände, der verwirklichten Gefahr und des Schadens einen entsprechend hohen Unrechtsgehalt hatte[153]. Ein verurteilter Mörder wurde nach § 826 durch Rädern von oben herab hingerichtet[154]. Dieselbe Strafe kam einem Täter zu, der nach § 824 ein ihm zustehendes Züchtigungsrecht als Vorwand zur Begehung eines vorsätzlichen Totschlages benutzt hatte[155]. Auf § 824 und damit auf die Rechtsfolge des § 826 verwies auch § 880, sofern in einem Fall des an Kindern begangenen Totschlags das Züchtigungsrecht überschritten worden war[156]. Als Mörder konnte nach § 170 gleichermaßen bestraft werden, wer im Rahmen eines Tumults ein Tötungsdelikt begangen hatte. Wahlweise war auch eine Verurteilung wegen Totschlags möglich; genauso stand dem Gericht hier wieder ein Ermessensspielraum bei der strafrechtlichen Bewertung der Deliktsqualität

149 PrALR, Zweyter Theil, 20. Titel, § 101.

150 PrALR, Zweyter Theil, 20. Titel, § 102.

151 PrALR, Zweyter Theil, 20. Titel, § 108.

152 PrALR, Zweyter Theil, 20. Titel, § 114.

153 Bei vergleichsweise weniger gravierendem verwirklichten Unrecht im Rahmen des § 114 konnte auch die mildere Schwertstrafe angewandt werden. Der Gesetzgeber räumte den Tatrichtern hier einen Ermessensspielraum ein; siehe hierzu die Ausführungen unter Kap. 9, B), IV.

154 PrALR, Zweyter Theil, 20. Titel, § 826: „Derjenige, welcher mit vorher überlegtem Vorsatze zu tödten einen Todschlag wirklich verübt, soll als ein Mörder mit der Strafe des Rades von oben herab belegt werden.“; siehe hierzu die Ausführungen unter Kap. 9, B), IV.

155 PrALR, Zweyter Theil, 20. Titel, § 824: „Ist aber klar, daß die Ausübung des Rechts zur Züchtigung ein bloßer Vorwand, und hingegen der Vorsatz zu tödten wirklich vorhanden gewesen: so findet die ordinaire Strafe des Mordes statt. (§. 826. sqq.)“.

156 PrALR, Zweyter Theil, 20. Titel, § 880: „Wenn aber der Fall des Uebermaaßes in der Züchtigung eintritt, finden die § 821–824 gegebenen Vorschriften statt“.

zu[157]. Nach § 387 war ein Richter, der einen Unschuldigen vorsätzlich verurteilte und dadurch dessen Tod verursachte, entweder als Totschläger oder Mörder zu verurteilen[158]. Wenn einer der Beteiligten eines Zweikampfes getötet wurde, war der Überlebende nach § 671 je nach der Art seines Vorsatzes entweder als Totschläger mit dem Schwert oder als Mörder mit dem Rad von oben herab hinzurichten[159]. Angriffe mit Gewehren oder Zweikampfaufforderungen durch Personen, die weder dem Adel noch dem Offiziersstand angehörten, wurden nach § 689 als Mordversuch bestraft[160]. Die Strafe des Räderns von oben herab als gewöhnliche Sanktionierung für Mord erfuhr gemäß § 829 eine Strafschärfung im Sinne des § 47, wenn vor, während oder nach der Deliktsbegehung Grausamkeiten und Misshandlungen an dem Getöteten vorgenommen wurden[161]. Der Rädelsführer eines verabredeten Mordes wurde gemäß § 839 mit der Strafe des Rades von unten herauf belegt, wenn er zugleich unmittelbarer Täter war[162]. Hatte er den Mord hingegen nicht unmittelbar selbst verübt, traf ihn dennoch die demgegenüber als milder angesehene Strafe des Räderns von oben, wie § 840 klarstellte[163]. § 841 bestimmte, dass „Gegen denjenigen unter den übrigen Mitverbundenen, welcher den Mord wirklich ausgeführt hat“[164], gleichfalls die Strafe des Rades von oben herab verhängt wurde. Nach § 842 war der Rädelsführer auch von oben nach unten zu rädern, wenn der Haupttäter des verabredeten Mordes nicht ermittelt werden konnte. Die übrigen Mittäter wurden mit dem Schwert geköpft[165]. Die §§ 839 ff. waren

---

157 PrALR, Zweyter Theil, 20. Titel, § 170.

158 PrALR, Zweyter Theil, 20. Titel, § 387.

159 PrALR, Zweyter Theil, 20. Titel, § 671; siehe hierzu die Ausführungen unter Kap. 9, B), IV.

160 PrALR, Zweyter Theil, 20. Titel, § 689: „Wenn Personen, die weder zum Adel- noch Officierstande gehören, jemanden mit Seiten- oder Schießgewehr angreifen; oder ihren Gegner zum Zweykampfe fordern: oder Ausforderungen annehmen: so soll dergleichen Unternehmen als ein Versuch zum Morde angesehen und bestraft werden“.

161 PrALR, Zweyter Theil, 20. Titel, § 829: „Grausamkeiten und Mißhandlungen, welche vor, bey, oder nach Verübung des Mordes an dem Getödteten begangen worden, wirken allemal Schärfung der verwirkten Todesstrafe.(§ 47)“.

162 PrALR, Zweyter Theil, 20. Titel, § 839: „Haben mehrere sich zu Ausführung eines Mordes verbunden: so hat der Rädelsführer, wenn er zugleich der unmittelbare Thäter gewesen, die Strafe des Rades von. unten herauf verwirkt“.

163 PrALR, Zweyter Theil, 20. Titel, § 840: „Hat der Rädelsführer den Mord nicht unmittelbar verübt: so trifft ihn dennoch allemal die Strafe des Rades von oben herunter“.

164 PrALR, Zweyter Theil, 20. Titel, § 841.

165 PrALR, Zweyter Theil, 20. Titel, § 842: „Kann der eigentliche Thäter nicht ausgemittelt werden: so sind die sämmtlichen Mitverbundenen, welche bey dem Morde selbst Hand angelegt haben, mit der Strafe des Schwerdtes zu belegen; den Rädelsführer aber trifft, auch in diesem Falle, die §. 840. bestimmte Strafe des Rades von oben.“; siehe hierzu die Ausführungen unter Kap. 9, B), IV.

gemäß § 172 auch für Aufrührer anwendbar, die einen Tumult angezettelt hatten, um dadurch einen Mord zu begehen[166]. Als vorsätzlicher Mörder wurde nach § 852 mit dem Rad von oben hingerichtet, wer einen befohlenen Mord durchführte[167]. Hatte jemand sich gemäß § 854 „mehr als einmal zu Ermordung Anderer brauchen lassen: so soll er zum Richtplatze geschleift, und daselbst mit der Strafe des Rades von unten belegt werden"[168]. Dieselbe Strafe wurde auch verhängt, wenn jemand sich nach § 861 der wiederholten Vergiftung schuldig gemacht hatte[169]. Giftmörder im Sinne des § 857 wurden regelmäßig in einer Ochsenhaut gewickelt zum Richtplatz geschleift und dort von unten herauf gerädert, auch wenn dies im Gesetzestext nicht explizit ausgeführt wurde[170]. § 862 bestimmte weiterhin, dass ein Täter die Strafe des Rades von oben herab verwirkt hatte, „Wenn das, in der Absicht zu tödten, beygebrachte Gift, den Vergifteten wahnsinnig gemacht hat, und die Wiederherstellung des verlornen Vernunftsgebrauchs zweifelhaft ist"[171]. Waren „durch Vergiftung der Brunnen, Gewässer, Speisen, Getränke, Kleidungsstücke, oder anderer zum Gebrauch für Mehrere bestimmten Sachen, Menschen ums Leben gekommen"[172], wurde der Täter gemäß § 870 zum Richtplatz geschleift und anschließend von unten herauf gerädert. Kinder, die ihre Eltern ermordet hatten, sollten nach Maßgabe des § 873 „öffentlich gestäupt, sodann zum Richtplatze geschleift, und daselbst mit dem Rade von unten herauf hingerichtet werden"[173]. Die öffentliche Auspeitschung in Form des Stäupens, die vor der ohnehin bereits durch die Schleifung geschärften Radstrafe durchgeführt wurde, sollte dabei den besonderen Unrechtsgehalt dieser Tat hervorheben[174]. „Mord der Kinder oder Ehegatten wird mit dem Rade von unten herauf, und mit Schleifung des Verbrechers zum Richtplatze gestraft"[175], wie § 874 klarstellte. § 875 bestimmte weiterhin, dass der Mord an Geschwistern oder Sei-

166 PrALR, Zweyter Theil, 20. Titel, § 172: „Haben die Aufrührer den Tumult in der Absicht, einen Mord zu begehen, erregt: so treffen sie die unten §. 839. sqq. bestimmten härtern Strafen".

167 PrALR, Zweyter Theil, 20. Titel, § 852: „Wer die Ausführung des aufgetragenen Mordes übernimmt, ist, wenn keine erschwerende Umstände eintreten, dennoch als ein vorsätzlicher Mörder, nach Vorschrift des § 826, mit dem Rade von oben zu bestrafen".

168 PrALR, Zweyter Theil, 20. Titel, § 854.

169 PrALR, Zweyter Theil, 20. Titel, § 861: „§ 861. Im Wiederholungsfalle tritt die § 854 bestimmte verschärfte Strafe des Rades ein".

170 Vgl. *Evans*, Rituale der Vergeltung, S. 174.

171 PrALR, Zweyter Theil, 20. Titel, § 862.

172 PrALR, Zweyter Theil, 20. Titel, § 870.

173 PrALR, Zweyter Theil, 20. Titel, § 873.

174 Vgl. *Evans*, Rituale der Vergeltung, S. 174.

175 PrALR, Zweyter Theil, 20. Titel, § 874.

tenverwandten, denen der Mörder „Respect schuldig ist, oder mit welchen er in häuslicher Verbindung lebt“[176], mit dem Rädern von oben nach vorangegangenem Schleifen bestraft wurde. Evans verweist dabei auf die Praxis, dass ein Geschwistermörder vor der Hinrichtung eine Zeit lang am Pranger stehen musste[177]. Im ursprünglichen Gesetzestext des ALR gab es hierfür gleichwohl keine Anweisung. Dieselbe Strafe wurde nach § 876 ausgesprochen, „wenn ein Mord an angenommenen oder Pflege Aeltern, oder Kindern, oder Vormündern, oder Pflegebefohlnen verübt worden“[178] war. Ebendiese Rechtsfolge hatten die Gerichte auch zu verhängen, wenn nach § 877.a) „Gesinde seine Herrschaft; Unterthanen ihre Obrigkeit; Untergebne ihren Vorgesetzten ermorden“[179] sowie nach § 877.b) jemand einen Mord an Staatsbeamten „in oder wegen der Ausrichtung ihres Amts“[180] verübte. § 313 bestimmte darüber hinaus, dass die Tötung eines Beamten infolge eines bewaffneten Widerstandes gleichfalls nach Maßgabe des § 877 mit Schleifung zur Richtstätte und Rädern von oben bestraft wurde[181]. Elternmörder wurden gemäß § 882 in Fällen, in denen ein gemeiner Mörder lediglich die Schwertstrafe zu befürchten gehabt hätte, mit dem Rad von oben hingerichtet, wobei diese Strafe mit Verweis auf die Vorschrift des § 878 durch die dort genannten Beschwerungen der öffentlichen Geißelung und des Schleifens zum Richtplatz geschärft wurde[182]. Hatte ein Kindermörder „ohne Zuthun der Mutter den Mord selbst verübt“[183], so wurde er nach § 974 als Mörder im Sinne des § 826 mit dem Rad von oben herab gerichtet. Ehefrauen, die ihre ehelichen Kinder ermordet hatten, waren gemäß § 984 nach Maßgabe des § 874 zur Richtstätte zu schleifen und anschließend durch Rädern von unten herauf zu töten[184]. Wer im Zuge eines Raubes gemäß § 1193 „einen Andern vorsätzlich mordet, um sich durch den

---

176 PrALR, Zweyter Theil, 20. Titel, § 875.

177 Vgl. *Evans*, Rituale der Vergeltung, S. 174.

178 PrALR, Zweyter Theil, 20. Titel, § 876.

179 PrALR, Zweyter Theil, 20. Titel, § 877.a).

180 PrALR, Zweyter Theil, 20. Titel, § 877.b).

181 PrALR, Zweyter Theil, 20. Titel, § 313: „Ist bey einem solchen bewaffneten Widerstande ein Beamter des Staats verwundet, oder sonst erheblich beschädigt worden: so soll der Thäter mit lebenswieriger Festungsstrafe belegt, bey wirklich erfolgter Tödtung aber als ein Mörder nach § 877 gestraft werden“.

182 PrALR, Zweyter Theil, 20. Titel, § 882: „In Fällen, wo gegen gemeine Mörder nur die Strafe des Schwerdtes statt findet, trifft die Mörder der Aeltern die Strafe des Rades von oben herunter, mit der § 878 verordneten Schärfung“.

183 PrALR, Zweyter Theil, 20. Titel, § 974: „Hat aber jemand von ihnen ohne Zuthun der Mutter den Mord selbst verübt: so trifft ihn allemal die § 826 bestimmte Strafe des Mordes“.

184 PrALR, Zweyter Theil, 20. Titel, § 984: „Wenn Ehefrauen ihre eheliche Kinder ermorden, so tritt die § 874 bestimmte Strafe ein“.

Tod desselben Gewinn oder Vortheil zu verschaffen, oder zu versichern, der hat die Strafe des Rades von unten verwirkt“[185]. Mit dem Rad von oben wurde hingegen nach § 1194 derjenige hingerichtet, der „erst bey wirklich vorgefundenem Widerstände, den Andern getödtet“[186] hatte. Gleichfalls die Strafe des Rades von oben herab hatte aufgrund der Regelung des § 1196 ein Räuber zu befürchten, der einen Beraubten zwar zur Verteidigung des eigenen Lebens (§ 1195)[187], aber auch um des Raubes willen getötet hatte[188]. Weiterhin bestimmte § 1200 für Fälle des Straßenraubes, dass dieser mit dem Rädern von oben zu bestrafen war, wenn der bloße Raub ansonsten mit dem Schwert sanktioniert wurde[189]. In Fällen, in denen ein gemeiner Räuber durch Rädern von oben herab hingerichtet wurde, hatte ein Straßenräuber gemäß § 1201 die Strafe des Rades von unten verwirkt[190]. Hatte ein wegen gewöhnlichen Raubes Verurteilter hingegen die Strafe des Räderns nach unten ohne Zusätze verwirkt, so bestimmte § 1202, dass „diese Todesstrafe gegen den Strassenräuber durch Schleifung zur Richtstätte verschärft werden“[191] sollte. Der Anführer einer Räuberbande hatte nach § 1212 „wenigstens die Strafe des Rades von oben herab verwirkt“[192], wenn die Bande tatsächlich Bandenräubereien begangen hatte. Das gleiche Strafmaß hatte gemäß § 1204 ein Räuber zu befürchten, wenn er „schon einmal zur Strafe des Raubes verurtheilt worden, oder hat er mehr als zwey Räubereyen ausgeübt“[193]. Die Mitgenossen einer Räuberbande waren nach § 1215 „wenn dieselben auch keinen Straßenraub begangen haben sollten, mit der Strafe der Straßenräuber zu belegen“[194]. „Räuber, welche zu den von ihren Mitgenossen verübten Mordthaten, wenn auch nur durch Wache halten, wissentlich behülflich sind, haben dennoch die Strafe des Rades von

185 PrALR, Zweyter Theil, 20. Titel, § 1193.
186 PrALR, Zweyter Theil, 20. Titel, § 1194.
187 Siehe hierzu die Ausführungen unter Kap. 9, B), IV.
188 PrALR, Zweyter Theil, 20. Titel, § 1196: „Ist aber in diesem Falle, (§ 1195) die Tödtung von dem Räuber nicht bloß zur Verteidigung seines Lebens, sondern auch des Raubes geschehen: so trifft ihn dennoch die Strafe des Rades von oben herab“.
189 PrALR, Zweyter Theil, 20. Titel, § 1200: „In den Fällen, wo der bloße Raub mit dem Schwerdte geahndet wird, (§ 1191, 1192, 1195) soll, im Falle des Straßenraubes, die Strafe des Rades von oben eintreten.“; siehe hierzu die Ausführungen unter Kap. 9, B), IV.
190 PrALR, Zweyter Theil, 20. Titel, § 1201: „Der Straßenräuber hat die Strafe des Rades von unten unter eben den Umständen verwirkt, weswegen„den gemeinen Räuber ‚die Strafe des Rades von oben treffen würde (§ 1194, 1196)“.
191 PrALR, Zweyter Theil, 20. Titel, § 1202.
192 PrALR, Zweyter Theil, 20. Titel, § 1212.
193 PrALR, Zweyter Theil, 20. Titel, § 1204.
194 PrALR, Zweyter Theil, 20. Titel, § 1215 a.E.

unten verwirkt"[195], wie § 1216 bestimmte. Weiterhin wurden nach Maßgabe von § 1217 Räuber mit dem Rad von oben herab hingerichtet, die über die begangenen Morde ihrer Mitgenossen zwar nicht vorab informiert waren, diese aber bei Tatausführung verhindern hätten können und dies unterlassen hatten[196]. Einem Täter gleich bestraft wurde gemäß § 1229, „Wer Räubereyen, oder gar Ermordungen, in seiner Behausung, mit seinem Vorwissen begehen läßt"[197]. Eine weitere Radstrafe – von unten herauf – fand sich in § 1413 für die Verabredung einer falschen Zeugenaussage mit Todesfolge[198]. Die Landesbeschädigung[199] mit der Folge des Todes eines oder mehrerer Menschen hatte gemäß § 1503 ebenfalls die Strafe des Rades von unten zur Folge[200]. Die Radstrafe mit Schärfungen war nach § 1574 zu verhängen, wenn ein Täter eine „boshafte Ueberschwemmung in der Absicht, Menschen zu tödten, verursacht, und diese Absicht wirklich erreicht worden"[201] war.

VI. Der Galgen

Das Hängen am Galgen war im Allgemeinen Landrecht für die Preußischen Staaten nur noch bei wenigen Delikten als Hinrichtungsart vorgesehen. Eine der Straftaten, bei welcher die Bestrafung mit dem Strang noch angewandt wurde, war die Landesverräterei zweiter Klasse[202]. Nach § 107 wurde durch den Strang hingerichtet, „Wer dem Feinde zur Ausführung seiner Anschläge beförderlich ist, oder den Kriegesvölkern des Staats in ihren Unternehmungen

---

195 PrALR, Zweyter Theil, 20. Titel, § 1216.

196 PrALR, Zweyter Theil, 20. Titel, § 1217: „Räuber, welche die Mordthaten ihrer Mitgenossen, die sie zwar nicht voraus gewußt, wobey sie aber gegenwärtig gewesen .sind, hätten hindern können; und dieses zu thun unterlassen haben, sollen mit dem Rade von oben herab hingerichtet werden".

197 PrALR, Zweyter Theil, 20. Titel, § 1229.

198 PrALR, Zweyter Theil, 20. Titel, § 1413: „Wenn mehrere ein falsches Zeugniß unter sich verabreden: so soll die sonst verwirkte Strafe verschärft; und wenn dadurch ein Mensch ums Leben gekommen ist, die Strafe des Rades von unten an dem Urheber vollzogen werden".

199 Siehe hierzu die Ausführungen unter Kap. 9, B), IV.

200 PrALR, Zweyter Theil, 20. Titel, § 1503: „Ist die Absicht zu tödten mit einem solchen Unternehmen verbunden gewesen: so hat er, wenn die Absicht erreicht worden, die Strafe des Rades von unten; bey unerreichter Absicht aber, die Strafe des Schwerdtes, nebst Schleifung zur Richtstätte, und Flechtung des Körpers aufs Rad verwirkt."; siehe hierzu die Ausführungen unter Kap. 9, B), IV.

201 PrALR, Zweyter Theil, 20. Titel, § 1574: „Ist die boshafte Ueberschwemmung in der Absicht, Menschen zu tödten, verursacht, und diese Absicht wirklich erreicht worden: so soll die geschärfte Strafe des Rades statt finden".

202 Vgl. *Berner*, Die Strafgesetzgebung in Deutschland vom Jahre 1751 bis zur Gegenwart, S. 41 f.; siehe hierzu die Ausführungen unter Kap. 9, B), III.

gegen den Feind vorsätzlich Hindernisse in den Weg legt"[203]. Ebenfalls mit dem Galgen bestraft wurde gemäß § 111, „Wer sich als Kundschafter von dem Feinde brauchen läßt, oder demselben Operationsplane, Festungsrisse, oder andre dergleichen Nachrichten und Urkunden mittheilt, durch welche derselbe in Stand gesetzt wird, dem Staate zu schaden"[204]. Die Strafe des Stranges hatte nach § 479 auch zu befürchten, wer bereits zum dritten Mal einem Deserteur bei seiner Tat geholfen und dadurch zum Fortgang der Desertion beigetragen hatte[205]. Bei den Fällen des Diebstahls, die in diversen Kodifikationen vergangener Jahrhunderte vielfach mit dem Strang bestraft wurden, findet sich mit § 1210 lediglich noch eine Strafnorm, deren Verletzung diese Strafe nach sich zog. Demnach wurde der Anführer einer zusammengerotteten Bande mit der Strafe des Galgens belegt, wenn deren Mitglieder gewaltsame Diebstähle begangen hatten[206].

VII. Das Schleifen

Das Schleifen zur Richtstätte fand sich in einer Vielzahl von Strafvorschriften des PrALR als Maßnahme zur Schärfung der Todesstrafe nach § 47. Die erste Vorschrift, deren Verletzung das Schleifen des Verbrechers – vor dem Rädern von unten herauf – nach sich zog, war § 102[207]. Ebenfalls wurde die Strafe des Schleifens zur Richtstätte vor dem Rädern von unten in den §§ 854, 861, 870, 873, 874, 984 und 1202 bestimmt[208]. Die Vorschrift des § 856 bestimmte außerdem für die Bestrafung der Vergiftung:

> „Auf jede Mordthat, welche unter Umständen, oder durch Mittel verübt worden, die ihrer Natur nach, vorzüglich schwer zu vermeiden oder zu entdecken sind, soll die durch die That an sich verwirkte Art der Todesstrafe durch Schleifung auf den Richtplatz geschärft werden."[209]

Fälle des Räderns von oben herab nach Schleifung zum Richtplatz fanden sich in den §§ 875 bis 877.b) sowie § 882, welche bereits bei den Vorschriften zum

203 PrALR, Zweyter Theil, 20. Titel, § 107.

204 PrALR, Zweyter Theil, 20. Titel, § 111.

205 PrALR, Zweyter Theil, 20. Titel, § 479: „Wer sich ein solches Verbrechen zum drittenmale zu Schulden kommen läßt, soll, wenn die Desertion wirklich ihren Fortgang gehabt hat, mit dem Strange hingerichtet werden".

206 PrALR, Zweyter Theil, 20. Titel, § 1210: „Sind von einer zusammengerotteten Bande gewaltsame Diebstähle verübt worden: so soll der Anführer mit der Todesstrafe des Galgens belegt werden".

207 Siehe hierzu die Ausführungen unter Kap. 9, B), V.

208 PrALR, Zweyter Theil, 20. Titel, § 854; siehe hierzu die Ausführungen unter Kap. 9, B), V.

209 PrALR, Zweyter Theil, 20. Titel, § 856.

Rädern dargestellt wurden. Gleiches gilt für § 313, welcher auf die Rechtsfolgen der § 877.a) und 877.b) verwies[210]. Das Schleifen zur Richtstätte vor der Hinrichtung des Verurteilten durch das Schwert wurde in den §§ 878 und 879 für den Totschlag an Eltern respektive an eigenen Kindern und Ehegatten ausgesprochen. Auch eine Strafbarkeit nach § 883 zog dieselbe Bestrafung nach sich[211]. Wenn ein Landesbeschädiger im Zuge seiner Tat die Tötung eines Menschen beabsichtigt hatte, diesen Taterfolg gleichwohl nicht erreichen konnte, war gegen ihn gemäß § 1503 die Schwertstrafe nebst Strafschärfung durch „Schleifung zur Richtstätte, und Flechtung des Körpers aufs Rad“[212] zu verhängen[213]. Schließlich konnte eine fakultative Strafschärfung wie das Schleifen vor der Radstrafe nach gerichtlichem Ermessen auch gemäß § 1574 bei der absichtlichen Tötung von Menschen durch eine boshafte Überschwemmung verhängt werden[214].

VIII. Die öffentliche Geißelung

Eine weitere Strafschärfung im Sinne des § 47 des zwanzigsten Titels im zweiten Teil des Allgemeinen Landrechts für die Preußischen Staaten bestand in der öffentlichen Geißelung, die allerdings im Vergleich zum Schleifen zur Richtstätte deutlich weniger oft im Gesetzestext genannt wurde. Die erste Vorschrift, welche die öffentliche Geißelung ausdrücklich nennt, war § 878, der den Totschlag an den eigenen Eltern mit öffentlicher Geißelung, Schleifung zum Richtplatze, und Hinrichtung durch das Schwert bestrafte[215]. Diese in § 878 genannte Strafschärfung wurde nach Maßgabe des § 882 vor dem Rädern von oben nach unten verhängt für Elternmörder „In Fällen, wo gegen gemeine Mörder nur die Strafe des Schwerdtes statt findet“[216]. Der Totschlag an Geschwistern oder anderen nahestehenden Personen wurde gemäß § 881 mit öffentlicher Ausstellung an einem Schandpfahl und anschließender Hinrichtung durch das Schwert geahndet[217]. Schließlich war die Möglichkeit der

210 Siehe hierzu die Ausführungen unter Kap. 9, B), V.

211 Siehe hierzu die Ausführungen unter Kap. 9, B), IV.

212 PrALR, Zweyter Theil, 20. Titel, § 1503.

213 Siehe hierzu die Ausführungen unter Kap. 9, B), IV.

214 PrALR, Zweyter Theil, 20. Titel, 1574: „Ist die boshafte Ueberschwemmung in der Absicht, Menschen zu tödten, verursacht, und diese Absicht wirklich erreicht worden: so soll die geschärfte Strafe des Rades statt finden“.

215 PrALR, Zweyter Theil, 20. Titel, § 878: „Todschlag an Aeltern zieht öffentliche Geißelung, Schleifung zum Richtplatze, und Hinrichtung durchs Schwerdt nach sich.“; siehe hierzu die Ausführungen unter Kap. 9, B), IV.

216 PrALR, Zweyter Theil, 20. Titel, § 882.

217 PrALR, Zweyter Theil, 20. Titel, § 881: „Wer an Geschwistern oder andern nach § 875–877. a. b) besonders zu schonenden Personen einen Todschlag begeht, soll an

öffentlichen Geißelung durch § 1574 auch als fakultative Strafschärfung vorgesehen, wenn ein Verurteilter durch Verursachung einer boshaften Überschwemmung absichtlich einen oder mehrere Menschen getötet hatte[218].

C) Die Diskussion um die Abschaffung der Todesstrafe in Preußen

Wie bereits bei den Erläuterungen zur Entstehung des Allgemeinen Landrechts für die Preußischen Staaten ausgeführt, fanden insbesondere unter der Herrschaft Friedrichs des Großen durchaus intensive Diskussionen über die Abschaffung der Todesstrafe statt. Friedrich II. hatte Cesare Beccarias *Dei delitti e delle pene* gelesen und zeigte sich beeindruckt von dessen Ideen. Gegenüber Voltaire äußerte er sich in einem Brief dahingehend, dass er das Werk des Mailänder Aufklärers als „das letzte Wort in Sachen Strafrechtspolitik“[219] ansehe. Die Abschaffung der Folter wurde in Preußen 1754 vollzogen. Daher stellt sich die Frage, wieso das Kriminalrecht des Allgemeinen Landrechts für die Preußischen Staaten gleichwohl die Todesstrafe in einer Vielzahl von Strafnormen und in unterschiedlichen Facetten für anwendbar erklärte. Friedrich II. gerierte sich selbst als Reformer und Vertreter des aufgeklärten Absolutismus. Neben der Abschaffung der Folter war auch die Konzeption des Allgemeinen Landrechts als Kodifikation, die von den Ideen der Aufklärung geprägt war, auch auf den Einfluss Beccarias auf den preußischen König zurückzuführen. Der Urentwurf des PrALR stand demzufolge noch unter dem Leitgedanken des Menschen als vernunftbegabtes Wesen, nach welchem die Verurteilung zu einer Strafe nur zulässig war, wenn diese einen Appell an die menschliche Vernunft darstellte. Zudem waren die ersten Entwürfe des Allgemeinen Landrechts auch stark von naturrechtlichen Konzeptionen beeinflusst[220]. Auch Ernst Ferdinand Klein stand den Gedanken der Aufklärung nahe und deshalb der Wirksamkeit der Todesstrafe kritisch gegenüber. In seinem Lehrbuch *Grundsätze des gemeinen deutschen und preussischen peinlichen Rechts* aus dem Jahre 1796 äußerte sich Klein unter anderem wie folgt:

> „Da das Recht der Selbstvertheidigung auch mit der Tödtung anderer ausgeübt werden darf, so lässt sich die absolute Unzulässigkeit der *Todesstrafen* nicht behaupten. Weil aber doch die bürgerliche Gesellschaft an Mitteln, sich gegen unge-

---

einem Schandpfahle öffentlich ausgestellt, und sodann mit dem Schwerdte hingerichtet werden.“; siehe hierzu die Ausführungen unter Kap. 9, B), IV.

218 PrALR, Zweyter Theil, 20. Titel, § 1574.

219 *Evans*, Rituale der Vergeltung, S. 172; vgl. *Maestro*, Voltaire and Beccaria as Reformers of Criminal Law, S. 117.

220 Vgl. *Evans*, a.a.O., S. 173.

> rechte Angriffe anderer auch ohne Tödtung Anderer zu schützen, den Privatpersonen überlegen ist, so ist die Zulässigkeit der Todesstrafen sehr zweifelhaft. Daher die Pflicht des Gesetzgebers, sie mit weiser Rücksicht auf den Geist der Nation nach und nach abzuschaffen; daher die Pflicht des Richters, sie nur dann zu erkennen, wenn der schuldige Gehorsam gegen das Gesetz ihn dazu nöthiget. Es muss aber bei Abschaffung der Todesstrafen verhütet werden, dass nicht grausame Martern oder gar ein langsamer Tod an ihre Stelle trete."[221]

Nach Kleins Auffassung war die Tötung von Straftätern zwar nicht generell unzulässig, gleichwohl allerdings mit hohen Hürden verbunden. Gegen eine absolute Unzulässigkeit führt er das Notwehrrecht ins Feld, welches in Extremfällen auch die Tötung des Angreifers erlaubt. Dies hatte mit Kleins Straftheorie zu tun, die auf der Naturrechtslehre gegründet war. Bestimmender Strafzweck war für ihn die Gewährleistung der Sicherheit für die Gesellschaft, sodass dem Strafrecht präventive Wirkung im Sinne eines Sicherungsmittels zukommen sollte. Neben der Abschreckungswirkung war die Besserung des Täters ein weiteres Strafziel Kleins[222]. Mit der Legitimation der Todesstrafe als staatliches Notwehrrecht gegenüber dem Täter folgte Klein beispielshalber der Argumentation Beccarias, der die Tötung eines Verbrechers zur Sicherung der Gesellschaft als ultima ratio anerkannte. Die zur Verfügung stehenden Mittel der aufgeklärten Gesellschaft erlaubten es jedoch in der Regel, Straftaten mit humaneren Methoden zu sanktionieren. Aus diesem Grund seien sowohl der Staat als auch die Gerichte in der Pflicht, die Lebensstrafe nur zu verhängen, wenn keine milderen Mittel zur Verfügung stehen und nach Möglichkeit auf ihre Abschaffung hinzuwirken. Gegen grausame Foltermethoden oder Strafen, die wie in der *Josephina* den Tod des Delinquenten durch ihre Gestalt „auf Raten" verursachten, sprach sich Klein ausdrücklich aus. Somit standen sowohl Friedrich II. als auch Ernst Ferdinand Klein als bedeutender Miturheber des strafrechtlichen Teils des Allgemeinen Landrechts der Institution der Todesstrafe sehr kritisch gegenüber. Im Zuge der Arbeiten an der Kodifikation trat jedoch vermehrt Kritik von Seiten preußischer Konservativer am aufklärerischen Ansatz des Gesetzes auf. Insbesondere zur Vermeidung größerer Konflikte im Inneren des Preußischen Staates machten die an der Entstehung des PrALR beteiligten Juristen Zugeständnisse an die Traditionalisten und behielten zahlreiche Elemente der bisher ausgeübten Rechtspraxis bei. Dies betraf vor allem den Bereich des Strafrechts. Aufgrund dieses Kompromisses verblieb es auch bei der Beibehaltung der Todesstrafe im Allgemeinen Landrecht

---

221 *Klein*, Grundsätze des gemeinen deutschen und peinlichen preussischen Rechts, § 83, S. 62 f.

222 Vgl. *Thäle*, Die Verdachtsstrafe in der kriminalwissenschaftlichen Literatur des 18. und 19. Jahrhunderts, S. 58 ff.

für die Preußischen Staaten, obgleich ihre Abschaffung prominente Befürworter hatte. Gleichermaßen hatte diese Kompromisslösung aber auch zur Folge, dass das ALR die mannigfaltigen Hinrichtungsformen reduzierte, welche im Preußen des 18. Jahrhunderts noch stattgefunden hatten. Als Reminiszenz an das Naturrecht und die Lehren Beccarias versuchte das Strafensystem des Allgemeinen Landrechts, die Strafe systematisch mit Schwere und Natur des Verbrechens zu verbinden[223]. Abgesehen von der Beibehaltung der Todesstrafe fanden sich viele Gedanken der Aufklärung im Strafrecht des Allgemeinen Landrechts für die Preußischen Staaten. So wurden viele Leibesstrafen durch Haftstrafen ersetzt. Zugleich enthielt das Kriminalrecht des Allgemeinen Landrechts zahlreiche präventive Elemente und versuchte durch Normsetzung eine Formierung der bürgerlichen Gesellschaft nach dem Ideal des Aufklärungsdenkens zu erreichen[224].

D) Weitere Entwicklungen

Das Allgemeine Landrecht für die Preußischen Staaten war in Teilen eine sehr fortschrittliche Kodifikation, deren geistige Grundlage das Denken der Aufklärung war. Andererseits fanden sich im strafrechtlichen Teil auch viele traditionalistische Ansätze wieder, die sich unter anderem in der Beibehaltung der Todesstrafe für viele Straftaten äußerten. Für Schwennicke gilt das Strafrecht des ALR „gemeinhin als der am wenigsten gelungene Teil des Gesetzbuchs"[225]. Trotzdem gelangt Evans zu der Feststellung, dass das Allgemeine Landrecht einen Prozess in Gang setzte, „der jenes alte System allmählich demontierte"[226]. Noch Anfang des 19. Jahrhunderts waren beispielshalber Strafen wie der „Spanische Mantel" und die „Fiedel" gebräuchlich. Darunter verstand man Riemen, die vor allem weiblichen Verurteilten um den Hals gelegt wurden, um der Öffentlichkeit die Schändlichkeit ihrer Taten zu demonstrieren. 1810 wurden diese entehrenden Strafen in Preußen flächendeckend verboten. 1811 wurde die Enthauptung regelmäßig nicht mehr mit dem Schwert, sondern mit dem Beil praktiziert. Die Radstrafe wurde 1812 weitgehend abgeschafft[227]. Bereits ab 1790 ersetzte die Strafjustiz zunehmend Lei-

---

223 Vgl. *Evans*, Rituale der Vergeltung, S. 17 3f.; vgl. hierzu auch die Ausführungen bei *Heuer*, Allgemeines Landrecht und Klassenkampf m.w.N.

224 Vgl. *Evans*, a.a.O., S. 175.

225 *Schwennicke*, in: Dölemeyer / Mohnhaupt (Hrsg.), 200 Jahre Allgemeines Landrecht für die preußischen Staaten, S. 79.

226 *Evans*, Rituale der Vergeltung, S. 175.

227 Vgl. *Schwennicke*, in: Dölemeyer / Mohnhaupt (Hrsg.), 200 Jahre Allgemeines Landrecht für die preußischen Staaten, S. 96 f.

besstrafen durch Haftstrafen. Diese Entwicklungen wurden nicht zuletzt durch die Ideen von John Howard, der bereits mit seinen Reformbestrebungen Einfluss auf die *Josephina* genommen hatte, forciert[228]. Ein weiterer Strafrechtsreformer war Heinrich Wagnitz (1755–1838), der sich vor allem durch seine Kritik am preußischen Kerkersystem in der Öffentlichkeit hervortat. Wagnitz pochte auf eine Umwandlung der Gefängnisse zu Anstalten, deren Zweck vor allem auf Besserung und Sicherung anstatt auf die bislang praktizierte reine Verwahrung der Häftlinge unter widrigen Bedingungen gerichtet sein sollte[229]. Damit folgte Wagnitz unter anderem Howard und Beccaria in ihren Forderungen und gab Anlass zu zahlreichen kritischen Einwänden gegen das preußische Gefängnissystem, welche zu Beginn des 19. Jahrhunderts allerdings zunächst weitgehend ohne Wirkung blieben[230]. Nachdem das Allgemeine Landrecht bereits die Hinrichtungsarten und die todeswürdigen Straftaten eingeschränkt hatte, ließ sich zu Beginn des 19. Jahrhunderts beobachten, dass die Anzahl der verhängten Todesstrafen überschaubar blieb und Todesurteile grundsätzlich nur bei schweren Verbrechen ausgesprochen wurden. Wie in der Toskana und in Österreich nach der Wiedereinführung der Todesstrafe wurde in Preußen nur ein geringer Teil der Todesurteile tatsächlich vollstreckt. So wurden in der ersten Hälfte des 19. Jahrhunderts auf preußischem Staatsgebiet nur 27 Prozent der zum Tode Verurteilten auch hingerichtet. Im Laufe des 19. Jahrhunderts formierte sich vermehrt eine starke Gegnerschaft der Todesstrafe; hierbei tat sich vor allem Carl Joseph Anton Mittermaier als Kritiker hervor. In der Frankfurter Nationalversammlung der Jahre 1848/1849 schließlich wurde ein Mehrheitsbeschluss über die Abschaffung der Todesstrafe gefasst, dem sich die meisten deutschen Staaten zunächst anschlossen, jedoch nicht Preußen[231]. Somit blieb die Todesstrafe in Preußen bis ins 20. Jahrhundert hinein in Kraft, wobei sich die Hinrichtungsformen trotz detaillierter Normierung im Allgemeinen Landrecht mit der Zeit wandelten. So wurde im Laufe des 19. Jahrhundert die Guillotine zunehmend zu einem der bestimmenden Tötungsinstrumente[232]. Erste Reformbestrebungen des preußischen Strafrechts wurden bereits ab 1799 praktiziert, was allerdings vor allem das bis dato nach wie vor durch die Criminalordnung von 1717 geregelte Strafprozessrecht betraf[233].

228 Vgl. *Evans*, Rituale der Vergeltung, S. 176.
229 Vgl. hierzu *Wagnitz*, Ideen und Pläne zur Verbesserung der Policey- und Criminalanstalten.
230 Vgl. *Evans*, Rituale der Vergeltung, S. 176 f.
231 Vgl. *Roth*, in: Wittwer / Schäfer / Frewer (Hrsg.), Handbuch Sterben und Tod, S. 425.
232 Vgl. *Evans*, Rituale der Vergeltung, S. 183 ff.
233 Vgl. *Strohkendl*, Das Strafgesetzbuch für die Preußischen Staaten vom 14. April 1851, S. 13.

Nachdem die neue preußische Criminalordnung 1805 in Kraft getreten war[234], war bereits ein zweiter Teil dieser Kodifikation als materiell-rechtlicher Teil geplant. Dies wurde jedoch durch die Reise von König Friedrich Wilhelm III. zu seiner Armee im Rahmen des dritten Napoleonischen Krieges verhindert. Er König bestimmte schließlich mit Kabinettsordre vom 4. Februar 1808, dass bis auf Weiteres keine Änderungen am materiellen preußischen Strafrecht durchzuführen seien. Gleichwohl stellte er bereits im November desselben Jahres die weitere Reformbedürftigkeit des Strafrechts fest, was er unter anderem mit der Notwendigkeit von härteren Strafen begründete[235]. Am 26. März 1814 legte der Geheime Oberjustizrat Johann August Sack zwei handschriftliche Entwürfe für ein „Allgemeines Strafrecht für die Preußischen Staaten" mit einem materiell-rechtlichen und einem prozessualen Teil vor. Der materielle Teil war mit 16 Titeln und 1630 Paragraphen sogar noch umfangreicher als das Strafrecht des ALR. Aufgrund inhaltlicher Differenzen der von Friedrich Wilhelm III. zur Erarbeitung des Gesetzes eingesetzten Kommission kam es jedoch nicht zur geplanten Veröffentlichung. Auch in den folgenden Jahren und Jahrzehnten kam es daher zu keinen weiteren Änderungen des preußischen materiellen Strafrechts, womit das Strafrecht des PrALR auch weiterhin Geltung beanspruchte[236]. Erst im Juli 1851 trat nach langjährigen Vorarbeiten das Strafgesetzbuch für die Preußischen Staaten vom 14. April 1851, kurz PStGB, in Kraft, welches die Strafnormen des Allgemeinen Landrechts schließlich weitgehend ablöste[237]. Dieses beinhaltete lediglich 349 Paragraphen und war damit im Vergleich zum strafrechtlichen Teil des ALR deutlich verschlankt[238]. Soweit das PStGB in Teilgebieten des Strafrechts keine Regelungen traf, blieben die bisherigen Vorschriften weiter in Kraft; dies galt beispielsweise für strafrechtliche Vorschriften des Vereins- und Versammlungsrechts, des Forst- und Jagdrechts und des Holzdiebstahls[239]. Die Todesstrafe als schwerste Strafart war nach wie vor im PStGB enthalten. Dabei war im Vorfeld der Einführung des Strafgesetzbuchs für die Preußischen Staaten durchaus heftig über die mögliche Abschaffung der Todesstrafe in den preußischen Gebieten diskutiert worden[240]. Am 25. Juni 1848 wurde Karl Anton Maercker zum Justizminister Preußens ernannt worden. Dieser hatte am 4. August 1848 in einer Rede vor

---

234 Siehe hierzu die Ausführungen unter Kap. 9, A), II.

235 Vgl. *Strohkendl*, Das Strafgesetzbuch für die Preußischen Staaten vom 14. April 1851, S. 20 f.

236 Vgl. a.a.O., S. 23 ff.; *Berner*, Strafgesetzgebung in Deutschland, S. 218 ff.

237 Vgl. *Strohkendl*, a.a.O., S. 1.

238 Vgl. a.a.O., S. 111.

239 Vgl. a.a.O., S. 123.

240 Vgl. a.a.O., S. 124.

der deutschen Nationalversammlung in der Frankfurter Paulskirche für die komplette Abschaffung der Todesstrafe im Strafrecht, ausgenommen bei Kriegs- und Belagerungszuständen, plädiert. Zudem wurde unter Maercker 1848 ein Entwurf des neuen Strafgesetzbuchs erarbeitet, in welchem die Todesstrafe vollständig abgeschafft war. Jedoch wurde Maercker am 21. September 1848 abgelöst; Nachfolger als Justizminister war mit Gustav Wilhelm Kisker ein Befürworter der Lebensstrafe[241]. So kam es schließlich zu ihrer Beibehaltung in der neuen Kodifikation, wobei es durchaus zu Einschränkungen im Lichte des liberalen Zeitgeistes kam. Demnach konnte die Todesstrafe nicht an Personen unter 16 Jahren und Schwangeren vollzogen werden. Nach § 7 Abs. 1 PStGB war die Todesstrafe durch Enthauptung zu vollstrecken, wobei dies in der Rheinprovinz durch die Guillotine und im restlichen preußischen Territorium durch das Beil des Scharfrichters umgesetzt wurde[242]. Die im Allgemeinen Landrecht bei zahlreichen Delikten verhängten Strafschärfungen waren im Strafgesetzbuch für die Preußischen Staaten nunmehr komplett abgeschafft[243]. Trotz der Fortgeltung der Todesstrafe in der Kodifikation von 1851 waren damit deutliche Abmilderungen im Rahmen ihrer Vollstreckung zu erkennen, die von den allgemeinen Tendenzen zur gesellschaftlichen Liberalisierung zur Mitte des 19. Jahrhunderts beeinflusst waren.

E) Zwischenfazit

Der kriminalrechtliche Teil des Allgemeinen Landrechts für die Preußischen Staaten lässt sich auf verschiedene Weise rezipieren. Einerseits wird vielfach hervorgehoben, dass das PrALR einen fortschrittlichen Charakter hatte und die Gedanken der Aufklärung in vielfältiger Weise verinnerlichte[244]. Andererseits war die Todesstrafe noch für zahlreiche Straftaten vorgesehen. Dabei ist zu berücksichtigen, dass der aufgeklärte Absolutismus von Friedrich II. sich durchaus erkennbar auf das Strafensystem des Allgemeinen Landrechts ausgewirkt hatte. Friedrich der Große war ein großer Bewunderer der Ideen Cesare Beccarias und wirkte während seiner Regentschaft auch auf die vollständige Abschaffung der Folter in Preußen hin. Zwar waren die Widerstände konservativer Kreise gegen eine Eliminierung der Todesstrafe so groß, dass diese in vielen Normen beibehalten wurde. Allerdings legten die geistigen Väter des Allgemeinen Landrechts großen Wert auf eine möglichst detaillierte Formulie-

241 Vgl. a.a.O., S. 89 ff.
242 Vgl. a.a.O., S. 124; *Berner*, Strafgesetzgebung in Deutschland, S. 246.
243 Vgl. *Berner*, a.a.O., S. 245.

rung der Gesetzesvorschriften, um einem richterlichen Missbrauch von Macht und Willkür Einhalt zu gebieten. Sie begrenzten die Hinrichtungsarten auf Verbrennen, Schwertschlag, Rädern und Galgen. Vor allem das Schwert für als weniger gemeinschädlich angesehene Delikte sowie das Rädern für besonders verachtenswerte Straftaten waren gemäß der strafrechtlichen Praxis im Preußen des 18. Jahrhunderts weit verbreitete Methoden zur Tötung von Verurteilten. Eine Besonderheit des PrALR war auch die Unterscheidung zwischen dem Rädern von oben herab und von unten herauf bei Abfassung der einschlägigen Strafnormen. Dabei galt das Rädern von unten nach oben als brutalere Hinrichtungsmethode. So war ein einfacher Mörder mit dem Rad von oben zu richten, während der Anführer einer Verschwörung zum Mord mit dem Rad von unten herauf hingerichtet wurde[245]. Das Allgemeine Landrecht für die Preußischen Staaten lässt sich somit in strafrechtlicher Hinsicht auf unterschiedliche Weise rezipieren. Zwar wurde die Todesstrafe nicht vollständig abgeschafft, jedoch lässt sich durchaus eine intensive Beschäftigung ihrer Urheber mit der Legitimation staatlich angeordneter Tötungen erkennen. Damit ist das PrALR auch nicht in einer Reihe mit dem *Codex Juris Bavarici Criminalis* und der *Constitutio Criminalis Theresiana* zu nennen, was den Regelungsgehalt der Todesstrafe betrifft. Denn diese wenige Jahrzehnte zuvor erschienenen Strafgesetze beinhalteten noch eine deutlich größere Bandbreite an Masse und Brutalität von Hinrichtungsmethoden und todeswürdigen Verbrechen. Wenn auch – anders als bei der *Leopoldina* und der *Josephina* – eine Aufhebung der Todesstrafe an vielfachem Widerstand gescheitert war, so lässt sich doch der Geist der Aufklärung nicht verkennen, der dem Allgemeinen Landrecht innewohnt.

---

244 Vgl. *Evans*, Rituale der Vergeltung, S. 173 ff.; *Laufs*, Rechtsentwicklungen in Deutschland, S. 186 ff.

245 Vgl. *Evans*, a.a.O., S. 174.

Schlussbemerkungen

A) Die Entwicklung der Todesstrafe im untersuchten Zeitraum

I. Historische Entwicklung

In den vorangegangenen Kapiteln wurde die historische Entwicklung der Todesstrafe im Heiligen Römischen Reich im Wesentlichen vom Beginn des 16. Jahrhunderts bis zum Ende des Alten Reichs anhand ausgewählter Kodifikationen nachvollzogen. Die *Constitutio Criminalis Bambergensis* und die ihr in großen Teilen nachgebildete *Constitutio Criminalis Carolina* wiesen die Strafgerichte an, die Todesstrafe für eine Vielzahl von Verbrechen zu verhängen. Das Verbrennen von Verurteilten z.B. war dort in diversen Strafnormen als Hinrichtungsmethode aufgeführt. Besonders bedeutsam war unter diesen der Straftatbestand der Zauberei gemäß Art. 109 C.C.C., der vor allem bei Hexenverbrennungen angewandt wurde, die insbesondere Ende des 16. und in der ersten Hälfte des 17. Jahrhunderts unter dem Einfluss des Hexenhammers zahlreich durchgeführt wurden[1]. Weitere verbreitete Tötungsinstrumente waren der Galgen, das Schwert und das Rad. Die brutalere Strafe des Räderns blieb dabei fast ausschließlich männlichen Tätern vorbehalten, die besonders schwere Gewaltdelikte wie Raubmord oder Mord an Angehörigen begangen hatten. Schon damals wurden die Vollstreckungsarten des Räderns von unten herauf und von oben herab unterschieden. Das Rädern von unten nach oben war die schlimmere und langwierigere Exekutionsmethode, während beim Rädern von oben nach unten bereits der erste Stoß des Rades den Hals des Verurteilten traf und dadurch dessen Tod verursachte[2]. Andere Hinrichtungsarten wie das Ertränken sowie das Lebendigbegraben und Pfählen waren in der *Carolina* vor allem für weibliche Straftäterinnen vorgesehen, insbesondere für Kindsmörderinnen. Wie auch die Vierteilung bei Hochverrat wurden diese archaischen Strafen ab dem Ende des 16. Jahrhunderts zunehmend seltener angewandt und sukzessive durch andere Strafen ersetzt, zum Beispiel durch die Enthauptung von Kindsmörderinnen[3]. Bereits die *Bambergensis* und die *Carolina* kannten Strafschärfungen, die vor der eigentlichen Exekution durch-

1 Vgl. *Gehm*, Die Hexenverfolgung im Hochstift Bamberg, S. 12 f.; *Evans*, a.a.O., S. 70 f.; siehe hierzu die Ausführungen unter Kap. 1, B), IV., 1.
2 Vgl. *Evans*, a.a.O., S. 60.

geführt wurden. Oft angewandte Schärfungen waren insbesondere das Schleifen zur Richtstätte und das Reißen mit glühenden Zangen. Gleichwohl wurden auch nach dem Inkrafttreten der C.C.C. immer wieder Fälle bekannt, in denen Hinrichtungen auf andere Weise als dort geregelt ausgeführt wurden. So wurden beispielsweise zuweilen Münzfälscher bis zum Exitus in Öl gesiedet, wie es 1728 in Venlo dokumentiert worden war[4]. Dies verdeutlicht, dass die Regelungen der *Carolina* sich mancherorts nicht gegen das dort geltende Gewohnheitsrecht durchsetzen konnten. Bis ins 18. Jahrhundert hinein lässt sich keine einheitliche Entwicklung für das Gebiet des Heiligen Römischen Reiches feststellen. Vielmehr sind territoriale Eigenheiten und Besonderheiten zu berücksichtigen, was Anzahl und Gestalt der verhängten und vollstreckten Todesurteile betrifft. Als einschneidende Entwicklungen, die im gesamten Reichsgebiet beobachtet werden konnten, sind wie bereits angesprochen die sukzessive Abschaffung von Tötungsmethoden wie dem Lebendigvergraben und Pfählen sowie dem Ertränken und das Abebben der Hexenverbrennungen zu nennen. Der *Codex Juris Bavarici Criminalis* von 1751 und die *Constitutio Criminalis Theresiana* von 1768 brachten zunächst keinen wesentlichen Wandel mit sich. Insbesondere war bei Abfassung dieser Strafgesetze keine nennenswerte Einschränkung der todeswürdigen Verbrechen zu erkennen, wenngleich durchaus signifikante Unterschiede zur *Constitutio Criminalis Carolina* erkennbar waren. Die *Leopoldina* von 1786 und die *Josephina* von 1787 hingegen brachten tiefgreifende Veränderungen mit sich. In beiden Strafgesetzen war die Todesstrafe nun abgeschafft. Der Abschaffung waren jeweils langjährige Diskussionen und die Überwindung zahlreicher Widerstände aus Politik, Adel und Klerus vorausgegangen. Die Beweggründe und Auswirkungen waren gleichwohl durchaus unterschiedlich und voneinander abweichend. Die *Leopoldina* kannte als neue Höchststrafe die lebenslange Arbeitsstrafe, welche auch in der *Josephina* vertreten war. In der österreichischen Strafpraxis war jedoch eine vielfältigere Anwendung von Ersatzstrafen zu beobachten, die aufgrund ihrer Brutalität ihrerseits wiederum zu diversen Todesfällen führten. Als Beispiele seien das Schiffziehen und die schwere Kerkerstrafe zu nennen[5]. Aber auch die Arbeitsstrafe in der Toskana forderte ihre Opfer. Insoweit könnte man hier auch von einem Substitut der Todesstrafe durch andere brutale Sanktionen sprechen, die ebenfalls in der Lage waren, den Tod der Verurteilten mittelbar herbeizuführen. Dies darf allerdings nicht die Bewertung der

3 Vgl. *Ortner*, Wenn der Staat tötet, S. 38 f.; *Evans*, a.a.O., S. 79 ff.; *Leder*, Todesstrafe, S. 157.

4 Vgl. *Evans*, a.a.O., S. 63.

5 Vgl. *Ammerer*, Das Ende für Schwert und Galgen, S. 392.

Abschaffung der Todesstrafe in beiden Kodifikationen als geradezu revolutionären Akt schmälern. Sowohl in der Toskana als auch in Österreich war die Aufhebung der Lebensstrafe allerdings nicht von Dauer. Vielmehr wurden Hinrichtungen schon wenige Jahre nach dem Inkrafttreten der beiden Strafgesetze wieder eingeführt, jeweils unter dem Druck der Bevölkerung aufgrund politischer Unruhen. Daran zeigt sich die enge Verknüpfung zwischen strafrechtlicher Praxis und den sozialen Gegebenheiten. Schließlich wurde auch das Allgemeine Landrecht für die Preußischen Staaten von 1794 betrachtet. Diesem waren lange Diskussionen über die Abschaffung der Todesstrafe vorangegangen, die letztendlich nicht von Erfolg gekrönt waren. Im Allgemeinen Landrecht findet sich eine Vielzahl von todeswürdigen Straftatbeständen, was allerdings auch dem enormen Regelungsgehalt dieses Werks geschuldet ist. Es ist jedoch eine Konzentration auf bestimmte Gruppen von Verbrechen und auf ausgewählte Exekutionsmethoden zu beobachten. Diverse Delikte, deren Verwirklichung in der *Carolina* noch den Tod nach sich gezogen hatte, waren im Allgemeinen Landrecht nicht mehr mit der Exekution bedroht. Insgesamt lässt sich die Entwicklung der Todesstrafe im analysierten Zeitraum nicht als lineare Bewegung sehen. Vielmehr waren vor allem in der zweiten Hälfte des 18. Jahrhunderts je nach Territorium und der ideellen Gesinnung der jeweiligen Herrscher differenzierte Auffassungen zu Sinn und Zweck der Todesstrafe vertreten. Zudem ist die Tatsache zu berücksichtigen, dass die soziale und politische Situation in den betreffenden Reichsgebieten unmittelbaren Einfluss auf das Strafrecht, welches als wichtiges Mittel zur Machtausübung benutzt wurde, hatte.

II. Paradigmenwechsel

Im untersuchten Zeitraum wandelten sich die Begründungen für die Legitimation der Todesstrafe immer wieder. Zu Zeiten des Inkrafttretens von *Bambergensis* und *Carolina* wurden noch keine ernsthaften Debatten über ihre Abschaffung geführt. Zur Begründung wurden jeweils unterschiedliche Ansichten vertreten. Sowohl generalpräventive Ansätze als auch vergeltungstheoretische Überlegungen spielten eine gewichtige Rolle für die Befürworter der Hinrichtungen. Weiterhin wurde die Todesstrafe auch aus religiösen Gründen unter Berufung auf das Talionsprinzip für erforderlich gehalten. Zusätzlich wurden Sühnetheorien herangezogen. Auffallend dabei ist, dass unterschiedliche Denker die genannten Theorien bereits seit der Antike bis in die frühe Neuzeit hinein vertraten, es jedoch zu keiner Zeit eine eindeutig vorherrschende Lehre gab. Nun stellt sich die Frage, inwieweit man im untersuchten Zeitraum gleichwohl von einem Paradigmenwechsel im Hinblick auf die Ansätze zur Begründung der Todesstrafe sprechen kann. Nachdem diese Ansätze ohnehin vielschichtiger Natur waren, war eine Heterogenität den Diskursen über die Todesstrafe immanent. Eine echte Debatte inklusive der Diskussion von pro und contra lässt sich allerdings erst im 18. Jahrhundert beobachten. In der deutschen Naturrechtslehre wurde die Vergeltungslehre mehrheitlich abgelehnt und stattdessen der relative Strafzweck der Generalprävention vertreten. Immanuel Kant hingegen stützte seine Legitimation der Todesstrafe auf die Lehre von der Wiedervergeltung, während er die relativen Theorien kategorisch als ungerecht ablehnte[6]. Um die Mitte des 18. Jahrhunderts formierte sich schließlich zunehmender Widerstand gegen die Todesstrafe. Gleichwohl war dieser Widerstand lediglich auf die Bestrebungen Einzelner zurückzuführen, während die überwiegende Mehrheit die Todesstrafe befürwortete. Aufgrund der Öffnung für Debattenräume und der neuen Begründungen durch Vertreter des Naturrechts und der Aufklärung lässt sich das 18. Jahrhundert als Zeit des Paradigmenwechsels in Hinsicht auf die Todesstrafe verorten.

B) Der Einfluss der Aufklärung

I. Begriffsklärung und Entwicklung

Dieser Widerstand gegen die Todesstrafe formierte sich unter dem Einfluss der Aufklärung. Die Epoche der Aufklärung wird gemeinhin auf den Zeitraum des ausgehenden 17. und des gesamten 18. Jahrhunderts datiert, gleichwohl lässt sich ihr Beginn und Ende aufgrund zahlreicher heterogener Geistesströmungen nur schwer festlegen. Osterhammel beispielshalber ordnet ihr auch die ersten drei Jahrzehnte des 19. Jahrhunderts zu[7]. Die verschiedenen geistigen Strömungen, die unter dem Begriff der Aufklärung gefasst werden, waren zum Beispiel philosophischer, literarischer, künstlerischer, musikalischer, naturwissenschaftlicher oder politischer Natur. Ihnen gemein war ein Streben nach einem Weltbild, das die menschliche Vernunft in den Mittelpunkt rückte und ein Mehr an Bildung, Bürgerrechten und Freiheit forderte. Das vernunftgeprägte Denken der Aufklärung war der Nährboden für eine kritische Beschäftigung mit der Thematik der Todesstrafe. Auch hierbei ist wiederum die Verschiedenheit der ablehnenden Positionen hervorzuheben. Die Missbilligung der Todesstrafe im Rahmen rechtsphilosophischer Argumentationen formierte sich innerhalb weniger Jahre in mehreren europäischen Staaten. So waren Gottlieb Gonne in Deutschland, Voltaire in Frankreich und Samuel Johnson in

6 Siehe hierzu die Ausführungen unter Kap. 3, D), II.
7 Vgl. *Osterhammel*, Die Entzauberung Asiens, S. 31 f.

England prominente Vorreiter der ablehnenden Theorien. In Italien war es vor allem Cesare Beccaria, der mit seinen Gedanken zur Verbreitung der Ablehnung von Todesurteilen beitrug[8].

II. Cesare Beccaria als maßgeblicher Einfluss

Im Rahmen der Untersuchungen zur *Leopoldina* und *Josephina* wurde herausgearbeitet, dass das Werk von Cesare Beccaria einen maßgeblichen Einfluss auf die Abschaffung der Todesstrafe in beiden Kodifikationen hatte. Die Gedanken, die Beccaria in seinem Traktat *Dei delitti e delle pene* ausgearbeitet hatte, fanden binnen weniger Jahre Verbreitung und wurden in vielen europäischen Staaten rezipiert. Sowohl Leopold II. als auch Joseph II. kannten die Ideen Beccarias und wurden von diesem beeinflusst. Auch Friedrich der Große beschäftigte sich intensiv mit den Lehren des Milanesen und gründete seine Kritik an der Todesstrafe im Wesentlichen auf dessen Vorstellungen. In Beccarias Argumentation finden sich sowohl Elemente der Generalprävention und Spezialprävention als auch ethisch-moralische und sozialphilosophische Erwägungen[9]. Diese Vielschichtigkeit verdeutlicht wiederum die Diversität der Begründungsansätze, die auch innerhalb des Diskurses über die Legitimation von Hinrichtungen vertreten wurden. Nachdem sich die geistigen Väter der Kodifikationen, welche die Todesstrafe für abgeschafft erklärten, jeweils auf Cesare Beccaria beriefen, ist sein Einfluss auf die Ablehnung von Todesurteilen im Strafrecht als bestimmend anzusehen. Dabei wird nicht übersehen, dass Beccarias Bedeutung für das toskanische Strafgesetzbuch teilweise in der Literatur relativiert wurde. Der Verfasser dieser Abhandlung vermag sich diesen Stimmen nicht anzuschließen, wie im achten Kapitel zur *Leopoldina* gezeigt wurde. Auch die meisten Kritiker der Todesstrafe im rechtsphilosophischen Diskurs beriefen sich auf den Milanesen. Gleichwohl darf nicht übersehen werden, dass er nie der alleinige Impulsgeber war, sondern auch jeweils die Ideen anderer Strafrechtsdenker eine Rolle für die Ablehnung staatlich verordneter Tötungen im Kriminalrecht spielten. Somit war Beccaria zwar ein maßgeblicher, aber beileibe nicht der alleinige Ideengeber für die Abschaffung der Todesstrafe in der Toskana und in Österreich.

---

8 Siehe hierzu die Ausführungen unter Kap. 4, F).

9 Vgl. ebd.

III. Weitere Einflüsse

Neben Beccaria übten auf die Entscheidung zur Abschaffung der Todesstrafe in der *Leopoldina* vor allem die italienischen Strafrechtsdenker Gaetano Filangieri, Francesco Mario Pagano und Giuliano Tosi einen entscheidenden Einfluss aus. Auch die Lehren dieser Juristen hatten jeweils eine unterschiedliche geistige Stoßrichtung. Pietro Leopoldo als geistiger Vater des toskanischen Kriminalgesetzbuches von 1786 berief sich dabei nicht auf eine bestimmte Lehre, sondern übernahm bestimmte Elemente im Rahmen einer mitunter eklektizistischen Vorgehensweise für seine Strafrechtskonzeption. Dabei ist festzuhalten, dass Leopold II. in seiner Ablehnung der Todesstrafe weiter ging als die meisten seiner Vordenker. Beccaria und Filangieri hielten Hinrichtungen beispielshalber bei bestimmten Delikten für legitim[10]. Joseph II. als geistiger Vater der *Josephina* berief sich neben Beccaria vor allem auf Joseph von Sonnenfels, der selbst auch einen maßgeblichen Anteil an der Konzeption des Allgemeinen Gesetzes über Verbrechen und derselben Bestrafung hatte. Wie auch Beccaria argumentierte Sonnenfels mit dem fehlenden Nutzen der Todesstrafe für die Erreichung der gewünschten Strafzwecke[11]. Neben den genannten Ideengebern ist davon auszugehen, dass auch andere Denker unmittelbaren oder mittelbaren Einfluss auf die Abschaffung der Todesstrafe genommen haben. Die mittelbare Wirkung dürfte sich jedenfalls in der Rezeption und Verbreitung der Lehren Beccarias entfaltet haben, da diverse Strafrechtsdenker darauf Bezug genommen hatten. Im Hinblick auf die deutsche Strafrechtsphilosophie könnte dies beispielshalber für Karl Ferdinand Hommel gelten, der zum einen in eigenen Werken Kritik an der Verhängung von Todesurteilen äußerte und zum anderen auch durch eine im deutschsprachigen Raum wirkmächtige Übersetzung von Beccarias Hauptwerk in Erscheinung trat[12].

C) Entwicklungen nach dem Ende des Heiligen Römischen Reiches

I. Entwicklungen nach 1806

Im Folgenden soll nun noch skizziert werden, wie es nach dem Ende des Alten Reiches 1806 mit der Todesstrafe weiterging. Zu Beginn des 19. Jahrhunderts war ein weiterer Wandel der Hinrichtungspraxis zu beobachten. Der Reichsauflösung waren zahlreiche politische und soziale Verwerfungen unter

10 Vgl. hierzu die Ausführungen unter Kap. 7, E).
11 Vgl. hierzu die Ausführungen unter Kap. 4, D), III.
12 Vgl. hierzu die Ausführungen unter Kap. 4, D), I.

dem Einfluss der napoleonischen Expansionspolitik vorausgegangen[13]. Die Hinrichtungspraxis des 18. Jahrhunderts war durch ein Zusammenspiel von religiöser und profaner Symbolik gekennzeichnet. Das Spektakel der durch den Staat legalisierten Tötungen hatte neben der Zurschaustellung des Machtanspruchs der Obrigkeit und der moralischen Erziehung der Gesellschaft auch einen rituellen Charakter mit aktiver Beteiligung der Volksgemeinschaft und sakralen Elementen[14]. In der Zeit des Übergangs vom 18. zum 19. Jahrhundert schwand die Unterstützung der territorialen Herrscher für die Geistlichkeit zunehmend. Der zum Reichsgesetz erhobene Reichsdeputationshauptschluss vom 25. Februar 1803 legte fest, dass die Territorien links des Rheins an Frankreich abgetreten und die betroffenen Reichsstände durch Zueignung rechtsrheinischer Gebiete entschädigt wurden. Dies geschah sowohl durch Mediatisierung, also die Eingliederung kleinerer Territorialstaaten in größere politische Einheiten, als auch durch Säkularisation, was in diesem Fall die Annexion geistlicher Gebiete durch weltliche Territorien meinte[15]. Die regional teilweise noch verbreitete Vielfalt an Hinrichtungsmethoden wich nicht zuletzt unter dem Einfluss von *Josephina*, *Leopoldina* und dem Allgemeinen Landrecht für die Preußischen Staaten wenigen anerkannten Exekutionsarten. Das noch im PrALR für mehrere Delikte angeordnete Verbrennen wurde nach dessen Erscheinen in Preußen und anderen Teilen Deutschlands sukzessive abgeschafft. Vor allem das Schwert respektive als dessen Alternative das Beil und das Rad sowie in manchen Regionen der Strang wurden noch zur Hinrichtung von Verurteilten verwendet. Zu Beginn des 19. Jahrhunderts geriet zunehmend auch das Schwert unter Humanitätsaspekten in die Kritik, da immer wieder schlampig ausgeführte Hiebe des Scharfrichters den erwünschten sofortigen Tod des Verurteilten verzögerten und dadurch unnötiges Leiden verursachten[16]. In Preußen wurde das Rädern 1812 auf Weisung des dortigen Justizministeriums weitgehend abgeschafft[17]. Zunehmend wurden die seit Jahrhunderten tradierten Hinrichtungsarten durch neue Instrumente wie die unter dem Einfluss der französischen Besatzung in Deutschland eingeführte Guillotine ersetzt, die eine präzisere Handhabung ermöglichten[18]. Für das

13 Vgl. *Herbers / Neuhaus*, Das Heilige Römische Reich, S. 286 ff.

14 Vgl. *Evans*, Rituale der Vergeltung, S. 259 f.

15 Vgl. *Herbers / Neuhaus*, Das Heilige Römische Reich, S. 283 ff.; *Laufs*, Rechtsentwicklungen in Deutschland, S. 175 f.

16 Vgl. *Evans*, Rituale der Vergeltung, S. 268 f.

17 Vgl. *Schwennicke*, in: Dölemeyer / Mohnhaupt (Hrsg.), 200 Jahre Allgemeines Landrecht für die preußischen Staaten, S. 96 f.

18 Vgl. *Leder*, Todesstrafe, S. 251 ff.; *Ramlau*, Wie wird im Deutschen Reiche die Enthauptung vollstreckt?, S. 1 ff.

19. Jahrhundert lässt sich damit eine Entwicklung beobachten, die weg von der Ritualisierung zu einer Technisierung der Vollstreckung von Todesurteilen führte. Dabei darf man gleichwohl nicht außer Acht lassen, dass auch die Enthauptung durch die Guillotine oft ein Spektakel war, das der Abschreckung der Bevölkerung dienen sollte und regelmäßig eine Vielzahl von Zuschauern in ihren Bann zog. Diese Entwicklung sorgte dafür, dass die Arbeit vieler Scharfrichter in den ersten Jahrzehnten des 19. Jahrhunderts zunehmend obsolet wurde[19]. Das unter der Federführung von Paul Anselm Feuerbach erarbeitete bayerische Strafgesetzbuch von 1813 schaffte alle im Heiligen Römischen Reich anerkannten Exekutionsmethoden mit Ausnahme der Enthauptung ab. Aufgrund von Vorbehalten gegen die Guillotine, die vor allem in der Ablehnung der französischen Revolution gründete, wurde dort jedoch die Enthauptung mithilfe des Beils favorisiert. Dabei wurde auch auf die Unsicherheiten des Schwertschlags und die positiven Erfahrungen mit dem Beil in anderen Staaten wie Dänemark verwiesen[20]. Ein zunehmender Protest gegen das Institut der Todesstrafe wurde im Deutschland der 1830er und 1840er Jahre laut. Einen wesentlichen Anteil an dieser Entwicklung hatte das Engagement des Hochschullehrers Carl Joseph Anton Mittermaier, der sich in diversen Publikationen für die Abschaffung der Todesstrafe einsetzte[21]. Im Rahmen der deutschen Nationalversammlung, die ab dem 18. Mai 1848 in der Frankfurter Paulskirche tagte, wurde intensiv über die Abschaffung der Todesstrafe debattiert. Dort fassten die Teilnehmer zwar einen Mehrheitsbeschluss, nach welchem die Todesstrafe abgesehen vom Kriegsrecht und der Meuterei abgelehnt werden sollte[22]. Dieser wurde in § 139 des Grundrechtskatalogs normiert, jedoch nicht von allen deutschen Staaten anerkannt, beispielshalber nicht von Preußen. Nach dem Scheitern der deutschen Revolution wurde die Todesstrafe in Deutschland nach und nach in den folgenden Jahren wieder eingeführt; in einem Klima der politischen Repression seitens der reaktionären Regierungen war sogar ein signifikanter Anstieg von vollstreckten Todesurteilen zu beobachten[23]. Indes zeigte sich in der zweiten Hälfte des 19. Jahrhunderts gleichwohl die Tendenz, dass öffentliche Hinrichtungen zunehmend abgeschafft wurden. Das Erstarken liberaler Bewegungen sorgte ab den 1860er Jahren für ein Aufkeimen der Stimmen gegen die Todesstrafe. Diese führten

---

19 Vgl. *Evans*, Rituale der Vergeltung, S. 270.

20 Vgl. a.a.O., S. 278 f.

21 Vgl. *Fleckenstein*, Die Todesstrafe im Werk Carl Joseph Anton Mittermaiers, S. 60 ff.; *Evans*, a.a.O., S. 315.

22 Vgl. *Strohkendl*, Das Strafgesetzbuch für die Preußischen Staaten vom 14. April 1851, S. 89 ff.

23 Vgl. *Evans*, Rituale der Vergeltung, S. 343 ff.

unter anderem 1868 zur Tilgung der Todesstrafe aus dem Strafrecht im Königreich Sachsen. Auch in anderen deutschen Staaten gingen die Hinrichtungen zurück oder wurden faktisch nicht mehr vollzogen[24]. In der zweiten Hälfte des 19. Jahrhunderts wurden daher viele Scharfrichter nicht mehr gebraucht und waren daher gezwungen, andere Berufe auszuüben[25]. Auch in Bremen war die Todesstrafe zeitweise abgeschafft worden. Im Rahmen der Entstehung des Strafgesetzbuchs für das Deutsche Reich (RStGB) von 1871 stimmte der Reichstag in erster Lesung noch für die Abschaffung der Todesstrafe; durch die Intervention von Otto von Bismarck wurde diese jedoch wieder eingefügt[26]. Der Norddeutsche Bund und die Gründung des Deutschen Reichs 1871 brachten schließlich die Wiedereinführung der Todesstrafe auch für die deutschen Staaten, die diese zuvor abgeschafft hatten, mit sich. Zwingend galt dies für Mord und Hochverrat. Hinsichtlich der Vollstreckung von Todesurteilen gab es weiterhin regionale und zeitliche Unterschiede. Während in manchen Territorien keine oder fast keine Hinrichtungen stattfanden, so in Preußen zwischen 1868 und 1878 und in Bayern zwischen 1868 und 1880, stiegen die Exekutionen von Straftätern im Preußen der 1890er Jahre unter Wilhelm II. wieder stark an. Ein Wendepunkt im Umgang Preußens mit der Todesstrafe war der Attentatsversuch des Klempnergesellen Max Hödel auf Kaiser Wilhelm I. am 11. Mai 1878, den Reichskanzler Otto von Bismarck (1815–1898) unberechtigterweise der politischen Linken anlasten wollte. Hödel wurde vom Preußischen Kammergericht wegen Hochverrats zum Tode verurteilt und am 16. August 1878 enthauptet, nachdem sich Bismarck gegen die Bedenken des die Todesstrafe grundsätzlich ablehnenden Kronprinzen Friedrich mit dem Argument, ein außergewöhnliches Übel verlange eine außergewöhnliche Bestrafung, durchgesetzt hatte. Zudem sollten mögliche Nachahmer abgeschreckt werden, nachdem es bereits am 2. Juni 1878 ein weiteres versuchtes Attentat auf Wilhelm I. durch Dr. Karl Nobiling gegeben hatte. Mit der Hinrichtung Hödels setzte ein Umdenken in Preußen bezüglich der Todesstrafe ein. Gleichzeitig wurden vermehrt Morde aus dem anarchistischen Spektrum verübt, was unter der Regentschaft des konservativen Kaisers Wilhelm II. schließlich zu einem weiteren Anstieg von Todesurteilen führte[27]. Der Ausbruch des ersten Weltkriegs 1914 brachte die Verhängung des Kriegsrechts mit sich, was jedoch keine signifikanten Unterschiede bei der Anzahl der vollstreckten Todesurteile

24 Vgl. a.a.O., S. 400 ff.

25 Vgl. *Treichel*, in: Treichel / Glenzdorf, Henker Schinder und arme Sünder, S. 139.

26 Vgl. hierzu m.w.N. *Hirte*, Die Todesstrafe in der Entstehung des Reichsstrafgesetzbuchs.

27 Vgl. *Evans*, Rituale der Vergeltung, S. 435 ff.

nach sich zog[28]. Bei den intensiven Debatten über die Ausgestaltung der Weimarer Reichsverfassung votierten insbesondere die Vertreter von SPD und USPD für die Abschaffung der Todesstrafe, erreichten allerdings keine Mehrheit. So zog auch in der Weimarer Republik eine Verurteilung wegen Mordes, Hochverrat und Spionage eine Verurteilung zum Tode nach sich. In der Weimarer Republik wurden 1141 Todesurteile verhängt, von denen 184 vollstreckt wurden[29]. In den Jahren 1928 und 1929 wurden Hinrichtungen gar auf Initiative der Sozialdemokraten zeitweise ausgesetzt[30]. Mit dem Erstarken des Nationalsozialismus zu Beginn der 1930er Jahre erlebte die Todesstrafe im Deutschen Reich, gestützt auf Notverordnungen, eine Renaissance. Der Reichstagsbrand in der Nacht vom 27. auf den 28. Februar 1933 war ein willkommener Grund für die frisch ernannte nationalsozialistische Regierung, weitreichendere Rechtsgrundlagen zu schaffen. Das Gesetz über Verhängung und Vollzug der Todesstrafe vom 29. März 1933, auch *Lex van der Lubbe* nach dem 1934 als Täter des Reichstagsbrandes hingerichteten Marinus van der Lubbe genannt, erklärte die am 28. Februar 1933 erlassene „Verordnung des Reichspräsidenten zum Schutz von Volk und Staat" rückwirkend für seit der Berufung Adolf Hitlers zum Reichskanzler am 30. Januar 1933 begangene Taten anwendbar[31]. Damit wurde der strafrechtliche Grundsatz „nulla poena sine lege" aufgehoben. Auch das Hängen am Galgen wurde durch dieses Gesetz wieder eingeführt, jedoch erst während des Zweiten Weltkriegs zu Hinrichtungszwecken angewandt. Vor allem die Abschreckung der Bevölkerung als Methode der Generalprävention war ein bestimmender Strafzweck des nationalsozialistischen Strafrechts. Weitere Pfeiler dieser Doktrin waren die Vergeltung und Reinigung des deutschen Bodens von nach der NS-Rassenlehre als minderwertig eingestuften Personen. Im Laufe der Herrschaft des nationalsozialistischen Regimes wurde die Liste der todeswürdigen Straftatbestände beständig erweitert[32]. Von 1933 bis 1939 stieg nach den amtlichen Sterbestatistiken die Anzahl der jährlichen Hinrichtungen aufgrund diesen Gesetzesänderungen im Dritten Reich von 64 auf 219 an[33]. Nach dem Ende des Zweiten Weltkriegs

28 Vgl. a.a.O., S. 587.
29 Vgl. a.a.O., S. 600 ff.
30 Vgl. a.a.O., S. 681 ff.
31 Vgl. a.a.O., S. 749; *Deutscher Bundestag* (Hrsg.), Fragen an die Deutsche Geschichte, S. 263 ff.
32 Vgl. *Evans*, a.a.O., S. 771 ff.
33 Vgl. *Düsing*, Die Geschichte der Abschaffung der Todesstrafe in der Bundesrepublik Deutschland unter besonderer Berücksichtigung ihres parlamentarischen Zustandekommens, S. 210 f.; während des Zweiten Weltkriegs lag die Zahl der vollstreckten Todesurteile im Strafverfahren Schätzungen zufolge bei ca. 16.000, hinzu kommen ca. 25.000 Todesurteile im Geltungsbereich der Militärgerichtsbarkeit; vgl. *Hötzel*,

und der nationalsozialistischen Schreckensherrschaft wurden die letzten Todesurteile in den Besatzungszonen auf dem Boden der heutigen Bundesrepublik Deutschland bis 1949 vollstreckt. Es handelte sich dabei vorwiegend um Urteile gegen Kriegsverbrecher des NS-Regimes, die im Rahmen der Nürnberger Prozesse und vor den Militärgerichten der Besatzungsmächte verhängt worden waren[34]. Auch durch deutsche Strafgerichte wurden in den ersten Nachkriegsjahren noch Todesurteile vollstreckt, so beispielshalber in Nordrhein-Westfalen, Berlin, Württemberg-Hohenzollern und Hamburg[35]. Mit der Gründung der Bundesrepublik Deutschland am 23. Mai 1949 trat schließlich der bis heute geltende Art. 102 GG in Kraft. Als übergeordnete Rechtsnorm verbietet Art. 102 GG die Anordnung und Vollstreckung der Todesstrafe auf dem Gebiet der Bundesrepublik Deutschland absolut. Vorangegangen waren intensive Diskussionen über die Legitimation staatlicher Tötungen in Deutschland. In der unmittelbaren Nachkriegszeit waren die Stimmen gegen die Lebensstrafe sehr zurückhaltend, erst Anfang 1949 war in der Bevölkerung ein Meinungsumschwung zu beobachten. Beim Herrenchiemseer Verfassungskonvents im August 1948 wurde vereinbart, die Regelung der Todesstrafe der Gesetzgebungskompetenz des Bundes zuzuordnen. Erstmals im Rahmen der Beratungen über das Grundgesetz votierte der Abgeordnete der Deutschen Partei und spätere Bundesminister für Verkehr Hans-Christoph Seebohm am 6. Dezember 1948 für die Abschaffung der Todesstrafe. Nach anfänglicher Ablehnung schlossen sich im Februar 1949 auch die Abgeordneten der SPD dem Votum für das Verbot an. Die CDU-Fraktion sprach sich hingegen für die Beibehaltung aus, gleichwohl stimmte in etwa die Hälfte der christdemokratischen Abgeordneten für ihre Abschaffung, sodass die erforderliche Mehrheit für die Verabschiedung des Art. 102 GG vorhanden war. Das Strafgesetzbuch ordnete die Todesstrafe für Mord noch bis 1953 an, was aufgrund der Regelung in Art. 102 GG gleichwohl für die Praxis der Strafjustiz nicht mehr relevant war[36]. In der Deutschen Demokratischen Republik war die Todesstrafe hingegen von 1950 bis zum 17. Juli 1987 in Kraft. Die letzte von insgesamt 166 Hinrichtungen auf dem Staatsgebiet der DDR fand 1981 statt[37]. Die gesetzliche Abschaffung der Hinrichtungen in Italien erfolgte am 1. Januar 1948 durch die neu in Kraft getretene italienische Verfassung, wobei das Militärgesetzbuch die Todesstrafe noch bis 1994 beinhaltete. Der Nationalrat Öster-

---

Debatten um die Todesstrafe in der Bundesrepublik Deutschland von 1949 bis 1990, S. 4.

34 Vgl. *Evans*, Rituale der Vergeltung, S. 883 ff.

35 Vgl. *Treichel*, in: Treichel / Glenzdorf, Henker Schinder und arme Sünder, S. 138.

36 Vgl. *Evans*, Rituale der Vergeltung, S. 923 ff.

37 A.a.O., S. 1020 ff.

reichs schaffte die Todesstrafe im ordentlichen Strafverfahren am 21. Juni 1950 durch den Nationalrat ab, die Eliminierung aus dem standrechtlichen Verfahren erfolgte am 7. Februar 1968[38].

II. Gegenwärtige Situation

In der Bundesrepublik Deutschland ist die Todesstrafe durch die Regelung in Art. 102 GG abgeschafft. In Art. 21 der Hessischen Landesverfassung war die Todesstrafe noch bis Ende 2018 in Kraft, was allerdings aufgrund von Art. 31 GG – Bundesrecht bricht Landesrecht – faktisch folgenlos blieb und dem geschuldet war, dass die Hessische Landesverfassung bereits 1946 und damit vor dem Grundgesetz in Kraft trat und diesbezüglich bis dahin nicht geändert wurde[39]. In der bayerischen Verfassung war die Todesstrafe noch bis 1998 in Kraft[40]. Es darf nicht verkannt werden, dass in der Bundesrepublik Deutschland seit der Abschaffung 1949 immer wieder Diskussionen über die Wiedereinführung der Todesstrafe geführt wurden. Wie bereits Jahrhunderte zuvor waren die Gründe ihrer Befürworter vielschichtig; vorrangig dienten vor allem die Eindämmung weiterer Straftaten im Sinne der Generalprävention durch Abschreckung als auch der Schutz vor Tätern schwerer Verbrechen im Sinne der Spezialprävention ihrer Argumentation. Die Generalversammlung der Vereinten Nationen erhebt seit 2007 die Forderung, die Todesstrafe weltweit abzuschaffen[41]. Wie bereits in der Einleitung dieser Abhandlung ausgeführt, ist sie Stand 2020 in 107 Staaten abgeschafft, in den übrigen Staaten ist sie nach wie vor, voll oder mit Einschränkungen, in Kraft[42]. In vielen Staaten, deren kulturelles oder rechtliches Verständnis von demjenigen der westlichen Welt teilweise diametral abweicht, sind Hinrichtungen fester Bestandteil des Lebens. Kritiker dieser Praxis müssen oft um ihr eigenes Leben fürchten[43]. Dies betrifft beileibe nicht nur Entwicklungsländer, sondern auch hochentwickelte Staaten wie Japan oder Singapur. In den Vereinigten Staaten von Amerika ist

---

38 Vgl. *Morscher*, Juristische Blätter 2007, S. 82 ff.

39 Art. 21 Abs. 1 HV a.F.: „Ist jemand einer strafbaren Handlung für schuldig befunden worden, so können ihm auf Grund der Strafgesetze durch richterliches Urteil die Freiheit und die bürgerlichen Ehrenrechte entzogen oder beschränkt werden. Bei besonders schweren Verbrechen kann er zum Tode verurteilt werden".

40 Art. 47 Abs. 4 Satz 2 BV a.F.: „Der Vollzug der Todesstrafe bedarf der Bestätigung der Staatsregierung".

41 Resolution der UN-Generalversammlung 62/149 vom 18. Dezember 2007, abrufbar unter: https://www.un.org/depts/german/gv-62/band1/ar62149.pdf.

42 *Amnesty International* (Hrsg.), Wenn der Staat tötet – Liste der Staaten mit und ohne Todesstrafe, Stand 21. April 2020.

43 Vgl. *Ortner*, Wenn der Staat tötet, S. 206.

die Todesstrafe in derzeit in 27 Bundesstaaten in Kraft, wird allerdings in manchen davon nicht vollstreckt[44]. Die Entwicklung verläuft wie so oft in der Geschichte der Menschheit dabei nicht linear. Manche Staaten hatten die Todesstrafe bereits abgeschafft und zu einem späteren Zeitpunkt wieder eingeführt, wie es in dieser Arbeit auch für das Großherzogtum Toskana und die habsburgischen Erblande nachgewiesen wurde. Kulturelle, politische und soziale Aspekte hatten und haben Einfluss auf die Frage der Todesstrafe. Die weiteren Entwicklungen im 21. Jahrhundert sind nur schwer absehbar. Angesichts der tiefen Verankerung von Hinrichtungen im kulturellen und sozialen Leben einiger Staaten ist davon auszugehen, dass Todesurteile auch in den nächsten Jahrzehnten fester Bestandteil unserer Weltordnung sein und in Anbetracht der aktuellen politischen Entwicklungen möglicherweise weiter zunehmen werden. So konstatierte Amnesty International im Jahresbericht 2023/2024 eine Zunahme gerichtlicher Hinrichtungen im Vergleich zum Vorjahr. Nach Angaben der Menschenrechtsorganisation konnten für 2023 mindestens 1.153 Exekutionen in 16 Staaten dokumentiert werden, zudem gehe man von einer hohen Dunkelziffer vor allem in China, Nordkorea und Vietnam aus. Auf der anderen Seite lag die Anzahl der Staaten, die Hinrichtungen durchführten, auf einem historischen Tiefstand[45]. Die Todesstrafe hat eine bewegte Geschichte und ist auch heute noch in vielen Teilen der Welt Bestandteil der Realität. Es bleibt die Hoffnung, dass sie eines Tages in Zukunft nur noch der Vergangenheit angehören wird.

44 National Conference of State Legislatures, States and Capital Punishment, abrufbar unter https://www.ncsl.org/civil-and-criminal-justice/states-and-capital-punishment.

45 *Amnesty International*, Todesstrafe: Hinrichtungen weltweit auf höchstem Stand seit fast zehn Jahren, Pressemitteilung vom 29. Mai 2024, https://www.amnesty.de/pressemitteilung/todesstrafe-hinrichtungen-weltweit-amnesty-bericht-2023.

ANHANG

ABKÜRZUNGSVERZEICHNIS

AGB	Allgemeines Gesetzbuch für die Preußischen Staaten
ALR	Allgemeines Landrecht für die Preußischen Staaten
C.C.B.	Constitutio Criminalis Bambergensis
C.C.C.	Constitutio Criminalis Carolina
C.C.L.	Constitutio Criminalis Leopoldina
C.C.T.	Constitutio Criminalis Theresiana
C.J.B.C.	Codex Juris Bavarici Criminalis
EMRK	Europäische Menschenrechtskonvention
Ex	Die Bibel, Altes Testament, Buch Exodus
Gen	Die Bibel, Altes Testament, Buch Genesis
GG	Grundgesetz für die Bundesrepublik Deutschland
JStG	Allgemeines Gesetz über Verbrechen und derselben Bestrafung
KGO	Allgemeine Kriminal-Gerichtsordnung
PrALR	Allgemeines Landrecht für die Preußischen Staaten
PStGB	Strafgesetzbuch für die Preußischen Staaten
StG 1787	Allgemeines Gesetz über Verbrechen und derselben Bestrafung
StGB	Strafgesetzbuch
StPO	Strafprozessordnung

LITERATUR- UND QUELLENVERZEICHNIS

ADAM, Birgit: Die Strafe der Venus, Eine Kulturgeschichte der Geschlechtskrankheiten, München 2001.

ADAMS, Margaret Elinor: François-Vincent Toussaint: Life and Works, Boston 1966.

ALLGEMEINES GESETZ ÜBER VERBRECHEN UND DERSELBEN BESTRAFUNG: Freyburg im Breisgau 1787.

ALLGEMEINES LANDRECHT FÜR DIE PREUSSISCHEN STAATEN: Erster Theil, Berlin 1794.

ALLGEMEINES LANDRECHT FÜR DIE PREUSSISCHEN STAATEN: Zweyter Theil, Berlin 1794.

ALTGELD, Wolfgang / LILL, Rudolf: Kleine italienische Geschichte, Stuttgart 2004.

ALTMÜLLER, Carl: Engelhard, Regnerus, in: Historische Commission bei der Königlichen Akademie der Wissenschaften (Hrsg.), Allgemeine Deutsche Biographie (ADB), Bd. 6. Leipzig 1877, S. 138.

AMMERER, Gerhard: Das Ende für Schwert und Galgen? Legislativer Prozess und öffentlicher Diskurs zur Reduzierung der Todesstrafe im Ordentlichen Verfahren unter Joseph II. (1781–1787), Mitteilungen des Österreichischen Staatsarchivs, Hrsg. von der Generaldirektion, Wien 2010.

AMNESTY INTERNATIONAL (Hrsg.): Wenn der Staat tötet – Liste der Staaten mit und ohne Todesstrafe, Stand 21. April 2020.

AMNESTY INTERNATIONAL (Hrsg,): Todesstrafe: Hinrichtungen weltweit auf höchstem Stand seit fast zehn Jahren, Pressemitteilung vom 29. Mai 2024, abrufbar unter https://www.amnesty.de/pressemitteilung/todesstrafe-hinrichtungen-weltweit-amnesty-bericht-2023.

ANONYMUS: Kurze Uebersicht der Lebens- und Regierungs-Jahre Kaiser Joseph II. mit Anmerkungen, Augsburg 1790.

ANONYMUS: Zufällige Bemerkungen bei Gelegenheit der allgemeinen Kriminalgerichtsordnung, in beiläufiger Verbindung mit dem allgemeinen Gesetze über Verbrechen und deren Bestrafung, in: Patriotisches Blatt, H 8 (1788), S. 347–370.

Appel, Sabine: Arthur Schopenhauer, Leben und Philosophie, Bonn 2007.

Aquin, Thomas von: Summa Theologiae. Summe der Theologie. Die katholische Wahrheit oder die theologische Summa des Thomas von Aquin deutsch wiedergegeben durch Ceslaus Maria Schneider, Regensburg 1886–1892 (Original 1265–1273).

Aretin, Karl Otmar von: Das Alte Reich 1648–1806, Bd. 1: Föderalistische oder hierarchische Ordnung (1648–1684), Stuttgart 1993.

Ausbüttel, Frank M.: Theoderich der Große, 2. Auflage, Darmstadt 2012.

Babington, Anthony: The Power to Silence, London 1968.

Baltl, Hermann / Kocher, Gernot: Österreichische Rechtsgeschichte. Unter Einschluß sozial- und wirtschaftsgeschichtlicher Grundzüge, Von den Anfängen bis zur Gegenwart, 10. Auflage, Graz 2004.

Barring, Ludwig: Die Todesstrafe in der Geschichte der Menschheit, München-Breitbrunn 1967.

Bauer, Anton: Grundsätze des Criminalprocesses, 1. Auflage, Marburg 1805.

Beccaria, Cesare: Dei delitti e delle pene, Edizione di riferimento: a cure di Renato Fabietti, Mursia / Milano 1973 (Original Milano 1764).

Becchi, Paolo: Gaetano Filangieri und die neapolitanische Schule, in: Archiv für Rechts- und Sozialphilosophie (ARSP) 71 (1985), S. 199–217.

Becher, Matthias: Otto der Große. Kaiser und Reich. Eine Biographie, 1. Auflage, München 2012.

Becker, Christoph: Billigkeit, in: Handwörterbuch zur deutschen Rechtsgeschichte (HRG), Band I: Aachen – Geistliche Bank, 2. Auflage, Berlin 2008, Sp. 587–592.

Becker, Peter / Schönert, Jörg: Erzählte Kriminalität. Zur Typologie und Funktion von narrativen Darstellungen in Strafrechtspflege, Publizistik und Literatur zwischen 1770 und 1920. Vorträge zu einem interdisziplinären Kolloquium, Hamburg 10.–12. April 1985, Tübingen 1991 (Rezension), in: Österreichische Zeitschrift für Gesellschaftswissenschaften 4. Jg. H 4 (1993), S. 662–664.

Bedau, Hugo Adam: A Utilitarian Critique of the Death Penalty, in: Journal of Criminal Law and Criminology 74, 3 (1983), S. 873–925.

Behringer, Wolfgang: Hexenverfolgung in Bayern. Volksmagie, Glaubenseifer und Staatsräson in der Frühen Neuzeit, 3. Auflage, München 1997.

Behringer, Wolfgang: Mörder, Diebe, Ehebrecher. Verbrechen und Strafen in Kurbayern vom 16. bis 18. Jahrhundert, in: van Dülmen, Richard (Hrsg.), Verbrechen, Strafen und soziale Kontrolle, Frankfurt am Main 1990, S. 85–132.

Bentham, Jeremy: The Rationale of Punishment, London 1830.

Berner, Albert Friedrich: Die Strafgesetzgebung in Deutschland vom Jahre 1751 bis zur Gegenwart, Leipzig 1867.

Berti, Francesco: Un 'beccarien' avant la lettre? La philosophie pénale de Tommaso Natale, in: Audegean, Philippe / Delia, Luigi (Hrsg.), Le moment Beccaria. Naissance du droit pénal moderne (1764–1810), Liverpool 2018, S. 205–222.

Biener, Friedrich August: Beiträge zu der Geschichte des Inquisitionsprozesses und der Geschworenengerichte, Neudruck der Ausgabe Leipzig 1827, Aalen 1965.

Bitter, Albrecht von: Das Strafrecht des Preußischen Allgemeinen Landrechts von 1794 vor dem ideengeschichtlichen Hintergrund seiner Zeit. Diss. jur., Baden-Baden 2013.

Bodi, Leslie: Tauwetter in Wien. Zur Prosa der öffentlichen Aufklärung 1781–1795, 2. Auflage, Wien / Köln / Weimar 1995.

Boehm, Ernst: Der Schöppenstuhl zu Leipzig und der sächische Inquisitionsprozeß im Barockzeitalter, Wichtige rechtskundliche Quellen in der Leipziger Universitätsbibliothek, Leipzig 1942.

Bothe, Lukas / Esders, Stefan / Nijdam, Han (Hrsg.): Wergild, Compensation and Penance. The Monetary Logic of Early Medieval Conflict Resolution, Leiden 2021.

Braun, Bernd: Das Ende der Regionalmonarchien in Italien. Abdankungen im Zuge des Risorgimento, in: Richter, Susan / Dirbach, Dirk (Hrsg.), Thronverzicht. Die Abdankung in Monarchien vom Mittelalter bis in die Neuzeit, Köln / Weimar / Wien 2010, S. 251–266.

Brunnenmeister, Emil: Die Quellen der Bambergensis. Ein Beitrag zur Geschichte des deutschen Strafrechts, Leipzig 1879.

Calvert, Brian: Bentham and the Death Penalty, in: Dialogue: Canadian Philosophical Review 2 (2006), S. 211–231.

Calvin, Johannes: Institutio Christianae Religionis. Unterricht in der christlichen Religion, Nach der letzten Ausgabe übersetzt und bearbeitet von Otto Weber, Neukirchen-Vluyn 1997 (Original Genf 1559).

CANCIK, Hubert: Christentum und Todesstrafe, in: ders. / Cancik-Lindemaier, Hildegard (Hrsg.): Europa – Antike – Humanismus: Humanistische Versuche und Vorarbeiten, Bielefeld 2011, S. 387–438.

CANOSA, Romano / COLONNELLO, Isabella: Storia del Carcere in Italia: dalla fine de Cinquecento all'Unita, Rom 1984.

CARMIGNANI, Johann: Die Todesstrafe. Eine philosophisch-juridische Abhandlung, In's Deutsche übersetzt von Karl von Spies, königl. bayer. Kreis- und Stadt-Gerichts-Rathe zu Baireuth, Bamberg 1837.

CARMIGNANI, Johann: Historisch juristische Darstellung der Criminalprocessgesetzgebung Peter Leopolds II, Grossherzogs von Toscana, in: Kritische Zeitschrift für Rechtswissenschaft und Gesetzgebung des Auslandes, Bd. 1, Heidelberg 1829, S. 345–384.

CARMIGNANI, Johann: Ueber die Schicksale der Todesstrafe in der Gesetzgebung von Toscana, in: Kritische Zeitschrift für Rechtswissenschaft und Gesetzgebung des Auslandes, Bd. 2, Heidelberg 1830, S. 385–414.

CARPZOV, Benedikt: Practica Nova Imperialis Saxonica Rerum Criminalium, Goldbach 1996 (Nachdruck d. Ausg. Wittenberg 1635).

CASSARO, Vincenzo Roberto: Giurista e intellettuale. Ecco chi era Tommaso Natale, il Cesare Beccaria di Sicilia, abrufbar unter: ilSicilia.it vom 6.6.2019, https://www.ilsicilia.it/ecco-chi-era-tommaso-natale-il-cesare-beccaria-di-sicilia/.

CATTANEO, Mario A.: Die Strafrechtsphilosophie der deutschen Aufklärung, in: Aufklärung, Vol. 5. No. 1 (1991), S. 25–56.

CICERO, Marcus Tullius: Die Reden gegen L. Sergius Catalina, in: Laubmann, Georg von, Ciceros ausgewählte Reden. Dritter Band. Die Reden gegen L. Sergius Catalina und für den Dichter Archias. Dreizehnte, umgearbeitete Auflage, Berlin 1891 (Original In L. Catalinam orationes. Roma 63 v.Chr.).

CLARK, Christopher: Preußen. Aufstieg und Niedergang 1600–1947, München 2007.

CODEX JURIS BAVARICI CRIMINALIS. Mit Anmerkungen von Wiguläus Xaver Aloysius Freiherr von Kreittmayr, De Anno M.DCC.LI., München 1751.

COING, Helmut: Europäisches Privatrecht, Bd. 2, 1800–1914, München 1989.

COLAO, Floriana: „Post tenebras spero lucem“. La giustizia criminale senese nell'età delle riforme leopoldine, A cura di Luigi Berlinguer. La „Leopoldina“ 7, Milano 1989.

COLUCCIA, Anna: Indagine tecnico – scientifica e valenza etica nell'attività peritale sul reato di stupro nella trattatistica settecentesca. A cura di Luigi Berlinguer e Floriana Colao. La „Leopoldina“ 12, Milano 1991, S. 147–228.

CONRAD, Hermann (Hrsg.): Deutsche Rechtsgeschichte, Bd. II. Neuzeit bis 1806, Karlsruhe 1966.

CONRAD, Hermann: Staatsgedanke und Staatspraxis des aufgeklärten Absolutismus, Köln / Opladen 1971.

CONSTITUTIO CRIMINALIS THERESIANA oder der Römisch-Kaiserl. zu Hungarn und Böheim etc. etc.: Königl. Apost, Majestät Mariä Theresiä Erzherzogin zu Oesterreich, etc. etc. peinliche Gerichtsordnung, Wien 1769.

CRONE, August Friedrich Wilhelm: Die Staatsverwaltung von Toskana unter Leopold II., Gotha 1795.

CROSS, Wilbur L.: The History of Henry Fielding, New York 1963.

CUMBERLAND, Richard: A Treatise of the Laws of Nature, Indianapolis 2005 (Original 1672).

DA PASSANO, Mario: Dalla „mitigazione delle pene“ alla „protezione che esige l'ordine pubblico“, Il diritto penale toscano dai Lorena ai Borbone. A cura di Luigi Berlinguer. La „Leopoldina“ 3, Milano 1988.

DA PASSANO, Mario: Emendare o intimidire? La codificazione del diritto penale in Francia e in Italia durante la rivoluzione e l'impero, Torino 2000.

DA PASSANO, Mario: La pena di morte nel Granducato di Toscana (1786–1860), in: Materiali per una storia della cultura giuridica XXVI, Bologna 1996, S. 39–66.

DEL VECCHIO, Giorgio: Die Gerechtigkeit, 2. Auflage, Basel 1950.

DEMANDT, Alexander: Sokrates vor dem Volksgericht in Athen 399 v. Chr., in: ders. (Hrsg.), Macht und Recht. Große Prozesse in der Geschichte, München 1990.

DENZER, Horst: Pufendorf, in: Maier, Hans / Rausch, Heinz / ders. (Hrsg.), Klassiker des politischen Denkens, Bd. 2, Von Locke bis Weber, München 1968, S. 27–52.

Der römisch-Kaiserlichen, auch zu Hungarn und Böheim, etc., Königl. Majestät Ferdinandi des Dritten, Erz-Herzogen zu Oesterreich, Unsers Allergnädigsten Herrn Neue peinliche Land-gerichts-Ordnung in Oesterreich unter der Enns: Wien 1656.

Deutscher Bundestag, Referat Öffentlichkeitsarbeit (Hrsg.): Fragen an die Deutsche Geschichte. Wege zur parlamentarischen Demokratie, 20. Auflage, Bonn 2000.

Deutscher Übersetzungsdienst der Vereinten Nationen (Hrsg.): UN-Vollversammlung, Resolution 62/149 vom 18. Dezember 2007, abrufbar unter: https://www.un.org/depts/german/gv-62/band1/ar62149.pdf.

Die Bibel: Mit Bildern von P. Polykarp Uehlein OSB. Altes und Neues Testament, Gesamtausgabe in der Einheitsübersetzung, Münsterschwarzach 2006.

Dießelhorst, Malte: Die Prozesse des Müllers Arnold und das Eingreifen Friedrichs des Großen, Göttinger Rechtswissenschaftliche Studien, Bd. 129, Göttingen 1984.

Di Simone, Maria Rosa: Istituzioni e fonti normative in Italia dall'Antico Regime alfascismo, Torino 2007.

Domin-Petrusheveczh, Alphons von: Neue österreichische Rechtsgeschichte, Wien 1869.

Döhring, Erich: Cocceji, Samuel Freiherr von, in: Neue Deutsche Biographie (NDB), Bd. 3, Berlin 1957, S. 373–376.

Döpler, Jacob: Theatripoenarum, Suppliciorum et Executionum Criminalium, oder Schau-Platzes derer Leibes- und Lebens-Strafen, Bd. 2, Leipzig 1697.

Drda, Elgin: Die Entwicklung der Majestätsbeleidigung in der Österreichischen Rechtsgeschichte unter besonderer Berücksichtigung der Ära Kaiser Franz Josephs, Wien 1992.

Droysen, Johann Gustav: Geschichte der preußischen Politik. Fünfter Theil, Friedrich der Große, Bd. 1, Leipzig 1874.

Düsing, Bernhard: Die Geschichte der Abschaffung der Todesstrafe in der Bundesrepublik Deutschland unter besonderer Berücksichtigung ihres parlamentarischen Zustandekommens, Schwenningen / Neckar 1952.

Engelhard, Regnerus: Versuch eines allgemeinen peinlichen Rechtes aus den Grundsätzen der Weltweisheit, und besonderst des Rechtes der Natur hergeleitet, Frankfurt / Leipzig 1756.

EUCHNER, Walter: Naturrecht und Politik bei John Locke, Frankfurt am Main 1979.

EVANS, Richard J.: Rituale der Vergeltung. Die Todesstrafe in der deutschen Geschichte 1532–1987, Berlin 2001.

FETSCHER, Iring: Rousseaus politische Philosophie. Zur Geschichte des demokratischen Freiheitsbegriffs, 2. erw. Auflage, Neuwied am Rhein / Berlin 1968.

FICHTE, Johann Gottlieb: Das System der Rechtslehre, in: Fichte, Immanuel Hermann (Hrsg.), Johann Gottlieb Fichtes sämmtliche Werke, Bd. II, S. 493–652, Leipzig 1834 (Original 1812).

FICHTE, Johann Gottlieb: Das System der Sittenlehre nach den Principien der Wissenschaftslehre, in: Fichte, Immanuel Hermann (Hrsg.), Johann Gottlieb Fichtes sämmtliche Werke, Bd. IV, Berlin 1845/1846 (Original 1798).

FICHTE, Johann Gottlieb: Grundlage des Naturrechts nach Principien der Wissenschaftslehre, Jena / Leipzig 1796.

FISCHL, Otto: Der Einfluss der Aufklärungsphilosophie auf die Entwicklung des Strafrechts in Doktrin, Politik und Gesetzgebung und Vergleichung der damaligen Bewegung mit den heutigen Reformversuchen, Breslau 1913.

FREIBURG, Rudolf: „The slow progress of human reason: Samuel Johnsons Einstellung zur Todesstrafe“, in: Jacobs, Helmut (Hrsg.), Gegen Folter und Aufklärung. Aufklärerischer Diskurs und europäische Literatur vom 18. Jahrhundert bis zur Gegenwart, Frankfurt am Main 2007, S. 23–54.

GEHM, Britta: Die Hexenverfolgung im Hochstift Bamberg und das Eingreifen des Reichshofrates zu ihrer Beendigung, Diss jur., Hildesheim / Zürich / New York 2000.

GESETZBUCH ÜBER VERBRECHEN UND SCHWERE POLIZEY-UEBERTRETUNGEN: 2. Auflage, Wien 1815.

GLEIXNER, Hans: „Wenn Gott nicht existiert…“. Zur Beziehung zwischen Religion und Ethik, Paderborn 2005.

GONNE, Johann Gottlieb: Besondere Anmerkungen von dem Zweck der Strafen in bürgerlichen Gesellschaften, in: Erlangische gelehrte Anzeigen (1744), Nr. X, S. 73–78.

GONZÁLEZ GUITIÁN, Luis: „¿Un precursor de Beccaria?“, in: Estudios penales y criminológicos 11 (1988), S. 63–100.

GRAF, Gerda: Der Verfassungsentwurf aus dem Jahr 1787 des Granduca Pietro Leopoldo di Toscana, Diss jur., Berlin 1998.

GREEN, Julien: Samuel Johnson (1709–1784), in: ders. (Hrsg.), Englische Suite. Literarische Porträts, Aus dem Französischen von Helmut Komodo, München 1989.

GREGORY, Charles Noble: Sir Samuel Romilly and Criminal Law Reform, in: Harvard Law Review Vol. 15, No. 6 (1902), S. 446 ff.

GREWE, Wilhelm G.: Grotius – Vater des Völkerrechts?, in: Der Staat 23 (1984), S. 161–178.

GRIMM, Jacob / GRIMM, Wilhelm (Hrsg.): Deutsches Wörterbuch, Bd. 23, Nachdr., Leipzig 1936.

GRIMM, Jacob / GRIMM, Wilhelm (Hrsg.): Deutsches Wörterbuch, Bd. 24, Nachdr., Leipzig 1936.

GROHMANN, Johann Christian August: Christenthum und Vernunft für die Abschaffung der Todesstrafe, Berlin 1835.

GROTIUS, Hugo: De iure belli ac pacis libri tres, Hagae-Comitis (Den Haag) 1680 (Original 1625).

GROTIUS, Hugo: De iure praedae commentarius, Hrsg. von H.G. Hamaker, Den Haag 1868.

GUERRINI, Roberto: I delitti di sangue nel sistema della Leopoldina, in: La „Leopoldina“ 5, Milano 1989, S. 31–68.

GÜTERBOCK, Carl: Die Entstehungsgeschichte der Carolina, Auf Grund Archivalischer Forschungen und neu aufgefundener Entwürfe, Würzburg 1876.

GUTKAS, Karl: Joseph II. Eine Biographie, Wien / Darmstadt 1989.

HARKE, Jan Dirk: Das Sanktionensystem des Codex Hammurapi, Würzburg 2007.

HARPPRECHT, Johann Heinrich von: Staats-Archiv Des Kayserl. und des H. Röm. Reichs Cammer-Gerichts Oder Sammlung Von gedruckten und mehrentheils ungedruckten Actis Publicis, Archival-Urkunden, Kayserl. Rescripten, Verordnungen, Praesentations- und Visitations-Handlungen. Zweyter Theil. Ulm 1758.

HARSTER, Theodor: Das Strafrecht in der Freien Reichsstadt Speyer in Theorie und Praxis, Breslau 1900.

HARTL, Friedrich: Das Wiener Kriminalgericht. Strafrechtspflege vom Zeitalter der Aufklärung bis zur österreichischen Revolution, Wien / Köln / Graz 1973.

HARTL, Friedrich: Die Freiheitsstrafe, in: Österreichische Juristen-Zeitung, 32. Jg. (1977), S. 313–321.

HARTL, Friedrich: Die Wurzeln des modernen Strafrechts in Österreich, in: historicum Nr. 9 (1988), S. 17–20.

HARTL, Friedrich: Grundlinien der österreichischen Strafrechtsgeschichte bis zur Revolution von 1848, in: Máthé, Gábor / Ogris, Werner (Hrsg.), Die Entwicklung der österreichisch-ungarischen Strafrechtskodifikation im XIX–XX. Jahrhundert, Budapest 1996.

HARTMANN, Gerhard: Die Kaiser des Heiligen Römischen Reiches, 4. Auflage, Wiesbaden 2016.

HARTMANN, Julius von: Friedrich Wilhelm II., in: Historische Commission bei der Königlichen Akademie der Wissenschaften (Hrsg.): Allgemeine Deutsche Biographie (ADB), Bd. 7, Leipzig 1877, S. 685–700.

HARTMANN, Wilfried: Karl der Große, 2. Auflage, Stuttgart 2015.

HÄRTER, Karl: Strafrechts- und Kriminalitätsgeschichte der Frühen Neuzeit, erschienen in: methodica – Einführungen in die rechtshistorische Forschung, hrsg. vom Max-Planck-Institut für europäische Rechtsgeschichte, Bd. 5, Berlin / Boston 2018.

HAUCK, Pierre: Fallstricke des Mordtatbestandes, in: HRRS 2016, S. 231–239.

HEBEIS, Michael: Karl Anton von Martini (1728–1800). Leben und Werk, Frankfurt am Main / Berlin / Bern / New York / Paris / Wien 1996.

HEEPE, Moritz: Das Recht eines jeden auf alles. Hobbes' Theorie natürlicher Individualrechte und ihr Zusammenhang mit der Entwicklung der modernen Naturrechtslehre, in: ARSP (Archiv für Rechts- und Sozialphilosophie) 92, Bd. 4 (2006), S. 534–551.

HEEPE, Moritz: Todesstrafe und natürliche Individualrechte in der Rechtsphilosophie der europäischen Aufklärung vor Kant, in: ARSP (Archiv für Rechts- und Sozialphilosophie) 94, Bd. 2 (2008), S. 169–187.

HEGEL, Georg Wilhelm Friedrich: Grundlinien der Philosophie des Rechts. Auf der Grundlage der Edition des Textes in den Gesammelten Werken, Bd. 14, Hrsg. von Klaus Grotsch, Hamburg 2009 (Original Bonn 1821).

HEIGEL, Karl Theodor von: Maximilian III. Joseph, in: Historische Commission bei der Königlichen Akademie der Wissenschaften (Hrsg.), Allgemeine Deutsche Biographie (ADB), Bd. 21, München 1885, S. 27–30.

HEINTZE, Horst: Il Caffè, in: Greiner-Mai, Herbert (Hrsg.), Kleines Wörterbuch der Weltliteratur, Leipzig 1983, S. 126.

HENRICI, Andreas: Die Begründung des Strafrechts in der neueren deutschen Rechtsphilosophie, Aarau 1961.

HERBERS, Klaus / NEUHAUS, Helmut: Das Heilige Römische Reich. Schauplätze einer tausendjährigen Geschichte (843–1806), Köln / Weimar / Wien 2005.

HERCHENHAHN, Johann Christian: Geschichte der Entstehung, Bildung und gegenwärtigen Verfassung des Kaiserlichen Reichshofraths nebst Behandlungsart, der bei demselben vorkommenden Geschäfte, 3 Teile, Mannheim 1792–1793.

HEUER, Jens-Uwe: Allgemeines Landrecht und Klassenkampf. Die Auseinandersetzungen um die Prinzipien des Allgemeinen Landrechts Ende des 18. Jahrhunderts als Ausdruck der Krise des Feudalsystems in Preußen, Berlin 1960.

HEYDENREUTHER, Reinhard: Der landesherrliche Hofrat unter Herzog und Kurfürst Maximilian I. von Bayern (1598–1651), München 1981.

HIRTE, Markus: Die Todesstrafe in der Entstehung des Reichsstrafgesetzbuchs, in: Thomas Vormbaum (Hrsg.): Rechtsgeschichte und Rechtsgeschehen, Kleine Schriften, Bd. 39, Berlin 2013.

HOBBES, Thomas: Leviathan. Erster und zweiter Teil, Übersetzung von J.P. Mayer, Nachwort von Malte Diesselhorst, Stuttgart 1970 (Original Leviathan or the Matter, Forme and Power of a Commonwealth Ecclesiasticall and Civil, 1651).

HOBBES, Thomas: Vom Bürger (De cive), in: Gawlick, Günter (Hrsg.), Thomas Hobbes, Vom Menschen. Vom Bürger (deutsche Übersetzung), Hamburg 1966 (Original De cive, 1642).

HOCK-BIDERMANN, Hermann Ignaz Carl Freiherr von: Der österreichische Staatsrath (1760–1848). Eine geschichtliche Studie, Wien 1972.

HOEGEL, Hugo: Die Geschichte des Österreichischen Strafrechts in Verbindung Mit Einer Erläuterung Seiner Grundsätzlichen Bestimmungen, Wien 1904.

HOEGEL, Hugo: Freiheitsstrafe und Gefängniswesen in Österreich von der Theresiana bis zur Gegenwart, Graz 1916.

HÖFFE, Ottfried (Hrsg.): Einführung in die utilitaristische Ethik. Klassische und zeitgenössische Texte, 5. Auflage, Basel 2013.

HOHLWEIN, Hans: Pufendorf, Samuel von, in: Galling, Kurt (Hrsg.), Die Religion in Geschichte und Gegenwart (RGG), Bd. V, 3. Auflage, Tübingen 1961.

HOKE, Rudolf: Österreichische und deutsche Rechtsgeschichte, Wien / Köln / Weimar 1992.

HÖLKESKAMP, Karl-Joachim: Vom Palast zur Polis – die griechische Frühgeschichte als Epoche, in: Gehrke, Hans-Joachim / Schneider, Helmuth (Hrsg.), Geschichte der Antike. Ein Studienbuch, 5. Auflage, Stuttgart 2019, S. 63–89.

HOLMSTEN, Georg: Voltaire in Selbstzeugnissen und Bilddokumenten, Reinbek 1974.

HOLZHEY, Helmut / ZURBUCHEN, Simone: Christian Thomasius, in: Holzhey, Helmut / Schmidt-Biggemann, Wilhelm (Hrsg.), Grundriss der Geschichte der Philosophie. Die Philosophie des 17. Jahrhunderts, Unter Mitarbeit von Vilem Mudroch, Bd. 4/2: Das Heilige Römische Reich Deutscher Nation. Nord- und Ostmitteleuropa, Basel 2001, S. 1165–1202.

HOMMEL, Karl Ferdinand: Des Herren Marquis von Beccaria unsterbliches Werk von Verbrechen und Strafen, Auf das Neue selbst aus dem Italienischen übersetzt mit durchgängigen Anmerkungen des Ordinarius zu Leipzig Herren Hofrath Hommels, Breslau 1778.

HOMMEL, Karl Ferdinand: Philosophische Gedanken über das Criminalrecht, Breslau 1784.

HOMMEL, Karl Ferdinand: Principis cura leges oder des Fürsten höchste Sorgfalt: die Gesetze, Aus dem Lateinischen neu übersetzt und mit kurzen Erläuterungen begleitet von Rainer Polley, Karlruhe 1975 (Original 1765).

HORATIUS FLACCUS, Quintus (Horaz): Satiren, Mannheim 2011 (Original ca. 42 bis 30 v. Chr.).

HÖTZEL, Yvonne: Debatten um die Todesstrafe in der Bundesrepublik Deutschland von 1949 bis 1990, Diss. jur., Berlin / New York 2010.

HOWARD, John: John Howards appendix to the state of the prisons, in: ders., The state of the prisons in England and Wales with preliminary observations and an account of some foreign prisons, 2 Bde., Warrington 1777/1780.

Hüning, Dieter: Die Begründung des ius puniendi in der Naturrechtslehre des 17. Jahrhunderts, in: Kesper-Biermann, Sylvia / Klippel, Diethelm (Hrsg.): Verbrechen und Strafen. Soziale, rechtliche, philosophische und literarische Aspekte von Kriminalität im Mittelalter und der frühen Neuzeit, Wiesbaden 2007 (Wolfenbütteler Forschungen, Bd. 114), S. 77–114.

Hüning, Dieter: Die Begründung des Strafrechts in Christian Wolffs Naturrechtslehre, in: Grunert, Frank / Fiorillo, Vanda (Hrsg.): Das Naturrecht der Geselligkeit. Anthropologie, Recht und Politik im 18. Jahrhundert, Berlin 2009, S. 183–221.

Hüning, Dieter: Kants Strafrechtstheorie und das jus talionis, in: ders. / Michel, Karin / Thomas, Andreas, Aufklärung durch Kritik. Festschrift für Manfred Baum zum 65. Geburtstag, Berlin 2004, S. 333–360.

Hurter, Friedrich von: Pabst Innocentius der Dritte: eine der denkwürdigsten Lebensgeschichten, Lindau 1853.

Ignor, Alexander: Geschichte des Strafprozesses in Deutschland 1532–1846. Von der Carolina Karls V. bis zu den Reformen des Vormärz, Paderborn / München / Wien / Zürich 2002.

Institoris, Heinrich: Der Hexenhammer (Malleus maleficarum), Fotomechanischer Nachdr. der 1. dt. Übers., erstmals erschienen in 3 Teilen, 11. Auflage, Berlin / Barsdorf 1906.

Jacobs, Helmut C.: Die Beccaria-Rezeption in Spanien, in: ders. (Hrsg.), Gegen Folter und Aufklärung. Aufklärerischer Diskurs und europäische Literatur vom 18. Jahrhundert bis zur Gegenwart, Frankfurt am Main 2007, S. 75–109.

Jacoby, Gustav: Ueber die Strafe „Bremerholm“ und die Karrenarbeit in Schleswig-Holstein bei Strandvergehen, in: Zeitschrift der Gesellschaft für Schleswig-Holsteinische Geschichte, Bd. 59 (1930), S. 461–462.

Jerouschek, Günter: Ecclesia non sitit sanguinem, in: Cordes, Albrecht (u.a.), Handwörterbuch zur Deutschen Rechtsgeschichte, Bd. 1, 2. Auflage, Berlin 2008, Sp. 1174–1176.

Johnson, Eric A. / Monkkonen, Eric H. (Hrsg.): The Civilization of Crime. Violence in Town and Country since the Middle Ages. Urbana, Illinios 1996.

Johnson, Samuel: The Rambler No. 114: The necessity of proportioning punishments to crimes, in: Dr. Johnsons Work. The Rambler, Vol. II, S. 39–44, London 1877 (Original 1751).

KANT, Immanuel: Die Metaphysik der Sitten, Mit einer Einleitung hrsg. von Hans Ebeling, Stuttgart 2021 (Original Königsberg 1797).

KANT, Immanuel: Grundlegung zur Metaphysik der Sitten, Hrsg. von Theodor Valentiner, Stuttgart 2021 (Original Riga 1785).

KANT, Immanuel: Kritik der praktischen Vernunft, Hrsg. von Joachim Kopper, Stuttgart 2021 (Original Riga 1788).

KANTOROWICZ, Hermann: Albertus Gandinus und das Strafrecht der Scholastik. Nachdr., Frankfurt 1978.

KAPPLER, Friedrich: Handbuch der Literatur des Criminalrechts und dessen philosophischer und medizinischer Hilfswissenschaften, Stuttgart 1838.

KATECHISMUS ÜBER KAISER JOSEPHS II. GESETZ VON VERBRECHEN UND DERSELBEN BESTRAFUNG: Wien 1787.

KAUFMANN, Arthur (Hrsg.): Die peinliche Gerichtsordnung Kaiser Karls V. von 1532, Herausgegeben und erläutert von Gustav Radbruch, 4. verbesserte und ergänzte Ausgabe, Stuttgart 1975.

KELLENBENZ, Hermann: Münzen und Währungen im Mittelalter mit besonderer Berücksichtigung Deutschlands, in: Bayerischer Schulbuch-Verlag (Hrsg.): Großer Historischer Weltatlas. Zweiter Teil: Mittelalter, Erläuterungen. Berlin 1972, S. 344–347.

KELLER, Albrecht (Hrsg.): Maister Franntzen Schmidts Nachrichter in Nürnberg all sein Richten, Leipzig 1913.

KELLER, Dieter: Die Todesstrafe in kritischer Sicht, Berlin 1968.

KERSTING, Wolfgang: Die politische Philosophie des Gesellschaftsvertrages, Darmstadt 1994.

KLEENSANG, Michael: Das Konzept der bürgerlichen Gesellschaft bei Ernst Ferdinand Klein. Einstellungen zu Naturrecht, Eigentum, Staat und Gesetzgebung in Preußen 1780–1810, Diss. jur., Frankfurt am Main 1998.

KLEIN, Ernst Ferdinand: Grundsätze des gemeinen deutschen und preussischen peinlichen Rechts, Halle 1796.

KLEMPERER, Victor: Montesquieu, Zweiter Bd., Heidelberg 1915.

KOCH, Nina: Die Tatbildmerkmale der Delikte „Mord“ und „Totschlag“ in ausgewählten Zeitaltern und Rechtskreisen, Graz 2017.

KOCHER, Gernot: Höchstgerichtsbarkeit und Privatrechtskodifikation. Obere Justizstelle und das allgemeine Privatrecht in Österreich von 1749–1811, Wien / Köln / Graz 1979.

KOHLER, Alfred: Karl V. 1500–1558. Eine Biographie, München 2014.

KOHLER, Josef / SCHEEL, Willy: Die Carolina und ihre Vorgängerinnen. Text, Erläuterung, Geschichte, Bd. 1, Neudr. d. Ausgabe Halle a.d. Saale 1900, Aalen 1968.

KOLLMANN, Horst: Die Schuldauffassung der Carolina, in: Zeitschrift für die gesamte Strafrechtswissenschaft, Bd. 34 (1913), S. 605–662.

KOPETZKY, Franz: Josef und Franz von Sonnenfels. Das Leben und Wirken eines edlen Brüderpaares nach den besten Quellen dargestellt, Wien 1882.

KÜHN, Manfred: Johann Gottlieb Fichte. Ein deutscher Philosoph, München 2012.

KUNZ, Karl-Ludwig / SINGELNSTEIN, Tobias: Kriminologie. Eine Grundlegung, 7. Auflage, Bern 2016 (1. Auflage 1994).

KWIATKOWSKI, Ernest von: Die Constitutio criminalis Theresiana. Ein Beitrag zur Theresianischen Reichs- und Rechtsgeschichte, Innsbruck 1904.

LAMBRECHT, Karen: Jagdhunde des Teufels: Die Verfolgung von Totengräbern im Gefolge frühneuzeitlicher Pestwellen, in: Blauert, Andreas / Schwerhoff, Gerd (Hrsg.), Mit den Waffen der Justiz. Zur Kriminalgeschichte des späten Mittelalters und der frühen Neuzeit. Frankfurt am Main 1993, S. 137–157.

LANGBEIN, John H.: The Carolina, in: Prosecuting Crime in the Renaissance (England, Germany, France). Cambridge, Mass. 1974, S. 167–209.

LASZBERG, Friedrich Freyherr von (Hrsg.): Der Schwabenspiegel oder Schwäbisches Land- und Lehen-Rechtsbuch, nach einer Handschrift vom Jahr 1287, Tübingen 1840.

LAU, Thomas: Die Kaiserin. Maria Theresia, Wien / Köln / Weimar 2016.

LAUFS, Adolf: Rechtsentwicklungen in Deutschland, 6. Auflage, Berlin 2006.

LEDER, Karl Bruno: Todesstrafe. Ursprung, Geschichte, Opfer. München 1986.

LEIBBRAND, Werner: Grohmann, Christian August, in: Neue Deutsche Biographie (NDB), Band 7, Berlin 1966, S. 119–120.

LEWANDOWSKI, Horst-Harald: Die Todesstrafe in der Aufklärung, Diss. jur., Bonn 1961.

LOCKE, John: Second Treatise of Government. Wheeling, Illinois 1982 (Original 1689).

LOCKE, John: Zwei Abhandlungen über die Regierung, Hrsg. und eingeleitet von Walter Euchner, Frankfurt am Main 1967.

LOENING, Richard: Der Reinigungseid bei Ungerichtsklagen im Deutschen Mittelalter, Heidelberg 1880.

LÜCHINGER, Stefan; Das politische Denken von Condorcet (1743–1794), St. Galler Studien zur Politikwissenschaft, Bd. 27, Bern / Stuttgart / Wien 2002.

LUDWIG, Christian Friedrich (Hrsg.): John Howard's Nachrichten von den vorzüglichsten Krankenhäusern und Pesthäusern in Europa. Nebst einigen Beobachtungen über die Pest und ihre fortgesetzten Bemerkungen über Gefängnisse und Krankenhäuser. Mit Zusätzen des deutschen Herausgebers, welche besonders die Krankenhäuser angehen, Leipzig 1791.

LUIG, Klaus: Zur Bewertung von Christian Thomasius' Strafrechtslehren als Ausdruck liberaler politischer Theorie, in: Studia Leibnitiana, Bd. 12, H. 2 (1980), S. 243–252.

LUTHER, Martin: Von weltlicher vberkeit wie weyt man yhr gehorsam schuldig sey, Augsburg 1523.

MACHO, Eva: Joseph II. – Die Condemnatio ad poenas extraordinarias. Schiffziehen und Gassenkehren, Frankfurt an Main / Berlin / Bern / New York / Paris / Wien 1999.

MACK, Eric: John Locke, New York 2009.

MAESTRO, Marcello: Voltaire and Beccaria as Reformers of Criminal Law, New York 1942.

MEDD, Patrick: Romilly. A life of Samuel Romilly, lawyer and reformer. London 1968.

MEUMANN, Markus: Die Geister die ich rief – oder wie aus „Geisterphilosophie" „Aufklärung" werden kann. Eine diskursgeschichtliche Rekontextualisierung von Christian Thomasius' De crimine magiae, in: Neugebauer-Wölk, Monika / Geffarth, Renko / ders. (Hrsg.), Aufklärung und Esoterik: Wege in die Moderne. Berlin 2013, S. 645–680.

Mittermaier, Carl Joseph Anton: Die Todesstrafe. Nach den Ergebnissen der wissenschaftlichen Forschung, der Fortschritte der Gesetzgebung und der Erfahrungen. Heidelberg 1862.

Moccia, Sergio: Die italienische Reformbewegung des 18. Jahrhunderts und das Problem des Strafrechts im Denken von Gaetano Filangieri und Mario Pagano, in: Goltdammer's Archiv für Strafrecht (GA) 1979, S. 201–221.

Montesquieu, Charles-Louis de Secondat: Vom Geist der Gesetze. Deutsche Übersetzung, Stuttgart 2011 (Original De l'esprit des loix 1748).

Morscher, Siegfried: Verbot der Todesstrafe: vom Grundsatz zum Grundrecht, in: Juristische Blätter 2007, S. 82–97.

Morus, Thomas: Utopia. Übersetzt von Gerhard Ritter, Mit einer Einleitung von Hermann Oncken, Darmstadt 1964 (Original 1516).

Moser, Johann Jacob: Teutsches Staats-Recht, 14 Teile, Nürnberg 1737–1754.

Müller, Ernst: Schierlingsbecher und Kreuz – der christianisierte Sokrates, in: Weigel, Sigrid (Hrsg.), Märtyrer-Porträts. Von Opfertod, Blutzeugen und Heiligen Kriegern, München 2007, S. 49–51.

Nahm, KiHo: Hegels Option bei der Todesstrafe, in: Archiv für Rechts- und Sozialphilosophie (ARSP), Bd. 100, Heft 4 (2014), S. 501–513.

National Conference of State Legislatures (Hrsg.): States and Capital Punishment, abrufbar unter https://www.ncsl.org/civil-and-criminal-justice/states-and-capital-punishment.

Neschwara, Christian: Die Oberste Justizstelle in Wien (1759–1848), in: Beiträge zur Rechtsgeschichte Österreichs (BRGO) 2016, S. 256–268.

Nuzzo, Luigi: Bibliographie der Werke Karl Joseph Anton Mittermaiers, Frankfurt 2004.

O'Donovan, Oliver Michael Timothy: Todesstrafe, in: Müller Gerhard et al. (Hrsg.): Theologische Realenzyklopädie (TRE), Bd. 33. Berlin, New York 2002, S. 639.

Oesterreicher, Paul: Die Wunderburg zu Bamberg. Mit Nachrichten von dem Geschlechte des Erbauers, Friderich von Rotenstein, reingeschichtlich dargestellt. Bamberg 1826.

Ortner, Helmut: Wenn der Staat tötet. Eine Geschichte der Todesstrafe, Darmstadt 2017.

Osterhammel, Jürgen: Die Entzauberung Asiens. Europa und die asiatischen Reiche im 18. Jahrhundert, München 1998.

Osterloh, Karl-Heinz: Joseph von Sonnenfels und die österreichische Reformbewegung im Zeitalter des aufgeklärten Absolutismus. Eine Studie zum Zusammenhang von Kameralwissenschaft und Verwaltungspraxis, Lübeck / Hamburg 1970.

Österreichisches Staatsarchiv – Allgemeines Verwaltungsarchiv: Kompilationshofkommission, Wien 1781.

Österreichisches Staatsarchiv – Allgemeines Verwaltungsarchiv: Oberste Justizstelle, Protocoll der Compilations Hof Commission Vom Jahre 1783, Bd. 35, Wien 1784.

Österreichisches Staatsarchiv – Haus, Hof- und Staatsarchiv: Protokolle und Indices der Kabinettskanzlei, Handbillettenprotokoll, Bd. 19, Wien 1781.

Otto, Eckart: Die Geschichte der Talion, in: ders., Kontinuum und Proprium. Studien zur Sozial- und Rechtsgeschichte des Alten Orients und des Alten Testaments. Wiesbaden 1996, S. 224–245.

Padovani, Tullio: Lettura della Leopoldina. Un'analisi strutturale, in: La „Leopoldina" 5, a cura di Luigi Berlinguer e Floriana Colao, Milano 1989, S. 1–30.

Parigger, Harald (Hrsg.): Das Bamberger Stadtrecht, Herausgegeben und mit Erläuterungen zur Text- und Überlieferungsgeschichte, Würzburg 1983.

Paterniti, Carlo: Note al codice criminale toscano del 1786, Padova 1985.

Pätzold, Julia: Leipziger gelehrte Schöffenspruchsammlung. Ein Beitrag zur Rezeptionsgeschichte in Kursachsen im 16. Jh., Diss. jur., Schriften zur Rechtsgeschichte (RG), Bd. 143, Berlin 2009.

Pesendorfer, Franz: Die Habsburger in der Toskana, Wien 1988.

Petz, Wolfgang: Die letzte Hexe. Das Schicksal der Anna Maria Schwägelin, Frankfurt am Main / New York 2007.

Pieper, Hans-Joachim (Hrsg.): „Hat er aber gemordet, so muß er sterben", Klassiker zur Philosophie der Todesstrafe, Bonn 2003.

Platon: Nomoi, in: Walter F. Otto / Ernesto Grassi / Gert Plamböck (Hrsg.), Platon, Sämtliche Werke, Bd. 6, Nach der Übersetzung von Hieronymus Müller mit der Stephanus-Paginierung, Leck / Schleswig 1959.

Popper-Lynkeus, Josef: Voltaire. Ein Bild seiner Persönlichkeit, Dresden 1920.

Pratobevera, Carl Joseph: Nachrichten. Ueber die neueste Criminal- und Civil-Justizpflege in den Deutschen Oest. Erbstaaten nebst dazu gehörigen Tabellen, in: ders. (Hrsg.), Materialien für Gesetzeskunde und Rechtspflege, in den Oesterreichischen Erbstaaten, Wien 1815, S. 248–261.

Preuß, Johann David Erdmann (Hrsg.): Œuvres de Frédéric le Grand, Bd. 8, Berlin 1848.

Pufendorf, Samuel von: De jure naturae et gentium libri octo, Londini Scanorum (London) 1672.

Pufendorf, Samuel von: Die Verfassung des deutschen Reiches, Herausgegeben und übersetzt von Horst Deinzer (Bibliothek des deutschen Staatsdenkens, Bd. 4), Leipzig 1994 (Original De statu imperii Germanici ad Laelium fratrem, dominum Trezolani, liber unus, veröffentlicht unter dem Pseudonym Severinus de Monzambano Veronensis, Utopiae 1668).

Pufendorf, Samuel von: Über die Pflicht des Menschen und des Bürgers nach dem Gesetz der Natur, Frankfurt am Main u.a. 1994 (Original De officio hominis et civis iuxta legem naturalem, Londini Scanorum 1673).

Radbruch, Gustav: Der Raub in der Carolina, in: Schroeder, Friedrich-Christian (Hrsg.), Die Carolina. Die Peinliche Gerichtsordnung Kaiser Karls V. von 1532, Darmstadt 1986, S. 7–28.

Ramlau, Max: Wie wird im Deutschen Reiche die Enthauptung vollstreckt?, Rostock 1900.

Ramshorn, Carl: Kaiser Joseph II. und seine Zeit, Leipzig 1845.

Ranke, Leopold von: Deutsche Geschichte im Zeitalter der Reformation, Zweiter Bd., Leipzig 1867.

Rath, Martin: Todesstrafe in England. Als Rechtspolitiker noch vom Entschärfen träumten, auf: Legal Tribune Online, Ausgabe vom 14.6.2020, abrufbar unter: https://www.lto.de/recht/feuilleton/f/todesstrafe-aussetzung-england-abschaffung-strafvollzug-paulskirche-humanitaet.

Rau, Kurt: Die Augsburger Kinderhexenprozesse im Kontext der Hexenverfolgungen in Früher Neuzeit, Diss. phil., Zürich 2003.

Reinalter, Helmut: Sonnenfels Joseph von, in: Österreichische Akademie der Wissenschaften (Hrsg.), Österreichisches Biographisches Lexikon 1815–1950 (ÖBL), Bd. 12, Wien 2005, S. 422–423.

REINHARD, Wolfgang: Reichsreform und Reformation 1495–1555, in: Gebhardt, Bruno / ders. (Hrsg.), Handbuch der Deutschen Geschichte, Bd. 9, 10. Auflage, Stuttgart 2004, S. 111–358.

REINHARDT, Volker: Geschichte Italiens. Von der Spätantike bis zur Gegenwart, München 2003.

REITZ, Manfred: Schinderhannes und Spießgesellen. Kleine Geschichte der Räuber und Raubritter, Ostfildern 2007.

RENGIER, Rudolf: Strafrecht, Allgemeiner Teil, 4. Auflage, München 2012.

REPGOW, Eike von: Sachsenspiegel, Bd. 3, 2. Ausgabe, Göttingen 1966.

RESCH, Andreas: Wien – Die wechselvolle Entwicklung eines Finanzplatzes in Zentraleuropa, in: Bankhistorisches Archiv, Beiheft 45 (2006), S. 93–138.

ROMILLY, Samuel: Bemerkungen über Englands Criminalgesetze in Bezug auf Todesstrafen und über die Art ihrer Ausübung, Mitgeteilt von C.W. Asher, in: NACr 6 (1824), S. 113–137.

ROMILLY, Samuel: Thoughts on the Criminal Law of England as It Relates to the Capital Punishments, and on the Mode in Which It Is Administered, London 1810.

ROMMEL, Bettina: Condorcet, Marie Jean Antoine Nicolas, Marquis de, in: Lutz, Bernd (Hrsg.), Metzler Philosophen Lexikon. Von den Vorsokratikern bis zu den neuen Philosophen, 3. Auflage, Stuttgart 2015, S. 187–190.

ROSSHIRT, Conrad Franz: Lehrbuch des Criminalrechts. Nach den Quellen des gemeinen deutschen Rechts und mit besonderer Rücksicht auf die Darstellung des römischen Criminalrechts, Heidelberg 1821.

ROTH, Andreas: Todesstrafe – historisch, in: Wittwer, Héctor / Schäfer, Daniel / Frewer, Andreas, Handbuch Sterben und Tod. Geschichte – Theorie – Ethik, 2. Auflage, Stuttgart 2020, S. 422–426.

ROTHER, Wolfgang: Verbrechen, Folter, Todesstrafe. Philosophische Argumente der Aufklärung, Basel 2010.

ROTTENSTEINER, Dietlind: Der strafrechtliche Diskurs über Verbrechen und ihre Bestrafung in Österreich und der Lombardei in der Aufklärung, Innsbruck 2006.

ROUSSEAU, Jean-Jacques: Vom Gesellschaftsvertrag oder Grundsätze des Staatsrechts. Hrsg. u. Übers. von Hans Brockard, unter Mitarbeit von Eva Pietzcker, Stuttgart 1977 (Original Du contrat social, ou, Principes du droit politique, Amsterdam 1762).

RUMMEL, Walter / VOLTMER, Rita: Hexen und Hexenverfolgung in der Frühen Neuzeit, Darmstadt 2008.

RÜPING, Hinrich / JEROUSCHEK, Günter: Grundriss der Strafrechtsgeschichte, 6. völlig überarb. Auflage, München 2011.

SANTOS PUERTO, José: Martin Sarmiento. Illustración, educación y utopia en la España del siglo XVIII, 2 Bde., La Coruña 2002.

SAVIGNY, Friedrich Carl von: Vom Beruf unsrer Zeit für Gesetzgebung und Rechtswissenschaft. Hildesheim 1967, Nachdr. der Ausg., Heidelberg 1840.

SCHAAB, Meinrad: Die Zent in Franken von der Karolingerzeit bis ins 19. Jahrhundert. Kontinuität und Wandel einer aus dem Frühmittelalter stammenden Organisationsform, in: Deutsches Historisches Institut Paris (Hrsg.), Beihefte der Francia, Bd. 9, Ostfildern 1980.

SCHAFFSTEIN, Friedrich: Studien zur Entwicklung der Deliktstatbestände im allgemeinen deutschen Strafrecht, Göttingen 1985.

SCHEEL, Willy: Freiherr Johann zu Schwarzenberg, Berlin 1905.

SCHILLING, Heinz: Karl V. Der Kaiser, dem die Welt zerbrach. Biographie, München 2012.

SCHLOSSER, Hans: Die „Leopoldina". Toskanisches Strafgesetzbuch vom 30. November 1786. Originaltext, deutsche Übersetzung und Kommentierung, Berlin / New York 2010.

SCHLOSSER, Hans: Verfassungs- und Rechtsreformen des aufgeklärten Habsburgers Granduca Pietro Leopoldo di Toscana im 18. Jahrhundert, in: Andrea Romano (a cura di), „De curia semel in anno facienda". L'esperienza parlamentare siciliana nel contesto europeo, Milano 2002, S. 221–282.

SCHMIDT, Eberhard: Die Carolina, in: Zeitschrift der Savigny-Stiftung für Rechtsgeschichte, Germ. Abteilung, 53. Bd., 1933, S. 1–34.

SCHMIDT, Eberhard: Die Kriminalpolitik Preußens unter Friedrich Wilhelm I. und Friedrich II., Berlin 1914.

SCHMIDT, Eberhard: Die Maximilianischen Halsgerichtsordnungen für Tirol (1499) und Radolfzell (1506) als Zeugnisse mittelalterlicher Strafrechtspflege: quellengetreue Textausgabe mit Einleitung und Erläuterungen, Schloss Bledecke an der Elbe 1949.

SCHMIDT, Eberhard: Einführung in die Geschichte der deutschen Strafrechtspflege, 3. Auflage, Göttingen 1965.

Schmidt, Eberhard: Strafrechtspflege und Rezeption, in: Zeitschrift für die gesamte Strafrechtswissenschaft, 62. Bd., 3. H., 1943, S. 232–265.

Schmidt, Eberhard: Vergeltung, Sühne und Spezialprävention, in: Zeitschrift für die gesamte Strafrechtswissenschaft, 67. Bd., 2. H., 1955, S. 177–195.

Schmidt, Gerhard: Sinn und Bedeutung der Constitutio Criminalis Carolina als Ordnung des materiellen und prozessualen Rechts, in: Zeitschrift der Savigny-Stiftung für Rechtsgeschichte, Germ. Abteilung, 83. Bd., 1966, S. 239–257.

Schmidt, Günter: Libelli Famosi. Zur Bedeutung der Schmähschriften, Scheltbriefe, Schandgemälde und Pasquille in der deutschen Rechtsgeschichte, Köln 1985.

Schmitz, Heinz-Gerd: Die Menschheit zum Scheusal machen. Zu Kants Auffassung der Todesstrafe, in: Schrader, Wiebke / Goedert, Georges / Scherbel, Martina (Hrsg.), Perspektiven der Philosophie, Bd. 28 (2002), S. 197–226.

Schopenhauer, Arthur: Die Welt als Wille und Vorstellung. Vollständige Ausgabe nach der dritten, verbesserten und beträchtlich vermehrten Auflage von 1859, Hamburg 2021 (Original Leipzig 1819/1844).

Schroth, Jörg: Konsequentialismus. Eine Einführung, Baden-Baden 2022.

Schöpsdau, Klaus: Richten und Strafen. Zum Strafrecht in Platons Nomoi, in: Etudes Platonciennes I, 2004, S. 51–72.

Schormann, Gerhard: Der Dreißigjährige Krieg, 3. Auflage, Göttingen 2004.

Schreiber, Hans-Ludwig: Todesstrafe, in: Zeitschrift für Internationale Strafrechtsdogmatik (ZIS) 2006, S. 327–329.

Schroeder, Friedrich-Christian: Die Peinliche Gerichtsordnung Kaiser Karls V. (Carolina) von 1532, in: ders. (Hrsg.), Die Carolina. Die Peinliche Gerichtsordnung Kaiser Karls V. von 1532, Darmstadt 1986, S. 305–337.

Schrott, Konrad: Um Galgen, Rad und Schwert. Strafgerichtsbarkeit im Hochstift Bamberg 1540–1611, Gundelsheim 1992.

Schubert, Hans von: Revolution und Reformation im XVI. Jahrhundert. Ein Vortrag, Tübingen 1927.

Schwarzenberg, Paul von (Hrsg.): Epigrammata D. Pauli Schwarzenberg, Eminentoris Landspergii dominii canonicis regulis pie adstricti aedita, Augustae Vindelicorum 1538.

SCHWARZENBERG, Johann von (Hrsg.): Der Teutsch Cicero, Augspurg 1534.

SCHWENNICKE, Andreas: Die allgemeinen Strafrechtslehren im Allgemeinen Landrecht für die Preußischen Staaten von 1794 und ihre Entwicklung in der Rechtsprechung bis zum preußischen Strafgesetzbuch von 1851, in: Dölemeyer, Barbara / Mohnhaupt, Heinz (Hrsg.), 200 Jahre Allgemeines Landrecht für die Preußischen Staaten. Wirkungsgeschichte und internationaler Kontext, S. 79–104.

SCIUMÈ, Alberto: Gli illeciti commerciali nella legislazione criminale del 30 novembre 1786: prime note, in: La „Leopoldina" 5, a cura di Luigi Berlinguer e Floriana Colao, Milano 1989, S. 69–150.

SEELMANN, Kurt: Gaetano Filangieri und die Proportionalität von Straftat und Strafe, in: Zeitschrift für die gesamte Strafrechtswissenschaft (ZStW) 97 (1985), S. 241 ff.

SELLERT, Wolfgang: Über die Zuständigkeitsabgrenzung von Reichshofrat und Reichskammergericht insbesondere in Strafsachen und Angelegenheiten der freiwilligen Gerichtsbarkeit, Aalen 1965.

SEGL, Peter: Der Hexenhammer. Entstehung und Umfeld des Malleus maleficarum von 1487 (= Bayreuther historische Kolloquien. Band 2), Böhlau / Köln 1988.

SEITZ, Carl J.: Das Bamberger Hofgerichtsbuch mit den Urtheilen Schwarzenbergs, in: ZRG Bd. 2 (1863), S. 435–454.

SHICHOR, David / SECHREST, Dale K.: Three Strikes and You're Out. Vengeance as Social Policy, Thousand Oaks u.a. 1996.

SIMSON, Gerhard / GEERDS, Friedrich: Straftaten gegen die Person und Sittlichkeitsdelikte in rechtsvergleichender Sicht, München 1969.

SMEND, Rudolf: Das Reichskammergericht, Weimar 1911.

SONNENFELS, Joseph von: Grundsätze der Policey, Handlung und Finanz – Zu dem Leitfaden des politischen Studiums, Wien 1780.

SONNENFELS, Joseph von: Schreiben vom 31. Dezember 1786, in: Wienbibliothek im Rathaus, Handschriftensammlung H.I.N. 8640, Wien 1786.

SPAULDING, Frank E.: Richard Cumberland als Begründer der englischen Ethik, Leipzig 1894.

SPEER, Heino (u.a.): Ausschleppen, in: Heidelberger Akademie der Wissenschaften (Hrsg.), Deutsches Rechtswörterbuch, Bd. 1, Weimar 2006.

Speer, Heino (u.a.): Gerhab(e), in: Heidelberger Akademie der Wissenschaften (Hrsg.), Deutsches Rechtswörterbuch, Bd. 4, Weimar 2006.

Speer, Heino (u.a.): Karbatschstreich, in: Heidelberger Akademie der Wissenschaften (Hrsg.), Deutsches Rechtswörterbuch, Bd. 4, Weimar 2006.

Speer, Heino (u.a.): Land(es)'beschädiger, in: Heidelberger Akademie der Wissenschaften (Hrsg.), Deutsches Rechtswörterbuch, Bd. 8, Weimar 2006.

Speer, Heino (u.a.): Riemenschneiden, in: Heidelberger Akademie der Wissenschaften (Hrsg.), Deutsches Rechtswörterbuch, Bd. 11, Weimar 2006.

Sprenger, Kai-Michael: Zwischen den Stühlen. Studien zur Wahrnehmung des Alexandrinischen Schismas in Reichsitalien (1159–1177), Berlin / Boston 2012.

Staatsarchiv der Freien Hansestadt Bremen – Ratsarchiv, Strafrecht – Generalia: Das sogenannte Schwartze-Buch des Bremischen Criminal-Gerichts von 1238 bis 1813.

Staatsarchiv der Freien und Hansestadt Hamburg – 111-1, Cl.VII, Lit. Me, No. 8, Vol. 1b. Mandate gegen Kindesmord (1744, 1753, 1767) und andere Mordtaten (1777).

Steinkamp, Volker: Condorcet und der Königsprozeß, in: Jacobs, Helmut (Hrsg.), Gegen Folter und Aufklärung. Aufklärerischer Diskurs und europäische Literatur vom 18. Jahrhundert bis zur Gegenwart, Frankfurt am Main 2007, S. 247–263.

Stobbe, Otto: Geschichte der deutschen Rechtsquellen. In zwei Bänden, Neudruck der Ausgabe Leipzig 1860, Aalen 1965.

Stollberg-Rilinger, Barbara: Das Heilige Römische Reich Deutscher Nation. Vom Ende des Mittelalters bis 1806, 6. Auflage, München 2018.

Strohkendl, Dominik: Das Strafgesetzbuch für die Preußischen Staaten vom 14. April 1851. Entstehungsgeschichte und Inhalt im Lichte weiterer deutscher Strafgesetzbücher des 19. Jahrhunderts, Diss. jur., Berlin 2019.

Strub, Bettina: Der Einfluss der Aufklärung auf die Todesstrafe, Diss. jur., Zürich 1973.

Stubbe da Luz, Helmut: Montesquieu, Reinbek 1998.

Tarello, Giovanni: Storia della cultura giuridica moderna, Vol. I, Bologna 1976.

Teichmann, Albert: Ernst Ferdinand Klein, in: Historische Commission bei der Königlichen Akademie der Wissenschaften (Hrsg.), Allgemeine Deutsche Biographie (ADB), Bd. 16, Leipzig 1882, S. 88–90.

Thäle, Brigitte: Die Verdachtsstrafe in der kriminalwissenschaftlichen Literatur des 18. und 19. Jahrhunderts, Diss. jur., Frankfurt am Main 1993.

Thomasius, Christian: Institutiones Jurisprudentiae Divinae. Liber III. Francofurti et Lipsiae 1688, Neudr. d. 7. Auflage 1720, Aalen 1963.

Treichel, Fritz: Beiträge zur Geschichte des deutschen Scharfrichter- und Abdeckerwesens, in: ders. / Glenzdorf, Johann, Henker Schinder und arme Sünder. Erster Bd., Bad Münder am Deister 1970, S. 3–177.

Trusen, Winfried: Der Inquisitionsprozess. Seine historischen Grundlagen und frühen Formen, in: ZRG KA 74 (1988), S. 168–230.

Trusen, Winfried: Strafprozeß und Rezeption. Zu den Entwicklungen im Spätmittelalter und den Grundlagen der Carolina, in: Landau, Peter (Hrsg.), Strafrecht, Strafprozeß und Rezeption. Grundlagen, Entwicklung und Wirkung der Constitutio Criminalis Carolina, Frankfurt 1984.

Ulbricht, Otto: Kindsmord und Aufklärung in Deutschland, München 1990 (Ancien régime, Aufklärung und Revolution, Bd. 18).

Utsch, Friedrich: Peinliche Urfehde. Erlangen 1903.

Valentinitsch, Helfried: Das Grazer Zucht- und Arbeitshaus 1734–1783. Zur Geschichte des Strafvollzugs in der Steiermark, in: Ebert, Kurt (Hrsg.), Festschrift für Hermann Baltl, Innsbruck 1978, S. 495–514.

Venedey, Jacob: Macchiavel, Montesquieu, Rousseau. Zweiter Theil: Jean-Jacques Rousseau, Berlin 1850.

Venturi, Franco: Cesare Beccaria. Dei delitti e delle pene, A cura di Franco Venturi, Torino 1994.

Verri, Pietro: Osservazioni sulla tortura, A cura di Gennaro Barbarisi, Milano 1985 (Original 1770–1777).

Verri, Pietro / Verri, Alessandro: Risposta ad uno scritto che s'initiola Note ed osservazioni sul libro Dei delitti e delle pene, Milano 1765.

Vieweg, Klaus: Hegel. Der Philosoph der Freiheit. Biographie, München 2019.

Volkmann, Uwe: Rechtsphilosophie, München 2018.

Voltaire: Kommentar zu dem Buch „Über Verbrechen und Strafen“ von einem Anwalt aus der Provinz, in: Voltaire, Republikanische Ideen. Schriften 2, hrsg. von Günther Mensching, S. 33–87, Frankfurt am Main 1979 (Original Commentaire sur le livre des délits et des peines 1766).

VOLTAIRE: Preis der Gerechtigkeit und der Menschenliebe, in: Voltaire, Republikanische Ideen. Schriften 2, hrsg. von Günther Mensching, S. 89–166. Frankfurt am Main 1979 (Original Pri de la justice et de l'humanité 1777).

VOLTMER, Rita / IRSIGLER, Franz: Die europäischen Hexenverfolgungen der Frühen Neuzeit – Vorurteile, Fakten, Bilanzen. Aufsatz zur Ausstellung „Hexenwahn – Ängste der Neuzeit", Berlin 2002, abrufbar unter: https://www.dhm.de/archiv/ausstellungen/hexenwahn/aufsaetze/01.htm.

VORLÄNDER, Karl: Geschichte der Philosophie, Bd. 2, Leipzig 1919.

VORLÄNDER, Karl: Immanuel Kant. Der Mann und das Werk. 3. Auflage, Hamburg 1992.

WÄCHTERSHÄUSER, Wilhelm: Das Verbrechen des Kindesmordes im Zeitalter der Aufklärung. Eine rechtsgeschichtliche Untersuchung der dogmatischen, prozessualen und rechtssoziologischen Aspekte, Berlin 1973.

WAGNITZ, Heinrich: Ideen und Pläne zur Verbesserung der Policey- und Criminalanstalten. Dem 19. Jahrhundert zur Vollendung übergeben, Halle 1801.

WAHLBERG, Wilhelm Emil: Die Revision der Theresiana und die Genesis des Josephinischen Strafgesetzbuches, in: ders., Gesammelte kleinere Schriften und Bruchstücke über Strafrecht, Strafprocess, Gefängnisskunde, Literatur und Dogmengeschichte der Rechtslehre in Oesterreich, Bd. 3, Wien 1882, S. 1–17.

WALCH, Johann Georg: Philosophisches Lexicon, Leipzig 1726.

WANDRUSZKA, Adam: Leopold II. Erzherzog von Österreich, Großherzog von Toskana, König von Ungarn und Böhmen, Römischer Kaiser. Bd. 1, 1747–1780, Wien / München 1965.

WANGERMANN, Ernst: Die Waffen der Publizität. Zum Funktionswandel der politischen Literatur unter Joseph II., Wien / München 2004.

WEBER, Hellmuth von: Die peinliche Halsgerichtsordnung Karls V., in: ZRG GA 77 (1960), S. 288–310.

WEIS, Eberhard: Cesare Beccaria (1738–1794). Mailänder Aufklärer und Anreger der Strafrechtsreformen in Europa. Bayerische Akademie der Wissenschaften, Philosophisch-historische Klasse. Sitzungsberichte, Jahrgang 1992, Heft 5, Vorgetragen am 10. Januar 1992, München 1992.

Wesel, Uwe: Geschichte des Rechts. Von den Frühformen bis zur Gegenwart. 4. Auflage, München 2014.

Wesel, Uwe: Geschichte des Rechts in Europa. Von den Griechen bis zum Vertrag von Lissabon, München 2010.

Wieacker, Franz: Privatrechtsgeschichte der Neuzeit unter besonderer Berücksichtigung der Geschichte Deutschlands, Göttingen 1952.

Wiener Zeitung vom 7. Februar 1787, abrufbar unter: https://anno.onb.ac.at/cgi-content/anno?apm=0&aid=wrz&datum=17870207&seite=1.

Wilcke, Claus: Politik im Spiegel der Literatur, Literatur als Mittel der Politik im älteren Babylonien, in: Raaflaub, Kurt / Müller-Luckner, Elisabeth (Hrsg.), Anfänge politischen Denkens in der Antike. Die nahöstlichen Kulturen und die Griechen (= Schriften des Historischen Kollegs. Kolloquien), München 1993.

Winkelmann, Eduard: Allgemeine Verfassungsgeschichte, Leipzig 1901.

Wittwer, Héctor: Todesstrafe – philosophisch, in: ders. / Schäfer, Daniel / Frewer, Andreas, Handbuch Sterben und Tod. Geschichte – Theorie – Ethik. 2. Auflage, Stuttgart 2020, S. 427–430.

Wolf, Erik: Johann Freiherr von Schwarzenberg, in: ders., Große Rechtsdenker der deutschen Geistesgeschichte, 4. Auflage, Tübingen 1963, S. 102–137.

Wolff, Christian: Grundsätze des Natur- und Völckerrechts, Hildesheim 1980 (Original Halle/Saale 1754).

Wolff, Christian: Jus naturae methodo scientifica pertractatum, Hildesheim 1968 (Orginal Frankfurt 1740–1748).

Wuttke, Heinrich: Christian Wolffs eigene Lebensbeschreibung. Herausgegeben mit einer Abhandlung über Wolff, Leipzig 1841.

Zahn, Karl von: Karl Ferdinand Hommel als Strafrechtsphilosoph und Strafrechtslehrer. Ein Beitrag zur Geschichte der strafpolitischen Aufklärung in Deutschland, Leipzig 1911.

Zimmer, Robert: Die europäischen Moralisten zur Einführung, Hamburg 1999.

Zobi, Antonio: Storia civile della Toscana dal 1737 al 1848, Firenze 1850.

Zöpfl, Heinrich: Das alte Bamberger Recht als Quelle der Carolina. Nach bisher ungedruckten Urkunden und Handschriften zuerst herausgegeben und commentiert, Heidelberg 1839.

Zöpfl, Heinrich (Hrsg.): Die peinliche Gerichtsordnung Kaiser Karls V. nebst der Bamberger und der Brandenburger Halsgerichtsordnung. Sämtlich nach den ältesten Drucken und mit den Projecten der peinlichen Gerichtsordnung Kaiser Karl's V. von den Jahren 1521 und 1529. Beide zum erstenmale vollständig nach Handschriften, Heidelberg 1842.

Zopfs, Jan (Hrsg.): Quellen zur Aufhebung der Folter. Die Aufhebung der Folter in Baiern (1806) von Paul Johann Anselm Feuerbach sowie die Verordnungen Friedrichs II. aus den Jahren 1740–1756 zur Abschaffung der Folter in Preußen, in: Thomas Vormbaum (Hrsg.): Rechtsgeschichte und Rechtsgeschehen, Kleine Schriften, Bd. 25, Berlin 2010.

Zuliani, Dario: La riforma penale di Pietro Leopoldo, Due Volumi. „La Leopoldina“ 2, Milano 1995.

Juristische Zeitgeschichte

Herausgeber: Prof. Dr. Dr. Dr. h.c. Thomas Vormbaum, FernUniversität in Hagen

Abteilung 1: Allgemeine Reihe

1 *Thomas Vormbaum (Hrsg.):* Die Sozialdemokratie und die Entstehung des Bürgerlichen Gesetzbuchs. Quellen aus der sozialdemokratischen Partei und Presse (1997)
2 *Heiko Ahlbrecht:* Geschichte der völkerrechtlichen Strafgerichtsbarkeit im 20. Jahrhundert (1999)
3 *Dominik Westerkamp:* Pressefreiheit und Zensur im Sachsen des Vormärz (1999)
4 *Wolfgang Naucke:* Über die Zerbrechlichkeit des rechtsstaatlichen Strafrechts. Gesammelte Aufsätze zur Strafrechtsgeschichte (2000)
5 *Jörg Ernst August Waldow:* Der strafrechtliche Ehrenschutz in der NS-Zeit (2000)
6 *Bernhard Diestelkamp:* Rechtsgeschichte als Zeitgeschichte. Beiträge zur Rechtsgeschichte des 20. Jahrhunderts (2001)
7 *Michael Damnitz:* Bürgerliches Recht zwischen Staat und Kirche. Mitwirkung der Zentrumspartei am Bürgerlichen Gesetzbuch (2001)
8 *Massimo Nobili:* Die freie richterliche Überzeugungsbildung. Reformdiskussion und Gesetzgebung in Italien, Frankreich und Deutschland seit dem Ausgang des 18. Jahrhunderts (2001)
9 *Diemut Majer:* Nationalsozialismus im Lichte der Juristischen Zeitgeschichte (2002)
10 *Bianca Vieregge:* Die Gerichtsbarkeit einer „Elite". Nationalsozialistische Rechtsprechung am Beispiel der SS- und Polizeigerichtsbarkeit (2002)
11 *Norbert Berthold Wagner:* Die deutschen Schutzgebiete (2002)
12 *Miloš Vec:* Die Spur des Täters. Methoden der Identifikation in der Kriminalistik (1879–1933), (2002)
13 *Christian Amann:* Ordentliche Jugendgerichtsbarkeit und Justizalltag im OLG-Bezirk Hamm von 1939 bis 1945 (2003)
14 *Günter Gribbohm:* Das Reichskriegsgericht (2004)
15 *Martin M. Arnold:* Pressefreiheit und Zensur im Baden des Vormärz. Im Spannungsfeld zwischen Bundestreue und Liberalismus (2003)
16 *Ettore Dezza:* Beiträge zur Geschichte des modernen italienischen Strafrechts (2004)
17 *Thomas Vormbaum (Hrsg.):* „Euthanasie" vor Gericht. Die Anklageschrift des Generalstaatsanwalts beim OLG Frankfurt/M. gegen Werner Heyde u. a. vom 22. Mai 1962 (2005)
18 *Kai Cornelius:* Vom spurlosen Verschwindenlassen zur Benachrichtigungspflicht bei Festnahmen (2006)
19 *Kristina Brümmer-Pauly:* Desertion im Recht des Nationalsozialismus (2006)
20 *Hanns-Jürgen Wiegand:* Direktdemokratische Elemente in der deutschen Verfassungsgeschichte (2006)
21 *Hans-Peter Marutschke (Hrsg.):* Beiträge zur modernen japanischen Rechtsgeschichte (2006)
22 *Katrin Stoll:* Die Herstellung der Wahrheit (2011)

23 *Thorsten Kurtz:* Das Oberste Rückerstattungsgericht in Herford (2014)
24 *Sebastian Schermaul:* Die Umsetzung der Karlsbader Beschlüsse an der Universität Leipzig 1819–1848 (2013)
25 *Minoru Honda:* Beiträge zur Geschichte des japanischen Strafrechts (2020)
26 *Michael Seiters:* Das strafrechtliche Schuldprinzip. Im Spannungsfeld zwischen philosophischem, theologischem und juridischem Verständnis von Schuld (2020)
27 *Hannes Ludyga:* Rechtsgeschichte Saarbrückens im 20. Jahrhundert (2022)
28 *Wolfgang Naucke:* Strafrecht als Teil politischer Macht. Beiträge zur juristischen Zeitgeschichte (2023)

Abteilung 2: Forum Juristische Zeitgeschichte

1 *Franz-Josef Düwell / Thomas Vormbaum (Hrsg.):* Themen juristischer Zeitgeschichte (1) – Schwerpunktthema: Recht und Nationalsozialismus (1998)
2 *Karl-Heinz Keldungs:* Das Sondergericht Duisburg 1943–1945 (1998)
3 *Franz-Josef Düwell / Thomas Vormbaum (Hrsg.):* Themen juristischer Zeitgeschichte (2) – Schwerpunktthema: Recht und Juristen in der Revolution von 1848/49 (1998)
4 *Thomas Vormbaum:* Beiträge zur juristischen Zeitgeschichte (1999)
5 *Franz-Josef Düwell / Thomas Vormbaum:* Themen juristischer Zeitgeschichte (3), (1999)
6 *Thomas Vormbaum (Hrsg.):* Themen juristischer Zeitgeschichte (4), (2000)
7 *Frank Roeser:* Das Sondergericht Essen 1942–1945 (2000)
8 *Heinz Müller-Dietz:* Recht und Nationalsozialismus – Gesammelte Beiträge (2000)
9 *Franz-Josef Düwell (Hrsg.):* Licht und Schatten. Der 9. November in der deutschen Geschichte und Rechtsgeschichte – Symposium der Arnold-Freymuth-Gesellschaft, Hamm (2000)
10 *Bernd-Rüdiger Kern / Klaus-Peter Schroeder (Hrsg.):* Eduard von Simson (1810–1899). „Chorführer der Deutschen" und erster Präsident des Reichsgerichts (2001)
11 *Norbert Haase / Bert Pampel (Hrsg.):* Die Waldheimer „Prozesse" – fünfzig Jahre danach. Dokumentation der Tagung der Stiftung Sächsische Gedenkstätten am 28. und 29. September in Waldheim (2001)
12 *Wolfgang Form (Hrsg.):* Literatur- und Urteilsverzeichnis zum politischen NS-Strafrecht (2001)
13 *Sabine Hain:* Die Individualverfassungsbeschwerde nach Bundesrecht (2002)
14 *Gerhard Pauli / Thomas Vormbaum (Hrsg.):* Justiz und Nationalsozialismus – Kontinuität und Diskontinuität. Fachtagung in der Justizakademie des Landes NRW, Recklinghausen, am 19. und 20. November 2001 (2003)
15 *Mario Da Passano (Hrsg.):* Europäische Strafkolonien im 19. Jahrhundert. Internationaler Kongreß des Dipartimento di Storia der Universität Sassari und des Parco nazionale di Asinara, Porto Torres, 25. Mai 2001 (2006)
16 *Sylvia Kesper-Biermann / Petra Overath (Hrsg.):* Die Internationalisierung von Strafrechtswissenschaft und Kriminalpolitik (1870–1930). Deutschland im Vergleich (2007)
17 *Hermann Weber (Hrsg.):* Literatur, Recht und Musik. Tagung im Nordkolleg Rendsburg vom 16. bis 18. September 2005 (2007)

18 *Hermann Weber (Hrsg.):* Literatur, Recht und (bildende) Kunst. Tagung im Nordkolleg Rendsburg vom 21. bis 23. September 2007 (2008)
19 *Francisco Muñoz Conde / Thomas Vormbaum (Hrsg.):* Transformation von Diktaturen in Demokratien und Aufarbeitung der Vergangenheit (2010)
20 *Kirsten Scheiwe / Johanna Krawietz* (Hrsg.): (K)Eine Arbeit wie jede andere? Die Regulierung von Arbeit im Privathaushalt (2014)
21 *Helmut Irmen:* Das Sondergericht Aachen 1941–1945 (2018)

Abteilung 3: Beiträge zur modernen deutschen Strafgesetzgebung. Materialien zu einem historischen Kommentar

1 *Thomas Vormbaum / Jürgen Welp (Hrsg.):* Das Strafgesetzbuch seit 1870. Sammlung der Änderungen und Neubekanntmachungen; fünf Textbände (1999–2017) und drei Supplementbände (2005, 2006)
2 *Christian Müller:* Das Gewohnheitsverbrechergesetz vom 24. November 1933. Kriminalpolitik als Rassenpolitik (1998)
3 *Maria Meyer-Höger:* Der Jugendarrest. Entstehung und Weiterentwicklung einer Sanktion (1998)
4 *Kirsten Gieseler:* Unterlassene Hilfeleistung – § 323c StGB. Reformdiskussion und Gesetzgebung seit 1870. (1999)
5 *Robert Weber:* Die Entwicklung des Nebenstrafrechts 1871–1914 (1999)
6 *Frank Nobis:* Die Strafprozeßgesetzgebung der späten Weimarer Republik (2000)
7 *Karsten Felske:* Kriminelle und terroristische Vereinigungen – §§ 129, 129a StGB (2002)
8 *Ralf Baumgarten:* Zweikampf – §§ 201–210 a.F. StGB (2003)
9 *Felix Prinz:* Diebstahl – §§ 242 ff. StGB (2003)
10 *Werner Schubert / Thomas Vormbaum (Hrsg.):* Entstehung des Strafgesetzbuchs. Kommissionsprotokolle und Entwürfe. Band 1: 1869 (2002); Band 2: 1870 (2004)
11 *Lars Bernhard:* Falsche Verdächtigung (§§ 164, 165 StGB) und Vortäuschen einer Straftat (§ 145d StGB), (2003)
12 *Frank Korn:* Körperverletzungsdelikte – §§ 223 ff., 340 StGB. Reformdiskussion und Gesetzgebung von 1870 bis 1933 (2003)
13 *Christian Gröning:* Körperverletzungsdelikte – §§ 223 ff., 340 StGB. Reformdiskussion und Gesetzgebung seit 1933 (2004)
14 *Sabine Putzke:* Die Strafbarkeit der Abtreibung in der Kaiserzeit und in der Weimarer Zeit. Eine Analyse der Reformdiskussion und der Straftatbestände in den Reformentwürfen (1908–1931), (2003)
15 *Eckard Voßiek:* Strafbare Veröffentlichung amtlicher Schriftstücke (§ 353d Nr. 3 StGB). Gesetzgebung und Rechtsanwendung seit 1851 (2004)
16 *Stefan Lindenberg:* Brandstiftungsdelikte – §§ 306 ff. StGB. Reformdiskussion und Gesetzgebung seit 1870 (2004)
17 *Ninette Barreneche †:* Materialien zu einer Strafrechtsgeschichte der Münchener Räterepublik 1918/1919 (2004)
18 *Carsten Thiel:* Rechtsbeugung – § 339 StGB. Reformdiskussion und Gesetzgebung seit 1870 (2005)

19 *Vera Große-Vehne:* Tötung auf Verlangen (§ 216 StGB), „Euthanasie" und Sterbehilfe. Reformdiskussion und Gesetzgebung seit 1870 (2005)

20 *Thomas Vormbaum / Kathrin Rentrop (Hrsg.):* Reform des Strafgesetzbuchs. Sammlung der Reformentwürfe. Band 1: 1909 bis 1919. Band 2: 1922 bis 1939. Band 3: 1959 bis 1996 (2008)

21 *Dietmar Prechtel:* Urkundendelikte (§§ 267 ff. StGB). Reformdiskussion und Gesetzgebung seit 1870 (2005)

22 *Ilya Hartmann:* Prostitution, Kuppelei, Zuhälterei. Reformdiskussion und Gesetzgebung seit 1870 (2006)

23 *Ralf Seemann:* Strafbare Vereitelung von Gläubigerrechten (§§ 283 ff., 288 StGB). Reformdiskussion und Gesetzgebung seit 1870 (2006)

24 *Andrea Hartmann:* Majestätsbeleidigung (§§ 94 ff. StGB a.F.) und Verunglimpfung des Staatsoberhauptes (§ 90 StGB). Reformdiskussion und Gesetzgebung seit dem 19. Jahrhundert (2006)

25 *Christina Rampf:* Hausfriedensbruch (§ 123 StGB). Reformdiskussion und Gesetzgebung seit 1870 (2006)

26 *Christian Schäfer:* „Widernatürliche Unzucht" (§§ 175, 175a, 175b, 182, a.F. StGB). Reformdiskussion und Gesetzgebung seit 1945 (2006)

27 *Kathrin Rentrop:* Untreue und Unterschlagung (§§ 266 und 246 StGB). Reformdiskussion und Gesetzgebung seit dem 19. Jahrhundert (2007)

28 *Martin Asholt:* Straßenverkehrsstrafrecht. Reformdiskussion und Gesetzgebung seit dem Ausgang des 19. Jahrhunderts (2007)

29 *Katharina Linka:* Mord und Totschlag (§§ 211–213 StGB). Reformdiskussion und Gesetzgebung seit 1870 (2008)

30 *Juliane Sophia Dettmar:* Legalität und Opportunität im Strafprozess. Reformdiskussion und Gesetzgebung von 1877 bis 1933 (2008)

31 *Jürgen Durynek:* Korruptionsdelikte (§§ 331 ff. StGB). Reformdiskussion und Gesetzgebung seit dem 19. Jahrhundert (2008)

32 *Judith Weber:* Das sächsische Strafrecht im 19. Jahrhundert bis zum Reichsstrafgesetzbuch (2009)

33 *Denis Matthies:* Exemplifikationen und Regelbeispiele. Eine Untersuchung zum 100-jährigen Beitrag von Adolf Wach zur „Legislativen Technik" (2009)

34 *Benedikt Rohrßen:* Von der „Anreizung zum Klassenkampf" zur „Volksverhetzung" (§ 130 StGB). Reformdiskussion und Gesetzgebung seit dem 19. Jahrhundert (2009)

35 *Friederike Goltsche:* Der Entwurf eines Allgemeinen Deutschen Strafgesetzbuches von 1922 (Entwurf Radbruch) (2010)

36 *Tarig Elobied:* Die Entwicklung des Strafbefehlsverfahrens von 1846 bis in die Gegenwart (2010)

37 *Christina Müting:* Sexuelle Nötigung; Vergewaltigung (§ 177 StGB) (2010)

38 *Nadeschda Wilkitzki:* Entstehung des Gesetzes über Internationale Rechtshilfe in Strafsachen (IRG) (2010)

39 *André Brambring:* Kindestötung (§ 217 a.F. StGB). Reformdiskussion und Gesetzgebung seit 1870 (2010)

40 *Wilhelm Rettler:* Der strafrechtliche Schutz des sozialistischen Eigentums in der DDR (2010)

41 *Yvonne Hötzel:* Debatten um die Todesstrafe in der Bundesrepublik Deutschland von 1949 bis 1990 (2010)

42 *Dagmar Kolbe:* Strafbarkeit im Vorfeld und im Umfeld der Teilnahme (§§ 88a, 110, 111, 130a und 140 StGB). Reformdiskussion und Gesetzgebung seit dem 19. Jahrhundert (2011)
43 *Sami Bdeiwi:* Beischlaf zwischen Verwandten (§ 173 StGB). Reform und Gesetzgebung seit 1870 (2014)
44 *Michaela Arnold:* Verfall, Einziehung und Unbrauchbarmachung (§§ 73 bis 76a StGB). Reformdiskussion und Gesetzgebung seit dem 19. Jahrhundert (2015)
45 *Andrea Schurig:* „Republikflucht" (§§ 213, 214 StGB/DDR). Gesetzgeberische Entwicklung, Einfluss des MfS und Gerichtspraxis am Beispiel von Sachsen (2016)
46 *Sandra Knaudt:* Das Strafrecht im Großherzogtum Hessen im 19. Jahrhundert bis zum Reichsstrafgesetzbuch (2017)
47 *Michael Rudlof:* Das Gesetz zur Strafbarkeit der geschäftsmäßigen Förderung der Selbsttötung (§ 217 StGB nF.) (2018)
48 *Karl Müller:* Steuerhinterziehung (§§ 370, 371 AO). Gesetzgebung und Reformdiskussion seit dem 19. Jahrhundert (2018)
49 *Katharina Kühne:* Die Entwicklung des Internetstrafrechts unter besonderer Berücksichtigung der §§ 202a–202c StGB sowie § 303a und § 303b StGB (2018)
50 *Benedikt Beßmann:* Das Strafrecht des Herzogtums Braunschweig im 19. Jahrhundert bis zum Reichsstrafgesetzbuch (2019)
51 *Josef Roth:* Die Entwicklung des Weinstrafrechts seit 1871 (2020)
52 *Arne Fischer*: Die Legitimität des Sportwettbetrugs (§ 265c StGB). Unter besonderer Berücksichtigung des „Rechtsguts" Integrität des Sports (2020)
53 *Julius Hagen*: Die Nebenklage im Gefüge strafprozessualer Verletztenbeteiligung. Der Weg in die viktimäre Gesellschaft. Gesetzgebung und Reformdiskurs seit 1870 (2021)
54 *Teresa Frank*: Die Wiederaufnahme zuungunsten des Angeklagten im Strafverfahren. Reformdiskussion und Gesetzgebung seit dem Neunzehnten Jahrhundert (2022)
55 *Tobias Hanschke*: Die Entstehung und Entwicklung von Jugendstrafverfahren und Jugendgerichtsverfassung in Deutschland (2025)
56 *Christoph Hagemann:* Spionageabwehr und Gegenspionage: Zur Überwerbung von »Countermen« im Lichte der Nötigungsstrafbarkeit (2025)
57 *Maximilian Strohmayer:* Die partielle Abschaffung der Todesstrafe im Heiligen Römischen Reich Deutscher Nation unter dem Einfluss der Aufklärung (2026)

Abteilung 4: Leben und Werk. Biographien und Werkanalysen

1 *Mario A. Cattaneo:* Karl Grolmans strafrechtlicher Humanismus (1998)
2 *Gerit Thulfaut:* Kriminalpolitik und Strafrechtstheorie bei Edmund Mezger (2000)
3 *Adolf Laufs:* Persönlichkeit und Recht. Gesammelte Aufsätze (2001)
4 *Hanno Durth:* Der Kampf gegen das Unrecht. Gustav Radbruchs Theorie eines Kulturverfassungsrechts (2001)
5 *Volker Tausch:* Max Güde (1902–1984). Generalbundesanwalt und Rechtspolitiker (2002)
6 *Bernd Schmalhausen:* Josef Neuberger (1902–1977). Ein Leben für eine menschliche Justiz (2002)

7 *Wolf Christian von Arnswald:* Savigny als Strafrechtspraktiker. Ministerium für die Gesetzesrevision (1842–1848), (2003)
8 *Thilo Ramm:* Ferdinand Lassalle. Der Revolutionär und das Recht (2004)
9 *Martin D. Klein:* Demokratisches Denken bei Gustav Radbruch (2007)
10 *Francisco Muñoz Conde:* Edmund Mezger – Beiträge zu einem Juristenleben (2007)
11 *Whitney R. Harris:* Tyrannen vor Gericht. Das Verfahren gegen die deutschen Hauptkriegsverbrecher nach dem Zweiten Weltkrieg in Nürnberg 1945–1946 (2008)
12 *Eric Hilgendorf (Hrsg.):* Die deutschsprachige Strafrechtswissenschaft in Selbstdarstellungen (2010)
13 *Tamara Cipolla:* Friedrich Karl von Strombeck. Leben und Werk – Unter besonderer Berücksichtigung des Entwurfes eines Strafgesetzbuches für ein Norddeutsches Staatsgebiet (2010)
14 *Karoline Peters:* J.D.H. Temme und das preußische Strafverfahren in der Mitte des 19. Jahrhunderts (2010)
15 *Eric Hilgendorf (Hrsg.):* Die ausländische Strafrechtswissenschaft in Selbstdarstellungen. Die internationale Rezeption des deutschen Strafrechts (2019)
16 *Hannes Ludyga:* Otto Kahn-Freund (1900–1979). Ein Arbeitsrechtler in der Weimarer Zeit (2016)
17 *Rudolf Bastuck:* Rudolf Wassermann. Vision und Umsetzung einer inneren Justizreform (2020)
18 *Eric Hilgendorf (Hrsg.)*: Die deutschsprachige Strafrechtswissenschaft in Selbstdarstellungen II (2021)
19 *Hannes Ludyga*: Franz Mestitz (1904–1994) (2024)

Abteilung 5: Juristisches Zeitgeschehen.
Rechtspolitik und Justiz aus zeitgenössischer Perspektive

Mitherausgegeben von Gisela Friedrichsen („Der Spiegel")
und RA Prof. Dr. Franz Salditt

1 *Diether Posser:* Anwalt im Kalten Krieg. Ein Stück deutscher Geschichte in politischen Prozessen 1951–1968. 3. Auflage (1999)
2 *Jörg Arnold (Hrsg.):* Strafrechtliche Auseinandersetzung mit Systemvergangenheit am Beispiel der DDR (2000)
3 *Thomas Vormbaum (Hrsg.):* Vichy vor Gericht: Der Papon-Prozeß (2000)
4 *Heiko Ahlbrecht / Kai Ambos (Hrsg.):* Der Fall Pinochet(s). Auslieferung wegen staatsverstärkter Kriminalität? (1999)
5 *Oliver Franz:* Ausgehverbot für Jugendliche („Juvenile Curfew") in den USA. Reformdiskussion und Gesetzgebung seit dem 19. Jahrhundert (2000)
6 *Gabriele Zwiehoff (Hrsg.):* „Großer Lauschangriff". Die Entstehung des Gesetzes zur Änderung des Grundgesetzes vom 26. März 1998 und des Gesetzes zur Änderung der Strafprozeßordnung vom 4. Mai 1998 in der Presseberichterstattung 1997/98 (2000)
7 *Mario A. Cattaneo:* Strafrechtstotalitarismus. Terrorismus und Willkür (2001)
8 *Gisela Friedrichsen / Gerhard Mauz:* Er oder sie? Der Strafprozeß Böttcher/Weimar. Prozeßberichte 1987 bis 1999 (2001)

9 *Heribert Prantl / Thomas Vormbaum (Hrsg.):* Juristisches Zeitgeschehen 2000 in der Süddeutschen Zeitung (2001)
10 *Helmut Kreicker:* Art. 7 EMRK und die Gewalttaten an der deutsch-deutschen Grenze (2002)
11 *Heribert Prantl / Thomas Vormbaum (Hrsg.):* Juristisches Zeitgeschehen 2001 in der Süddeutschen Zeitung (2002)
12 *Henning Floto:* Der Rechtsstatus des Johanniterordens. Eine rechtsgeschichtliche und rechtsdogmatische Untersuchung zum Rechtsstatus der Balley Brandenburg des ritterlichen Ordens St. Johannis vom Spital zu Jerusalem (2003)
13 *Heribert Prantl / Thomas Vormbaum (Hrsg.):* Juristisches Zeitgeschehen 2002 in der Süddeutschen Zeitung (2003)
14 *Kai Ambos / Jörg Arnold (Hrsg.):* Der Irak-Krieg und das Völkerrecht (2004)
15 *Heribert Prantl / Thomas Vormbaum (Hrsg.)*: Juristisches Zeitgeschehen 2003 in der Süddeutschen Zeitung (2004)
16 *Sascha Rolf Lüder:* Völkerrechtliche Verantwortlichkeit bei Teilnahme an „Peacekeeping"-Missionen der Vereinten Nationen (2004)
17 *Heribert Prantl / Thomas Vormbaum (Hrsg.)*: Juristisches Zeitgeschehen 2004 in der Süddeutschen Zeitung (2005)
18 *Christian Haumann:* Die „gewichtende Arbeitsweise" der Finanzverwaltung. Eine Untersuchung über die Aufgabenerfüllung der Finanzverwaltung bei der Festsetzung der Veranlagungssteuern (2008)
19 *Asmerom Ogbamichael:* Das neue deutsche Geldwäscherecht (2011)
20 *Lars Chr. Barnewitz:* Die Entschädigung der Freimaurerlogen nach 1945 und nach 1989 (2011)
21 *Ralf Gnüchtel:* Jugendschutztatbestände im 13. Abschnitt des StGB (2013)
22 *Helmut Irmen:* Stasi und DDR-Militärjustiz. Der Einfluss des MfS auf Militärjustiz und Militärstrafvollzug in der DDR (2014)
23 *Pascal Johann:* Möglichkeiten und Grenzen des neuen Vermögenschabschöpfungsrechts. Eine Untersuchung zur vorläufigen Sicherstellung und der Einziehung von Vermögen unklarer Herkunft (2019)
24 *Zekai Dağaşan:* Das Ansehen des Staates im türkischen und deutschen Strafrecht (2015)
25 *Camilla Bertheau:* Politisch unwürdig? Entschädigung von Kommunisten für nationalsozialistische Gewaltmaßnahmen. Bundesdeutsche Gesetzgebung und Rechtsprechung der 50er Jahre (2016)
26 *Anja J. Weissbrodt:* Etwas Besseres als den Tod – Aktuelle Regelung der Suizidbeihilfe und ihre Auswirkungen auf die Ärzteschaft (2021)

Abteilung 6: Recht in der Kunst – Kunst im Recht

Mitherausgegeben von Prof. Dr. Gunter Reiß
und Prof. Dr. Anja Schiemann

1 *Heinz Müller-Dietz:* Recht und Kriminalität im literarischen Widerschein. Gesammelte Aufsätze (1999)
2 *Klaus Lüderssen (Hrsg.):* »Die wahre Liberalität ist Anerkennung«. Goethe und die Juris prudenz (1999)

3 *Bertolt Brecht:* Die Dreigroschenoper (1928) / Dreigroschenroman (1934). Mit Kommentaren von Iring Fetscher und Bodo Plachta (2001)
4 *Annette von Droste-Hülshoff:* Die Judenbuche (1842) / Die Vergeltung (1841). Mit Kommentaren von Heinz Holzhauer und Winfried Woesler (2000)
5 *Theodor Fontane:* Unterm Birnbaum (1885). Mit Kommentaren von Hugo Aust und Klaus Lüderssen (2001)
6 *Heinrich von Kleist:* Michael Kohlhaas (1810). Mit Kommentaren von Wolfgang Naucke und Joachim Linder (2000)
7 *Anja Sya:* Literatur und juristisches Erkenntnisinteresse. Joachim Maass' Roman „Der Fall Gouffé" und sein Verhältnis zu der historischen Vorlage (2001)
8 *Heiner Mückenberger:* Theodor Storm – Dichter und Richter. Eine rechtsgeschichtliche Lebensbeschreibung (2001)
9 *Hermann Weber (Hrsg.):* Annäherung an das Thema „Recht und Literatur". Recht, Literatur und Kunst in der NJW (1), (2002)
10 *Hermann Weber (Hrsg.):* Juristen als Dichter. Recht, Literatur und Kunst in der NJW (2), (2002)
11 *Hermann Weber (Hrsg.):* Prozesse und Rechtsstreitigkeiten um Recht, Literatur und Kunst. Recht, Literatur und Kunst in der NJW (3), (2002)
12 *Klaus Lüderssen:* Produktive Spiegelungen. 2., erweiterte Auflage (2002)
13 *Lion Feuchtwanger:* Erfolg. Drei Jahre Geschichte einer Provinz. Roman (1929). Mit Kommentaren von Theo Rasehorn und Ernst Ribbat (2002)
14 *Jakob Wassermann:* Der Fall Maurizius. Roman (1928). Mit Kommentaren von Thomas Vormbaum und Regina Schäfer (2003)
15 *Hermann Weber (Hrsg.):* Recht, Staat und Politik im Bild der Dichtung. Recht, Literatur und Kunst in der Neuen Juristischen Wochenschrift (4), (2003)
16 *Hermann Weber (Hrsg.):* Reale und fiktive Kriminalfälle als Gegenstand der Literatur. Recht, Literatur und Kunst in der Neuen Juristischen Wochenschrift (5), (2003)
17 *Karl Kraus:* Sittlichkeit und Kriminalität. (1908). Mit Kommentaren von Helmut Arntzen und Heinz Müller-Dietz (2004)
18 *Hermann Weber (Hrsg.):* Dichter als Juristen. Recht, Literatur und Kunst in der Neuen Juristischen Wochenschrift (6), (2004)
19 *Hermann Weber (Hrsg.):* Recht und Juristen im Bild der Literatur. Recht, Literatur und Kunst in der Neuen Juristischen Wochenschrift (7), (2005)
20 *Heinrich von Kleist:* Der zerbrochne Krug. Ein Lustspiel (1811). Mit Kommentaren von Michael Walter und Regina Schäfer (2005)
21 *Francisco Muñoz Conde / Marta Muñoz Aunión:* „Das Urteil von Nürnberg". Juristischer und filmwissenschaftlicher Kommentar zum Film von Stanley Kramer (1961), (2006)
22 *Fjodor Dostojewski:* Aufzeichnungen aus einem Totenhaus (1860). Mit Kommentaren von Heinz Müller-Dietz und Dunja Brötz (2005)
23 *Thomas Vormbaum (Hrsg.):* Anton Matthias Sprickmann. Dichter und Jurist. Mit Kommentaren von Walter Gödden, Jörg Löffler und Thomas Vormbaum (2006)
24 *Friedrich Schiller:* Verbrecher aus Infamie (1786). Mit Kommentaren von Heinz Müller-Dietz und Martin Huber (2006)

25 *Franz Kafka:* Der Proceß. Roman (1925). Mit Kommentaren von Detlef Kremer und Jörg Tenckhoff (2006)
26 *Heinrich Heine:* Deutschland. Ein Wintermährchen. Geschrieben im Januar 1844. Mit Kommentaren von Winfried Woesler und Thomas Vormbaum (2006)
27 *Thomas Vormbaum (Hrsg.):* Recht, Rechtswissenschaft und Juristen im Werk Heinrich Heines (2006)
28 *Heinz Müller-Dietz:* Recht und Kriminalität in literarischen Spiegelungen (2007)
29 *Alexander Puschkin:* Pique Dame (1834). Mit Kommentaren von Barbara Aufschnaiter/Dunja Brötz und Friedrich-Christian Schroeder (2007)
30 *Georg Büchner:* Danton's Tod. Dramatische Bilder aus Frankreichs Schreckensherrschaft. Mit Kommentaren von Sven Kramer und Bodo Pieroth (2007)
31 *Daniel Halft:* Die Szene wird zum Tribunal! Eine Studie zu den Beziehungen von Recht und Literatur am Beispiel des Schauspiels „Cyankali" von Friedrich Wolf (2007)
32 *Erich Wulffen:* Kriminalpsychologie und Psychopathologie in Schillers Räubern (1907). Herausgegeben von Jürgen Seul (2007)
33 *Klaus Lüderssen:* Produktive Spiegelungen: Recht in Literatur, Theater und Film. Band II (2007)
34 *Albert Camus:* Der Fall. Roman (1956). Mit Kommentaren von Brigitte Sändig und Sven Grotendiek (2008)
35 *Thomas Vormbaum (Hrsg.):* Pest, Folter und Schandsäule. Der Mailänder Prozess wegen „Pestschmierereien" in Rechtskritik und Literatur. Mit Kommentaren von Ezequiel Malarino und Helmut C. Jacobs (2008)
36 *E.T.A. Hoffmann:* Das Fräulein von Scuderi – Erzählung aus dem Zeitalter Ludwigs des Vierzehnten (1819). Mit Kommentaren von Heinz Müller-Dietz und Marion Bönnighausen (2010)
37 *Leonardo Sciascia:* Der Tag der Eule. Mit Kommentaren von Gisela Schlüter und Daniele Negri (2010)
38 *Franz Werfel:* Eine blaßblaue Frauenschrift. Novelle (1941). Mit Kommentaren von Matthias Pape und Wilhelm Brauneder (2011)
39 *Thomas Mann:* Das Gesetz. Novelle (1944). Mit Kommentaren von Volker Ladenthin und Thomas Vormbaum (2013)
40 *Theodor Storm:* Ein Doppelgänger. Novelle (1886) (2013)
41 *Dorothea Peters:* Der Kriminalrechtsfall ‚Kaspar Hauser' und seine Rezeption in Jakob Wassermanns Caspar-Hauser-Roman (2014)
42 *Jörg Schönert:* Kriminalität erzählen (2015)
43 *Klaus Lüderssen:* Produktive Spiegelungen. Recht im künstlerischen Kontext. Band 3 (2014)
44 *Franz Kafka:* In der Strafkolonie. Erzählung (1919) (2015)
45 *Heinz Müller-Dietz:* Recht und Kriminalität in literarischen Brechungen (2016)
46 *Hermann Weber (Hrsg.):* Das Recht als Rahmen für Literatur und Kunst. Tagung im Nordkolleg Rendsburg vom 4. bis 6. September 2015 (2017)
47 *Walter Müller-Seidel:* Rechtsdenken im literarischen Text. Deutsche Literatur von der Weimarer Klassik zur Weimarer Republik (2017)
48 *Honoré de Balzac:* Eine dunkle Geschichte. Roman (1841). Mit Kommentaren von Luigi Lacchè und Christian von Tschilschke (2018)
49 *Anja Schiemann:* Der Kriminalfall Woyzeck. Der historische Fall und Büchners Drama (2018)

50 *E.T.A. Hoffmann:* Meister Floh. Ein Mährchen in sieben Abentheuern zweier Freunde (1822). Mit Kommentaren von Michael Niehaus und Thomas Vormbaum (2018)
51 *Bodo Pieroth:* Deutsche Schriftsteller als angehende Juristen (2018)
52 *Theodor Fontane:* Grete Minde. Nach einer altmärkischen Chronik (1880). Mit Kommentaren von Anja Schiemann und Walter Zimorski (2018)
53 *Britta Lange / Martin Roeber / Christoph Schmitz-Scholemann (Hrsg.):* Grenzüberschreitungen: Recht, Normen, Literatur und Musik. Tagung im Nordkolleg Rendsburg vom 8. bis 10. September 2017 (2019)
54 *Wolfgang Schild*: Richard Wagner *recht* betrachtet (2020)
55 *Uwe Scheffler u.a. (Hrsg.)*: Musik und Strafrecht. Ein Streifzug durch eine tönende Welt (2021)
56 *Britta Lange / Martin Roeber / Christoph Schmitz-Scholemann (Hrsg.)*: Verbrechen und Sprache. Tagung im Nordkolleg Rendsburg vom 13. bis 15. September 2019 (2021)
57 *Dirk Falkner*: Straftheorie von Leo Tolstoi (2021)
58 *Dela-Madeleine Halecker u.a. (Hrsg.)*: Kunst und Strafrecht. Eine Reise durch eine schillernde Welt (2022)
59 *Robert Louis Stevenson*: Der seltsame Fall von Dr. Jekyll und Mr. Hyde. 1886. Mit Kommentaren von Anja Schiemann und Burkhard Niederhoff (2022)
60 *Conrad Ferdinand Meyer*: Die Richterin. Novelle. 1885. (2022)
61 *Britta Lange, Martin Roeber (†), Christoph Schmitz-Scholemann (Hrsg.)*: Literatur, Recht und Kunst. Tagung im Nordkolleg Rendsburg vom 17. bis 19. September 2021 (2023)
62 *Markus Hirte, Britta Lange, Mustafa Temmuz Oğlakcıoğlu, Christoph Schmitz-Scholemann (Hrsg.)*: Theater ums Recht – Recht als Theater. Tagung im Nordkolleg Rendsburg vom 27. bis 29. Oktober 2023 (2025)
63 *Büşra Akay, Anja Schiemann, Hannah Schulze Zurmussen (Hrsg.):* Recht in Literatur und Film. Tagung an der Universität zu Köln vom 24. bis 25. Januar 2025 (2026)

Abteilung 7: Beiträge zur Anwaltsgeschichte

Mitherausgegeben von RA Dr. Dieter Finzel (†), RA Dr. Tilman Krach; RA Dr. Thomas Röth; RA Dr. Ulrich Wessels; Prof. Dr. Gabriele Zwiehoff

1 *Babette Tondorf:* Strafverteidigung in der Frühphase des reformierten Strafprozesses. Das Hochverratsverfahren gegen die badischen Aufständischen Gustav Struve und Karl Blind (1848/49), (2006)
2 *Hinrich Rüping:* Rechtsanwälte im Bezirk Celle während des Nationalsozialismus (2007)
3 *Dieter Finzel:* Geschichte der Rechtsanwaltskammer Hamm (2018)

Abteilung 8: Judaica

1 *Hannes Ludyga:* Philipp Auerbach (1906–1952). „Staatskommissar für rassisch, religiös und politisch Verfolgte“ (2005)
2 *Thomas Vormbaum:* Der Judeneid im 19. Jahrhundert, vornehmlich in Preußen. Ein Beitrag zur juristischen Zeitgeschichte (2006)

Abteilung 9: Beiträge zur modernen Verfassungsgeschichte

Kolibri 360 GmbH
Ferdinand-Jühlke-Straße 7
99095 Erfurt, Deutschland
produktsicherheit@kolibri360.de